ISBN 978-0-428-16895-7
PIBN 11305499

Herausgegeben

auf Veranlassung des Richter-Vereins unter Mitwirkung der Hessischen Anwaltskammer

von

Oberlandesgerichtsrat **Keller** in Darmstadt, Oberstaatsanwalt Dr. **Buff** in Mainz, Landgerichtsdirektor **Rees** in Mainz, Landgerichtsdirektor **Praetorius** in Gießen, Landgerichtsrat Dr. **Schwarz** in Darmstadt.

6. Jahrgang.

Mainz.
Verlag von J. Diemer.
1906.

Sachregister

zum sechsten Jahrgang der „Hessischen Rechtsprechung“.

(Die eingeklammerten Zahlen verweisen auf frühere Jahrgänge.)

Seite

A.

B.

Hessische Rechtsprechung

Herausgegeben
auf Veranlassung des Richter-Vereins unter Mitwirkung der Hessischen Anwaltskammer
von Oberlandesgerichtsrat Kelter in Darmstadt, Landgerichtsrat Dr. Buff in Darmstadt,
Landgerichtsdirektor Dornseiff in Darmstadt, Landgerichtsrat Hess in Mainz, Oberamtsrichter Dr. Tahr in Darmstadt.

Erscheint monatlich zwei Mal Preis Mk. 7.12 jährlich mit portofreier Zustellung.

Bestellungen nehmen die Expedition in Mainz, die Postanstalten sowie sämtliche Buchhandlungen entgegen.

Einrückungs-Gebühr die dreispaltige Zeile oder deren Raum 30 Pfg.

Nr. 1. Vom Deutschen Juristentag angenommene Zitierweise: HessRspr. Nachdruck verboten. 6. Jahrgang.

Redaktion: Darmstadt, Heinrichstraße 5. | Mainz, 1. April 1905. | Verlag und Expedition: J. Diemer, Mainz.

An unsere Leser!

Das erste Lustrum seit Begründung dieser Zeitschrift liegt hinter uns. Naturgemäß erblicken wir in dieser Tatsache die Aufforderung, auf die zurückgelegte Bahn zurückzuschauen und ebenso die künftige Entwicklung ins Auge zu fassen. Sieht man über die Mängel hinweg, die jeder jungen Unternehmung anhaften, so darf doch heute ausgesprochen werden, daß die „Hessische Rechtsprechung" in der Tat für hessische Gerichte, Staatsanwälte, Rechtsanwälte, Notare ein Faktor geworden ist, dessen Verschwinden ohne Zweifel eine empfindliche Lücke für alle Beteiligte bedeuten würde. Wie nie zuvor in unserem Lande hat unsere Zeitschrift einen Kontakt aller an der Rechtspflege Mitwirkenden hervorgerufen und eine gegenseitige Kenntnisnahme und Prüfung der Meinungen ermöglicht. Zwar besteht im Reiche zur Zeit ein Ueberfluß an Entscheidungssammlungen in Buch- und Zeitschriftenform. Dennoch bietet unser Organ gerade dem hessischen Juristen denjenigen Stoff, der ihm am nächsten liegen muß und den er anderwärts nur ganz lückenhaft finden würde. Diese erfreuliche Sachlage verdanken wir in erster Linie dem Hessischen Richterverein, der die Vereinszeitschrift vor 5 Jahren ins Leben rief. In gleicher Weise traten alsbald unsere hessischen Rechtsanwälte, in richtiger Erkenntnis der Umstände, der jungen Gründung helfend zur Seite. Und aufrichtiger Dank gebührt endlich unserer Justizverwaltung, die durch eigene Beiträge wie auf sonstige Weise der „Hessischen Rechtsprechung" ein Wohlwollen bewiesen hat, das diese auch künftig zu rechtfertigen bestrebt sein wird. Last not least gedenken wir der treuen und ununterbrochenen Hilfe unserer Mitarbeiter, auf deren Schultern alles ruht, was geleistet wurde. Möge auch künftig uns die allseitige Unterstützung in wachsendem Maße erhalten bleiben, möge der Hessische Richterverein ungeschwächt fortbestehen, so braucht es uns um das Gedeihen der Zeitschrift nicht bange zu sein.

Darmstadt, 1. April 1905.

Die Schriftleitung der „Hessischen Rechtsprechung".

Entscheidungen des Großh. Oberlandesgerichts und des Reichsgerichts.

Zivilrecht. — Zivilprozeß.

1. Religiöse Erziehung der Kinder. Zur Auslegung des Art. 109 AG. z. BGB.

Der am 24. Sept. 1904 verstorbene Landwirt H. hatte mit seiner am 28. Juli 1904 verstorbenen Ehefrau 2 Kinder erzeugt, den vor der Eheschließung geborenen, durch die nachfolgende Ehe legitimierten Sohn Heinrich (geb. 1902) und den während der Ehe am 14. Juli 1904 geborenen Sohn Georg. Der Ehemann H. gehörte der katholischen, die Ehefrau der evangelischen Konfession an. Das erste Kind wurde nach evangelischem, das zweite nach katholischem Ritus getauft. Nach dem Tode des Vaters wurde von dem Vormundschaftsgericht W. der der evangelischen Konfession angehörende Q. zum Vormund beider Kinder bestellt. Das katholische Pfarramt W. erhob nun bei dem Vormundschaftsgericht den Anspruch, daß auch das erstgenannte Kind im katholischen Religionsbekenntnis erzogen und ein katholischer Vormund bestellt werde. Das Vormundschaftsgericht lehnte dies Ansinnen ab; die gegen diese ablehnende Verfügung verfolgte Beschwerde wurde vom LG. zu D. als unbegründet zurückgewiesen, die hiergegen eingelegte weitere Beschwerde vom OLG. jedoch für begründet erachtet.

Gründe: Das in Rede stehende voreheliche Kind hat durch die nachfolgende Ehe der Mutter mit seinem Vater nach § 1719 BGB. die rechtliche Stellung eines ehelichen Kindes erlangt und war von da an der elterlichen Gewalt seines Vaters mit den durch dieselbe begründeten Rechten und Pflichten unterworfen.

Nach § 1635 BGB. umfaßt aber die Sorge für die Person des Kindes auch das Recht und die Pflicht des Vaters, dasselbe zu erziehen, und solange ihm dieses Recht zusteht, ist ihm nach Art. 134 EG. z. BGB. und durch Art. 108 Hess. AG. z. BGB. auch das Recht zuerkannt worden, zu bestimmen, in welchem religiösen Bekenntnis das Kind erzogen werden soll. Der Vater H. war somit zweifellos zu der Bestimmung berechtigt, daß sein Kind Heinrich ohnerachtet seiner evangelischen Taufe in dem katholischen Religionsbekenntnis erzogen werden solle. Es ist unbestritten, daß er eine derartige Bestimmung nicht getroffen hat.

Der Art. 109 Abs. 2 des AG. schreibt aber vor, daß, wenn es an einer solchen Bestimmung fehlt, das Kind in dem Bekenntnis zu erziehen ist, dem der Vater zur Zeit des Erlöschens seines Erziehungsrechts (d. h. vorliegend: seines Todes) angehört hat. Die Ansicht des Vorderrichters, diese Bestimmung sei nur unter der einschränkenden Bedingung anwendbar, daß nicht bereits durch die **Mutter** in gesetzlich zulässiger Weise (Art. 113 a. a. O.) eine Bestimmung hinsichtlich der religiösen Erziehung ihres unehelich geborenen Kindes getroffen worden sei, vermochte das Beschw.-Gericht um deswillen nicht für zutreffend zu erachten, weil sie weder in dem Wortlaut noch in dem Sinn jener Vorschrift eine Unterlage findet. Das Beschw.-Gericht geht vielmehr von der Ansicht aus, daß eine derartige in die Erziehungsrechte des Vaters so tief eingreifende Beschränkung, wenn sie vom Gesetzgeber gewollt gewesen wäre, auch in den Worten des Gesetzes einen klaren und unzweifelhaften Ausdruck gefunden haben würde. In der bloßen Tatsache, daß der Vater, ohnerachtet seiner Kenntnis von der evangelischen Taufe des ersten Kindes, vor seinem Tode keinerlei Schritte getan hat, dieses Kind katholisch erziehen zu lassen, kann aber auch keine in schlüssiger Weise erklärte Zustimmung desselben zu einer evangelischen Erziehung erblickt werden, zumal bei einem kaum zweijährigen Kinde von Erziehung in religiöser Hinsicht doch noch keine Rede sein kann. Der Vater H. war deshalb in der Zeit von seiner Verheiratung bis zu seinem Tode noch gar nicht in der Lage und mindestens nicht veranlaßt, Schritte in Beziehung auf die Erziehung des Kindes in der katholischen Religion zu tun.

Auf der anderen Seite darf aber unbedenklich angenommen werden, daß der Vater dadurch, daß er sein **zweites** Kind durch die katholische Taufe dem katholischen Religionsbekenntnis zuführen ließ, auch von der Absicht geleitet war, sein erstes Kind in demselben Bekenntnis zu erziehen, und daß er diese seine Absicht nur mit Rücksicht auf das zarte Alter desselben noch nicht in irgend einer Weise äußerlich zu erkennen gegeben hat.

Beschl. OLG. I. ZS. v. 21. Okt. 1904 W 210/04. Lk.

2. Einrede der Unzulässigkeit des Rechtswegs. Was ist unter bürgerlichen Rechtsstreitigkeiten i. S. des § 13 GVG. zu verstehen?

Auf Grund der hess. Gesetze vom 29. Mai 1884 und 15. Nov. 1890 stellte eine Anzahl am Bau der Nebenbahn von O. nach R. interessierter Gemeinden auf Aufforderung des Finanzministeriums am 19. April 1894 die Erklärung aus, daß sie sich unter Samthaft verpflichteten, das ganze zum Bau der erwähnten Nebenbahn und deren Nebenanlagen von Gr. Finanzministerium für notwendig erachtete Gelände dem Staate kostenfrei und auf ihre Kosten als Eigentum zur Verfügung zu stellen. Welches Gelände erforderlich sei, sollte das Ministerium nach alleinigem freiem Ermessen zu bestimmen haben.

Die Gemeinden erhoben nunmehr im Jahre 1902 Klage auf Rückgewähr der in der Klage näher bezeichneten Grundstücke, weil diese planmäßig zur Erbauung eines Personenbahnhofs hätten benutzt werden sollen, aber, obwohl die Nebenbahn schon seit 1896 im Betriebe sei, bis jetzt unbebaut seien und auch in Zukunft nicht zu Zwecken der Nebenbahn von O. nach R. Verwendung finden würden.

Der Fiskus machte dem gegenüber die Einrede der **Unzulässigkeit des Rechtswegs** geltend, weil über die Frage, ob das streitige Gelände zu Bahnzwecken nötig sei oder nicht, ausschließlich das hess. Finanzministerium zu entscheiden habe, dessen Befugnisse zufolge Staatsvertrags v. 23. Juni 1896 auf die Verwaltungsorgane der preuß.-hess. Eisenbahngemeinschaft übergangen seien.

Die Einrede wurde in beiden Vorinstanzen verworfen. Vom Reichsgericht wurde das Urteil des OLG. bestätigt aus folgenden Gründen:

..... In der Annahme des OLG., daß die hier zu entscheidende Frage rein privatrechtlicher Natur sei, und es sich deshalb um eine bürgerliche Rechtsstreitigkeit i. S. des § 13 GVG. handle, ist kein Rechtsirrtum zu finden. Wie namentlich das RG. schon wiederholt (vgl. RGE. Bd. 22 S. 288, Bd. 25 S. 330, Bd. 57 S. 352; JWschr. 1892 S. 425 Nr. 1) ausgesprochen hat, sind als bürgerliche Rechtsstreitigkeiten im Sinne des § 13 GVG. nicht nur solche anzusehen, welche sich **ausschließlich** auf einen Streit über die Anwendung **privatrechtlicher** Normen beziehen, und ist hierfür auch nicht der Umstand maßgebend, ob die streitige Verpflichtung in einer Norm des **öffentlichen Rechts** wurzelt oder ob eine solche überhaupt für dieselbe in Betracht kommt, sondern die Frage, ob es sich dabei **lediglich** um einen Gegenstand des öffentlichen Interesses, des Gemeinwohls oder um das Rechtsgut und die individuelle Rechtssphäre einer einzelnen, sei es physischen, sei es moralischen Person handelt. Von diesem rechtlichen Gesichtspunkte aus, von welchem abzuweichen auch die Ausführungen der Revisionskl. keinen Anlaß geben, erscheint aber die vorliegende Rechtsstreitigkeit als eine bürgerliche im Sinne des § 13 GVG. An sich ist nämlich der mit Klage dem Bekl. gegenüber geltend gemachte Anspruch, den Klägerinnen die streitigen Liegenschaften aus dem Grunde zurückzugewähren, weil sie nicht für die Bahnanlage, wofür sie dem Bekl. überlassen worden, verwendet seien, sowohl seinem nächsten Rechtsgrunde, als seinem **Inhalte** nach **vermögensrechtlicher Natur** und gehört dem Bereiche des **Privatrechts** an (vgl. RGE. Bd. 57 S. 353, Bd. 45 S. 251). Soweit die streitigen Grundstücke dem Bekl. für die Bahnanlage hingegeben worden sind und die Möglichkeit einer künftigen Verwendung derselben für diesen Zweck in Frage steht, mögen zwar auch vielleicht öffentlich-rechtliche Verhältnisse für die Entscheidung über den Klageanspruch selbst in Betracht kommen und es sich somit möglicherweise um einen aus öffentlich-rechtlichen Verhältnissen **hervorgegangenen** und damit **zusammenhängenden** Anspruch handeln. Es besteht aber weder noch Reichsrecht noch nach dem daneben im gegebenen Falle in Betracht kommenden gemeinen Rechte eine die Regel des § 13 cit. einschränkende Rechtsnorm des Inhalts, daß die aus öffentlich-rechtlichen Verhältnissen hervorgehenden oder sonst wie damit zusammenhängenden privatrechtlichen Ansprüche **allgemein** von der Verfolgung im ordentlichen Rechtswege ausgeschlossen seien (vgl. RGE. Bd. 22 S. 288 und Bd. 57 S. 383). Ebenso wird die Annahme, daß Rechtsstreitigkeiten über derartige Ansprüche „bürgerliche" im Sinne des § 13 cit. seien, dadurch nicht ausgeschlossen, daß bei der Entscheidung darüber auch öffentlich-rechtliche Fragen zu entscheiden und demgemäß auch Normen des öffentlichen Rechts anzuwenden sind (vgl. RGE. Bd. 3 S. 410, Bd. 11 S. 71, Bd. 21 S. 102, Bd. 25 S. 330, Bd. 33 S. 37).

Urt. RG. II. ZS. v. 23. Dez. 1904 II 349/04 (U 290/03 OLG.). F.

Strafrecht. — Strafprozeß.

3. Zur Auslegung der Art. 103, 104 hess. PolStGB.

Die Vorinstanzen haben übereinstimmend festgestellt, daß der Angekl. am 16. März 1904 künstlichen Dünger auf seinem mit 2 Pferden bespannten Wagen nach seinem auf die Kreisstraße stoßenden und von der Fahrstraße durch Fußweg und Graben getrennten Acker gefahren hat, daß er zu diesem Zweck in der Nähe des Ackers mit seinem Fuhrwerk die Fahrstraße verlassen, auf den Fußweg gefahren, dort neben dem Acker das Fuhrwerk während des Ausstreuens des Düngers, das von ihm und seinem Knechte bewerkstelligt wuede, stehen gelassen und demnächst wieder das Fuhrwerk auf die Fahrstraße zurückgebracht hat. Festgestellt ist weiter, daß der Fußweg damals infolge feuchten Wetters aufgeweicht war, daß durch das Fahren auf dem Fußwege tiefe Radspuren daselbst entstanden waren, sowie daß durch das unruhige Hin- und Hertreten der Pferde während des Düngerausstreuens auch ein Teil des Straßengrabens zngetreten worden war.

Trotzdem kamen die Vorinstanzen zu einer Freisprechung des Angekl. Die Strofk. ging davon aus, das Art. 104 PolStGB. zwar ohne Zweifel auch auf Kreisstraßen Anwendung finde, daß dieser Artikel aber Ausnahmen von deen Verbote des Fahrens gestatte und ein solcher Ausnahmefall hier gegeben sei, da Angekl. sein Fuhrwerk nur zum „Ausweichen" auf den Fußweg verbracht habe, um Verkehrsstörungen zu vermeiden. Demzufolge finde auch Art. 103 PolStGB. keine Anwendung, weil eine verbotswidrige Beuntzung nicht gegeben sei. Endlich gestatte Art. 267 PolStGB. unter den dort angegedenen Voraussetzungen ein Stehenlassen der Fuhrwerke „seitwärts der Straße", alfa auf dem Fußwege.

Die Großh. Staatsanwaltschaft hat gegen das Strafkammerurteil Revision eingelegt und Verletzung der angeführten Gesetzesbestimmungen gerügt. Der Großh. GenStA. deantragte Verwerfung des Rechtsmittels, im Falle der Stattgedung Verurteilung des Angekl. zur geringsten zulässigen Strafe. Das OLG. hob die angefochtene Entsch. auf und erkannte auf 1 Mk. Geldstrafe, evenll. 1 Tag Haft, indem es erwog:

Die Anwendbarkeit der einschlagenden Bestimmungen des Polizeistrafgesetzes auf die Kreisstraßen beruht auf Art. 31 des Ges. vom 12. Aug. 1896, detr. den Bau und die Unterhaltung der Kunststraßen im Großherzogtum. Im übrigen erscheint die Anwendung der angegebenen Gesetzesstellen und ihre Auslegung seitens der Vorinstanzen als rechtsirrig.

Die Art. 103 und 104 PolStGB. befinden sich in dem Titel XIII: „von den Uebertretungen der straßenpolizeilichen Vorschriften". Art. 267 steht im Titel XX: „von den Uebertretungen der gesundheitspolizeilichen Vorschriften" und in dessen Unterabteilungen „I. Verletzung von Vorkehrungen zur Abwendung äußerer Lebensgefahren und Beschädigungen" und „7. Vorkehrungen gegen Beschädigungen durch Fuhrwerke und Zugtiere". Schon diese Zuteilung zeigt, daß die Vorschriften über die Art der Benutzung der Straßen nicht in den letzteren Gesetzesteilen, taudern in den ersteren zu finden sind. Die ersteren schreiben aber, und zwor ausweislich der Motive zur Vermeidung von Beschädigung der Fußwege, als Regel vor, daß Fußwege zum Fohren nicht benutzt werden dürfen. Ist dies der Foll, so tonn Art. 267, der anderen gesetzlichen Schutz dezweckt, nicht dohin ausgelegt werden, als gestatte er ein Hinstellen von Fuhrwerken auf die Fußwege, das ohne Fahren auf dem Fußweg nicht ausführbar wäre. Es konn deshalb der Ausdruck in Art. 267 „seitwärts der Straße" nichts anderes heißen als „am Rande der Fahrstraße und längs dieser Fahrstraße". Von dem allgemeinen Verbote, Fußwege zum Fahren zu benutzen, was Angekl. nach obigen Feststellungen unzweifelhaft doch getan hat, gestattet Art. 104 Ausnahmen da, „wo es des Ausweichens, Vorbeifahrens, Abfahrens und Umdrehens wegen geschieht". Hiervon kann nur Ausweichen und Vorbeifahren an sich hier in Frage kommen. Die Strafk. nimmt an, der Angekl. sei nur deshalb auf den Fußweg gefahren, um Verkehrsstörung zu vermeiden. Es mag dahin gestellt bleiden, od nicht andere Motive den Angekl. dazu veranlaßt haden, sein Fuhrwerk neben seinen Acker zu stellen; denn ein „Ausweichen" oder „Vorbeifahren" im Sinne der Ausnahme des Art. 104 lag nicht vor. Gerade weil als Regel das Fahren auf deen Fußwege allgemein verboten ist, konn es nicht statthaft sein, daß der Fuhrwerksbesitzer, ohne zu einem Ausweichen zc. gezwungen zu sein, den Fußweg defährt und sein Fuhrwerk auf demselben stehen läßt, bis er eine gewisse Tätigkeit vorgenommen hat, demnächst aber zum Fahrwege zurückkehrt. Zweck und Fassung des Art. 104 ergidt, daß auf den Straßen, dezüglich deren Anlage schon gesetzlich derartige technische Vorschriften destehen, die gewährleisten, daß gewöhnliche Fuhrwerke auf der Fahrstraße selbst oder doch wenigstens mit Hitte von Ausweichplätzen der Fahrstraße aneinander vorbeifahren können (vgl. Art. 5 des Kunststraßengesetzes und VO. vom 11. Juli 1833), nur donn vom Fohrwege adgefahren und der Fußweg, aber auch nur insoweit als nötig, benutzt werden darf, wenn ein Ausweichen von Fuhrwerken bei einer Begegnung stattfinden muß oder wenn vorbeigefahren (vorgefahren) werden soll, ohne daß die Fahrstraße dazu ausreicht. Nne eine aus bestimmtem Anlasse erfolgende vorübergehende Benutzung des Fußweges im Notfall also ist dem als Regel gelteuden allgemeinen Verbote gegenüder gestattet, nicht eine dauernde Benutzung ohne bestimmten Anlaß zum Ausweichen oder Vorüberfahren. Ein solcher bestimmter Anlaß hat aber noch deen Inhalt des angefochtenen Urteils nicht vorgelegen; es hat auch der Angekl. nicht nur nicht im Notstande vorübergehend den Fußweg befahren, sondern ihn ohne bestimmten Anlaß dauernd benutzl, was unerlaubt ist. Er erschien deshald auf Grund der Feststellungen strafbar wegen Befahrens des Fußwegs, aber auch wegen gleichzeitiger Beschädigung des Straßengrabens, dessen ordnungsmäßiger Gedrnoch keineswegs gegeben war und höchstens gemäß Art. 107 PolStGB. bei einem Abfahren auf den Acker vielleicht statthaft gewesen wäre.

Gemäß § 394 StPO. Abs. 1 konote das Revisionsgericht trotz Aufhebung des Strafkammerurteils in der Sache selbst entscheiden.

Urt. OLG. Strafs. v. 20. Jan. 1905 S 54/04. X.

Entscheidungen der Großh. Landgerichte.

Bivilrecht. — Bivilprozeß.

4. Haftung des Rechtsanwalts für Verschnlden dei seiner Prozeßführnng.

Im Mai 1901 erhob der Vater X. gegen seinen Sohn X. dei dem AG. W. Unterhaltsklage auf Zahlong einer Monatsrente von Mk. 30, beginnend am 1. April 1901 nnd endigend mit seinem Ableben, da er alt sei und sich nicht ernähren könne, der Sohn ader unterhaltspflichtig sei. In seinem Armenrechtsgesuch gab der Kl. noch weitere 5 unterhaltspflichtige Kinder an. Bekl. gab seine Unterhaltspflicht zu, bestritt aber, daß er allein unterhaltspflichtig sei und behauptete, daß er seither wöchentlich Mk. 10 als Unterhalt bezodlt habe, erklärte sich auch bereit, monatlich weiter Mk. 10 Unterhalt zu zahlen und die halben Kosten zu tragen. Bei der Schlußverhandlung überließ der Kl. die Festsetzung der Rente dem richterlichen Ermessen, indem er sich mit einem Monatsunterhalt von Mk. 10 zufrieden erklärte.

Bekl. erklärte sich wiederholt zur Zahlung der vorgenannten Rente bereit, begehrte aber Kostenverurteilung des Kl., da er bis kurz vor Klageerhebung seiner Unterhaltspflicht genügt und somit keine Veranlassung zur Klnge gegeben dade, und schob darüber sowie über die Tatsache, daß er dem Kl. erklärt habe, er solle sich auch an seine anderen 5 Kinder wenden, den Eid zu. Der Kl. verweigerte di Erklärung auf den Eid.

Das AG. erließ bedingtes Endurteil, indem es dem Bekl. den Eid auferlegte, ob er die Monatsrente von Mk. 10 bis einschließlich Mai 1901 bezahlt habe, und verurteilte ihn für den Fall der *Eidesleistung* zur Zahlung der Monatsrente von Mk. 10 vom 1. Juni 1901 ab unter Verfällung des Kl. in die Kosten. Für den Fall der *Nichtleistung* des Eides sollte kostenpflichtige Verurteilung des Bekl. zur Zahlung der Monatsrente vom 1. April 1901 ab eintreten. Gegen dieses Urteil verfolgte Bekl. Berufung mit dem Antrag, unter Aufhebung des Urteils die Klage kostenfällig *abzuweisen*. Kl. ergriff Anschlußberufung mit dem Antrag, unter Aufhebung des ersten Urteils und Abweisung der Berufung, den Bekl. zur Zahlong des Monatsunterhalts vom 1. April bezw. 1. Juni 1901 ab und zur Tragung der Kosten beider Instanzen zu verurteilen.

Die Berufung wurde verworfen unter Belastung des Bekl. mit sämtlichen Kosten, die Anschlußberufung dagegen begründet erklärt, unter Verurteilung des Bekl. zur Zahlung einer Monatsrente von Mk. 10 vom 1. April 1901 bis zum Tode des Kl.

In der Berufungsinstanz vertrat RA. X. den Bekl. und dieser weigerte sich später, die von ersterem eingeklagten Vertretungskosten mit Mk. 42.10 zu entrichten, unter der Behauptung, RA. X. habe durch sein Verschulden den ungünstigen Ausgang des Vorprozesses herbeigeführt. Das AG. pflichtete dieser Ausführung des Bekl. bei, indem es die Kostenklage des RA. X. abwies, da derselbe als Anwalt die ihm bei der Vertretung des Bekl. obliegenden *Pflichten fahrlässig verletzt*, hierdurch den ungünstigen Ausgang des Vorprozesses verschuldet, der Bekl. mit Recht die Einrede des nicht oder nicht gehörig erfüllten Vertrags vorgeschützt habe und gemäß §§ 322, 325 BGB. von der Leistung befreit sei. Als *Verschulden* wurde dem RA. X. insbesondere angerechnet, daß er die *Eideszuschiebung* erster Instanz *nicht wiederholt* und entgegen dem ihm erteilten Auftrag und trotzdem der Bekl. den Anspruch in Höhe von Mk. 10 anerkannt habe, Klageabweisung begehrt hätte. Gegen dies abweisende Urteil verfolgte RA. X. Berufung mit der Begründung: 1. die rechtliche Konstruktion der Einrede des Bekl. sei verfehlt; nicht um die exceptio non rite adimpleti contractus handele es sich, sondern um eine Schadensersatzforderung, die aufrechnungsweise geltend gemacht werde; 2. das ursprüngliche Urteil des AG. habe zu Unrecht dem Bekl. im Eidesweigerungsfall alle Kosten auferlegt; den Kl. hätte vielmehr ein Teil der Kosten treffen müssen, da er nur mit einem kleinen Teil seines Anspruchs durchgedrungen und bei dem Vorhandensein weiterer Unterhaltspflichtiger seine Forderung stark übersetzt gewesen sei. Wenn das Berufungsgericht diesen Mangel nicht rekouni habe, so treffe ihn, den Anwalt, keine Schuld; 3. den Bekl. hätte jedenfalls ein Teil der Kosten treffen müssen, da er Anlaß zur Kl. gegeben und den Anspruch nicht sofort anerkouni habe. Das AG. habe aus grobem Rechtsirrtum auf den Eid des Bekl. erkannt, und es könne dem Anwalt nicht zur Schuld angerechnet werden, wenn er die Eideszuschiebung über eine rechtlich unerhebliche Tatsache in II. Instanz nicht wiederholt habe. Das genannte Urteil habe aber auch zu Unrecht Unterhalt für die Zeit vor Klageerhebung zugesprochen, obwohl eine Mahnung vor 1. April 1901 nicht erfolgt sei; 4. das Berufungsurteil leide an den gleichen Mängeln; insbesondere habe es irrigerweise und entgegen der in Rechtslehre und Rechtsprechung allgemein geltenden Auffassung angenommen, die Eideszuschiebung sei in der II. Instanz nicht wiederholt worden; jedenfalls habe das BG. es unterlassen, nach § 139 ZPO. das Fragerecht auszuüben; 5. das gegen den Anwalt erkennende Urteil des AG. bewege sich nur auf dem Gebiet der Vermutungen, somit auf Grundlagen, die zur Annahme eines Kausalzusammenhangs zwischen einem angeblichen Versehen des Anwalts und dem behaupteten Schaden nicht führen könnten.

Auch in II. Instanz wurde der Kostenanspruch des RA. X. gegen den Bekl. *abgewiesen* aus folgenden *Gründen*:

Nach § 28 RAO. ist der RA. verpflichtet, seine Berufstätigkeit *gewissenhaft* auszuüben. Das Rechtsverhältnis zwischen ihm und dem Auftraggeber sollte sich nach der RAO. (Art. 12) nach den Grundsätzen des *Auftrags* bemessen; nachdem aber das BGB. als wesentliches Merkmal des Auftrags die *Unentgeltlichkeit* festgesetzt und eine Abänderung der RAO. nicht stattgefunden hat — s. Prot. zu BGB. II S. 379 III —, können die wechselseitigen Rechte und Pflichten zwischen Anwalt und Auftraggeber nur nach den Vorschriften des *Dienstvertrags* beurteilt werden, sofern nicht die bestehenden Vorschriften der RAO. unberührt geblieben sind (*Planck*, BGB. II S. 348, 368).

Die Erfüllung der beiden Seiten obliegenden Verpflichtungen im einzelnen richtet sich nach dem Vertrag und den allgemeinen Regeln, insbesondere nach der Vorschrift des § 242 BGB., wobei eine vorhandene oder vorausgesetzte Sachkunde bei dem Dienstverpflichteten den Umfang seiner Pflichten erweitern kann. Werden die Dienste nicht oder nur teilweise geleistet, so greifen die §§ 320—326 BGB. Platz; wird aber behauptet, daß die Dienste zwar geleistet seien, aber nicht in der versprochenen oder zu erwartenden Art, so zwar, daß durch Verschulden des Verpflichteten dem anderen Teil ein Schaden erwachsen ist, so ist die Weigerung des Dienstberechtigten, die vereinbarte oder taxmäßige Vergütung zu gewähren, nicht als Einrede des nicht oder nicht gehörig erfüllten Vertrags, sondern als die Geltendmachung eines *Schadensersatzanspruchs* anzusehen, hinsichtlich dessen die allgemeinen Grundsätze des BGB. (§§ 249—254) Anwendung zu finden haben. Von diesem Gesichtspunkt aus ist, entgegen der Ansicht des ersten Richters, die Weigerung des Bekl., die dem Anwalt zu gewährende Vergütung zu leisten, aufzufassen. Das Ergebnis ist allerdings dasselbe, nämlich daß der Bekl. zur Zahlung der Vergütung *nicht* verpflichtet ist, da ihm infolge der schuldvoll fahrlässigen Besorgung der ihm aufgetragenen Dienste ein Schaden erwachsen ist, der mindestens dem Kostenanspruch des RA. X. gleichkommt. Das Urteil des AG. war nach verschiedenen Richtungen fehlerhaft und beschwerend für den Bekl. Nach den tatsächlichen Feststellungen war für eine Eidesauflage an den Bekl. kein Raum, seine Behauptung, daß er bis zur Klageerhebung seiner Unterhaltspflicht genügt, galt vielmehr als voll erwiesen, und es hätte die Klage, soweit sie auf Zahlung rückständiger Renten gerichtet war, abgewiesen und der Bekl. zweifellos zur Zahlung der Renten für die Zukunft in dem von ihm anerkannten Betrag verurteilt werden müssen.

Das AG. mußte weiter die Kosten des Rechtsstreits dem Kl. auferlegen, wenn es der Ansicht war, daß ein sofortiges Anerkenntnis des geltend gemachten Anspruchs vorlag, im andern Fall hätte es eine entsprechende Kostenverteilung vornehmen müssen, da dem Kl. anstatt der begehrten Rente von Mk. 30 nur Mk. 10 zugesprochen wurden und der Kl. die Festsetzung der Rente nicht lediglich dem Ermessen des Gerichts überlassen hatte.

RA. X. erhielt nunmehr den Auftrag, dieses Urteil auf seine Richtigkeit zu prüfen, und er riet zur Einlegung der Berufung, da dem Bekl. mit Rücksicht auf die Eidesweigerung seines Vaters zu Unrecht der Eid auferlegt worden sei. Der Bekl. gab ihm darauf die Weisung, das Urt. nur insoweit anzufechten, als es die Zahlung der rückständigen Renten und die Kosten betreffe; im übrigen erklärte er, er wolle es bei der monatlichen Rente von Mk. 10 bewenden lassen, jedoch von seiner Verpflichtung befreit sein, wenn in dem einen oder dem andern Monat sein Geschäft nicht gehe; sei diese Beschränkung aber nicht zulässig, so lasse er auch diesen Punkt fallen.

Die demnächstige Tätigkeit des RA. X. entsprach nicht der hierdurch gegebenen Sach- und Streitlage; er beantragte vielmehr Aufhebung des Urt. und *Abweisung* der Klage, *unterließ* aber auch, den in I. Instanz zugeschobenen Eid *wiederholt zuzuschieben*. Während er zur Rechtfertigung seines durchaus sachwidrigen Berufungsantrags nichts vorzubringen weiß, bestreitet er, daß die unterlassene Eideszuschiebung auf einem schuldhaften Versehen beruhe, jedenfalls, daß dieses Versehen mit dem ungünstigen Ausgang des Rechtsstreits und dem angeblichen Schaden des Bekl. in ursächlichem Zusammenhang stehe. Seine Einwendungen erscheinen indessen verfehlt.

Unzutreffend ist zunächst, daß die Eideszuschiebung aus prozessualen Gründen nicht hätte wiederholt werden müssen. Nur das beiderseitige *Parteivorbringen*, wie es in dem Urteil I. Instanz niedergelegt ist, gilt durch dessen Verlesung in II. Instanz als wiederholt, nicht aber gilt dies in Ansehung der *Beweismittel*, sofern eine Erklärung des Gegners des Beweisführers noch zulässig ist. Das Gegenteil ergibt sich auch nicht aus den beiden RGE. Bd. IV S. 420, V S. 404. Das in der Berufungsinstanz ergangene Urt. hat daher die Wiederholung der für die Einwendung des Bekl. erheblichen Eideszuschiebung mit Recht vermißt und daraus den Schluß gezogen, daß die Behauptungen des Bekl. nach dieser Richtung ohne Beweis geblieben seien.

Damit stand fest, daß der Bekl. vor der Klageerhebung seiner Unterhaltspflicht nicht genügt hatte, und es erscheint als ein *grobes Versehen* des RA. X., wenn er angesichts der klaren Bestimmungen der ZPO. und der tatsächlichen Verhältnisse von der Eideszuschiebung absah. Dieser Umstand hat aber ohne Zweifel den ungünstigen Ausgang des Rechtsstreits für den Bekl. herbeigeführt. Dessen Vater hatte in I. Instanz den Eid *verweigert*. Auf Grund der in diesem Rechtsstreit erfolgten Zeugenaussage des Vaters muß mit Sicherheit angenommen werden, daß er auch in II. Instanz die gleiche Erklärung abgegeben hätte. Die von ihm vorgelegte Aufstellung beweist, daß der Bekl. vor Klageerhebung eine große Anzahl Zahlungen an seinen Vater leistete, und sofern dieser urkundliche Beweis nicht ausgereicht hätte, wäre es Sache des RA. gewesen, den Beweis weiterer Zahlungen durch Quittungsvorlage oder Eideszuschiebung anzutreten.

Dabei kommt noch in Betracht, daß der Vater X. zugab, daß sein Sohn, der Bekl., ihm schon früher eine monatliche Unterstützung von Mk. 10 zugesagt und ihn im übrigen an die anderen Unterhaltspflichtigen verwiesen hatte, sowie der Umstand, daß er, obwohl er noch 5 andere Kinder hatte, demnächst von dem Bekl. allein einen Monatsunterhalt von Mk. 30 forderte, seine Ansprüche in dieser Höhe aber im Laufe der Verhandlung wieder aufgab. Die Einwendungen des Bekl. gewinnen hierdurch so sehr an Glaubwürdigkeit, daß er auch im Falle der Eideszurückschiebung diesen wohl geleistet hätte.

Hätte RA. X. die Prozeßlage nach dieser Richtung besser geprüft und die erforderlichen sachtunlichen Anträge gestellt, so wäre es zu einer Verwerfung der Berufung nicht gekommen, vielmehr hätte das BG. jedenfalls so erkannt, wie von dem ersten Richter bei richtiger Würdigung des Falls zu entscheiden gewesen wäre.

Selbst wenn gegen alles Erwarten das BG. dem Bekl. einen Teil der Kosten auferlegt hätte, so würde es nur ein verhältnismäßig kleiner Teil gewesen sein, so daß der dem Bekl. durch das schuldhaft fahrlässige Verhalten des RA. X. erwachsene Schaden — Belastong mit den *Kosten beider Justanzen* — immer noch höher ist als der geltend gemachte Kostenanspruch des Rechtsanwalts X.

Urt. LG. Mainz, I. ZK. v. 2. Nov. 1904 S 247/03.

Dr. Lichten, RA.

5. Förmlichkeiten beim Antrag auf Kostenfestsetzung. Genügt Unterstempelung des Antrags oder ist handschriftliche Unterzeichnung erforderlich?

Das AG. D. I hat den Antrag des RA. Z. auf Kostenfestsetzung zurückgewiesen, weil dieser nicht unterschrieben, sondern nur unterstempelt war.

Auf sof. Beschw. erkannte das LG. durch Beschl. vom 30. Sept. 1904, daß der Beschw. *stattzugeben* sei, und wies das AG. an, die Kasten festzusetzen, aus folgenden *Gründen*:

Die Rechtsprechung hat lediglich bei den der Partei zuzustellenden Klage- und Rechtsmittelschriften sowie bei den Beschwerdeschriften, durch welche eine Prozeßhandlung gegenüber dem Gericht vollzogen wird, die Unterschrift als ein *notwendiges* Erfordernis der Rechtswirksamkeit und weiter in diesen Fällen die *handschriftliche* Unterschrift allein für zulässig erklärt (vgl. *Seuffert's* Archiv 57 Nr. 50). In allen anderen Fällen genügt es dagegen mangels besonderer Vorschriften, wenn die Umstände ergeben, von wem die betreffende Schrift eingereicht ist. Im Fragefall ist dies ausreichend dargetan, indem der Antrag auf Kostenfestsetzung nicht allein als Kopfdruck den Namen des Anwalts — welcher zugleich Prozeßbevollmächtigter war — trägt, sondern mit dem Rawen als Ersatz der Unterschrift auch unterstempelt ist. Ein Anlaß, die deantragte Kostenfestsetzung wegen fehlender Unterschrift abzulehnen, lag sounch nicht vor.

Entsch. LG. Dstdt. ZK. I vom 30. Sept. 1904 T 296/04.

Sspn.

Kosten und Gebühren.

6. Wie viele Urteils-Abschriften darf sich der Anwalt zu seinen Handakten anfertigen und wann ist das Anfertigenlassen solcher Abschriften unzulässig?

Der Anwalt des Bekl. hatte in seine Kostenrechnung folgende Posten eingestellt: 1. Abschrift des Urteils für Mandanten; 2. Abschrift des Urteils für Kläger; 3. Abschrift des Urteils für die Handakten. Noch ehe auf der Schreibstube des bekl. Anwalts mit den 3 Abschriften begonnen wuede, war ihm bereits vom Gegenanwalt das Urteil zugestellt worden und sein Gesuch um Urteilsausfertigung von der Gerichtsschreiberei des Prozeßgerichts, allerdings ungerechtfertigt, zurückgewiesen worden. Das AG. billigte in dem Kostenfestsetzungsbeschlusse die Schreibgebühren für die Abschrift an den Mandanten und für die Zustellung zu, setzte dagegen die Schreibgebühren für die Urteilsabschrift, die trotz der vorausgegangenen Zustellung zu den *Handakten* genommen wurde, ad, da das Urteil dem Bekl. bereits zugestellt war, ehe diese Aktenabschrift degonnen wurde, und da diese mit Rücksicht auf die bereits dei den Akten befindliche Zustellung seitens des Kl. weder notwendig noch veranlaßt war. Hiergegen sof. Beschw. des Bekl. aus folgenden Gründen: Es sei üblich und zweckentsprechend, daß jeder Anwalt das Urteil zustelle, was auch von dem angefochtenen Beschl. anerkannt werde, da die beiderseitigen Schreibgebühren für die beiderseitigen Urteilsabschriften zugebilligt worden seien. Das Gesuch des Bekl. um Ausfertigung des Urteils sei von der Gerichtsschreiberei abschläglich beschieden worden. Da es nun nicht angängig sei, daß der zustellende Anwalt die von ihm vorzunehmende Beglaubigung der dem Gegner zuzustellenden Urteilsabschrift auf ihm selbst von dem Gegner zugestellte Urteilsabschriften gründe, so sei es notwendig gewesen, daß der Beschwerdeführer selbst eine Abschrift aus den Gerichtsakten habe anfertigen lassen. Erst auf eine unmittelbar aus den Gerichtsakten entnommene Abschrift von dem Original des Urteils sei es dem Beschwerdeführer möglich gewesen, die Uebereinstimmung der von ihm zuzustellenden Abschrift mit dem Original zu beglaubigen. Weiterhin erscheine es aber erforderlich, daß auch der Anwalt die ihm vom Gericht erteilte Ausfertigung oder an deren Stelle die aus den Akten entnommene Abschrift bei seinen Handakten behalte, um sich jederzeit Gewißheit verschaffen zu können darüber, in welcher Gestalt dem Gegner die Abschrift zugestellt worden sei. Das LG. hat die sof. Beschw. als unbegründet **zurückgewiesen**. Aus den **Gründen**: Wollte der Anwalt der Bekl. von dem Urteil der Gegenseite gegenüber Gebrauch machen, so bedurfte er zunächst einer von der Gerichtsschreiberei erteilten **Ausfertigung** des Urteils. Eine Beschwerde gegen die Verweigerung der Urteilsausfertigung ist nicht eingelegt worden; der Anwalt hat vielmehr selbst aus den Akten eine Abschrift zu seinen Handakten anfertigen und die Abschrift **dieser** Abschrift der Klageseite zustellen lassen. Dies eingehaltene Verfahren ist unzulässig, da eine Abschrift zur Zustellung nicht von einer vom Anwalt selbst gefertigten Abschrift, sondern nur von der seitens der Gerichtsschreiberei erteilten Ausfertigung des Urteils hergestellt werden konnte. Es lag daher für den Anwalt, der seinem Klienten bereits eine Urteilsabschrift zugefertigt hatte und dem zu seinen Handakten bereits von der Gegenseite eine Urteilsabschrift zugestellt war, kein Grund vor, auch noch eine weitere Abschrift zu seinen Handakten selbst anfertigen zu lassen.

Beschl. LG. Gießen I. ZK. vom 23. Nov. 1904 T 290 04.
St.

7. Vorschuß- und Zahlungspflicht des Arrestklägers.

Der Arrestkläger hatte einen Vorschuß von 51 Mk. geleistet, welchen das AG. auf die in dem Verfahren erwachsenen **Gesamtkosten** durch einen darauf bezüglichen Beschl. verrechnete.

Der Vertreter des Arrestkl. verfolgte dagegen Beschw. mit dem Antrag auf entsprechende Aenderung der Kostenberechnung und Rückvergütung des nicht verbrauchten Vorschusses, indem er ausführte, daß der Arrestkl. lediglich für diejenigen Gebühren und Auslagen zahlungspflichtig sei, die durch die auf seinen Antrag vorgenommenen gerichtlichen Handlungen erwachsen sind, also hier: Gebühr für Erkennung des Arrestes, für Hinterlegung der Sicherheit und die hieraus herrührenden Schreibgebühren. Für alle übrigen Kosten sei der Arrestbekl. zahlungspflichtig, und zwar sowohl als Antragsteller hinsichtlich des Widerspruchs u. s. w. als auch auf Grund des § 86 Abs. 1 GKG.

Das LG. gab der Beschw. dahin statt, daß Arrestkl. nur für den Betrag von 47,70 Mk. für vorschuß- und zahlungspflichtig erklärt wurde, wies im übrigen die Beschw. zurück und belastete den Arrestkl. mit $^{9}/_{10}$, den Arrestbekl. mit $^{1}/_{10}$ der Kosten.

Aus den **Gründen**: Nach § 81 GKG. ist der Antragsteller für die **höchste** Gebühr, welche für einen Akt der Instanz in Ansatz kommen kann, vorschußpflichtig. Als solche ist die Gebühr des § 26 Nr. 9 GKG. anzusehen; denn jeder Arrestkl. muß mit dem Umstand rechnen, daß die Entscheidung über das Gesuch gemäß § 922 ZPO. auf Grund einer mündlichen Verhandlung durch Endurteil ererfolgt oder daß der Bekl. gegen den Arrestbefehl Widerspruch erhebt und daß dann über die Rechtmäßigkeit des Arrestes durch Endurteil zu entscheiden ist (§ 924 ZPO.). Die gegenteilige Ansicht von **Pfafferoth** (GKG., 7. Aufl., zu § 81), daß der Arrestkl. nur für die Gebühr des § 35 Nr. 3 GKG. vorschußpflichtig sei, wenn der Arrest durch Beschluß angeordnet werde, findet weder in dem Wortlaut des Gesetzes ihre Rechtfertigung noch kann sie damit begründet werden, daß man sagt, der widersprechende Arrestbekl. veranlasse durch seinen Widerspruch ein **besonderes** Verfahren, er sei also insofern **Antragsteller**. Der **Gläubiger**, welcher den Arrest beantragt, bleibt auch in diesem Falle Kläger und Antragsteller (vgl. RGE. 20 S. 384). Die Instanz wird durch den Widerspruch nicht verändert. Arrestkl. ist demnach auch vorschußpflichtig für die **höchste** Gebühr, welche für definitive Erkennung des Arrestes in Ansatz **kommen kann**. Ein abgeschlossener Vergleich würde daran nichts ändern (vgl. § 90 GKG.). Die nach § 43 GKG. zu erhebende Gebühr beträgt nicht $^{3}/_{10}$, sondern nur $^{2}/_{10}$. Für diesen letzteren Betrag ist Arrestkl. vorschuß- und zahlungspflichtig, da er die Abnahme des Offenbarungseides veranlaßt hat, demnach als Antragsteller im Sinne des § 81 GKG. anzusehen ist.

Für die Hinterlegungs- und für die Schreibgebühr ist Arrestkl. haftbar. Nach Art. 12 UrkStG. ist er aber auch für den angesetzten Stempelbetrag vorschußpflichtig. Bezüglich der Verpflegungskosten ist die Vorschußpflicht des Arrestkl. nach Art. 7 AG. z. ZPO., § 84 GKG. unbestreitbar.

Beschl. LG. Darmstadt ZK. III v. 11. Mai 1903 T 141/03.
R. Scriba, Ger.-Akz.

Entscheidungen des Großh. Verwaltungsgerichtshofes.

Verjährungszeit für Erstattungsansprüche einer Gemeindekrankenversicherung gegen eine Ortskrankenkasse.

Es ist davon auszugehen, daß irgendwelche Ansprüche aus dem Krankenversicherungsgesetz, sofern dieses selbst nicht Ausnahmevorschriften aufstellt, den allgemeinen **Verjährungsvorschriften** des bürgerlichen Rechts unterliegen, regelmäßig also der 30jährigen Verjährung des § 195 BGB. Solche Ausnahmebestimmungen enthalten die §§ 55, 56 KVG., wonach der Anspruch auf Eintrittsgelder und Beiträge in **einem Jahr**, **Unterstützungsansprüche** aus diesem Gesetz in **zwei Jahren** verjähren. Unterstützungsansprüche in diesem Sinne sind alle direkten Ansprüche auf jede Art von Kassenleistungen, und solchen **unmittelbaren** Ansprüchen der Versicherten stellt nach herrschender Meinung in bezug auf die Verjährung der § 57 Abs. 2 und 3 des Gesetzes diejenigen **Erstattungsansprüche** gleich, die **kraft Gesetzes** auf die belastete Gemeinde oder den Armenverband **übergehen** (vgl. v. **Schicker**, Note 1 Abs. 9 zu § 56 a. a. O., Note 13, 14, 15 zu § 57 a. a. O.; v. **Woedtke**, 5. Aufl., Note 6 a zu § 57 a. a. O.). Anders ist die Rechtslage in Fällen des § 57 a KVG. zu beurteilen: hier handelt es sich darum, daß auf Verlangen der an sich verpflichteten Gemeinde-Krankenversicherung oder Ortskrankenkasse ein auswärts wohnender Erkrankter von der Krankenkasse des **Wohnorts** Unterstützung erhält; die letztere Kasse hat alsdann Anspruch auf **Erstattung** der ihr hieraus **erwachsenen Kosten** gegen die an sich verpflichtete Krankenkasse. Diese vom § 57 Abs. 2 ganz abweichende Wortfassung zeigt, daß der Gesetzgeber im § 57 a nicht ebenfalls eine cessio legis konstruieren wollte, wie der Provinzialausschuß irrig annimmt; vielmehr begründet § 57 a ein **Auftragsverhältnis**, und wenn der Beauftragte auch zur Ausführung des Auftrags vom Gesetz ausdrücklich verpflichtet wird, so ist darin doch noch nicht der Uebergang des Anspruchs wider den Auftraggeber kraft Gesetzes enthalten, sondern das Gesetz gibt lediglich einen Erstattungsanspruch, der auf vorgelegte Leistungen aus dem Auftrag, nicht aber auf gesetzlichen Rechtsübergang zu stützen ist. Gesetzgeberisch mag sich die abweichende Konstruktion im § 57 Abs. 2, 3 durch die Erwägung rechtfertigen, daß hier — bei Zusammentreffen der Verpflichtung der Krankenkasse einerseits mit den *gesetzlichen* Verpflichtungen anderer Leistungspflichtigen (z. B. aus Haftpflicht, Unterhaltspflicht u. s. w.) andererseits — die Möglichkeit doppelter Schadloshaltung des Erkrankten, die aus § 57 Abs. 1 hätte eintreten können, auf kürzestem Wege auszuschließen war.

Eine derartige *konkurrierende Leistungspflicht* zweier gesetzlich berufener Organe tritt aber im Falle des § 57a überhaupt nicht ein, sondern die einzig verpflichtete Krankenkasse ersucht eine andere Kasse, sie in Erfüllung ihrer Pflicht zu vertreten, und das Gesetz verpflichtet die ersuchte Kasse zur Ausführung dieses Auftrags vorbehaltlich der Rückerstattung (vgl. *Düttmann*, Note 1 Abs. 1 zu § 56; Noten 1, 2 zu § 57 a. a. O.; Arbeiter-Versorgung, 16. Jahrg. (1899), S. 432 — sächs. Min.-Entsch. vom 28. Juni 1899).

Das hier Ausgeführte gilt ebenso, wenn man (mit v. *Woedtke*, Note 6 Abs. 2 S. 383, 384 a. a. O.) die Leistung der Kasse am Wohnort des Erkrankten auf Grund des § 57a als „Besorgung der Angelegenheiten" der verpflichteten Kasse und den Anspruch des Erkrankten gegen die ersuchte Kasse nicht als „Unterstützungsanspruch" bezeichnen und hieraus den Unterschied von der cessio legis der §§ 56, 57 folgern will. In jedem Fall ist außer Zweifel, daß § 57a hinsichtlich der *Verjährung* nicht der Ausnahme des § 56, sondern der allgemeinen Regel folgt.

Urt. VGH. v. 21. Mai 1904 No. 170/04. K.

Justizverwaltung.

Ausschr. des JzMin. v. 2. Dezember 1904, betr. das Grundbuchwesen.

In Ansehung der Frage, unter welchen Voraussetzungen auf Grund des Art. 1 Z. 5 des Anleg.-Ges. ein Eigenbesitzer in das anzulegende Grundbuch als Eigentümer zu übernehmen ist, sind Zweifel entstanden. Es wird namentlich von einzelnen Anlegungs-Richtern die Auffassung vertreten, daß eine Eintragung des Eigenbesitzers in das anzulegende Grundbuch als Eigentümer unter allen Umständen erst dann erfolgen könue, wenn der im alten Grundbuch eingetragene Eigentümer oder dessen Erbe in die Eintragung des Eigenbesitzes eingewilligt habe, und daß es daher stets notwendig sei, den eingetragenen Eigentümer oder dessen Erben zu ermitteln und zu vernehmen oder, falls die Ermittelung nicht möglich sei, einen Pfleger zu bestellen und diesen darüber zu hören, ob er in die Eintragung des Eigenbesitzes in das neue Grundbuch einwillige. Diese Auffassung halten wir aus den nachstehenden Gründen nicht für zutreffend: Ziffer 5 des Art. 1 Anleg.-Ges. hat ebenso wie Ziffer 4 gegenüber den Ziffera 1—3 daselbst eine selbständige Bedeutung. Hiernach konn die Eintragung eines Eigenbesitzers auf Grund des Art. 1 Z. 5 auch in denjenigen Föllen erfolgen, in welchen noch Personen vorhanden sind, deren Eintragung nach den Bestimmungen unter Ziffer 1—4 in Betracht kommen könnte. Erst dann, wenn diese Personen ihre Eintragung wirklich beantragen, muß die Eintragung des im Anlegungsverfahren aufgetretenen Eigenbesitzers unterbleiben; das weitere Verfahren bestimmt sich in diesem Falle nach Art. 2 und 3 des Anl.-Ges. Wird dagegen ein Antrag auf Eintragung auf Grund des Art. 1 Z. 1—4 nicht gestellt, so fehlt es an der Voraussetzung für die Anwendung der Art. 2 und 3. Es ist daher der Eigenbesitzer, sofern er seinen Eigenbesitz nachweist, in das neue Grundbuch einzutragen, ohne daß darauf Rücksicht zu nehmen wäre, ob noch Personen zu vernehmen sind, die nach Art. 1 Z. 1—4 ihre Eintragung verlangen könnten. Auch dem im alten Grundbuch mit Erwerbstitel eingetragenen Eigentümer geht sonach der seine Eintragung verlangende Eigenbesitzer vor, solange nicht der eingetragene Eigentümer oder dessen Erbe ebenfalls seine Eintragung in das neue Grundbuch beansprucht. Die Uebernahme des bereits im alten Grundbuch Eingetragenen in das neue erfolgt von Amts wegen (Ausschr. v. 7. Juli 1900) nur dann, wenn nicht ein Anderer im Anlegungsverfahren aufgetreten ist, der auf Grund des Art. 1, insbes. der Z. 4 und 5, seine Eintragung beansprucht.

Aus Art. 1 des Anl.-Ges. läßt sich daher die Notwendigkeit der vorgängigen Einwilligung des bereits im alten Grundbuche eingetragenen Eigentümers oder seines Erben nicht entnehmen. Daß Art. 1 diese Einwilligung *nicht* voraussetzt, ist zudem noch in Art. 1 Abs. 2 zum unzweideutigen Ausdruck gebracht; denn daselbst wird die Einwilligung des Eigentümers nur als Voraussetzung für den durch den Eintrag des Eigenbesitzers in das neue Grundbuch erfolgenden *Erwerb des Eigentümers* durch den Eigenbesitzer bezeichnet, während im übrigen davon ausgegangen wird, daß an sich zur Eintragung des Eigenbesitzers in das neue Grundbuch die Einwilligung des Eigentümers nicht erforderlich ist.

In Betracht kommt jedoch noch weiter § 13 der VO. v. 13. Jan. 1900, die Anlegung des Grundbuchs betr. Nach dessen Z. 1 sollen zum Zweck der Ermittelung der Eigentumsverhältnisse zunächst die in den öffentlichen Büchern des alten Rechts eingetragenen Personen über das Eigentum vernommen werden. Nach § 13 Abs. 3 kann aber die Vernehmung unterbleiben, wenn sie untunlich ist, insbesondere kann nach § 34 der Anw. von der Vernehmung abgesehen werden, wenn die eingetragene Person oder dessen Erbe abwesend und der Aufenthalt unbekannt ist. Nach diesen Vorschriften wird allerdings der eingetragene Eigentümer oder dessen Erbe, wenn Person und Aufenthalt bekonut ist, regelmäßig darüber zu hören sein, ob er in die Eintragung des Eigentümers in das neue Grundbuch einwilligt oder ob er seine eigene Eintragung beantragen will. Ist dagegen Person und Aufenthalt unbekannt, so ist die Einwilligung dieser Personen auch nach den formellen Anlegungsvorschriften keine Voraussetzung für die Eintragung des im Anlegungsverfahren aufgetretenen Eigenbesitzers in das neue Grundbuch. In diesen Fällen ist daher auch nicht die Bestellung eines Pflegers unter allen Umständen geboten. Eine solche Bestellung würde allerdings nach § 34 Abs. 1 Satz 2 der Anw. nicht unzulässig sein. Zum mindesten wird dann die Bestellung eines Pflegers nicht veranlaßt sein, wenn durch die Eintragung des Eigenbesitzers in das anzulegende Grundbuch lediglich dasjenige grundbuchmäßigen Ausdruck findet, was nach den Vorgängen, die zu dem Eigenbesitz geführt haben, als dem Willen der Beteiligten entsprechend erscheint, oder wenn Person und Aufenthalt des bereits als Eigentümer Eingetragenen oder dessen Erben schon so lange unbekannt ist, daß die Annahme gerechtfertigt ist, es werde zu einer Geltendmachung etwaiger Rechte durch diese Personen nicht mehr kommen. Im einzelnen lassen sich hierüber keine Regeln aufstellen, es muß vielmehr dem Ermessen des Anleg.-Richters überlassen bleiben, ob nach Lage der Verhältnisse der Unbekannte oder der mit nicht bekanntem Aufenthalt Abwesende

i. S. der §§ 1911, 1913, 1960 BGB. als einer Fürsorge bedürftig erscheint.

Die vorstehenden Ausführungen gelten auch für die Provinz Rheinhessen, sofern es sich dort um die Anwendung des Art. 32 Z. 4 des Anlegungs-Ges. handelt.

Nees.

Literatur.

Rosenberg, R., Dr.: Verjährung und gesetzliche Befristung (J. Schweitzer, München. 146 S. Geh. Mk. 3.20). Ausgehend von der Grawein'schen Arbeit (1880), der er das Verdienst, die notwendige Lösung der Frage nach dem Unterschied beider Begriffe angeregt zu haben, zuspricht, stellt der Verf. eingehende Untersuchungen an über Gegenstand, Voraussetzungen und Wirkung von Verjährung und gesetzlicher Befristung. Zur Frage der Beweislast für die Einrede der Verjährung ist der Verf. mit dem Standpunkt des RG. (IV 286) nicht einverstanden (S. 137). Die gediegene Arbeit verdient Beachtung. X.

Weigelin, E., Dr.: Das Recht zur Aufrechnung als Pfandrecht an der eigenen Schuld (Helwing, Hannover. 186 S. Geh. Mk. 3.50). In einem allgemeinen Teil untersucht der Verf. die Natur der Aufrechnung nach gem. Recht wie nach BGB. und konstruirt sie als Pfandrecht an der eigenen Schuld (S. 42). Mit Zuhilfenahme der vorhandenen Literatur wird im besonderen Teil das System des Aufrechnungsrechts, auch für Handels- und Konkursrecht, näher entwickelt, und zwar nach Entstehung, Inhalt und Untergang des Rechts. Die Schrift darf als gründliche und erschöpfende Arbeit empfohlen werden. K.

Pestalozza, A., Graf v., Dr.: Der Begriff der Mentalreservation im Sinne des § 116 BGB. (J. Schweitzer, München. 57 S. Geh. Mk. 1.80). Zugleich als Beitrag zur Lehre von den Willenserklärungen bietet diese Monographie sowohl einen Ueberblick über den historischen und juristischen Begriff der restrictio mentalis wie auch eine anregende Erörterung zahlreicher praktischer Beispiele, darunter drei reichsgerichtliche Fälle (RGE. i. ZS. Bd. 37 S. 347 — ungenau zitiert —, RGE. i. Strafs. Bd. 7 S. 128 und ein den Originalakten entnommener Fall). Der Verf. kommt zu dem Ergebnis, daß der herrschende Begriff der Mentalreservation dem Wortlaut des § 116 BGB. nicht entspreche. K.

Boschan, W., AR.: Die Nachlaßsachen in der gerichtlichen Praxis (O. Häring, Berlin. 384 S. Geh. Mk. 6). Zur Ueberwindung der Schwierigkeiten, denen das neue Recht in der Praxis — besonders in der FG. — begegnet, wollen die von RGR. Peters herausgegebenen Hilfsbücher verschiedener Verf. beitragen, so auch der vorliegende Bd. 8 dieser Sammlung, der die gesamte Tätigkeit des Nachlaßgerichts (II. Teil) zum Gegenstand hat mit Ausnahme des Erbscheinverfahrens und der damit zusammenhängenden Rechtsverhältnisse, die der nämliche Verf. in Bd. 7 (I. Teil) bereits behandelt hat. Wir finden daher in Band 8 die Darstellung der Sicherung und Verwaltung des Nachlasses, der Mitwirkung des Gerichts bei der Inventur, der Eröffnung und Rückgabe letztwilliger Verfügungen, der Beurkundung und Vermittelung der Erbauseinandersetzung (Beispiel einer solchen in § 97) rc. Die praktisch wichtigsten Vorschriften sind überall besonders hervorgehoben. K.

Berichtigung.

In Nr. 24 Seite 183, 2. Halbseite im Text, Zeile 16, 18, 21, 22, 23 von unten sind vor „daß" je die Ziffern 1, 2, 3, 4 und 5 einzuschalten. Zeile 6 von unten muß es heißen: „Wenn ein Ehegatte vor dem 1. Jan. 00 geheiratet hat und nach dem 31. Dezember 99 gestorben ist."

Anzeigen.

Für die Redaktion verantwortlich: Oberlandesgerichtsrat Keller in Darmstadt. — Verlag von J. Diemer in Mainz. — Druck von G. Otto's Hof-Buchdruckerei in Darmstadt.

Hessische Rechtsprechung

Herausgegeben

auf Veranlassung des **Richter-Vereins** unter Mitwirkung der **Hessischen Anwaltskammer**

von Oberlandesgerichtsrat **Keller** in Darmstadt, Landgerichtsrat **Dr. Buff** in Darmstadt,

Landgerichtsdirektor **Dornseiff** in Darmstadt, Landgerichtsrat **Ress** in Mainz, Oberamtsrichter **Dr. Lahr** in Darmstadt.

Erscheint monatlich zwei Mal
Preis Mk. 7.12 jährlich
mit portofreier Zustellung.

Bestellungen nehmen die Expedition in Mainz, die Postanstalten sowie sämtliche Buchhandlungen entgegen.

Einrückungs-Gebühr die dreispaltige Zeile oder deren Raum 30 Pfg.

Nr. 2. Vom Deutschen Juristentag angenommene Zitierweise: HessRspr. Nachdruck verboten. **6. Jahrgang.**

Redaktion: Darmstadt, Heinrichsstraße 5.

Mainz, 15. April 1905

Verlag und Expedition: J. Diemer, Mainz.

Entscheidungen des Großh. Oberlandesgerichts.

Zivilrecht. — Zivilprozeß.

1. Ordnungsstrafe nach § 180 GVG. Wahrung der Sitzungspolizei durch den Vorsitzenden. Beweiserhebung in der Beschwerdeinstanz.

Der Rechtsanwalt Y. ist wegen Ungebühr vom AG. D. I in eine Ordnungsstrafe von 30 Mk. verurteilt worden. Auf Beschw. gemäß § 183 GVG. ordnete das OLG. zunächst die Einholung einer Aeußerung des Vorsitzenden sowie die Vernehmung der in der Beschwerdeschrift benannten Zeugen an. Nach Erledigung erkannte dasselbe, daß die Strafe zwar auf 15 Mk. herabzusetzen, im übrigen aber die Beschw. zu verwerfen sei. Aus den Gründen:

Die angestellten Ermittelungen, bei welchen insbesondere die Aussagen der unbeteiligten Zeugen Dr. H. (Gegenanwalt), Ger.Akz. P. (Gerichtsschreiber) und B. (Gerichtsdiener) von entscheidender Bedeutung sind, haben zu folgendem Ergebnis geführt:

Zu dem Verhandlungstermin vor dem Respizienten des Rechtsstreites, zu welchem auch die Kindesmutter und der Bekl. zwecks Gegenüberstellung und gegenseitiger Aussprache als Grundlage für die demnächstige richterliche Entscheidung bezüglich einer Eidesauflage geladen und erschienen waren, hatte der Bekl. gegenüber den Behauptungen der Kindesmutter u. a. auch die Aeußerung getan „das sind ja Lügen", ohne daß seitens des Vorsitzenden gegen diese Aeußerung des Bekl. etwas erinnert worden wäre. Als sodann im weiteren Verlauf der Verhandlung die Kindesmutter anläßlich einer bestimmten Behauptung des Bekl. diesen einen „Lügner" nannte, und der Vorsitzende auch diesen Ausdruck ungerügt ließ, erhob sich der beklagtische Anwalt Y. und legte, ohne daß ihm hierzu das Wort erteilt war oder er auch nur darum nachgesucht hatte, gegen diesen beleidigenden Ausdruck der Kindesmutter Verwahrung ein und stellte zugleich an den Vorsitzenden das Ansinnen, er möge doch „diese Person" zurückweisen. Der Vorsitzende bemerkte ihm hierauf, und zwar in ruhigem Tone, daß diese gegenseitige Aussprache für ihn von Wichtigkeit sei, und er bitte, nicht in die Verhandlung hineinzureden (oder: die Verhandlung nicht zu unterbrechen); er werde schon wissen, wenn er Einhalt zu gebieten habe. Als sodann im weiteren Verlauf der Verhandlung RA. Y. noch mehrmals — nach Aussage der Zeugen mindestens dreimal —, ohne daß ihm das Wort hierzu erteilt worden war, hineinredete, erklärte ihm der Vorsitzende, daß er sich dieses weitere Hineinreden (oder: jede Unterbrechung der Verhandlung) verbitte, wenn ihm nicht das Wort erteilt sei. RA. Y. erhob sich darauf und erwiderte in erregter Weise: er verbitte sich seinerseits dieses „Verbitten" des Amtsrichters. Letzterer erklärte nun, er behalte sich das Weitere vor, und verkündigte sodann nach Schluß der Verhandlung Beschl. dahin, daß RA. Y. in eine Ungebührstrafe von 30 Mk. wegen des beschriebenen Verhaltens verurteilt werde.

Der Gerichtshof vermochte die gegen diese Beschl. erhobene Beschw. im Hinblick auf die vorstehenden tatsächlichen Feststellungen in der Hauptsache nicht für begründet zu erachten. Nach den Zeugenaussagen erscheint das Verhalten des Vorsitzenden als ein durchaus korrektes, und es kann ihm insbesondere nicht zum Vorwurf gereichen, daß er im Interesse eines ungestörten Ganges der Verhandlung und der Aufrechterhaltung seiner richterlichen Autorität gegenüber dem beklagtischen Anwalt nach vorgängiger erfolgloser Ermahnung die Aeußerung tat, er **verbitte sich** jedes fernere Hineinreden in die Verhandlung. Denn ein anderes gelinderes Mittel zur Sicherung eines ordnungsmäßigen Ganges der Verhandlung steht ihm gegenüber den wiederholten Unterbrechungen durch den beklagtischen Anwalt wohl kaum zu. Daß jene Aeußerung des Vorsitzenden in schroffem Ton oder sonst ungehöriger Art und Weise erfolgte, ist nicht erwiesen, nach den Zeugenaussagen vielmehr das Gegenteil als festgestellt anzusehen. Diesen Aussagen dreier unbeteiligter Zeugen können aber diejenigen des Bekl. und dessen Vaters, da bei diesen beiden Personen eine genügende Gewähr für die Objektivität ihrer Wahrnehmung und Auffassung der fraglichen Vorgänge nicht gegeben ist, nicht ins Gewicht fallen, wie denn auch aus demselben Grunde die Aussagen der

Kindesmutter und ihres Vaters ganz außer Betracht gelassen wurden. Kann aber somit von der Notwendigkeit einer Zurückweisung eines gegen ihn gerichteten persönlichen Angriffs seitens des RA. nicht die Rede sein, so lag auch für diesen keine triftige Veranlassung vor, jene vorerwähnte Aeußerung des Vorsitzenden, die sich innerhalb der Grenzen der ihm obliegenden Sitzungspolizeigewalt hielt, in der Weise, wie geschehen, zu erwidern. Gerade in dem Umstande, daß RA. Y. die von dem Vorsitzenden gebrauchten Worte („er verbitte sich" 2c.) seinerseits ebenfalls gebrauchte, mußte der Gerichtshof eine Außerachtlassung der dem Gericht in der Person des Richters geschuldeten Achtung und somit auch eine Verletzung der Ordnung erblicken und demgemäß die Erkennung einer Strafe aus § 180 GVG. für gerechtfertigt erachten. Im Hinblick auf den erregten Zustand, in dem sich der Beschwerdeführer damals offenbar befunden hat, erschien eine Geldstrafe von 15 Mk. ausreichend.

Entsch. OLG. ZS. I v. 5. Okt. 1904 W 112/04.
Sspn. Ger.-Ass.

2. Auslegung von Testamenten, welche vor dem 1. Jan. 1900 errichtet, aber erst nach diesem Zeitpunkte wirksam wurden.

Die Erblasserin hinterließ aus erster Ehe einen Enkel, aus zweiter Ehe eine Tochter; sie hatte am 15. Dez. 1890 ein notarielles Testament errichtet, in welchem sie zu Gunsten ihrer Tochter „zum Voraus und mit Befreiung von jeglichem Rückbringen über soviel ihres gesamten dereinstigen Nachlasses, nichts davon ausgenommen noch vorbehalten, verfügte, als sie den bestehenden Gesetzen nach über Eigentum, Besitz und Genuß ihres Vermögens zu verfügen berechtigt sei, jedenfalls solle ihre Tochter ein Drittel ihres gesamten Vermögensnachlasses zum Voraus von ihr eigentümlich erben." In dem Streit über die Auslegung dieser Klausel sprach sich das OLG. wie folgt aus:

Wenn ein Erbl. nach dem Inkrafttreten des BGB. stirbt, wird die vor dem Inkrafttreten errichtete Verfügung von Todeswegen nach den bisherigen Gesetzen beurteilt, wie dies der Art. 214 EinfG. z. BGB. bestimmt. Maßgebend für die Form der Errichtung waren die Bestimmungen des code civil, welche gewahrt sind. Das OLG. hat keinen Anlaß, von seiner Entscheidung v. 30. Dez. 1902 W 196/02 (vgl. Hess. Rspr. III S. 169 und dortige Zitate abzugehen, wonach die Auslegung nicht nach neuem, sondern nach altem Recht erfolgt. Bei Erforschung des Willens der Erblasserin sind, abgesehen von dem Wortlaut der Verfügung, auch die Zeit der Errichtung des Testaments sowie die begleitenden Umstände zu berücksichtigen. Der Wortlaut spricht schon dafür, daß diejenigen Gesetze gemeint sein sollen, welche zur Zeit der Errichtung in Geltung waren. Es heißt: „nach den bestehenden Gesetzen". Solche waren aber damals die Bestimmungen des code civil. Hätte die Erblasserin an die zur Zeit ihres Ablebens geltenden Gesetze gedacht und eine Andeutung in dieser Richtung dem Notar gegenüber abgegeben, so wäre der Wortlaut ein anderer geworden. Das BGB. datiert vom 18. Aug. 1896 und trat am 1. Jan. 1900 in Geltung, und es erscheint geradezu ausgeschlossen, daß volle neun Jahre vorher eine einfache Frau vom Lande an eine Aenderung der Gesetzgebung zur Zeit ihres Ablebens gedacht oder, falls sie an eine solche gedacht hätte, dies dem Notar gegenüber nicht erklärt haben sollte.

Auch bezüglich des Notars selbst darf angenommen werden, daß ihm der Gedanke an eine solche Aenderung fernlag. Andernfalls hätte er, wenn er im Zweifel gewesen wäre, die Testatarin aufmerksam gemacht und ihr hierdurch Anweisung gegeben, ihrem Willen einen anderen Ausdruck zu verleihen.

Urt. OLG. II. ZS. vom 4. Nov. 1904 U 140/04. F.

Strafrecht. — Strafprozeß.

3. In Gesindesachen ist nur der Ehemann Dienstherrschaft und zum Strafantrag berechtigt.

Das Schöffengericht hat die Angekl. am 13. Sept. 1904 der Uebertretung des Art. 19 der Gesindeordnung für schuldig erklärt und zu einer Geldstrafe von 15 Mk., eventuell zu 15 Tagen Haft verurteilt.

Auf ihre Berufung wurde durch Urteil der Strafk. 1 zu Darmstadt vom 1. Nov. 1904 das Urteil des Schöffengerichts aufgehoben, das Verfahren eingestellt und die Staatskasse mit den Kosten beider Instanzen belastet. Hiergegen erhob die Staatsanwaltschaft zu Darmstadt Revision.

Der Großh. GenStA. nahm den Antrag auf kostenfällige Verwerfung der Rev. als unzuläſſig, eventuell auf Zurückverweisung der Sache zur anderweiten Verhandlung und Entscheidung an die Vorinstanz.

Dem in erster Linie gestellten Antrage des Großh. Gen.StA. hat das OLG. entsprochen.

Gründe: Von der Ehefrau W. zu D. war die Angekl. als Dienstmädchen gemietet worden. Sie trat jedoch den Dienst nicht an, und sogar dann nicht, als sie von der durch die Ehefrau W. in Anspruch genommenen Ortspolizeibehörde zum Eintritt in den Dienst innerhalb 24 Stunden unter Androhung einer auf Antrag der Dienstherrschaft vom Strafrichter zuerkennenden, im Nichtzahlungsfalle in Haft zu verwandelnden Geldstrafe von 10 bis 40 Mk. aufgefordert worden war.

Gemäß Art. 18 der GesindeO. ist der Antrag auf Erkennung einer Strafe durch die Dienstherrschaft zu stellen. Die Strafk. ist nun von der Auffassung ausgegangen, daß, wenn auch eine Ehefrau befugt sei, auf Grund des § 1357 BGB. den Mietvertrag mit einem Dienstboten abzuschließen, doch vorliegend der Ehefrau W. die Befugnis gefehlt habe, den Strafantrag zu stellen. Nur der Ehemann sei hierzu berechtigt, nur er könne als Dienstherrschaft angesehen werden, welche die Befugnis besitze, die Dienstleistung im Wege des polizeilichen Einschreitens zur Verwirklichung zu bringen. Bei der Frage der Stellvertretung könne der § 1357 BGB. nicht herangezogen werden; sie sei auf Grund des öffentlichen Rechts zu entscheiden. Die durch die Handlung der Angekl. herbeigeführte Verletzung erscheine nicht als eine vermögensrechtliche. Jedenfalls sei die Wahrnehmung des verletzten Interesses nicht der Frau auch insoweit überlassen worden, als sie ein Hinausgehen über ihren häuslichen Wirkungskreis erfordere. Allerdings habe zunächst der Ehemann W. sich an die Polizei gewendet, diese habe alsdann aber mit der Ehefrau W verhandelt und letztere veranlaßt,*) den Antrag zu stellen; hierzu sei die Ehefrau aber weder ausdrücklich noch stillschweigend beauftragt gewesen.

Es darf dahingestellt bleiben, ob diese Ausführungen, gegen welche sich die Staatsanwaltschaft des LG. in der Revisionsrechtfertigung wendet, unbeschränkt als zutreffend anzusehen sind; denn es kommt nicht auf sie, sondern auf die Bestimmungen des § 380 StPO. an. Nach diesem kann gegen ein in der Berufungsinstanz erlassenes Urteil der Strafk. die Revision wegen Verletzung einer Rechtsnorm über das Verfahren nur auf Verletzung der Vorschrift des § 398 StPO. gestützt werden. Diese Ausnahme von der allgemeinen Regel liegt hier nicht vor. Der Strafantrag gehört aber, wie das OLG. wiederholt entschieden hat, zu den strafprozessualen Normen. Wäre diese Norm verletzt, so könnte die Revision doch nicht hierdurch gestützt werden.

Urt. OLG. Entsch. v. 26. Jan. 1905 S 55/04. X.

Kosten und Gebühren.

4. Der Anspruch auf Aufhebung der Errungenschaftsgemeinschaft ist ein nicht vermögensrechtlicher i. S. des § 10 GKG.

Durch VersUrteil des LG. D. ist auf Klage der Ehefrau die zwischen den Streitteilen bestehende Errungenschaftsgemeinschaft unter Verurteilung des Bekl. Ehemannes in die Kosten aufgehoben worden. Der Wert des Streitgegenstandes wurde auf 4000 Mk. festgesetzt. Dem hiergegen vom Bekl. mit der Beschwerde gestellten Antrag, den Wert des Streitgegenstandes gemäß § 10 GKG. auf höchstens 2000 Mk. zu bemessen, wurde stattgegeben und der Streitwert auf 2000 Mk. bestimmt. Aus den Gründen: Es steht in Frage, ob der Anspruch auf Aufhebung der Errungenschaftsgemeinschaft als ein vermögensrechtlicher zu betrachten ist oder nicht. Wie bereits in der Entsch. vom 18. Januar 1904 (W 202/03) wurde diese Frage im letzteren Sinne entschieden auf Grund folgender Erwägungen: Die Aufhebung der Errungenschaftsgemeinschaft betrifft und regelt die ganze rechtliche Stellung des Mannes in der Ehe gegenüber der Frau und deren Vermögen, und zwar nicht nur mit Wirkung für die Vergangenheit, insofern der Auseinandersetzungsanspruch hierdurch begründet wird, sondern auch insbesondere für die Zukunft, insofern Gütertrennung eintritt. Diese rechtliche Stellung des Mannes hat neben ideeller wohl auch eine vermögensrechtliche Bedeutung; letztere läßt sich aber in einem bestimmten Geldbetrag nicht veranschlagen und ausdrücken. Die Verwaltungsbefugnis an sich berührt kein geldwertes Interesse des Mannes und ist kein geldwertes Recht. Die Nutznießung berührt wohl Geldinteressen, ihr Vorteil kommt aber zunächst nicht dem Mann, sondern der Ehe zu gut, und der Errungenschaftsanspruch berührt für die Vergangenheit wohl Geldinteressen, er ist aber für die Zukunft ein ganz ungewisser und zunächst imaginärer. Der Betrag des nach der Aufhebung auseinanderzusetzenden Vermögens betrifft nur die eine Seite der Aufhebung, die Wirkung für die Vergangenheit, und kann auch um deswillen nicht maßgebend sein, weil durch die Aufhebung die Zugehörigkeit des Vermögens nicht berührt und geändert wird, und weil der Herausgabeanspruch mit der Aufhebung an sich noch nicht zur Geltung gebracht ist.

Hiernach ergibt sich, daß die Aufhebung im wesentlichen und hauptsächlichen nach der ideellen, in Geldwerten nicht darstellbaren Seite Wirkungen äußert und die direkt vermögensrechtlichen Wirkungen nur nebenherlaufende, nur Reflexwirkungen sind. Da sonach der Anspruch auf Aufhebung der Errungenschaftsgemeinschaft ein vermögensrechtlicher nicht ist, hat die Wertbemessung nach § 10 GKG. zu erfolgen.

Beschl. OLG. I. ZS. v. 29. Juni 1904 W 108/04. Lk.

*) Aus dieser Feststellung dürfte sich Anlaß zu sachgemäßer Unterweisung der unteren Polizeiorgane ergeben. D. Red.

Entscheidungen der Großh. Landgerichte.

Zivilrecht. — Zivilprozeß.

5. Hat die von dem Gewerbegericht beschlossene Verbindung mehrerer Prozesse (§ 147 ZPO.) die Wirkung, daß zwecks Berechnung der Berufungssumme — § 55 GewGG. — die Ansprüche zusammengerechnet werden?

Die Kl. belangten den Bekl. als ihren Arbeitgeber bei dem GewG. M. in drei besonderen Klagen mit Streitwerten unter 100 Mk. auf Schadensersatz wegen Entlassung ohne Einhaltung der Kündigungsfrist. Das GewG. verband die Prozesse zum Zweck der gleichzeitigen Verhandlung und Entscheidung und verurteilte den Bekl. zur Zahlung der eingeklagten Beträge. Gegen diese Entscheidung legte der Bekl. Berufung ein, deren Zulässigkeit er damit begründete, daß der Gesamtstreitwert den Betrag von 100 Mk. übersteige. Die Kl. wendeten ein, daß eine Zusammenrechnung nicht statthaft sei, weil die Berufung gegen gewerbegerichtliche Urteile sich als ein außerordentlicher Rechtsbehelf darstelle und das Gesetz durch Festsetzung einer Wertsgrenze den Zweck verfolge, die Berufung einzuschränken. Es handle sich um drei nicht gemeinschaftlich erhobene Klagen, bei jeder bleibe der Wert des Streitgegenstandes unter 100 Mk., ihre Verbindung sei eine rein äußerliche und die materielle Verteidigung des Bekl. bei jeder Kl. verschieden.

Die Einwendungen der Kläger wurden zurückgewiesen. Aus den Gründen: Nach § 55 GewGG. ist die Berufung gegen Urteile der GGe. zulässig, wenn der Wert des Streitgegenstands den Betrag von 100 M. übersteigt. Die Frage, ob, wenn mehrere bei dem GG. anhängige Prozesse derselben oder verschiedener Personen nach § 147 ZPO. verbunden werden, die Berufung zulässig ist, wenn der aus den einzelnen unterwertigen Streitgegenständen gebildete Gesamtstreitwert 100 Mk. an Wert übersteigt, ist in dem GGG. nicht entschieden, die Entscheidung muß daher aus den Vorschriften der ZPO. gewonnen werden. Die Bestimmung des § 147 ZPO. hat nicht eine bloß äußerliche Verbindung, sondern die Begründung einer wirklichen Streitgenossenschaft und die Wirkungen einer Klagekumulation im Auge. Die einzelnen Entscheidungen desselben Urteils sind daher nicht zu trennen, sondern als ein Ganzes aufzufassen, auch wenn es sich um die Berechnung der Gerichtskosten und das Vorhandensein der Berufungssumme handelt. Der für die Berufung erforderliche Wert des Streitgegenstands ist sonach vorhanden, wenn er sich aus der Zusammenrechnung der verschiedenen Ansprüche zur Zeit des Urteilserlasses ergibt, wobei der Nominalwert maßgebend ist und es auf das Interesse der Parteien oder die Rechtsverteidigung des Bekl. nicht ankommt (RGE. 5, 354; 6, 416; 12, 154; 15, 405; Mugdan und Cuno; Wilhelmi und Bewer zu § 55 GGG; Seuffert; Struckmann und Koch; Petersen zu § 546 ZPO.). Was für die Frage der Zulässigkeit der Revision bezüglich des Werts des Beschwerdegegenstands gilt, gilt auch bezüglich des des Streitgegenstands, wenn von ihm die Zulässigkeit der Berufung abhängt. Die gegenteilige Entscheidung des LG. Berlin — Soz. Prax. 1902. S. 683 — kann als zutreffend nicht erachtet werden.

LG. Mainz I. ZK. v. 30. Dez. 1904 S 270/04. Nees.*)

6. Bedeutung der Einrede nach § 274 Z. 6 ZPO.

Das AG. D. I hat in Sachen G. gegen W. die erhobene Klage kostenfällig abgewiesen, da Bekl. minderjährig und somit nicht prozeßfähig sei. Noch bevor dieses Urteil rechtskräftig geworden, hat G. erneut gegen W., vertreten durch dessen Vater, Klage erhoben, mit dem gleichen Antrag wie früher. Der beklagtische Vertreter begehrte kostenfällige Klageabweisung, indem er die Einrede nach § 274 Z. 6 ZPO. geltend machte. Das AG. gab diesem Antrag statt. Auf erfolgte Berufung hob das LG. das Urteil auf aus folgenden Gründen:

Es bleibt zu prüfen, inwieweit die Einrede nach § 274 Z. 6 ZPO. begründet war, und auch diese Frage beschränkt sich lediglich, da die Nichterstattung der Kosten eingeräumt wird, auf die unter den Parteien streitige Rechtsfrage, inwieweit die Einrede zulässig ist, ob nur dann, wenn der Vorprozeß durch Rücknahme der Klage erledigt wurde, oder allgemein, sofern durch die zweite Klage ein Anspruch geltend gemacht wird, der als solcher schon einmal Gegenstand eines Rechtsstreites unter denselben Parteien war. Der vom AG. vertretenen Ansicht konnte insoweit beigepflichtet werden, als es sich vorliegend zweifellos um dieselbe Streitsache in beiden Prozessen handelt und die Parteien dieselben sind, wenn auch in dem zweiten Prozeß der Bekl. durch seinen Vater vertreten wird. Hingegen nimmt das Berufungsgericht entgegen der Vorinstanz die vom BerufungsKl. vertretene Ansicht an, daß ein Anwendungsfall für die Einrede vorliegend nicht gegeben ist. Diese Ansicht wird fast allgemein vertreten und auch das Reichsgericht hat sich derselben angeschlossen.

In der in Band XV S. 382 abgedruckten Entscheidung wird ausgeführt, daß einmal schon nach dem Zwecke der Bestimmung der §§ 271 Abs. 4; 274 Z. 6 ZPO., die lediglich den Bekl. vor Vexationen des Kl. schützen wollten, der zitierte § 274 Z. 6 dann nicht anwendbar sei, wenn die erste Klage durch Urteil abgewiesen und also der Kl. gezwungen sei, zum zweitenmal Klage zu erheben. Hierbei sei auf die in Seufferts Archiv Bd. 38 N. F. gemachten Ausführungen verwiesen, daß praktisch für den Fall der Abweisung der ersten Klage von einer Belästigung des Bekl. im Falle der erneuten Klageerhebung trotz Nichterstattung der Kosten des ersten Prozesses nicht gesprochen werden könne, da ihm ja durch das erste Urteil jederzeit ein Mittel gegeben sei, den Kl. zur Erfüllung seiner Kostenerstattungspflicht zu bringen. Insbesondere wird im vorliegenden Fall schon deshalb klar, daß von einer Belästigungsabsicht des Kl. nicht gesprochen werden kann, weil zur Beseitigung eines wesentlichen Mangels der ersten Klage die Erhebung der zweiten unumgänglich notwendig war. Auch die Erwägungen des RG. in Band XV S. 382 können hier verwertet werden, daß § 274 Z. 6 ZPO. nur bestimme, prozeßhindernde Einreden seien vor der Verhandlung des Bekl. zur Hauptsache vorzubringen, und diese Einreden aufzähle, daß dagegen keine Bestimmung getroffen werden sollte, in welchen Fällen diese Einreden verwendbar seien. Die Vorschriften hierüber könnten nur in anderweiten Bestimmungen der ZPO. gesucht werden, und eine solche sei bezüglich der Einrede nach § 274 Z. 6 ZPO. bei dem Fehlen einer anderweiten einschlägigen Bestimmung nur in § 271 Abs. 4 ZPO. zu finden; hiernach sei aber nur im Fall der erneuten Anstellung einer zurückgenommenen Klage die Einrede nach § 274 Z. 6 ZPO. gegeben, nicht auch, wenn der erste Prozeß mit einem die Klage abweisenden Urteil geendet. Das Berufungsgericht schließt sich diesen Ausführungen an und erkennt daher wie geschehen.

Urteil LG. Darmstadt ZK. I vom 29. Nov. 1904 S 305/04. Sapp. Ger.-Ass.

7. Zur Auslegung des § 810 ZPO. „Gewöhnliche Zeit der Reife" bei Trauben.

Die Kl. ließen am 31. Aug. 1903 gegen ihren Schuldner in den Gemarkungen Aspisheim und Dromersheim (Rheinhessen) Weinbergstrauben in formell gültiger Weise pfänden; die Bekl. schlossen sich dieser Pfändung am 24. Sept. 1903 an, der Versteigerungserlös wurde bei dem Amtsgericht B. hinterlegt, das im Verteilungsverfahren den Bekl. Anweisung erteilte, indem es die Pfändung vom 31. Aug. als verfrüht und deshalb unzulässig und unwirksam erklärte. In der von den Bekl. nach § 878 ZPO. erhobenen Klage wurde geltend gemacht: Der Beginn der Reife falle mit dem polizeilichen Schluß der Weinberge zusammen, der im Bezirk Bingen durchschnittlich Ende August oder Anfangs September erfolge; nach Ablauf von 3 Wochen sei dann die Reife vollendet, mit deren Eintritt jedoch nicht sofort die Weinlese beginne, es finde vielmehr ein allgemeines Ueberhängen der Trauben statt, um durch Herbeiführung der Edelreife die Qualität der Trauben tunlichst zu verbessern. Die Weinlese erfolge daher erst in der Zeit zwischen Ende September und Mitte Oktober, somit nicht zur gewöhnlichen Zeit der Reife, sondern erst später. Demgegenüber behaupteten die Bekl., der Zeitpunkt der Reife falle mit dem Beginn der Weinlese zusammen.

Das AG. schloß sich der Auffassung der Bekl. an und wies die Klage ab. Die gegen diese Entscheidung eingelegte Berufung wurde verworfen. Aus den Gründen: Zur Zeit des Schlusses der Weinberge sind die Trauben noch nicht reif, die Reife erfolgt erst einige Wochen später. Mit ihr beginnt, auch

*) Für die hier vertretene Ansicht weiter: LG. Berlin, Bl. f. Rechtspfl. 1895 S. 15, LG. Kiel, Zeitsch. d. GG. Jahrg. 2 Sp. 8; LG. Berlin, Soz. Prax. 1904 Sp. 1268/9; LG. Mainz v. 29. Okt. 1903 S 168/03. D. Eins.

im Bezirk Bingen, die allgemeine Weinlese, und wenn einzelne Weinbergsbesitzer zur Erzielung der sog. Edelfäule die Trauben noch länger hängen lassen, so gelangen diese in den Zustand der Ueberreife, von dem das Gesetz nicht spricht. Da nach den amtlichen Bescheinigungen der betr. Ortsbehörden der allgemeine Herbst im Durchschnitt zwischen dem 9. und 28. Okt. seinen Anfang nimmt, so bemißt sich hiernach die gewöhnliche Zeit der Reife, und die Pfändung vom 31. Aug. war verfrüht. . . . . . . Wenn die Kl. noch einwenden, daß, wenn ihre Pfändung an einem Mangel leide, auch die Anschlußpfändung der Bekl. hinfällig sei und diese kein besseres Recht auf den Erlös hätten, so läßt sich hieraus die Klage nicht begründen; denn einmal sind die Bekl. zu einer solchen Einwendung nicht legitimiert, sondern nur der Schuldner könnte den freigewordenen Erlös für sich in Anspruch nehmen, zum anderen aber ist die Anschlußpfändung keine ungültige; denn die Pfändung vom 31. Aug. litt an keinem Formmangel, sie war vielmehr als verfrüht nur materiell unwirksam und nicht geeignet, ein besseres Pfandrecht zu begründen.

LG. Mainz III. ZK. v. 13. Dez. 1904 S 54/04.
Nees.

8. Bürgschaft; Unzulässigkeit des Gegenbeweises.

Laut Schuldschein vom 8. Mai 1901 haben die Eheleute R. anerkannt, vom Kl. den Betrag von 500 Mk. als Darlehen bar und richtig erhalten zu haben. Zugleich haben sie sich verpflichtet, diese Summe innerhalb der nächstfolgenden 12 Monate zurückzuzahlen. Kraft seiner Namensunterschrift hat sich der Bekl. A. für die bezeichnete Schuld nebst Zinsen usw. als Selbstschuldner verbürgt. Als Zahlung lange nach dem Fälligkeitstermine (8. Mai 1902), der nach dem Inhalte des Schuldscheins für die Hauptschuld ausgesprochen war, nicht erfolgte, erhob Kl. gegen den Bürgen A. Klage auf Zahlung. Dieser bestritt seine Zahlungspflicht, da er sich nur für 12 Monate verbürgt habe, diese Zeit aber verstrichen und er nicht mehr zur Zahlung verpflichtet sei.

Das LG. verurteilte den Bürgen zur Zahlung. Gründe: Der Inhalt des Schuldscheins spricht für die Hauptschuld einen Fälligkeitstermin aus. Die Bürgschaft ist ein selbständiges neben dem Darlehensvertrage hergehendes Rechtsgeschäft mit besonderem Inhalt. Die Vereinbarung eines Fälligkeitstermins der Hauptschuld im Darlehensvertrage berührt die Verbindlichkeit des Bürgen nur insofern, als sie den Zeitpunkt bestimmt, in dem auch dem Bürgen gegenüber aus dem Rechtsgeschäft der selbstschuldnerischen Bürgschaft der Anspruch des Gläubigers auf Zahlung fällig wird, läßt aber nicht den Schluß zu, daß dieser Fälligkeitstermin der Hauptschuld für die Bürgschaftsleistung die Bedeutung einer Verbürgung auf bestimmte Zeit, bis zur Fälligkeit der Hauptschuld, habe. War letzteres gewollt, so hätte die Beschränkung auf bestimmte Zeit als ein Teil der Bürgschaftserklärung nach § 766 BGB. in schriftlicher Form erklärt sein müssen. Dies ist aber tatsächlich nicht der Fall, vielmehr geht die Bürgschaftsurkunde klar und deutlich dahin, daß der Beklagte A. sich nicht nur auf die Dauer von 12 Monaten, sondern für unbestimmte Zeit für die fragliche Schuld verbürgt hat. Die Bürgschaftsurkunde lautete wörtlich: „Die unterzeichneten . . . . verbürgen sich hierdurch für die oben bezeichnete Schuld nebst Zinsen, Schäden und Kosten als Selbstschuldner."

Der Bekl. hat nun dafür, daß die Parteien darüber einig gewesen seien, die Bürgschaft solle nur auf ein Jahr eingegangen werden, Beweis angeboten, sucht also zu beweisen, daß der Inhalt der in der Bürgschaftsurkunde abgegebenen Erklärung den vorherigen mündlichen Abreden nicht entspreche.

Dieser Gegenbeweis ist unzulässig; denn § 446 ZPO. stellt eine formelle Beweisregel auf: Privaturkunden begründen, sofern sie von dem Aussteller unterschrieben oder mittels gerichtlich oder notariell beglaubigten Handzeichens unterzeichnet worden sind, vollen Beweis dafür, daß die in denselben enthaltenen Erklärungen von dem Aussteller abgegeben sind. Es steht also in concreto durch die Bürgschaftsurkunde fest, daß der Bekl. sich für die Summe von 500 Mk. nebst Zinsen usw. unbeschränkt verbürgt hat und hat verbürgen wollen. Durch die schriftliche Bürgschaftsurkunde ist erst die Verpflichtung des Bekl. als Bürgen (§ 766 BGB.) begründet worden, vorher hat eine solche auf Grund der mündlichen Abreden nicht bestanden. Die Bürgschaftsurkunde ist also nicht nur ein Beweismittel für einen etwa vorher mündlich unter den Parteien gültig abgeschlossenen Vertrag, sondern ist das Vertragsinstrument selbst. Alle vorherigen Beredungen und Vereinbarungen haben gegenüber dem Inhalt der Bürgschaftsurkunde mangels Wahrung der vorgeschriebenen Form als vertragliche Fortsetzungen keine rechtliche Bedeutung; der Inhalt des Vertrags ist ausschließlich aus dem schriftlichen Vertrag zu entnehmen. Mündliche, an sich unwirksame Vorberedungen zu formalisierten Verträgen sind nur insoweit von Bedeutung, als aus den Abweichungen solcher Vereinbarungen vom nachfolgenden Vertrage unter Umständen auf einen Willensmangel bei Abschluß des formalisierten Vertrages geschlossen werden könnte. Es wäre also nur ein Gegenbeweis in der Richtung zuzulassen gewesen, daß die Erklärung des Bekl. in der Bürgschaftsurkunde auf einem solchen Willensfehler beruhe und deshalb nichtig oder anfechtbar sei, z. B. wegen Irrtums, Betrugs, Zwangs, Bedrohung (s. Struckmann-Koch, 7. Aufl. § 416 ZPO. Note 1). Derartige Behauptungen hat aber Bekl. nicht einmal aufgestellt.

Urteil LG. Darmstadt ZK. III vom 18. Juni 1903 O 417/03. R. Scriba, Ger.-Aff.

Freiwillige Gerichtsbarkeit.

9. Eintragung einer Zwangshypothek; Berechnung der Zinsen und Kosten; Natur des Rechtsmittels.

Unter Vorlage einer vollstreckbaren Ausfertigung des Urteils, eines Kostenfestsetzungs-Beschlusses, einer Abschrift des Grundbuchblattes und der beglaubigten Vollmacht beantragte der Gläubiger gegen den Schuldner die Eintragung der Zwangshypothek bei dem AG. W. auf eine Reihe von Liegenschaften der Gemarkung Sch. Die Eintragung wurde abgelehnt, weil, was richtig steht, die Hälfte der Urteilssumme von 513 Mk. am 11. Nov. 1904, die andere Hälfte am 1. Nov. 1905, desgleichen die festgesetzten *Kosten* von 147 Mk. *hälfteweise* an den beiden genannten Terminen fällig seien und *keiner* der *fälligen* Brträge den Betrag von 300 Mk. übersteige. Der Gl. verfolgt Beschw. *Aus den Gründen* des LG.: Die Beschw. ist nicht die sofortige des § 793 ZPO., sondern die *einfache* nach Maßgabe der Vorschriften der §§ 71 ff. der GBO., da der Gl. mit seinen Anträgen unmittelbar an den *Grundbuch-Richter* gewiesen wird (vgl. RGE. Bd. 48 S. 242).

Der Beschwerdeführer ist in erster Linie der Ansicht, daß in Ansehung der Zuläßsigkeit der Eintrogung lediglich die *Einheit des Titels* maßgebend sei. Uebersteige nach dem einheitlichen Titel die Forderung den Betrag von 300 Mk., so habe unter allen Umständen die Eintragung zu erfolgen, ohne daß die *Fälligkeit* der Forderung in Betracht käme (RGE. a. a. O.). Diesen Ausführungen kann nicht zugestimmt werden.

Richtig ist zwar, daß die *Einheit des Titels* insofern in Betracht kommt, als *mehrere* Forderungen *desselben* Gl.'s, die in *demselben* Schuldtitel vereinigt sind, *zusammengerechnet* werden dürfen, um den zur Eintragung erforderlichen Betrag zu erreichen (vergl. RGE. a. a. O. S. 244–250; § 866 Abs. 3 ZPO. und § 5 daselbst; Zeitschr. d. deutsch. Not.-V. 1901 S. 213 und die daselbst zitierte Literatur und Judikatur). Die Frage der *Fälligkeit* der Forderung ist aber in keiner Weise, wie Beschwerdeführer meint, vom RG. in Bd. 48 derührt worden.

Es konn nun keinem Zweifel unterliegen, daß die Zwangshypothek nur eingetragen werden kann, *wenn die Forderung fällig ist*; hierfür spricht der Wortlaut des Gesetzes (§ 866 Abs. 1 ZPO.). Die Eintragung der Zwangshypothek ist ein Akt der *Zwangsvollstreckung*, und letztere kann nicht eher beginnen, bis der *Kalendertog* abgelaufen ist, sofern die Geltendmachung des Anspruchs von dem Eintrtt eines Kalendertages adhängig ist (§ 751 ZPO.).

Untergebens ist z. Zt. nur die *Hälfte* der *Urteilssumme* fällig; dieser Betrag (256 Mk.) reicht aber nicht aus, die Eintragung zu begründen; ebensowenig der Betrag der festgesetzten *Kosten*, von denen z. Zt. ebenfalls nur *die Hälfte* (73,50 Mk.) fällig ist. Es kann hiernach von Eintrogung der Zwangshypothek mangels Fälligkeit einer ausreichenden Forderung keine Rede sein. Mit obiger Ansicht stimmt auch die Entsch. des KG. vom 11. Juli 1903 überein (vergl. Rspr. der OLGe. Bd. VII S. 323 und Zeitschr. d. deutsch. Not.-V. 1904 S. 48).

In zweiter Linie degehrt der Beschwerdeführer, falls die *Fälligkeit* der Forderung zu beachten sei, die Eintragung der *Hälfte der Urteilssumme*, Eintragung der *fälligen Zinsen* vom 26. Juli 1902 ab und der *Hälfte der Kosten*; bei *Zusammenrechnung* von Kapital, Zinsen und Kosten ergebe sich der Betrag von über 300 Mk.

Auch diese Art der Eintragung konn *nicht* stattfinden, da die *Zinsen* und *Kosten* gemäß § 866 Abs. 3 und § 4 ZPO. als *Nebenforderungen* unberücksichtigt zu bleiben haben. Da § 4 ZPO analoge Anwendung zu finden hat, so ist für die Berechnung des Wertes des Gegenstandes der Zwangs-Eintragung, wenn gleichzeitig *Zinsen* und *Kosten* *miteingetragen* werden sollen, lediglich die *Urteilssumme* entscheidend. Beträgt die letztere über 300 Mk., so hat die Eintragung der *gleichzeitig* zur Eintragung gestellten *Zinsen* und *Kosten* zu erfolgen, und zwar auch donn, wenn der Betrag von über 300 Mk. *für letztere nicht* erreicht wird. Anders liegt der Fall, wenn z. B. *nachträglich die Kosten* auf Gruud eines *besonderen Antrages* zur Eintragung gelangen. In einem solchen Falle wird der festgestellte Kostenbetrag *nicht* mehr als Nebenforderung der Urteilssumme, sondern *selbständig* geltend gemacht, und der Kostenbetrag muß demgemäß die Summe von 300 Mk. *übersteigen*. Diese Selbständigkeit tritt auch insofern in die äußere Erscheinung, als die *Urteilssumme* und die *Kosten* unter *verschiedener* Nummer in der Abt. III des Grundbuchblattes figurieren. Urteilssumme und Kosten erscheinen daher im Grundbuch als *zwei* Hypotheken, während bei *gleichzeitiger* Eintragung beide Beträge zusammengefaßt und als *eine* Hypotheke eingetragen werden (vgl. *Weißler* in der Zeitschr. d. deutsch. Not.-V. 1901 S. 216; Entsch. des LG. *Cöln* vom 24. Jan. 1900, daselbst S. 218 u. 219; *Scherer* in der Jur. Wschr. Nr. 35–38 S. 300 § 11; *Oberneck*, 2. Aufl. S. 717 des Reichs-Gr.B.Rechts; *Löwenherz*, Leitfaden für Grundbuchbeamte S. 62).

Für die oben vertretene Auffassung spricht auch der legislative Zweck, nämlich die *Ueberfüllung* des Grundbuchs mit Eintragung kleinerer Beträge zu vermeiden; die Beschw. war daher zurückzuweisen.

Entsch. LG. Mainz II. ZK. v. 22. Dez. 1904 T 270/04. LGR. Dp.

10. Voraussetzung und Wirkung einer auf Grund des Art. 43 Abs. 2 des Hess. Pfandges. im Hypothekenbuch eingetragenen Sperre „gehemmt".

Die Gläubigerin hatte folgende Anträge gestellt: 1. die Zwangsversteigerung verschiedener Grundstücke des Schuldners zu verfügen; 2. auf Grund des Art. 43 Abs. 2 Hess. PfandG. die zeitige Sperre im Hypothekenbuch einzutragen, *eventuell* einen Arrestbefehl zu erlassen.

Der letztere Antrag ist damit begründet worden, daß der Schuldner die Grundstücke an dritte Personen freiwillig veräußert habe in der Absicht, seine Gläubiger zu benachteiligen, und daß die Gläubigerin gegen Bestätigung dieser Verträge protestiere. Das AG. L. hat sämtliche Anträge abgelehnt, da die Grundstücke rechtswirksam durch Kaufnotulen an Dritte verkauft seien. Auf Beschw. wurde der Beschl. aufgehoben und das AG. angewiesen, dem Antrag auf Anordnung der Zwangsvollstreckung und Einschreibung des gleichzeitig beantragt gewesenen gesetzlichen Hypothektitels sowie auf Erlaß des beantragten Arrestes stattzugeben. Das Beschwerdegericht hatte hierbei einen Arrest im Sinne des Art. 8 HessAG. z. ZPO. u. KO. im Auge gehabt, weil es diesen nach dem Inhalt der Beschw. und der ganzen Sachlage den Zwecken der Beschwerdeführerin entsprechend als beantragt ansah. Es kann unerörtert bleiben, ob damit die Absicht der damaligen Beschwerdeführerin getroffen worden wäre, diese nicht vielmehr einen die Eintragung einer Sperre im Hypothekenbuch auf Grund des Art. 43 Abs. 2 Pfandges. bezielenden Arrest gewollt hat; denn das AG. L. hat weder einen Arrest der einen noch der anderen Art erlassen, sondern einfach verfügt: „Reskript nach Form. 19, Tageb. und Nachricht“, und später die freiwilligen Veräußerungsverträge vom 8. und 13. Juli 1904 bestätigt *und mutiert*. Eine hiergegen gerichtete zweite Beschw. der Gläubigerin mit dem Antrage, das AG. L. anzuweisen, die erfolgte Mutation als unzulässig wiederaufzuheben, ist als unzulässig verworfen worden. In dem Beschlusse wurde bereits auf das Fehlen eines Arrestbeschlusses und darauf hingewiesen, daß der Eintrag der Sperre „gehemmt“ im Hypothekenbuch einen anderen Zweck verfolge als ein Arrest nach Art. 8 HAG. z. ZPO. u. KO., der die freiwillige Veräußerung und Belastung der Grundstücke zu verhindern bezwecke. Jetzt hat die Gl. beantragt, den ihr auf Grund des Art. 43 Abs. 2 Hess. PfandGes. durch Eintrag der Sperre im Hypothekenbuch nach Form. 19 der Hypothekenbuchinstruktion vom 1. Dez. 1861 *vorgemerkten* gesetzlichen Hypothektitel mit dem Range der Sperre einzutragen. Das AG. L. hat diesen Antrag abgelehnt. Hiergegen richtet sich eine dritte Beschw., die ebenfalls unbegründet ist. Nach der Rechtsprechung (s. Hess. Verwaltungszeitschrift XX S. 35, *Walter*, Entsch. des Hess. OLG. S. 228 W 94/88, Entsch. LG. Darmstadt T 36/00, AG. Zwingenberg M 25/00, auch Wortlaut des Art. 43 Abs. 2 Hess. PfandG.) setzt die Eintragung einer Sperre im Hypothekenbuch nach Art. 43 Abs. 2 Hess. PfandG. (die Fälle des Art. 43 Abs. 1 liegen unbestritten nicht vor) voraus, daß die Sperre durch Arrest des Richters der streitigen Gerichtsbarkeit nach den Regeln des Prozeßrechtes erkannt ist. Will man daher selbst annehmen, daß der Erlaß eines *solchen* Arrestes beantragt gewesen ist, so hat doch, wie hervorgehoben, das AG. L. einen Arrest irgend welcher Art nicht erlassen. Die *gleichwohl eingetragene* Sperre ist nicht zu beachten; sie ist nichtig. Selbst wenn sie aber aus Gründen formellen Grundbuch- und Hypothekenrechtes irgend eine Wirkung zu gunsten der Gl. jemals gehabt haben sollte, so hat sie diese nach § 929 Abs. 3 Satz 2 ZPO. jedenfalls dadurch für die Gläubigerin wieder verloren, daß der als Grundlage der eingetragenen Sperre vom Grundbuch- und Zwangsvollstreckungsrichter vorauszusetzende Arrestbefehl nicht erlassen ist, daher dessen *Zustellung* innerhalb der in § 929 Abs. 2 ZPO. vorgeschriebenen Fristen an den Schuldner dem Zwangsvollstreckungsrichter nicht *nachgewiesen* werden kann. Die Wahrung dieser Fristen ist aber vom Zwangsvollstreckungsrichter von Amts wegen zu prüfen (RGE. Bd. 26 Nr. 84). Die Rechtslage ist daher die, daß der gesetzliche Hypothektitel rechtswirksam nicht vorgemerkt ist und die beantragte Einschreibung des definitiven gesetzlichen Hypothektitels nicht mehr als Folge der Sperre mit Wirkung gegen die Rechtsnachfolger im Eigentum des Schuldners, wie Beschwerdeführerin auszuführen versucht hat und was dahingestellt bleiben kann, verlangt werden kann, sondern lediglich noch als eine Folge der Zwangsversteigerungsverfügung, die jedoch nicht mehr vollzogen werden darf, da der Schuldner nicht mehr Eigentümer der Grundstücke ist und diese daher dem zwangsweisen Zugriff der Beschwerdeführerin nicht mehr unterliegen.

Entsch. LG. Darmstadt III. ZK. v. 1. Nov. 1904 T 423/04. Sz.

Kosten und Gebühren.

11. Zu Art. 5 UrkStGes. (Verschiedene Geschäfte.)

Der Gläubiger *quittiert* dem *Schuldner* gegenüber über einen Teilbetrag und räumt einem *Dritten* für dessen Hypothekenforderung vor seiner Restforderung den *Vorrang* ein. Es liegen hier *zwei* selbständige Rechtsgeschäfte vor, welche in keinerlei rechtlicher Verbindung stehen, auch wenn vielleicht der Gläubiger, als ihm nur eine geringe Restforderung verblieb, sich zur Einräumung des Vorrangs veranlaßt sehen konnte.

Entsch. LGPräs. Mainz v. 18. Okt. 1904. I 170/04.

12. Zu Nr. 63 Zusatzbest. 3 StT.

Die Eltern übertragen mittels Schenkung ihre Hofraite auf die Tachter unter Vorbehalt von Nießbrauchsrechten für den Sohn. Der Rotor hat Stempelermäßigung nach Nr. 63 Zus.Best. 3 eintreten lassen. In der auf Nachverstempelung gerichteten Beschwerde wird ausgeführt, aus dem Vertrag gehe hervor, daß die Festsetzung der Nießbrauchsrechte für den Bruder nur die Schenknehmerin belaste, da die Uebergabe der Hofraite alsbald zu erfolgen habe. Von einer schenkungsweisen Ueberlassung dieser Rechte an den Sohn durch die Eltern könne daher keine Rede sein. Der Wert jener Auflage habe zwar bei der Stempelberechnung außer Ansatz zu bleiben, in Höhe des Werts sei aber ein lästiger Vertrag anzunehmen, der dem gewöhnlichen Stempel für Eigentumsübertragungen unterstehe, und dieser Wert sei bei der Festsetzung eines dinglichen Rechts nach Nr. 46 des Tarifs zu verstempeln. Die *Beschw.* wurde *verworfen*. *Gründe*: Die Eltern behalten sich für ihren Sohn an der verschenkten Hofraite Nießbrauchsrechte vor, es ist dies eine Bedingung der Schenkung. Der Sohn nimmt diese zu seinen Gunsten getroffene Verfügung an. Nicht die Tochter gewährt ihrem Bruder ein Recht, sondern das Eigentum wird ihr von den Eltern mit der Beschränkung zu Gunsten des Bruders übertragen. Die Rechte des Sohnes schmälern die Rechte der Tochter in gleicher Weise, wie der den Eltern selbst vorbehaltene Nießbrauch. Liegt eine Verfügung zu Gunsten des Sohnes vor, dann tritt auch Stempelermäßigung ein. Die Schenknehmerin konnte übrigens an dem Hause, das erst durch die Mutation Dritten gegenüber auf sie übergeht, zur Zeit der Aufnahme der Urkunde ein dingliches Recht noch gar nicht bestellen.

Entsch. LGPräs. Mainz v. 3. Nov. 1904. I 171/04.

Nees.

Fragekasten.

I. Ehegatten, die in Verwaltungsgemeinschaft leben, erwerben ein Grundstück und lassen es als gemeinschaftliches Eigentum je zur Hälfte ins Grundbuch eintragen. Angenommen, die Erwerber betreiben die Landwirtschaft; die Erträgnisse derselben gehören nach dem Gesetz dem Mann. Aus ihnen wird das Grundstück während der Ehe bezahlt. Kann nach Auflösung derselben von dem Mann oder seinen

Rechtsnachfolgern Ersatz für die auf die Hälfte der Frau geleisteten Zahlungen verlangt werden?

II. Auf ein Grundstück, das in einer Gemarkung liegt, für die das Grundbuch als angelegt gilt, ist eine Sicherungshypothek eingetragen. Das Grundstück wird veräußert; der Erwerber übernimmt in Anrechnung auf den Kaufpreis die Bezahlung der Forderung, für die die Sicherungshypothek eingetragen ist. Empfiehlt es sich, für diesen Kaufpreisteil neue Sicherungshypothek zu bestellen? W. N. K.

Literatur.

Staub's Kommentare. Die von dem leider zu früh verstorbenen Justizrat Dr. Hermann Staub, dem Meister auf handelsrechtlichem Gebiet, herausgegebenen Kommentare werden, wie wir erfahren, zur Zeit auf Grund des von ihm hinterlassenen überaus reichhaltigen und wertvollen Materials einer Neubearbeitung durch bekannte Juristen unterzogen. Für den Kommentar zum Handelsgesetzbuch sind RGR. Könige sowie die Justizräte Stranz und Pinner gewonnen. Der Kommentar zum Gesetz, betr. die Gesellschaften mit beschränkter Haftung, hat in Rechtsanwalt Dr. M. Hachenburg seinen Bearbeiter gefunden. Auch der Kommentar zur Wechselordnung wird fortgesetzt. Die Lebenswerke Staub's bleiben also erhalten. X.

Rauchenberger, M., Dr., RA.: Die Einwendungen aus dem Rechte Dritter und gegen Dritte (J. Schweitzer, München. 66 S. Geh. Mk. ?). Gestützt auf eine imposante Literatur gibt der Verf. einen geschichtlichen Ueberblick zur exceptio ex jure tertii sowie eine Kritik der bisherigen Ansichten im Gebiete des gemeinen Rechtes und der Stammler'schen Theorie. Auf S. 22 ff. vertritt der Verf. seine eigene Rechtsansicht und deren Durchführung im einzelnen an Handen des BGB. K.

Calker van, F., Dr., o. Prof.: Ethische Werte im Strafrecht (O. Liebmann, Berlin. 42 S. Geh. Mk. 1,20). Die Schrift gibt einen Vortrag wieder, den der Verf. am 16. Juni 1904 in einem Verein zur Fürsorge für entlassene Gefangene gehalten hat. Nach seiner Auffassung muß bei der kommenden Revision des Strafgesetzes als neue Kraft die höhere Beachtung der ethischen Werte eine Rolle spielen. Erfreulich ist, wenn der Verf. auf S. 9 u. 10 der gedankenlosen, leichtfertigen Kritik entgegentritt, der die Sprüche unserer Strafgerichte in so manchen Tageszeitungen wie im Publikum mit Vorliebe unterworfen werden; er erwähnt als häufigste Fehlerquellen der öffentlichen Meinung die Unkenntnis des abgeurteilten wirklichen Tatbestandes und die Nichtbeachtung des Umstandes, daß der Richter, selbst wenn sein persönliches Urteil entgegensteht, das positive Recht, dem stets eine gewisse Starrheit innewohnt, anwenden muß. Die Kritik müßte sich also in solchen Fällen gegen das Gesetz, nicht gegen den Urteilsspruch richten (vgl. hierzu Laband in DJZtg. 1905 No. 1 S. 11). K.

Kitzinger, F., Dr., Privatdozent: Die internationale kriminalistische Vereinigung (C. H. Beck, München. 164 S.) Der Verf. gibt einen Abriß der Geschichte und Tätigkeit der Vereinigung und behandelt unter den Mitteln zur Bekämpfung des Verbrechens in erster Linie die Probleme der Jugendlichen, des Rückfalls, der Freiheitsstrafe, die Schutzfürsorge für Entlassene, den Mädchenhandel u. a. m. Die besonderen Arbeiten der deutschen Gruppe werden auf S. 132—141 behandelt. In einer Schlußbetrachtung gibt Verf. Anregungen und macht Vorschläge, um die Tätigkeit der JKV. noch wirksamer zu gestalten. K.

Zur Beachtung! Das Sachregister zum V. Jahrgang wird in Nr. 3 dieser Zeitschrift ausgegeben.

Für die R[illegible]ion verantwortlich: Oberlandesgerichtsrat Keller in Darmstadt. — Verlag von J. Diemer in Mainz. — Druck von W. Otto's Hof-Buchdruckerei in Darmstadt.

Herausgegeben

auf Veranlassung des **Richter-Vereins** unter Mitwirkung der **Hessischen Anwaltskammer**

von Oberlandesgerichtsrat **Keller** in Darmstadt, Landgerichtsrat **Dr. Buff** in Darmstadt, Landgerichtsdirektor **Dornseiff** in Darmstadt, Landgerichtsrat **Rees** in Mainz, Oberamtsrichter **Dr. Lahr** in Darmstadt.

Erscheint monatlich zwei Mal Preis Mk. 7.12 jährlich mit portofreier Zustellung.

Bestellungen nehmen die Expedition in Mainz, die Postanstalten sowie sämtliche Buchhandlungen entgegen.

Einrückungs-Gebühr die dreispaltige Zeile oder deren Raum 30 Pfg.

Nr. 3. Vom Deutschen Juristentag angenommene Zitierweise: HessRspr. Nachdruck verboten. **6. Jahrgang.**

Redaktion: Darmstadt, Heinrichsstraße 5.

Mainz, 1. Mai 1905.

Verlag und Expedition: J. Diemer, Mainz.

Einladung zur Hauptversammlung

des

Hessischen Richter-Vereins.

Die diesjährige ordentliche Hauptversammlung findet satzungsgemäß am

Samstag dem 27. Mai 1905, vormittags 11 Uhr,

zu Frankfurt a. M. in der „Rosenau" (Reuterweg)

statt.

Tagesordnung:
1. Geschäftsbericht des Vorsitzenden.
2. Vortrag des Rechners, Prüfung der Rechnung und Entlastung des Rechners.
3. Neuwahl des Vorstands (§ 3 der Satzung).
4. Neuwahl des Zeitungsausschusses (vgl. V Abs. 5 des vorjährigen Jahresberichts in der Beilage zu Nr. 7 der „HessRspr.").
5. Unentgeltliche Bücher-Verlosung unter den Mitgliedern.
6. Bericht der Schriftleitung der „Hessischen Rechtsprechung".
7. Ort und Zeit der nächsten Hauptversammlung.
8. Verschiedenes.

Anträge unserer Mitglieder, die auf die Tagesordnung dieser Hauptversammlung gelangen sollen, müssen im Hinblick auf die im § 6 der Satzung bestimmte Frist ohne Verzug bei dem Vorstand eingereicht werden.

Nach Erledigung der Tagesordnung findet ein gemeinsames Mittagsmahl statt. Weitere Vorschläge zur Ergänzung unseres Programms nehmen wir gerne entgegen.

Unsere Mitglieder weisen wir auf die diesmalige umfassende Neuwahl aller Vereinsorgane hin und rechnen auf allseitige Beteiligung!

Darmstadt, 30. April 1905.

Der Vorstand.

Diejenigen Mitglieder des Hessischen Richtervereins,

die mit ihrem seit 4 Monaten fälligen Jahresbeitrag heute noch im Rückstand sind, werden hierdurch wiederholt um umgehende Einsendung ersucht, da andernfalls nach Ablauf einer Woche der Weg des Postauftrags beschritten werden muß.

Darmstadt, 1. Mai 1905.

Der Vorstand.

Entscheidungen des Großh. Oberlandesgerichts.

Zivilrecht. — Zivilprozeß.

1. Zur Auslegung des § 180 GVG. (Ungebühr vor Gericht).

Im Termin vom 26. Jan. 1905 wurde vor dem AG. in L. über eine ärztliche Gebührenforderung des Kl. gegen den Bekl. verhandelt, bei welcher Gelegenheit seitens des bekl. Vertreters die Einrede der Verjährung vorgeschützt wurde. Der kläg. Anwalt entgegnete hierauf: ein anständiger Mensch würde gegen die Forderung eines Arztes nicht die Einrede der Verjährung geltend machen; er bestreite, daß der Bekl. seinem Prozeßbevollmächtigten einen derartigen Auftrag erteilt habe.

Das Gericht nahm daraufhin den kläg. Anwalt wegen Beleidigung des bekl. Vertreters in eine **Ordnungsstrafe** von 30 Mk.

Auf die hiergegen erfolgte Beschw. wurde die Ordnungsstrafe wieder **aufgehoben** aus folgenden **Gründen:**

In einer Entscheidung vom 21. Dez. 1885 (vgl. **Busch**, Zeitschr. f. ZPr., Bd. 12 S. 237) hat das Kammergericht angenommen, daß, wenn eine Prozeßpartei zur Wahrnehmung ihrer Rechte die Erklärung der Gegenpartei einer Kritik unterzieht und hierbei in der Wahl der Ausdrucksweise Fehlgriffe oder Ausschreitungen hervortreten, der Tatbestand der **Ungebühr** noch nicht erfüllt sei, daß vielmehr noch besondere Tatumstände hinzutreten müßten, wenn das Benehmen des Aeußernden als ein ungebührliches sich charakterisieren solle. Dieser Ansicht ist beizutreten.

Vorliegend stellte nach dem Tatbestand des Sitzungsprotokolls der bekl. Vertreter nicht etwa die der Klageforderung zu Grunde liegende ärztliche Behandlung in Abrede, behauptete auch nicht Zahlung der Forderung, sondern berief sich einfach auf die Einrede der Verjährung. Mit der vorbeschriebenen Aeußerung unterzog nun der kläg. Anwalt das nackte Vorschützen dieser Einrede gegenüber der Forderung eines Arztes für ärztliche Behandlung einer Kritik, welche den Anschauungen weitester Volkskreise entspricht. Nach den Ausführungen seiner Beschwerdeschrift glaubte er „zugleich in Wahrung berechtigter Interessen zu handeln, da er die Zuversicht hegte, durch eine deutliche Charakterisierung einer derartigen Einrede den Bekl. oder doch seinen Vertreter zur Rücknahme der Einrede bewegen zu können, deren Tragweite vielleicht sonst dem Bekl. nicht klar geworden wäre".

Ob in der fraglichen Aeußerung mit Rücksicht auf § 193 StGB. eine straflose Beleidigung zu erblicken ist, ist hier nicht zu entscheiden. Es fragt sich vorliegend nur, ob sich der kläg. Anwalt durch jene Aeußerung einer Ungebühr im Sinne des § 180 GVG. schuldig gemacht hat und deshalb strafbar erscheint. Zur Erfüllung des Tatbestandes einer Ungebühr in diesem Sinne ist erforderlich, daß in der beleidigenden Aeußerung **zugleich eine Mißachtung des Ansehens des Gerichts** gelegen ist, welchem der Schutz der Parteien, Zeugen 2c. vor Beleidigungen, Beschimpfungen usw. während der Sitzung obliegt. Eine solche Mißachtung des Ansehens des Gerichts könnte gefunden werden in dem Wortlaut einer beleidigenden Aeußerung oder in der hartnäckigen Wiederholung der Aeußerung trotz Abmahnung des Richters. Von allem dem kann hier keine Rede sein; der kl. Anwalt hat, ohne seine Bemerkung in solche Form zu kleiden, lediglich die Verteidigungsweise des Bekl. oder seines Vertreters einer Beurteilung unterzogen, welche einem weitverbreiteten Volksempfinden entspricht, und hat mit dieser Charakterisierung der Einerde das berechtigte Interesse verfolgt, den Bekl. zu veranlassen, von weiterer Verfolgung dieses Verteidigungsmittels Abstand zu nehmen, um sich nicht mit der behaupteten allgemeinen Volksanschauung in Widerspruch zu setzen.

Es fehlt sonach hier an den besonderen Tatumständen, welche das Benehmen des kl. Anwalts in der Sitzung als ein ungebührliches im Sinne des § 180 GVG. erscheinen ließen.

Beschl. OLG. I. ZS. v. 8. Febr. 1905 W 27/05. Lk.

2. Sind Einwendungen gegen einen auf Grund eines gerichtlichen Vergleichs gemäß § 887 ZPO. erlassenen Beschluß auf dem Wege der sofortigen Beschwerde oder dem der Klage geltend zu machen?

Das OLG. hat diese Frage im letzterwähnten Sinne entschieden.

Aus den Gründen: Auf die Zwangsvollstreckung aus gerichtlichen Vergleichen (§ 794 Ziff. 1. ZPO.) finden zufolge des § 795 a. a. O. die für die Vollstreckung von Urteilen bestehenden Vorschriften, insbesondere auch der § 767 ZPO. Anwendung. Es fragt sich nun, ob es sich im gegebenen Falle um eine Einwendung des Schuldners handelt, die den durch den Vergleich festgestellten Anspruch selbst betrifft. Dies war zu bejahen. Der frühere Kl. wurde durch den Vergleich zu bestimmten Leistungen verpflichtet, die — wie nicht streitig — im ersten Punkt (Zementieren des Sockels) erfüllt, in den übrigen Punkten jedoch nicht erfüllt worden sind. In letzterer Hinsicht wäre sonach an sich die Zwangsvollstreckung gemäß § 887 ZPO. aus dem **Vergleich** gerechtfertigt. Kl. als Vergleichsschuldner behauptet jedoch, daß seine Verbindlichkeit aus dem Vergleich zufolge **späterer Parteivereinbarung** erloschen, daß auf die Vornahme der ihm obliegenden Handlungen von den Gläubigern verzichtet worden sei, also der in Vollzug gesetzte Anspruch nicht mehr bestehe. Dieser Einwand materiellrechtlicher Natur beruht ferner auf einem Grunde, der erst einige Jahre nach Abschluß des Vergleichs, nämlich durch die angebliche spätere Uebereinkunft bei Errichtung des Kaufakts zur Entstehung gelangt sein soll und mittels Einspruchs nicht geltend gemacht werden konnte. Es sind sonach alle Voraussetzungen des § 767 ZPO. gegeben (vgl. RGE. Bd. 21 S. 379) und der Schuldner hätte sich mit seiner Einwendung an das Prozeßgericht erster Instanz wenden müssen, das für seine gegen die Erfüllung des Prozeßvergleichs zu richtende Klage ausschließlich (§ 802 ZPO.) zuständig ist; (vgl. RGUrt. v. 18. März 1895 bei **Gruchot** Bd. 39 S. 1161). Das Gleiche gilt für den Erfüllungseinwand zu Ziffer 1 des Vergleichs (vgl. RG. in Jur. Wschr. 1892 S. 15 Z. 14; 1902 S. 23 Z. 14; RGE. Bd. 37 S. 407, 408); diese Einwendung ist allerdings heute durch Nachgabe erledigt.

Wenn Beschwerdeführer die Anwendbarkeit des § 767 ZPO. verneint, weil die Gegner für ihren Anspruch bereits befriedigt seien, so ist letztere Behauptung so lange unrichtig, als nicht der heutige Einwand einer späteren Parteivereinbarung vom Beschwerdeführer bewiesen ist, und gerade darauf hätte sich ja die zu erhebende Klage zu richten. Von einer Einstellung der Zwangsvollstreckung könnte daher nur die Rede sein, im Sinne einer vorläufigen Maßregel, wie sie der § 769 ZPO. gestattet. Ein dahin gehender Antrag ist jedoch nicht gestellt.

Beschl. OLG. II. ZS. vom 13. Jan. 1905 W 221/04.
F.

Strafrecht. — Strafprozeß.

3. „Mauscheln" ein Glücksspiel.

Dem Angekl. wird zur Last gelegt, daß er innerhalb nicht rechtsverjährter Zeit zu Bingen als Wirt

— Inhaber eines öffentlichen Versammlungsortes — *Glücksspiele*, nämlich das sogenannte „Mauscheln" (ein Kartenspiel) gestattet und hierdurch der Vorschrift. des § 285 StGB. zuwidergehandelt habe. Das Schöffengericht B. hatte ihn laut Urteil vom 9. Febr. 1904 von dieser Anklage *freigesprochen*. Auf die seitens des Amtsanwalts verfolgte Berufung hat die II. Strafk. des LG. Mainz am 15. Aug. 1904 dieses Rechtsmittel für begründet erklärt, das bezeichnete Urteil aufgehoben und durch neues Erkenntnis den Angekl. wegen Vergehens gegen § 285 StGB. zu einer Geldstrafe *verurteilt*.

Gegen diese Entscheidung hat Angekl. *Revision* angemeldet und schriftlich begründet. Er rügt Verletzung der §§ 285. 59 StGB. und führt aus, daß das „Mauscheln" niemals ein Glücksspiel sei, sofern kein „Atzzwang" bestehe, weil dann der Ausgang des Spieles wesentlich von der *Geschicklichkeit* der Mitspielenden und *nicht vom Zufall* abhänge; jedenfalls habe er — der Angekl. — nicht das Bewußtsein gehabt, daß es sich um ein Glücksspiel handele. Der GenStA. beantragte kostenfällige *Verwerfung* der Rev. Das OLG. entsprach diesem Antrag aus folgenden *Gründen*:

Nach den Feststellungen der Vorinstanz betreibt der Angekl. in B. eine öffentliche Wirtschaft, deren Räumlichkeiten dem Publikum uneingeschränkt zur Benutzung offenstehen. Er ist demnach Inhaber eines öffentlichen Versammlungsortes. Ein solcher macht sich nach Vorschrift des § 285 StGB. dann strafbar, wenn er daselbst Glücksspiele gestattet oder wenn er zur Verheimlichung solcher Spiele mitwirkt; dieses letztere Moment kommt, wie der Vorderrichter an Handen der Beweisaufnahme ausführt, hier nicht in Betracht. Unter einem Glücksspiel wird nach der in Wissenschaft und Rechtsprechung allgemein geltenden Ansicht (vgl. *Oppenhoff* zu § 284 StGB. Nr. 1) jedes Spiel verstanden, dessen Ausgang — allein oder doch hauptsächlich — nicht von der körperlichen Geschicklichkeit oder von der Ueberlegung der Mitspielenden, sondern vom Zufalle abhängt, vorausgesetzt daß dadurch die Erlangung oder der Verlust eines Gewinnobjektes bedingt ist. Gemäß der Feststellung des Berufungsgerichts war das bei dem Angekl. übliche „Mauschelspiel", das im Fragefalle „ohne Atzzwang" gespielt wurde, und bei welchem für die einzelnen in bescheidenen Verhältnissen lebenden Mitspielenden an einem Abend Gewinne und Verluste bis zum Betrage von 10 Mark in Frage kamen, ein solches Glücksspiel, wie oben angegeben. Denn der Ausgang desselben, die Entscheidung über Gewinn und Verlust hing — wie dort ausgeführt wird — nur zum geringsten Teile von dem Geschick und der Ueberlegung der Mitspielenden, *zum größten Teile* vielmehr von dem *Zufall*, von dem Erhalten guter Karten bei der Kartengabe oder dem nachträglichen Abheben der Karten ab.

Eine Bestrafung aus § 285 a. a. O. setzt ferner voraus, daß der Angekl. den Charakter des Spieles als eines Glücksspieles *erkannt* und daß er die Ausübung desselben in seiner Wirtschaft *gestattet* hat. Beide Momente sind hier, wie festgestellt, gegeben, und zwar durch den Nachweis, daß der Angekl. selbst dieses Spiel nicht nur in anderen Wirtschaften, sondern auch in seinem eigenen Lokale mehrfach mitgespielt hat und in der Kenntnis des mehrerwähnten Charakters jenes Spieles auch nicht beirrt wurde durch die Mitteilung eines Zeugen, er habe aus der Zeitung ersehen, daß an einem Gerichte ein ebenfalls wegen Gestattung des „Mauschelspiels" angeklagter Wirt freigesprochen worden sei.

Die Bestrafung des Angekl. aus § 285 StGB. läßt sonach einen Rechtsirrtum der Vorinstanz nicht erkennen und das eingelegte Rechtsmittel war zu verwerfen.

Urt. OLG. Straff. v. 20. Jan. 1905 S 58/04. X.

Freiwillige Gerichtsbarkeit.

4. Voraussetzungen der Stempelpflicht bei Eintragung von Fideikommissen ins neue Grundbuch.

In dem wegen Anlegung der neuen Grundbücher in den Gemarkungen *Günterfürst* und *Elsbach* eingeleiteten Verfahren hat es sich ergeben, daß in den alten Grundbüchern der erwähnten Gemarkungen eine Anzahl Grundstücke auf den Namen: „Graf zu Erbach-Erbach" eingetragen sind, während in dem Verzeichnis der erblichen Lehn-Fideikommisse ꝛc., dazu bemerkt ist, daß die Grundstücke zu dem *Familienfideikommisse* des Gräflichen Gesamthauses Erbach im Besitze der besonderen Linie Erbach-Erbach mit Primogeniturfolge des Mannesstammes gehören." Das AG. M. hat nun, ohne daß ein desfallsiger *Antrag* gestellt worden wäre, angeordnet, daß in den neuen Grundbüchern der Eintrag folgendermaßen vollzogen werden soll: „Erbach-Erbach, Groeg Albrecht Graf zu — Familienfideikommiß siehe Abteil II", und in Abteilung II bemerkt werde: „Familienfideikommiß des Gräflichen Gesamthauses Erbach im Besitze der besonderen Liuie Erbach-Erbach mit Primogeniturfolge des Mannesstammes mit Rang vom 15. Jan. 1862." Das AG. hat auch weiter der Gräflichen Rentkammer nach Ermittelung des Wertes der in Betracht kommenden Grundstücke für die Eintragung in der Gemarkung Günterfürst einen Stempel von 147 Mk. 40 Pfg., für die in Gemarkung Elsbach einen solchen von 268 Mk. angefordert. Gegen diese *Stempelanforderungen* hat die Gräfl. Rentkammer *Beschwerde* verfolgt und diese damit begründet, daß eine Rechtsänderung dadurch, daß der in den alten Grundbüchern dem „Grafen zu Erbach-Erbach" zugeschriebene standesherrschaftliche Besitz nunmehr auf den Namen des zur Zeit zu Besitz und Nutzung berechtigten Grafen Georg Albrecht in den neuen Grundbüchern eingetragen sei, nicht herbeigeführt worden sei. Letzterer sei keineswegs als Rechtsnachfolger eines früheren Inhabers ins neue Grundbuch eingetragen worden, vielmehr sei er, insofern als in den alten Grundbüchern der Graf zu Erbach-Erbach, also der jeweilige Chef des Hauses Erbach-Erbach, eingetragen sei und der jetzige Fideikommißinhaber schon seit 1884 Haupt des Hauses Erbach-Erbach und Fideikommißinhaber sei, bereits in den alten Grundbüchern eingetragen, und der jetzige Eintrag stelle sich daher nicht als die Eintragung einer *Rechtsänderung*, sondern nur als eine *Ergänzung* und Vervollständigung des früheren Eintrags dar, die nach § 54 der VO. vom 13. Jan. 1900 stempelfrei zu bleiben habe. Abgesehen hiervon könnten aber derartige, den neuen Vorschriften Rechnung tragende Einträge, die nicht beantragt worden seien, vielmehr gegen den Willen des Interessenten von Amtswegen eingetragen würden, niemals stempelpflichtig sein. Der bisherige Eintrag „der Graf Gbach-Erbach" habe genügt und bei den bestehenden Familiengesetzen zu Zweifeln niemals Anlaß gegeben. Wenn jetzt infolge neuer Vorschrift (Art. 13 AG. z. GBO.) eine andere Eintragung v. A. w. vorgenommen werde, so könne selbst dann, wenn wirklich damit zugleich eine Rechtsänderung gewahrt würde, ein Stempel nicht erhoben werden, weil der Wille des Beteiligten gar nicht auf Eintragung einer Rechtsänderung gerichtet sei, ein desfallsiger Antrag nicht vorliege, die Wahrung der Rechtsänderung vielmehr rein zufällig deswegen mit herbeigeführt werde, weil bei den neuen Einträgen der Grundbuchrichter den neuen Vorschriften entsprechen müsse.

Das LG. erklärte durch Beschl. vom 20. Jan. 1905 die Beschw. für begründet, indem es erwog, daß im Anlegungsverfahren nach § 54 VO., die Anlegung des Grundbuchs und Ausf. der GBO. betr., soweit ein anderes nicht bestimmt sei, Gerichtsgebühren und Stempel nicht erhoben würden, außer soweit mit der Anlegung des Grundbuchs kosten- und stempelpflichtige Veränderungen in den Rechtsverhältnissen eines Grundstücks eingetragen würden. Die Abänderung des Fideikommißgesetzes habe nun richtiger Ansicht nach eine Aenderung in den Rechtsverhältnissen des Fideikommisses nicht herbeigeführt, sondern nur der wissenschaftlichen Konstruktion freie Bahn geschaffen, insbesondere auch für die heutige Rechtsauffassung, wonach die Grundstücke, die zu einem Familienfideikommiß gehörten, in dem zu Gunsten der Anwärter beschränkten und in mancherlei Art belasteten Eigentum des zu Besitz und Nutzung Berechtigten stünden. Art. 13 a. a. O. bestimme nur über die Form der Eintragung des Familienfideikommisses. Läge aber auch insoweit eine Aenderung in den Rechtsverhältnissen der Grundstücke vor, so wäre sie doch, weil v. A. w. herbeigeführt, nicht stempelpflichtig. Es liege aber auch in anderer Richtung der Eintrag einer stempelpflichtigen Aenderung in den Rechtsverhältnissen der Grundstücke nicht vor. Dieselben seien im alten Grundbuch dem Grafen Erbach-Erbach zugeschrieben und in dem dazu geführten Verzeichnis sei bemerkt, daß sie zum Familienfideikommisse des Gräflichen Gesamthauses Erbach im Besitze der besonderen Linie Erbach-Erbach mit Primogeniturerbfolge im Mannesstamme gehörten. Nicht richtig sei nun, daß der jetzige Fideikommißinhaber, der es bereits seit 1884 sei, als solcher in dem Verzeichnis eingetragen sei, da die Eintragungen in das Grundbuch und das Verzeichnis aus der Zeit vor 1884 datierten, allein es werde an der Auffassung festgehalten, daß wenigstens, wenn wie hier ein früherer Fideikommißinhaber mit Namen in dem Verzeichnis nicht eingetragen sei, als der *jeweilig* zu Besitz und Nutzung Berechtigte, auf dessen Namen das Familienfideikommis bei der Anlegung des neuen Grundbuchs einzutragen sei, der *derzeitige* Fideikommißinhaber erscheine, nicht derjenige, während dessen Besitzzeit der Eintrag in dem alten Grundbuch und dem Verzeichnis erfolgt sei. Sei dies richtig, so ergebe sich als Folge, daß die v. A. w. erfolgende Eintragung des derzeitigen Fideikommißinhabers gemäß Art. 13 den Eintrag einer stempelpflichtigen Veränderung in den Rechtsverhältnissen der Fideikommißgrundstücke nicht bedeute. Denn der derzeitige Inhaber sei schon vor der Grundbuchanlegung auch ohne Eintragung seines Namens Inhaber gewesen und ohne daß ihm die Eintragung des Namens eines früheren Fideikommißinhabers im Verzeichnis zum alten Grundbuch entgegengestanden habe. Durch den jetzt erfolgten Eintrag seines Namens werde nur den neu eingeführten *Formvorschriften*, und zwar mit gesetzlicher Notwendigkeit Rechnung getragen, es werde aber nicht ein Wechsel in der Inhaberschaft des Familienfideikommisses eingetragen.

Der GenStA. verfolgte weitere Beschw., indem er ausführte:

Es sei hier eine Veränderung in den Rechtsverhältnissen der betr. Grundstücke herbeigeführt worden und daher der Stempelansatz nach § 54 VO. begründet. Das LG. erkenne zwar an, daß der jetzige Fideikommißinhaber im alten Grundbuch und in dem dazu gehörigen Verzeichnis nicht eingetragen gewesen sei, komme aber gleichwohl zu dem Ergebnis, daß eine stempelpflichtige Veränderung in den Rechtsverhältnissen nicht vorliege. Dem könne nicht beigestimmt werden. In richtiger Auslegung des Art. 13 AG. z. GBO. sei der derzeitige Fideikommißinhaber lediglich in seiner Eigenschaft als Rechtsnachfolger des eingetragenen früheren Inhabers zu betrachten und seine Eintragung in das neue Grundbuch habe nur auf seinen *Antrag* zu erfolgen. Sei dieser Eintrag unterblieben, so sei bei Anlegung des Grundbuchs eine Eintragung der Fideikommißgrundstücke auf den Namen des jetzigen Inhabers unzulässig gewesen; die Eintragung habe rechtlicher Ordnung nach auf den Namen desjenigen verstorbenen Fideikommißinhabers zu erfolgen gehabt, der im alten Grundbuch und in der dazu, nach Art. 17 VO. v. 23. Jan. 1844, zu führenden Uebersicht eingetragen gewesen sei. Habe nun der Anlegungsrichter die Eintragung der Fideikommißgrundstücke auf den jetzigen Inhaber ohne dessen Antrag verfügt und der jetzige Inhaber die Eintragung unbeanstandet gelassen, so müsse er auch den Stempelanspruch gegen sich gelten lassen. Der derzeitige Fideikommißinhaber erscheine nicht infolge veränderter Rechtsauffassung als Eigentümer an Stelle der Familie, sondern in seiner Eigenschaft als *Rechtsnachfolger* des früheren Inhabers. Und zwar müsse er den Stempelanspruch des Staates für die Eintragung der Familienfideikommißgrundstücke auf seinen Namen um so mehr gegen sich gelten lassen, als die Eintragung in seinem *Interesse* erfolgt und er nunmehr in der Lage sei, jeden nur möglichen Gebrauch von der hierdurch geschaffenen Rechtslage zu machen (Art. 13 UrkStG.). Dies treffe wenigstens so lange zu, als er sich nicht veranlaßt sehe, die vorschriftswidrig (ohne seinen Antrag) erfolgte Eintragung mit den ihm zu Gebote stehenden Rechtsmitteln anzufechten. Auf der gleichen Auffassung beruhe § 6 GKG. Danach entständen die Gebühren auch dann, wenn ohne Schuld der Beteiligten die Sache unrichtig behandelt werde; das Gericht sei aber befugt, in einem solchen Falle die Gebühren niederzuschlagen, während im Falle unrichtiger Behandlung einer Stempelsache das zuständige Ministerium den Stempel erlassen könne. Es weedr schließlich auf die bedenklichen Folgen hingewiesen, zu welchen der angefochtene Beschl. führen müsse: der kleine Bauer wäre bei Ueberschreibung ererbter Grundstücke zur Entrichtung des Ueberschreibungsstempels verpflichtet, der Großgrundbesitzer dagegen bei der Ueberschreibung des Fideikommißgutes hiervon befreit. Ein solches jeder Billigkeit widersprechendes Ergebnis könne vom Gesetzgeber nicht gewollt sein, und schon daraus ergebe sich, daß das LG. den angeführten Art. 13 unrichtig auslege.

Das OLG. verwarf die weitere Beschw. aus folgenden Gründen:

Da die Stempelbeträge und damit der Wert des Beschwerdegegenstandes in beiden Fällen 100 Mk. übersteigen, der Stempel auch von dem AG. M. einer Justizbehörde, angesetzt ist, so erscheint die hierher gerichtete Beschw. nach Abs. 4 des Art. 27 UrkStG. zulässig.

Das LG. hat die Stempelpflicht verneint, weil die Eintragung einer stempelpflichtigen Veränderung in den Rechtsverhältnissen der betr. Grundstücke nicht vorliege, dann aber auch, weil diese Eintragung vom Anlegungsrichter v. A. w., ohne Antrag geschehen sei. Es kann hier dahin gestellt bleiben, ob der erste Grund richtig ist, jedenfalls ist der zweite durchschlagend. Aus den Art. 1, 4 und 5 des Ges. vom 16. März 1899, Anlegung des Grundbuches betr., ist zu folgern, daß für die Anlegung des neuen Grundbuchs zunächst der Inhalt der seitherigen öffentlichen Bücher maßgebend und von dem Anlegungsrichter in das neue Grundbuch zu übernehmen ist. Abweichungen davon dürfen nur dann alsbald in das letztere eingetragen werden, wenn dies beantragt und diese Rechtmäßigkeit des Antrags dargetan wird. Art. 13 des AG. z. GBO., der bestimmt, daß Familienfideikommisse auf den Namen des jeweilig zu Besitz und Nutzung Berechtigten einzutragen sind, gibt nun auch zunächst nur eine Vorschrift für ein bereits angelegtes Grundbuch; für das Anlegungsverfahren kann er nur eine entsprechende Anwendung finden und ist für den Anlegungsrichter nach §§ 12, 193 der Anordnungen und nach § 2 VO. nur insoweit maßgebend, als auch schon im Anlegungsverfahren die Eintragung eines Familienfideikommisses nicht mehr auf den Namen der Familie erfolgen darf, schon mit Rücksicht darauf, daß Art. 15 des Ges. vom 13. Sept. 1858 aufgehoben worden ist. Der Grundsatz, daß für das Anlegungsverfahren zunächst der Inhalt der öffentlichen Bücher maßgebend ist, muß auch für den Inhaber eines Familienfideikommisses gelten, und es ist daher der Anlegungsrichter nicht berechtigt, auf Grund des erwähnten Art. 13 den jetzigen Inhaber des Fideikommisses v. A. w. in das anzulegende Grundbuch einzutragen. Er muß vielmehr den in dem alten Grundbuch oder in der zu demselben geführten Uebersicht eingetragenen Besitzer in das neue Grundbuch ohne Rücksicht auf die wirkliche Rechtslage übernehmen, so lange nicht von dem zur Zeit der Anlegung des Grundbuchs lebenden Inhaber die Ueberschreibung auf seinen Namen beantragt wird. Diese Grundsätze sind bereits von Großh. JaMin. in den Reskripten vom 4. Febr. 1903 zu Nr. JM. 358 und 17. Juni 1903 zu Nr. JM. 8624 ausgesprochen und für durchaus zutreffend zu erachten. Im vorliegenden Falle ist ein Antrag des jetzigen Inhabers des Gräfl. Erbach-Erbach'schen Familienfideikommisses oder der Gräfl. Rentkammer, das Fideikommiß auf seinen Namen in das Grundbuch einzutragen, nicht gestellt, dieser hat also die Eintragung nicht veranlaßt. Der Anlegungsrichter hat dieselbe vielmehr v. A. w. angeordnet. Nach Art. 12 UrkStG., der allgemein für alle Stempelabgaben gilt, entsteht eine Verpflichtung zur Zahlung der Stempelabgabe bei behördlichen Beurkundungen, Ausfertigungen, Bescheinigungen, Entschließungen aller Art — ein solcher Fall liegt hier vor — nur für den, der die Beurkundung, Ausfertigung, Bescheinigung oder Entschließung veranlaßt d. h. die Tätigkeit der Behörde deshalb in Anspruch genommen, in Bewegung gesetzt hat (Best-Lorbacher Bd. V S. 34). Das ist, wie bemerkt, hier nicht der Fall gewesen; noch der Beschwerdeschrift ist die Eintragung sogar gegen den Willen des Herrn Grafen bezw. dessen Rentkammer erfolgt. Der Umstand, daß sich diese nicht veranlaßt sehen, die ohne Antrag v. A. w. erfolgte Eintragung, nachdem sie davon Kenntnis erhalten haben, mit den ihnen zu Gebote stehenden Rechtsmitteln anzufechten, kann als „Veranlassung" der gerichtlichen Tätigkeit im Sinne des Art. 12 UrkStG. nicht betrachtet werden, auch kann nicht dadurch der mangelnde Antrag ersetzt werden, daß die Rentkammer auf die Mitteilung von der angeordneten Eintragung etwa geschwiegen hat. Auf die in der Beschw. aufgestellte Behauptung, daß die Eintragung in das neue Grundbuch im Interesse des Herrn Grafen erfolgt und derselbe daher mit Rücksicht auf Art. 13 UrkStG. zur Zahlung des Stempels verpflichtet sei, erscheint nicht stichhaltig. Nach Best (Note 3 zu Art. 13 UrkStG.) hat zwar diese Vorschrift hauptsächlich Bedeutung für Geschäfte, die im Interesse einer bestimmten Person v. A. w. vorgenommen werden. Allein es ist erforderlich, daß das Interesse der betr. Person ein unmittelbares ist, wenn sie zur Zahlung des Stempels verpflichtet werden soll. Dies trifft im Fragefall nicht zu. Aus der Eintragung in das neue Grundbuch, wie sie vom Anlegungsrichter angeordnet worden ist, erwächst dem Herrn Grafen, der ohne dieselbe auch das Fideikommißgut als Eigentümer in Besitz und Genuß hat, kein unmittelbarer Vorteil. Daß er durch die Eintragung in die Lage kommt, jeden nur möglichen Gebrauch von der dadurch geschaffenen Rechtslage zu machen, ist nur ein mittelbarer Vorteil, durch den eine Verpflichtung zur Stempelzahlung nicht begründet wird (Entsch. OLG. v. 4. März 1904 W. 24/04). Hiernach ist in der angefochtenen Entscheidung eine Gesetzesverletzung nicht zu finden und die dagegen verfolgte Beschw. als unbegründet zurückzuweisen, ohne daß auf deren übrigen Inhalt näher einzugehen wäre. Eine Pflicht zur Zahlung des Stempels ist überhaupt nicht entstanden; es konn daher ein Fall der Erstattung des entrichteten Stempelbetrags, wie ihn Abs. 2 des Art. 37 UrkStG. vorsieht, nicht gegeben sein, wie die Beschw. dies annimmt.

Sollte sich die Gräfl. Rentkammer fortgesetzt weigern, den Antrag auf Eintragung des jetzigen Inhabers des Familienfideikommisses in das neue Grundbuch zu stellen, obgleich dies, wie erwähnt, mit Rücksicht auf die Wirkungen der Eintragung in das Grundbuch Dritten gegenüber von Vorteil für den Inhaber wäre, so bleibt dem Anlegungsrichter nur übrig, den vollzogenen Eintrag wieder abzuändern, was, so lange das Grundbuch nicht für angelegt erklärt ist, ja jederzeit ohne weiteres geschehen konn, und nur den Inhalt der vorhandenen Grundbücher nebst Uebersichten in das neue Grundbuch zu übernehmen. Dabei sei bemerkt, daß die vom LG. angeführte Entsch. des OLG. (HessRspr. III S. 155 ff.) im wesentlichen nur ausspricht, daß Familienfideikommisse nicht mehr auf den Namen des betr. Hauses in das Grundbuch eingetragen werden dürken, die Frage aber, ob nicht etwa der Eintrag auf einen früheren Inhaber erfolgen kann, unberührt läßt bezw. nicht ausspricht, daß der Eintrag auf den jetzigen Inhaber erfolgen müsse. Wenn ein Antrag, den Eintrag auf den jetzigen Inhaber zu vollziehen, nicht vorliegt, so wird es mit Rücksicht auf den oben erwähnten Grundsatz, daß im Anlegungsverfahren der Inhalt der seitherigen Grundbücher von dem Anlegungsrichter in die neuen zu übernehmen ist, sich nicht umgehen lassen, die in das alte Grundbuch bezw. die Uebersicht dazu als Besitzer eingetragenen Personen in das neue Grundbuch zu übernehmen, auch wenn sie längst verstorben sind. Ist in dem Grundbuch bezw. der Uebersicht ein Vorname nicht angegeben, dann wird sich dieser wohl ermitteln lassen, da die Zeit des Erwerbs der betr. Grundstücke jedenfalls aus den Büchern ersichtlich ist (vgl. das erwähnte Ministerialreskript vom 4. Febr. 1903; Entsch. LG. Gießen vom 16. Nov. 1904, betr. Anlegung des Grundbuchs in Gemarkung Gelnhaar T 283/04).*)

Beschl. OLG. I. ZS. v. 10. März 1905 W 42/05 X.

Entscheidungen der Großh. Landgerichte.

Zivilrecht. — Zivilprozeß.

5. § 93 ZPO. Ist Klage veranlaßt, wenn Beklagter auf Uebersendung eines Rechnungsauszuges innerhalb angemessener Frist nicht gezahlt hat?

Der Vorderrichter vertrat den Standpunkt, daß eine Klage dann stets veranlaßt sei, wenn die Fälligkeit der Schuld feststehe und der Schuldner den Betrag seiner Schuld kenne. Diese Ansicht berücksichtigt nicht genügend die Anschauungen des Geschäftsverkehrs; sie würde das Anwendungsgebiet des § 93 ZPO. fast ausschließen, da § 93 zur selbstverständlichen Voraussetzung ein existentes Klagerecht hat und der Vorderrichter dieses schon genügen läßt, um die erhobene Klage als veranlaßt zu bezeichnen: die Kenntnis der Höhe der Schuld wird in vielen Fällen schon ohne Uebersendung der Rechnung beim Schuldner vorhanden sein. Es muß also ein die Erhebung der Klage veranlassendes weiteres Moment hinzutreten, wenn die Klage als veranlaßt gelten soll. Dieses weitere Moment hat der Kl. in der Uebersendung eines Rechnungsauszuges zu finden geglaubt, jedoch mit Unrecht. Im Geschäftsverkehr gilt Uebersendung der Rechnung nicht als Aufforderung zur Zahlung in dem Sinne, daß, wenn Zahlung innerhalb angemessener Frist nicht erfolge, der Kl. ohne weiteres den Klageweg beschreiten werde, sie gilt also nicht als Mahnung (s. Art. 288 Abs. 2 HGB. a. F., Denkschrift zu HGB. a. F.: Hahn-Mugdan VI S. 350; Rehbein, BGB. II S. 119 Anm. 108; Planck, BGB. III. Aufl. § 284 Note 4a; Scherer, BGB. § 284 Note 1; Crome, System § 161 S. 137 Note 21; Endemann, I § 137 Note 6; Dernburg, bürgerl. Recht II § 71 II 2c). Im Handel und Verkehr erwartet man allgemein noch eine diese Absicht unzweideutig zum Ausdruck bringende Willenserklärung des Gläubigers, wie sie in der förmlichen Mahnung, in § 284 Abs. 2 BGB. gelegen ist und in der wiederholten Uebersendung einer Rechnung oder gar einer quittierten Rechnung gelegen sein wird, dagegen nicht in der erstmaligen lediglich den Charakter einer Notifikation der Schuld an sich tragenden Zusendung einer Rechnung. Da Kl. nichts als das letztere behauptet und Bekl. nach Klageerhebung und vor dem ersten Verhandlungstermine die Forderung des Kl. bezahlt hatte, wurde Kl. nach § 93 ZPO. in der Beschwerdeinstanz zur Tragung der Kosten des Rechtsstreites verurteilt.

Entsch. LG. Dstdt. vom 12. Jan. 1905 T 449/04. Sz.

Freiwillige Gerichtsbarkeit.

6. § 7 des Gesetzes vom 12. Juli 1902, betr. die Errichtung einer Hessischen Hypothekenbank, und § 12 des Handelsgesetzbuchs.

Die hessische Landeshypothekenbank reicht eine Anmeldung zum Handelsregister ein, unterschrieben von zwei Vorstandsmitgliedern und versehen mit dem Siegel der Bank. Das Registergericht D. I weist die Anmeldung zurück, weil dieselbe nicht der Vorschrift des § 12 HGB. genüge. Auf erhobene Beschw. erklärt das LG. D K. f. Handelssachen die Anmeldung als den gesetzlichen Erfordernissen entsprechend aus folgenden Gründen:

Nach § 12 HGB. sind die Anmeldungen zu Eintragungen in das Handelsregister persönlich bei dem Gericht zu bewirken oder in öffentlich beglaubigter Form einzureichen. Oeffentlich beglaubigt ist eine Schrift, wenn die Unterschrift oder die Handzeichen derselben beglaubigt sind (§ 129 BGB., Staub, HGB. zu § 12). Gemäß Art. 7 des Ges., die Errichtung einer Hess. Landeshypothekenbank betr., vom 12. Juli 1902 gilt eine Urkunde, die von der Bank innerhalb ihres Geschäftskreises aufgenommen ist, falls sie von den nach dem Gesellschaftsvertrag zuständigen Vertretern der Bank ordnungsmäßig unterschrieben und mit dem Siegel oder Stempel der Bank versehen ist, als eine öffentliche Urkunde. Die Anmeldung ist von 2 Vorstandsmitgliedern, die zur Vertretung der Bank legitimiert sind, unterschrieben und mit Stempel versehen. Es handelt sich hier also um eine öffentliche Urkunde. Der Begriff einer solchen ist weitergehend, als der einer öffentlich beglaubigten Erklärung. Wenn die ganze Urkunde als eine öffentliche anzusehen ist, so ist auch die Anmeldung als eine von öffentlich beglaubigter Form anzusehen (Planck, BGB. Note 2 zu § 130; Rspr. der OLG. Bd. VII S. 8). Aus der Tatsache, daß Art. 7 Abs. 2 a. a. O. bestimmt, daß derartige Urkunden für gewisse Rechtsgeschäfte des Grundbuchs- und Hypothekenverkehrs einer gerichtlichen oder notariellen Urkunde gleichstehen, kann nicht, wie der Unterrichter anscheinend annimmt, gefolgert werden, daß eine solche Anordnung auch für Anmeldungen zum Handelsregister hätte getroffen werden müssen, wenn die Urkunde in dieser Hinsicht als öffentliche angesehen werden sollte. § 12 HGB. erfordert nicht eine notarielle oder gerichtliche Urkunde, sondern schreibt nur Einreichung einer Urkunde in beglaubigter Form vor. Letzterer ist im Großherzogtum auch dann genügt, wenn die Unterschriften durch einen Gerichtsschreiber oder ortsgerichtlich beglaubigt sind (Art. 65 AG. z. GFG.). Es besteht demnach kein Grund, die erfolgte Anmel-

*) Die letzterwähnte Entscheidung des LG. Gießen wird in Nr. 4 d. [illegible] zum Abdruck gelangen. D. Red.

bung als den gesetzlichen Erfordernissen nicht genügend zu bezeichnen.

Beschl. LG. O. K. f. HS., vom 6. Dez. 1904 HT 10/04. Sspn. Ger.-Ass. *)

7. Nach welchen Vorschriften erfolgt die Verteilung des Erlöses aus einer Zwangsversteigerung?

Auf Antrag von Miterben, dem sich die übrigen Miterben anschlossen, hatte das AG. die Versteigerung von zum Nachlaß gehörigen Immobilien durch das zuständige OrtsG. vornehmen lassen. Die Versteigerung fand als freiwillige statt; die Miterbin A. blieb Meistbietende. Die Versteigerung wurde, trotzdem das Gebot die Schätzung erheblich überstieg, von einem Teil der Miterben nicht genehmigt und von ihnen in der Erwartung eines höheren Gebots eine nochmalige Versteigerung beantragt. Auf Antrag der Miterbin A. wurde die Versteigerung nunmehr nach Art. 12 des Ges., die Ausf. d. Ges. ü. d. Zwangsverst. und die Zwangsverw. betr., vom 23. Juli 1899, als Zwangsversteigerung verfügt und durch das OrtsG. ausgeführt. Die Miterbin A. blieb auch jetzt Meistbietende. Das AG. genehmigte die Versteigerung, erteilte den Zuschlag und ordnete zugleich die Hinterlegung des in Zielen zu entrichtenden Steigerlöses bei der Gerichtsstelle an.

Die Miterbin A. beantragte nun für sich und als Vertreterin von minderjährigen Miterben bei dem AG., das Verteilungsverfahren gemäß Art. 43 des Ausf.Ges. z. ZPO. einzuleiten. Dieser Antrag wurde abgelehnt. Die hierauf von den Antragstellern verfolgte sofortige Beschwerde stützt sich auf folgende Erwägungen:

Es handele sich zur Zeit allein und unabhängig von den auf die Auseinandersetzung des fraglichen Nachlasses im ganzen bezüglichen Verhandlungen um die Aufhebung der zwischen den Miterben an den erbschaftlichen Immobilien bestehenden Gemeinschaft, und die Aufhebung dieser Gemeinschaft habe nach § 753 BGB. durch Zwangsversteigerung und Teilung des Erlöses zu erfolgen. Dem Versteigerungsrichter obliege hiernach als Teil des Versteigerungsverfahrens auch das Verteilungsverfahren nach Maßgabe der sonst für die Zwangsvollstreckung geltenden Vorschriften.

Das LG. hat die sof. Beschw. als unbegründet aus folgenden Gründen zurückgewiesen:

Der § 753 BGB. bestimmt allerdings in Bezug auf die Art des Verkaufs, daß er bei Grundstücken durch Zwangsversteigerung zu erfolgen hat, dagegen aber nicht, daß auch die Teilung des Erlöses unter den Gemeinschaftsteilhabern noch den für die Zwangsvollstreckung bestehenden Vorschriften zu erfolgen hat. Damit daß an Stelle des in Natur nicht teilbaren Gegenstandes durch die Versteigerung eine zur Verteilung geeignete Geldsumme tritt, ist der Zweck des Verfahrens erreicht. Die Verteilung des Erlöses unter die einzelnen Teilhaber ist nicht Aufgabe des Versteigerungsverfahrens, sondern außerhalb desselben in gleicher Weise vorzunehmen, wie wenn der gemeinschaftliche Gegenstand von vornherein in jener Geldsumme bestanden hätte. Die für die Verteilung des Versteigerungserlöses in Zwangsvollstreckungssachen bestehenden Vorschriften kommen daher für diese Verteilung unter den Teilhabern nicht zur Anwendung. Dies kann schon dann keinem Zweifel unterliegen, wenn die Zwangsversteigerung behufs Aufhebung eines gewöhnlichen Miteigentums erfolgt, ist aber um so klarer, wenn es sich, wie bei erbschaftlichen Gemeinschaften, um die Aufhebung einer zur gesamten Hand bestehenden Gemeinschaft handelt. Hier kann der durch Verwertung eines einzelnen Gegenstandes erzielte Erlös nicht für sich verteilt werden, er muß vielmehr zu der gemeinschaftlichen Masse abgeführt werden, um als Bestandteil der letzteren verteilt zu werden; denn selbst bei einem ziffermäßig festzustellenden Anteil an den einzelnen zu dem gemeinschaftlichen Vermögen gehörenden Gegenständen könnten den Teilhabern doch immer nur Anteile an dem gemeinschaftlichen Vermögen als solchem zufließen. Diese Vermögensliquidation kann aber selbstverständlich niemals in dem Rahmen eines Zwangsversteigerungsverfahrens erfolgen (Fischer und Schäfer, Zwangsvollstreckung i. d. unbew. Verm., § 180 Note 6; Badstüber, die Zwangsvollstreckung in das unbew. Verm., § 286). Damit wird nicht ausgeschlossen, daß in den Fällen der bezeichneten Art die Einleitung eines Verteilungsverfahrens dem Versteigerungsgericht dann und insoweit obliegen kann, wenn und soweit der Erlös in erster Linie zur Befriedigung von dinglich berechtigten Gläubigern zu verwenden ist; ein solcher Fall liegt aber nicht vor.

Entsch. LG. Gießen vom 13. April 1904, ZK. I T 79/04. Kf.

---

*) Vorstehende Entsch. gibt zu folgenden Zweifeln Anlaß: 1. die Anmeldung zum Handelsregister dürfte keine „von der Bank innerhalb ihres Geschäftkreises aufgenommene Urkunde" im Sinne des Art. 7 des Gesetzes sein. Es handelt sich im Fragefalle um die Abgabe einer Erklärung, zu der die Mitglieder des Vorstands persönlich verpflichtet sind und auch persönlich durch Ordnungsstrafen angehalten werden können; 2. ersetzt tatsächlich eine „öffentliche Urkunde" die „öffentliche Beglaubigung"? Nach § 129 BGB. wird die öffentliche Beglaubigung lediglich ersetzt durch gerichtliche oder notarielle Beurkundung. § 128 GFG. bestimmt ausdrücklich, daß in Registersachen die öffentliche Beglaubigung durch Protokoll des Gerichtschreibers (eine öffentliche Urkunde) ersetzt werden kann, woraus zu folgern, daß eine öffentliche Urkunde an sich ohne ausdrückliche Bestimmung die öffentliche Beglaubigung nicht ersetzt. D. Eins.

Sprechsaal.

Die Sektion Oberhessen der Vereinigung für gerichtliche Psychologie und Psychiatrie veranstaltete kürzlich zu Gießen in der psychiatrischen Klinik eine Versammlung ihrer Mitglieder zum Zwecke der Vorberatung des Hauptthemas der beabsichtigten Frühjahrsversammlung in Mainz: Fürsorgeerziehung. Es waren gegen 50 Herren aus allen interessierten Kreisen erschienen. Vom medizinischen Standpunkt beleuchtete zunächst in ausführlichem Vortrage Privatdozent Dr. Dannemann den Gegenstand. Er erörterte die Paragraphen des StGB. sowie des BGB., welche der Spezialgesetzgebung der einzelnen Bundesstaaten zu Grunde liegen, und gruppierte dann, zum Teil an der Hand lehrreicher Fälle, welche die psychiatrische Klinik passierten, die für eine Fürsorgeerziehung in Frage kommenden Minderjährigen in 4 Kategorien: 1. solche, bei denen die Fürsorge Platz greifen muß wegen Unzulänglichkeit der erzieherischen Faktoren (nicht immer braucht ein Verschulden der Eltern vorzuliegen) bei guter Veranlagung und nach nicht erfolgter Demoralisation; 2. solche, die bei guter Veranlagung infolge äußerer Mängel bereits verwahrlosten, aber sich in die Bahn der Zucht und Ordnung zurückbringen lassen; 3. solche mit angeborenem moralischem Defekt bei sonst normaler Intelligenz; 4. die psychopathisch Veranlagten, d. h. mäßige Grade von angeborenem Schwachsinn usw. Der Redner wies darauf hin, wie notwendig es ist, auch in Erziehungs- und Besserungsanstalten die Insassen nach psychiatrischen und psychologischen Gesichtspunkten zu sondern. Der Einleitung einer Zwangserziehung sollte mindestens in den Fällen der §§ 55, 56 StGB. eine psychiatrische Begutachtung nach mehrwöchentlicher Beobachtung in einer Anstalt vorangehen. Seitens des Amtsgerichts zu Gießen werde neuerdings in zahlreichen Fällen unter Benutzung der Klinik der Fürsorgeerziehung eine Begutachtung vorausgesandt. Angebracht sei es, daß eine systematische Durchforschung der späteren Lebensschicksale möglichst vieler Fürsorgezöglinge stattfinde, um deren Entwicklung festzustellen. Erst auf Grund solcher Feststellungen werde sich sagen lassen, ob es einen Zweck habe, öffentliche Anstalten für diesen Zweck zu bauen, bezw. ob es besser sei, Verwahrungsanstalten für jugendliche Verbrecher und Anstalten für jugendliche Nervöse zu errichten. Hierauf beantwortete RegR. Dr. Wagner eine Anzahl wichtiger von Professor Dr. Mittermaier formulierter Fragen, betr. die Art der Einleitung und Ausführung der Fürsorgeerziehung im Kreise Gießen. Dieser zählt zurzeit allein 131 Zöglinge. Soweit möglich bedient man sich der durch den evangelischen Erziehungsverein organisierten Familienpflege, nur in Fällen erheblicher Schwierigkeiten werden Besserungsanstalten in Anspruch genommen. Im Anschluß hieran teilte Pfarrer Röschen, der derzeitige Vorsitzende des Erziehungsvereins, seine Erfahrungen mit. Die Versammlung erging sich in lebhafter Debatte über die Darlegungen, an der sich speziell OStA. Theobald, Ass. Keller, Prof. Dr. Mittermaier und Prof. Dr. Sommer beteiligten. Der letztere betonte, daß es erstrebenswert sei, den Begriff der Geistesschwäche, wie ihn das BGB. kenne, in das Strafgesetz hinüber zu nehmen, da man sehr oft speziell in Fällen des § 56 StGB. psychiatrische Bedenken haben müsse, einen Minderjährigen für vollverantwortlich zu erklären, obwohl ihm die Einsicht in die Strafbarkeit einer Handlung nicht abgehe. X.

Literatur.

Staudinger, J., v., †: Kommentar z. BGB. und dem EinfG. (J. Schweitzer Verlag, München). Die Lief. 15 und 16 des oft erwähnten bedeutsamen Werkes (vgl. V Nr. 20 S. 152 d. Ztschr.) bringen aus dem Recht der Schuldverhältnisse die Bearbeitung der §§ 241–346 von Prof. Dr. Kuhlenbeck und die §§ 1698–1800 des Familienrechts von LGR. Dr. Engelmann. Diese hervorragende Ausgabe unseres Gesetzbuchs findet dauernde Anerkennung und in der Spruchpraxis der Gerichte zunehmende Zitierung. K.

Meyer, H., LGSekr.: Gerichts- und Prozeßpraxis (M. Bickel, München). Die Lief. 6–8 dieses Handbuchs (vgl. V Nr. 14 S. 104 d. Ztschr.) liegen nun vor und führen bis zum § 265 ZPO. (S. 272). Die fleißige Arbeit führt in den Noten fortlaufend auch die instruktionellen Vorschriften der Landesrechte (auch für Hessen) an. X.

☞ Der heutigen Nummer ist das Sachregister zum fünften Jahrgang beigelegt.

Für die Redaktion verantwortlich: Oberlandesgerichtsrat Keller in Darmstadt. — Verlag von J. Diemer in Mainz. — Druck von G. Otto's Hof-Buchdruckerei in Darmstadt.

Herausgegeben
auf Veranlassung des Richter-Vereins unter Mitwirkung der Hessischen Anwaltskammer
von Oberlandesgerichtsrat Keller in Darmstadt, Landgerichtsrat Dr. Buff in Darmstadt,
Landgerichtsdirektor Dornseiff in Darmstadt, Landgerichtsrat Kees in Mainz, Oberamtsrichter Dr. Lahr in Darmstadt.

Erscheint monatlich zwei Mal Preis Mk. 7.12 jährlich mit postfreier Zustellung.

Bestellungen nehmen die Expedition in Mainz, die Postanstalten sowie sämtliche Buchhandlungen entgegen.

Einrückungs-Gebühr die dreispaltige Zeile oder deren Raum 30 Pfg.

Nr. 4. Vom Deutschen Juristentag angenommene Zitierweise: HessRspr. Nachdruck verboten. 6. Jahrgang.

Redaktion: Darmstadt, Heinrichsstraße 5. | Mainz, 15. Mai 1905. | Verlag und Expedition: J. Diemer, Mainz.

Einladung zur Hauptversammlung

des

Hessischen Richter-Vereins.

Die diesjährige ordentliche Hauptversammlung findet satzungsgemäß am

Samstag dem 27. Mai 1905, vormittags 11 Uhr,

zu Frankfurt a. M. in der „Rosenau" (Reuterweg)

statt.

Tagesordnung:
1. Geschäftsbericht des Vorsitzenden.
2. Vortrag des Rechners, Prüfung der Rechnung und Entlastung des Rechners.
3. Neuwahl des Vorstands (§ 3 der Satzung).
4. Neuwahl des Zeitungsausschusses (vgl. V Abs. 5 des vorjährigen Jahresberichts in der Beilage zu Nr. 7 der „HessRspr.").
5. Unentgeltliche Bücher-Verlosung unter den Mitgliedern.
6. Bericht der Schriftleitung der „Hessischen Rechtsprechung".
7. Ort und Zeit der nächsten Hauptversammlung.
8. Verschiedenes.

Anträge unserer Mitglieder, die auf die Tagesordnung dieser Hauptversammlung gelangen sollen, müssen im Hinblick auf die im § 6 der Satzung bestimmte Frist ohne Verzug bei dem Vorstand eingereicht werden.

Nach Erledigung der Tagesordnung findet ein gemeinsames Mittagsmahl statt. Weitere Vorschläge zur Ergänzung unseres Programms nehmen wir gerne entgegen.

Unsere Mitglieder weisen wir auf die diesmalige umfassende Neuwahl aller Vereinsorgane hin und rechnen auf allseitige Beteiligung!

Darmstadt, 30. April 1905.

Der Vorstand.

Entscheidungen des Großh. Oberlandesgerichts und des Reichsgerichts.

Zivilrecht. — Zivilprozeß.

1. Schadensklage wegen eines im Betriebe der Straßenbahn durch Herabfallen erlittenen Unfalls.

Kl. hatte am 19. April 1899 durch einen Sturz von der vorderen Plattform des von Kastel nach Mainz fahrenden Straßenbahnwagens eine Körperverletzung erlitten, hatte aber die Frist des § 8 des Haftpflichtgesetzes vom 7. Juni 1871 verstreichen lassen und nunmehr, gestützt auf Art 1382 c. c., Klage auf Schadensersatz gegen die Bahnverwaltung erhoben.

Aus den Gründen des Berufungsurteils: Kl. hat ein besonders hohes Verschulden der Bekl. darin erblickt, daß die an der vorderen Plattform angebrachte Verschlußkette bei jener Fahrt nicht vorgelegt war. Diese besteht aus einem aus Leder angefertigten oder mit solchem überzogenen, etwa fingerdicken Strick, der an der einen Seite des Wagens an einem Ringe befestigt ist, an einer gegenüberliegenden Stelle mittels eines Hakens eingehängt werden kann, und der, wenn letzteres geschehen ist, den Zugang zu der Plattform auf der betreffenden Wagenseite abschließt; er ist in halber Manneshöhe angebracht und bildet, wenn eingehängt, eine bogenförmige Linie. Dieser Haken ist bei der in Rede stehenden Fahrt tatsächlich nicht eingehängt gewesen, sondern hing lose herunter, so daß die vordere Plattform an der betreffenden Seite offen war. Die Feder des Hakens war schadhaft, so daß, auch wenn die Kette eingehängt gewesen wäre, sie doch nur geringen Widerstand hätte leisten können. Es ist Vorschrift, daß die Kette während der Fahrt eingehängt ist, und es ist Pflicht des Pferdebahnkutschers, hierfür Sorge zu tragen. Wäre letzteres aber auch geschehen und die Verschlußkette eingehängt gewesen, so würde hierdurch das Herausfallen des Kl. doch nicht verhütet worden sein. Denn es ist keinem Zweifel unterworfen, daß die Kette, auch wenn die Feder sich in unbeschädigtem Zustande befunden hätte, doch viel zu schwach gewesen wäre, um dem Gewicht eines erwachsenen Mannes beim Hinausfallen genügenden Widerstand leisten zu können. Dies ist auch nicht der Zweck derartiger Verschlußketten. Gerade weil sie vor dem Hinausfallen nicht schützen, ist auf der vorderen Plattform ein groß geschriebenes Plakat angebracht mit der Aufschrift: „An die Verschlußketten nicht anlehnen!" Sie sind vielmehr lediglich deshalb vorhanden und nur auf der e i n e n (linken) Seite des Wagens, um während der Fahrt das Ein- und Aussteigen von Fahrgästen zu verhindern und diese davor zu schützen, durch die auf dieser Seite entgegenkommenden, kreuzenden Wagen beschädigt zu werden. In diesem Sinne und nur zu diesem Zwecke gehen die Vorschriften für den Betrieb der hier in Betracht kommenden Mainzer Straßenbahn (§ 3), aber ebenso auch diejenigen anderer Städte, wie Berlin und Breslau, dahin, daß während der Fahrt die linke Seite der vorderen Plattform mit einer Verschlußvorrichtung versehen sein muß, um zu verhüten, daß der Wagen auf dieser Seite während der Fahrt betreten oder verlassen werden kann. Unter diesem Gesichtspunkte betrachtet, erscheint das Nichtvorlegen der Verschlußkette im gegebenen Falle nicht als Ursache des Unfalls.

Es fragt sich aber weiter, ob ein Verschulden der Bahn d. i. ein Mangel der im Verkehr und im Betriebe derartiger Pferdebahnen üblichen Sorgfalt und Vorsicht darin gefunden werden muß, daß sie es unbeachtet gelassen hat, geeignete Vorkehrungen dagegen zu treffen, daß ein auf der Vorderplattform befindlicher Fahrgast beim raschen Durchfahren von Kurven infolge des hierdurch entstehenden Ruckes unversehens hinausgeschleudert wird, und ob es genügt, die Fürsorge gegen derartige Gefahr dem Fahrgast selbst zu überlassen. Daß es nicht a l l g e m e i n verkehrsüblich ist, die vorderen Plattformen der Straßenbahnwagen während der Fahrt nach beiden Seiten fest abzuschließen, erhellt aus den Vorschriften der Berliner und Breslauer Straßenbahnen. Allein es kommt noch Folgendes in Betracht: Jedermann weiß, daß, wenn er auf einem rasch dahinfahrenden Wagen steht, er bei Wendungen des Wagens, z. B. beim Einbiegen in eine andere Straße, ins Schwanken gerät und leicht hinfällt, wenn er sich nicht festhält. Mit dieser allgemein bekannten Erfahrung durfte die Bekl. rechnen und der Annahme sein, daß jemand, der sich eine offensichtlich nach der Seite nicht abgeschlossene Plattform zum Standort für die Fahrt wählt, auch für seinen Schutz im gedachten Sinne sorgen werde; andernfalls steht es ihm ja frei, sich einen anderen Standort oder bei Ueberfüllung ein anderes Beförderungsmittel zu wählen. Um an die vorhandene Gefahr zu erinnern und zur Vorsicht zu mahnen, hat die Bahnverwaltung auf der Plattform in großer Schrift die Warnung angebracht: „Bei der Durchfahrt durch Kurven festhalten" — „an die Verschlußketten nicht anlehnen." Hiermit war nach Ansicht des Gerichts allen Erfordernissen genügt, welche im Sinne der im Verkehr erforderlichen Sorgfalt an derartige Betriebe nach billigem Ermessen gestellt werden können. Denn derjenige, der ein solches dem öffentlichen Verkehr und dessen Bedürfnissen dienendes Beförderungsmittel benutzt, wird hiermit keineswegs von jeder Pflicht zur Selbstvorsicht befreit, sondern muß mit der Möglichkeit des Eintritts der mit dem Betriebe verbundenen Gefahren rechnen und gegen sie selbst Vorkehrungen treffen.

Urt. OLG. II ZS. vom 4. Nov. 1904 U 372/03. F.

2. Urteil. Entscheidender Teil.

Manche Gerichte begnügen sich bei der Zusprechung einer nur t e i l w e i s e begründeten Klage oder Widerklage mit dem Ausspruch der Verurteilung zur Zahlung des für begründet erachteten Betrags, indem sie von der Ansicht ausgehen, daß die Klage oder Widerklage, insoweit sie nicht zugesprochen werde, implicite abgewiesen sei. In einem Falle, in welchem das OLG. die Widerklage nur teilweise zugesprochen, eine Abweisung für den unbegründeten Teil aber nicht ausdrücklich ausgesprochen hatte, erkannte das RG.:

. . . Wenn sich hiernach auch die Revision der Sache nach als unbegründet erweist, so war doch dem in 2. Instanz gestellten und in der Revisionsinstanz wiederholten Antrage des Klägers, die Widerklage a b z u w e i s e n, insoweit zu entsprechen, als das Berufungsgericht die letztere ausweislich der Begründung seines Urteils als nicht gerechtfertigt erachtet und demgemäß von deren vollständiger Zusprechung abgesehen hat, indem in diesem Punkte die Entscheidung des Berufungsurteils durch die förmliche Abweisung des als unbegründet erachteten Teils der Widerklage lediglich zu ergänzen ist.

Urt. RG. II ZS. v. 10. Febr. 1895 Rep. II 495/04 (U 264/02). F.

3. Tatbestand des Urteils.

Nach § 313 Abs. 1 Ziff. 3 und Abs. 2 ZPO. soll der Tatbestand in einer gedrängten Darstellung des Sach- und Streitgegenstands auf Grundlage der mündlichen Parteivorträge bestehen und ist bei der Darstellung eine Bezugnahme auf den Inhalt der vorbereitenden Schriftsätze „nicht ausgeschlossen". Darnach ist, wie das RG. wiederholt ausgesprochen hat, die letztere Maßregel nur eine A u s n a h m e maßregel und nur insoweit statthaft, als es sich um einzelne im Tatbestand bestimmt hervorzuhebende Punkte handelt, bei denen wegen der bestehenden Beschaffenheit des in Bezug zu nehmenden Prozeßstoffs, wie im Falle der Beibringung umfangreicher Vertragsurkunden, Inventarverzeichnisse, Listen, Zinsberechnungen u. dergl., das Interesse der Uebersichtlichkeit der Darstellung es erheischt, von der Aufnahme aller Einzelheiten in den Tatbestand abzusehen und sich mit einer Verweisung auf die bei den Akten befindlichen Schriftstücke zu beangen. Im übrigen gehört es zu den Obliegenheiten des erkennenden Gerichts, das Sach- und Streitverhältnis im Tatbestande weder durch bloße Bezugnahme auf die vorbereitenden Schriftsätze noch auch in der Weise zur Darstellung zu bringen, daß der Inhalt der Schriftsätze lediglich nach deren chronologischen Reihenfolge wiedergegeben wird; vielmehr ist der Sach- und Streitgegenstand, wie er sich nach dem Ergebnis der mündlichen Verhandlung gestaltet hat, zum Ausgangspunkt der Darstellung zu nehmen. Es ist darnach vor allem dasjenige, was bei der mündlichen Verhandlung unstreitig geworden ist, als solches in den Vordergrund zu stellen und von dem streitig gebliebenen scharf zu sondern, und es ist ferner bei der Darstellung des letzteren darauf Bedacht zu nehmen, daß die einzelnen tatsächlichen Behauptung der Parteien nicht mit den dafür geltend gemachten Beweismitteln (einschließlich der Eideszuschiebung) vermengt, saudern selbständig für sich mit dem zu ihrem Verständnis erforderlichen Maße von Ausführlichkeit wiedergegeben werden.

Urt. RG. V. ZS. v. 3. April 1905 Rp. V 446/04 (U 114/04 bezw. 166/05). F.

Entscheidungen der Großh. Landgerichte.

Freiwillige Gerichtsbarkeit.

4. Die Behandlung der Familienfideikommisse im Anlegungsverfahren. Eine Ueberschreibung auf den dermaligen Inhaber findet nicht v. A. w. statt.

Der Fürst J. ist laut Urkunde des Gr. Hess. Min. d. Fin. mit der Eisensteingrube „bei dem Struthwald" in Gemarkung G. beliehen worden. Bei der Einrichtung der Berggrundbücher in 1877 wurde „der Fürst J." als Eigentümer der Grube eingetragen; dieselbe gehört zum Fürstlich J.'schen Familienfideikommiß. Diese Qualität ist früher noch nicht zur grundbuchmäßigen Wahrung gekommen.

In dem Verfahren, betr. die Anlegung des Grundbuchs und Berggrundbuchs für die Gemarkung G., hat nunmehr der Anlegungsrichter entschieden, daß unter Wahrung der Fideikommißqualität als Eigentümer der Grube der Inhaber des Fideikommisses zur Zeit der Beleihung und Errichtung des Berggrundbuchs in 1877, Fürst Wolfgang Ernst, einzutragen werde, daß man sich aber bereit erkläre, auf Antrag und damit unter Begründung einer Stempelpflicht auch den jetzigen Inhaber des Fideikommisses, den Fürsten Joseph Ernst, zum Eintrag zu bringen.

Hiergegen richtet sich die Beschwerde; sie führt aus, daß bei Anlegung des Grundbuchs der gegenwärtige Fideikommißinhaber von Amtswegen einzutragen sei und daß die Eintragung auch kostenlos zu erfolgen habe. Die Beschw. beruft sich dabei auf eine Entsch. des LG. Gießen vom 2. Jan. 1904, die durch Entscheidung des OLG. vom 20. April 1904 ihre Bestätigung gefunden habe. Die Beschw. ist nicht begründet. Sie verlangt die Entscheidung der Frage, ob im Anlegungsverfahren Fideikommißvermögen v. A. w. ohne Antrag und einerlei, wem dasselbe seither formell zugeschrieben war, auf den Namen des jetzigen Inhabers zu stellen sei, und wendet sich nicht dagegen, daß der Anlegungsrichter ohne vorheige Berichtigung und Ergänzung des Eintrags im seitherigen Berggrundbuch und ohne Wahrung der Fideikommißqualität in demselben alsbald das Hülfsblatt angelegt und den Eintrag zum neuen Berggrundbuch angeordnet habe.

Die von dem Beschwerdeführer zur Begründung der Beschw. angeführten Entscheidungen enthalten nicht diejenige Schlüssigkeit, daß sie als Entscheidungen über dieselbe Frage angesehen werden können. Es hat allerdings das LG. Gießen zuletzt in den Gründen der Entscheidung vom 2. Jan. 1904 ausgesprochen, daß der Art. 13 des AG. z. GO. die veränderte Auffassung des Gesetzgebers hinsichtlich des Eigentums an Fideikommißgütern, welche der Art. 277 des Hess. AG. zum BGB. durch die bloße Beseitigung des seither geltenden entgegengesetzten Art. 15 des Fideikommißgesetzes vom 13. Sept. 1858 nur indirekt ausdrückte, zum positiven Ausdruck gebracht habe, indem er die Eintragung des jeweiligen Fideikommißinhabers als Eigentümer in die für die Aufnahme des Eigentümers bestimmte Titelseite des neuen Grundbuchblattes anordnete. Der Art. 13 a. a. O. enthalte die positive gesetzliche Anerkennung und Einführung eines dem seitherigen gesetzlichen Zustand entgegengesetzten Rechtszustands in Bezug auf die Frage des Eigentums am Fideikommißgut. Mit dieser Aenderung sei die Annahme nicht wohl vereinbar, daß der Gesetzgeber bei Eintragung von Fideikommißgütern nach Art. 13 zunächst die Uebernahme des seitherigen Rechtszustands nach Inhalt des seitherigen Grundbuchs gewollt habe. Denn der seitherige Rechtszustand entspreche nicht der neuen gesetzlichen Auffassung, und der für das sonstige gewöhnliche Grundeigentum maßgebende Grundsatz des Art. 1 des AnlGesetzes sei nicht wohl anwendbar auf die Eintragung des erst durch die neue Gesetzesvorschrift an Stelle des seitherigen Eigentümers des Hauses als Eigentümer anerkannten Inhabers des Fideikommisses.

Des weiteren hat indessen das LG. die Prüfung und Entscheidung der Frage, ob der dermalige Inhaber v. A. w. zum Eintrag zu kommen habe, dahin gestellt sein lassen, da es ohne diese Entscheidung zu einem Ergebnis gelangte. Es hat diese Entscheidung die Bestätigung des OLG. gefunden, aber auch dessen Entscheidung kann nicht als eine Beantwortung der hier vorliegenden Frage angesehen werden.

Den obigen Ausführungen gegenüber hat sich Gr. Min. d. Js. als oberste Aufsichtsbehörde im Anlegungsverfahren unterm 4. Febr. 1903 dahin ausgesprochen, daß der Art. 13 nur eine Vorschrift für ein bereits angelegtes Grundbuch gebe; sie könne daher, in gleicher Weise wie die ebenfalls ein schon angelegtes Grundbuch voraussetzende Vorschrift des § 12 Abs. 2 der Anordnungen, für das Anlegungsverfahren nur eine entsprechende Anwendung finden. Daher sei denn auch in dem § 193 der Anordnungen bestimmt, daß diese Anordnungen und damit auch die Bestimmungen des § 12 Abs. 2 daselbst in dem Anlegungsverfahren lediglich entsprechend anzuwenden sind. Auch durch den § 2 VO. habe eine unmittelbare Anwendung des Art. 13 AG. z. GO. für das Anlegungsverfahren nicht vorgeschrieben werden sollen. Nun werde aber das ganze Anlegungsverfahren von dem Grundsatz beherrscht, daß für die Anlegung des neuen Grundbuchs zunächst der Inhalt der vorhandenen öffentlichen Bücher maßgebend sei und daß ein hiervon abweichender Inhalt in das anzulegende Grundbuch nur dann übernommen werden dürfe, wenn dies **b e a n t r a g t** und die Rechtmäßigkeit des Antrags dargetan werde. Dies ergebe sich ohne weiteres aus den Art. 1, 4, 5 des AnlGesetzes. Jener Grundsatz müsse aber auch für den Inhaber eines Fideikommisses gelten, einerlei ob sich seine Rechte als Eigentumsrechte (Art. 1 des AG.) oder als dingliche Rechte sonstiger Art (Art. 4 a. a. O.) darstellten. Es sei demgemäß in das anzulegende Grundbuch zunächst nur derjenige als Inhaber des Fideikommisses zu übernehmen, der als solcher bereits in dem alten Grundbuch oder in der zu demselben zu führenden Uebersicht eingetragen sei, auch wenn dieser Inhaber längst gestorben sein sollte. An dieser grundsätzlichen Ordnung des Anlegungsverfahrens habe durch den Art. 13 a. a. O. nichts geändert werden sollen. Art. 13 sei nach den §§ 12, 193 der Anordn. und nach § 2 der VO. für den Anlegungsrichter zwar insofern maßgebend, als auch schon im Anlegungsverfahren die Eintragung eines Fideikommisses nicht mehr auf den Namen der Familie erfolgen dürfe. Im übrigen könne aber der Art. 13 nur mit der Maßgabe Anwendung finden, daß der bereits in dem alten Grundbuche oder dem Verzeichnis der Fideikommißberechtigten eingetragene Inhaber in das anzulegende Grundbuch ohne Rücksicht auf die wirkliche Rechtslage so lange zu übernehmen sei, als nicht von dem zur Zeit der Anlegung berechtigten Inhaber der Antrag auf Ueberschreibung auf seinen Namen gestellt und diesem Antrage stattgegeben werde.

Bei der Prüfung und Entscheidung der jetzt vorliegenden Beschw. hat sich die Kammer der vorstehend wiedergegebenen Auffassung und Auslegung des Art. 13 für die Fälle angeschlossen, bei denen bisher schon im Grundbuch oder in dem zu demselben nach Art. 17 Abs. 3 der VO., die Fortführung der Grundbücher betr., vom 23. Jan. 1844 zu führenden Uebersicht, welche einen Bestandteil des Grundbuchs bildet (s. § 11 der Instr. z. Ingr.-Ges. S. 25, und Entsch. des OLG. vom 9. März 1900) ein Inhaber des Fideikommisses eingetragen ist. Letzteres Verzeichnis kommt nun für den vorliegenden Fall nicht in Betracht, da seine Einrichtung nicht auch für das seitherige Berggrundbuch existiert. Daß aber früher im Berggrundbuch von G. ein **I n h a b e r** eingetragen war, ergibt der Grundbuchsauszug. Wenn die Angabe des Inhabers ungenau und unvollständig ist, so läßt doch die Heranziehung der Beleihungsurkunde keinen Zweifel zu, daß der zur Zeit der Beleihung regierende Fürst beliehen werden sollte oder wenigstens tatsächlich beliehen worden ist; denn es ist in derselben nicht, wie dies in anderen Beleihungsurkunden für Fideikommißinhaber üblich ist, davon die Rede, daß es dem Herrn Fürsten als dem Nutzungsberechtigten des Fürstlichen Familienfideikommisses verliehen sei; es ist sogar in pos. 1 der Urkunde ausdrücklich gesagt, daß das Recht, Bergbau auf Eisenstein zu treiben, dem Herrn Fürsten zu J. und dessen Erben zugestanden sei. Jener Fürst J., dessen Eigentum grundbuchmäßig gewahrt wurde, war Fürst Wolfgang Ernst, und es scheint nicht veranlaßt, v. A. w. dessen Rechtsnachfolger im neuen Grundbuch zum Eintrage zu bringen. Dies kann vielmehr nur auf Antrag geschehen. Nicht nur rechtliche Erwägungen sprechen für eine derartige Auslegung des Art. 13; es würde auch der Billigkeit widersprechen, wenn der Grundbesitzer im übrigen, der kleine Bauer, bei der beantragten Ueberschreibung erebter Grundstücke auf seinen Namen Stempel bezahlen muß, wenn nicht auch im angelegten Grundbuch die Grundstücke auf dem alten Namen stehen bleiben sollen, während der Fideikommißbesitzer hiervon befreit und ihm im Anlegungsverfahren die Zuschreibung der Fideikommißgrundstücke v. A. w. gewährt sein soll.

Aus allen diesen Erwägungen erscheint die Entschließung des AG. und die Ablehnung des Antrags, den dermaligen Inhaber des Familienfideikommisses als Eigentümer im Berggrundbuch v. A. w. einzutragen, gerechtfertigt.

Entsch. LG. Gießen, I. ZK. v. 16. Nov. 1904
T 283/04. Schm.

5. Genügt es im Zwangsvollstreckungsverfahren, wenn die Vollmacht des Antragstellers sich aus dem vorgelegten Urteil ergiebt, oder ist die Vorlage einer besonderen Vollmacht erforderlich?

Die Rechtsanwälte K. und Z. stellten bei dem AG. D. I namens des Gläubigers unter Vorlage des Schuldtitels, eines Urteils des AG. D. II, Antrag auf Anberaumung eines Termins zur Ableistung des Offenbarungseides. Das AG. lehnte die Bestimmung eines Termines ab, da die Legitimation der Antragsteller nicht durch Vorlage einer **V o l l m a c h t** nachgewiesen sei. Auf Beschw. erklärte das LG., daß der Beschl. des AG. aufgehoben werde, und wies dieses an, den Termin anzuberaumen aus folgenden **G r ü n d e n :**

In Zwangsvollstreckungssachen ist zwar die Vollmacht von Amtswegen zu prüfen, da hier eine Vertretung durch Anwalt nicht geboten ist. Betreibt aber der im Urteil gemäß § 313 Z. 1 ZPO. bezeichnete Prozeßbevollmächtigte das Zwangsvollstreckungsverfahren, so wird regelmäßig kein Grund vorliegen, seine Vollmacht zu bezweifeln (**P e t e r s e n - R e m e l é - A n g e r**, Bem. 3 Abs. 3 zu § 88 ZPO.; **G a u p p - S t e i n**, Bem. VII zu § 88, Bem. II zu § 88 ZPO.). Solche Gründe sind hier nicht geltend gemacht, es ist auch ein solcher nicht ersichtlich. Deshalb ist von einem weiteren Nachweise der Bevollmächtigung durch eine schriftliche Vollmacht und deren Abgabe zu den Zwangsvollstreckungsakten abzusehen.

Entsch. LG. Dstdt. ZK. I vom 24. Juni 1904
T 239/04. Sspn., Ger.-Ass.

6. Berichtigung eines Heiratsregistereintrags.

A. hat inhaltlich des Heiratsregisters bei seiner im Jahre 1900 stattgehabten Eheschließung das vorehrliche Kind seiner Braut als „das seinige" anerkannt. Die Eheleute A. haben nunmehr die **B e r i c h t i g u n g** dieses Eintrags beantragt, da nicht der Ehemann, sondern ein gewisser B. der Vater des Kindes sei und der Standesbeamte aus mißverständlicher Auslegung des Gesetzes anläßlich der Eheschließung die Erklärung des Anerkenntnisses durch den Ehemann herbeigeführt habe.

Das AG. hat den Antrag auf Berichtigung des Heiratsregistereintrags aus rechtlichen Erwägungen **a b g e l e h n t**, da ein gerichtliches Urteil nicht vorliege, das die Feststellung der Unehelichkeit des Kindes und den Beweis erbringe, daß der antragstellende Ehemann der natürliche Vater des Kindes nicht sei; das Erfordernis der Vorlage eines Urteils erscheine um deswillen begründet, weil durch die beantragte Berichtigung des Registereintrags dem Kind erhebliche Rechte familien- und erbrechtlicher Natur entzogen würden, die ihm die Vermutung seiner Ehelichkeit zur Zeit zusicherten.

Gegen diesen Beschl. richtet sich die Beschw. der beiden Eheleute, welche vorbringen: Die Verweisung auf den Prozeßweg sei nicht angezeigt, es hätte zum mindesten vorher ein Ermittelungsverfahren stattfinden müssen; von den Rechtsfolgen des Anerkenntnisses hätten sie so wenig Kenntnis gehabt, daß das Kind bis jetzt den Familiennamen der Frau trage.

Das LG. hat der Beschw. aus folgenden Gründen stattgegeben: Es sind die Fragen zu entscheiden, inwieweit ein Eintrag in den Standesamtsregistern überhaupt, insbesondere ob und inwieweit die Erklärung des Ehemanns in dem Heiratsregister, daß er das Kind als von ihm erzeugt, als das seinige anerkenne, berichtigt werden kann.

Das Heiratsregister ist an sich geeignet, die Erklärung eines Ehemanns über die Anerkennung eines vorehelichen Kindes seiner Ehefrau in sich aufzunehmen. Ist nun eine solche Erklärung Bestandteil eines Eintrags im Standesregister geworden, so finden auf sie auch die Bestimmungen der §§ 65, 66 des PersonenstGes. Anwendung, und es kann eine Berichtigung auch dieses Teils stattfinden, falls die Vorrichtigung auch dieses Teils stattfinden, falls die Voraussetzungen vorliegen, unter denen überhaupt eine Berichtigung möglich ist. Das PersonenstGes. enthält keine Bestimmung, welche die Berichtigung in einzelnen Fällen, insbesondere auch nicht in einem Falle der hier fraglichen Art, ausschließt.

Als Berichtigung einer Eintragung in dem Standesregister ist nun jede Aenderung anzusehen, die an einer durch die Unterschrift des Standesbeamten vollzogenen Eintragung aus dem Grunde vorgenommen werden soll, weil der Inhalt der Eintragung dem wirklichen Sachverhalt nicht entspricht. Steht hiernach auf Grund der im Berichtigungsverfahren stattgehabten Ermittelungen fest, daß der Anerkennende tatsächlich nicht der Erzeuger des Kindes ist, so enthält das Register die Behauptung und Anerkennung einer objektiv unwahren Tatsache, und es liegt im öffentlichen Interesse, die falsche Tatsache an sich zu berichtigen, und, damit das Register wahr sei, in ihm niederzulegen, daß der Anerkennende nicht der Erzeuger des Kindes sei. Diese Berichtigung würde nicht die Anerkennung selbst, sondern nur die aus dem Inhalte der Erklärung derselben sich ergebende Tatsache der Erzeugung des Kindes berühren. Die Anerkennung selbst liegt urkundlich vor, sie hat Rechte geschaffen, die an sich auf dem Wege der Berichtigung nicht beseitigt werden können.

Einer Berichtigung im obigen Sinne steht auch der § 1720 BGB. nicht im Wege. Diese Bestimmung schafft nur Rechte und Rechtsvermutungen zwischen den Parteien, ist aber für das öffentliche und allgemeine Interesse nicht von Bedeutung. Weil dabei zu einer Feststellung mit Wirkung für und gegen alle kein Anlaß vorliegt, finden für einen Rechtsstreit, der die uneheliche Vaterschaft zum Gegenstand hat, deshalb auch nach § 644 ZPO. die Bestimmungen der §§ 640 bis 643 ZPO. keine Anwendung.

Auch die Bestimmungen der §§ 1591 ff. BGB., insbesondere des § 1596, können nicht herangezogen werden, da diese nur für Kinder gelten, die nach Eingehung der Ehe geboren sind, und ein öffentliches Interesse besteht, diese Kinder insolange als eheliche anzusehen, als nicht deren Ehelichkeit durch den Vater angefochten ist (vgl. Entsch. des Kammer-G. in Lobe's Zentralblatt B. II S. 355, B. IV S. 225, denen gegenüber die entgegenstehenden Entscheidungen des LG. Stendal in B. II S. 725 a. a. O. und des OLG. Hamburg in d. Rechtspr. d. OLG. B. 7 S. 424 nicht in Betracht kommen).

Das AG. hat somit ein Berichtigungsverfahren gemäß § 66 Abs. 2 des PersstGes. einzuleiten und auf Grund desselben sich schlüssig zu machen. Es steht ihm frei, die etwa noch erforderlichen tatsächlichen Aufklärungen zu beschaffen, nötigenfalls kann es auch den Antragsteller auf den Prozeßweg verweisen, wenn es auf Grund seiurs freien Ermessens noch nicht die Ueberzeugung erlangt hat, daß auch ohne Feststellung im Zivilprozesse die Tatsache, daß der Ehemann der Erzeuger des Kindes ist, in einer die Anordnung der Berichtigung rechtfertigenden Art widerlegt erscheint.

Beschl. LG. Gießen vom 18. Mai 1904, ZK. I, T 110/04. Kf.

Kosten und Gebühren.

7. Zu Nr. 62 des Stempeltarifs (Rückerstattung zu Unrecht verwendeten Stempels).

Mit der Beschw. wird degehrt, den Notar zum Rückersatz des zu Unrecht für eine mit einer Hypothekurkunde verbundene Schätzungsurkunde verwendeten Stempels zu veranlassen. Die Beschw. wurde für nicht begründet erklärt, dem Notar jedoch empfohlen, die Rückerstattung zu veranlassen.

Aus den Gründen: Das Ortsgericht hat den Stempel verwendet, der Notar hat nicht die Pflicht, die Rückerstattung eines mit Unrecht von einer anderen Behörde verwendeten Stempels zu veranlassen. Die Schätzung bildet eine mit der Hypothekenurkunde festverbundene Anlnge. Der Notar ist daher, da er die Schätzung nicht zurückgeben kann, in der Lage, die Rückerstattung des Stempels zu veranlassen, wenn auch eine förmliche Pflicht hierzu nicht besteht, so daß weder ein Grund zur Beschw. vorliegt noch eine der Beschw. entsprechende Anordnung getroffen werden kann.

Entsch. LGPräs. Mainz v. 3. Nov. 1904 I 173/04. Nees.

8. Ermäßigung des Stempels nach Amtsbl. 3/1904.

Bei der Hypothekenbank war ein Darlehen aufgenommen worden, um bestehende Kaufschillingsforderungen abzutragen. Der Notar hatte Stempelermäßigung nach Amtsbl. 3/04 eintreten lassen. Die Beschw. macht hiergegen geltend, daß die Vorschriften des genannten Amtsbl. streng und dahin auszulegen seien, daß die Ermäßigung des Hypothekenstempels nur insoweit einzutreten habe, als durch das Darlehen eine ältere Hypothekenschuld, demnach eine hypothekarisch gesicherte Darlehensschuld gedeckt werden solle, nicht aber wenn bestehende Kaufschillingsforderungen, seien sie auch durch Privileg gesichert und eingeschrieben, abgetragen werden sollen. Amtsbl. 3 spreche nur von der Umwandlung eines kündbaren hypothekarischen Darlehens. Verwiesen wuede auf die in der HessRspr. V Nr. 10 S. 150 abgedruckte Entscheidung. Der Beschw. wurde stattgegeben.

Aus den Gründen: Eine Stempelermäßigung hat nach der genannten Vorschrift stattzufinden, wenn ein bei der Landeshypothekenbank aufgenommenes hypothekarisches Amortisationsdarlehen zur Umwandelung oder Rückzahlung eines kündbaren hypothekarischen Darlehns verwendet wird. Da es sich um einen teilweisen Verzicht auf einen dem Staat an und für sich zustehenden Anspruch handelt, so ist die Verfügung nicht ausdehnend auszulegen, und die Ermäßigung kann bei Abzahlung von anderen Schulden als kündbaren Darlehen, mögen auch sichere volkswirtschaftliche Gründe bestehen und mag auch die Tilgung anderer Schulden die gleiche Vergünstigung verdienen, nicht stattfinden. Da von dem Darlehen nichts zur Rückzahlung von kündbaren Darlehen verwendet wurde, ist der volle Stempel zu erheben.

Entsch. LGPräs. Mainz v. 6. Okt. 1904 I 167. 168/04.

Nees.

Abhandlungen.

Zum Recht des Miteigentums.

(§§ 1010, 2044 BGB., Art. 165 Hess. AG. z. BGB.)

Das BGB. hat neue Wege eingeschlagen, indem es sich die Gefahren vor Augen stellte, die einem Miteigentümer an einem Grundstück aus dem Uebelwollen oder der Verschuldung eines Genossen drohen, und hat sie mit Recht für erheblich genug erachtet, um ihnen durch das Gesetz zu begegnen, — dadurch zugleich dem *konservativen Charakter*, der dem Grundeigentum an sich innewohnt, eine neue, recht wesentliche Stütze verleihend, die aber bis jetzt in weiteren Kreisen noch nicht die wünschenswerte Würdigung gefunden zu haben scheint. Es hat nämlich in § 1010 ff. Bestimmungen getroffen, die die Heiligkeit eines unter Dritten abgeschlossenen Uebereinkommens auch für den Sondernachfolger sanktionierte.

An und für sich kann der Natur der Sache gemäß ein Nachfolger in ein einzelnes Recht nicht für gebunden erachtet werden an Verpflichtungen, die sein Rechtsvorgänger in anderen Rechtsgebieten gegenüber Dritten eingegangen hat; hiervon macht das BGB. im Interesse der Aufrechterhaltung einer *Gemeinschaft* in § 751 eine Ausnahme in dem Falle, daß die Teilhaber einer solchen das Recht, die Aufhebung derselben zu verlangen, vertragsmäßig ausgeschlossen haben, oder (§ 2044) der gemeinsame Erblasser eine solche Aufhebung letztwillig untersagt hat. Außer dem die Pfändung des Anteils bewirkenden Gläubiger und außer der Konkursmasse (§ 16 KO.) ist jeder Sondernachfolger an solche Anordnungen gebunden. Bei einer Unterart der Gemeinschaft, dem *Miteigentum am Grundbesitz*, greift eine solche Bindung des Sondernachfolgers indes nur in dem Fall Platz, wenn jene Vereinbarung oder letztwillige Verfügung *als Belastung* des Anteils der beteiligten Miteigentümer *im Grundbuch eingetragen ist*, — dann aber auch stets gegen *jeden* Dritten, mag er die Belastung gekannt haben oder nicht. Es geht also dieser Ausfluß des dinglichen Prinzips über die allgemeine Norm des § 892 weit hinaus, insofern die Belastung mangels Eintragung auch dem bösgläubigen Rechtsnachfolger gegenüber unwirksam ist (*Dernburg*, bürg. Recht Bd. II 2 S. 585). M. E. kann diese Konsequenz im Interesse der Erhaltung eines gutsituierten Grundbesitzes und als Hemmnis einer willkürlichen Teilung und Parzellierung desselben vom wirtschaftlichen Standpunkt nur gebilligt werden.

Indem der I. Entwurf (v. J. 1888 die *obligatorische* Ausschließung des Teilungsrechts strenge von der *dinglichen* unterscheidet, führt er aus, wie sehr es sich rechtfertigt, in Ansehung des Miteigentums an Grundstücken den dinglichen Teilungsausschluß ausnahmsweise zuzulassen. „Das Interesse an einer dinglichen Sicherheit der vereinbarten oder der — ihr in § 2153 Entw. gleichgestellten — letztwillig angeordneten Fortsetzung der Gemeinschaft ist bei Grundstücken wegen der Unvergänglichkeit und der besonderen wirtschaftlichen Wichtigkeit derselben weit häufiger und weit stärker als bei anderen gemeinschaftlichen Gegenständen. Andererseits kann bei Grundstücken der Eintritt eines an die obligatorische Vereinbarung über die Fortsetzung der Gemeinschaft nicht gebundenen Einzelnachfolgers in keiner Weise gehindert werden, während die Veräußerung des Anteils an gemeinschaftlichen *beweglichen* Gegenständen an dritte Personen mit Schwierigkeiten verknüpft ist, da die Mitwirkung der Mitinhaber oder für den Veräußerer detinierenden Genossen bei der Tradition erforderlich, im Falle einer entgegenstehenden obligatorischen Vereinbarung aber nicht zu erlangen ist" (Mot. III S. 440 ff.). Es hätte noch hinzugefügt werden können, in welche mißlichen Verhältnisse die Gesamtheit der sich an die getroffenen Bestimmungen über die Unteilbarkeit z. B. ererbter Ländereien haltenden Miteigentümer geraten müßte, wenn es einem unter ihnen — vielleicht durch seine ökonomische Lage gedrängt — einfiele, seinen Anteil zu veräußern, und der Erwerber die auf lange Jahre hinaus getroffenen Verwaltungsmaßregeln nicht achten und die Aufhebung der Gemeinschaft ins Werk setzen wollte. Die Gläubiger eines der Miterben können sich aber aus dieser immer nur bis zum Eintritt wichtiger Gründe (§ 749) oder dem Tode eines Teilhabers (§ 750) oder dem Ablauf von 30 Jahren (§ 2044) wirksamen Teilungsausschließung schon darum nicht für benachteiligt erachten, weil sie ja diese Verfügungsbeschränkung aus den öffentlichen Büchern entnehmen und die Kreditfähigkeit hiernach zu beurteilen im Stande waren. Wohl nirgends in unserer neuen Gesetzgebung zeigt sich die absolute, durch nichts zu ersetzende Wirksamkeit des Dinglichkeitsprinzips und des öffentlichen Eintrags, wie in dieser schlechthin *jedem* Sondernachfolger gegenüber wirksamen Gesetzvorschrift. Hierbei taucht jedoch die wichtige Frage auf, *inwieweit der Bucheintrag auch dem pfändenden Gläubiger gegenüber Geltung hat*, — eine Frage, die *Planck* (f. § 1010, 2044) mit Bezug auf § 751 verneint. Auf Grund der nachfolgenden Erwägungen gelangt man jedoch zu einer entgegengesetzten Auffassung: Wie nicht zweifelhaft sein kann, unterliegt der 5. Titel des 3 Buchs („Miteigentum") den Vorschriften über *die Gemeinschaft*, soweit nicht Abweichungen in § 1008 ff. bestimmt sind. Letzteres trifft aber hinsichtlich des § 751 zu, nach welchem eine Vereinbarung der Teilhaber über die Aufhebung der Gemeinschaft *für und gegen die Sondernachfolger* wirkt, mit der Ausnahme, daß der pfändende Gläubiger nicht daran gebunden ist, sofern sein Schuldtitel nicht blos vorläufig vollstreckbar ist. Diese gesamte Bestimmung wird hinsichtlich des Miteigentums *ersetzt* durch § 1010, wonach bei *Grundstücken* eine derartige

Vereinbarung nur dann gegen den Sondernachfolger eines Miteigentümers wirkt, **wenn sie als Belastung des Anteils im Grundbuch eingetragen ist.** Ohne letzteren Eintrag wirkt sie überhaupt nicht gegen den Sondernachfolger, welcher Art er auch sein mag, also auch **nicht** gegen den **Gläubiger.** Es ist bezüglich des letzteren weder eine Ausnahme noch eine Unterscheidung gemacht, ob der Sondernachfolger durch den Willen des Beteiligten oder durch Zwangsvollstreckung in die Rechtsstellung desselben eingetreten ist. In der Tat würde die Bestimmung des § 1010 in ihrer Wirksamkeit geradezu illusorisch und auf die leichteste Weise umgangen werden können, wenn nicht auch dem Gläubiger vor dem Bucheintrag ein Halt geboten wäre. Denn wie leicht kann sich ein Zessionar oder Erbschaftskäufer einen (nicht blos vorläufig vollstreckbaren) Schuldtitel verschaffen, und andererseits: kann der Gläubiger des Miteigentümers nicht ebensogut wie der Zessionar die Kreditfähigkeit seines Schuldners aus dem Grundbuch kennen lernen? Die ausgesprochene Dinglichkeitswirkung muß also, wenn sie Wert haben soll, auch dem Gläubiger gegenüber zur Geltung kommen; eine Bevorzugung des letzteren kann aus dem Gesetz noch dessen logischer Interpretation unmöglich hergeleitet werden.

Anders verhält es sich, wenn der Miteigentümer in Konkurs gerät; denn hier enthält die Konkurs-Ordnung § 16 II den allgemein, ohne Rücksicht auf einen bestehenden oder nicht bestehenden Bucheintrag ausgesprochenen Grundsatz: daß jede solche vereinbarte oder letztwillig angeordnete Bestimmung **nicht** gegen die Konkursmasse wirke.

Die Tragweite und Bedeutung dieser neuen, in das Miteigentum tiefeingreifenden Bestimmung hat unsere **hessische Gesetzgebung** in vollem Maße zu würdigen gewußt und hat in Art. 165 des AG. z. BGB. jene reichsgesetzliche Vorschrift jetzt schon für unser hessisches Recht auch dann in Geltung gesetzt, wenn das Grundbuch noch nicht als angelegt zu betrachten ist und zwar wie die Motive sagen, „weil die Möglichkeit einer solchen Belastung als ein Bedürfnis schon jetzt anzuerkennen ist". Wegen des beschränkten Raums der bestehenden Grundbücher und da es sich unter Umständen um umfangreiche Eintragungen handelt, soll aber der Eintrag nicht in das Grundbuch, sondern, wie z. B. dinglich wirkende Pacht- und Mietverträge (Art. 127 Pfand.-Ges.), in das **Hypothekenbuch** gemäß Art. 37 Ges., betr. das Verfahren der Hypothekenbehörden, vom 19. Jan. 1859 und Form. 18 der Landgerichtsinstruktion von 1861 vollzogen werden.

(Schluß folgt.)

Sprechsaal.

Antwort zum Fragekasten in Nr. 2 dieser Zeitschrift.

1. Die **erste** Frage ist mit **Ja** zu beantworten. Die Erträgnisse der Landwirtschaft gehören sämtlich dem Manne; denn im vorliegenden Fall können sie bestehen in den Nutzungen der Grundstücke (ausgenommen etwaige Vorbehaltsgrundstücke); dann gehören sie nach § 1383 BGB. dem Mann; oder in dem Arbeitsverdienst, der, soweit es sich um die Arbeit der Frau handelt, im regelmäßigen Falle nach § 1356 BGB. dem Manne zufällt. Um einen Arbeitsverdienst der Frau im Sinne des § 1367 BGB., der Vorbehaltsgut der Frau würde, wird es sich hier nicht handeln. Das Geld, welches zur Bezahlung des Kaufpreises verwendet wird, ist also Vermögen des Mannes. Käufer des Grundstücks sind beide Ehegatten; sie werden daher Schuldner des Kaufpreises zu gleichen Anteilen (vgl. § 420 BGB.). Wird die Kaufpreisschuld aus den Erträgnissen der Landwirtschaft, also aus dem Vermögen des Mannes, bezahlt, so hat der Mann damit eine Schuld der Frau, nämlich in Höhe des halben Kaufpreises, aus eigenen Mitteln bezahlt. Ersatz hierfür kann nicht nur erst nach Auflösung der Ehe, sondern alsbald verlangt werden. Der § 1390 BGB. schiebt die gerichtliche Geltendmachung der unter ihn fallenden Ansprüche nicht hinaus, wie der § 1394 BGB. es für die Ansprüche der Frau tut (vgl. **Planck**, Anm. 2 a. E. und 4 zu § 1390 und Anm. 1 und 7 zu § 1394).

Wenn vielleicht hier an eine Bevorzugung des Mannes in seiner vermögensrechtlichen Stellung gegenüber der Frau gedacht ist, die nicht der Billigkeit entspräche, so liegt diese Bevorzugung eben in dem Prinzip der Verwaltungsgemeinschaft und wird durch andere aus diesem Güterrecht sich ergebende Folgen wieder aufgehoben (vgl. **Planck**, Vorbem. z. VI Titel I. Gesetzliches Güterrecht Ziffer 1 und die vorhergehenden Anm.). Soll der für die Frau ungünstige Erfolg verhütet werden, so wird dies am praktischsten durch einen Ehevertrag geschehen. Es ließen sich vielleicht auch noch andere Wege finden, um im Einzelfall abzuhelfen, die aber nicht ratsam sein dürften; einmal, weil diese Wege in jedem Einzelfall, also hier bei jedem einzelnen Erwerb der Eheleute, immer wieder von neuem beschritten werden müßten und dadurch wohl höhere Kosten verursachten, auch jedesmal die Gefahr bestünde, diese Abhülfe zu vergessen, zum anderen aber auch, weil diese Behelfe wieder andere ungewollte Folgen nach sich ziehen könnten. Es kann z. B. hier gedacht werden an eine Schenkung des Mannes an die Frau in der Weise, daß im Kaufvertrag bestimmt wird, daß der Mann das ganze Kaufgeld aus eigenen Mitteln bezahlt und auf Ersatzansprüche gegen die Frau verzichtet.

2. Die Antwort auf die **zweite** Frage, die **Nein** lautet, ist bereits in dem Ministerialausschreiben Nr. 17, das Grundbuchwesen betr., vom 20. Febr. 1901 gegeben. In Höhe der übernommenen Schuld hat der Veräußerer keinen ihm ohne weiteres zustehenden Anspruch gegen den Erwerber, sondern nur einen Anspruch, falls und insoweit der Erwerber seine Verpflichtungen aus der Schuldübernahme nicht rechtzeitig erfüllt. Nur für diese dem Veräußerer vielleicht entstehende Forderung könnte er sich eine Sicherungshypothek bestellen lassen, die aber für ihn keine praktische Bedeutung hätte, da auf ihn, falls er genötigt sein sollte, den Gläubiger der übernommenen Schuld aus eigenen Mitteln zu befriedigen, die Hypothek desselben nach §§ 1164, 1174 BGB. kraft Gesetzes übergeht, und er daher einer weiteren hypothekarischen Sicherung nicht bedarf.

AR. Jost (Homberg).

Literatur.

Gesetzsammlung für das Großherzogtum Hessen (J. **Diemer**, Mainz). Von diesem in Nr. 20 S. 151 d. Ztschr. warm empfohlenen Werke ist in erwünschter Raschheit nun bereits der II. Band (960 und XVI S., geb. Mk. 14,40) erschienen, der den gesamten

Stoff aus den Jahren 1876 bis 1898, also aus einem gesetzgeberisch sehr bedeutsamen Zeitabschnitt, umfaßt. Die beigegebene sorgfältige Inhaltsübersicht belehrt über den Reichtum des Gebotenen. Recht zweckmäßig sind die Verweisungen auf zugehörige andere Gesetze oder VOn. Abänderungen sind (teilweise durch eingeklebte Zettel) bis zur neuesten Zeit berücksichtigt. Das Werk, dessen Herausgeber für ihre Mühe allen Dank beanspruchen dürfen, wird in Kürze durch einen III. Band (mit ausführlichem Sachregister) seinen Abschluß finden. K.

Biermer, M., Dr. jur. und phil., o. Prof. (Gießen): **Sammlung nationalökonomischer Aufsätze und Vorträge in zwangloser Reihenfolge** (E. Roth, Gießen, jedes Heft 0,80—1 Mk.). Der I. Band dieser aktuellen wirtschaftspolitischen Zeit- und Streitfragen, in gemeinverständlicher Form abgefaßt, ist teilweise erschienen und die Hefte werden dazu dienen können, jeden, der sich in relativ kurzer Zeit über den heutigen Stand nationalökonomischer Probleme informieren will, in schneller Weise aufzuklären, zumal in einer Zeit, in welcher die wirtschaftlichen Vorgänge im Mittelpunkte des allgemeinsten Interesses stehen. In den vorliegenden 8 Heften sind behandelt: 1) das Problem der ländlichen Grundentschuldung und die Organisation des Realkredits; 2) der Kampf um den Taler. Der Bimetallismus und die Agrarkrisis. Arbeitskammern; 3) neue Steuerreformen in Staat und Gemeinde; 4) die letzte deutsche Wirtschaftskrisis und ihre Ursachen; 5—8) die Mittelstandsbewegung und das Warenhausproblem. Weitere Hefte aus der Feder des Herausgebers sind in Vorbereitung und behandeln: 9) die hessische Landeshypothekenbank, eine gemeinnützige Realkreditanstalt; 10) die Entwicklung des deutschen Notenbankwesens; 11) die neue preußische Kanalpolitik. Die Aufsätze seien allgemein warm empfohlen, ganz besonders den jüngeren Kollegen, welche bei dem geschätzten und beliebten Dozenten einst hörten. R. Sc.

Apt, M., Dr. und **Bölcker, H.**, Dr.: **Deutsche Wirtschaftszeitung** (R. v. Decker, Berlin). Die vorliegenden 5 Hefte des I. Jahrg. dieser neuen Zeitschrift (2 mal monatlich je 8 Bogen, jährlicher Preis M. 14) gliedern den mannigfaltigen Stoff (Statistik, Handelspolitik, Geld-, Bank- und Börsenwesen, Verkehrs-, Wohnungs-, Versicherungswesen, Sozialpolitik rc.) in einzelnen Abteilungen, wie z. B.: Aufsätze, Wirtschaftsarchiv, Chronik, Anregungen rc. und gewähren so einen raschen Ueberblick. Geschätzte Namen aus den verschiedensten Berufsständen werden ohne Zweifel dazu beitragen, dem jungen, überaus aktuellen Unternehmen in Kürze eine angesehene Stellung in juristischen wie in kaufmännischen Kreisen zu verschaffen. X.

Jäger, E., Dr., Prof.: **Kommentar zur Konkursordnung** (J. Guttentag, Berlin). Von dem bereits besprochenen Werke (vgl. IV Nr. 8 S. 24 d. Ztschr.) sind inzwischen die Lief. 2—4 fertig gestellt worden und damit ist die 2. Auflage des bedeutsamen Buches vollendet. Der Anhang enthält den Text des Anfechtungsgesetzes, die Kostengesetze (im Auszug), die Ausführungsgesetze, die Geschäftsordnungen für Preußen und Bayern sowie ein gutes Sachregister. Dem Verf. wird auch angesichts dieser neuen Auflage die allseitige Anerkennung treu bleiben, wie sie sich besonders in der steigenden Berücksichtigung des vortrefflichen Kommentars in der gerichtlichen Praxis offenbart. K.

Pfordten, v. d., Th., StA.: **Zeitschrift für Rechtspflege in Bayern** (J. Schweitzer, München). Von diesem neuen Unternehmen sind seit 1. Jan. l. J. die 6 ersten Hefte des I. Jahrg. erschienen. Die Zeitschrift wird monatlich 2 mal (mindestens je 2 Bogen) ausgegeben und kostet jährlich M. 12. Die Einführungsworte entwickeln ein weitgreifendes Programm, dessen Durchführung besonders den bayerischen Juristen willkommen sein, aber auch im übrigen Reich volle Beachtung finden wird. Ein Glückauf der jüngsten Kollegin! K.

Briefkasten.

Herrn R. . . . ., Darmstadt. Ihre anonyme Antwort zum Fragekasten der Nr. 2 d. Ztschr. kann so lange keine Aufnahme finden, als Sie der Schriftleitung Ihren Namen nicht nennen. Es dürfte denn doch ausreichend bekannt sein, daß Einsendungen Unbekannter regelmäßig bei den Redaktionen keine Beachtung finden, daß übrigens auch der Verlag nicht die richtige Stelle für die Empfangnahme von literarischen Beiträgen ist. I.

Anzeigen.

Der heutigen Nummer sind folgende Prospekte beigefügt, die wir der Beachtung unserer Leser empfehlen: 1. Ausführliche Preisliste des Spezial-Geschäfts für Rechtsanwälte, Papier-Handlung en gros, Buch- und Kunstdruckerei **Max Kornicker**, Linder's Nachfolger, Breslau I, Neumarkt 17; 2. Prospekte mit Probebilder über photographische Apparate der Firma **Hugo Stöckig & Co.**, Camera-Grossvertrieb „Union", Dresden.

Für die Redaktion verantwortlich: Oberlandesgerichtsrat Keller in Darmstadt. — Verlag von J. Diemer in Mainz. — Druck von G. Otto's Hof-Buchdruckerei in Darmstadt.

Hessische Rechtsprechung

Herausgegeben
auf Veranlassung des **Richter-Vereins** unter Mitwirkung der **Hessischen Anwaltskammer**
von Oberlandesgerichtsrat **Keller** in Darmstadt, Landgerichtsrat **Dr. Buff** in Darmstadt,
Landgerichtsrat **Dees** in Mainz, Landgerichtsrat **Praetorius** in Gießen, Landgerichtsrat **Dr. Schwarz** in Darmstadt.

Erscheint monatlich zwei Mal Preis Mk. 7.12 jährlich mit postfreier Zustellung.

Bestellungen nehmen die Expedition in Mainz, die Postanstalten sowie sämtliche Buchhandlungen entgegen.

Einrückungs-Gebühr die dreispaltige Zeile oder deren Raum 30 Pfg.

Nr. 5. Vom Deutschen Juristentag angenommene Zitierweise: HessRspr. Nachdruck verboten. **6. Jahrgang.**

Redaktion: Darmstadt, Heinrichsstraße 5. | **Mainz, 1. Juni 1905.** | Verlag und Expedition: J. Diemer, Mainz.

Entscheidungen des Großh. Oberlandesgerichts

Zivilrecht. — Zivilprozeß.

1. Zustellung von Amtswegen. Bedeutung der Geschäftsnummer (§ 211 ZPO.).

Durch Beschluß des Amtsgerichts vom 12. Nov. 1904 wur die zweite Versteigerung in dem Immobiliar-Zwangsvollstr.-Verfahren (alten Rechts) nach Art. 39 Abs. 1 AusfG. z. ZPO. u. KO. genehmigt worden. Am 13. Dez. 1904 legte der Schuldner zu Protokoll des Gerichtsschreibers Beschw. ein, indem er u. a. bestritt, daß ihm der Genehmigungsbeschl. v. 12. Nov. 1904 und der die zweite Versteigerung anordnende Beschl. v. 29. Juni 1904 **zugestellt** worden seien. Das LG. hatte nach § 574 ZPO. zu prüfen, ob die mit der Zustellung oder Verkündung des Beschl. v. 12. Nov. 1904 beginnende Notfrist von zwei Wochen gewahrt sei (§§ 793, 577 ZPO.). Da eine Verkündung nicht stattfand, war der Beschl. v. 12. Nov. 1904 nach Art. 40 AusfGes. z. ZPO. u. KO. von Amtswegen, also nach § 208 ff. ZPO. zuzustellen.

Bei der Zustellung v. A. w. erfolgt die Feststellung, welches Schriftstück einer Person zugestellt worden ist, **ausschließlich** durch die Geschäftsnummer desselben, die nach § 211 ZPO. von dem Gerichtsschreiber auf dem Briefumschlag des zu übergebenden Schriftstücks und in den Akten zu vermerken ist. Der zustellende Gerichtsdiener (in **Hessen** der Gerichtsvollzieher) oder Postbote nimmt die Geschäftsnummer in seine nach §§ 212, 195 ZPO. zu errichtende Zustellungsurkunde auf und überliefert diese dem Gerichtsschreiber, der sie zu den Akten bringt. Nach § 12 pos. 6 der Geschäftsordnung für die Gerichtsschreibereien der Amtsgerichte v. 20. März 1900 (Amtsbl. 11/1900) besteht die Geschäftsnummer aus Aktenzeichen **und** Ordnungsnummer des betr. Schriftstücks, wobei es Sache der Aktenführung bleibt, zu vermeiden, daß mehrere zuzustellende Verfügungen dieselbe Geschäftsnummer erhalten.

Im vorliegenden Falle sind im Lauf des Verfahrens bereits zehn Beschlüsse ergangen, die v. A. w. zuzustellen waren. Bei sämtlichen ist jedoch nur das Aktenzeichen anstatt der Geschäftsnummer in den Vermerken des Gerichtsschreibers sowohl wie in den Zustellungsurkunden angegeben. Wenn nun aus der zeitlichen Aufeinanderfolge der Beschlüsse und der Zust.-Urkunden sich zwar eine gewisse Wahrscheinlichkeit dafür ergibt, daß die zeitlich auf die betr. Beschlüsse folgenden Zust.-Urkunden sich auf diese beziehen, so fehlt es doch an der nach dem Gesetz zu fordernden Sicherheit, welches Schriftstück im einzelnen Falle behändigt worden ist. Hiernach muß die unter Verstoß gegen § 211 ZPO. erfolgte Zustellung als ungültig angesehen werden (RGE. 52 S. 11).

Die Beschw. des Schuldners ist also vor Zustellung des angefochtenen Beschl. und sonach rechtzeitig eingelegt. Sachlich mußte sie Erfolg haben, weil die dem Genehmigungsbeschluß vorhergehenden Beschlüsse gleichfalls ungültig zugestellt, also zwingende Vorschriften über das Verfahren nicht beobachtet sind. Der Beschl. v. 12. Non. 1904 wurde demnach aufgehoben.

Auf Beschw. der Gläubigerin trat das OLG. dieser Entscheidung bei, indem es den Antrag, der Gerichtsschreiberei nach § 102 ZPO. die Kosten aufzuerlegen, zurückwies, weil eine besonders schwere Verletzung der im Verkehr erforderlichen Sorgfalt nicht als vorliegend erachtet werden könne. Hierbei wurde auf das Ausschr. Gr. Minist. d. Justiz v. 21. Dez. 1904 zu N. J. M. 21113 Bezug genommen, wonach von vielen Gerichten gegen die fragliche Vorschrift verstoßen worden sei. (Das OLG. war der Auffassung, die Beschw. des Schuldners beziehe sich nur auf einige der aufgesteckten Immobilien, sodaß der landgerichtliche Beschl. über den Antrag hinausgehe. Die hieraus sich ergebende Abänderung interessiert an dieser Stelle nicht.)

Beschl. OLG. I. ZS. v. 11. Jan. 1905 W 239/04 (LG. Dstdt. T 503/04. St . . . n.

2. Notwendige Streitgenossenschaft der Miterben (Rhein. Recht).

Von drei beklagten Miterben hatte nur **einer** Berufung gegen ein Teilurteil des LG. eingelegt. Dieser hat für den Fall, daß notwendige Streitgenossenschaft vorliege, gemäß § 63 ZPO. die übrigen Streitgenossen vor das Berufungsgericht geladen, und es fragt sich nun, ob das dermalen streitige Rechtsverhältnis — der Anspruch auf Einwurf von 255 878 Mk. 18 Pf.

seitens des Kl. in die Teilungsmasse — allen Streitgenossen gegenüber nur einheitlich feststellbar ist oder ob aus einem sonstigen Grunde notwendige Streitgenossenschaft vorliegt (§ 62 ZPO.). In dieser Hinsicht wird im allgemeinen gerade die Erbengemeinschaft, die auf dem Grundsatz der Gesamthand beruht, als typischer Fall der notwendigen Streitgenossenschaft angesehen. Wenn nun zwar auch das BGB. ein Rechtsverhältnis zur gesamten Hand unter den Miterben ohne Einschränkung (abgesehen von § 2033 Abs. 1 und § 2042) anerkennt (vgl. Planck, BGB. Bd. V S. 176, 177, bes. Note I. 1a a. E., der die notwendige Streitgenossenschaft hier ausdrücklich bejaht, und RGE. v. 30. Nov. 1903 in Lobe's Zentralblatt IV S. 494), so ist im Fragefalle doch zunächst zu prüfen, ob nicht das rhein.-franz. Recht, das nicht ohne weiteres die Gesamthand der Miterben angenommen hat (vgl. Förtsch, c. civ. und BGB. S. 113), hier anwendbar ist und zu einer abweichenden Beurteilung führt. Es steht fest, daß der Nachlaß der Witwe F. im Jahre 1897 eröffnet wurde und sonach für die Erben das frühere rheinhessische Recht maßgebend war. Dieses Recht ist aber auch nach Einführung des BGB. für das Rechtsverhältnis zwischen den heutigen Streitteilen maßgebend geblieben, wie dies aus Art. 213 Einf.-Ges. z. BGB. klar hervorgeht. Der Fall des Art. 173 a. a. O. liegt nicht vor, da — wenn man auch die Geteiltheit der Nachlaßforderungen ins Auge faßt — doch nach dem Rechte des c. civ. die Mitberechtigung der Erben pro parte lediglich den Anspruch auf einen ideellen Anteil am gesamten Nachlaß gewährt. Legt man sonach das in Rheinhessen vor dem Jahre 1900 geltende Recht zu Grunde, so steht jedem Teilhaber der Gemeinschaft gegen alle übrigen Beteiligten ein Teilungsanspruch zu, und zwar muß dieser Anspruch, dessen Unteilbarkeit jetzt von Lehre und Praxis allgemein anerkannt ist, gegen alle Miterben durchgeführt werden, widrigenfalls die Nichthinzugezogenen die geschehene Teilung nicht anzuerkennen brauchen (vgl. Zachariä-Crome Bd. IV § 631 n 11; RGE. Bd. 22 S. 366).

Zwischen den Miterben oder Miteigentümern besteht, wie das RG. ausdrücklich anerkennt, insoweit eine notwendige Streitgenossenschaft. Daran ändert auch nichts der im Art. 1220 c. civ. enthaltene Satz, daß die zur Erbschaft gehörigen teilbaren Forderungen kraft Gesetzes unter die Miterben geteilt sind. Denn obschon nach dieser Regel eigentlich die Erbschaftsausstände gar nicht in die Teilungsmasse einzubeziehen wären, so geschieht diese Hereinziehung regelmäßig dennoch, da je nach der tatsächlichen Vermögenslage sehr häufig die Zuteilung von Erbschaftsforderungen an die Miterben nach anderen als dem gesetzlichen Maßstabe des Art. 1220 c. civ. erfolgt und erfolgen muß (Zachariä-Crome. Bd. IV § 630 Text zu Noten 5 und 6; § 645 S. 188. Vgl. auch RGE. Bd. 30 S. 346).

Wie in dem oben angeführten Erkenntnis des RG. vom 20. Nov. 1903 gesagt wird, ist die Zuziehung aller Miterben bei Durchführung der Teilung ein fast selbstverständlicher Grundsatz und eine abweichende Behandlung würde — wie auch im vorliegenden Falle, wenn das bedingte Endurteil des LG. einigen Miterben gegenüber rechtskräftig wäre, aber zu Gunsten oder zum Nachteil eines anderen Streitgenossen vom Berufungsrichter aufgehoben würde — zu unleidlichen Ergebnissen führen. Hiernach sind die beigeladenen Streitgenossen berechtigt, selbständig alle Prozeßhandlungen den Gegnern gegenüber zu betätigen (Reincke zu § 63 ZPO.).

ZwUrt. OLG. II. ZS. v. 22. April 1904 U 345/03. F.

3. Zur Auslegung des § 1579 BGB.

In Uebereinstimmung mit Planck, BGB. Note 3 zu § 1579, und Dernburg, Bd. 4 S. 93 pos. c, hat das OLG. den Abs. 2 des § 1579 dahin ausgelegt, daß die unschuldige Ehefrau nur erst dann den Stamm ihres Vermögens aufzuzehren hat, wenn der wiederverheiratete schuldige Ehemann ohne Gefährdung seines standesmäßigen Unterhalts nicht imstande ist, die sämtlichen Unterhaltsansprüche zu befriedigen.

Urt. OLG. II ZS. v. 3. März 1905 U 319/04. F.

4. Uebergabe der Sache zur Bestellung des Pfandrechts (§§ 1205, 1206 BGB.).

Der bei dem Bekl. zur Miete wohnende M. hatte jenem zur Sicherung einer Mietzinsforderung einen Wagen verpfändet, den er unter Vorbehalt des Eigentumsrechts des Kl. von diesem gekauft hatte.

Der Klage auf Herausgabe des Wagens wurde stattgegeben und die dagegen von dem Bekl. verfolgte Berufung zurückgewiesen, indem die beiden Instanzen übereinstimmend davon ausgingen, daß das vom Bekl. in Anspruch genommene Pfandrecht u. a. wegen mangelnder Uebergabe der Pfandsache nicht zur Entstehung gelangt ist.

Aus den Gründen des OLG.:

Was die Frage der Uebergabe der Sache, die verpfändet werden sollte, an den Gläubiger betrifft, welche Uebergabe nach § 1205 BGB. eines der Erfordernisse der Bestellung des Pfandrechts bildet, so hat der Vorderrichter zutreffend erwogen, daß die Ueberlassung des Alleinbesitzes an dem Wagen seitens des M. an den Bekl. nicht als erfolgt angenommen werden kann, weil zunächst der Wagen in dem bisherigen tatsächlichen Verhältnis, welches für die Möglichkeit der Ausübung der tatsächlichen Gewalt über denselben in Betracht kommt, einfach belassen wurde, indem der Wagen da stehen blieb, wo er bisher gestanden — im Hofe des Hauses des Bekl., in welchem M. in Miete wohnte —, und unter diesen Umständen zwar allerdings der Bekl. in der Lage war, die tatsächliche Gewalt über den Wagen auszuüben, nicht minder aber auch der Pfandbesteller M., sodaß von einem Alleinbesitz des Bekl. an dem Wagen keine Rede sein kann, vielmehr nur etwa Mitbesitz in Frage kommen könnte. Die Einräumung des Mitbesitzes genügt jedoch an Stelle der Uebergabe der Sache (zu Alleinbesitz) zur Bestellung des Pfandrechts nach § 1206 BGB. nur dann, wenn sich die Sache unter dem Mitverschlusse des Gläubigers befindet oder wenn sie im Besitze eines Dritten ist und vermöge diesem Dritten obliegender Verpflichtung die Herausgabe nur an den Verpfänder und Gläubiger gemeinschaftlich erfolgen kann. Keine der Voraussetzungen, unter denen an Stelle der Uebergabe die Einräumung des Mitbesitzes zur Bestellung des Pfandrechts genügt, liegt jedoch hier vor.

Wenn aber im späteren Verlauf der Sache der Wagen vom Bekl. in Alleinbesitz genommen wurde, so konnte hierdurch nicht das zur Entstehung des Pfandrechts bestehende Erfordernis der Uebergabe als erfüllt erachtet werden, weil jene spätere Uebernahme des Alleinbesitzes seitens des Bekl. wider und jedenfalls ohne Willen des M. erfolgt ist.

Urt. OLG. I ZS. v. 7. Dez. 1904 U 201/04.

Lk.

Kosten und Gebühren.

5. Im Kostenfestsetzungsverfahren ist eine von der Verurteilung abweichende Verteilung der Kosten nicht zulässig.

H. hatte gemäß § 771 ZPO. Klage auf Aufhebung der Pfändungen erhoben, welche mehrere Gläubiger des Schuldners S., der im Besitze der dem H. verkauften Mobilien geblieben war, bewirkt hatten. Das LG. hatte ohne Berücksichtigung der verschiedenen Beteiligung die mehreren Gläubiger in dem die Aufhebung der Pfändungen aussprechenden Erkenntnisse „zu den Kosten des Rechtsstreits“ verurteilt. Die Kostenfestsetzung war gegenüber allen Verurteilten für den ganzen Betrag erfolgt und die sof. Beschw. eines mit einem nur geringen Betrage Beteiligten, der eine seiner Beteiligung entsprechende Kostenverteilung begehrte, zurückgewiesen worden, weil in dem Kostenfestsetzungsverfahren für eine Kostenverteilung kein Raum sei, welche von der die Grundlage der Festsetzung bildenden Verurteilung abweiche.

Beschl. OLG. II ZS. vom 15. Dez. 1905 W 217/04

F.

Entscheidungen der Großh. Landgerichte.

Zivilrecht. — Zivilprozeß.

6. Doppelversicherung von Orgel und Turmuhr einer Kirche durch Immobiliar- und Mobiliarversicherung.

Die Kirche H. hatte Orgel und Turmuhr bei der bekl. Versicherungsgesellschaft als Mobiliar versichert. Es ist streitig geworden, ob diese Gegenstände als Pertinenzen eines Gebäudes auch in der hess. Brandversicherungsanstalt für Gebäude versichert sind, mithin bezüglich dieser Gegenstände vertragsmäßig verbotene Doppelversicherung vorliegt. Die bekl. Versicherungsgesellschaft behauptet dies, die Kl. und die hess. Brandversicherungsanstalt bestreiten es.

Die Kirche H. ist seit 1820 gegen Brandschaden in der hess. Brandversicherungsanstalt versichert. Die hess. Brandassekurations-Ordnung vom 18. Nov. 1816 (§ 7) beschränkt die Versicherung auf die durch den Brand an versicherten „Gebäuden“ entstehenden Beschädigungen und erstreckt die Versicherung ausdrücklich nicht auf Mobilien, Effekten, Waren und andere Gegenstände des Eigentums. Die Brandassekurationsordnung erwähnt nirgends ausdrücklich, daß auch Zubehörteile eines Gebäudes unter die Zwangsversicherung fallen (§ 14). Aber wie die Motive des späteren Gesetzes vom 30. Okt. 1860, die bei der Landesbrandversicherungsanstalt zu versichernden Gegenstände betr., bezeugen, hat sich alsbald im Anschluß an obige Brandassekurationsordnung von 1816 die Uebung dahin gebildet, daß „den Gebäuden nicht nur die mit ihnen in Verbindung stehenden Feuerungseinrichtungen für manche gewerbliche Zwecke, sondern auch das ganze Mühlwerk von Wasser-, Wind- und Roßmühlen, wie endlich Uhren, Glocken, Kirchenorgeln, Kanzeln, Altäre zugezählt wurden, insofern letztere Gegenstände in Gebäuden befestigt waren, welche unter öffentlicher Verwaltung stehen.“ Entgegen dieser Uebung bestimmte eine am 6. Juni 1853 erlassene „Nähere Anleitung zur Vornahme der Abschätzung der in die Brandversicherungsanstalt aufzunehmenden Gebäude durch die Sachverständigen nach Maßgabe des Gesetzes und des Reglements v. 6. Juni 1853 in § 2, daß Gegenstände, welche, obwohl sie mit den Gebäuden in feste Verbindung gebracht oder zur dauernden Verwendung in derselben bestimmt sind, doch nicht als zum Bau gehörig hergerichtet werden, nicht als Teil der Gebäudeversicherung zu betrachten sind. Es sind daher z. B. Maschinen und andere Gewerbeeinrichtungen, eingemauerte Kessel, die Orgeln, Turmuhren und Glocken nicht mit den Gebäuden abzuschätzen.“ Nach dieser Anleitung hat sich aber die Uebung nicht gerichtet, weshalb ein Ministerialausschreiben vom 4. Juli 1855 den § 2 der Anleitung vom 6. Juni 1853 wieder aufhob und bestimmte: „Mit den Gebäuden sind in die Gebäudeversicherung solche Gegenstände aufzunehmen, welche der Bestimmung der Gebäude entsprechend zur dauernden Verwendung in diese beigefügt und mit ihnen in innige Verbindung gebracht sind . . . . Es gehören dahin . . . b. Turm-, und ähnliche Uhren in anderen Gebäuden, in Türmen aufgehängte oder in anderen Gebäuden angebrachte ähnliche Glocken, in Kirchen: Orgeln, feste Stühle. (Emporbühnen, in der Regel auch Kanzeln und Altäre haben mehr den Charakter von Teilen des Gebäudes im engeren Sinne).“ Das Gesetz, die Brandversicherungsanstalt für Gebäude betr., vom 28. Sept. 1890 erwähnt in Art. 2 als Gegenstand der Versicherung „Gebäude und deren Zubehöre“ und gibt in Abs. 2 eine Definition des Begriffes Zubehör. Die hierzu erlassene „Dienstanweisung für die Bauschätzer der Brandversicherungsanstalt“ vom 20. März 1897 führt in § 8 als Zubehör auf: „2. bei den Kirchen: die Glocken mit dem Glockenstuhl, die Turmuhren, Orgel, Kanzel, Altäre, feste Beicht- und Betstühle.“ Das Gesetz vom 28. Sept. 1890 hat in seinem Art. 2 Abs. 1—4 hinsichtlich des Begriffs der mitversicherten Zubehörteile durch den Art. 274 AusfG. z. BGB. eine redaktionelle Abänderung erfahren, durch welche an den bisher maßgebend gewesenen Grundsätzen über Zubehörteile nichts geändert werden sollte.

Hiernach erscheint es unzweifelhaft, daß von Anfang an Gegenstand der I m m o b i l i a r versicherung in Hessen auch bewegliche Sachen gewesen sind, „die, ohne Bestandteile eines Gebäudes zu sein, diesem in seiner Eigenschaft als Bauwerk bleibend zu dienen bestimmt sind und zu ihm in einem dieser Bestimmung entsprechenden räumlichen Verhältnisse stehen,“ und daß hierzu insbesondere Orgeln, Turmuhren, feste Bet- und Beichtstühle, Chorbänke ꝛc. gerechnet werden.

Objektiv liegt mithin der Tatbestand einer Doppelversicherung nach § 3 der Allg. Vers.-Bed. der bekl. Gesellschaft vor. Gleichwohl kann die bekl. Gesellschaft aus diesem Grunde nicht die Entschädigungspflicht der Kl. gegenüber ablehnen. Denn der § 3 dieser Bed. enthält auch einen s u b j e k t i v e n Tatbestand, der vorliegend nicht nachgewiesen ist. Der § 3 lautet:

> „Wer eine Versicherung beantragt, ist v e r p f l i c h t e t , . . . jede anderweit schon auf den Versicherungsgegenstand geschlossene Versicherung r i c h t i g anzugeben . . .“

V e r p f l i c h t e t zu einer r i c h t i g e n Angabe kann aber nur derjenige werden, der den wahren Sachverhalt kennt oder dessen Unkenntnis auf Fahrlässigkeit

8. **Zur Auslegung des § 485 BGB. Genügt zur Mängelanzeige die Benennung der in die äußere Erscheinung tretenden Zeichen der Krankheit des Tieres?**

Es ist folgendes unstreitig: Der Kl. kaufte von dem Bekl. am 16. Febr. 1904 eine gelbscheckige Kuh zum Preise von 241 Mk. und erhielt das Tier am 18. Febr. 1904 überliefert. Bei dem in der Wohnung des Bekl. erfolgten Kaufabschluß hustete die Kuh etwas, worauf der Kl. den Bekl. nach dem Grund des Hustens fragte und der Bekl. antwortete: meine Kühe husten alle manchmal, das liegt am Stalle oder am Futter. Am 19. Febr. „sagte der Kl. der Ehefrau des Bekl. die Kuh an", indem er erklärte, die Kuh fresse nicht, huste sehr stark und sei krank. Von dieser Anzeige erhielt der Bekl. durch seine Frau Mitteilung. Die am 22. Febr. beim AG. L. erhobene Klage stützt sich darauf, daß Bekl. auf wiederholtes Befragen des Kl. zugesichert habe, daß die Kuh „rein und klar" sei. Am 29. März wurde das im Streite befindliche Tier im Beisein eines Sachverständigen geschlachtet. Nach dessen Gutachten hat die Kuh an hochgradiger Lungen- und Bauchtuberkulose in der Weise gelitten, daß das Fleisch als menschliches Nahrungsmittel nicht zu verwenden war und die Krankheit mindestens 6 Monate vor Abschluß des Kaufes bestanden hat; auch kann, da während des Lebens einer Kuh kein unbedingt zuverlässiges Merkmal für das Vorhandensein von Tuberkulose gegeben ist, eine einwandsfreie Diagnose nur von der Erhebung des Obduktionsbefundes abhängig gemacht werden.

Die Parteien streiten darüber, ob eine Mängelanzeige erfolgte und ob die Mängelanzeige rechtzeitig geschah. Das AG. L. hat hierzu ausgeführt: Nach § 485 BGB. verliert der Käufer die ihm wegen des Mangels zustehenden Rechte, wenn er nicht spätestens 2 Tage nach dem Ablauf der Gewährfrist den Mangel dem Verkäufer anzeigt oder die Anzeige an ihn absendet oder wegen des Mangels Klage gegen den Verkäufer erhebt. Es ist zunächst zu prüfen, ob überhaupt eine Mängelanzeige erfolgt ist. Feststeht, daß der Kl. der Ehefrau des Bekl. am 19. Febr. mitgeteilt hat, daß die im Streit befindliche Kuh sehr stark huste, nicht fresse und krank sei. Ist eine solche Anzeige genügend, um den Käufer nach § 485 BGB. vor dem Verlust seiner Rechte zu sichern? Das Gericht bejaht diese Frage. Das BGB. gibt nirgends eine Vorschrift darüber, in welcher Weise der Mangel angezeigt werden müsse, oder ob der Mangel mit seiner technischen Bezeichnung anzugeben ist, oder ob er nur mit den Formen zu bezeichnen sei, mit denen er in die Erscheinung tritt, oder ob und inwieweit der Mangel spezialisiert zu benennen sei. Es ist auch weder in den Motiven zum BGB. noch z. B. in dem Kommentar von Planck eine nähere Auslegung über diese Mängelanzeige gegeben. Wohl finden sich aber in einzelnen Kommentaren über die Viehgewährschaft Interpretationen dieser Gesetzesstelle. So sagt z. B. Meisner S. 31: „Der Mangel muß angezeigt werden, d. i. derjenige Mangel, aus dem der Käufer seine Rechte ableiten will. Wegen eines anderen als des angezeigten Mangels kann der Käufer keine Rechte geltend machen. Es ist eine derartige Bezeichnung des Mangels erforderlich, daß der Verkäufer genau erkennen kann, welcher Mangel gerügt werden will. Bei den Hauptmängeln erachte ich die technische Bezeichnung, wie sie in der kaiserl. VO. aufgeführt ist, erforderlich. Sollte in der betreffenden Gegend eine andere Bezeichnung gang und gäbe sein, so ist auch deren Anwendung genügend. Eine bloße Angabe der Krankheitserscheinungen erachte ich bei den Hauptmängeln, sofern sich dieselben nicht mit den in der kaiserl. VO. angegebenen Definitionen vollkommen decken, für nicht genügend, weil darüber die Meinungen der Sachverständigen auseinander gehen können. Der Käufer wird sich entscheiden müssen, ob und welchen Mangel er rügen will. Das Gesetz verlangt ja, daß sich der Mangel innerhalb der Gewährfrist gezeigt haben muß; im Zweifel (wenn eine Verwechselung zweier Hauptmängel möglich ist) wird der Käufer gut tun, beide zu rügen, z. B. tuberkulose Erkrankung und Lungenseuche bei Rindvieh." Das Gericht kann diesen Ausführungen nicht in allem beitreten. Denn es ist durch den Sachverständigen festgestellt worden, daß bei Rindern während des Lebens kein unbedingt zuverlässiges Merkmal für das Vorhandensein von Tuberkulose gegeben ist, sodaß die einwandfreie Diagnose nur von der Erhebung des Obduktionsbefundes abhängig gemacht werden kann. Es ist darnach nicht einmal für den Sachverständigen möglich, zu Lebzeiten des Tieres aus äußeren Zeichen festzustellen und zu behaupten, daß und ob dasselbe an dem Währschaftsfehler der Tuberkulose leide; um so weniger kann natürlich ein Laie eine derartige Feststellung treffen. Infolgedessen kann der Käufer auch nicht den Mangel der tuberkulosen Erkrankung in seiner technischen Bezeichnung ansagen. Es muß deshalb eine Anzeige der Krankheitserscheinungen als genügend angesehen werden, und zwar eine solche Mitteilung, die die für den Laien äußerlich sichtbaren Zeichen genau, d. h. mit einer solchen Deutlichkeit, wie sie für den Käufer überhaupt möglich ist, enthält. Denn wie alle anderen Rechtsgeschäfte stehen auch diese unter dem alle Gesetze beherrschenden Prinzip von Treu und Glauben, das von jedem Teile ein Handeln nach bestem Wissen und Vermögen verlangt. Da aber das Gesetz nirgends eine Schlachtung und Obduktion eines Tieres zur Konstatierung eines Währschaftsfehlers vorschreibt, so muß auch bezüglich der Hauptmängel eine Anzeige der Krankheitserscheinungen unter den vorliegenden Verhältnissen als ausreichend erachtet werden. Dazu kommt aber noch, daß gemäß § 482 BGB. die Währschaftsfehler sich innerhalb der Gewährfrist gezeigt haben müssen. Unter „sich zeigen" versteht man nach dem Kommentar von Hirsch-Nagel: in die äußere Erscheinung treten. Es ist dabei (vgl. S. 22) nicht erforderlich, daß der Mangel auch als solcher innerhalb der bestimmten Frist erkannt oder gerichtlich oder durch Sachverständige festgestellt wird, sondern es ist nur zu fordern, daß während der Frist Erscheinungen an dem Tier beobachtet werden, auf Grund deren das Gericht nach Einvernahme von Sachverständigen oder ohne solche feststellen kann, daß der Hauptmangel schon innerhalb der Gewährfrist vorhanden gewesen sei. Ist es aber nicht einmal notwendig, daß ein Hauptmangel innerhalb der Gewährfrist in seiner medizinisch-technischen Art erkannt wird, so kann doch noch viel weniger von dem Käufer eine positive, objektiv richtige technische Anzeige des Hauptmangels gefordert werden. Die bei der fraglichen Kuh innerhalb der Gewährfrist in die äußere Erscheinung tretenden Zeichen, wie Husten, Nichtfressen und allgemeiner

Ausdruck des Nichtwohlbefindens sind von dem Käufer angezeigt worden. Wollte man aber den Text des § 485 BGB. wörtlich dahin deuten, daß der Mangel mit seiner technischen Bezeichnung angezeigt werden müsse, so würde dadurch eine vom Gesetz nicht gewollte und unerträgliche Folge entstehen; denn es könnte dann (vgl. die Aussagen der Sachverständigen) der eine der beiden Währschaftsfehler — tuberkulose Erkrankung mit nachfolgender allgemeiner Beeinträchtigung des Nährzustandes des Tieres — nur angezeigt und nur dann zur Handhabe des Rechts des Käufers werden, wenn und nachdem das Tier seitens des Käufers zur Schlachtung und Obduktion gebracht worden ist — oder es müßte das Gesetz vielfach den Käufer zwingen, vielleicht aufs Geradewohl aber objektiv unrichtige Anzeigen zu machen. Beides kann das Gesetz nicht wollen. Da auch Form und Frist der Anzeige gewahrt ist, hat der Käufer seine Rechte nach § 485 BGB. nicht verloren.

Hiergegen Berufung des Bekl. mit der Behauptung, daß von dem Kl. die Krankheit des Tieres nicht innerhalb der Gewährfrist gehörig angezeigt worden sei. Das LG. hat der Berufung stattgegeben aus folgenden Gründen: Dem Bekl. ist darin beizutreten, daß der Kl. die ihm wegen des Hauptmangels zustehenden Rechte verloren hat, weil er unterlassen hat, spätestens 2 Tage nach Ablauf der vierzehntägigen gesetzlichen Gewährfrist diesen Mangel dem Bekl. anzuzeigen oder wegen dieses Mangels eine der sonstigen in § 485 BGB. bezeichneten Handlungen vorzunehmen. Denn nach § 485 BGB. verliert der Käufer die ihm wegen eines Hauptmangels zustehenden Rechte, wenn er nicht spätestens zwei Tage nach dem Ablaufe der Gewährfrist den Mangel dem Verkäufer anzeigt oder die Anzeige an ihn absendet oder wegen des Mangels Klage gegen den Verkäufer erhebt oder diesem den Streit verkündet oder gerichtliche Beweisaufnahme zur Sicherung des Beweises beantragt, und der Kl. hat wegen des Mangels der tuberkulösen Erkrankung der Kuh innerhalb der in Frage kommenden Frist keine der bezeichneten Handlungen vorgenommen. Die Ueberlieferung der Kuh an den Kl. war bereits am 18. Febr. erfolgt, demnach die gesetzliche 14tägige Gewährfrist für tuberkulöse Erkrankung mit dem 3. März und folglich die Anzeigefrist des § 485 BGB. bereits mit dem 5. März abgelaufen und erst in der mündlichen Verhandlung vom 16 März hat der Kl. zum erstenmal geltend gemacht, daß die Kuh an Lungentuberkulose leide. Namentlich hatte er diesen Mangel auch noch nicht in seiner Klageschrift vom 22. Febr. behauptet. Die Klage war vielmehr allein darauf gegründet worden, daß die Kuh sehr stark huste und krank sei, und daß der Bekl. die „Reinheit und Klarheit" der Kuh zugesichert habe. Auch mit der Anzeige, die vom Kl. unstreitig bereits am 19. Febr. dem Bekl. gemacht worden war, hatte der Kl. nichts weiter geltend gemacht, als daß die Kuh nicht fresse, sehr stark huste und krank sei. Mit diesen Angaben war aber noch keineswegs angezeigt, daß die Kuh an tuberkuloser Krankheit leide. Denn es kann keinem Zweifel unterliegen, daß, wenn das Gesetz die Anzeige „des Mangels" innerhalb bestimmter Frist verlangt und andernfalls den Käufer seiner Rechte wegen des Mangels verlustig erklärt, als eine Anzeige des Mangels nur eine solche gelten kann, die dem Verkäufer bestimmt angibt, welcher Währschaftsfehler geltend gemacht werden soll. Damit soll selbstverständlich nicht gesagt sein, daß Krankheiten, die zu den sog. Hauptfehlern gehören, unbedingt gerade mit der technischen Bezeichnung des Gesetzes angezeigt werden müßten, man wird vielmehr auch andere Bezeichnungen, die entweder allgemein oder doch in der betr. Gegend für die in Frage kommende Krankheit gebraucht zu werden pflegen, für genügend erachten müssen. Dagegen kann eine bloße Anzeige gewisser Krankheitserscheinungen, ohne daß damit die Behauptung eines bestimmten Währschaftsfehlers verbunden ist, im allgemeinen nicht für genügend erachtet werden, und ob etwa eine derartige Anzeige ausnahmsweise dann für genügend erachtet werden kann, wenn die angegebenen Krankheitserscheinungen solche sind, daß sie ohne weiteres und unverkennbar das Vorliegen eines **bestimmten** Hauptmangels ergeben, kann für den vorliegenden Fall unerörtert bleiben, weil hier jedenfalls die vom Kl. angegebenen Erscheinungen (die Kuh huste sehr stark und fresse schlecht) keineswegs mit Notwendigkeit auf das Vorliegen des Hauptmangels der tuberkulösen Erkrankung hindeuteten, diese Erscheinungen vielmehr auch eine andere Ursache haben konnten. Angefügt sei noch, daß die hier vertretene Ansicht, daß die Währschaftsfehler bestimmt zu bezeichnen sind, soweit ersichtlich, auch von allen Kommentaren geteilt wird (vgl. z. B. **Meisner**, **Stölzle** 2. Aufl. S. 74; **Reuter-Sauer** S. 139 Note 11; **Hirsch-Nagel** S. 39; **Schneider** S. 130 und 131). Gegen die hier vertretene Ansicht kann aber auch nicht geltend gemacht werden, daß der Käufer in vielen Fällen ohne Schlachtung und Obduktion des gekauften Tieres überhaupt gar nicht in der Lage sei, den Grund der an dem Tier wahrgenommenen Krankheitserscheinungen zu erkennen, und daher auch dem Verkäufer gegenüber nicht mit der Behauptung einer bestimmten Krankheit herantreten könne. Richtig ist es allerdings, daß der Käufer in vielen Fällen nicht in der Lage sein wird, an dem lebenden Tier zu erkennen oder selbst durch Sachverständige feststellen zu lassen, ob es an einem Hauptmangel, insbesondere ob ein Stück Rindvieh an tuberkulöser Krankheit leidet. Trotz dieser Ungewißheit darüber, ob das Tier an einem Hauptfehler leidet, kann aber der Käufer sich gegen den Verlust der ihm wegen dieses etwaigen Mangels gegen den Verkäufer zustehenden Rechte dadurch schützen, daß er den etwa in Frage kommenden Hauptmangel oder, wenn deren mehrere in Frage kommen sollten, diese mehreren vorsorglich innerhalb der vorgeschriebenen Frist dem Verkäufer anzeigt.

Keinen Erfolg kann der Kl. mit seiner unter Beweis gestellten Behauptung haben, daß, wenn der Käufer eines Stückes Rindvieh dem Verkäufer demnächst ansage, das Tier „huste", dies im ganzen Bezirk L. der landläufige Ausdruck dafür sei, daß das Tier an tuberkulöser Krankheit leide. Denn diese Behauptung kann selbstverständlich höchstens in dem Sinne richtig sein, daß in der Regel die „Ansage" eines Stückes Rindvieh wegen Hustens in dem bezeichneten Sinne gemeint und zu verstehen sein mag. Sie kann aber nicht in dem Sinne richtig sein, daß mit der Ansage des Hustens immer und ausschließlich nur tuberkulöse Krankheit behauptet sei und als behauptet verstanden werde; denn es kommen doch selbstverständlich auch zahlreiche Fälle vor, in denen ein Stück Rindvieh schon blos wegen Hustens an sich angesagt wird — wie insbesondere in den Fällen einer vom Verkäufer für völlige Gesundheit des Tieres übernommenen Gewährleistung —, und außerdem auch salche Fälle, in denen das Husten als Erscheinung einer anderen inneren Krankheit als der tuberkulösen Erkrankung geltend gemacht wird. Es sei beispielsweise darauf hingewiesen, daß auch bei dem Hauptfehler der Lungenseuche das Husten eine wesentliche Erscheinung der Krankheit ist. Die im vorliegenden Falle vom Kl. dem Bekl. gemachte Anzeige war daher unter allen Umständen keine gehörig bestimmte.

Urteil LG. Gießen I ZK. v. 7. Juli 1904 S 113/04.

St.

Abhandlungen.

Zum Recht des Miteigentums.

(§§ 1010, 2044 BGB., Art. 165 Heff. AG. z. BGB.)

(Schluß.)

Trotz ihres großen Wertes für die auf Fortdauer des angeordueten Verhältnisses bedachten Miteigentümer scheinen diese Vorschriften in der praktischen Anwendung noch nicht gewürdigt zu sein und haben bis jetzt, wie die Praxis unserer Gerichte beweist, nur vereinzelt Anwendung gefunden. Sollen sie das Los der Nichtbeachtung mit Art. 127 a. a. O. teilen, so wäre dies nur zn bedauern und könnte manchen Familienfrieden und Wohlstand zum Untergang führen. Es ist darum nicht zn verwundern, wenn die Rechtsprechung über die einschlägigen Gesetzesparagraphen bis jetzt eine äußerst dürftige und beschränkte ist (vgl. RGE. Bd. 46 Re. 43 S. 165), und es dürfte von Interesse sein, eine neuerdings darüber ergangene Entscheidung tennen zn lernen, die unser **Oberlandesgericht** unterm 29. Dez. 1904 erlassen hat:

Der im Jahre 1892 verstorbene Erblasser hatte in seinem allseitig anerkannten Testament angeordnet, daß das von ihm hinterlassene Gut in der gemeinschaftlichen Verwaltung seiner 7 Kindee als Miteigentümer verbleide. In den Ausführungsbestimmungen vom 19. Febr. 1892 war ausdrücklich demerkt worden, daß es Zweck jener Bestimmung sei, welche den Kindern ein heiliges Vermächtnis sein sollte, das Gut in absehbarer Zeit auch den ferneren Geschlechtern des Namens dauernd zn erhalten und insbesondere jede Veräußerung oder weitere Belastung mit allen Mitteln fernzuhalten, daß ferner der Erblasser auf die Unteilbarkeit den größten Wert lege.

Mit diesen Bestimmungen hat in Ansehung des Gutes, eines einzelnen Nachlaßgegenstandes, die erbschaftliche Auseinandersetzung onsgeschlossen werden und für absehbare Zeit die Veräußerung und Teilung untersagt sein sollen. Um die Wirksamkeit dieser Verfügungen gegen Sondernachfolger der Erben auch in der Zeit **vor** Anlegung des Grundbuchs in der betreffenden Gemarkung zn sichern, schien es erforderlich, daß nach Art. 165 AG. in dem Hypothekenbuch die Belastung eingetragen werde. Dem hierauf gerichteten Antrag des Testamentsvollstreckers hatte das zuständige Amtsgericht durch Verfügung vom 13. Aug. v. Js. stattgegeben, indem es an das Ortsgericht folgende Weisung behufs Eintrags in Spalte A des Hypothekenbuchs erließ:

„wird hiermit eingeschrieben, daß M. J. letztwillig die gemeinschaftliche Verwaltung und die Unteilbarkeit der nachbenannten Liegenschaften angeordnet und damit die erbliche Auseinandersetzung ausgeschlossen und für absehbare Zeit die Veräußerung und Teilung des Guts untersagt hat."

Diese Verfügung hat indeß Gr. Amtsgericht, nachdem wegen des Kostenansatzes Beschwerde geführt worden und die Ferien-Zivilkammer die Unzulässigkeit eines solchen Eintrags ausgesprochen hatte, durch Beschluß vom 24. Sept. v. Js., devor sie vollzogen war, **eingezogen** und den Antrag als unbegründet abgewiesen, da nach Art. 165 AG. ein Eintrag in dieser Richtung nur zulässig sei, wenn Miteigentümer den Ausschluß der Teilung **vereinbart** hatten, dagegen nicht, wenn die Auseinandersetzung bezüglich der Nachlaßgrundstücke durch **letztwillige Verfügnng** ausgeschlossen sei.

Die gegen die abweisende Verfügung vom Testamentsvollstrecker eingelegte Beschwerde wurde durch Beschluß des Landgerichts vom 18. Oktbr. v. J. als unbegründet abgewiesen unter Verurteilung des Beschwerdeführers in die Kosten der Beschwerdeführung. Das Beschwerdegericht billigte die Ausführungen des ersten Richters und fügte noch bei: „Hätte Art. 165 sich auf § 2044 BGB. beziehen sollen, so hätte dies ausgesprochen werden müssen, eine Verweisung des § 2044 BGB. auf § 1010 kann die fehlende Vorschrift des AG. nicht ersetzen."

Dieser Ansicht vermochte sich das **Oberlandesgericht** nicht anzuschließen, und zwar aus folgenden **Gründen**: Der Vereinbarung der Miteigentümer eines Grundstücks über den Ausschluß des Teilungsanspruchs (§ 1010 BGB.) ist nach der ausdrücklichen Vorschrift des § 2044 die letztwillige Verfügung eines Erblassers, die in Ansehung eines Grundstücks die Auseinandersetzung ausschließt, insofern **gleichgestellt**, als in beiden Fällen die getroffene Bestimmung gegen den Sondernachfolger nur wirkt, wenn dieselbe als Belastung des Grundstücks im Grundbuch eingetragen ist. Eine letztwillige Verfügung i. S. des § 2044 muß hiernach auf Antrag im Grundbuch gewahrt werden, sobald dieses als angelegt anzusehen ist. Die Möglichkeit einer solchen dem bisherigen Recht fremden Belastung eines Grundstücks hat das BGB. (vgl. Mot. Bd. III S. 440/41) als ein Bedürfnis erachtet. Auf denselben Standpunkt hat sich der hessische Gesetzgeber gestellt und deshalb in Art. 165 AG. Vorsorge getroffen, die dingliche Wirkung einer solchen Belastung schon **vor** Anlegung des Grundbuchs einer Gemarkung zn ermöglichen. Diese Gesetzesstelle beschränkt sich in Abs. 1 nicht auf die Fälle des § 1010 BGB., sondern bezeichnet die Art und Weise der Belastung: wo solche nach § 1010 Abs. 1 demnächst im Grundbuch zu wahren ist, soll sie schon vorher mit derselben Wirkung in das Hypothekenbuch eingetragen werden können. Da nun nach § 2044 Abs. 1 — wie oben bemerkt — in Bezug auf den Eintrag im Grundbuch die letztwillige Verfügung i. S. des § 2044 der Vereinbarung der Miteigentümer i. S. des § 1010 gleichgestellt ist, so ist umsomehr anzunehmen, daß Art. 165 AG. ebenfalls beide Fälle der Belastung umfassen wollte, als in der Begründung des hessischen Gesetzentwurfs an keiner Stelle von einem Ausschluß der Fälle des § 2044 die Rede ist.

Sribst wenn es aber auch auf einem gesetzgeberischen Verieben deruhen sollte, daß man die Fälle des § 2044 nicht ausdrücklich in Art. 165 einbezogen hat, wird man zn demselben Resultat im Weg der analogen Gesetzesauslegung gelangen, welche auch im BGB.

nicht ausgeschlossen ist (vgl. Dernburg, bürg. Recht Bd. 1 § 30). Es ist aber — vgl. RGE. Bd. 24 S. 50 — Sache der Jurisprudenz und vor allem der Judikatur, die Grundprinzipien des Gesetzes zu Tage zu fördern und auf die im Leben hervortretenden, im Gesetz nicht besonders hervorgehobenen, unter das betreffende Prinzip gehörigen Fälle anzuwenden. Beachtet man, daß der hessische Gesetzgeber offenbar das vom BGB. anerkannte Bedürfnis der fraglichen Belastung von Grundstücken ebenfalls anerkannt hat, daß er bestrebt ist, diesem Bedürfnis schon vor der Anlegung des Grundbuchs abzuhelfen, und daß, wie bemerkt, weder in der Begründung des Entwurfs zum hessischen AG. noch in den Ausschußberichten der Landstände oder in den Kammerverhandlungen (vgl. Verh. der II. K. Bd. 5 Beil. Nr. 603 S. 126, Bd. 6 Nr. 781 S. 64) irgendwo die Rede davon ist, daß man die Eintragsmöglichkeit in den Fällen des § 2044 BGB. vor Anlegung des Grundbuchs ausgeschlossen wissen wollte, so muß man zu dem Schluß kommen: ubi eadem ratio ibi eadem legis dispositio. Es ist kein Grund einzusehen, warum trotz Gleichheit des gesetzgeberischen Prinzips die beiden im BGB. bezüglich des Eintrags gleichgestellten §§ 1010 und 2044 noch dem hess. AG. verschieden behandelt werden sollten.

Der Anspruch des Beschwerdeführers auf Vollzug eines Eintrags im Hypothekenbuch gemäß Art. 165 AG. wurde sonach grundsätzlich für begründet erachtet, und, da die Vorinstanzen sich mit der Sache selbst nicht befaßten, sondern den Antrag ohne sachliche Prüfung als unzulässig abgewiesen hatten, so war die Sache unter Aufhebung der Entscheidungen jener beiden Instanzen an das Amtsgericht zurückzuverweisen zur Prüfung der Frage, ob bzw. in welchem Umfang die Voraussetzungen des § 2044 in dem Antrag gegeben seien (Beschl. OLG. v. 29. Dez. 1904 W 205/04).

Mit dieser gewiß allseitig gebilligten, auf weitherziger Anschauung und wirtschaftlich fördernder Beurteilung beruhenden Entscheidung hat das OLG. auch während der Uebergangszeit die Bahn freigemacht für Verfügungen an Privatgrundstücken, die über ein Menschenleben hinaus wirken können und unabhängig sein sollen vom Leichtsinn und Uebelwollen einzelner Beteiligter.

B. Küchler, Gerichts-Assessor.

Literatur.

Glock, Dr., LGR., und **Lehr**, Dr., AR.: **Das im Großherzogtum Hessen geltende Reichs- und Landesrecht** (G. Braun, Karlsruhe). Das demnächst erscheinende Werk, dessen Aushängebogen uns vorliegen, schließt sich als neuer Band an die bereits für Baden und die Reichslande erschienenen gleichartigen Handbücher an. Sein Zweck ist, in systematischer Gruppierung eine Uebersicht zu bieten über das in Gesetzes- und Verordnungsblättern Hessens und des Reiches zerstreute weitschichtige Material unter Ausscheidung eines massenhaften veralteten Stoffes an Gesetzen, Verordnungen und Bekanntmachungen. Die Herausgeber haben auf den Abdruck von Gesetzestexten verzichtet, und ihr Buch unterscheidet sich dadurch wesentlich von der bei J. Diemer erschienenen Gesetzsammlung, zu der es vielmehr eine willkommene Ergänzung bildet durch Berücksichtigung des Reichsrechts. Der Inhalt reicht bis zur neuesten Zeit und orientiert uns überraschend schnell darüber, wo die im einzelnen Fall gesuchten Vorschriften zu finden sind. K.

Lobe's Zentralblatt (Dieterich, Leipzig). Die Hefte 13—20 dieser Zeitschrift sind erschienen und bringen den gewohnten reichen Inhalt an oberrichterlichen Erkenntnissen, Abhandlungen u. a. m. X.

Für die Redaktion verantwortlich: Oberlandesgerichtsrat Keller in Darmstadt. — Verlag von J. Diemer in Mainz. — Druck von G. Otto's Hof-Buchdruckerei in Darmstadt.

Herausgegeben

auf Veranlassung des **Richter-Vereins** unter Mitwirkung der **Hessischen Anwaltskammer**

von Oberlandesgerichtsrat **Keller** in Darmstadt, Landgerichtsrat Dr. **Buff** in Darmstadt, Landgerichtsrat **Rees** in Mainz, Landgerichtsrat **Praetorius** in Gießen, Landgerichtsrat Dr. **Schwarz** in Darmstadt.

Erscheint monatlich zwei Mal
Preis Mk. 7.12 jährlich
mit postfreier Zustellung.

Bestellungen nehmen die Expedition in Mainz, die Postanstalten sowie sämtliche Buchhandlungen entgegen.

Einrückungs-Gebühr die dreispaltige Zeile oder deren Raum 30 Pfg.

Nr. 6. Vom Deutschen Juristentag angenommene Zitierweise: HessRspr. Nachdruck verboten. **6. Jahrgang.**

Redaktion:
Darmstadt, Heinrichsstraße 5.

Mainz, 15. Juni 1905.

Verlag und Expedition:
J. Diemer, Mainz.

Entscheidungen des Großh. Oberlandesgerichts

Zivilrecht. — Zivilprozeß.

1. Ist eine Reichsbanknote bei der Hinterlegung zur Sicherheitsleistung als „Geld", „Wertpapier" oder „Urkunde" anzusehen? Höhe der gerichtlichen Hinterlegungsgebühr.

Das den Bekl. zur Zahlung verurteilende Erkenntnis des LG. vom 20. Jan. 1905 war gemäß § 710 ZPO. gegen eine Sicherheitsleistung von 1100 Mk. für vorläufig vollstreckbar erklärt worden. Nach § 108 ZPO. war diese Sicherheitsleistung durch Hinterlegung von Geld oder solchen Wertpapieren zu bewirken, welche auf den Inhaber lauten,. einen Kurswert haben und einer Gattung angehören, in der Mündelgeld angelegt werden darf, oder noch richterlichem Ermessen eine genügende Deckung gewähren, jedoch mit der Beschränkung, daß mit Wertpapieren Sicherheit nur in Höhe von ³/₄ des Kurswerts geleistet werden kann. Den Inhaberpapieren sind Orderpapiere, die mit Blankoindossament versehen sind, gleichgestellt (§ 234 Abs. 1, 3 BGB.). Zum Zwecke der Hinterlegung der Sicherheit hat der kläg. Prozeßbevollmächtigte eine Reichsbanknote über 1000 Mk. und eine solche über 100 Mk. beim LG. überreicht und dieses hat als gesetzlich zuständige Hinterlegungsstelle die beiden Banknoten entgegengenommen und zur Hinterlegung gebracht.

Der Gerichtsschreiber hat für diese Hinterlegung, die er als in „Geld" geschehen angesehen hat, offenbar gemäß Art. 58 Abs. 3 Hess. GKG. vom 30. Dez. 1904, eine Gebühr von 6,60 Mk. angesetzt. Gegen die Anforderung dieses Betrags hat Kl. Erinnerung eingelegt mit dem Antrag, die Gebühr auf 2,20 Mk. gemäß Art. 58 Abs. 1 Nr. 1 a. a. O. zu ermäßigen, weil das hinterlegte „Geld" nicht in das Eigentum des Staates übergegangen sei, sondern auf den Namen des Kl. aufbewahrt werde und dessen Eigentum bleibe. Durch Beschl. vom 6. Febr. 1905 hat das LG. die fragliche Gebühr auf 5,50 Mk. herabgesetzt und im übrigen die Beschw. verworfen, weil Reichsbanknoten kein „Geld" seien, aber auch nicht als „Wertpapiere", sondern als „Urkunden" angesehen werden müßten. Der Gebührenansatz von 5,50 Mk. beruhte auf Art. 58 Abs. 1 Nr. 2 a. a. O. in Verbindung mit der jetzt als irrig festgestellten Notiz der Gerichtsschreiberei, daß 11 Noten à 100 Mk. hinterlegt worden seien. Gegen den erwähnten Beschl. verfolgt Kl. Beschw.; er schließt sich jetzt der Ansicht des LG. an, daß er nicht Geld, sondern Urkunden hinterlegt habe, und begehrt weitere Herabsetzung der Gebühr auf 1 Mk., da es sich nur um zwei Urkunden — eine zu 1000 Mk. und eine zu 100 Mk. — handele.

Das Beschwerdegericht, das bereits unterm 29. Sept. 1902 (W 139/02) auf Grund der ZPO., der VO. über die gerichtlichen Hinterlegungen vom 19. Aug. 1899 und der damals in Geltung gewesenen VO. über die Gerichtskosten vom 23. Dez. 1899 die Anschauung vertreten hat, daß sowohl Reichskassenscheine wie auch Reichsbanknoten, wenn sie zur Hinterlegung von Sicherheiten gegeben und angenommen werden, als „Geld" angesehen [illegible] müssen, ist auf Grund erneuter Prüfung und [illegible] nach den neueren einschlagenden Bestimmungen nicht in der Lage, sich der Anschauung des LG. anzuschließen, erachtet aber auch die Beschw. als unbegründet.

Es muß grundsätzlich zunächst angenommen wer[den], daß unter „Geld", „Wertpapieren", „Urkunden" i. S. der materiellen und prozessualen Gesetzesvorschriften über Sicherheitsleistungen (BGB., EG. dazu ZPO.), der Hinterlegungsordnung v. 19. Aug. 1899 und der zugehörigen Vorschriften im achten Abschnitt des Hess. GKG. vom 30. Dez. 1904 ganz unmöglich etwas Verschiedenartiges verstanden werden kann, daß vielmehr als „Geld" i. S. aller dieser Bestimmungen alles angesehen werden muß, was i. S. der grundlegenden Bestimmung über prozessuale Sicherheiten als „Geld" gilt. Damit erscheint bereits die Ansicht des LG., daß die hier bewirkte Sicherheitsleistung als in Urkunden geschehen zu betrachten sei, als völlig unhaltbar; denn die ZPO. gestattet die Sicherheitsleistung gemäß § 710 nur durch Hinterlegung in Geld oder in Wertpapieren der oben bereits beschriebenen Art, aber nicht in Urkunden (§ 108 ZPO.).

Aber auch als „Wertpapiere" i. S. aller „Hinterlegung" betreffenden Vorschriften können die tatsächlich hinterlegten Reichsbanknoten nicht angesehen werden; denn sie erfüllen nicht die vom Gesetze geforderten Eigenschaften der zur Sicherheitsleistung zulässigen Wertpapiere (§ 108 ZPO., § 234 Abs. 1 BGB.); es findet sich kein Ausspruch, daß richterliches Ermessen die Banknoten als genügende Deckung gewährend angesehen habe (§ 108 ZPO.), und es sind die Banknoten namentlich nur in Höhe von 3/4 ihres gar nicht bestehenden Kurswertes angenommen worden (§ 108 ZPO., § 234 Abs. 3 BGB.). Es hat vielmehr das LG. als Hinterlegungsstelle, und zwar in Gemäßheit der VO., betr. die Ergänzung der VO. v. 7. Jan. 1903, nur durch die Person des richterlichen Hinterlegungsbeamten vertreten, die beiden Reichsbanknoten zu ihrem vollen Nennwerte von 1100 Mk. als zur Leistung der gerichtlich angeordneten Sicherheit genügend entgegengenommen und sie nach den Vorschriften der Hinterlegungsordnung behandelt. Diese Entgegennahme und Behandlung kann aber schon nach dem Vorstehenden nur als eine solche von „Geld" i. S. der ZPO. und des BGB. geschehen sein, wie denn auch als an sich ganz zweifellos anzunehmen ist, daß Kl. die Banknoten nur in der Eigenschaft als Geld hat übergeben wollen.

Diese Annahme als Geld erscheint auch rechtlich in keiner Weise zu beanstanden, vielmehr in vollem Einklange mit den gesetzlichen Vorschriften in deren richtigem Sinne. Zwar steht es richtig, daß als vollkommenes Geld, als Geld, das nach den staatlichen Gesetzen als solches angenommen werden muß, in Deutschland nur die Reichsgoldmünzen und die Reichsscheidemünzen (Silber-, Nickel- und Kupfermünzen) anzusehen sind (Ges., betr. die Ausprägung von Reichsgoldmünzen, v. 4. Dez. 1871; Münzges. v. 9. Juli 1873) und daß es in Deutschland ein Reichspapiergeld im eigentlichen Sinne nicht gibt. Allein eine gewisse Ausnahme hiervon hat bereits das Ges., betr. die Ausgabe von Reichskassenscheinen, v. 30. April 1874 insofern geschaffen, als es bestimmt, daß die vom Reiche ausgegebenen Reichskassenscheine zu 5 Mk., 20 Mk. und 50 Mk. bei Kassen des Reichs und sämtlicher Bundesstaaten angenommen werden; nur für den Privatverkehr ist ein Annahme-Zwang ausgeschlossen (§ 5). Daß die Reichskassenscheine als „Geld" i. S. der Hinterlegungsvorschriften anzusehen sind, ist dann auch in der Begründung zu dem Entwurfe des neuen Hess. GKG. zu Art. 58 ausdrücklich erwähnt.

Nach dem Reichsbankgesetz v. 14. März 1875 ist die Reichsbank berechtigt, Banknoten auf Beträge von 100 Mk., 200 Mk., 500 Mk., 1000 Mk. und von den Vielfachen von 1000 Mk. auszugeben, allein die Verpflichtung zur Annahme von Banknoten bei Zahlungen, welche in Gold zu leisten sind, findet gesetzlich nicht statt und kann selbst für Staatskassen durch Landesgesetz nicht begründet werden (§§ 16, 3 und 2). Diese Reichsbanknoten besitzen demnach die Eigenschaft von staatlichem Papiergeld, von vollkommenem Geld nicht. Allein darüber kann ein Zweifel nicht bestehen, daß im heutigen Verkehre Deutschlands, und zwar sowohl im Privatverkehr wie im Verkehr mit den staatlichen Kassen, diese Banknoten als ein unentbehrliches Zahlungsmittel ausnahmslos in Verwendung sind und damit die Funktion des Geldes im Verkehrssinne erlangt haben. So sagt Dernburg, das bürg. Recht, Abt. 2 S. 32 pos. II: „Im heutigen Verkehr Deutschlands besitzen die Funktion des Geldes in mehr oder minder erheblichem Maße neben dem ‚deutschen Geld' einmal ausländische Währungen . . ., ferner die Noten der Reichsbank. . ., endlich die Reichskassenscheine," und er fügt zutreffend bei: „Es ist ein Irrtum, daß nur dasjenige Geld ist, was nach den staatlichen Gesetzen als Geld angenommen werden muß. Gewiß ist dies eine wesentliche Eigenschaft des vollkommenen Geldes; aber was im Verkehr als Geld umläuft und als Geld geachtet ist, gilt rechtlich wenigstens in vielen Beziehungen als Geld, auch wenn ihm jene Eigenschaft fehlt."

Daß die Bestimmungen im BGB. über die Sicherheitsleistung aber den Bedürfnissen des Verkehrs angepaßt sind, ergibt sich unmittelbar aus den Motiven zu Entw. I Bd. I S. 387, wo es heißt: „Sicherheitsleistung im Sinne des heutigen Verkehrs ist Realkaution. Die Sicherungsmittel müssen geeignet sein, die Durchführung des Rechtes dem Unvermögen des Verpflichteten oder sonstigen tatsächlichen Hindernissen gegenüber zu gewährleisten. Im übrigen schließen die Bestimmungen sich demjenigen an, was den Bedürfnissen des Verkehrs entspricht." Den Bedürfnissen des Verkehrs entspricht es aber, daß alles als Geld gilt, was im Verkehr als Geld allgemein angesehen wird.

Das Beschwerdegericht kann auch jetzt nur annehmen, daß unter „Geld" i. S. aller gesetzlichen Bestimmungen über Sicherheitsleistung nicht nur staatliches Geld, sondern alles anzusehen ist, was im allgemeinen Verkehr als solches gilt. Es befindet sich auch hier in Uebereinstimmung mit Dernburg a. a. O. S. 33/34 III: „Ohne Zweifel kann aber die Sicherheit auch in Noten der in Deutschland gesetzlich zugelassenen Banken und in Reichskassenscheinen geleistet werden, nicht weil sie Wertpapiere sind (denn für Reichsbanknoten und Reichskassenscheine wären die Bestimmungen über Wertpapiere sinnlos); sondern weil sie „Geld" bilden." Schon das HGB. in der Fassung v. 1884 hat in Art. 210 Abs. 3 ebenso wie im jetzigen § 195 Abs. 3 dem Verkehrsbedürfnisse und der Verkehrsanschauung entsprechend als Barzahlung nicht nur die Zahlung in deutschem Gelde, sondern auch diejenige in Reichskassenscheinen sowie in gesetzlich zugelassenen Noten deutscher Banken erklärt, allerdings ohne damit eine sonst nicht bestehende Pflicht zur Annahme von solchen Scheinen begründen zu wollen. (Esser, Ges. betr. d. KommanditGes. auf Aktien und die AktienGes., Art. 210 Anm. 2; Staub, HGB., zu § 195 Anm. 13). Daß die ErgänzungsVO. v. 7. Jan. 1903, die nur eine Vereinfachung des umständlichen Verfahrens des § 9 der Hinterlegungsordnung v. 19. Aug. 1899, wonach jede Annahme einer Hinterlegung einen Gerichtsbeschluß erforderte, zum Zweck hatte, deshalb für einfach gelagerte Fälle bei prozessualen Sicherheiten dem richterlichen Hinterlegungsbeamten die Befugnis zur Annahme erteilte, eine Aenderung herbeigeführt haben sollte, wenn sie diese Befugnis auf Sicherheiten in „Geld", „Reichsbanknoten" und „solche Wertpapiere", welche dem § 234 Abs. 1 u. 3 BGB. entsprechen, erstreckt, kann nicht eingesehen werden. Die Gegenüberstellung von Geld und Reichsbanknoten zu den Wertpapieren spricht gerade für eine Gleichstellung der Reichsbanknoten mit dem Geld; denn nur in Geld aber Wertpapieren kann die prozessuale Sicherheit geleistet werden und Wertpapiere im gesetzlichen Sinne sind die Reichsbanknoten eben nicht.

Auch namhafte Kommentare zur ZPO. sprechen sich dahin aus, daß unter „Geld" i. S. des § 108 keineswegs blos Währungsgeld, nach Maßgabe des Reichsmünzgesetzes geprägtes Geld, zu verstehen sei, sondern alles, was von den Hinterlegungsstellen als Geld angenommen werden kann und angenommen wird (Petersen, § 108 Anm. 3; Struckmann-Koch, § 108 Anm. 4). Wenn die Kommentare von Seuffert (§ 108 Anm. 2) und Gaupp (§ 108 Anm. IIa) unter „Geld" nur das verstanden wissen wollen, was Währungsgeld ist, also namentlich nicht Banknoten und Reichskassenscheine, so sind auch sie doch darüber einig, daß die Sicherheit, wenn sie in Banknoten und Reichskassenscheinen geleistet und von der Hinterlegungsstelle in diesen Stücken angenommen wird, als in Geld geleistet gilt und da, wo nach Landesrecht das hinterlegte Geld in das Eigentum des Fiskus übergeht, nur ein Recht auf Rückerstattung des Wertes begründet

Es schreibt übrigens auch § 4 der Hinterlegungsordnung keineswegs vor, daß als Geld nur Währungsgeld hinterlegt werden könne, saudern gestattet im Gegenteil Hinterlegung von „Geld" „in Zahlungsmitteln, welche bei den Großh. Kassen in Zahlung anzunehmen sind". Dazu gehören aber nach der heutigen Gepflogenheit beim Kassenverkehr auch die Reichsbanknoten.

Nicht im Einklang mit dieser Ansicht des Beschwerdegerichts steht die Begründung zu Art. 58 des Hess. GKG. von 1904, wenn sie am Schlusse ausführt: „Aus der VO. v. 7. Jan. 1903 . . . ergibt sich, daß unter Geld im Sinne der Hinterlegungsvorschriften auch Reichskassenscheine, nicht aber Reichsbanknoten zu verstehen sind." Diese Folgerung aus der VO. vom 7. Jan. 1903 kann nach obigem nicht als richtig anerkannt werden und die ausgesprochene Ansicht selbst, daß Reichsbanknoten nicht als Geld gelten könnten, erscheint als im Widerspruch mit der richtigen Gesetzesauslegung stehend. Ist hiernach „Geld" hinterlegt worden, so ist dasselbe kraft der auf Art. 145 EG. z. BGB. beruhenden landesrechtlichen Vorschrift des § 5 der Hinterlegungsordnung auch in das Eigentum des Staates übergegangen; denn der Ausnahmefall des § 4 Abs. 2, 3 ist nicht gegeben. Einen Unterschied macht es gemäß § 5 nicht, ob die Hinterlegung gesondert verwahrt (§ 11) oder an die Hauptstaatskasse gemäß Bek. v. 30. Sept. 1882 (s. auch § 5 Abs. 2 der Hinterlegungsordnung) abgeführt wird.

Ist aber „Geld" hinterlegt worden, das in das Eigentum des Staates übergegangen ist, so war nach § 58 Abs. 3 a. a. O. der vom Gerichtsschreiber ursprünglich angesetzte Gebührenbetrag von Mk. 6,60 der richtige. Die Beschw. erscheint damit als unbegründet. Zugleich lag Anlaß vor, den vom LG. abgeänderten Gebührenbetrag gemäß Art. 6 Hess. GKG. von Amtswegen wieder richtig zu stellen.

Entsch. OLG. ZS. II v. 17. März 1905 W 51/05.

Dr. E. E. Hoffmann II, RA.

2. Armenrecht. Nachzahlung der Gerichtskosten.

Selbst wenn dem unterliegenden Teil das Armenrecht nur in der Berufungsinstanz bewilligt war, hat doch das Prozeßgericht 1. Instanz über das Vorhandensein der Voraussetzungen zu befinden, welche nach § 125 ZPO. die Verpflichtung zur Nachzahlung der Gerichtskosten begründen (Vgl. RGE. Bd. 12 S. 416; Rspr. OLG. Bd. II S. 297; Seuffert, ZPO. § 125 n. 2).

Beschl. OLG. II. ZS. v. 10. März 1905 U 50/04.

F.

3. Streitwert der Widerspruchsklage im Verteilungsverfahren.

In dem Rechtsstreit zwischen dem nicht angewiesenen und dem angewiesenen Hypothekargläubiger ist für die Berechnung des Streitwerts nur der dem angewiesenen Gläubiger zugeteilte Steigpreisanteil maßgebend, sofern dieser geringer ist, als die Forderung des Klägers. Die vom Versteigerungstage an bis zur Fälligkeit der Termine mitüberwiesenen Zinsen kommen nicht in Betracht (vgl. RGE. Bd. IV 367; VII 327; XVIII 373; auch RGE. Bd. X 344, 393; Bd. XII 258 und Pfafferoth zu § 13 n. 3 Abs. 3 S. 112).

Beschl. OLG. II. ZS. v. 27. Febr. 1905 W 50/05.

F.

Strafrecht. — Strafprozeß.

4. Straßenreinigung durch die Hausbesitzer.

Der Angekl. ist Besitzer eines in Sprendlingen an der Ecke von zwei gepflasterten und mit Fußsteigen versehenen Straßen gelegenen Bauplatzes, der mit Klee bestellt und eingezäunt ist. Auf beiden Seiten ist der Bauplatz von Hofraiten begrenzt; auch die Baufluchtlinie für seine Bebauung ist festgestellt.

Da der Angekl. am Samstag dem 20. Aug. 1904 den vor seinem Bauplatz gelegenen Teil der Ortsstraße zu reinigen unterlassen hat, ist er wegen Uebertretung des § 366[10] StGB., Art. 114 PolStG. und des Regulativs des Kreisamts Alzey, die Reinhaltung und Wegsamkeit der Ortsstraßen betr., vom 27. Juni 1856 (§§ 1, 3, 4) strafrechtlich verfolgt, in beiden Vorinstanzen aber freigesprochen worden, weil nach § 3 des erwähnten Regulativs nur Hauseigentümern (welchen diejenigen gleichgestellt sind, die ein Haus nießbräuchlich oder als Dienstwohnung besitzen) die Verpflichtung zur Reinhaltung auferlegt sei, zu denen der Angekl. bezüglich des Bauplatzes nicht gehöre.

Die Staatsanwaltschaft hat gegen diese Entscheidung Revision verfolgt und rügt Verletzung der angezogenen gesetzlichen Vorschriften, indem sie eine ausdehnende Auslegung dahin für notwendig hält, daß im Sinne des Regulativs als zur Reinigung Verpflichtete die Straßenanlieger zu betrachten seien.

Der GenStA. beantragte ebenso wie der Verteidiger Verwerfung der Revision. Das Revisionsgericht schloß sich dem an, indem es erwog: Wie die Vorinstanzen anerkennen, hat § 3 des Regulativs bestimmt, daß die Verbindlichkeit zum Kehren und Reinhalten „dem Hauseigentümer" obliege, außerdem demjenigen, der ein Haus nießbräuchlich oder als Dienstwohnung besitzt. Irgendwelche andere Verpflichtete nennt das Regulativ nicht; es bringt also die Verpflichtung einzig und allein in Verbindung mit dem Besitz eines Hauses, um den es sich aber bezüglich des als Acker benutzten Bauplatzes des Angell. nicht baudeln kann. Bei dieser deutlichen Beschränkung der Verpflichtung erscheint eine ausdehnende Interpretation des Kreises der Verpflichteten auf die Straßenanlieger durchaus unzulässig. Dies umsomehr als es keineswegs ausgeschlossen erscheint, daß das Regulativ z. B. davon ausging, es hätten nur die Hausbesitzer die Vorteile der Straßenanlage, und daß es deshalb absichtlich die Verpflichtung so ausgesprochen hat, wie geschehen. Ist eine Verpflichtung zur Straßenreinigung in gesetzlicher Weise nicht bestimmt, so muß die Reinigung demjenigen überlassen bleiben, dem das Eigentum der Straße zusteht oder der ein sonstiges Interesse daran hat, wie ja auch in § 5 erklärt ist, daß näher bestimmte Straßenteile durch die Gemeinden zu reinigen sind. Daß auch hier ein Fall wie der vorliegende nicht genannt ist, kann für sich allein keine Verpflichtung des Angekl. schaffen.

Urt. OLG. Straff. v. 18. März 1905 S 3/05. X.

Entscheidungen der Großh. Landgerichte.

Zivilrecht. — Zivilprozeß.

5. Handelt es sich bei einem Anspruche auf Rückzahlung geleisteter Beiträge zu einer Arbeiterpensionskasse um eine „gewerbliche Streitigkeit" oder um eine solche „über die Leistungen aus dem Arbeitsverhältnisse", zu deren Entscheidung die Gewerbegerichte ausschließlich zuständig sind?

(Schluß.)

Allein dieser Standpunkt kann nicht gebilligt werden. Das GG. M. spricht dem beklagten Verein die Vereinseigenschaft deshalb ab, weil zwei wesentliche Merkmale des Begriffs „Verein" nach dem Statut nicht gegeben seien, nämlich die Freiwilligkeit des Beitritts sowie die Beteiligung der Mitglieder an der Verwaltung, sei es direkt sei es indirekt, durch einen selbstgewählten Vorstand. Es hänge nicht von dem Willen der Arbeiter ab, ob sie sich an der Einrichtung beteiligen wollten; jeder sei gezwungen dem Vereine beizutreten. An der Verwaltung des Vereinsvermögens und an der Beschlußfassung über dessen Verwendung nähmen die Arbeiter nicht teil und über die Anlegung des Vermögens habe die Firma allein zu bestimmen. Die Arbeiterschaft sei zwar durch einen Vorstand vertreten, es stehe ihr aber auf dessen Bildung nicht die geringste Einwirkung zu. Ferner seien die Mitglieder nicht berechtigt, vom Vorstande Rechenschaft über seine Verwaltung zu begehren; der Vorstand habe den Mitgliedern gegenüber nach dem Statut überhaupt keine Verpflichtung; die Befugnisse der nicht der Firma angehörenden Vorstandsmitglieder seien sehr beschränkte. Mitgliederversammlungen seien dem Statut ganz fremd, wie denn überhaupt jede Beteiligung der Gesamtheit der dem Verein angehörenden Arbeiter an der Verwaltung und Verwendung des Vermögens ausgeschlossen sei. — Alle diese Ausführungen sind entweder unzutreffend oder doch für das Wesen und den Bestand des beklagten Vereins belanglos. Was zunächst die Freiwilligkeit des Beitritts zum Verein anlangt, so ist sie für den Arbeiter ebenso gewährt wie die Freiwilligkeit der Arbeitsübernahme. In der Arbeitsordnung, die als Arbeitsvertrag zwischen der Firma und ihren Arbeitern gilt, ist ausdrücklich bestimmt, daß alle bei der Firma beschäftigten Arbeiter dem Pensionsverein beizutreten haben. Da der Abschluß des Arbeitsvertrags ein freiwilliger ist, so kann an der Freiwilligkeit des Beitritts zum Verein kein Zweifel bestehen. Was weiter die Beteiligung der Mitglieder an der Verwaltung anlangt, so ist es irrig, wenn das Gewerbegericht meint, diese müsse, wenn nicht unmittelbar, so doch durch einen selbstgewählten Vorstand erfolgen, wenn der Verein als juristische Person Geltung beanspruchen wolle. Zwar muß der Verein als seinen gesetzlichen Vertreter einen Vorstand haben, dieser braucht jedoch keineswegs von den Mitgliedern selbst gewählt zu sein; vielmehr kann durch die Satzung eine anderweite Art der Besetzung des Vorstands vorgeschrieben werden, und es ist deshalb nicht zu beanstanden, wenn dies im § 12 der Satzung des Vereins geschehen ist (vgl. §§ 26, 27, 40 BGB.). Wenn Mitgliederversammlungen in der Satzung nicht vorgesehen sind, so hindert dies keineswegs ihre Berufung, vielmehr hat sie zu erfolgen, sobald das Interesse des Vereins es erfordert, und sie kann von einem Zehntel der Mitglieder unter Umständen erzwungen werden — §§ 36, 37 BGB. Daß die Arbeiter an der Verwaltung und Verwendung des Vereinsvermögens in keiner Weise beteiligt seien, kann unter diesen Umständen und angesichts der Aufgaben des Vorstands, dem allein die Entscheidung über die Gewährung der Pensionsansprüche sowie die Prüfung der Jahresrechnung zusteht, nicht zugegeben werden. Hiernach besitzt der beklagte Verein die Eigenschaft einer selbständigen juristischen Person und Ansprüche aus der Zugehörigkeit sind gegen ihn und nicht gegen die Firma geltend zu machen.

Auch die weitere Annahme des GG., daß Ansprüche wie die hier eingeklagten als Leistungen aus dem Arbeitsverhältnisse im Sinne des § 4 Ziffer 2 des GGG. anzusehen seien, ist unzutreffend. Unter diesen Leistungen versteht das Gesetz nicht alle diejenigen Verpflichtungen, die in irgend einer Weise mit dem Arbeitsverhältnisse zusammenhängen, sondern nur solche, die sich unmittelbar aus dem Arbeitsverhältnisse ergeben und Gegenstand des eigentlichen Arbeitsvertrags sind. Die Entscheidung über Ansprüche, die nur ihre äußerliche Veranlassung, nicht aber ihre innere rechtliche Ursache in dem Arbeitsverhältnisse haben, steht den ordentlichen Gerichten zu, soweit sie nicht ausdrücklich der Zuständigkeit der GGe. in § 4 des Ges. überwiesen ist (Wilhelmi u. Bewer, GGG. S. 50/52). Wesentlich ist also für die Frage der Zuständigkeit, ob der Streitgegenstand die Arbeitsleistung und ihre Entlohnung betrifft oder nicht. Daß die Rückforderung satzungsmäßig geleisteter Pensionsbeiträge nicht als ein Anspruch auf Herausgabe von Arbeitslohn angegriffen werden kann, bedarf keiner weiteren Ausführung. Die wöchentlich von dem Kl. zu der Pensionskasse geleisteten Beiträge haben mit der Einzahlung in die Kasse die Lohneigenschaft verloren und sind Teile des Vereinsvermögens geworden; sie sind aus dem Eigentum der Firma mit Einwilligung der Kl. in das Eigentum des Vereins übergegangen und ihre Rückforderung von letzterem hat mit dem Arbeitsverhältnisse und den Leistungen aus ihm nichts mehr zu tun. Es handelt sich um den Ersatz, den die Kl. für die ihnen durch ihre Entlassung genommene Möglichkeit ihrer Pensionierung beanspruchen, also um eine Forderung, die mit dem Gewerbebetriebe der Firma nur in einem äußerlichen Zusammenhang steht.

LG. Mainz I. ZK. v. 21. Nov. 1904 O 417/04.

Nees.

Strafrecht. — Strafprozeß.

6. Keine Ordnungsstrafen wegen Ungebühr in Schriftsätzen.

Das AG. hatte in einem Immobiliar-Zwangsvollstreckungsverfahren dem Rechtsanwalt X. als Vertreter des betreibenden Gläubigers wegen eines in einem Schriftsatze enthaltenen Ausdrucks eine Ordnungsstrafe wegen Ungebühr in Höhe von 10 M. auferlegt. Hiergegen verfolgte X. Beschw. an das LG., indem er sowohl die Befugnis des AG., gegen eine Ungebühr in Schriftsätzen mit Strafe einzuschreiten, als auch das Vorliegen einer Ungebühr im gegebenen Falle bestritt. Das LG. gab der Beschw. nach beiden Richtungen statt und hob die Ordnungsstrafe auf.

Aus den Gründen:

Darüber, daß dem AG. die von ihm in Anspruch genommene Strafgewalt nach Reichsrecht nicht zusteht, hat es selber keinen Zweifel, wie sich aus seinen Bemerkungen bei Vorlage der Beschwerdeschrift ergibt.

Insbesondere kann § 182 GVG. nicht in Betracht kommen. Wenn das Gesetz die in den §§ 177 bis 181 bezeichneten Befugnisse auch einem einzelnen Richter bei der Vornahme von Amtshandlungen außerhalb der Sitzung verleiht, so können unter diesen Amtshandlungen nur solche verstanden werden, welche einer Sitzung insofern gleichkommen, als sie ebenfalls mit persönlich Anwesenden vorgenommen werden (Seuffert's A. Bd. 50 Nr. 271).

Das AG. beruft sich auf die Entscheidung des OLG. Hamburg vom 16. Nov. 1896 (DJZtg. 1897 S. 208 Nr. 7), die Ausführungen von Heuer daselbst 1903 S. 365, 366 und die althessische VO. vom 25. Sept. 1878 (Eigenbrodt's Handbuch, Bd. 1 S. 397, 398).

Das OLG. Hamburg, von dem Heuer a. a. O. noch einen Beschl. vom 6. Febr. 1891 heranzieht, nimmt an, daß die den Gerichten nach gemeinem Rechte zustehende Befugnis, ungebührliches Verhalten in schriftlichen Eingaben an das Gericht durch Verweis oder Geldstrafen zu ahnden, durch das GVG. und die RechtsanwaltsO. nicht aufgehoben sei, und Heuer schließt sich dem an, indem er auch noch die ZPO. als jene Befugnis nicht aufhebend bezeichnet.

Das Beschwerdegericht kann sich diesen Ausführungen nicht anschließen. Auf einem anderen Standpunkte wie Heuer und das OLG. Hamburg steht, wie Witt in der DJZtg. 1903 S. 472 darlegt, die Gesetzgebung und Rechtsprechung in Mecklenburg, und wie Wendler in der DJZtg. 1904 S. 113 darlegt, auch das OLG. Jena. Letzteres führt mit Recht aus, daß die Ordnungsstrafen zur Bestrafung einer dem Gericht gegenüber begangenen Ungebühr durch die Reichsprozeßordnungen (Einf. Ges. § 14 zur ZPO., § 6 zur StPO., § 4 zur KO.) außer Kraft gesetzt worden seien; denn auch die Ordnungsstrafbestimmungen seien eigentlich prozeßrechtliche Vorschriften, welche nur aus dem rein äußerlichen Grunde, weil bei ihnen ein Unterschied zwischen Zivil- und Strafverfahren nicht zu machen sei, nicht in den Prozeßordnungen, sondern in dem GVG. unter dem Titel „Sitzungspolizei" ihre reichsgesetzliche Regelung erfahren hätten.

Die von Heuer für seine gegenteilige Ansicht herangezogene Erklärung in den Motiven zum GVG., daß durch die Bestimmungen des Entwurfs die Disziplinarvorschriften der Anwaltsordnungen und der sonstigen Disziplinargesetze hinsichtlich der Ahndung ungebührlichen Verhaltens nicht beseitigt werden, würde danach mit Wendler a. a. O. gar nicht auf die eigentlichen Ordnungsstrafvorschriften des Landesrechts, sondern lediglich auf die davon wesentlich verschiedenen Vorschriften über die Regelung des administrativen Disziplinarverfahrens gegenüber Anwälten usw. zu beziehen sein, eine Materie, die hinsichtlich der Anwälte erst durch die nachfolgende Rechtsanwaltsordnung ihre reichsgesetzliche Regelung fand. Ueber diese Unterscheidung siehe auch Porzig in der DJZtg. 1904 S. 108; im allgemeinen vgl. auch Staub daselbst 1903 S. 191.

Soviel ersichtlich, steht aber auch die Literatur, soweit sie im übrigen den Gerichten auch eine Ordnungsstrafgewalt gegenüber ungebührlichen Ausdrücken in an das Gericht eingereichten Schriftsätzen zuerkennt, doch auf dem Standpunkte, daß jedenfalls gegenüber Rechtsanwälten mit Rücksicht auf die Motive zur RAO. (S. 77) nur der § 62 RAO. zur Anwendung zu bringen sei (vgl. Planck, I S. 133 Anm. 4; Gaupp-Stein, Vorbem. III. 2 zum III. Abs. I Buchs ZPO.).

Hiernach erübrigt es, auf die VO. vom 25. Sept. 1878 einzugehen und zu untersuchen, in welchem Verhältnis sie zu den Bestimmungen des gemeinen Rechts (hierüber außer Porzig a. a. O. Wetzel, System des ZP. § 8 S. 49 ff., § 48 S. 545 ff.; Renaud, Lehrbuch S. 477 ff.) steht, ob insbesondere ihre Androhung von Suspension, Kassation, auch nach Befinden empfindlichen Leibesstrafen (!) und fiskalischer Beahndung die Auffassung gestattet, es sei dem Gerichte damit auch eine Ordnungsstrafgewalt im Gegensatz zu der Disziplinargewalt im administrativen Sinne gewährt.

Ist doch nach gemeinem Recht (vgl. Wetzel a. a. O.) das gegen Ungebühr bei Führung eines einzelnen Prozesses einschreitende Gericht der Hauptsache nicht befugt, bis zur Absetzung oder auch nur temporären Suspension zu gehen, während die auf der administrativen Disziplinargewalt über die Anwälte beruhende Ahndungsbefugnis der Obergerichte bei Ungehörigkeiten — mögen sie auch in Beziehung zu einem solchen Prozeß stehen — von weiterer Bedeutung, die die sittliche Qualifikation des Anwaltes im allgemeinen verdächtigen, dieser Beschränkung nicht unterliegt (siehe auch Porzig a. a. O.).

Zu einer anderen Auffassung der Sache kann auch nicht die Tatsache führen, daß nach Art. 81 der Kreis- und ProvinzialO. der Kreisrat gegen denjenigen, welcher in schriftlichen Eingaben den bei solchen Verhandlungen zu beobachtenden Anstand verletzt, außer der Zurückweisung der Eingaben zur Bereinigung nach Umständen Ordnungsstrafen erkennen kann.

Beschl. LG. Dstdt. ZK. I v. 16. Febr. 1905 T 44/05.

H.

7. Kreditgefährdung nach § 183 StGB.; Schutz des § 193.

Die Berufung des Angekl. W., der durch Urteil des Schöffengerichts zu einer Geldstrafe von 30 M. verurteilt worden ist, wurde durch Urteil der Strafk. zu D. vom 29. Sept. 1904 verworfen.

Der Angekl. W. ist als Schneider bei der Firma L. & K. beschäftigt. Teilhaber dieser Firma war früher der Privatkl. L. Dieser schuldet dem jetzigen Inhaber der Firma K. noch einen Geldbetrag von 900—1000 M. Er ist deshalb im Juli 1903 durch zwei Versäumnisurteile zur Zahlung von 500 M. und von 435,54 M. an K. verurteilt worden. Die Zwangsvollstreckung führte zu keinem hinreichenden Resultat. Nachdem K. schon anfangs Dez. 1903 den G. — Mitangeklagten und -verurteilten — zu dem Vermieter des Privatkl., dem Zeugen B., bei welchem dieser wohnt, geschickt hatte, um über dessen Verhältnisse näheres zu erfahren, schickte er Ende Febr. 1904 den Angekl. W. hin, um nähere Auskunft über die Vermögenslage des Privatkl. zu erhalten. W. gab dabei dem B. an, er sei Schneider in F., Privatkläger schulde ihm 300 M., er (W.) könne zu seinem Gelde nicht gelangen, obgleich er dasselbe nötig habe, B. möge ihm über die Mietverhältnisse des Privatkl. Auskunft geben.

Sämtliche tatsächlichen Mitteilungen des W. waren falsch, er war weder von F. geschickt noch stand ihm eine Forderung an den Privatkläger zu. W. wußte dies auch ganz genau. Die Behauptung der Tatsachen, daß Privatkläger ihm noch 300 M. schulde und daß er (W.) nicht zu seinem Gelde kommen könne, ist zweifellos geeignet, den Kredit des Privatklägers zu gefährden. Daran ändert nichts die Tatsache, daß Privatkl. dem K. eine größere Summe schuldig war und daß dieser bis dahin seine Forderung nicht hatte realisieren können.

Denn wenn ein Schuldner auch einmal in die Lage kommt, einen Gläubiger nicht befriedigen zu können, so ist deshalb nicht sein ganzer Kredit geschwunden. Im gegebenen Falle aber hatte der Privatkl. das größte Interesse daran, daß ihm nicht der Rest seines Kredites bei dem Hausherrn, bei dem er zur Miete wohnte, genommen werde. Dies war aber zu befürchten, wenn alle paar Monate ein angeblicher Gläubiger des Privatkl. erschien und dem Vermieter des letzteren unwahre Angaben über dessen Schuldner machte. Daß W. bei seiner Mitteilung in gutem Glauben handelte, kann nicht angenommen werden, da er wie erwähnt wußte, daß seine Angaben falsch waren und da, wenn auch dieses Verfahren schon von anderen Gläubigern angewandt worden ist, nicht gesagt werden kann, daß es deshalb erlaubt ist und für allgemein erlaubt gehalten wird.

Der Angekl. mußte wie jeder anständig denkende Mann, daß man über seine Nebenmenschen keine falschen Angaben, welche für deren Kredit schädlich sein können, verbreiten darf. Daß auch dem Beschuldigten der Schutz des § 193 StGB. nicht zugebilligt werden kann, ist von dem Vorderrichter in zutreffender Weise ausgeführt. Ein Recht auf Lüge will auch § 193 StGB. nicht statuieren. Die Fälle des § 187 StGB. müssen ganz besonders gelagert sein, wenn man bei einer solchen Beleidigung sagen will, daß die üble Nachrede zur Wahrnehmung berechtigter Interessen verbreitet worden sei. Bei den Mitteilungen des W. kann davon nicht die Rede sein, zumal dieser oder vielmehr sein Auftraggeber K. auch auf andere Weise zu seinem Ziel hätte gelangen können. Deshalb war die Berufung zu verwerfen.

Entsch. LG. D. StK. I v. 29. Sept. 1904 P 65. 04.

Sspn., GrAss.

---

8. Begriff der „Straße". Baupolizeiliche Genehmigungspflicht. Strafrechtliche Verantwortlichkeit des Bauhandwerkers.

Gegen den Bauherrn D. und den Maurermeister K., den Zimmermeister B. und den Spenglermeister S. erging auf Grund des § 367 Ziff. 15 StGB., Art. 132 PolStGB., §§ 1[3], 2 und 9 der BaupolizeiVO. vom 7. Juli 1895 für die Stadt Alsfeld Strafbefehl, weil — wie nicht bestritten wurde — D. als Bauherr und K., B. und S. als Bauhandwerker für D. an einer in den genehmigten Bauplan aufgenommenen öffentlichen Straße eine Mauer und ein Gebäude (einen Holzschuppen ohne Feuerungsanlage) errichtet hatten, ohn hierzu kreisamtliche Genehmigung eingeholt zu haben.

Die Beschuldigten erhoben Einspruch. Sie behaupten, das schmale, nicht gepflasterte Gäßchen könne nicht als öffentliche Straße im Sinne der AllgBO. (Art. 64) aufgefaßt werden; es entspreche nicht den Vorschriften, die die Bauordnung für „Straßen" getroffen habe (z. B. in Art. 10[3], 19[3], 11); es erfülle nicht den Zweck der „Straße", diene nicht dem öffentlichen Verkehr für Fuhrwerke und sei nicht dazu bestimmt, mit Häusern besetzt zu werden. Eine kreisamtliche Genehmigung sei daher nicht erforderlich gewesen. S. zog außerdem in Zweifel, ob er überhaupt als „Bauhandwerker" im Sinne von § 367[15] StGB. zu betrachten sei.

Das Schöffengericht sprach alle Angekl. frei, indem es sich diesen Ausführungen anschloß. Die Strafk. verurteilte auf Berufung die Angeklagten aufgrund des § 367 Ziff. 15 StGB. aus folgenden Gründen:

Das fragliche Gäßchen hat eine Breite von 0,85 m bis 1½ m, steht im Eigentum der Stadt Alsfeld und ist mit einer Breite von 3 m in den Ortsbauplan von Alsfeld unter Festsetzung einer Baufluchtlinie aufgenommen. . . . . Die ABO. verlangt Genehmigung des Kreisamts für jeden Bau eines Gebäudes, welches an einer bestehenden oder einer in den genehmigten Bauplan eines Ortes aufgenommenen öffentlichen Straße neu ausgeführt werden soll. Entscheidend ist hier vor allem, den Begriff der öffentlichen Straße im Sinne der ABO. festzustellen, und das Gericht erachtet als solche, das Gelände, welches von einer Gemeinde als Verkehrsweg in den Ortsbauplan aufgenommen worden ist, einerlei ob es für die Bebauung freigegeben ist oder nur durch Aufnahme in den Bauplan als zukünftiger öffentlicher Verkehrsweg vorgesehen ist; der Gesetzgeber will also allgemein für alle an ausgeführten und für die Zukunft vorgesehenen öffentlichen Straßen — an letzteren, sobald sie in den Ortsbauplan aufgenommen sind, — eine willkürliche Aufführung von Bauten hindern, um im Interesse der geregelten Bebauung eines Ortes zu ermöglichen, daß alle Neubauten an den Baufluchtlinien den sonstigen Vorschriften entsprechend aufgeführt werden. Wollte man an noch nicht ausgebauten Straßen, bei denen nur die Baufluchtlinien festgesetzt sind, den Anliegern gestatten, nach Belieben zu bauen, so würde hierdurch der eigentliche Zweck der Festsetzung einer Baufluchtlinie vereitelt und der Gemeinde unmöglich gemacht, einen neuen Bauplan durchzuführen und öffentliche Wege nach einem festen Plane auszugestalten. Entscheidend ist also für die vorliegende Frage die Tatsache, daß das fragliche Gäßchen als öffentliche Straße in den Bauplan von Alsfeld aufgenommen und hiernach mit einer Baufluchtlinie versehen ist; gleichgültig ist, ob es nach dem Stadtbauplane eine geringere Breite haben wird, als dies sonst nach den Sollvorschriften der ABO. für öffentliche Straßen in einer Stadt vorgesehen ist. Nicht minder ist es gleichgültig, ob auf jenem Gäßchen ein Fuhrverkehr möglich ist oder nicht. Auch hat das Gericht nicht die Frage zu prüfen, ob die geplante Anlage zweckmäßig sei oder nicht. Dies ist einzig und allein Aufgabe der Verwaltungsbehörde, und Einsprüche gegen die Anlage sind im ordentlichen Verwaltungsstreitverfahren zu erledigen; keinesfalls steht den Gerichten ein Urteil in diesen Fragen zu. D. war also weder berechtigt, ein Gebäude noch eine Mauer wie geschehen ohne Genehmigung des Kreisamts auszuführen; er erscheint sonach, ebenso wie die angeklagten Bauhandwerker, strafbar; denn alle haben an dem Rohbau Teil genommen, der nur durch ihre Mitwirkung aufzuführen war. Dies gilt speziell auch bezüglich des Spenglers, der die Dachkandel hergestellt hat, und es ist für den Begriff eines Bauhandwerkers gleichgültig, welchen Umfang und welche Bedeutung seine Arbeit für den Neubau hat.

Urt. LG. Gießen Strafk. v. 7. Nov. 1904 O 22/05.

GAss. Traber.

Kosten und Gebühren.

9. Förmlichkeiten beim Antrag auf Kostenfestsetzung. Notwendigkeit eigenhändiger Unterschrift des Gesuchs.

Den in der Entscheidung Jahrg. VI S. 5 Nr. 5 vertretenen Standpunkt hat das LG. wieder aufgegeben, und es hat neuerlich gegenteilig erkannt, indem es ausführt:

Das LG. hat die Festsetzung der Kosten abgelehnt, weil das Gesuch nicht handschriftlich unterschrieben, sondern mit einem den Namenszug des Anwalts enthaltenden Stempel unterstempelt ist. In den Sachen T 28/04 und T 296/04 hat das BeschwG. entschieden, daß Unterstempelung des Gesuchs ausreichend sei. Diese Ansicht kann jedoch bei wiederholter Prüfung nicht aufrecht erhalten werden. Das RG. hat bereits in der Entscheidung Seuffert's A. 48 Nr. 286 den Grundsatz aufgestellt, daß ebenso wie Klage und Rechtsmittelschriften, durch welche Prozeßhandlungen gegenüber der Partei vorgenommen werden, der Unterschrift bedürfen, auch die Beschwerde, durch welche eine Prozeßhandlung gegenüber dem Gericht vollzogen würde, unterschrieben sein müsse; lediglich durch die Unterschrift würde zum klaren Ausdruck gebracht, daß das Gesuch dem Willen des betreibenden Teiles entspreche. Nur aus der handschriftlichen Unterschrift läßt sich aber jener Wille mit Sicherheit erkennen und beurteilen, ob der, welcher zu unterschreiben hat, in der Tat persönlich seine Unterschrift abgegeben hat. Daraus folgt aber weiter, daß in Fällen notwendiger Unterschrift nur eine handschriftliche zulässig ist (RG. in Seuffert's A. 57 Nr. 50*), OLGRspr. 7 S. 340). Das Gesuch um Kostenfestsetzung bildet die Einleitung des einen Teil des Gesamtverfahrens bildenden Kostenfestsetzungsverfahrens; es enthält das Gesuch an den Richter, eine Entscheidung über die Höhe der dem Antragsteller erwachsenen Prozeßkosten zu treffen, ist also zweifellos ebenfalls eine Handlung, welche zu prozessualen Zwecken gegenüber dem Gerichte vorgenommen wird, eine Prozeßhandlung. Die Beschw. war daher zurückzuweisen.

Beschl. LG. Dstdt., ZK. I v. 18. Nov. 1904 T 432/04.**)

G.

*) Auch Entsch. 46 S. 375, DJZ. 1900 S. 422 Nr. 60.

**) Die weitere Beschw. gegen den Beschl. des LG. ist als unzulässig verworfen.

Justizverwaltung.

Aufsichtsrecht des Vormundschaftsgerichts.

Ein rheinhess. Amtsgericht gab in einer an Großh. JzMin. gerichteten Eingabe der Erwägung Raum, ob es nicht angezeigt erscheine, die Gr. Notare anzuweisen, dem Vormundschaftsgericht von jeder durch sie vermittelten Vereinnahmung einer Forderung, die einem unter elterlicher Gewalt stehenden Kinde zustehe, Anzeige zu machen. Das AG. war hierbei von dem Gedanken ausgegangen, daß in den meisten Fällen die Sicherstellung der Mündelansprüche aus dem Grunde nicht erfolgen könne, weil das Vormundschaftsgericht keine Kenntnis von der Vereinnahmung der betr. Gelder erhalte.

Zu dieser Frage hat Gr. JzMin. durch Verfügung vom 3. März 1905 in folgender Weise Stellung genommen:*)

Der Inhaber der elterlichen Gewalt ist nach dem BGB. nicht der ständigen Aufsicht des Vormundschaftsgerichts und den der Durchführung dieser Aufsicht dienenden, den Vormund beschränkenden Bestimmungen (s. insbesondere die §§ 1837, 1839, 1840 BGB.) nicht unterworfen. Den Standpunkt des c. c. nach welchem mit dem Tode der Mutter die väterliche Gewalt sich in eine gesetzliche Vormundschaft verwandelt und der Vater von da an im wesentlichen wie ein anderer Vormund der Aufsicht eines Gegenvormunds und des Familienrats unterworfen wird, hat das BGB. ausdrücklich abgelehnt, weil der natürlichen Stellung des Inhabers der elterlichen Gewalt und den Anschauungen des deutschen Volkes widersprechend und die Autorität des Gewalthabers gegenüber dem Kinde schädigend (siehe Motive z. E. I. BGB. Bd. IV S. 724). Dem Vormundschaftsgericht steht nach dem BGB. gegenüber dem Inhaber der elterlichen Gewalt nur in einzelnen bestimmten Beziehungen und nur unter gewissen Voraussetzungen ein Aufsichtsrecht zu (s. §§ 1665—1675 BGB.).

Diese Aufsicht ist sonach nicht als eine regelmäßige, organisierte und präventive, sondern als eine nur in Veranlassung besonderer Umstände wirksam werdende gestaltet (s. Seite 802 a. a. O.). Es darf demgemäß das Vormundschaftsgericht den Inhaber der elterlichen Gewalt nicht zu dem Zwecke überwachen, um einer etwaigen Aufsichtspflicht zu genügen; nur wenn das Vormundschaftsgericht von einer die Ausübung des Aufsichtsrechts rechtfertigenden Pflichtwidrigkeit erfährt, soll es einschreiten. In dieser Beziehung gilt dasselbe, was Planck in Anm. 1 zu § 1675 BGB. in Ansehung der Anzeigepflicht des Gemeindewaisenrats bemerkt. Hieraus ergibt sich aber, daß der Inhaber der elterlichen Gewalt, wenn ihn das Vormundschaftsgericht auf Grund der ihm vom Notar gewordenen Mitteilung in Ansehung der mündelsicheren Anlegung der vereinnahmten Gelder durch Anfragen oder in sonstiger Weise überwachen wollte, dem Vormundschaftsgericht mit Recht entgegnen könnte, daß er dem Gericht keine Auskunft zu geben habe, da er einer Ueberwachung durch das Gericht nicht unterstehe. Demgegenüber wäre das Vormundschaftsgericht machtlos, da eine dem § 1839 BGB.

*) Vgl. III Nr. 24 S. 188 (Sprechsaal) dieser Zeitschrift. D. Red.

entsprechende Vorschrift, wonach das Vormundschaftsgericht verpflichtet ist, dem Gerichte über die Vermögensverwaltung jederzeit Auskunft zu geben, bezüglich des Inhabers der elterlichen Gewalt nicht besteht.

W. J.

Sprechsaal.

Zu der **Entscheidung** in VI Nr. 4 Seite 29 Ziffer 8 d. Ztschr. sei darauf aufmerksam gemacht, daß durch JzMin.-Amtsbl. 1/1905 die im Amtsbl. 3/1903 (nicht 1904!) gewährte Vergünstigung der Ermäßigung des Hypothekenstempels bei Umwandelung eines kündbaren hypothekarischen Darlehens in ein unkündbares Amortisationsdarlehen der Landes-Hypothekenbank auch in allen denjenigen Fällen eintreten soll, in denen eine kündbare oder in Terminen zu tilgende auf einem Grundstück lastende Forderung in ein unkündbares hypothekarisches Tilgungsdarlehen umgewandelt wird. Sonach würde auf Grund dieses Amtsblattes auch bei Kaufschillingsforderungen, Herauszahlungen u. s. w. die gleiche Vergünstigung wie bei kündbaren Hypotheken einzutreten haben.

Dr. W.

Literatur.

Scherer, M., Dr., RA. am RG.: **Die fünf ersten Jahre des BGB.** (O. Wigand, Leipzig, 1068 und 149 S.). In weiterem Ausbau seiner bisher regelmäßig erschienenen Jahressammlungen (I. bis IV. Jahr von 1900 bis Ende 1903) aus Rechtsprechung und Theorie hat der emsige Verf. nun den ganzen Stoff bis Ende 1904 in zwei stattliche Bände verarbeitet. Ueberall wird gleichzeitig auf die früheren Bände verwiesen. Die Vorzüge der Zusammenstellungen des Verfassers, die Zweckmäßigkeit seines subtilen Inhaltsverzeichnisses sind früher wiederholt an dieser Stelle gewürdigt worden, und es erübrigt nur die Bemerkung, daß das neue Werk Scherer's, indem es alles für den Praktiker Erhebliche in einer durch sorgfältigen Tatbestand zur Nachprüfung meist ausreichenden Form zusammenträgt, eine kleine Handbibliothek ersetzt. Unter den stetig sich vermehrenden Sammlungen ähnlicher Art behauptet die vorliegende nach wie vor einen ehrenvollen Platz.

K

Reissenegger-Schmidt, v.: Gerichtskosten-Gesetz nebst GebO. für Gerichtsvollz., Zeugen und Sachv. (C. H. Beck, München. 286 S. Geb. Mk. 2.40). Diese Handausgabe (mit Erläuterungen, Tarif, Anhang und Sachregister) ist als 3. Auflage durch RegR. Schmidt bearbeitet und zwar in der bekannten Weise der übrigen roten Oktavausgaben des Beck'schen Verlages. Leichte Orientierung, guter Druck und Anführung der wichtigsten Rechtsprechung empfehlen das Büchlein ohne weiteres.

X.

Lucas, H., Dr., Wirkl. Geh. OJR., Min.-Dir.: **Anleitung zur strafrechtlichen Praxis** (O. Liebmann, Berlin. 444 S. Geb. Mk. 9.—). Der I. Teil (formelles Strafrecht) dieses Buches ist rasch bereits in 2. Auflage erschienen. Seine Vortrefflichkeit ist in III Nr. 10 11 S. 84 d. Ztschr. gebührend gewürdigt worden, sodaß auf das dort Gesagte, inzwischen durch den Erfolg Bestätigte verwiesen werden darf. Die 2. Auflage ist durch je einen Abschnitt über Privatklage und Nebenklage vermehrt worden.

K.

☞ Der heutigen Nummer liegt der Bericht des Vorstands über die Hauptversammlung vom 27. Mai l. J. bei.

Die von der Firma Max Kornicker, Lindner's Nachf. in Breslau in den Handel gebrachten **Eagle Brand Indelible** — Schreibmaschinen-Farbbänder — sind auf Grund des Ergebnisses der amtlichen Prüfung des Kgl. preuß. Materialprüfungsamtes v. 25 2. 05 als zur Herstellung von Urkunden geeignet befunden und dementsprechend durch Verfügung des Kgl. preuß. Justizministeriums vom 23. 3. 06 für den Gebrauch der Gerichte und Notare zu amtlichen Zwecken zugelassen worden.

Anzeigen.

Für die Re[illegible]lich: Oberlandesgerichtsrat Keller in Darmstadt. — Verlag von J. Diemer in Mainz. — Druck von G. Otto's Hof-Buchdruckerei in Darmstadt.

Herausgegeben

auf Veranlassung des **Richter-Vereins** unter Mitwirkung der **Hessischen Anwaltskammer**

von Oberlandesgerichtsrat **Keller** in Darmstadt, Landgerichtsrat **Dr. Buff** in Darmstadt,

Landgerichtsrat **Hess** in Mainz, Landgerichtsrat **Praetorius** in Gießen, Landgerichtsrat **Dr. Schwarz** in Darmstadt.

Erscheint monatlich zwei Mal
Preis Mk. 7.12 jährlich
mit postfreier Zustellung.

Bestellungen nehmen die Expedition in Mainz, die Postanstalten sowie sämtliche Buchhandlungen entgegen.

Einrückungs-Gebühr die dreispaltige Zeile oder deren Raum 30 Pfg.

Nr. 7. Vom Deutschen Juristentag angenommene Zitierweise: HessRspr.

6. Jahrgang.

Redaktion:
Darmstadt, Heinrichsstraße 5.

Mainz, 1. Juli 1905.

Verlag und Expedition:
J. Diemer, Mainz.

Entscheidungen des Großh. Oberlandesgerichts.

Zivilrecht. — Zivilprozeß.

1. Klagezurücknahme ohne die erforderliche Zustimmung des Beklagten; rechtliche Natur des daraufhin erlassenen die Klage abweisenden Urteils.

Kl. erhob Klage bei dem LG. zu G. auf Zahlung von 712 M. Im ersten Verhandlungstermin vom 23. Sept. reduzierte er den Klageanspruch um 440 M. und beantragte Verurteilung des Bekl. zur Zahlung von 302 M.; Bekl. beantragte Klageabweisung.

Im Termin vom 14. Okt. erschienen beide Anwälte; der Kl. erklärte, daß er die Klage zurücknehme. Bekl. beantragte bezüglich des Restbetrags Klageabweisung und Verurteilung des Kl. in sämtliche Kosten; es erging daraufhin Urteil: „Die Klage wird in Höhe des Restbetrags von 302 M. abgewiesen und Kl. in sämtliche Kosten des Rechtsstreits verurteilt." Zum Zwecke der Feststellung der Rechtskraft dieses Urteils richtete der Bekl. einen Schriftsatz an das LG.; die hierdurch erwachsenen Kosten im Betrag von 0,45 M. wurden im Kostenfestsetzungsbeschl. vom LG. gestrichen; der hiergegen vom Bekl. verfolgten sof. Beschw. wurde stattgegeben aus folgenden Gründen:

Das die Klage abweisende Urteil ist wenigstens in der Hauptsache Vers.-Urt. In der mündlichen Verhandlung vom genannten Tage hat der Kl. lediglich erklärt, daß er die Klage auch in dem Restbetrag von 302 M., insoweit er die Klageforderung bis dahin überhaupt noch aufrecht erhalten hatte, zurücknehme. Diese Zurücknahme der Klage war damals aber ohne Einwilligung des Bekl. nicht mehr zulässig; denn Bekl. hatte bereits in dem vorderen Termin vom 23. Sept. zur Hauptsache mündlich verhandelt; für den Ausschluß der ohne Einwilligung des Bekl. erfolgenden einseitigen Klagerücknahme ist aber maßgebend, ob Bekl. in dem ersten Termine zur Hauptsache mündlich verhandelt hat (Gaupp-Stein, ZPO. § 271 Bem. II 2). Einwilligung zur Zurücknahme der Klage im Restbetrag von 302 M., wie solche im Verhandlungstermin vom 14. Okt. seitens des Kl. erklärt wurde, hat Bekl. aber **nicht erteilt. Dies nimmt das Urteil vom** 14. **Okt. 1904 ausweislich seiner Gründe ebenfalls an, indem es die Versagung solcher Einwilligung seitens des Bekl. darin findet, daß dieser die Abweisung der Klage beantragte. Der Kl. hat nun aber, nachdem er im Verhandlungstermin vom 14. Okt. eine Erklärung abgegeben, wonach er die Klage auch in ihrem Restbetrage zurücknehme (welcher Klagezurücknahme nach dem Gesagten rechtliche Wirkung nicht zukommt), zur Sache nicht weiter verhandelt. Für die Frage, ob er zur Sache verhandelte, ist nur das, was in dem Verhandlungstermin vom 14. Okt. vorgekommen ist, maßgebend. Das folgt aus § 332 ZPO. (Gaupp-Stein, § 332 Bem. I bei Note 1; Petersen-Anger, ZPO § 332 Bem. 1).**

Da sonach im Verhandlungstermin vom 14. Okt. Kl. zwar erschienen war, aber nicht verhandelt hat, ist er nach § 333 ZPO. als nicht erschienen anzusehen, und das Urteil erscheint als ein nach § 330 a. a. O. ergangenes Vers.-Urt.

Danach war zur Feststellung der Rechtskraft des Urteils, das als Vers.-Urt. dem Einspruch unterliegt, die von dem Vorderrichter beanstandete Eingabe des bekl. Anwalts an die Gerichtsschreiberei des LG. veranlaßt, und die daraus erwachsenen Kosten waren dem Bekl. zuzubilligen.

Beschl. OLG. I. ZS. v. 17. Jan. 1905 W 11/05.

Lk.

2. Anspruch auf Erstattung der Transportkosten für die nach § 1361 BGB. herausgegebenen, nach dem neuen Wohnsitz des weigerungsberechtigten Ehegatten verbrachten Mobilien.

Die Eheleute G. wohnten seit kurzem in S. Die Ehefrau war berechtigt, die Herstellung des ehelichen Lebens zu verweigern, und erwirkte einstw. Verf. auf Grund des § 1361 BGB., wonach ihr die zur Führung eines abgesonderten Haushalts erforderlichen Sachen herauszugeben waren. Sie reiste inzwischen zu ihrer Mutter nach Berlin und ließ dorthin die Möbel nachsenden. Sie verlangt nunmehr von dem inzwischen geschiedenen Ehemann Ersatz der Transportkosten für diese Möbel. Der Anspruch wurde abgewiesen.

Aus den Gründen:

Bis zur rechtskräftigen Scheidung der Ehe war der Bekl. Verwalter und Nutznießer des eingebrachten Gutes seiner Ehefrau. Mit Recht, hat er deshalb auch

bei seinem Ueberzug nach S. die zu diesem eingebrachten Gute gehörigen Möbel mit sich genommen und es kommt nicht darauf an, ob vielleicht seine dienstliche Versetzung nach S. durch sein eigenes Verhalten veranlaßt worden ist. Ebensowenig kommt in Betracht, daß zur Zeit des Ueberzugs nach S. schon der Anspruch der Kl. auf Scheidung der Ehe begründet war. Jedenfalls liegen die Voraussetzungen des § 1361 BGB. erst dann vor, wenn die Ehegatten getrennt leben und einer von ihnen die Herstellung des ehelichen Lebens verweigern darf. Die Trennung der Ehegatten fand aber erst zu einer Zeit statt, als das eheliche Domizil in S. war. An diesem Domizil hatte der Bekl. gemäß § 1361 BGB. die zum Getrenntleben der Ehefrau erforderlichen Mobilien herauszugeben und dieser Verpflichtung ist er nachgekommen. Der erste Richter kommt nun trotzdem zu einer Verurteilung des Bekl., indem er ausführt: „Die Kl. sei berechtigt gewesen, die eheliche Wohnung mit den ihr herauszugebenden Sachen zu verlassen und eine besondere Wohnung zu nehmen. Wenn sie unter den obwaltenden Verhältnissen S. verlassen habe und in ihre Heimat zurückgekehrt sei, so erscheine der Bekl. nach allgemeinen Rechtsgrundsätzen gehalten, die durch sein widerrechtliches, die ehelichen Pflichten verletzendes Verhalten entstandenen Aufwendungen zu ersetzen." An welche allgemeinen Rechtsgrundsätze der erste Richter hier gedacht hat, ist nicht ersichtlich. Es mag zugegeben werden, daß die Kl. nach der Trennung von ihrem Ehemann nicht gut in S. wohnen bleiben konnte und daß es für sie das Nächstliegende und Natürlichste war, nach B., ihrer Heimat, wo ihre Mutter wohnt, zurückzukehren. Es ist auch richtig, daß der Bekl. durch sein Verhalten die tatsächliche Trennung von seiner Frau und die spätere Scheidung der Ehe verschuldet hat. Die Folgen hiervon sind jedoch im § 1361 BGB. deutlich begrenzt: der Ehemann hat der Ehefrau Unterhalt durch Entrichtung einer Geldrente zu gewähren und ihr die zur Führung eines abgesonderten Haushalts erforderlichen Sachen herauszugeben. Hätte die Kl. seiner Zeit bei ihrem Antrag auf Erlaß einer einstw. Verf. darauf hingewiesen, daß sie vernünftiger Weise nach B. zurückkehren werde und daß ihr durch den Rücktransport der Möbel größere Kosten erwachsen würden, so hätte hierauf wohl bei Festsetzung der Unterhaltsrente Rücksicht genommen und diese aus Billigkeit entsprechend höher bemessen werden können. Das ist aber nicht geschehen und es fehlt an jeder rechtlichen Grundlage für den erhobenen Ersatzanspruch.

Urt. OLG. II. ZS. v. 20. Jan. 1905 U 37/03. F.

Kosten und Gebühren.

8. Stempelpflicht bei Ueberschreibung von Fideikommißgrundstücken im Anlegungsverfahren. Kein Stempelzuschlag.

Der Bevollmächtigte des derzeitigen Administrators des Freiherrl. v. W'schen Familienfideikommisses hatte bei dem AG. F. im Verfahren wegen Anlegung des Grundbuchs in der Gemarkung B. den Antrag gestellt, sämtliche zum v. W'schen Familienfideikommißgute gehörigen Grundstücke, die im bisherigen Grundbuch noch auf den Namen eines früheren, verstorbenen Fideikommißinhabers eingetragen waren, in dem neuen Grundbuch auf den Namen des derzeitigen Inhabers einzutragen. Das AG. F. hatte Stempel nach Tarif-Nr. 29, 46 UrkStGes. und Zuschlagsgebühr, gemäß Art. 41 UrkStGes. angefordert. Die dagegen an das LG. D. verfolgte Beschw. war zunächst ganz verworfen, sodann aber durch einen vor Einlegung der weiteren Beschw. ergangenen nachträglichen Beschluß insoweit für begründet erklärt worden, als sie sich auf den Stempelzuschlag bezog, indem ausgesprochen wurde, daß dieser Stempelzuschlag in Wegfall zu kommen habe. Gegen den ersten Beschluß des LG. wurde Beschw. an das OLG. verfolgt und darin, wie auch in der ersten Beschw. schon, betont, daß der Stempelzuschlag jedenfalls nicht zu erheben sei.

Die gemäß Art. 27 Abs. 4 UrkStGes. zulässige Beschw. wurde vom OLG. zurückgewiesen.

Aus den Gründen:

Die Beschw. erscheint insoweit begründet, als sie sich auf den vom AG. angesetzten Stempelzuschlag in Höhe der Notariatsgebühr bezieht. Dieser ist nicht anzusetzen, weil es sich um die Verstempelung einer Eintragung in das Grundbuch handelt, für die das AG. ausschließlich zuständig ist, nicht aber um ein Rechtsgeschäft, das auch von einem Notar beurkundet werden kann, für das also die in Art. 41 UrkStGes. für den Ansatz des Stempelzuschlags verlangte Voraussetzung nicht vorliegt (Best, Bd. V Note 5 zu Art. 41, Amtsbl. Nr. 16 v. 1903). Das LG. hat durch den angefochtenen Beschl. die gegen den Stempelansatz des AG. verfolgte Beschw. gänzlich abgewiesen; es würde also bezüglich der Zuschlagsgebühr eine Gesetzesverletzung gegeben sein. Allein der Beschl. v. 7. Febr. 1905 ist in dieser Beziehung durch den vom 27. Febr. berichtigt und in letzterem ausgesprochen worden, daß der Stempelzuschlag in Wegfall zu kommen habe. Es erscheint dies zulässig, da zur Zeit des Erlasses des letzten Beschlusses die Beschw. hierher noch nicht eingelegt war, und ebenso wie die ansetzende Behörde vor Einlegung der Beschw. zur Abänderung des Stempelansatzes, auch das Beschwerdegericht vor Einlegung der weiteren Beschw. zur Berichtigung seines Beschl. befugt erscheint (Best, Art. 28, Note 4 UrkStGes.). Die Beschw. ist also in diesem Punkte erledigt und gegenstandslos.

In ihrer weiteren Richtung ist sie unbegründet. Bereits durch die seitherige Grundbuchgesetzgebung war es vorgeschrieben, daß der Wechsel im Besitze eines Familienfideikommißgutes in den öffentlichen Büchern gewahrt werde. So ist im Abs. 3 des Art. 17 der VO. v. 23. Jan. 1844, die Fortführung der Grundbücher betr., angeordnet, daß der jeweilige Besitzer eines Familienfideikommisses in eine besondere zum Grundbuch zu führende Uebersicht einzutragen ist. In § 11 der Instr. zum IngrossGes. ist weiter vorgeschrieben, daß der Wechsel des jeweiligen Fideikommißbesitzers, der in der Uebersicht, die einen Teil des Grundbuchs bildet, zu wahren ist, durch einen auf gerichtliche Verfügung sich stützenden Eintrag in das Mutationsverzeichnis vermittelt werden müsse. Hiernach sollte der Wechsel im Besitze eines Familienfideikommisses durch Eintrag des neuen Besitzers im Grundbuch bezw. in der einen Teil desselben bildenden Uebersicht gewahrt werden. Es kann nicht zweifelhaft sein, daß der Uebergang des Besitzes des Familienfideikommisses von einer Person auf eine andere sich als ein Rechtsübergang darstellt, es wurde also mit dem Eintrag des neuen Besitzers in das

als ein Rechtsübergang darstellt; es wurde

gang gewahrt. Die vom Gericht auszustellende Urkunde, auf Grund deren die Ueberschreibung erfolgen konnte, war stempelpflichtig nach Ziffer 1a und 28 des Stempeltarifs vom 18. Januar 1882 / 23. Juli 1890, weil es sich um eine Urkunde über einen in das Mutationsverzeichnis einzutragenden Besitzwechsel handelte (Entsch. OLG. v. 9. März 1900 W 22/00). Wenn nun in dem seitherigen Grundbuch bezw. der Uebersicht dazu der derzeitige Inhaber des Familienfideikommisses noch nicht eingetragen ist, vielmehr noch sein Rechtsvorgänger im Besitz, offenbar weil ein Antrag auf Ueberschreibung seither nicht gestellt war, so kann im Anlegungsverfahren in das neue Grundbuch nur der in das alte eingetragene frühere Fideikommißinhaber übernommen werden, wenn ein Antrng auf Eintragung des jetzigen nicht eingetragenen Besitzers nicht gestellt wird (Entsch. OLG. v. 10. März 1905 W 42/05).*) Wird dieser Antrag aber, wie hier, gestellt, und daraufhin im Anlegungsverfahren die Eintragung des derzeitigen Inhabers in das neue Grundbuch angeordnet, so steht die Eintragung eines Uebergangs von Rechten an Grundstücken, eine Veränderung in den Rechtsverhältnissen solcher in Frage; denn der derzeitige Inhaber wird lediglich in seiner Eigenschaft als Rechtsnachfolger des früheren, eingetragenen Inhabers des Fideikommißgutes in das neue Grundbuch eingetragen. Die Eintragung findet nicht etwa nur deshalb statt, weil der Gesetzgeber jetzt eine andere rechtliche Auffassung über die Eigentumsverhältnisse an Familienfideikommissen hat, in Folge deren nun der jeweilige Inhaber an Stelle der Familie als Eigentümer des Fideikommißgutes zu betrachten ist, und es handelt sich daher auch nicht um eine Berichtigung des seitherigen Grundbuchs. Art. 15 des Ges v. 13. Sept. 1858, die Familienfideikommisse betr., der bestimmte, daß das Eigentum an dem Fideikommißvermögen dem jeweiligen Besitzer desselben und den übrigen zur Nachfolge in solches Berechtigten (Agnaten) gemeinschaftlich zustehe, ist allerdings durch Art. 277 X hess. AG. z. BGB. aufgehoben worden, und wenn auch an dessen Stelle eine ausdrückliche Bestimmung, wem das Eigentum am Fideikommißgute nun zustehe, durch die hess. Gesetzgebung nicht getroffen worden ist, so stehen doch nach der heutigen Rechtsauffassung Grundstücke, die zu einem Familienfideikommiß gehören, in dem zu Gunsten der Anwärter beschränkten und in mancherlei Art belasteten Eigentum des jeweiligen Inhabers (RGE. Bd. 47 Nr. 55; IWschr. 1902 S. 212; Best, Note 1 zu Art. 13 AG. z. GBO.). Das ändert aber nichts an der Tatsache, daß es sich um Wahrung eines Rechtsübergangs von dem früheren auf den jetzigen Inhaber handelt, wenn der letztere nun in das neue Grundbuch eingetragen wird, während in dem alten Grundbuch bezw. der Uebersicht dazu noch sein Rechtsvorgänger eingetragen war, mag man ihn nun als Eigentümer des Fideikommißgutes oder als bloßen Nutzungsberechtigten ansehen, und mag er auch nach dem Recht vor 1900 nur Nutzungsrechte besessen haben, nun aber eine Erweiterung derselben zum Eigentumsrecht eingetreten sein (vgl. Reskript des JzMin. an den Präs. des LG. D. v. 17. Juni 1903 zu No. J. M. 8624, welches die hier vertretene Ansicht teilt). Da es sich nach dem Gesagten um die Eintragung eines Uebergangs von Rechten an Grundstücken handelt, ist die Stempelpflicht nach Tarif-Nr. 29, 46 UrkSt. Ges. § 54 VO., die Anlegung des Grundbuchs und die Ausf. der GBO. betr., auch im Anlegungsverfahren begründet. Es kann, wie der angefochtene Beschl. zutreffend bemerkt, auch keinen Unterschied machen, ob man annimmt, daß durch die Eintragung ein Eigentumsübergang oder der Uebergang sonstiger Rechte an Grundstücken gewahrt wird, weil in beiden Fällen derselbe Stempelsatz maßgebend ist.

Entsch. OLG. ZS. I v. 5. April 1905 W 63/05.

Sdm.

*) Vgl. VI Nr. 8 S. 10 ff. d. Ztschr. D. Red.

Entscheidungen der Großh. Landgerichte.

Zivilrecht. — Zivilprozeß.

4. Erfüllungsort für Schulden von Studenten.

Der Kläger hat dem Beklagten während dessen Studienzeit auf der Universität G. Kleidungsstücke käuflich geliefert und an dessen Anzügen Ausbesserungen vorgenommen. Da Bekl., der inzwischen G verlassen hatte, in Güte nicht zahlte, hat Kl. gegen ihn bei dem AG. G. Klage erhoben, dessen Zuständigkeit auf Gesetz und Vereinbarung gründend. Der Bekl. hat dem gegenüber die Einrede der Unzuständigkeit des Gerichts geltend gemacht, indem er bestritt, daß die Zuständigkeit vereinbart und daß G für ihn Erfüllungsort sei, da es sich nicht um ein Bargeschäft gehandelt habe.

Das AG. hat die Unzuständigkeitseinrede für nicht begründet erachtet und den Bekl. verurteilt. Auf die von dem Bekl. eingelegte Berufung hat das LG. die Klage wegen Unzuständigkeit des angerufenen Gerichts aus folgenden Gründen abgewiesen:

Die Entscheidung des Rechtsstreits ist abhängig von der Beantwortung der Frage, ob eine stillschweigende Vereinbarung der Streitteile als vorliegend angesehen werden kann, dahingehend, daß der Bekl. seine Schuld aus den fraglichen Rechtsgeschäften in G. an Kl. zu zahlen habe. Es bedarf zunächst keiner längeren Darlegung, daß die Annahme einer solchen stillschweigenden Uebereinkunft nicht, wie dies das angefochtene Urteil getan hat, auf Feststellungen gegründet werden kann, welche darauf hinauslaufen, daß beide Teile beim Abschluß jener Verträge von einer rechtsirrtümlichen Auffassung hinsichtlich der aus solchen für sie erwachsenden Rechte und Verbindlichkeiten ausgegangen seien.

Aber auch auf dem von der Klageseite eingeschlagenen Wege der Berufung auf die Vorschrift des § 320 BGB. läßt sich eine solche stillschweigende Vereinbarung nicht konstruieren. Diese Gesetzesstelle besagt nichts weiter, als daß bei allen gegenseitigen Verträgen der andere Teil, falls er nicht vorzuleisten verpflichtet ist, die vom Gegner geforderte Leistung so lange verweigern kann, bis die ihm gebührende Gegenleistung bewirkt ist. Er hat also in diesem Falle der Klage gegenüber eine Einrede, welche die rechtliche Wirkung äußert, daß der Kl. Leistung Zug um Zug fordern kann. Auch beim Kaufvertrage wird daher, da gesetzlich kein Teil vorzuleisten verpflichtet ist, in der Regel davon auszugehen sein, daß der Verkäufer die gekaufte Sache nur gegen Zahlung des Kaufpreises zu übergeben gehalten ist. Dasselbe hat für die neben den Kaufverträgen abgeschlossenen Werkverträge zu gelten (vgl. Planck, Anm. I zu § 641 BGB.). Als Erfüllungsort des Käufers bzw. Bestellers wird in diesem Falle der Ort des Vertragsabschlusses und bezw. der Wohnort des Verkäufers oder Unternehmers, an welchem sich die verkaufte bezw. hergestellte Sache befindet, als stillschweigend vereinbart anzusehen sein.

Anders liegt die Sache, wenn der Kaufpreis bezw. die Vergütung gestundet ist, wenn nach der Vereinbarung der Parteien die Zahlung seitens des Käufers oder Bestellers nicht Zug um Zug gegen die Uebergabe der Sache geleistet werden soll. Im vorliegenden Falle spricht nun das Ergebnis der Beweisaufnahme dafür, daß die Gegenleistung des Käufers bezw. Bestellers nicht Zug um Zug zu leisten, sondren kreditiert worden war; es ist somit für die Bestimmung des Zahlungsortes auch die Tatsache bedeutungslos, daß die fraglichen Verträge in G. abgeschlossen und seitens des Kl. erfüllt worden sind Da ferner auch der Umstand, daß der Verkäufer bezw Unternehmer in G. seinen Wohnsitz hat, mit Rücksicht darauf, daß die Kaufgeldschuld im allgemeinen keine Bringschuld ist und dasselbe auch für die Schuld des Bestellers zu gelten hat, für die Begründung des Erfüllungsortes des Känfers und bezw. Bestellers nicht in Betracht kommt (vgl in allen diesen Beziehungen RGE. bei Gruchot, Bd. 43 S 206), so kann G. nicht als Erfüllungsort für den Bekl. angesehen werden. Weil nach dem Gesagten ein Ort für dessen Leistung weder bestimmt noch aus den Umständen zu entnehmen ist, hat dieselbe nach § 269 BGB an deen Orte zu erfolgen, an welchem der Schuldner zur Zeit der Entstehung des Schuldverhältnisses seinen Wohnsitz hatte. Die vom Anwalt des Kl. zur Begründung seines abweichenden Standpunktes zitierte RGE. (Bd. 13 S. 411 ff.) betrifft einen wesentlich anders gearteten Fall Dort sprechen nämlich eine ganze Reihe von Umständen für das Vorliegen einer Vereinbarung hinsichtlich des Erfüllungsortes.

Die Schwierigkeiten nun, welche sich nach den Darlegungen der Klageseite der Feststellung des Wohnsitzes eines Studenten entgegenstellen sollen, sind offenbar in dem behaupteten Umfange nicht regelmäßig vorhanden, insbesondere wenn man erwägt, daß doch der etwa die Aufgabe seines disdertgen Wohnsitzes behauptende Bekl in dieser Beziehung beweispflichtig sein würde. Jedenfalls würde auch ihr Vorliegen allein eine die Käufe aus studentischen Kreisen derart zu Gunsten der Verkäufer erschwerende Gesetzesauslegung nicht zu rechtfertigen vermögen.

Urt. LG. Gießen I. ZK. v. 11. April 1904 S 39/04.

Kn., GAss.

5. Eine unter der Herrschaft des alten Rechts gemachte Schenkung kann auf Grund der während der Herrschaft des neuen Rechts eingetretenen Bedürftigkeit des Schenkgebers nicht zurückgefordert werden. Nebenberedungen bei einer Schenkung des franz. R. bedürfen der gesetzlich vorgeschriebenen Form zur Gültigkeit. Begriff des Undanks nach Art. 955 Code civil und zur Auslegung desselben.

Durch Urkunde vor Notar S. in W. vom 26. März 1884 hatte Kl. ihrem Neffen, dem Bekl., eine Reihe von Liegenschaften unter Vorbehalt des lebenslänglichen unentgeltlichen und kautionsfreien Nutzgenusses geschenkt. Infolge dessen waren auch die öffentlichen auf den Grundstücken ruhenden Losten von dem Bekl. erst mit dem Tag des Genußantritts d. h. vom Todestag der Schenkgeberin zu tragen, während tatsächlich der Schenknehmer die Lasten schon vorher trug. Sonstige Nebenabreden sind in der Schenkung nicht beurkundet. Kl. behauptet aber, es sei die Schenkung nur unter der weiteren Nebenberedung erfolgt, daß der Bekl. sich verpflichtet habe, die Kl. im Falle der Bedürftigkeit zu unterhalten, welcher Verpflichtung der Bekl. bei dem jetzt eingetretenen Fall der Bedürftigkeit der Kl. nachzukommen sich weigere. Er machte daher gegen den Bekl. seinen Unterhaltsanspruch geltend oder begehrte gemäß § 528 BGB. Rückgewähr der Schenkung, was beides Bekl. bestritt.

Beide Klagegründe wurden abgewiesen aus folgenden Gründen:

Das der Klage zu Grunde liegende Rechtsverhältnis, die von dem Kl. betätigte Schenkung, ist am 26. März 1884, also vor dem Inkrafttreten des BGB. entstanden. Es bleiben daher für dieses Schuldverhältnis in Ansehung seines Inhalts, Umfangs, seiner Wirkung und seiner Beendigung nach Art. 170 EG. z. BGB. die bisherigen Gesetze maßgebend und müssen bei Entscheidung über die erhobene Kl. die Bestimmungen des code civil Anwendung finden.

Nach Art. 931 c. c. ist die Schenkung ein an die notarielle Form gebundener Vertrag. Es müssen alle Essentialia der Schenkung durch die notarielle Form gedeckt sein Bestimmungen und Verabredungen der Parteien, die sie vor oder bei der Errichtung der Schenkung vereinbaren, sind daher nichtig, wenn sie nicht in den notariellen Schenkungsverteng aufgenommen werden. Die von Kl. behauptete Nebenabrede der vom Bekl. übernommenen Alimentationsverpflichtung, ist im notariellen Akt nicht enthalten. Sie ist daher nichtig, weil ihr die gesetzlich vorgeschriebene Form fehlt. Kl. stützt seine Klage weiter auf § 528 BGB. Hiernach ist der Schenker berechtigt, die Herausgabe des Geschenks nach den Vorschriften über die Herausgabe einer ungerechtfertigten Bereicherung zu verlangen, wenn er selbst außer Stande ist, seinen standesgemäßen Unterhalt zu bestreiten. Obwohl sich das in Klage befangene Verhältnis nach franz. Recht beurteilt, so müßte § 528 BGB. trotzdem Anwendung finden, wenn dieser § eine sog. „reformatorische" Bestimmung enthielte, die mit Inkrafttreten des BGB. alle Rechtsverhältnisse, gleichgültig unter welchem Recht sie entstanden sind, erfaßt. Die Bestimmung des § 528 findet sich im I. Entwurf überhaupt nicht; ihre Aufnahme in den Entwurf wurde nach den Motiven z. BGB. ausdrücklich abgelehnt. Den meisten älteren Rechten ist der Rechtssatz des § 528 BGB. fremd; man muß daher zu der Ansicht kommen, daß die reformatorische Natue des § 528 BGB. zu verneinen ist (vgl. Habicht, II Aufl. S. 251). Dagegen stützt Kl. die geltend gemachte Forderung der Alimentation auch auf Art. 955 Ziffer 3 c. civ. Hiernach kann nämlich die Schenkung wegen Undanks widerrufen werden, wenn der Beschenkte dem Schenker den Unterhalt verweigert. Diese Bestimmung ist nun nicht derart auszulegen, daß der Beschenkte bei Bedürftigkeit des Schenkers in erster Linie zur Alimentation des Schenkers verpflichtet sei, oder daß nur dann Undank vorliege, wenn ein an und für sich zur Alimentation des Schenkers verpflichteter Beschenkter dieser seiner Verpflichtung nicht nachkommt, sondern der Sinn des Gesetzes ist der, daß jeder Schenknehmer dem Schenker im Fall der Bedürftigkeit Unterhalt zu gewähren hat, wenn der Schenker unterhaltspflichtige Verwandte nicht besitzt oder diese zur Gewährung des Unterhalts nicht in der Lage sind (vgl. Aubry u. Rau, Bd. VII S. 415, Laurent, Bd. XIII Nr. 11, Zachariä-Crome, Bd. IV S. 423).

Urt. LG. Mainz, III. ZK., v. 26. Jan. 1904 O 668/03.

Dr. Lichten.

Strafrecht. — Strafprozeß.

6. Zur Auslegung des § 4 des Reichsgesetzes vom 27. Mai 1896 zur Bekämpfung des unlauteren Wettbewerbs. Totalausverkauf und Nachschiebungen. Bedeutung der Absicht des Ausverkäufers, sein Geschäft aufzulösen.

Die Strafk. hat festgestellt, daß der Angekl. in verschiedenen Formen durch Flugblätter, Anzeigen in Zeitungen und an den Schaufenstern seines Geschäftslokals angeheftete Plakate einen *Totalausverkauf* seiner Schuhwarenvorräte angekündigt, im Verlaufe des Verkaufs, und zwar schon von dessen Beginn an aber fortwährend Schuhwaren nachbezogen und feilgeboten habe. So habe r innerhalb 4 Monaten Schuhwaren zum Preise von 10946 Mk. zu dem vorhandenen Bestande hinzugekauft. Da er aber die ernste Absicht, sein Geschäft aufzugeben, gehabt und die Nachschiebungen im Verhältnis zum Inventurwert des Lagers von 150000 Mk. bei Beginn des Ausverkaufs und gegenüber dem Absatz von Lagerbeständen im Werte von 90000 Mk. im Laufe von 6 Monaten so unbedeutend seien, daß durch sie dem Verkaufe der Charakter des Ausverkaufs nicht genommen werde, so liege der Tatbestand eines Vergehens der unlauteren Reklame im Sinne des § 4 des Ges. v. 27. Mai 1896 nicht vor. Die Ergänzung eines Lagers bei einem Totalausverkaufe, so wird unter Bezugnahme auf eine Entsch. des RG. — E. Bd. 30 S. 256 — hierzu ausgeführt, sei insoweit nicht ausgeschlossen, als sie erforderlich sei, um den wirtschaftlichen Zweck des Totalausverkaufs zu erreichen. Es müsse nur zwischen den Anschaffungen und dem Ausverkauf ein enger wirtschaftlicher Zusammenhang bestehen. Neuanschaffungen in einem gewissen Umfang seien beim Ausverkauf eines Schuhwarengeschäfts unvermeidlich Es müßten insbesondere zur Befriedigung von Kunden, welche eine bestimmte Nummer verlangten, entsprechende Waren dann angeschafft werden, wenn alle Sorten in dieser Nummer ausgegangen seien, weil sich sonst Kunden in genügender Zahl nicht einfänden und der Ausverkauf notleide. Aus diesem Grunde habe der Angekl. Waren nachbezogen. Allerdings seien die bei Anfang des Ausverkaufs angeschafften 200 Paare Turnschuhe zur Ergänzung des Lagers nicht nötig gewesen; die Anschaffung sei jedoch nur geschehen, um Kunden anzulocken; denn der Angekl. habe sie ohne Gewinn, ja sogar mit einem Verluste von 5 Pfennig am Paar verkauft. Der Nachbezug von 60 Paar kleinen Militärschäftestiefeln sei kein quantitativ beträchtlicher und erforderlich gewesen, um 100 Paar große Militärstiefel, die er auf Lager gehabt, los zu werden.

Mit Grund richten sich gegen die so begründete Freisprechung des Angekl. die Revisionen des StAnw. und der Nebenkläger.

Ob ein Warenverkauf sich als ein „Ausverkauf" darstellt, ist allerdings zunächst Sache tatsächlicher Beurteilung. Allein die Frage, ob er es im Einzelfall ist, darf nicht, wie von der Strafk. geschehen, *lediglich* von dem Gesichtspunkte aus beantwortet werden, ob der Unternehmer bei der Verkaufsveranstaltung von der Absicht geleitet worden ist, sein Geschäft aufzugeben. Die *Absicht* des Veranstalters, sich zu diesem Zweck seines Lagers zu entäußern, vermag dessen Verkauf nicht zu einem Ausverkauf zu machen. Dies kann nur die tatsächliche Gestaltung des Verkaufs, in der sich die Räumung des Lagers vollzieht. Dem Angekl. ist auch nicht zum Vorwurf gemacht, daß er über die Ernstlichkeit seiner Absicht, sein Geschäft demnächst aufzugeben, das Publikum getäuscht hat, sondern, daß in dem letzteren durch die Ankündigungen, insbesondere die im Geschäftslokale ständig angehefteten Plakate die irrige Vorstellung erweckt werden sollte, die Geschäftsaufgabe vollziehe sich lediglich im Wege des Ausverkaufs. Es hätte deshalb von der Strafk. zunächst erwogen werden müssen, *was nach der Verkehrsanschauung* unter einem „Totalausverkauf" verstanden wird. Nach der im Urteil vom 21. Sept. 1896 — E. Bd. 30 S. 256 — insoweit als zutreffend anerkannten Motiven bedeutet Ausverkauf „eine Veräußerung der *vorhandenen* Warenvorräte zum Zwecke der Beendigung, sei es des Geschäftsbetriebs im ganzen, sei es des Verkaufs einer gewissen Warengattung". In der Ankündigung eines „Totalausverkaufs" wird aber zugleich die Erklärung des Veranstalters zu finden sein, daß er sein vorhandenes Lager in *tunlichst kurzer Zeit* räumen wolle. Denn nur unter dieser Voraussetzung läßt sich die Zugkraft erklären, welche solche Ausverkäufe erfahrungsgemäß auf das Publikum ausüben. Sie beruht offensichtlich auf der Erwartung des letzteren, daß, wer die Bestände seines Lagers im einzelnen verkaufen will, um es aufzulösen, veranlaßt ist, die Preise tunlichst zu ermäßigen, um den Absatz zu fördern. Als mit dieser Vorstellung verträglich wird es betrachtet werden können, wenn einzelne Bestandteile des so ausgebotenen Lagers durch Nachbeschaffung anderer eine Ergänzung erhalten, ohne welche sie unverkäuflich würden, weil sie nach der Gepflogenheit im Geschäftsverkehr nur als Einheiten, als „Paar", „Dutzend", „Groß", als „Pendant", „Garnitur", „Service" u. s. w. gekauft werden. *Grundsätzlich* dagegen nicht vereinbar ist mit dem vorbezeichneten Begriff des „Totalausverkaufs", daß eine gangbare Ware immer wieder nachgeschoben wird, um hierdurch die Möglichkeit *gelegentlichen* Verkaufs einer *anderen*, minder gangbaren Gattung offen zu halten. Sonst fände bei wechselnder Nachfrage ein Ausverkauf, da bald diese, bald jene Warengattung nachgeschoben werden könnte, kein Ende und würde der Rückstand an wertlosen, unverkäuflichen sog. Ladenhütern eine beliebig häufige Wiederholung des Nachschubs aller sonstigen Waren gestatten. Nachschiebungen, die lediglich das Publikum anlocken und seine Kauflust wecken sollen, sind grundsätzlich nicht zulässig. Denn dieser Zweck deckt sich nicht mit dem der *Beendigung des seitherigen Geschäftsbetriebs*. Wer nachgeschobene Waren solcher Art feilbietet, verkauft sie nicht aus. Der Zweck ihres Verkaufs durch den Angekl. konnte nicht sein, sich damit eines Bestandteils des vorhandenen Lagers zu entäußern, da sie einen solchen nicht gebildet hatten. Er täuschte also über den Zweck *dieser* Verkäufe, indem er auch sie als Ausverkauf bezeichnete.

Mit der Bezeichnung solcher Nachschiebungen des Angekl. als „Ergänzung" des Lagers anscheinend nicht im Einklang steht dabei die anderweite Feststellung der Strafk., daß sie von *Beginn* des Ausverkaufs ununterbrochen stattgefunden hätten.

Die Strafk. glaubt zur Rechtfertigung der Freisprechung des Angekl. sich auf das obengenannte Urteil des RG. berufen zu können, in dem ein Nachbeziehen von Waren in geringfügigem Umfange als mit dem Begriff des Ausverkaufs nicht unvereinbar erklärt ist. Allein mit Unrecht. Zunächst stand in diesem Falle nicht wie hier ein Totalausverkauf zur Beurteilung. Das Publikum war vielmehr nach Annahme des Instanzgerichts darüber aufgeklärt, daß der Angekl. keineswegs einen Ausverkauf *sämtlicher* von ihm geführten Warengattungen veranstalte. Er hatte nur den Ausverkauf gewisser, von ihm nicht näher bezeichneten Artikel angekündigt, auch nicht etwa durch Anschläge im Ladenraum oder vor ihm abgegebene Erklärungen eine nähere Bestimmung der Waren, die er ausverkaufe, gegeben. Unter diesen Umständen würde das Publikum zu der Unterstellung von vornherein nicht berechtigt gewesen sein, daß nur Bestände eines bereits vorhandenen Lagers zum Verkauf gebracht würden. Ueberdies aber hat das RG. in jenem Falle Nachschiebungen zum Ersatz gangbarer Waren auch nur „in geringem Umfange und in den kleinsten Quantitäten" als mit dem Begriff des Ausverkaufs nicht unverträglich erklärt

Ob trotz dieser Beschränkung das Nachschieben von Waren, lediglich zu dem Zwecke, um Käufer für andere Waren anzulocken, von dem jetzt erkennenden Senate für zulässig er-

sitzer derjenigen Grundstücke verteilt, auf welchen die gemeinschaftliche Ausübung des Jagdrechts durch die Gemeinde stattfindet, und zwar im Verhältnis des Flächeninhaltes dieser Grundstücke zur Fläche des ganzen Bezirks. Die Jagdeinnahmen bilden nach Erkenntnis des preuß. Obertribunals nicht eine Intrade der Gemeindekasse für die politische Gemeinde, sondern eine den Grundeigentümern gehörige durchlaufende Einnahme, deren vorläufige Einzahlung zur Gemeindekasse nur aus Zweckmäßigkeitsgründen angeordnet worden ist. Hier ist der Grundsatz, daß das Jagdrecht den Grundeigentümern zusteht, in vollkommenerer Weise zum Ausdruck gebracht, als in Hessen, woselbst die Erlöse aus den gemeinschaftlichen Jagdbezirken als willkommene Einnahmen zum Vorteil der Gemeinde bezw. sämtlicher Steuerzahler betrachtet werden.

In der Provinz Rheinhessen werden die Jagden in Domanial-, Gemeinde- und Privatwaldungen, soweit in letzteren nicht die Ausübung des Jagdrechts den Grundeigentümern allein zusteht, und abgesehen von einzeln im Felde gelegenen sog. Remisen, von den Feldjagden getrennt verwaltet, was in den Bestimmungen der Verordnung der provisorischen Landesadministrations-Kommission vom 21. Sept. 1815 begründet ist.

Eine Ausnahme von der Regel, wonach die Ausübung des mit dem Grundeigentum verbundenen Jagdrechts entweder dem Grundeigentümer selbst oder der Gemeinde zusteht, ist für die Provinzen Starkenburg und Oberhessen durch Art. 5 des Jagdgesetzes vom Jahre 1848 geschaffen worden. Dieser Artikel befugt, daß Grundeigentümer, deren Eigentum von dem Eigentum eines Andern eingeschlossen ist, auf welchem diesem wegen Größe und Zusammenhangs seines Eigentums die Ausübung der Jagd zusteht, die Jagd auf ihren Enklaven nicht selbst ausüben können und daß auch der Gemeinde die Ausübung auf den Enklaven nicht zustehe, daß vielmehr der Eigentümer des umschließenden jagdselbständigen Geländes verpflichtet sei, der Gemeinde für die Enklaven einen Pacht zu entrichten, welcher dem Pachtvertrag, zu welchem die ganze Gemarkung verpachtet sei, nach Verhältnis der Morgenzahl entspreche.

Offenbar hat dieser Artikel den Fall vor Augen, daß die Enklaven, das dieselben umschließende jagdselbständige Gelände und der übrige Grundbesitz, auf welchem die Jagd durch die Gemeinde verpachtet wird, einer und derselben Gemeindegemarkung angehören. Aber selbst für diesen Fall dürfte die zur Berechnung des Enklavenpachtes gegebene Vorschrift nicht genügen. Es ist sowohl möglich, daß die Jagd auf dem die Enklaven umschließenden Gelände, nebst den Enklaven, verpachtet ist, als es auch vorkommen kann, daß der Eigentümer des die Enklaven umschließenden Geländes die Jagd auf seinem Eigentum, zugleich mit der Jagd auf den Enklaven, selbst ausübt. Für jeden dieser Fälle hätte angegeben werden müssen, wie der Enklavenpacht zu berechnen sei. Es kommt aber auch vor, daß Enklaven in einer mit eigenem Gemarkungsrecht versehenen Waldung liegen, wobei die umschlossenen Grundstücke keine Bestandteile der umschließenden Waldgemarkung bilden, sondern einer andern, getrennt davon liegenden Gemeindegemarkung angehören. Wie in solchem Falle der Enklavenpacht zu berechnen ist, welcher Jagdpacht der Berechnung zu Grunde gelegt werden soll, darüber enthält der Art. 5 keine Andeutung. Es ist in dem Art. 5 ferner nicht ausgesprochen, ob der Eigentümer des umschließenden Geländes auch in dem Fall die Jagd auf den enklavierten Grundstücken auszuüben berufen ist, wenn die eingeschlossenen Grundstücke nur einem Grundbesitzer gehören, in ununterbrochenem Zusammenhang stehen und 300 Morgen und darüber groß sind. Nach dem Gesetz vom 17. Juli 1899, die Ausf. des BGB. betr., ist in dem vom „Wildschaden“ handelnden Abschnitt unter Ziffer III die Aufhebung auch des Art. 5 des Gesetzes über den Ersatz des Wildschadens vom 1. Juni 1895 verordnet. Hierzu wird von Dr. Best in Anm. 1 seiner Erläuterungen bemerkt, den Eigentümern eines Jagdeinschlusses sei die Ausübung ihres Jagdrechts durch das Gesetz (von 1848) entzogen, weshalb ihnen Anspruch auf Vergütung des Wildschadens auf Grund des BGB. zustehe. Wenn diese Anmerkung in der vorliegenden allgemeinen Fassung richtig sein sollte, dann würde daraus folgen, daß der Eigentümer eines jagdselbständigen Gebietes auf dem von seinem Eigentum umschlossenen Gelände zur Ausübung der Jagd berechtigt wäre, auch wenn diese Enklave einem und demselben Grundeigentümer angehören und eine Minimalfläche von 300 Morgen in nicht unterbrochenem Zusammenhang bilden sollte. In Preußen verbleibt in diesem Fall nach den Motiven zu § 7 des Jagdpolizeigesetzes vom 7. März 1850 die Befugnis zur eigenen Jagdausübung dem Besitzer der Enklave. Ob in Hessen für eine gleiche Bestimmung kein Bedürfnis vorliegt, weil der Fall vielleicht nicht vorkommt, mag dahin gestellt sein. Sicher aber ist, daß der Art. 5 des 1848er Jagdgesetzes den Gegenstand, den er berührt, nicht erschöpfend behandelt.

Eine Ausnahme zu Gunsten des Jagdausübungsrechts der Grundeigentümer enthält endlich der Art. 7 des Gesetzes vom 26. Juli 1848. In diesem Artikel wird die Bestimmung getroffen, daß auf Gütern mit eigener Gemarkung der Grundeigentümer allein zur Ausübung der Jagd berechtigt ist, und zwar selbst im Falle der Art. 4 und 5. Auf Gütern mit eigener Gemarkung ist mithin ein Grundbesitzer zur Ausübung des mit seinem Grundeigentum verbundenen Jagdrechts befugt, ganz unabhängig davon, welche Flächengröße sein Grundeigentum besitzt und ob es von 300 Morgen großem Eigentum eines andern Grundbesitzers rings umschlossen wird. Der Art. 5 des 48er Gesetzes findet auf Güter mit eigener Gemarkung keine Anwendung und jeder noch so kleine Grundbesitz verleiht hier dem Eigentümer die Befugnis der selbständigen Jagdausübung. Nur wenn mehr als 3 Grundeigentümer auf einem Gute mit eigenem Gemarkungsrecht vorhanden sind, kann jeder der Eigentümer verlangen, daß die Jagd an den Meistbietenden verpachtet werde, wobei dann der Ertrag nach Maßgabe der Steuerkapitalien unter die Grundeigentümer verteilt wird.

(Schluß folgt.)

Sprechsaal.

Die in dem Jahresbericht über die diesjährige Hauptversammlung des Hessischen Richtervereins erwähnte Gratis-Bücherverlosung für die Mitglieder hat inzwischen stattgefunden. Da 64 Gewinne ausgesetzt wurden, so fiel auf je 8 Mitglieder annähernd ein Gewinn. Unter den Prämien sind wieder nicht wenige interessante Sachen, so der neueste **Oberneck** (Grundbuchrecht), **Rausnitz** (GFG.), **Kuhlenbeck** (BGB.), **Stölzel** (Schulung), **Leonhardt** (Beweislast), **Eger** (Bahneinheiten), **Willenbücher** (Liegenschaftsrecht und GBO.), **Staub** (positive Vertragsverletzung), **Meickel** (Anfechtungsgesetz), die aktuellen Schriften von **Celerius** und **Peters** über Prozeßverschleppung u. a. m. Wem die Hand des amtstätigen Waisenknaben weniger wohlgeneigt war, der räsonniere nicht, sondern freue sich des bescheidenen Treffers und — des noch viel bescheideneren Einsatzes. Vor allem aber bessere er sich und besuche, wenn er diesmal noch gefehlt hat, die **nächstjährige Mai-Versammlung**! X.

Literatur.

Kaufmann, E., RA.: Handelsrechtliche Rechtsprechung (Helwing, Hannover. 550 S. kl. 8°. Geb. Mk. 5.—). Dieses **fünfte Bändchen** der geschätzten Sammlung bringt die Rechtsprechung und Literatur des Jahres 1904 sowie ein genaues **Sachregister** zu allen Entscheidungen der älteren vier Bändchen, die übrigens auch an den entsprechenden Stellen stets nach Band und Seite erwähnt werden. Die Zahl der benutzten **Zeitschriften** hat sich abermals vermehrt. Eine Vorstellung von der Arbeitsleistung des Verf. und von dem Anwachsen des Stoffes mag sich aus dem Umstand ergeben, daß das 1. Bändchen 167 Seiten, das neueste dagegen mehr als die dreifache Seitenzahl umfaßt. Wer im Handelsrecht und in den vielen verwandten Spezialgesetzen arbeitet, wird die vorliegende Sammlung nicht missen wollen. K.

Salinger, M., RA. und Notar, JR.: Ueber die dem Reichstag vorliegende Novelle zur ZPO. (F. Vahlen, Berlin. 29 S. Geb. Mk. 0.80). Dieser im Berliner Anwaltsverein gehaltene **Vortrag** bekämpft mit den mehr oder weniger bekannten Gründen die **Erhöhung der Revisionssumme** als schwere Schädigung der Rechtspflege. Die Schrift hat jetzt nur noch akademisches Interesse, nachdem die Gesetzgebung endlich dem erwiesenen Notstand des höchsten Gerichts abgeholfen hat. K.

Klein, P., Dr.: Untergang der Obligation durch Zweckerreichung (J. Guttentag, Berlin. 152 S.). Der unseren Lesern durch theoretische Beiträge wohlbekannte Verf. hat hier ein wichtiges Kapitel der Causa-Lehre, angelehnt an das gemeine Recht, in einer anregenden Monographie bearbeitet. Er schickt zur Klarstellung 17 kurze praktische Fälle voraus, die dann auf Grund der angestellten Untersuchungen in dem Abschnitt **Kasuistik** (S. 120 ff.) ihre Erörterung finden. Die Schrift will eine Lücke in der Lehre vom Erlöschen der Schuldverhältnisse ausfüllen und prüft daher eingehend, in welchem Umfang unser BGB. das Problem der Zweckerreichung gelöst hat. Man wird sich nicht ohne Nutzen in die vorliegende Arbeit vertiefen. X.

Gareis, K., Dr., GehJR., o. Prof.: Handelsgesetzbuch nebst EinfG. (C. H. Beck, München. 480 S. Geb. Mk. 4.—). Diese Handausgabe (ohne das Seerecht) erschien in 8. **Auflage**. Außer einer längeren **Einleitung** und zahlreichen **Noten** enthält die Ausgabe, soweit es ihrem Rahmen entspricht, auch die neue Rechtsprechung. Das Buch empfiehlt sich schon äußerlich durch schmucke Ausstattung und angenehmen Druck. X.

Briefkasten.

Herrn GAss. Z. Sie regen die räumliche Vergrößerung der „HessRspr." an, damit die Entschn., besonders die der LGe., rascher zum Abdruck gelangen können. Diesen Wunsch würde die Schriftleitung — allerdings erst seit dem erfreulichen Stoffüberfluß der letzten Monate — mit Vergnügen erfüllen, wenn nicht unüberwindliche Hindernisse entgegenstünden. Erstens: wissen Sie ungefähr, was jede Nummer an Honoraren und Druckkosten erfordert? Rund Mk. 130. Bei einer Vergrößerung um 4 Druckseiten kämen dazu etwa weitere Mk. 70 Kosten. Dieser Steigerung müßte als Ausgleichung andererseits eine **Zunahme von rund 120 Abonnenten** gegenüberstehen, und darauf ist bei dem begrenzten Absatzgebiet unserer Zeitschrift in absehbarer Zeit gewiß nicht zu rechnen. Eine Schmälerung des jetzigen bescheidenen Reinertrags würde aber mit Recht auf den Widerspruch unseres Verlegers stoßen. Dazu kommt zweitens: die unvermeidliche Steigerung der Arbeiten der Schriftleitung, wie sie die Folge einer Vergrößerung der „HessRspr." wäre. Für eine **ehrenamtliche Tätigkeit**, wie sie es bisher ist, würde das doch zuviel werden, und zur Besoldung eines Schriftleiters würden die Einkünfte der Zeitschrift ohnedies nicht ausreichen. Es gibt aber einen anderen Weg, der zur teilweisen Erfüllung Ihres Wunsches nach rascherem Erscheinen der neuen Entschn. führen könnte. Freilich würde dazu eine gewisse Mehrleistung unserer geschätzten Mitarbeiter erfordert. Das Rezept heißt: **nur knappe, aber zuverlässige Auszüge** einsenden, nicht nur einfach die Abschrift langatmiger Urteile mit Wiederholungen, tatsächlichem Beiwerk u. dgl. m., wie es ja in das Urteil gehören mag, aber den Leser einer Zeitschrift, der ganz andere Interessen hat, zu langweilen pflegt. Bei gehöriger Selbstbeschränkung in diesem Sinne ließe sich eine viel größere Zahl von Entschn. in jeder Nummer zusammendrängen. Möge dieser Punkt von unseren geehrten Korrespondenten wohl erwogen werden! X.

Anzeigen.

Für die Redaktion verantwortlich: Oberlandesgerichtsrat **Keller** in Darmstadt. — Verlag von J. Diemer in Mainz. — Druck von G. Otto's Hof-Buchdruckerei in Darmstadt.

Hessische Rechtsprechung

Herausgegeben
auf Veranlassung des Richter-Vereins unter Mitwirkung der Hessischen Anwaltskammer
von Oberlandesgerichtsrat Keller in Darmstadt, Landgerichtsrat Dr. Buff in Darmstadt,
Landgerichtsdirektor Dr. Rees in Mainz, Landgerichtsrat Praetorius in Gießen, Landgerichtsrat Dr. Schwarz in Darmstadt.

Erscheint monatlich zwei Mal
Preis Mk. 7.12 jährlich
mit postfreier Zustellung.

Bestellungen nehmen die Expedition in Mainz, die Postanstalten sowie sämtliche Buchhandlungen entgegen.

Einrückungs-Gebühr die dreispaltige Zeile oder deren Raum 30 Pfg.

Nr. 8. Vom Deutschen Juristentag angenommene Zitierweise: HessRspr. Nachdruck verboten. 6. Jahrgang.

Redaktion: Darmstadt, Heinrichsstraße 5. | Mainz, 15. Juli 1905. | Verlag und Expedition: J. Diemer, Mainz.

Zur Beachtung!

Wie in den letzten Jahren werden mit Rücksicht auf die Gerichtsferien auch in diesem Jahre zwei Doppelnummern unserer Zeitschrift, und zwar am 15. August und 1. Oktober, erscheinen. Am 1. und 15. September werden keine Nummern der „HessRspr." ausgegeben.

Die Schriftleitung.

Entscheidungen des Großh. Oberlandesgerichts.

Zivilrecht. — Zivilprozeß.

1. Kann in dem Bedingnisheft (Rhein. Recht) das Honorar des Konkursverwalters dem Immobiliarerlöse belastet werden? Inwieweit können das Honorar des Konkursverwalters und seine Auslagen wegen Ausstellung und Bewirtschaftung der Masse-Immobilien aus dem Erlöse vorweg angewiesen werden?

Der Konkursverwalter betrieb mit Einwilligung des ersteingeschriebenen Gläubigers die Versteigerung der Masseliegenschaften nach Maßgabe des hess. Ges. v. 6. Juni 1849. Der beauftragte Notar nahm auf Antrag des Konkursverwalters in das Bedingnisheft als Nachtragsbedingung Folgendes auf:

„Die Aufwendungen und Auslagen, welche die Konkursmasse einschließlich der Entschädigung für den KonkVerw. für seine Mühewaltung in dieser Richtung im Interesse der Gläubiger auf die Grundstücke durch Bearbeitung, teilweise Düngung und Bestellung derselben gemacht hat, sind als Kosten des Veräußerungsverfahrens zu behandeln und sind, ebenso wie die Kosten einer bereits eingeleitet gewesenen Zwangsversteigerung, welche Kosten die KonkMasse übernommen hat, um eine freiwillige Versteigerung und damit bessere Erlöse herbeizuführen, mit den Kosten des gegenwärtigen Verfahrens vorweg aus den Erlösen für die Liegenschaften zu tilgen bezw. im gerichtlichen Verteilungsverfahren vorweg auf diese Erlöse anzuweisen."

In dem Verteilungsverfahren strich das AG. alle Auslagen zur Bebauung der Felder, den Auslagen-Vorschuß, die Porto-Auslagen und den Honorar-Anspruch des KonkV. im Konkursverfahren mit Ausnahme der Gebühr, welche dem betreibenden Teil (Rechtsanwalt) in einem Immobiliar-Zwangsvollstreckungsverfahren zugestanden hätte.

Die noch rechtzeitiger Bestreitung des Teilungsplans erhobene Klage des KonkV. hat das LG. abgewiesen, da der Nachtrag zum Bedingnisheft weder imstande sei, dingliche Rechte zu schaffen oder die gesetzliche Rangordnung zu ändern, noch auch einen obligatorischen Vertrag zwischen den am Steigerlös Beteiligten darstelle.

Aus den Gründen der Berufungs-Instanz: Dem Vorderrichter ist darin beizupflichten, daß die Klage nicht auf das Bedingnisheft gestützt werden kann, das sachlich wie formell keinen Raum bietet für Vereinbarungen der streitigen Art. Noch weniger konnte die Klage gestützt werden auf die vor dem Konkursgericht seitens des ersteingeschriebenen Gläubigers und des die erste Zwangsvollstreckung betreibenden Gläubigers L. abgegebene Erklärung, daß sie vereinbart hätten, „daß in die Versteigerungsbedingungen ausdrücklich aufzunehmen sei, die Kosten der L . . . schen Zwangsvollstreckung und der Sequestration sollten mit den Versteigerungskosten vorweg aus dem Steigerlös gedeckt werden". Denn auch hierfür lag die Zustimmung der übrigen absonderungsberechtigten Gläubiger nicht vor, die Honorar-Ansprüche des KonkV. sind nicht einmal erwähnt; es wird nur von den Kosten einer Sequestration gesprochen, ohne daß eine solche in den Formen des Gesetzes überhaupt angeordnet war. Der KonkV. hat lediglich gemäß § 6 KonkO. die Grundstücke nach seinem Ermessen in Verwaltung genommen.

Es war jedoch weiter zu prüfen, ob der Klageanspruch aus gesetzlichen Vorschriften sich dennoch rechtfertigt. Da es sich um Absonderungsrechte der Hypothekargläubiger am Erlös der Liegenschaften handelt, so bleibt das Vorzugsrecht, das der § 58 Ziff. 2 KonkO. für die Kosten der Verwaltung als Massekosten schafft, hier ganz außer Betracht. Die Absonderungsrechte werden unabhängig vom Konkursverfahren behandelt (§ 4 Abs. 2 KonkO.) und gehen den Massegläubigern vor (vgl. RGE. Bd. 33 S. 118, JWschr. 1894 S. 263 Nr. 12). An sich haben die Realgläubiger auch die Aufgabe, ihre Befriedigung aus den ihnen verhafteten Objekten selbst zu suchen, und zwar — ohne Mitwirkung der Organe der Konkursmasse — mit den sonst gebotenen gesetzlichen Mitteln (vgl. RG. in JWschr. 1889 S. 170 Nr. 13). Doch gewährt § 126 KonkO. auch dem KonkV. das Recht, die Zwangsversteigerung der Masse-Liegenschaften zu betreiben. Dies geschieht, ohne daß dadurch die Absonderungsrechte irgendwie — auch nicht durch Maßregeln des KonkV. — beeinträchtigt werden können. Man wählte im vorliegenden Fall den Weg der Versteigerung nach dem Gesetze vom 6. Juni 1849 bezw. Art. 133 hess. AusfGes. z. ZPO. und KO. und machte von der hier vorgesehenen Möglichkeit des gerichtlichen Verteilungsverfahrens (Art. 99 ff. a. a. O.) Gebrauch. Anwendung findet sonach auch Art. 104 a. a. O., der in Abs. 1 Ziff. 2a als Massekosten die Kosten der Verwaltung der versteigerten Liegenschaften bezeichnet, soweit sie nicht durch Einnahmen aus Früchten und Einkünften gedeckt sind. Die Bevorrechtigung dieser Kosten entspricht durchaus den Interessen der Realgläubiger, und wenn mit Anlegung des Grundbuchs der Art. 104 a. a. O. außer Kraft tritt, so steht § 10 des dann an die Stelle tretenden Reichsgesetzes auf gleichem Standpunkt zu Gunsten des betreibenden Gläubigers, der Aufwendungen auf das Grundstück gemacht hat. Betreibt der KonkV. nach § 126 KO. die Veräußerung, so muß für seine Aufwendungen, die im Interesse der Absonderungsberechtigten liegen, ein Gleiches gelten.

An sich erscheint hiernach der BerufungsKl. ersatzberechtigt, soweit seine Tätigkeit nützlich war und den versteigerten Grundstücken zu gute kam oder ihre Veräußerung betraf. — Es wird dann noch ausgeführt, daß aus den Früchten 901 Mk. gelöst seien, wodurch ein Teil des streitigen Anspruchs gedeckt sei, daß das Honorar nicht blos für die Verwaltung der Liegenschaften, sondern für die Mühewaltung hinsichtlich der gesamten Konkursmasse gewährt werde, daß es Sache des KonkV. gewesen wäre, den Nachweis zu erbringen, welcher Betrag bei verhältnismäßiger Verteilung der geforderten Summe auf die Liegenschaften und welcher Betrag auf die Mobiliarmasse entfiele, und daß bei dieser Sachlage kein Anhalt dafür gegeben sei, daß dem Kläger eine weitere Vergütung, als die schon empfangene, für die Verwaltung der Grundstücke gebühre.

Urt. OLG. II. ZS. v. 29. Dez. 1904 U 221/04.

F.

2. Wirkung der Zurücknahme der Berufung auf eine zweite Berufung gegen dasselbe Urteil.

Der Prozeßbevollmächtigte erster Instanz hatte am letzten Tag der Notfrist Berufung eingelegt, ebenso, unabhängig von ihm, der von dem Korrespondenzanwalt bestellte Prozeßbevollmächtigte zweiter Instanz. Ersterer hatte darauf die Berufung, angeblich weil er sie für überflüssig erachtete, zurückgenommen. Der Berufungskl. wurde des Rechtsmittels für verlustig erklärt und mit den dadurch entstandenen Kosten belastet aus folgenden Gründen:

Der von dem Anwalt des Berufungsbekl. uneingeschränkt aufgestellte Satz, daß zwei Berufungen gegen das nämliche Urteil nur als eine Berufung aufzufassen und zu behandeln seien, ist in seiner Allgemeinheit nicht richtig. Vielmehr ist in dem Fall, daß eine Beru[illegible] nicht vorschriftsmäßig, insbesonders vor Zustell[illegible] Urteils eingelegt und daher wirkungslos ist (§ 516 Abs. 2 ZPO.), die Einlegung einer zweiten Berufung zulässig. Diese zweite Berufung ist dann nicht zusammen mit der ersten wirkungslosen Berufung als einheitlich anzusehen, sie unterliegt vielmehr selbständig der Beurteilung. Dies gilt insbesonders, wenn die wirkungslose Berufung zurückgenommen und die zweite Berufung dem Gesetz gemäß eingelegt worden ist. In diesem Fall hat die Zurücknahme der ersten Berufung die Wirkung des Verzichts auf das Rechtsmittel aus dem Grunde nicht, weil die erste Berufung überhaupt wirkungslos war (Petersen, Bem. 5 zu § 516 ZPO.; Seuffert's Archiv Bd. 58 Nr. 222). Anders liegt die Sache dagegen, wenn wie hier zwei Berufungen wirksam eingelegt worden sind. Hier muß bei Zurücknahme auch nur einer Berufung angenommen werden, daß die andere Berufung gleichfalls nicht mehr verfolgt werden kann. Denn in § 516 Abs. 3 ZPO. ist vorgeschrieben, daß die Zurücknahme der Berufung den Verlust des Rechtsmittels überhaupt bewirkt. Diese Vorschrift gestattet nicht, das Rechtsmittel in Form der anderen Berufung doch zuzulassen. Insofern sind beide Berufungen allerdings wie eine Berufung zu behandeln, und zwar im Fragefall um so unbedenklicher, als die beiden Berufungen am gleichen Tage zugestellt worden sind und im Rang sich gleichstehen. Diese Folge der Zurücknahme der einen Berufung kann nicht mit dem Einwand beseitigt werden, daß der Verlust des ganzen Rechtsmittels nicht beabsichtigt gewesen sei. Mag der erstinstanzliche Anwalt auch nur den Willen gehabt haben, seine Berufung allein als überflüssig zurückzunehmen, so muß doch der Verlust des ganzen Rechtsmittels ausgesprochen werden, weil die Zurücknahme ein rein prozessualer Akt ist, welcher die gesetzliche Wirkung jedenfalls hat. Es gilt dies selbst dann, wenn die Parteien vereinbaren, daß die Wirkung nicht eintreten solle (JWschr. 1902 S. 185[19]), oder wenn der Zurücknehmende über die Wirkung seiner Erklärung sich irrt (Seuffert's Archiv Bd. 48 Nr. 296; RGE. 51 S. 283). Eine Anfechtung wegen Irrtums ist übrigens gar nicht erfolgt.

Bedenken bestehen auch insofern nicht, als hier Prozeßhandlungen von zwei verschiedenen Bevollmächtigten des BerufungsKl. vorliegen. Der Prozeßbevollmächtigte erster Instanz war nach § 81 ZPO. zur Zurücknahme der von ihm eingelegten Berufung ermächtigt. Daß er die Befugnis hierzu verloren hatte, ist nicht einmal behauptet worden. Der Umstand, daß der zweitinstanzliche Prozeßbevollmächtigte des BerufungsKl. der Zurücknahme der Berufung nicht zugestimmt hat, ist unerheblich, da nach § 84 ZPO. mehrere Bevollmächtigte berechtigt sind, sowohl gemeinschaftlich als auch einzeln die Partei zu vertreten. Die Handlung des einen Bevollmächtigten, insbesonders ein von ihm erklärter Verzicht, bindet auch den anderen Bevollmächtigten (Struckmann u. Koch, Bem. 1 zu § 84 ZPO.).

Urt. OLG. II. ZS. v. 9. Juni 1905 U 96/05.

Pf.

3. Wer haftet für den Schaden, der durch eine fahrlässig an dem Vorderwagen eines Anderen angekoppelte Sämaschine verursacht wurde?

Bei der Ausfahrt auf das Feld erfaßte die an das zweispännige Fuhrwerk des Landwirts E. gekoppelte Sämaschine des K, der neben E. auf dem

Wagen saß, in der Ortsstraße zu H. den in der gleichen Richtung gehenden Kläger L., der einen schweren Sack auf dem Rücken trug, und warf ihn zu Boden; hierdurch erlitt dieser eine schwere Verletzung und erhob Klage auf Schadensersatz gegen den Eigentümer und Lenker des Fuhrwerks, sowie gegen den Eigentümer der Sämaschine. Die gegen das verurteilende Erkenntnis des LG. eingelegte Berufung wurde zurückgewiesen.

Aus den Gründen: Ist hiernach die Behauptung des Kl. erwiesen, daß die Sämaschine nicht ordnungsmäßig angekoppelt war, d. h. so daß ihre Fortbewegung in der Fahrbahn des vorgespannten Fuhrwerks erfolgen mußte (vgl. Art. 266 PolStGB.), wurde vielmehr bei der Unebenheit der Straße die Sämaschine rechts und links über die Fahrbahn des Vorderwagens hinausgeschleudert, so fragt es sich, wer für diesen Umstand (das schlechte Ankoppeln) verantwortlich zu machen ist. Der Fuhrwerkbesitzer ist in erster Linie verpflichtet, sein Fuhrwerk so einzurichten, daß die Sicherheit des Verkehrs auf den Straßen nicht gefährdet wird. Daher hatte E. darüber zu wachen, daß die Ankoppelung in einer diese Gefährdung ausschließenden Weise erfolgte. Die Ankoppelung selbst aber lag in erster Linie dem Bekl. K. ob, der zur Bestellung der Felder des E mittels der Sämaschine gedungen war und als Eigentümer der Maschine am besten wissen mußte, in welcher Weise die geeignete Befestigung am Vorderfuhrwerk bewirkt werden konnte. Gegen die vom Vorderrichter aufgestellte Vermutung, daß beide Bekl. sich an der Ankoppelung beteiligten, hat blos der Vertreter des E. Widerspruch erhoben, so daß, da ein Beweis für eine gemeinsame Tätigkeit beider Bekl. nicht vorliegt, das Verschulden des K. darin besteht, daß er die Verkoppelung mangelhaft vorgenommen, und das Verschulden des E. darin, daß er sich von einer ordnungsmäßigen Ankoppelung nicht hinreichend überzeugt hat; sie haben beide fahrlässig gehandelt, weil sie die im Verkehr erforderliche Sorgfalt — die Sorge für die Sicherheit des Verkehrs auf den von ihren Fuhrwerken zu passierenden Straßen — außer Acht gelassen haben. Nach § 840 BGB. haften sie für diese Fahrlässigkeit als Samtschuldner.

OLG. II. ZS. Urt. v. 28. Okt. 1904 U 217/04. F.

Kosten und Gebühren.

4. Nach welchen Grundsätzen ist die dem Nachlaßverwalter nach § 1987 BGB. zu gewährende Vergütung zu bemessen?

Durch Beschl. des Amtsgerichts G. wurde am 14. Jan. l. J. über den Nachlaß des ledig verstorbenen X. die Nachlaßverwaltung eröffnet und der Rechtsanwalt N. zum Nachlaßverwalter bestellt. X. hinterließ bei seinem Ableben ein Vermögen von rund 4600 Mk. Zu seiner Erbin hatte er, unter Ausschluß der gesetzlichen Erben, seine Braut eingesetzt, die gegen Zahlung einer Summe von 1900 Mk. auf ihre Erbansprüche zu Gunsten der gesetzlichen Erben verzichtet hatte. Die Nachlaßverwaltung wurde nach Abfindung der Testamentserbin und nach Zahlung der beträchtlichen Schulden des Erblassers am 12. April l. J. durch Beschl. des AG. wieder aufgehoben. Der Nachlaßverwalter beantragte Festsetzung seiner Vergütung auf 150 Mk. Das AG. setzte ohne weitere Begründung die dem Nachlaßverwalter zu gewährende Vergütung auf 40 Mk. fest. Hiergegen wurde auf Grund der §§ 19 ff. GFG. Beschw. verfolgt, die wie folgt begründet wurde: Gesetzliche Bestimmungen und allgemeine Anordnungen der Landesjustizverwaltung seien nicht vorhanden. Einen Anhaltspunkt biete nur der Tarif von Elsaß-Lothringen vom 4. Okt. 1887 für die Berechnung des Honorars des Konkursverwalters; die Nachlaßverwaltung habe Aehnlichkeiten mit der Konkursverwaltung. Unter entsprechender Anwendung der angeführten Bestimmungen sei bei einer Aktivmasse von 4600 Mk. laut Inventar eine Vergütung von 352 Mk. zu gewähren gewesen. Bei der bedeutenden Arbeit, die die Nachlaßverwaltung durch die umfangreiche Korrespondenz und durch vielfache Verhandlungen mit den gesetzlichen Erben und mit der Testamentserbin verursacht habe, sei eine Vergütung von 150 Mk. angemessen.

Der Beschw. wurde teilweise stattgegeben, indem dem Nachlaßverwalter für seine Mühewaltung der Betrag von 80 Mk. zuerkannt wurde, und zwar mangels gesetzlicher Bestimmungen und allgemeiner Anordnungen der Justizverwaltung in Anlehnung an die Art. 8, 11, 33 NotGebO. vom 30. Dez. 1904 und unter Berücksichtigung der gesamten Tätigkeit und der in Betracht kommenden Verhältnisse. Beschw.

Das OLG. hat die eingelegte weitere Beschw. als unbegründet verworfen.

Aus den Gründen: Die Uebertragung der Nachlaßverwaltung an den Beschwerdeführer erfolgte offenbar nicht in dessen Eigenschaft als Rechtsanwalt, sondern an ihn als eine zur Verwaltung geeignete Privatperson. Zur Bestellung eines Rechtsanwalts als solchen lag bei der Einfachheit der Verwaltung und der Geringfügigkeit des Nachlasses keine genügende Veranlassung vor. Aus diesem Grunde können aber auch die Bestimmungen der VO. vom 25. Jan. 1902, betr. die Gebühren der Rechtsanwälte (unter D), für den vorliegenden Fall nicht maßgebend sein (§ 2 VO.). Die Gebühren des Nachlaßverwalters waren vielmehr unter Berücksichtigung des § 1987 BGB. nach freiem richterlichen Ermessen festzusetzen und sind nach der Auffassung des Beschwerdegerichts von dem Vorderrichter mit 80 Mk. ausreichend bemessen worden.

Beschl. OLG. I ZS. v. 27 Juni 1905 W 122/05. Dr. N.

Entscheidungen der Großh. Landgerichte und des Reichsgerichts.

Zivilrecht. — Zivilprozeß.

5. Ist ein Bodenkreditinstitut im Sinne des § 254 Abs. 2 BGB. verpflichtet, zur Abwendung eines ihm im Immobiliarzwangsvollstreckungsverfahren durch teilweisen Ausfall seiner Forderung drohenden, von seinem Bevollmächtigten verschuldeten Schadens das Unterpfand selbst anzusteigern?

Der Bekl., ein Rechtsanwalt, hatte, obwohl er hierzu von der Klägerin, einem Bodenkreditinstitut, beauftragt gewesen war, die von dem zwangsweise zur Befriedigung der Kl. in Anspruch genommenen Unterpfande während der Dauer des Zwangsvollstreckungsverfahrens fällig werdenden Mietgelder zu Gunsten der kläg. Forderung nicht beschlagnahmt. Auf das Unterpfand wurde demnächst von dritter Seite nicht soviel geboten, daß die Forderung der Kl. aus dem Erlöse voll zum Zuge kam. Jedoch wäre der Betrag, mit welchem Kl. ausfiel, durch die eingegangenen Mietzinsen gedrekt worden, wenn Bekl. sie beschlagnahmt hätte. Kl. nahm deshalb den Bekl. auf Ersatz ihees Schadens in Anspruch. Bekl. wendete unter anderem ein, die Kl. habe, da ihr im Versteigerungstermin bereits bekannt gewesen sei, daß er die Mietgelder nicht beschlagnahmt habe, das Unterpfand selbst steigern müssen. Es sei viel höher als der von deitter Seile gebotene Kaufpreis taxiert gewesen, und schon einige Tage darouf vom Ersteher mit einem Gewinn von 36000 Mk. weiter verkauft worden. Der Kl. wäre nicht nur kein Schaden erwachsen, sondern sie hätte sogar noch einen ganz erhedlichen Gewinn gemacht. Hierdu führen die **G r ü n d e** aus:

§ 254 Abs. 2 BGB. verlangt nicht die Verletzung einer besonderen Rechtspflicht, sondern ein Verhalten, das nach der in Betracht kommenden Verkehrssitte als ein Verstoß gegen Treu und Glauben aufgefaßt wird. Es fragt sich alsa, od die Kl., als sie dao Grundstück zur Abwendung eines ihr aus der Pflichtversäumnis des Bekl. erwachsenden Schadens in eigenem Nomen **n i c h t** steigerte, diejenigen Grundsätze befolgt hat, welche Bodenkreditinstitute (Hypothekenbanken, Pfandbriefbanken) in solchen Fällen anzuwenden pflegen. Das ist aber der Fall. Es ist eine bekannte Tatsache, daß salche Institute nur sehr ungern ihre Unterpfänder im Zwangsversteigerungsverfahren selbst erwerden. Der jährlich erscheinende Geschäftsbericht dieser Pfandbriefbanken gidt Aufschluß darüber, in welchem Umfang die Bank an Immobiliarzwangsvollstreckungen deteiligt war und in wie vielen Fällen sie genötigt gewesen ist, die Unterpfänder selbst zu übernehmen, weil ihre Hypothek nicht herausgeboten wurde. Nach der Häufigkeit und dem Umfang solcher Selbstzwangserwerbungen schließt Börse und Anlagepublikum auf die Sicherheit der Grundlagen des Institu's d. h. darauf, ob die Bank dei Beleihung der Grundstücke diejenige Beleihungsgrenze innegehalten hat, welche solid geleitete Hypothekenbankinstitute niemals überschreiten. Es ist klar, daß eine Bank im Notfall gleichwohl zum Erwerb eines Unterpfandes schreiten wird, wenn sie nicht einen **e n d g ü l t i g e n** Schaden erleiden will und Vertrauen in den Mehrwert oder die Wertsteigerung des Grundstücks besitzt. Unter Anwendung dieser wohlberechtigten Verkehrssitte in dem Geschäftsgebahren solcher Institute kann es der Kl. als Verschulden nicht angerechnet werden, wenn sie die Vornahme einer ihren Ruf und ihr Ansehen gefährdenden Maßnahme unterläßt, zu der sie nur durch ein Verschulden des Bekl. gedrängt worden wäre. Es wäre eine unbillige Zumutung, wenn Kl., um Schaden von dem Bekl. als Ersatzpflichtigen abzuwenden, eine hierdn in gar keinem Verhältnis stehende, in ihrer Tragweite gar nicht zu überschauende, sie selbst vielleicht schädigende Handlung vornehmen müßte.

Entsch. LG. Darmstadt v. 5 Jan. 1905 O 611/04.

Sz.

Strafrecht. — Strafprozeß.

6. Wird durch die irrige Annahme des Täters[1], daß eine in den Contert der Urkunde — ohne Anfertigung eines Zusatzprotokolls — aufzunehmende Berichtigung nicht bloß während der Anfertigung der Urkunde, sondern auch später, nach ihrem vollständigen Abschlusse jedenfalls dann noch vorgenommen dürfe, wenn hierdurch in ein bereits begründetes Rechtsverhältnis nicht abändernd eingegriffen werde, die Anwendung des § 384² StGB. ausgeschlossen?

In einer vor dem angekl. Notar X. errichteten Urkunde haden die vier Erben des A. den Nachlaß des Erblassers unter sich geteilt. Zur Ueberschreibung der verteilten Liegenschaften im Grundbuch auf den Numen der Eeden war die Vorlage eines Erbschaftszeugnisses erforderlich. Bei dessen Ausstellung ergad sich, daß die in dem Akte als „Lina" aufgeführte Erdin im Geburtsregister mit deu Vornamen „Magdalene" eingetragen war. Sie gab dem Notar hiervon Kenntnis, worauf er ihr sagte, er müsse nun die Auseinandersetzungsurkunde dem auf den Namen Magdalene auszustellenden Erbschaftszeugnis entsprechend abändern. Wenn es ihr und den anderen Eeden recht sei, wolle er, um ihnen die Kosten eines Berichtigungsaktes zu ersparen, in die Urkunde nachträglich den Vermerk eintragen, daß die Erbin Lina auch Magdalene heiße. Sie und die übrigen Beteiligten erklärten hierdn ihr **E i n v e r s t ä n d n i s** und der Angekl. ließ durch den Gehülfen, der die Urschrift geschrieben hatte, in deren Coutext die Worte einfügen „letztere heißt auch Magdalene".

Die Strafk. führte in rechtlicher Hinsicht hierdn ans: Durch den Zusatz habe der Rotne der Urkunde einen andern Inhalt gegeden. Denn an Stelle der in ihr als forderungsberechtigt auftretenden Lina W. erscheine nunmehr eine Lina W., die auch Magdalene heiße. Außerdem erwecke die Urkunde nunmehr den Anschein, als habe die auch Magdalene genannte Lina W. einen Auseinandersetzungsvertrag geschlossen, obwohl weder sie noch die anderen Erben von dem richtigen Vornamen zu dieser Zeit Kenntnis gehadt hätten. Mit Unterzeichnung der Urkunde durch die Vertragschließenden und den Notar sei sie rechtswirksam errichtet gewesen und habe nur durch Errichtung einer neuen Urkunde abgeändert werden können, in der ihr Inhalt ganz oder teilweise außer Kraft gesetzt wurde. Die Abänderung durch den Zusatz verstoße gegen die für die Errichtung öffentlicher Urkunden maßgebenden Gruudsätze, sei von dem Angekl. undefugt vorgenommen und eine Fälschung. Daran vermöge weder das Einverständnis der Beteiligten noch der Umstand etwas zu ändern, daß der Zusatz eine im Interesse aller Beteiligten gelegene Richtigstellung der Urkunde bedeute. Denn mit Errichtung der Urkunde seien Rechte erworben gewesen.

Auf Rev. erwog das **R e i c h s g e r i c h t**: Diese Ausführungen treffen den Kern der Sache nicht. Weder ist richtig, daß der Notar in Folge des Zusatzes eine andere Person als erschienen aufgeführt hat, die in Wahrheit nicht erschienen war, noch daß durch den Zusatz in Rechte eingegriffen worden sei, welche durch die Urkunde in ihrer ursprünglichen Fassung erworden worden waren. Denn auch nach jenem Zusatz blieden alle jene Rechte derselben physischen Person erhalten, welche sie in dem Akt erworden hatte und die in ihm als Lino W. bezeichnet und tatsächlich an dem betr. Tage vor dem Notar erschienen war.

Ist hiernach die Strafk. zur Feststellung der **o b j e k t i v** mangelnden Berechtigung des Angekl. zu der vorbezeichneten Einschaltung von rechtlich unzutreffenden Gesichtspunkten aus gelangt, so verlieren auch ihre Erörterungen zum **s u b j e k t i v e n** Tatbestande schon hiernach ihren Wert, weil sie von jenen beeinflußt sein können.

Mit Recht nimmt allerdings die Strafk. an, daß die Form, in der der Angekl. die sachliche Richtigstellung des Namens der Erbin, die sich vor ihm als Lina bezeichnet und mit diesem Namen unterschrieben hatte, vollzogen hat, nicht zulässig war. Weder die Vorschrift des § 47 der Not-Dienstanw. v. 22. Nov. 1899, danach in jeder Urkunde der Vor- und Zuname der Beteiligten angegeben werden soll, noch diejenigen des Art. 107 hess. AG. z. GFG. v. 18. Juli 1899, danach „Zusätze, Berichtigungen und Aenderungen in der Urkunde oder am Rande derselben vermerkt werden sollen“, berechtigen trotz des Einverständnisses der Beteiligten zu der unter Anklage gestellten Einschaltung. Wenn aber der Notar, wie seine Verteidigung unzweideutig darlegt, nach Maßgabe der für ihn bestehenden Vorschriften sich zu der von ihm gewählten Art der Richtigstellung des Namens für befugt gehalten hat, so hat er sich im Jertum über den Inhalt seiner hierauf bezüglichen Dienstvorschrift befunden. Augenscheinlich kommt hier die Vorschrift in dem vorgenannten Art. 107 in Froge, die nach ihrer Fassung von dem Notar immerhin dahin ausgelegt werden konnte, daß eine in den Context der Urkunde selbst ohne weiteres d. h. ohne Anfertigung eines Zusatzprotokolls aufzunehmende Berichtigung nicht bloß während der Anfertigung der Urkunde, sondern auch später, nach ihrem vollständigen Abschlusse jedenfalls dann noch vorgenommen werden dürfe, wenn hierdurch in ein bereits begründetes Rechtsverhältnis nicht abändernd eingegriffen werde. Diese Auffassung von Inhalt und Tragweite der angezogenen gesetzlichen Bestimmung mag unrichtig sein; ging aber der Angekl. von ihr aus, so befand er sich in einem Irrtum, der nicht das Strafgesetz, sondern den Inhalt der bezeichneten öffentlich-rechtlichen, für ihn als Beamten maßgebenden Vorschriften betraf, und dieser Irrtum, der einem tatsächlichen gemäß § 59 StGB. gleichsteht (Entsch. Bd. 27 S. 401), schloß seinen strafrechtlichen Vorsatz in Beziehung auf die ihm zur Last fallende Handlung aus. Somit war auf Freisprechung zu erkennen.

Reichsgericht I. Strafs. v. 13. Febr. 1905 D 6392/04 (Hess. Sache). Nees.

7. „Rechtskraft“ eines Einstellungsbeschlusses. § 210 StPO. Rechtzeitigkeit des Strafantrags. Unzulässigkeit sog. Nachschiebungen bei Totalausverkauf.

I. Gegen den Angekl. H. war wegen Vergehens gegen § 4 des WettbewerbGes. v. 27. Mai 1896 Voruntersuchung geführt worden, nachdem der Weinhändler M. in seiner Eigenschaft als Vorsitzender des „Vereins Mainzer Kaufleute“ Strafantrag am 21. Nov. 1903 gestellt hatte. H. war Schuhwarenhändler. Auf Gruud einer Verwechselung mit dem „Kaufmännischen Verein“ in Mainz war auf Anfrage der Staatsanwaltschaft seitens des AG. Mainz die irrige amtliche Auskunft erteilt worden, daß der „Verein Mainzer Kaufleute“ in das Vereinsregister nicht eingetragen sei. Darauf wurde durch Beschl der Strofk. vom 5. Dez. 1903 das Verfahren mangels Vorliegens eines Strafantrages eingestellt. Nachträglich ergab sich die Unrichtigkeit der amtsgerichtlichen Auskunft. Darauf wurde auf erhobene Anklage durch Beschl. der Strafk. vom 20. Moi 1904 das Hauptverfahren gegen H. eröffnet unter Verwerfung der hiergegen erhobenen Einwände als unbegründet, auch in der Folge H. wegen Vergehens gegen § 4 verurteilt. Hiergegen hat H. Revision eingelegt und in der Begründung ausgeführt, die Rechtskraft des Einstellungsbeschlusses vom 5. Dez. 1903 stehe der Zulässigkeit des Verfahrens entgegen; dem Beschlusse komme die Wirkung des res judicata zu.

Das Reichsgericht hat diesen Einwand aus folgenden Gründen zurückgewiesen: Von einer „Rechtskraft“ eines Einstellungsbeschlusses kann an sich nur dann die Rede sein, wenn eine sachliche Beurteilung der Strafklage stattgefunden hat. In solchem Fall steht der Einstellungsbeschluß bei unveränderter Sachlage einer weiteren Verfolgung des Angesch. entgegen (Löwe, StPO. § 210 Note 2). Hält der Staatsanwalt auf Grund neuer Tatsachen oder Beweismittel die Veränderung als gegeben, so ist er berechtigt und verpflichtet, trotz des früher ergangenen Einstellungsbeschlusses Anklage zu erheben. Alsdann steht der beschließenden Strafk. (GVG. § 77) die endgültige Entscheidung zu, ob das Hauptverfahren zu eröffnen ist (Entsch. Bd. 22 S. 189). Im vorliegenden Falle ergibt sich aus der mit Eröffnung des Hauptverfahrens zugleich ausgesprochenen Zurückweisung der hiergegen gerichteten Einwendungen, die auf angebliche Unwirksamkeit des Strafantrages gestützt waren, daß ihn die Strafk. erneuter Prüfung unterzogen hat, da sie zur Eröffnung des Hauptverfahrens nur gelangen konnte, indem sie den antragstellenden Verein als rechtsfähig ansah. Wäre hierin, wie im Urteil angenommen ist, eine gemäß § 210 StPO. ergangene Entscheidung über die Wiederaufnahme der Klage zu finden, so würde das erkennende Gericht zur Erschöpfung der Klage gemäß § 263 StPO. verpflichtet gewesen sein, wie sie in der nicht mehr anfechtbaren Entscheidung über die Eröffnung des Hauptverfahrens formuliert ist. Allein ein nach § 210 StPO. erlassener Beschluß steht hier überhaupt nicht in Frage. Der gestellte Strafantrag verlor seine Rechtswirksamkeit infolge des Beschl. vom 5. Dez. 1903 nicht. Letzterer hatte nur diese prozessuale Voraussetzung der Strafverfolgung zum Gegenstand. In solchem Fall kann von einem Erlöschen der Strafklage durch Verbrauch nicht die Rede sein (vgl. RG. Rechtspr. Bd. III S. 479; Entsch. Bd. 4 S. 211; Goltdammer's Archiv Bd. 49 S. 129).

II. Der Ausverkauf, den Angekl. H. veranstaltet hatte, wurde am 3. Aug. 1903 beendet. Bis zum Schlusse hatten fortgesetzt Neuanschaffungen in erheblichem Umfang stattgefunden. Bereits im Juli 1903 hatten von diesen Nachschiebungen einzelne Mitglieder des Vorstandes des „Vereins Mainzer Kaufleute“ Kenntnis. In einer Vorstandssitzung im Nov. 1903 wuede beschlossen, gegen H. Strafantrag wegen unlauteren Wettbewerbes zu stellen. Infolge dieses Beschl. wurde dieser Strafantrag seitens des Vorsitzenden am 21. Nov. 1903 gestellt. Die Strafk. hatte ein fortgesetztes Delikt angenommen und den Strafantrag für fristgerecht erachtet. Die hiergegen seitens H. erhobenen Einwendungen wurden seitrus des Reichsgerichts aus folgenden Gründen zurückgewiesen:

Der Strafantrag ist rechtzeitig gestellt. Denn maßgebend hierfür ist allein der Zeitpunkt, in dem der Vorstand des Vereins als solcher in seiner Gesamtheit Kenntnis von der Straftat des Angekl. erhielt. Nicht darauf kommt es an, ob das eine oder andere Vorstandsmitglied bereits früher solche Kenntnis hatte (Entsch. Bd. 35 S. 270; Bd. 6 S. 121). Für den Beginn der Antragsfrist war übrigens, da eine fortgesetzte Straftat vorliegt, die *letzte* der Einzelhandlungen maßgebend (Entsch. Bd. 15 S. 370). Die Kenntnis von früheren Einzelhandlungen seitens einzelner Vorstandsmitglieder würde also auch von diesem Gesichtspunkt aus bei Berechnung des Laufs der Antragsfrist nicht in Betracht kommen. Da kein Anlaß vorliegt, die sachliche Richtigkeit der laut Urteilsgründe in der Hauptverhandlung festgestellten Tatsache in Zweifel zu ziehen, daß der Vorstand in seiner Gesamtheit erst im November von der strafbaren Handlung des Angekl. wußte, so ist der am 21. Nov. durch das Vorstandsmitglied im Auftrage des Vorstandes gestellte Antrag rechtzeitig. Auch diese Vertretung war rechtlich zulässig (Rechtspr. Bd. I S. 162; Entsch. Bd. 2 S. 145).

III. Auch die materielle Rüge geht fehl. Der Angekl. hat im Widerspruch mit seiner Ankündigung eines Totalausverkaufes im Laufe von 4¼ Monaten Neuanschaffungen von Waren im Betrage von 23 000 Mk. gemacht und diese bei dem Ausverkauf mit abgesetzt. Rechtlich völlig unbedenklich hat die Strafk. hierin Nachschiebungen in geringerem Umfange, die dem Ausverkauf den Charakter eines solchen nicht nehmen würden, *nicht* gefunden. Der Beschwerdeführer meint, weil geringfügige Nachschiebungen zulässig gewesen seien, hätte die Strafk. feststellen müssen, in welchem Verhältnis jene zu dem vorhandenen Gesamtlager gestanden hätten. Dieser Feststellung bedurfte es jedoch nicht. Durch § 4 des Gesetzes soll der redliche Mitbewerber gegen die Schäden geschützt werden, die ihm aus der unlauteren Reklame eines Anderen erwachsen können. Je größer des Letzteren Absatz an Waren infolge seiner unwahren Ankündigung ist, desto empfindlicher ist naturgemäß die Schädigung der übrigen Geschäftsleute des betreffenden Gewerbszweiges. Von ihnen wird das Publikum in dem Maße abgezogen, als sein Kaufbedürfnis bei dem unlauteren Mitbewerber Befriedigung gefunden hat. Daß der Anschein eines besonders günstigen Angebotes ein falscher sei, ist keine Voraussetzung der Anwendung des § 4 a. a. O. (vgl. Entsch. Bd. 35 S. 235).

RG. I. Straff. v. 21. Jan. 1905 D 3945/04 (*Hess. Sache*). J.

Kosten und Gebühren.

9. Zu Nr. 63 StempelT.

Die unentgeltliche Bestellung einer Dienstbarkeit enthält unzweifelhaft eine unentgeltliche Vermögenszuwendung i. S. der Nr. 63 StT. Diese setzt eine Eigentumsübertragung nicht voraus; es genügt ein Vermögensvorteil auf der einen und eine Vermögensbelastung auf der andern Seite. Bei der Bestellung eines Nießbrauchs wird wohl ein Zweifel nicht aufkommen können; dasselbe muß aber für Bestellung einer Grunddienstbarkeit (Wasserleitungsrecht) gelten.

Entsch. LGPräs. Mainz v. 7. Dez. 1904 I 199/04. Noes.

Abhandlungen.

Jagdrecht und Ausübung der Jagd im Großherzogtum Hessen.

(Schluß.)

Die Frage, wie der Zusammenhang einer Grundbesitzung von [illegible] Morgen und darüber gestaltet sein müsse, um [illegible]tümer desselben die Ausübung der Jagd in eigener Person oder durch Dritte zu gewähren, ist weder für die Provinz Rheinhessen noch in dem für Starkenburg und Oberhessen erlassenen Gesetze vom 26. Juli 1848 ausgesprochen. Es sind deshalb auch schon mehrfach Rechtsstreite geführt worden. Während das ehemalige hess. Ober-Appellationsgericht noch im Jahre 1861 die Ansicht vertrat, daß das Gesetz nur einen *Zusammenhang*, nicht aber eine *Abgeschlossenheit* des Grundbesitzes fordere, hat es später ausgesprochen, die in Artikel 4 des Jagdgesetzes vom Jahre 1848 gebrauchten Worte: „zusammenhängende Grundfläche" wiesen unzweifelhaft darauf hin, daß der bloße Zusammenhang einer Reihe von Grundstücken, welche eine Morgenzahl von 300 oder mehr umfassen, nicht genüge, sondern daß die ganze Grundfläche als solche, also das zur selbständigen Jagdausübung in Anspruch genommene Gebiet, in einem solchen Zusammenhang sich befinden müsse, daß es als ein in sich *geschlossenes Ganzes* anzusehen sei. Man hat in 1848 nicht jedem Grundbesitzer die unbeschränkte Befugnis zur Ausübung der Jagd auf seinem eigenen Grund und Boden erteilt, weil man sich der mit solcher Befugnis verbundenen Unzuträglichkeiten wohl bewußt war. Gefährdung der öffentlichen Sicherheit, Uebergriffe in fremdes Jagdrecht, Unfrieden und Zwistigkeiten der die Jagd ausübenden Grundbesitzer, vollständige Vernichtung des Wildstandes und noch andere Uebelstände wären die unausbleiblichen Folgen der Freigebung der Jagdausübung für jeden Grundbesitzer gewesen. In der Voraussetzung, daß die Gestattung der Jagdausübung an die Eigentümer von in nicht unterbrochenem Zusammenhang stehenden Grundbesitzungen von 300 und mehr Morgen Größe mit derartigen Uebelständen nicht verknüpft sein würde, hat man dem Grundgedanken des Gesetzes, daß das Jagdrecht ein Zubehör des Grundeigentums sei, hier dadurch Ausdruck verliehen, daß von der Vertretung der Grundeigentümer durch die Gemeinde abgesehen wurde und die Grundeigentümer selbst zur Ausübung des Jagdrechts befugt erklärt worden sind. Daraus geht hervor, daß der tatsächliche Zusammenhang, welcher es ermöglicht, das ganze 300 Morgen und darüber enthaltende Gebiet zu durchschreiten, ohne den Fuß auf nicht dazu gehöriges Grundeigentum zu setzen, für sich allein der Absicht des Gesetzes nicht genügen kann, weil die zu vermeidenden Uebelstände hierbei nicht für alle Fälle hintan gehalten werden können. Was in der Konstruierung des Zusammenhangs schon geleistet wurde, ist daraus zu ersehen, daß man die Berührung zweier Grundstücke in *einem* Punkt, wobei von einem auf das andere Grundstück über den gemeinschaftlichen Grenzstein hinweggeschritten werden mußte, als genügenden Zusammenhang erklärte, sowie daß 300 Morgen eines und desselben Grundbesitzers, die sich wie das Gewebe einer Spinne über die ganze Gemarkung verbreiteten, als selbständiges Jagdgebiet in Anspruch genommen wurden, mit der Maßgabe, daß das zwischen den Fäden des Gewebes gelegene sonstige Gelände als Enklave betrachtet werden sollte. Daß Staatsstraßen, Vizinalwege, Feldwege, Gräben u. dergl. eine Unterbrechung des Zusammenhangs nicht bewirken, ist in einer Verfügung des Großh. Min. d. J. v. 4. Nov. 1848 bereits ausgesprochen worden. In dem Gesetze selbst findet diese Tatsache keine Erwähnung und ebensowenig ist darin zu finden, daß auch Bahnkörper und Gewässer keine Unterbrechung bilden. Beides hat übrigens selbstredend nur bezüglich solcher Grundstücke Geltung, weiche ohne das Vorhandensein von Wegen usw. in ungetrenntem Zusammenhang liegen wüeden, nicht aber rücksichtlich solcher, die durch eden diese Wege usw. nur verbunden werden.

Die Frage ob der Art. 4 des Gesetzes vom 26. Juli 1848 auch zu Gunsten solcher Grundbesitzer, welche erst nach Erlaß des Gesetzes vom 2. August 1858 eine zusammenhängende Grundfläche von 300 Morgen erworben haben, anwendbar sei, ist nach *Haller's* Jagdgesetzgebung durch Urteil des früheren Ober-Appellationsgerichts vom 19. Okt. 1869 bejaht worden. *Nicht entschieden* ist aber bis jetzt die Frage, ob derjenige Grundbesitzer, welcher, nachdem die Jagdablösung durch die Gemeinde in einer Gemarkung vollzogen worden ist, ein Grundstück erwirbt, auf dem seither die Jagd durch die Gemeinde mittels Verpachtung ausgeübt wurde, eine Entschädigung an die Gemeinde zu leisten verpflichtet ist, wenn er dieses Grundstück mit seinem jagdselbständigen Grundbesitz, welcher mit dem angekauften Grundstück in Zusammenhang steht, vereinigt und selbst die Jagd auf dem betreffenden Grundstück nunmehr ausübt. Als Grund *für* die Gewährung einer Entschädigung ist geltend gemacht worden, daß die Gemeinde das Ablösungskapital, durch dessen Zahlung das Grundeigentum von der darauf lastenden Jagdservitut befreit worden ist, vorlagsweise für die Grundeigentümer aus der Gemeindekasse entrichtet habe, weshalb Rückersatz des für ein Grundstück vorgelegten Ablösungsbetrags stattzufinden habe, sobald ein Grundstück der Jagdverpachtung durch die Gemeinde entzogen und mit einem nach Art. 4 des 1848er Jagdgesetzes jagdselbständigen Grundbesitz vereinigt werde. *Gegen* die Entschädigung ist angeführt worden, daß die Grundeigentümer selbst das Jagdablösungskapital aufgebracht hätten, und nicht die Gemeinde als solche, weil diese Ablösungskapitalien nach dem Gesetz vom 2. Aug. 1858 als Ausgaben III. Klasse auf alle in der Gemarkung Wohnenden und Begüterten ausgeschlagen worden seien. In der Regel findet zwar in Fällen der bezeichneten Art die Herauszahlung des auf das von der Gemeindejagd getrennte Grundstück entfallenden Anteils am Ablösungskapital statt. Ob immer, ist eine andere Frage und was Rechtens in der Sache, ist noch nicht entschieden.

Eine *Revision der Jagdgesetze* ist ein schon lange fühlbar gewordenes Bedürfnis.*) Es ist auch schon vernommen worden, doß die Vorarbeiten dazu eingeleitet seien, aber man hat auch gehört, daß keine fortschreitende Entwickelung der Gesetzgebung über das Jagdrecht geplant werde. Es soll, und das würde einen offenbaren Rückschritt bedeuten, beabsichtigt sein, die fortdauernde Gültigkeit des Art. 4 des Gesetzes vom 26. Juli 1848 aufzuheben, derart daß es nicht mehr möglich sei, künftighin durch Geländeankauf ein dereits jagdselbständiges Gebiet zu vergrößern oder ein jagdselbständiges Gebiet neu zu begründen. Das Streben wäre hiernach darouf gerichtet, den dermaligen Staud der sog. Gemeindejagden zu erhalten, und zu verhüten, daß durch Bildung neuer oder Vergrößerung bestehender Privatjagden eine Schmälerung der in die Gemeindekasse fließenden Jagdpachtgelder eintreten könne. Eine fortschrittliche Entwickelung würde es bedeuten, diese Gelder den Grundeigentümern zukommen zu lassen.

Im Anschluß an vorstehende Mitteilungen sei noch der Beziehungen gedacht, welche zwischen der *Feldbereinigung* und dem *Jagdrecht*, modo der Ausübung des Jagdrechts auf eigenem Grund und Boden bestehen.

Zusammenhängender Grundbesitz von 300 Morgen und darüber verleiht dem Grundeigentümer in den Provinzen Starkenburg und Oberhessen das Recht, die Jagd auf seinem Grund und Boden in eigener Person oder durch Dritte mit Ausschluß der Gemeinde auszuüben, wobei es gleichgültig ist, ob diese zusammenhängende Fläche in einer oder in mehreren Gemarkungen liegt. Was hier verliehen wird, ist nicht das Jagdrecht an sich, nicht das jus ipsum, sondern die exercitio juris. Das Jagdrecht selbst ist nach dem 1848er Jagdgesetz mit dem Grund und Boden verbunden. Nun enthält das *Feldbereinigungsgesetz* zwar Bestimmungen über die Rechtsverhältnisse Dritter und ordnet an, daß die Ersatzgrundstücke an Stelle der mit Servituten belasteten abgetretenen Grundstücke zu treten haben. Im vorliegenden Falle handelt es sich aber nicht um *Rechte Dritter*, sondern um Ausübung des mit dem Grund und Boden verbundenen Jagdrechts des *Grundeigentümers selbst*. Hat ein Grundbesitzer in einer der Vereinigung unterzogenen Gemarkung eine zusammenhängende Grundfläche von der Größe, welche die selbständige Ausübung des Jagdrechts verleiht, so wird bei Bildung und Zuteilung der Ersatzgrundstücke darauf Rücksicht zu nehmen sein, daß dem Grundeigentümer aus der Vereinigungsmasse eine Fläche zurückgegeben wird, welche mindestens so groß ist, daß dem Eigentümer die Befugnis zur selbständigen Jagdausübung verbleibt. Dies wird sich in der Regel derart vollziehen lassen, daß der Hauptstock des in die Masse gegebenen Grundbesitzes dem Eigentümer belassen wird und Aenderungen nur an den Grenzen vorgenommen werden, soweit dies durch Anlegung der neuen Feldwege und Bildung der neuen Gewanne geboten ist. Voraussetzung dabei ist jedoch, daß der ursprüngliche Grundbesitz durch Abzug des für die neuen Wege und Massengrundstücke erforderlichen Geländes nicht auf eine Größe von weniger als 300 Morgen herabsinkt. Im Falle des Herabgehens der Fläche unter die in Art. 4 bezeichnete Mindestgröße wird der Grundeigentümer der Befugnis zur selbständigen Jagdausübung verlustig gehen, sofern es nicht tunlich ist, durch Zuweisung von Ersatzgrundstücken geringerer Bonität das Gut auf einer Größe von wenigstens 300 Morgen zu erhalten, wobei dann ein Wertunterschied durch Geld auszugleichen wäre. Ist ein solcher Ausweg nicht möglich, dann bleibt nur übrig, den Grundeigentümer für den Verlust der Befugnis zur Jagdausübung zu entschädigen. Die *Entschädigung* kann nur in *Geld* bestehen und ist von demjenigen zu leisten, der den Vorteil von der Aufhebung des bestandenen Jagdausübungsrechts hat. Das ist die Gemarkungseigentümerin, modo die *politische Gemeinde*. Auf sie geht das Recht der Jagdausübung über, sie übt die Jagd mittels Verpachtung aus und vereinnahmt die Jagdpachtgelder zum Vorteil aller Steuerpflichtigen der Gemeinde. Aus der Vereinigungskasse ist die Entschädigung nicht zu

*) Ein neues Jagdpolizeistrafgesetz wie auch ein Gesetz über die *Jagdausübung* liegen im Entwurf bereits vor.
Die Red.

leisten, denn die Vereinigungsgesellschaft zieht nicht den Vortell.

Ist ein selbständiges Jagdgebiet in mehr als einer Gemarkung gelegen, so ist bei Vereinigung darauf zu achten, daß der Zusammenhang dieses Gebietes nicht unterbrochen wird. Läßt sich der Flächenbestand nicht auf der Höhe erhalten, welche das Recht zu selbständiger Jagdausübung verleiht, dann haben die Gemeinden, welchen die Jagdausübung zufällt, den Grundeigentümer für den ihn treffenden Verlust zu entschädigen.

Wird bei Feldbereinigung von einem Grundeigentümer erklärt, daß ihm auf seinem 300 Morgen und mehr messenden zusammenhängenden Grundeigentum die selbständige Jagdausübung zustehe, so kann diese Erklärung von der Vereinigungskommission doch nur dann berücksichtigt werden, wenn das Recht des Grundeigentümers zur selbständigen Jagdausübung nicht bestritten wird. Der Grundeigentümer, welcher auf Grund des Art. 4 das Jagdausübungsrecht unter Ausschluß der Gemeinde für sich in Anspruch nimmt, wird daher die Anerkennung dieses Rechts durch die Gemeinde einzuholen und der Vollzugskommission für die Vereinigung vorzulegen haben. Wird diese Anerkennung verweigert, dann bleibt es den Beteiligten überlassen, den Rechtsweg zu betreten. Es müssen aber Fristen gesetzt werden, bei deren Nichteinhaltung die Bildung und Zuteilung der Ersatzgrundstücke ohne Rücksicht auf den von einem Grundbesitzer erhobenen Anspruch der selbständigen Jagdausübung vorgenommen werden konn. S.

Literatur.

Kranz, J., RA. u. Notar, IM.: Die Rechtsanwaltschaft beim Reichsgericht (F. Vahlen, Berlin. 28 S. Geh. Mk. 0.80). Der Berliner Anwaltsverein hat diesen im Nov. 1904 gehaltenen Vortrag des Verf. veröffentlicht, der das gesetzlich bestehende freie Auswahlrecht des Reichsgerichtspräsidiums bei der Zulassung zur Rechtsanwaltschaft bei dem RG. durch die freie Advokatur ersetzt wissen will. Die Versammlung nahm die Anträge des Referenten an und beschloß, die Frage vor den nächsten deutschen Anwaltstag zu bringen. X.

Winter, H., Gkfz.: Der Betrieb des Erwerbsgeschäftes der Ehefrau (Druck bei v. Zabern, Mainz). Diese Inaugural-Dissertation unseres jungen rheinhess. Landmannes kommt angesichts der §§ 1405, 1364 BGB. zu der Ansicht, daß im Güterstand der Verwaltungsgemeinschaft die Lage der ein Erwerbsgeschäft betreibenden Frau nicht beneidenswert sei, daß sie vielfach dem Verwaltungs- und Verfügungsrecht, auch dem Widerruf des Mannes unterworfen bleibe. Der Verf. glaubt in der recht weitherzigen Interpretation des § 1568 BGB. einen Schutz gegen Chikanen zu finden, was in mehrfacher Hinsicht doch als recht bedenklich erscheint. Auch die Stellung des Mannes beurteilt der Verf. nicht günstig im Hinblick auf chikanöses Verhalten der Frau. Schließlich wird die Ehevertragsfreiheit als dasjenige Mittel empfohlen, das die Anpassung in dem weiteren Rahmen des Gesetzes ermöglicht unter Würdigung der so mannigfaltigen Verhältnisse jedes einzelnen Falles. X.

Anzeigen.

Der heutigen Nummer ist eine Zigarrenofferte der Firma Joh. Eggers & Co. in Hemelingen bei Bremen beigefügt, worauf an dieser Stelle besonders aufmerksam gemacht wird.

Für die Redaktion verantwortlich: Oberlandesgerichtsrat [illegible] in Darmstadt. — Verlag von J. Diemer in Mainz. — Druck von G. Otto's Hof-Buchdruckerei in Darmstadt.

Hessische Rechtsprechung

Herausgegeben

auf Veranlassung des **Richter-Vereins** unter Mitwirkung der **Hessischen Anwaltskammer**

von Oberlandesgerichtsrat **Keller** in Darmstadt, Landgerichtsrat Dr. **Buff** in Darmstadt,

Landgerichtsdirektor **Rees** in Mainz, Landgerichtsrat **Praetorius** in Gießen, Landgerichtsrat Dr. **Schwarz** in Darmstadt.

Erscheint monatlich zwei Mal
Preis Mk. 7.12 jährlich
mit postfreier Zustellung.

Bestellungen nehmen die Expedition in Mainz, die Postanstalten sowie sämtliche Buchhandlungen entgegen.

Einrückungs-Gebühr die dreispaltige Zeile oder deren Raum 30 Pfg.

Nr. 9. Vom Deutschen Juristentag angenommene Zitierweise: HessRspr. Nachdruck verboten. **6. Jahrgang.**

Redaktion:
Darmstadt, Heinrichsstraße 5.

Mainz, 1. August 1905.

Verlag und Expedition:
J. Diemer, Mainz.

Entscheidungen des Großh. Oberlandesgerichts und des Reichsgerichts.

Zivilrecht. — Zivilprozeß.

1. Haftung des Konkursrichters nach rhein.-franz. Recht und nach § 839 BGB. Haftung des Staates.

Die Klägerin verlangt Ersotz des dadurch erwachsenen Schadens, daß der Konkursverwalter Sch. den Erlös aus dem Verkaufe der von ihr vor Ausbruch des Konkurses gepfändeten Fahrnisstücke nicht gemäß eines im Jahre 1898 gefaßten Beschlusses der Gläubigerversammlung bei der Darlehenskasse in G. hinterlegt hat, und zwar von den beklagten Amtsrichtern M., N., B. und R., weil sie in ihrer Eigenschaft als Konkursrichter durch Vernachlässigung ihrer Pflicht zur Beaufsichtigung des Konkursverwalters ihre Amtspflicht schuldhaft verletzt hätten, und von dem Fiskus, weil derselbe neben den Staatsbeamten für den Schaden haftbar sei. Das BG. stellt das Vorhandensein der formellen Voraussetzung für die Zulässigkeit der gegen die Großh. Staatsbeamten gerichteten Klage gemäß § 77 Hess. AG. z. BGB. vom 17. Juli 1899 fest, erachtet aber die Ansprüche der Kl. zum Teil für unbegründet und zum Teil für unzulässig. Die gegen die Entscheidung des BG. erhobenen Revisionsangriffe erscheinen nicht als gerechtfertigt:

I. Auf die in den Zeitraum von der Eröffnung des Konkurses über das Vermögen des Dr. B. bis zum 31. Dez. 1899 fallenden Handlungen und Unterlassungen der Bekl., die in dieser Zeit als Konkursrichter tätig wuren, wendet das BG. mit Recht die französischen Gesetze als zeitlich und örtlich maßgebend an und gelangt zu dem Ergebnis, daß die Voraussetzungen des auf die richterlichen Beamten auch in ihrer Eigenschaft als Konkursrichter ausschließlich anwendbaren art. 505 c. de proc. civ. hier nicht gegeben seien und daß der Staat nach französischem Recht überhaupt nicht, insbesondere auch nicht auf Grund des art. 1384 c. c. für Handlungen der Richter hafte. Diese im wesentlichen auf tatsächlicher Würdigung beruhenden Annahmen des BG. sind rechtlich nicht zu beanstanden. Insbesondere ist die Fortdauer der Geltung des art. 505 c. de proc. civ. sowie die Nichtanwendbarkeit der allgemeinen Vorschriften über Schadensersatzpflicht, insbesondere der art. 1382, 1383 c. c., auf Amtshandlungen der Richter, auch soweit nicht ihre rechtsprechende Tätigkeit in Frage steht, unter Hinweis auf die Entsch. des erkennenden Senats vom 7. März 1899 (RGE. Bd. 43 S. 384 ff.) mit Recht angenommen worden.*)

II. Für die Zeit vom 1. Jan. 1900 ab kommen nur die Bekl. B. und R. in Betracht, von denen der erstere vom 6. März 1899 bis September 1900 und der letztere von da an als Konkursverwalter tätig waren. Das BG. geht davon aus, daß diese Beamten nach § 839 BGB. der Kl. gegenüber zum Schadensersatze verpflichtet sein würden, wenn sie die ihnen als Konkursrichter den Gläubigern gegenüber obliegenden Amtspflichten auch nur fahrlässig verletzt haben sollten. Dies wird jedoch verneint. In der Unterlassung der Prüfung seitens der Bekl., ob der Konkursverwalter die eingegangenen Gelder gemäß dem Beschlusse der Gläubigerversammlung vom 23. Sept. 1896 bei der Darlehenskasse in G. hinteriegt habe, findet das BG. eine Verletzung der ihnen nach § 83 KonkO. obliegenden Pflicht zur Beaufsichtigung des Konkursverwalters deshalb nicht, weil zu einer Kontrolle der zur Konkursmasse eingehenden Gelder und zu einem Einschreiten gegen den Konkursverwalter die Konkursrichter nur in dem hier nicht vorliegenden Falle, daß sie durch Anträge von Beteiligten oder auf andere Weise Kenntnis von einer Pflichtwidrigkeit des Konkursverwalters erhielten, verpflichtet seien, jedenfalls aber, wenn eine unbedingte Pflicht zur Kontrolle bestehe, dieselbe auf den zur Zeit des Einganges des Geldes tätigen Konkursrichter zu beschränken sei und mithin den Bekl. B., der erst am 6. März 1899 in Tätigkeit getreten ist, und den Bekl. R. nicht treffe. Auch in dem Verhalten der Bekl. nach Entstehen des Verdachtes, daß die aus dem Verkaufe der gepfändeten Fahrnisstücke eingegangenen Gelder nicht hinterlegt worden seien, liegt nach der Anniabme des BG. keine Pflichtverletzung, insbesondere keine Nachlässigkeit der Bekl., da diese keine Ver-

*) Vgl. auch Noeldecke in Gruchot's Beiträgen Bd. 42 S. 804. — Mot. z. BGB. Entw. I § 780 bei Mugdan II S. 458. D. Einf.

anlassung gehabt hätten, die auf Anfragen von dem Konkursverwalter vorgebrachten Angaben als leere Ausflüchte zu erkennen. Aber selbst für den als nicht gegeben bezeichneten Fall, daß namentlich darin eine Pflichtverletzung der Bekl. gefunden werden könnte, daß sie trotz vieler Schreiben der Kl. die Auszahlung der Gelder nicht veranlaßt haben, nimmt das BG. an, daß der Klageanspruch nicht begründet sei, weil nämlich nicht behauptet und dargetan sei ein ursächlicher Zusammenhang der Pflichtverletzung mit dem der Kl. erwachsenen Schaden, insbesondere das Vorhandensein des vereinnahmten Geldes zur Zeit dieser Pflichtverletzung und die Möglichkeit, es durch Anordnung der Auszahlung für die Kl. zu retten. Das BG. schließt sogar aus der feststehenden Tatsache, daß der Konkursverwalter das vereinnahmte Geld niemals hinterlegt hat, darauf, dieser habe das Geld bereits zu einer Zeit in seinen Nutzen verwendet, in welcher die Bekl. B. und R. noch nicht als Konkursrichter tätig waren.

Diese Annahmen und Ausführungen des BG. lassen weder einen Rechtsirrtum erkennen noch sind sie, soweit sie eine tatsächliche Beurteilung enthalten, prozessual zu beanstanden. Insbesondere ist die Auffassung der nach dem § 83 KonkO. dem Konkursrichter obliegenden Pflicht der Aufsicht über den Konkursverwalter nicht zu mißbilligen und ist im übrigen eine Nachlässigkeit der Bekl. B. und R. ohne rechtlichen Verstoß verneint worden. Die hauptsächlich erhobene Revisionsrüge, das BG. habe zur Aufklärung des ursächlichen Zusammenhanges zwischen der Nachlässigkeit der beiden Bekl. und dem Schaden der Kl. das Fragerecht ausüben und darauf hinweisen sollen, daß es darauf ankomme, ob das Geld noch zur Zeit der amtlichen Tätigkeit der beiden Bekl. vorhanden gewesen sei, scheitert schon daran, daß in erster Linie überhaupt eine Nachlässigkeit und Säumnis der beiden Bekl. verneint wird und deshalb die Ausführung über das Fehlen des Nachweises des ursächlichen Zusammenhanges für die Entscheidung ohne Erheblichkeit ist.

III. Ebenso erweist sich die Abweisung der gegen den Fiskus gerichteten Klageanträge auch hinsichtlich der Zeit nach dem 31. Dez. 1899 als begründet. Das BG. verkennt nicht, daß für diese Zeit der Fiskus nach Artikel 77 EinfGes. z. BGB. und Artikel 78 des Hess. AusfGes. z. BGB. vom 17. Juli 1899, in gleicher Weise, wie die verklagten Beamten, jedoch in der rechtlichen Stellung eines Bürgen, bis zur rechtskräftigen Verurteilung der Beamten haftet, erachtet aber mit Recht wegen des letzteren Umstandes im Hinblick auf § 771 BGB. die Klage auf Verurteilung des Fiskus zur Zahlung eines Schadensbetrages für verfrüht. Auch der dahin gerichtete Klageantrag, jedenfalls die eventuelle Haftpflicht des Fiskus festzustellen ist schon deshalb mit Recht abgewiesen worden, weil nach der Begründung des BG. der Staat für die Zeit bis zum 31. Dez. 1899 überhaupt nicht und für die Zeit seit dem 1. Jan. 1900 aus dem Grunde nicht haftet, weil die verklagten Beamten nicht schadensersatzpflichtig sind, es sich mithin bei dem eventuellen Feststellungsantrage lediglich um den Ausspruch eines von dem Fiskus nicht bestrittenen Rechtssatzes handelt, ein dahin abzielender Antrag aber unzulässig ist.

Urt. RG. II ZS. v. 20. Dez. 1904 II 151/04 (in der Hess. Sache U [illegible] F.

2. **Recht des Beschwerdegerichts, die Wertfestsetzung auf Beschwerde gegen den Kostenfestsetzungsbeschluß von Amtswegen zu ändern.**

Streitwert bei Klagen der Berufsgenossenschaften aus § 140 GewUnfVG.

Bei Prüfung der Anwaltsgebühren hatte das LG. seinen Wertfestsetzungsbeschluß in dem Kostenfestsetzungsverfahren zu Grunde zu legen. Dieser Beschl. über die Festsetzung des Streitwerts ist niemals angegriffen worden und das Beschwerde-Gericht würde daher nicht befugt sein, eine anderweitige Anwaltsgebührenfestsetzung eintreten zu lassen, wenn es nicht in der Lage wäre, v. A. w. in diesem Beschwerde-Verfahren den landgerichtlichen Beschluß über die Wertfestsetzung zu ändern. Hierzu war das OLG. jedoch nach den zutreffenden Ausführungen der verein. Senate des RG. (Entsch. Bd. 44 S. 403 ff.), auf welche verwiesen wird, imstande.

Was nun den eingeklagten Anspruch selbst betrifft, so verlangt die Berufsgenossenschaft von dritten Personen, welche den Unfall eines Versicherten durch Fahrlässigkeit verschuldet haben sollen, den Ersatz bereits bezahlter und noch zu zahlender Renten, und stützt diesen Anspruch auf § 140 GewUnfG. v. 30. Juni 1900. Dort heißt es: „Insoweit nach Maßgabe dieses Gesetzes entschädigungsberechtigten Personen ein gesetzlicher Anspruch auf Ersatz des ihnen durch den Unfall entstandenen Schadens gegen Dritte erwachsen ist, geht dieser Anspruch auf die Berufsgenossenschaft über", und die Motive bemerken hierzu: „Entschädigungsansprüche gegen Dritte bleiben in allen Fällen, soweit sie nach den Vorschriften des bürgerlichen Rechts überhaupt begründet werden können, unverändert bestehen, nur mit der Maßgabe, daß der Anspruch auf die Berufsgenossenschaft übergeht. Der Uebergang der Forderung gegen den Dritten findet sofort mit ihrer Entstehung statt." Hieraus ergibt sich unzweideutig, daß das Gesetz den Anspruch der Berufsgenossenschaft nicht als einen Ersatzanspruch gegen Regreßpflichtige gestaltet hat, sondern eine kraft Gesetzes sich vollziehende Uebertragung der unverändert weiter bestehenden, hier auf die §§ 825, 843, 844 BGB. gestützten Forderung eintreten läßt. Die frühere Entscheidung des OLG. (vgl. HessRspr. V S. 109) konnte daher fernerhin nicht für richtig erachtet werden. Der Streitwert war nicht nach § 9 ZPO., wie es das LG. getan hatte, sondern nach § 9a GKG. zu berechnen und auf den fünffachen Jahresbetrag der Rente festzusetzen. Unerheblich ist es für die rechtliche Natur des Anspruchs, daß derselbe nur im Umfang der durch das GewUnfVG. begründeten Entschädigungspflicht der Genossenschaft auf diese übergeht. Man wollte damit nur vermeiden, daß der Genossenschaft eventuell mehr zugesprochen würde, als diese selbst wegen des Unfalls zu zahlen hat.

Beschl. OLG. II. ZS. vom 17. Febr. 1905 W 25/05. F.

Strafrecht. — Strafprozeß.

3. **Betrug durch Entrahmung von Vollmilch.**

Angekl. war durch Urteil des SchöffenG. F. vom 29. Nov. 1904 wegen Milchfälschung i. S. des § 10 des Ges., betr. den Verkehr mit Nahrungsmitteln ꝛc., in eine Geldstrafe verurteilt. Auf Berufung der Staatsanwaltschaft hat die Strafk. am 18. Jan. 1905 den Angekl. wegen Betrugs im begrifflichen Zusammenhang mit dem Vergehen aus § 10 Z. 1 und 2 a. a. O. in eine Gefängnisstrafe von 2 Wochen verurteilt.

Angekl. verfolgte Rev. und rügte Verletzung des § 263 StGB., dessen Tatbestand nicht festgestellt sei. Es wird geltend gemacht, eine *Vermögensbeschädigung* der Abnehmer des Angekl. liege nicht vor, da jene denselben Preis erzielt hätten wie bei guter Milch; bloße Möglichkeiten der Schädigung genügten nicht, und eine Schädigung der Kunden seiner Abnehmer könne umsoweniger von Bedeutung sein, als eine bloß mittelbare Schädigung mangels Vorhandenseins der Kausalität zwischen Handlung und Erfolg niemals genügen könne. Ueberdies sei eine Vermögensbeschädigung dieser Kunden nicht festgestellt, auch fehle es an ausreichender Trennung von *Kunden* und *Publikum*, gegen welches letztere Betrug nicht begangen werden könne.

Diese Beschw. war für grundlos zu erachten. Die Vermögensbeschädigung der direkter Abnehmer des Angekl., denen er *vertragsmäßig Vollmilch* zu 14½ Pfennig für den Liter zu liefern hatte, ist zutreffend darin gefunden worden, daß Angekl. zum Teil, und zwar etwa zur Hälfte, von ihm selbst entrahmte Milch, also minderwertige Milch, durch betrügerisches Verfahren seinen Abnehmern geliefert hat; diese Beschädigung ist ohne weiteres damit gegeben, daß diese Abnehmer an Stelle von *Vollmilch*, auf deren Lieferung sie durch Vertrag Anspruch hatten, solche *minderwertige entrahmte Milch* erhielten und daß der Anspruch auf Vollmilch einen vollwertigen Ausgleich nicht gefunden hat. Es handelte sich demnach auch nicht um eine *Gefährdung* des Vermögens, um eine bloße Möglichkeit der Schädigung, sondern diese *Schädigung war tatsächlich eingetreten*. Von einer gleichzeitigen Erlangung eines Aequivalentes von gleichem oder größerem Geldwert ist keine Rede; nur solche würde die Schädigung auszuschließen imstande gewesen sein.

Urt. OLG. Strafs. v. 28. April 1905 S 7/05. X.

4. Flaschenbier-Verkauf während der Sonntagsruhe.

Der Angekl. Gastwirt X. hatte am Sonntag Nachmittag zu einer Tageszeit, zu welcher nach lokalpolizeilicher Anordnung der Geschäftsbetrieb in offenen Verkaufsstellen für das Handelsgewerbe verboten war, Flaschenbier, welches er von der Brauerei in Flaschen abgefüllt erhalten oder selbst aus dem Faß in Flaschen abgefüllt und zum Verkauf in Flaschen vorrätig gehalten hatte, in geringen Mengen über die Straße verkäuflich abgegeben. Das SchöffenG. nahm an, daß der Gassenausschank zum Betrieb des Schankwirtschaftgewerbes gehörig und als Teil desselben von den beschränkenden Bestimmungen der Sonntagsruhe noch §§ 41a, 105b Abs. 2, 105i GewO. ausgenommen sei. Die Strafk. zu Gießen hat dagegen angenommen, daß dies nur für den Verkauf von frischem Bier vom Faß, nicht aber von Flaschenbier über die Straße zutreffe, indem sie erwog:

Grundsätzlich umfaßt das Schankwirtschaftsgewerbe nur die gewerbsmäßige Verabreichung von Getränken zum Genuß auf der Stelle. Der Verkauf von Getränken seitens eines Wirts über die Straße, nicht zum Genuß an der Verkaufsstätte des Wirts, ist grundsätzlich nicht als zum Betrieb der Schankwirtschaft gehörig, sondern als Kleinhandel mit Getränken zu betrachten, welcher den allgemeinen Vorschriften über die Sonntagsruhe unterworfen ist. Indessen gilt noch Maßgabe *örtlicher Anschauungen* und *Gewohnheiten* die verkäufliche Abgabe von *frischem Bier vom Faß* seitens eines Wirts über die Straße — sog. Gassenausschank — als zum Betrieb der Schankwirtschaft gehörig und als berechtigter Ausfluß derselben und als solcher auch von den Vorschriften über die Sonntagsruhe ausgenommen. Dies ist in Oberhessen der Fall und wohl allgemein in Süddeutschland, im Gegensatz zu Norddeutschland, wo diese Ausdehnung des Schankwirtschaftsbetriebs nicht anerkannt ist. Unter diesen Gassenausschank der Schankwirte fällt indessen nur der Ausschank von frischem, offenem Bier vom Faß über die Straße, da nach der Natur dieses Getränks und der Art des Ausschanks ein *alsbaldiger Genuß* des verkauften Bieres hierbei geboten und eine solche Verabreichung von Bier mit Rücksicht auf die notwendige Frische des vom Faß ausgeschenkten Getränkes nur in Verbindung mit einer Schankwirtschaft möglich und üblich und diese Art des Bierverkaufs hiernach gewissermaßen nur eine eigentümliche Seite des Schankwirtschaftsbetriebs ist. Dagegen bildet der Verkauf von Flaschenbier, d. h. von vorher vom Faß auf Flaschen abgefülltem und in Flaschen zum Verkauf vorrätig gehaltenem Bier, über die Straße nichts in dieser Weise der Schankwirtschaft Eigentümliches, sondern wird in gleicher Weise von dem Bierkleinhändler, der nicht Wirt ist, geübt. Dieser Flaschenbierverkauf ist nicht mehr zum „Gassenausschank" eines Schankwirts zu rechnen, vielmehr ist ein Schankwirt bezüglich eines solchen als *Bierkleinhändler* und den Bestimmungen über Sonntagsruhe, wie dieser, unterworfen zu betrachten. Hieran ändert nichts der Umstand, daß es Wirte gibt, insbesondere an kleinen Orten auf dem Land, welche mit Rücksicht auf den geringen Absatz in ihrer Wirtschaft nur Flaschenbier daselbst verabreichen und deshalb keinen „Gassenausschank" haben und betreiben können (vgl. *Landmann*, GewO. 4. Aufl. Bd. II S. 86/87, Anm. 3c zu § 135i und Bd. I S. 348/349, Anm. 2 zu § 41a, Anm. 3 zu § 33 und 10c zu § 35, Entsch. OLG. Colmar v. 18. Okt. 1904 S 28/04 und die darin angezogenen Entscheidungen desselben Gerichts vom 21. Okt. 1901 und des bayr. ObLG. vom 20. Jan. 1903 und 26. Jan. 1905).

Die von dem Angekl. eingelegte *Revision* behauptet, daß der Begriff des Schankgewerbes verkannt und mit Unrecht angenommen sei, daß die inkriminierte Handlung im Betriebe eines Handelsgewerbes vorgenommen sei; sie rügt auch mangelnde Feststellung der Vornahme des Verkaufs in einer offenen Verkaufsstelle und behauptet Verletzung der §§ 33, 41a, 105b, 105i GewO. Auf die zur Rechtfertigung der Rev. vorgebrachten Gründe ist hier jedoch nicht näher einzugehen, da die Staatsanwaltschaft mit Recht die *Freisprechung* des Angekl. aus einem anderen, von den Vordergerichten nicht beachteten Punkte in erster Linie beantragt hat.

Es ergibt sich nämlich aus den Akten, daß am 4. Aug. 1904 der Strafbefehl von dem Amtsrichter gegen den Angekl. erlassen wurde, daß am 2. Nov. 1904 der Amtsanwalt die Akten an das AG. mit dem Antrag einsandte, dieselben zum Zwecke der Unterbrechung der *Verjährung* zur Anstellung weiterer Ermittelungen zurückzugeben, und daß daraufhin das AG. die Akten „zur Anstellung weiterer Ermittelungen" am 3. Nov. 1904 zurückreichte. Die nächste richterliche Handlung erfolgte am 12. Nov. 1904 und bestand in der *Festsetzung des Termins* zur Hauptverhandlung. Nach den Bestimmungen des § 145 GewO. kommen bezüglich der Verjährung die Vorschriften des StGB. nur für die in §§ 145a, 146, 153 GewO. verzeichneten Vergehen in Anwendung; für alle übrigen mit Strafe bedrohten Handlungen wird im Abs. 2 eine dreimonatliche Verjährungsfrist festgesetzt. Da die Zuwiderhandlungen gegen §§ 41a, 105b GewO. im § 146a mit Strafe bedroht werden, unterliegt demnach die vorliegende Straftat der dreimonatlichen Verjährung. Diese ist, da eine andere richterliche, die Unterbrechung der Verjährung herbeiführende Handlung nicht vorliegt, am 4. Nov. 1904 eingetreten, wenn in der erwähnten Verfügung der Aktenrückgabe an den Amtsanwalt vom 3. Nov. 1904 eine Unterbrechungshandlung i. S. des § 68 StGB. nicht gefunden werden kann. Nach § 68 a. a. O. unterbricht jede Handlung des Richters, welche wegen der begangenen Tat gegen den Täter gerichtet ist, die Verjährung. Ob einer richterlichen Handlung die vom Gesetz verlangten Voraussetzungen innewohnen, ist eine Tatfrage; die Grenze wird nicht immer leicht zu bestimmen sein. Wie *Oppenhoff* (§ 68 Nr. 13) zutreffend ausführt, muß die richterliche Handlung erkennen lassen, daß sie dahin abzielt, in Beziehung auf eine als begangen unterstellte Missetat im *gesetzlich geregelten Verfahren* zur Ermittelung des objektiven oder subjektiven Tatbestandes und zur Bestrafung des Schuldigen zu führen. Alles das, was nur den inneren, für die Untersuchung selbst nicht wesentlichen Geschäftsbetrieb zwischen den bei der Untersuchung zusammenwirkenden Beamten betrifft und lediglich dazu dient, den äußeren Gang des Verfahrens vorzubereiten oder im Gange zu halten, scheidet daher aus und ist eine zur Unterbrechung nicht geeignete richterliche Handlung. Dahin gehören die Reproduktionsverfügungen, Präsentationsvermerke, Monitorien. Auch *Olshausen* (§ 68 Nr. 9) erblickt in der Uebermittelung einer Anzeige seitens des Gerichts an die Staatsanwaltschaft „zur zuständigen Entschließung" noch keine gegen den Täter gerichtete richterliche Handlung und das muß auch von der hier vorliegenden richterlichen Verfügung (Rückgabe der Akten an den Amtsanwalt zur Anstellung weiterer Ermittelungen) gelten. Diese Verfügung fördert den Untersuchungszweck und den Gang des Verfahrens in keiner Weise; sie ist keine Untersuchungshandlung i. S. der StPO. und entbehrt jeder gesetzlichen Grundlage; sie ist auch völlig bedeutungslos, da der Amtsanwalt kraft Gesetzes zur Erforschung des Sachverhalts verbunden ist (vgl. § 158 StPO.). Schließlich sei auch noch darauf hingewiesen, daß der Antrag des Amtsanwalts, das Gericht möge ihm die Akten zur Anstellung weiterer Ermittelungen zurückgeben, die sachliche Prüfung und das freie Entschließungsrecht des Richters unmöglich macht, da eine Ablehnung sowohl der Rückgabe der Akten wie auch der von dem Amtsanwalt weiter anzustellenden Ermittelungen ausgeschlossen ist. Ist die Verfügung vom 3. Nov. 1904 daher unerheblich, so kann ihr auch nicht rechtliche Wirksamkeit gegen den Angekl. beigelegt werden (vgl. Sammlung der Entsch. des Bayr. OLG. Bd. IV S. 43). Das Gleiche aber ist auch der Fall mit der richterlichen Verfügung vom 19. Aug. 1904, welche nach rechtzeitig eingelegtem Einspruch des Beschuldigten gegen den Strafbefehl erlassen wurde. Es heißt in dem Generalprotokoll nach Eingang des Einspruchs: „Beschl. . . . . III. H. Amtsanwalt ergebenst". Allerdings war die Aktenübersendung nach erfolgtem Einspruch an den Amtsanwalt nach den instruktionellen Vorschriften geboten; sie ist in dem gesetzlich geregelten Verfahren erfolgt, allein ein Handlung, die geeignet ist, zur Ermittelung des Tatbestands und zur Bestrafung des Schuldigen zu führen, liegt darin nicht. Die Staatsanwaltschaft konnte auch sehr wohl ohne weitere Erhebungen, lediglich auf Grund rechtlicher Erwägungen die Angelegenheit auf sich beruhen lassen. Wenn in der Rechtsprechung auch allgemein angenommen wird, daß die Zusendung der Akten durch den Richter an die Staatsanwaltschaft, „damit diese einen Antrag stelle", die Verjährung unterbricht, so läßt doch die hier vorliegende Verfügung nicht erkennen, daß die Stellung eines solchen Antrags durch die Aktenübersendung veranlaßt werden sollte, weshalb das Gericht in dieser Handlung eine Richtung gegen den Täter nicht erblicken konnte.

Wenn auch nach § 392 StPO. der Prüfung des Revisionsgerichts nur die gestellten Revisions-Anträge unterliegen, so ist doch der Revisionsrichter mit der ganzen Sache befaßt und in der Lage, selbständig die Verjährungsfrage zu prüfen (vgl. RGE. Bd. V S. 187; Bd. XII S. 434).

Die Frage, ob das Verfahren wegen Verjährung *einzustellen* oder ob der Angekl. *freizusprechen* sei, ist zwar nach *Löwe* (StPO. § 259) streitig, ist jedoch vom erkennenden Gericht in Uebereinstimmung mit RGE. Bd. XII S. 436 in konstanter Rechtsprechung im letzterwähnten Sinne entschieden worden.

Urt. OLG. Straff. v. 5. Mai 1905 S 8/05 (LG. Gießen D 187/04). X.

Freiwillige Gerichtsbarkeit.

5. Eintrag eines Hypothektitels gegen den Erben.

Eine Witwe will ein Grundstück verpfänden, welches ihr *und* ihrem Manne im Grundbuch zugeschrieben ist. Das AG. A. eröffnet ihr, daß die Hypothekerrichtung erst bestätigt werden könne, nachdem der Anteil des verstorbenen Mannes auf dessen Erben, als welche Witwe und Kinder erscheinen, überschrieben worden sei. Dagegen wird Beschw. an das LG. verfolgt, diese aber als unbegründet zurückgewiesen, ebenso die verfolgte weitere Beschw. Zu deren Begründung war im wesentlichen folgendes ausgeführt worden: Das vom AG. gestellte Verlangen auf Ueberschreibung der ideellen Hälfte der fraglichen Parzelle sei gesetzlich nicht begründet. § 8 des Pfandges. bestimme lediglich, daß der verhypothezierbare Gegenstand dem Verpfänder *angehören* müsse. Diese Voraussetzung sei gegeben, da die Kinder durch den Erbfall auch *ohne Ingrossation* Eigentümer der betr. ideellen Hälfte geworden seien. Hätte der Gesetzgeber gewollt, daß nur der im Grundbuch als Eigentümer Eingetragene gültig einen Hypothektitel bewilligen könne, so hätte er dies, wie an anderen Stellen geschehen, an denen er immer vom ingrossierten Eigentümer spreche, ebenfalls ausdrücklich gesagt, und schon diese nur äußerliche Tatsache losse darauf schließen, daß in den einzelnen besonderen Fällen, in denen Eigentum ohne Ingrossation erworben werde, dem Erwerber das Recht zur Hypothekerrichtung nicht genommen sein salle. Anch gestatte § 26 des Pfandges. Allen die Hypothekerrichtung, die das Rechi und die Fähigkeit hätten, den zur Hypothek einzusetzenden Gegenstand zu veräußern. Dieses Veräußerungsrecht stehe den Erben an den Grundstücken des Erblassers auch ohne vorherige Ueberschreibung auf ihren Namen zu, so lange sie sich nach in ungeteilter Erbengemeinschaft befänden. Das werde allgemein onerkannt und auch von Müller (IngrossGes. § 37) nichi in Abrede gestellt. Es sei deshalb die Ablehnung des AG. keineswegs derechtigt. Die Entsch. des OLG. in Bd. III (3. Folge) S. 276 des Arch. f. pr. RW., auf welche das AG. sich deruse, stütze sich nur auf die Ausführungen von Müller, Pfandges. § 11, deren Richtigkeit aber nicht für alle Fälle anerkannt werden könne. Bei einem erbschaftlichen Erwerb könne von einer Uebertragung des Eigentums im Sinne des hess. Liegenschaftsrechtes nicht die Rede sein, und lediglich für den Fall der Eigentumsübertragung erfordere Art. 36 des Pfandges. Ingrossation vor der Pfandbestellung. Art. 12 des Ges., das Verfahren der Hypothekenbehörden detr., erkläre auch die Einschreibung von Hypotheken auf die Liegenschaften verstorbener Personen ausdrücklich für zulässig. — Die zurückweisende Entsch. des OLG. ist auf folgende Gründe gestützt: Art. 8 Abs. 1 des Pfandges. schreibt vor: „Der verhypothezierbare Gegenstand muß dem Verpfänder angehören“, während in Art. 36 bestimmt ist: „So lange das Eigentum an einer Sache jemanden noch nicht übertragen ist, kaun auf diese Sache gegen ihn kein Hypothektitel gültig eingetragen werden.“ Nach Art. 1 des IngrossGes. koun Eigentum an einem Grundstück durch Uebertragung nur durch Eintrag in das Mutationsverzeichnis erworden werden, und noch Art .3 dieses Ges. kann auch, wenn Eigentum an einer undeweglichen Soche durch Erdfolge erworden wird, der Erwerber sein Eigentum gegen Dritte nicht geltend machen, bevor ihm die Soche im Mutationsverzeichnis zugeschrieben worden ist. Noch diesen Bestimmungen ist wesentliche Voraussetzung für die Gültigkeit und Wirksamkeit einer Hypothekbestellung die Tatsache, daß das Eigentum des Verpfänders an den zu verpfändenden Liegenschaften in das Geundbuch eingetragen ist. „Angehören“ im Sinne des Art. 8 des Pfandges. ist gleichbedeutend mit „Eigentümer sein“; Eigentümer einer Liegenschaft konn aber ein Erwerber erst durch den Eintrag in das Mutationsverzeichnis bezw. Grundbuch werden. Auch wenn, wie im vorliegenden Falle, das Eigentum durch Erbschaft erworden ist, begründet dieser Erwerd noch kein gegen jedermann geschütztes Bucheigentum. Es ist vielmehr noch der Eintrag des Eeden als Eigentümer in die öffentlichen Bücher erforderlich. Erst dadurch wird demselben die Befugnis gegeden, ein dingliches Recht, sei es Eigentum oder Pfandrecht, auf einen Anderen zu übertragen; vorher ist er daran gehindert, da er nach den Grundsätzen der hessischen Grundbuchgesetzgebung selbst erst durch die Ingrossation dingliche Rechte an dem Grundstück erlangt. Es muß die Einschreibung des Verpfänders als Bucheigentümer schon mit Rücksicht auf die der Hypothekengesetzgebung zu Grunde liegende Publizität gefördert werden. Sie ist nötig, um dem Verleiher, zu dessen Gunsten die Verpfändung geschieht, Sicherheit darüber zu geden, od seinem Schuldner auch wirklich Eigentum an den Unterpfändern zusteht und od es beschränkt ist oder nicht. Diese Ansicht, die von Müller in seinen Kommentaren zum Pfandges. §§ 11, 34, 46 uud zum IngrossGes. §§ 10, 37 vertreten wird, ist von dem OLG. schon mehrfachen Entsch. zu Grunde gelegt worden [vgl. außer den im Arch. f. prakt. RW. Bd. 14 (N. F.) auf S. 276 ff. und 416 ff. mitgeteilten noch die Urteile vom 5. Juni 1882 in U 85/82 und vom 13. Nov. 1882 in U 219/82) und wird auch von den LG. in Darmstadt und Gießen geteilt (vgl. die Entsch. T 138/93 und T 60/95 (Darmstodt) und O 410/81, O 132/82 (Gießen)]. Auch das vormalige Hofgericht der Prov. St. war, wie aus einer Verfügung vom 12. März 1879 vorgeht, gleicher Ansicht. Die AG. verlangen denn auch, soweit bekannt, in allen einschlägigen Fällen vorherige Ueberschreibung der Liegenschaften auf den Romen des Erben. Die von dem Beschwerdeführer dagegen vorgebrachten Gründe können zu einer Aenderung nicht Veranlassung geden. Daß auch im Falle des Eigentumserwerbs durch Erdfolge zur Herbeiführung der dinglichen Wirkung die Ingrossation erforderlich ist, wuede dereits oden bemerkt (Müller, IngrossGes. § 29 S. 111). Nach den Grundsätzen, die für den Eigentumserwerb von Grundstücken gelten, kann üderhaupt Eigentum mit dinglicher Wirkung, wie es für den Verpfänder gefordert wird, nur durch Ingrossation erworden werden. Es war deshalb auch nicht nötig, daß der Gesetzgeber im Pfandges. nochmals ausdrücklich bestimmte, daß nur der ingrossierte Eigentümer gültig einen Hypothektitel dewilligen könne. Der Ausdruck: „ingrossierter Eigentümer“ kommt übrigens im ganzen Pfandges. nicht vor. Wenn die Beschw. detont, daß der § 26 des Pfandges. allen denen die Hypothekerrichtung gestatte, die die Fähigkeit hätten, den zur Hypothek einzusetzenden Gegenstand zu veräußern, den Erben oder an den Grundstücken ihres Erblassers dieses Veräußerungsrecht auch ohne varderige Ueberschreibung auf ihren Rumen zustehe, so lange sie sich noch in ungeteilter Erbgemeinmeinschaft befänden, so ist es allerdings richtig, daß Erben, welche noch in ungeteilter Gemeinschaft stehen, ein auf den Rumen ihres Erblassers im Grundbuche eingetragenes Immobile veräußern können, ohne daß die Eeden vorher als Eigentümer ingrossiert werden, so daß Ueberschreibung vom Erblasser direkt auf den Erwerder erfolgen kann.*) Es enthält aber diese ministerielle Bestimmung (s. Instruktion für die AG., detr. das IngrossGes., v. 1882 § 15, Müller, IngrossGes. § 37) selbst eine Ausnahme von dem Grundsatz des IngrossGes., daß, bevor ein Grundstück auf einen neuen Erwerber überschrieben werden konn, es erst dem Veräußerer zugeschrieben sein muß, ist als solche strictissime zu interpretieren und läßt analoge Anwendung nicht zu. Nach Art. 12 des Ges. v. 19. Jan. 1859, das Verfahren der Hypotheken-

*) Vgl. auch Art. 8 des Großh. Ges., die Uebertragung von Grundeigentum rc., v. 6. Juni 1879 (n. F. v. 1899), Regbl. S. 1436). D. Red.

behörden betr., ist allerdings die Einschreibung von Hypotheken auf Liegenschaften einer verstorbenen Person im Hypothekenbuch zulässig; es kann sich dabei aber nur um Hypothektitel handeln, die der Verstorbene selbst, vielleicht durch letztwillige Verfügung, bewilligt hat, deren Einschreibung aber erst nach dem Tode erfolgt (Motive z. Ges. v. 19. Jan. 1859 S. 12). Im vorliegenden Falle steht ein solcher nicht in Frage, es wollen vielmehr die Erben ein Grundstück verpfänden, das ihrem Erblasser zugeschrieben ist.

Beschl. OLG. I. ZS. v. 16. Dez. 1904 W 216/04.
Sdm.

Entscheidungen der Großh. Landgerichte.

Zivilrecht. — Zivilprozeß.

6. Wirksamkeit einer Pfändungsbenachrichtigung, wenn vor Zustellung des demnächst ergangenen Pfändungsbeschlusses der Konkurs über das Vermögen des Schuldners eröffnet wird und ein allgemeines Veräußerungsverbot ergeht.

Auf Grund einer vollstreckbaren Urkunde ließen die Bekl. A. den Mietschuldnern des in Konkurs geratenen B. am 25. Sept. 1903 eine Pfändungsbenachrichtigung gemäß § 845 ZPO. zustellen. Am 6. Okt. 1903 erging gerichtlicher Pfändungs- und Ueberweisungsbeschluß, der den Drittschuldnern am 10., 13. und 14. Okt. 1903 zugestellt wurde, nachdem bereits am 8. Okt. 1903 das Konkursverfahren über das Vermögen des B. eröffnet worden und ein allgemeines Veräußerungsverbot ergangen war. Die auf Grund des Pfändungs- und Ueberweisungsbeschlusses betätigte Forderungspfändung wurde als rechtsunwirksam aufgehoben.

Aus den Gründen:

Es ist richtig, daß nach § 845 ZPO. die Pfändungsbenachrichtigung an den Drittschuldner die Wirkung eines Arrestes nach § 930 a. a. O. hat, sofern die Pfändung der Forderung innerhalb 3 Wochen bewirkt wird. Aber die Bewirkung der Forderungspfändung erfolgt nicht durch den Erlaß des gerichtlichen Beschl., sondern durch die Zustellung dieses Gerichtsbeschlusses an den Drittschuldner (§ 829[3] ZPO.). Während nun in vorliegendem Falle der Gerichtsbeschl. selbst 2 Tage vor der Konkurseröffnung erlassen ist, erfolgte seine Zustellung erst mehrere Tage nach der Eröffnung des Konkurses und dem Erlasse des allgemeinen Zahlungsverbots. Der gerichtliche Pfändungsbeschl. konnte deshalb keine Rechtswirksamkeit erlangen, er war von vornherein objektiv ungültig, als er zur Wirksamkeit kommen wollte. Bei dieser Sachlage war er auch nicht geeignet, der Pfändungsbenachrichtigung, die allerdings vor dem Beginne der Anfechtungsfrist erfolgte, die Wirkung eines Arrestes zu verleihen, und diese Benachrichtigung mußte deshalb wirkungslos bleiben. Diese Schlußfolgerung steht im Einklang mit der Rechtsprechung des RG. (vgl. Entsch. Bd. 26 S. 425, Bd. 42 S. 365), welches ausführt, daß es bezüglich der Anfechtbarkeit der hier in Frage stehenden Rechtshandlungen allerdings nicht auf den Gerichtsbeschluß, sondern auf die außergerichtliche Benachrichtigung ankomme, vorausgesetzt indessen, daß der Gerichtsbeschl. objektiv zu Recht bestehe.

Entsch. LG. Mainz v. 30. Dez. 1904 O 822/04.
W. J.

Freiwillige Gerichtsbarkeit.

7. Die Beteiligten sind nicht verpflichtet, dem Grundbuchrichter anzugeben, zu welcher Vermögensmasse auf den Namen eines Ehegatten in das Grundbuch einzutragende Grundstücke oder Rechte gehören.

Die Eheleute K. verkauften laut notarieller Urkunde eine auf dem Namen der Ehefrau stehende Liegenschaft, bei welcher Gelegenheit der Käufer für das Kaufgeld die Sicherungshypothek bestellte. Letztere sollte auf den Namen der mitverkaufenden Ehefrau im Grundbuch eingetragen werden. Das AG. lehnte die Eintragung ab, weil die Sicherungshypothek zu Gunsten der verkaufenden Ehefrau ohne nähere Angabe des Güterstandes eingetragen werden solle. Auf Beschw. wurde die Eintragung entsprechend dem Antrage der Beteiligten angeordnet. Aus den Gründen des LG.:

Eine Verpflichtung, bezüglich der auf den Namen der Frau einzutragenden Sicherungshypothek anzugeben, zu welcher Vermögensmasse der Ausstand gehört, besteht nach den grundbuchrechtlichen Vorschriften nicht; im Gegenteil, die Frage, ob ein Vermerk im obigen Sinne in das Grundbuch eingetragen werden kann, erscheint als eine zweifelhafte; nur darüber ist man im Hinblick auf § 1438 Abs. 3 BGB. in Verbindung mit § 894 BGB. und § 48 GBO. einig, daß das Rechtsverhältnis der Gütergemeinschaft in das Grundbuch einzutragen ist (vgl. Staudinger, Komm. z. BGB. § 892, IV 2 zu a Abs. 4; Planck, § 1431 Note 2; Achilles-Strecker; S. 252; OLGRspr. 9, 332; A. M. Notar Dorst in RheinNotZ. 1900 S. 53).

Das BGB. hat für das Gebiet des ehelichen Güterrechts ein Register geschaffen, das dem Schutze des Verkehrs dienen soll, das Güterrechts-Register. Dieses Register ist in erster Linie dafür da, um die Einträge bezüglich des ehelichen Güterstandes aufzunehmen, damit sie gegen einen damit unbekannten Dritten wirken. Es wird zu Gunsten des gutgläubigen Dritten angenommen, daß zwischen den Ehegatten der gesetzliche Güterstand oder das in das Register eingetragene Güterverhältnis gilt, so lange nicht das Register ein anderes ergibt. Im gegebenen Falle ist hiernach der Eintrag auf den Namen der verkaufenden Frau ohne weitere Angabe des Güterstandes bezw. ohne weiteren Vermerk zu vollziehen.

Entsch. LG. Mainz vom 25. Febr. 1905 T 36/05.
LGR. Dp.

8. Verfahren nach §§ 730, 576 ZPO.; die Sterbfallsanzeige ist keine öffentliche Urkunde; Aktenkundigkeit und Offenkundigkeit.

Mit Antrag vom 15. Dez. 1904 hat G. beim AG. D. Erteilung einer vollstreckbaren Ausfertigung eines Urteils und Kostenfestsetzungsbeschlusses begehrt gegen die Rechtsnachfolger seines verstorbenen Schuldners Sch., nämlich dessen hinterlassene Ehefrau und Kinder uns 1. und 2. Ehe. Zum Beweise der Rechtsnachfolge berief er sich auf die bei Gericht befindliche Sterbfallanzeige bezüglich des am 23. Aug. 1904 ver orbenen Sch., eventuell die entstandenen Nachlaß- und Vormundschaftsakten.

Das AG. hat hierauf durch Beschl. vom 12. Dez. 1904 die Ermächtigung zur Erteilung der beantragten Vollstreckungsklausel insolange versagt, als nicht die Rechtsnachfolge durch Vorlage eines Erbscheines nachgewiesen sei. Die Zustellung ist am 22. Dez. 1904 erfolgt. Dagegen Beschw. des Antragstellers. Zur Begründung wurde vorgetragen: Es sei dem Gläubiger unmöglich, den verlangten Erbschein vorzulegen, da ein Erbschein gemäß § 2353 BGB. nur den Erben erteilt werden dürfe. Man bitte vielmehr auf Grund der erwähnten Akten die Rechtsnachfolge als bei Gericht offenkundig anzunehmen, da nicht zu ersehen sei, wie das Gericht auf andere Weise als auf Grund seiner Akten in Angelegenheiten der freiwilligen Gerichtsbarkeit von Vorgängen, die vollständig außerhalb des Gerichtskreises gelegen seien, derart Notiz nehmen könne, daß man von Offenkundigkeit reden dürfe. Denn eine persönliche Kenntnis des Richters sei noch keine Notorietät bei Gericht. Die Sterbfallsanzeige stelle sich ferner als öffentliche Urkunde dar, da sie von einer öffentlichen Behörde innerhalb der Grenzen ihrer Amtsbefugnisse aufgenommen sei (§ 727 ZPO.).

Das LG. hat diese Beschw. verworfen aus folgenden Gründen: Es bedarf vor allem keiner besonderen Zurückweisung, wenn behauptet worden ist, daß die Rechtsnachfolge aus des Sterbfallsanzeige als öffentlicher Urkunde hervorgehe. Es genügt in dieser Beziehung der einfache Hinweis auf die Grundsätze der Erbschaftsannahme und -Ausschlagung, auf die Möglichkeit eines Privattestamentes usw. Bei der Auffassung, daß dem Gläubiger die Beibringung des verlangten Erbscheines unmöglich sei, ist § 792 ZPO. wohl einfach übersehen. Es bleibt demnach nur zu prüfen, ob die behauptete Offenkundigkeit wegen der Rechtsnachfolge bei Gericht bestehe. Für den Begriff der Offenkundigkeit ist § 291 ZPO. maßgebend. Nach der Auffassung des Beschwerdegerichts ist offenkundig nur das, was dem Richter zugleich in seiner Eigenschaft als Menschen bereits bekannt ist, nicht aber dasjenige, was aus irgendwelchen Erkenntnisquellen erst erkundet, erforscht, festgestellt werden muß. Aktenkundig ist nicht offenkundig; offenkundig sind nur diejenigen Tatsachen, die dem Richter noch so bekannt sind, daß er der Feststellung aus den Akten nicht bedarf (Gaupp und Stein Anm. I b zu § 291; ähnlich Seuffert und Petersen zu § 291). Zudem handelt es sich bei der Frage, ob die gesetzlichen Voraussetzungen der Erteilung eines Erbscheines vorliegen (§§ 2354 ff. BGB.) nicht um eine einfache Tatsache, sondern um eine verantwortungsvolle Entscheidung.

Beschl. LG. Dstb. ZK. I vom 20. Jan. 1905 T 13/05.
Sepp. Ger.-Ass.

9. Bestellung eines Pflegers neben einem Testamentsvollstrecker.

Die Witwe A. hatte den B. durch Testamentsnachtrag zum Testamentsvollstrecker bestimmt und angeordnet, daß dieser insbesondere auch die Verpflichtung haben solle, die nötigen Sicherheitsmaßregeln zu Gunsten von eingesetzten Nacherben zu treffen. Der Testamentsvollstrecker trat nach dem Tode der Witwe sein Amt an. Das Nachlaßgericht erachtete es daneben für angemessen, für eine minderjährige Nacherbin gemäß § 2116 BGB. die Bestellung eines Pflegers in Anregung zu bringen, und dieser Anregung folgend leitete das Vormundschaftsgericht eine Pflegschaft ein und wies nunmehr, unter Ablehnung einer von dem Testamentsvollstrecker beabsichtigten Verwendung und Veranlagung des hier fraglichen Erbteils, den Pfleger an, für eine mündelsichere Anlage der Nacherbschaft Sorge zu tragen. Der Testamentsvollstrecker hat gegen die Ablehnung seines Antrags, gegen die Einleitung der Pflegschaft überhaupt und im weiteren gegen deren Eingriffe in seine Rechte Beschwerde verfolgt.

Das LG. hat der Beschw. aus folgenden Gründen stattgegeben. Die minderjährige Nacherbin steht unter elterlicher Gewalt, sie könnte deshalb auf Grund des § 1909 BGB. einen Pfleger erhalten. Der Vater ist in vorliegendem Fall durch die Tatsache, daß über sein Vermögen das Konkursverfahren schwebt, und auch dadurch ausgeschlossen, daß in dem Testament ihm die Nutznießung und Verwaltung entzogen ist; die Mutter ist von der Vertretung des Kindes ausgeschlossen, da es sich um widerstreitende Interessen handelt. Nun ist inhaltlich des Testaments dem Testamentsvollstrecker die Fürsorge für das Vermögen der Nacherbin auferlegt. Eine derartige Bestimmung ist gemäß § 2222 BGB. rechtswirksam. Es muß deshalb die Frage geprüft werden, ob hier überhaupt noch eine Angelegenheit der Nacherbin zu besorgen und für die Bestellung eines Pflegers neben dem Testamentsvollstrecker noch Raum ist. Diese Frage ist nur zu bejahen in den Grenzen der §§ 2219, 2227 BGB., insofern es sich also um Rechte des Nacherben gegenüber dem Testamentsvollstrecker handelt und dessen Maßregeln und Verwaltungshandlungen einer Beanstandung unterliegen. Es kann dahingestellt bleiben, ob die Bestellung des Pflegers in dieser Begrenzung durch die Tatsache des Beginns der Tätigkeit des Testamentsvollstreckers bereits geboten war und ob nicht erst gemäß § 1909 Abs. 2 BGB. das Bedürfnis und der Antrag des Gewalthabers hätten abgewartet werden müssen; jedenfalls ist aber der Testamentsvollstrecker insoweit beschwert, als sich die Einleitung der Pflegschaft auf die Angelegenheiten des Nacherben überhaupt erstreckt und in die gemäß § 2222 BGB. geschaffenen Rechte und Befugnisse des Testamentsvollstreckers eingreift. Man kann nicht etwa sagen, die Einleitung der Pflegschaft, die Beschlüsse des Vormundschaftsgerichts wären für den Testamentsvollstrecker nicht vorhanden, da er nur dem Nachlaßgericht unterstehe; denn er selbst vertritt hier kraft Testamentes den Gewalthaber in Ansehung der Angelegenheiten des Kindes und braucht nicht zu dulden, daß ein Anderer gar mit gerichtlicher Autorität dieselben Angelegenheiten besorgen will. Es ist die Anordnung des Vormundschaftsgerichts nicht blos als eine Anweisung des Pflegers aufzufassen, bei dem Nachlaßgericht in die Handlungen des Testamentsvollstreckers einzugreifen, sondern sie ist direkt gegen diesen gerichtet und ihm zugestellt worden.

Es ergibt sich somit, daß die Beschw. gegen die Anordnung einer Pflegschaft überhaupt unbegründet ist, daß für die minderjährige Nacherbin die Pflegschaft aber auf diejenigen Angelegenheiten, die die Rechtszuständigkeiten aus §§ 2219, 2227 BGB. betreffen, zu beschränken ist. Der Beschl. des VormundschaftsG. hat dann nur die Bedeutung der Instruktion des Pflegers für etwaige Anträge bei dem Nachlaßgericht, er ist deshalb aufheben. Es muß dem Pfleger überlassen bleiben, Klage zu erheben oder auch bei dem Nachlaßgericht seine Anträge zu stellen. Nur dieses steht hier über dem Testamentsvollstrecker und wird zu prüfen haben, in welcher Weise am besten die Veranlagung des Erbteils erfolgt.

Entsch. LG. Gießen v. 18. Mai 1904 T 107/04.

GAss. Y.

Kosten und Gebühren.

10. Zur Auslegung des § 91 ZPO.

Der nicht am Gerichtssitze wohnhafte H. klagt gegen S. Nach dem ersten Termin, den Kl. selbst wahrnimmt, bevollmächtigt er einen nicht am Gerichtssitze wohnenden Rechtsanwalt. Bei dem Prozeßgericht sind zwei an dessen Ort wohnhafte Anwälte zugelassen; keiner von ihnen ist im Rechtsstreit tätig oder tätig gewesen. In dem 2. Termine erscheint der kl. Anwalt ohne den Kl. Die von diesem Prozeßbevollmächtigten im Kostenfestsetzungsgesuch begehrten Reisekosten für den Termin wurden vom AG. als zur zweckentsprechenden Rechtsverfolgung nicht notwendig gestrichen. Gegen diesen Beschl. des AG. sof. Beschw. des Kl. mit folgender Begründung: Wenn das AG. die Reisekosten des kl. Anwalts für den Termin absetzt, so müssen dem Kl. Ganggebühren für diesen Termin zugebilligt werden, da er denn doch hätte anwesend sein müssen. Diese Ganggebühren würden 1,90 Mk. betragen. Das LG. verwarf die sof. Beschw., indem es ausführte: Der Ansicht, es müßte dem Kl. die Gebühr zugebilligt werden, die er, wenn er den Termin selbst wahrgenommen hätte, fordern könne, vermag das Beschw.-Gericht nicht beizutreten. Hätte Kl. statt des auswärtigen Anwalts einen der beiden am Sitze des Prozeßgerichts ansässigen Rechtsanwälte mit der Führung des Rechtsstreits beauftragt, dann wären sowohl Reisekosten des auswärtigen Anwaltes als auch Ganggebühren des Kl. selbst vermieden worden, und erst wenn er gar keinen Anwalt zugezogen oder der zugezogene auswärtige Anwalt den Termin nicht wahrgenommen hätte, wäre seine persönliche Anwesenheit in dem Termin notwendig geworden, und erst dann würde er eine Entschädigung verlangen können. Alles das trifft hier aber nicht zu. Vielmehr hat der auswärtige Anwalt den Termin wahrgenommen, und der Kl. selbst war nicht im Termin anwesend. Er hat mithin eine Zeitversäumnis gar nicht gehabt und deshalb steht ihm auch ein Entschädigungsanspruch nicht zu. Der einzige Anspruch, der ihm an sich zustehen könnte, ist der auf Erstattung der Reisekosten seines Prozeßbevollmächtigten, und dieser Anspruch ist mit Recht abgewiesen worden.

Beschl. LG. Gießen v. 23. Nov. 1904 T 291/04.

St.

11. Verstempelung des Zubehörs, wenn die Gegenstände verschiedenen Eigentümern gehören und getrennte Kaufpreise vereinbart wurden.

A., B., C. und D. verkaufen mehrere Grundstücke einschließlich des Zubehörs, dessen Rubriken näher bezeichnet werden. Auf den Grundstücken befindet sich eine Möbelfabrik; das Zubehör besteht aus den zum Betrieb der Fabrik dienenden Gegenständen. Diese werden zu 7500 Mk. bewertet und es wird bemerkt, daß sie nur den A., B. und D. gehören, während die Grundstücke als A., B. und C. gehörig mit 26000 Mk. bewertet wurden. D. ist also nur an dem Zubehör, C. nur an den Grundstücken beteiligt. Für die Kaufpreise der Grundstücke und des Zubehörs werden verschiedene Bestimmungen getroffen.

Bezüglich der Eigenschaft von beweglichen Gegenständen als Zubehör kommt es nicht darauf an, ob sie im Eigentum des Grundstückseigentümers stehen (vgl. § 1160 BGB.). Nach feststehender Rechtsprechung muß das Zubehörstück in Ansehung der Stempelpflicht ebenso behandelt werden wie die Hauptsache — vgl. ABl. 12/02 Anl. X u. ABl. 16/02 Anl. II.

Es kann nur darauf ankommen, daß die beweglichen Sachen als Zubehör und mit der Hauptsache zusammen veräußert werden. Der wirtschaftliche Geschäftszweck ist entscheidend, und es muß deshalb als gleichgültig erscheinen, ob die Gegenstände verschiedenen Eigentümern gehören und ob getrennte Kaufpreise vereinbart werden.

Entsch. LGPräs. Mainz v. 26. Okt. 1904 I 160/04.

Nees.

Literatur.

Goldmann, E., und Lilienthal, L., RAe.: Das Bürgerliche Gesetzbuch (F. Vahlen, Berlin). Von dem II. Band (Sachenrecht) liegt die erste Abteilung (160 S.) teilweise vor. Die Darstellung ist ein Muster von Klarheit, wie schon früher an dieser Stelle rühmend hervorgehoben. Das langsam, aber mit besonderer Umsicht vorschreitende Werk wird nach seiner Vollendung unzweifelhaft zu den meistgeschätzten systematischen Arbeiten über unser neues bürgerliches Recht zählen.

X.

Für die R[illegible] Oberlandesgerichtsrat Keller in Darmstadt. — Verlag von J. Diemer in Mainz. — Druck von G. Otto's Hof-Buchdruckerei in Darmstadt.

Hessische Rechtsprechung

Herausgegeben
auf Veranlassung des **Richter-Vereins** unter Mitwirkung der **Hessischen Anwaltskammer**
von Oberlandesgerichtsrat **Keller** in Darmstadt, Landgerichtsrat **Dr. Buff** in Darmstadt,
Landgerichtsdirektor **Hess** in Mainz, Landgerichtsrat **Praetorius** in Gießen, Landgerichtsrat **Dr. Schwarz** in Darmstadt.

Erscheint monatlich zwei Mal Preis Mk. 7.12 jährlich mit postfreier Zustellung.

Bestellungen nehmen die Expedition in Mainz, die Postanstalten sowie sämtliche Buchhandlungen entgegen.

Einrückungs-Gebühr die dreispaltige Zeile oder deren Raum 30 Pfg.

Nr. 10/11. Vom Deutschen Juristentag angenommene Zitierweise: HessRspr. Nachdruck verboten. **6. Jahrgang.**

Redaktion: Darmstadt, Heinrichsstraße 5.

Mainz, 15. August 1905

Verlag und Expedition: J. Diemer, Mainz.

Unseren Mitarbeitern

diene zur gefälligen Nachricht, daß ich **vom 15. August bis 15. September l. J. in Urlaub** von hier abwesend sein werde und daher bitte, alle für die Schriftleitung der „HessRspr." bestimmten Sendungen **während dieser Zeit mit entsprechendem Vermerk** an unseren Verlag (Mainz, Rheinallee 1) zu senden **oder bis** zu meiner **Heimkehr zurückzuhalten.**

Allen Mitarbeitern und **Kollegen: Frohe Ferien!**

Darmstadt, 15. Juli 1905.

Keller.

Entscheidungen des Großh. Oberlandesgerichts.

Zivilrecht. — Zivilprozeß.

1. Rechte des Mieters nach geschehener Immobiliar-Zwangsvollstreckung.

Das AG. und die heutige Beschwerdeführerin erkennen wohl an, daß der Mieter eines Hauses, welches zur Zwangsversteigerung gelangen soll, „Beteiligter" i. S. des Art. 60 a. a. O. sei und das Recht habe, den Antrag auf **Ausschluß des Kündigungsrechts** des Erstehers zu stellen. Sie sind aber der Ansicht, der Antrag müsse spätestens in dem nach Art. 59 anberaumten Termin zur Verhandlung über die für das Verfahren erheblichen tatsächlichen und rechtlichen Verhältnisse (Vermietungen, Bedingungen) gestellt werden, weil Art. 59 sonst zwecklos sei. Die Ladung des Mieters zu diesem Verhandlungstermin sei nicht vorgeschrieben, jener habe daher meistens keine Möglichkeit zur Wahrnehmung seines Rechts. Das Gesetz enthalte eine Lücke; der Richter habe aber Lücken im Gesetze nicht aus Billigkeits- oder Zweckmäßigkeitsgründen zu ergänzen. Die Beschwerdeführerin weist dann noch auf die Gefahr und die unerträglichen Konsequenzen hin, zu welchen der Beschl. des LG. führe, welches den nachträglichen Antrag des Mieters unter Bezugnahme auf eine frühere Entscheidung (HessRspr. IV S. 117) für zulässig erklärt und dem AG. die Anberaumung eines neuen Verhandlungstermins über den nachträglichen Antrag auf Aufnahme der Bedingungen betreffs Ausschlusses des Kündigungsrechts aufgegeben hatte.

Die Ausführungen der Beschwerdeführerin konnten die Billigung des OLG. nicht finden. Richtig ist, daß der Mieter als **Beteiligter** i. S. des Art. 60 hess. AusfG. z. ZPO. u. KO. n. F. anzusehen ist; er wird ausdrücklich in den Mot. zu Art. 116 Abs. 1 bezw. Art. I unter V des Abänderungsgesetzes als „Beteiligter" bezeichnet, dem das Recht zustehen soll, den erwähnten Antrag auf Ausschluß des Kündigungsrechts zu stellen, falls der hier eintretende Fall gegeben ist, daß das Mietverhältnis nach dem BGB. beurteilt werden muß. Nun ist es allerdings richtig, daß das Gesetz nicht vorschreibt, daß der Mieter zu dem Verhandlungstermin des Art. 59 a. a. O. geladen werden muß; allein es erscheint verfehlt, daraus die Folgerung zu ziehen, daß eine Lücke des Gesetzes vorliege, die zur Folge habe, daß der nicht geladene Mieter mit seinem Recht auf Stellung des mehr erwähnten Antrages ausgeschlossen sei.

Wie das RG. (Bd. 24 S. 49) schon ausgeführt hat, ist es nicht Sache des Gesetzgebers, für alle möglichen, denkbaren Fälle bestimmte Vorschriften zu erlassen, und wenn es auch zu den Aufgaben der Praxis gehört, die Mängel eines Gesetzes hervorzuheben, so bleibt doch ihre Hauptaufgabe, das Gesetz zwar mit seinen Mängeln anzuwenden, es aber **nach Möglichkeit den Anforderungen, welche der bürgerliche Verkehr an das Gesetz stellt, anzupassen** (vgl. RGE. Bd. 20 S. 325). Zu der strengen Auffassung des AG. und der Beschwerdeführerin ist um so weniger Anlaß gegeben, als auch bei dem auf Grund des Gesetzes vom 6. Juni 1849 stattfindenden Versteigerungsverfahren (vgl. Art. 18 des die Uebergangsvorschriften enthaltenden hess. AusfG. z. ZwVerstGes.) die gleiche Vorschrift über das Recht des Mieters auf Ausschluß des Kündigungsrechts des Erstehers getroffen und der Mieter **nach Anordnung** der Versteigerung und Festsetzung der Bedingungen vor dem Notar berechtigt erklärt wurde, den entsprechenden Antrag noch Maßgabe der Vorschriften, welche für die Einsprüche der Versteigerer und Hypothekengläubiger gegen das Bedingnisheft bestehen, geltend zu machen. Es ist alsa in dem Verfahren noch dem revidierten Gesetze v. 6. Juni 1849, welches von der Gesetzgebung als dem Immobiliarzwangsvollstreckungsverfahren so nahe verwandt angesehen wurde, daß die neuen Bestimmungen für die Zeit der noch fortdauernden Geitung dieses Gesetzes in dem AusfGes. zum ZwangsVerstGes. Aufnahme gefunden haben, die Geltendmachung des Antrags *nach Anordnung* der Versteigerung ausdrücklich vom Gesetzgeber anerkannt, und es ist nicht einzusehen, warum dasselbe Recht in dem eigentlichen Zwangsvollstreckungsverfahren nach dem hess. Gesetze über die Ausf. der ZPO. u. KO. nicht bestehen soll, obwohl noch die Neuredaktion des Art. 60 pos. 1 sawie die neue Schaffung des Art. 18 von dem auch in den Motiven zum Ausdruck gelangten Bestreben geleitet war, für gleiche Zwecke und gleiche oder ähnliche Verhältnisse gleiches Recht zu schaffen und das Recht der Uebergangsperiode mit dem neuen Zwangsvollstreckungsrechte in Einklang zu bringen. Es ist auch nicht einzusehen, wie ein so wichtiges Recht des Mieters dadurch einfach illusorisch werden soll, daß das Gesetz eine ausdrückliche Vorschrift über die Ladung der Mieter und Pächter zu dem nach Art. 59 a. a. O. stattfindenden Verhandlungstermin nicht enthält. Die gesetzliche Anmerkung des mehrerwähnten Antragsrechts des Mieters wäre in allen Fällen illusorisch, in welchen, was die Regel bildet und was auch die Beschwerdeführerin anerkennt, der Mieter nicht geloden ist. Man kann nicht annehmen, daß der Gesetzgeber ein solches Ergebnis gewollt hat. Von einer Zwecklosigkeit des Art. 59 konn darum noch nicht die Rede sein, wenn man das Recht auf nachträglichen Antrag des Mieters anerkennt, da *neben* der Entscheidung über derartige Anträge eine gonze Reihe nicht wichtiger wichtiger, ja sogar wichtigerer Fragen zur Erörterung stehen. Ein unerträgliches Hinausziehen des Zwangsvollstreckungsverfahrens, welches noch der Befürchtung der Beschwerdeführerin ein böswilliger Schuldner dadurch hervorrufen könne, daß er seine Mietsleute der Reihe noch mit solchen Anträgen auftreten lasse, kann der betr. Gläubiger dann ausschließen, wenn er bei dem Antrag auf Zwangsvollstreckung die Namen der Mieter, die er leicht ermitteln kann, angibt.

Es fragt sich nur noch, in welcher Weise der Antrag auf Ausschluß des Kündigungsrechts des Erstehers von dem zur Verhandlung noch Art. 59 nicht geladenen Mieter geltend zu machen ist. Eine analoge Anwendung des zitierten Art. 18, wonach der Antrag nach Maßgabe der Vorschriften, welche über die Einsprüche der Versteigerer und Hypothekengläubiger gegen das Bedingnisheft bestehen, alsa der Art. 52 ff. des Ges. v. 6. Juni 1849, geltend zu machen ist, ist hier ausgeschlossen, da das Gesetz von 1849 wohl in seinen Wirkungen, nicht aber in dem Verfahren genau angepaßt ist, weil ferner dieses ein Spezialgesetz ist und weil endlich das Zwangsversteigerungsverfahren noch dem AusfGes. z. ZPO. und KO., soweit es dort nicht eine besondere Regelung gefunden hat, noch den Grundsätzen der ZPO. zu behandeln ist. Diese aber kennt ein Beschwerderecht nicht in dem Umfange, wie es nach § 20 [illegible] jedem gegeben ist, dessen Recht durch die Verfügung beeinträchtigt wurde, sondern verlaugt, daß dem Beschwerdeführer gegenüber etwas aberkannt sein muß. Dies trifft aber in dem vorliegenden Folle nicht zu. Auf dem Wege der Beschw. gegen die Versteigerungsverfügung, wonach die Versteigerung unter den in dem Verhandlungstermin vom 15. Nov. 1904 festgesetzten Bedingungen stattfinden sollte, konnte also die Mieterin nicht aufkommen. Ein anderer Weg als der des einfachen Antrags an das Vollstreckungsgericht, welcher dieses zur Anberaumung eines neuen Verhandlungstermins nach Art .59 veranlassen sollte, in dem jedoch nur über diesen Antrag verhandelt werden konnte, und zwar nach Beiladung aller Beteiligten, stand der Mieterin nicht offen.

Beschl. OLG. II. ZS. v. 20. Febr. 1905 W 49/05.

F.

2. Zulässigkeit einer Berichtigung nach § 319 ZPO.

Auf Antrag des Gläubigers halle das AG. Zahlungs- und Vollstreckungsbefehl erlassen gegen den Schuldner A. B. III. Später beantragte der Gläubiger, das auf einem Irrtum beruhende Beizeichen III. in V. zu berichtigen, wobei er behauptete, daß der Zahlungsbefehl dem richtigen Schuldner A. B. V. zugestellt worden sei. Es fand mündliche Verhandlung über den Antrag statt, in der der Schuldner widersprach. Das Gericht beschloß die Vernehmung eines Zeugen, nach dessen Abhör der Gläubiger dem Schuldner den Eid darüber zuschob, daß ihm der Zahlungsbefehl zugestellt worden sei. Der Schuldner verweigerte diesen Eid, worauf das AG. den beantragten Berichtigungsbeschluß erließ. Auf die von dem Schuldner erhobene sof. Beschw. hob das LG. diesen Beschl. auf, da es den Beweis nicht für geführt erachtete, daß der Zahlungsbefehl dem wirklichen Schuldner A. B. V. zugestellt worden sei, und weiter darauf hinwies, daß eine Berichtigung nach § 319 ZPO. nur bei *Versehen des Gerichts* erfolgen könne, nicht bei solchen Unrichtigkeiten, die durch eine *Partei* verursacht seien. Auf weitere Beschw. des Gläubigers bestätigte das OLG. den landgerichtlichen Beschl. aus folgenden *Gründen*:

Die in der Rechtsprechung bestrittene Frage, ob auch die durch *Versehen einer Partei* verursachten Unrichtigkeiten nach § 319 ZPO. berichtigt werden können, kann unentschieden bleiben, weil im vorliegenden Falle keine *offenbare* Unrichtigkeit vorlag und deshalb eine Berichtigung nach § 319 ZPO. unzulässig war. Eine Unrichtigkeit, welche erst nach einer Beweisführung erkannt werden kann, ist keine offenbare. Für ein Beweisverfahren ist im Rahmen des § 319 ZPO. überhaupt kein Raum (vgl RG. in Jur. Wschr. 1902 S. 362 Nr. 15).

Beschl. OLG. I. ZS. vom 16. Juni 1905 W 133/05.

LGR. Dffch.

3. Liquidator der offenen Handelsgesellschaft. Befriedigung der Gläubiger. Pflichtverletzung.

Kläger hatte als Antragsteller der Firma B. Witwe und Sohn für Erteilung der Postvollmacht eine Kaution von 1500 M. geleistet. Die beiden Inhaber der Firma beschlossen demnächst die Liquidation und bestellten den Kl. zum Liquidator. Dieser versilberte die Masse und führte u. a. Gelder an die Firma B. & Co. ab, deren Inhaberin oder Teilhaberin die vorerwähnte Witwe B. war, die auch bei Beendigung der Liquidation noch Gläubigerin der liquidierten Firma für einen erheblichen Betrag blieb. Bei Beendigung der Liquidation waren keine Aktiven mehr vorhanden, wohl aber zwei Gläubiger, zu welchen auch Kl. mit seiner Forderung auf Rückzahlung der Kaution gehörte.

Er klagte demnächst die Hälfte des Betrags gegen den Sohn der B. ein, welcher der Klage die Einrede entgegensetzte, der Liquidator habe nicht pflichtgemäß verfahren, da er längst befriedigt sein müßte, während jetzt Bekl. seinen Regreß gegen die Erben der inzwischen verstorbenen Witwe B. nehmen müsse, wenn er die Kautionshälfte an Kl. zahle. Er sei dann um diesen Betrag geschädigt, und diesen Schaden mache er als Gegenforderung geltend.

Aus den Gründen: Die Einrede erscheint nicht begründet. Zwar steht es richtig, daß § 149 HGB. die Pflichten des Liquidators im allgemeinen bestimmt, und es ist auch anzuerkennen, daß regelmäßig die Befriedigung der Gläubiger zu erfolgen hat, ehe an die bisherigen Gesellschafter Zahlungen aus der Masse geleistet werden können. Es ist ferner nach § 152 HGB. nicht zweifelhaft, daß der Liquidator einstimmig beschlossenen Anordnungen der Beteiligten betreffs seiner Geschäftsführung Folge zu leisten hat. Solche besondere Anordnungen sind aber in dem Liquidationsvertrage nicht getroffen worden. Vielmehr hält sich die Vertragsurkunde, soweit sie hier in Betracht kommt, im Rahmen des § 149 HGB. Die Firma B. & Co. unterstützte augenscheinlich mit ihren Mitteln die Liquidation. Wenn sie sodann wieder im Laufe der Liquidation Gelder aus der Masse empfing, so nahm sie diese in ihrer Eigenschaft als Gläubigerin der Liquidationsfirma entgegen und der Liquidator war zu ihrer Befriedigung, soweit möglich, verpflichtet. Welche Gläubiger zuerst abzufinden waren, stand im pflichtmäßigen Ermessen des Liquidators. Der Zeuge C. berichtet, daß der Kl. auch um deswillen zunächst keine Bezahlung erhielt, weil dringendere Forderungen vorhanden waren. Außer Betracht bleibt die Frage, ob die Witwe B., die Teilhaberin der Liquidationsfirma, gleichzeitig als Teilhaberin der Firma B. & Co. angehörte oder deren einzige Inhaberin war. Denn wäre selbst letzteres der Fall, so wäre doch die Einzelfirma von der liquidierenden offenen Handelsgesellschaft streng zu unterscheiden und erstere als Gläubigerin hätte mit der letzteren als Schuldnerin nichts in dem Sinne zu tun, daß die teilweise Personen-Einheit der Inhaber die regelmäßige Rechtslage zwischen Gläubiger und Schuldner verändern könnte. Denn es kann ein Kaufmann für mehrere Unternehmungen mehrere selbständige Firmen haben (vgl. ROHGEntsch. Bd. 20 S. 34). Eine Pflichtverletzung des Liquidators liegt sonach nicht vor.

Urt. OLG. II. ZS. vom 3. Febr. 1905 U 311/04.

F.

4. Zwangserziehung oder Maßregel nach § 1666 BGB. Ermessen des Vormundschaftsgerichts.

Das AG. M. hatte der Ehefrau A. die Sorge für die Person ihrer siebenjährigen Tochter entzogen und angeordnet, daß das Kind zum Zweck der Pflege und Erziehung in einer geeigneten Familie oder Anstalt nach Maßgabe des § 1666 BGB. untergebracht werde. Der schon vorher seitens der Staatsanwaltschaft und der Bürgermeisterei gestellte Antrag, auf Grund des Art. 1 Abs. 2 des hess. Ges., betr. die Zwangserziehung Minderjähriger, v. 11. Nov. 1899 und des § 1666 BGB. die Unterbringung des Kindes zum Zweck der Erziehung in einer Familie zu verfügen, wurde zurückgewiesen. Das AG. hielt an seinem in anderen Fällen angenommenen Standpunkt fest, daß die Maßregeln des Vormundschaftsrichters im Interesse Minderjähriger, deren leibliches und geistiges Wohl gefährdet ist, sich entweder auf den § 1666 BGB. oder auf das hess. ZEG. stützen könnten; das letztere habe einen subsidiären Charakter und sei regelmäßig nicht zur Anwendung zu bringen, solange der verfolgte Zweck mit den Mitteln des gemeinen bürgerlichen Rechts — wie im vorliegenden Falle — erreichbar sei.

In dem die Beschw. der Bürgermeisterei abweisenden Beschl. des LG. wird ausgeführt: es könne dahin gestellt bleiben, ob die Anordnung der landesgesetzlich geregelten Zwangserziehung als subsidiäre Maßregel anzusehen sei oder nicht; denn jedenfalls sei es vom Gesetzgeber dem vernünftigen Ermessen des Vormundschaftsrichters überlassen, die zum Schutze der Minderjährigen gebotenen Maßregeln — natürlich unter Vorbehalt des Rechtsmittels — zu treffen. Gegen die im vorliegenden Fall angeordnete Maßregel, die lediglich durch das schuldhafte Verhalten der Mutter, nicht durch das Kind veranlaßt sei, lasse sich nach Lage der Umstände nichts einwenden. Für die Entschließung des Gerichts, die lediglich durch das Interesse des Kindes geleitet wurde, bleibe mit Recht ganz außer Betracht, ob die durch die Schutzmaßregeln entstehenden Kosten aus dem Vermögen der Eltern oder des Kindes bestritten werden können oder nötigenfalls der Armenverband dafür eintreten müsse. Der Kostenpunkt sei für das Gericht in solchem Falle überhaupt nicht maßgebend.

In der weiteren sof. Beschw. wurde geltend gemacht: Art. 1 Abs. 2 des hess. ZEG. sei anwendbar in zwei unter sich verschiedenen Fällen, von denen hier unbestritten nur der aus § 1666 BGB. hergeleitete Fall vorliege. Das AG. erachte mit Unrecht die letztere Vorschrift des Landesgesetzes für subsidiär im Verhältnis zu der Bestimmung des bürgerlichen Rechts. Eher könne man jene als Ausführungsvorschrift auffassen, die aber mindestens als Regel für den Vormundschaftsrichter gelten müsse, sofern nicht ganz besondere Gründe entgegen ständen. Der Armenverband könne nach Landesgesetz nur für Obdach und Unterhalt des Hilfsbedürftigen, nicht auch für dessen Erziehung in Anspruch genommen werden, so daß schon aus diesem Grunde im Falle der Mittellosigkeit notwendigerweise das landesrechtliche ZEG. allein anwendbar sei.

Der Streit dreht sich hiernach um die Frage, ob die Zwangserziehung auf Grund des Landesgesetzes anzuordnen war oder nicht. Mit Unrecht aber behauptet die Beschwerdeführerin, daß die Entscheidung des LG. auf einer Gesetzesverletzung beruhe. Das LG., dessen Entscheidung allein für diese Instanz als angefochten in Betracht kommt, hat die Frage, ob das hessische Landesgesetz nur subsidiäre Geltung habe, überhaupt nicht entschieden, so daß jeder Angriff in dieser Richtung sich als gegenstandlos und unbeachtlich erweist. Die Vorinstanz beschränkt sich auf die

Erklärung, daß dem Gericht das unbeschränkte Wahlrecht zwischen den Maßregeln aus § 1666 BGB. und Art. 1 Abs. 2 des erwähnten hess. Landesgesetzes zustehe, und diese Gesetzesauslegung verdient volle Billigung. Es ist ausschließlich Sache des pflichtmäßigen Ermessens des Richters, ob er auf dem einen oder dem anderen Wege das Interesse des Minderjährigen besser zu wahren glaubt. Das LG. ist bei Würdigung der Tatumstände dem AG. beigetreten, ohne daß auch hierbei ein Widerspruch zwischen Rechtsbegriff und Tatsachen erkennbar wäre. Zweckmäßigkeitsgründe unterliegen nicht der Nachprüfung in dieser Instanz, die ebenso an die tatsächlichen Feststellungen des Vorderrichters gebunden bleibt (vgl. Weißler zu § 27 GFG. Noten 4 und 5).

Beschl. OLG. II. ZS. v. 16. Febr. 1905 W 21/05.*) F.

Freiwillige Gerichtsbarkeit.

5. Sofortige Beschwerde in Sachen der FG. § 29 GFG. Einlegung der Beschwerde vor wirksamer Zustellung.

In einer Zwangserziehungssache war Abweisung des Antrags der Bürgermeisterei erfolgt und eine Ausfertigung des bezüglichen Beschl. der Antragstellerin, jedoch ohne den Hinweis, daß ihr das Rechtsmittel der sof. Beschw. zustehe, zugestellt worden.

Die Bürgermeisterei legte nach Ablauf der Notfrist Beschw. ein, welche das LG. als verspätet zurückwies. Auf weitere sof. Beschw. hob das OLG. diesen Beschl. auf und verwies die Sache zur materiellen Entscheidung an das LG. zurück.

Aus den Gründen: Mit Recht wird darauf hingewiesen, daß noch Art. 3 des hess. Zwangserziehungsgesetzes die zuzustellende Entscheidung des AG. einen Hinweis auf das Recht zur sof. Beschw. und auf die einzuhaltende Beschwerdefrist enthalten muß. Das Gesetz bringt aber durch seine imperative Fassung zum Ausdruck, daß es keine bloße Soll-Vorschrift treffen wollte, und es kann daher die ohne diesen Hinweis erfolgte Zustellung keine Rechtsfolge in Anspruch nehmen. Die Beschwerdefrist wurde gar nicht in Lauf gesetzt und die Zustellung gilt als nicht geschehen. Wenn die ZPO. im § 516 für die Berufung und im § 532 für die Revision vorschreibt, daß sie wirkungslos sei, wenn sie vor Zustellung des Urteils eingelegt werde, so ist diese singuläre Bestimmung für das Beschwerde-Verfahren (§ 577 ZPO.) nicht wiederholt worden und die Einlegung der sof. Beschw. ist daher auch vor Zustellung der Entscheidung zulässig (vgl. RGE. Bd. 29 S. 341). Dieser für das streitige Verfahren maßgebende Standpunkt gilt in gleicher Weise im Gebiete der freiw. Gerichtsbarkeit, da § 22 GFG. ebenfalls keine Beschränkung in diesem Sinne enthält. Was aber dort Rechtens ist, das findet gemäß Art. 5 des hess. Zwangserziehungsgesetzes auch im vorliegenden Falle Anwendung.

Da die sof. weitere Beschw. in der freiw. Gerichtsbarkeit vom Gesetzgeber der Revision des Zivilprozesses bewußt nachgebildet worden ist, so ist der obersten Instanz die Prüfung tatsächlicher Verhältnisse entzogen.

Beschl. OLG. II. ZS. v. 24. Nov. 1905 W 211/04. F.

---

* In gleichem Sinne wurde entschieden in W 47/05 Beschl. v. 24. Febr. 1905. D. Eins.

Kosten und Gebühren.

6. Reisekosten mehrerer Streitgenossen zum Zweck gemeinschaftlicher Instruktion ihres Anwalts.

X. klagte gegen zwei Schwestern auf Erbschaftsausgleichung; die beiden Bekl. bestellten einen gemeinschaftlichen Anwalt und reisten zum Zweck der Bestellung und Instruktion desselben zusammen an dessen Sitz.

Hierfür wurden vom LG. G. jeder der beiden Bekl. 6 Mk. Reisekosten zugebilligt. Die hiergegen vom Kl. mit dem Antrag, ein mal 6 Mk. abzustreichen, verfolgte sof. Beschw. wurde verworfen.

Aus den Gründen: Der von dem Beschwerdeführer geltend gemachte Grund, es hätte genügt, wenn nur eine der beiden Bekl. zum Zweck der Bestellung und Instruktion des Anwaltes die Reise unternommen hätte, kann nicht als zutreffend erachtet werden. Es kann den einzelnen Bekl. nicht verwehrt sein, die Instruktion des Anwalts zwecks Führung des Prozesses selbst vorzunehmen, d. h. einer jeden der Bekl. steht es zu, diese Instruktion vorzunehmen; sie braucht sich hierbei nicht durch die andere Bekl. vertreten zu lassen, ebensowenig wie eine Verpflichtung der mehreren Streitgenossen zur Bestellung eines gemeinsamen Vertreters besteht, weshalb die durch die Bestellung mehrerer Vertreter entstandenen Kosten von dem Unterliegenden unbedingt erstattet werden müssen, ohne daß die Aufstellung mehrerer Anwälte noch besonders zu rechtfertigen ist (Gaupp-Stein, ZPO. § 61 Bem. 1 und Zitate in Note 1a).

Wenn also das persönliche Erscheinen der Parteien bei dem Anwalt zum Zweck der Instruktion nur überhaupt im einzelnen Falle nicht als unveranlaßt und unnötig zu beanstanden ist, dann muß es als gerechtfertigt erachtet werden, daß jeder der Streitgenossen sich persönlich zu dem Anwalt begibt, und daß die dadurch entstandenen Kosten als zu den zu zweckentsprechender Rechtsverfolgung bezw. Rechtsverteidigung gehörenden gezählt werden.

Beschl. OLG. I. ZS. v. 10. April 1905 W 90/05. Lk.

Entscheidungen der Großh. Landgerichte.

Zivilrecht. — Zivilprozeß.

7. Ist die Aufrechnung eine Leistung im Sinne des § 793 BGB.? Prüfung der Legitimation des Urkundeninhabers bei der Aufrechnung.

Der Bekl., Kollekteur einer Staatslotterie, bediente sich zum Verkauf von Losen des A., welcher ein Los aus der Kollektur des Bekl. dem Kl. verkaufte. A. starb, seine Witwe führte den Losverkauf weiter. Während dieser Zeit brachte der Kl. sein Los, auf welches ein Gewinn gefallen war, der Witwe und bat sie um Einziehung des Betrags. Die Witwe schickte darauf das Los mit anderen ihr zu dem gleichen Zweck überbrachten Trefflosen an den Bekl., und zwar gleichzeitig mit einer auf dessen Wunsch gefertigten Aufstellung über die von ihrem Manne und ihr verkauften Lose, aus welcher insbesondere ersichtlich war, daß Kl. das hier fragliche Los gespielt hatte. Der gleichzeitig ausgesprochenen Bitte um Uebersendung der Gewinnbeträge an ihre Adresse entsprach Bekl. nicht vollständig, indem er an denselben den Betrag seiner dem verstorbenen A. gegenüber begründeten und von dessen Witwe zur Begleichung übernommenen Forderungen kürzte. Die mittellose Witwe war infolgedessen nicht in der Lage, die Gewinne in vollem Umfang auszuzahlen, und blieb insbesondere der Kl. unbefriedigt. Ein nochmaliges Ersuchen an den Bekl. gemäß einer Planbestimmung, die Gewinne auszuzahlen, blieb ohne Erfolg.

Das AG. hat den Bekl. zur Zahlung des dem Kl. abgezogenen Betrags verurteilt.

Die von dem Bekl. eingelegte Berufung wurde von dem LG. aus folgenden Gründen zurückgewiesen: Es ist rechtlich ausgeschlossen, daß der Bekl. sich von der Verbindlichkeit zur Auszahlung der auf den Kl. und die anderen Gewinner entfallenden Beträge durch Aufrechnung einer ihm gegen die lediglich als Mittelsperson aufgetretenen Witwe zustehenden Forderung befreien kann. Ist nun die von dem Bekl. dem Anspruch der Gewinnlosinhaber auf Auszahlung ihrer Gewinne gegenüber erklärte Aufrechnung unzulässig, so erscheint derselbe um die Gesamtsumme, die er dem Kl. und den anderen Gewinnern von den diesen zukommenden Gewinnbeträgen einbehalten hat und die infolgedessen auch nicht an die Gewinner zur Auszahlung gelangt sind, auf deren Kosten ungerechtfertigt bereichert, also auch um die Summe, die auf den Kl. entfallen wäre, diesem aber infolge der stattgehabten Aufrechnung von der Witwe nicht verabfolgt werden konnte. Bekl. ist aber auch insoweit den Gewinnforderern gegenüber nicht liberiert, als er sich nunmehr seinerseits zur Erfüllung seiner Verbindlichkeit der Witwe als Vermittlerin bediente und den nicht durch die Aufrechnung konsumierten Teil der Gewinnbeträge dem Ersuchen derselben entsprechend an deren Adresse eingesandt hat. Denn den Gewinnforderern gegenüber wäre der Bekl. erst dadurch befreit worden, daß denselben die Gewinnbeträge von der Witwe ausbezahlt worden wären, und zwar umsomehr, als diese damals die Vertretung des Bekl. noch nicht niedergelegt hatte, und Bekl. daher unbestrittenermaßen nach der Geschäftsordnung für die Kollekteure für die Handlungen und Unterlassungen dieser seiner Vertreterin zu haften hatte. Eine Verabfolgung des auf den Kl. entfallenden Gewinnbetrages hat aber seitens der Witwe bisher nicht stattgefunden.

Wenn Bekl. nun insbesondere, um seine Befreiung im Wege der Aufrechnung darzutun, geltend gemacht hat, die Witwe sei die zur Verfügung über die Urkunde berechtigte Inhaberin derselben gewesen, zum mindesten habe er sie dafür gehalten und sei deshalb, da er nach dem Gesetze zu einer Prüfung der Legitimation des Urkundeninhabers nicht verpflichtet sei, durch die dieser gegenüber erklärte Kompensation von seiner Verbindlichkeit zur Gewinnauszahlung in Höhe des ihm jener Witwe gegenüber zustehenden Anspruchs befreit worden, denn auch die Aufrechnung sei eine Art der Leistung im Sinne des § 793 BGB., so erscheint dies Vorbringen sowohl nach der tatsächlichen wie nach der rechtlichen Seite hin unzutreffend. Nach dem Ergebnis der Beweisaufnahme hat der Bekl. die Witwe nicht als Inhaberin oder gar als zur Verfügung über die Urkunde berechtigte Inhaberin des Loses ansehen können; er hätte sich hiernach zum mindesten darüber vergewissern müssen, ob tatsächlich seine Schuldnerin nunmehr die berechtigte Inhaberin des Loses sei. Unzutreffend ist nämlich die Rechtsausführung des Bekl., daß er nach § 793 BGB. zur Prüfung der Legitimation der Witwe nicht verpflichtet gewesen sei. Die Frage, ob der Aussteller unter allen Umständen, also auch dann, wenn er von einem Mangel des Verfügungsrechts des Inhabers Kenntnis hat, mit befreiender Wirkung an diesen leisten kann, ist hier schon deshalb nicht zu erörtern, weil es sich im Fragefalle gar nicht um eine Leistung im Sinne des Gesetzes handelt. Der allgemeine Ausdruck „Leistung" ist in § 793 Abs. 1 Satz 1 BGB. deshalb gebraucht worden, weil der Aussteller einer Schuldverschreibung auf den Inhaber sich in solcher nicht nur zu einer Geldzahlung, sondern auch zu anderen Leistungen verpflichten kann; es sollte damit zum Ausdruck gebracht werden, daß die versprochene Leistung Gegenstände jeder Art betreffen kann. In demselben Sinne ist nun auch das Wort Leistung in dem folgenden Satze: „Der Aussteller wird jedoch auch durch die Leistung an einen nicht zur Verfügung berechtigten Inhaber befreit" zu verstehen; es ist hier gleichbedeutend mit der Erfüllung der dem Aussteller obliegenden Verpflichtung. Nicht dagegen kann, wie dies der Bekl. will, auch die Aufrechnung als eine Art der Leistung im Sinne dieser Gesetzesstelle aufgefaßt werden, denn die Aufrechnung ist nach der Terminologie des BGB. nicht eine Unterart der Erfüllung, sondern bildet gleich dieser nur einen Grund für das Erlöschen der Schuldverhältnisse. Hieraus folgt aber, daß der Aussteller der Urkunde, um dem Inhaber gegenüber wirksam aufrechnen zu können, allerdings dessen Legitimation zu prüfen genötigt ist: denn die gegenteilige für die Leistung bestehende Vorschrift darf, da solche Ausnahmebestimmungen strikte auszulegen sind, nicht in extensiver Interpretation auch auf die Kompensation angewendet werden.

Entsch. LG. Gießen, 3K. I v. 26. April 1904 S 181/03. GAss. Y.

8. § 278 BGB. findet nur in den Fällen des § 254 Abs. 2, nicht auch des § 254 Abs. 1 BGB. entsprechende Anwendung.

Die Frage, ob der in § 254 Abs. 2 BGB. für entsprechend anwendbar erklärte § 278 BGB. die Haftung des Verletzten für Verschulden seines gesetzlichen Vertreters und der Personen, die er zu einer Vereichtung bestellt hat, auf die Fälle des § 254 Abs. 2 BGB. beschränkt, hat das Gericht bejaht. Dem Anspruch des Eigentümers eines Pferdes, das bei einem Unfall verletzt worden war und getötet werden mußte, auf Ersatz des Schadens gegenüber dem aus dem Unfall schadensersatzpflichtigen Dritten wurde von diesem die Einrede entgegengesetzt, der Kutscher des Fuhrwerks habe den Unfall durch fahrlässiges Verhalten selbst verschuldet; der Kl. müsse das Verschulden seines Kutschers als eigenes konkurrierendes Verschulden vertreten. Die Frage, ob § 278 BGB. auch in allen anderen von § 254 Abs. 1 BGB. umfaßten, nicht nur in den in Abs. 2 besonders hervorgehobenen Fällen entsprechende Anwendung finde, ist streitig. Planck, Kommentar z. BGB. § 254 Anm. 5, steht auf dem bejahenden Standpunkt. Er führt aus, daß der in Abs. 2 des § 254 BGB. für entsprechend anwendbar erklärte § 278 BGB. um deswillen auch für alle Fälle des Abs. 1 anwendbar sei, weil Abs. 2 sich an den Abs. 1 durch die Worte anschließe „Dies gilt auch donn . . .“ In Abs. 2 seien nur einzelne Fälle des mitwirkenden Verschuldens eines Beschädigten hervorgehoben. Hiernach werde auch Satz 2 des Abs. 2, welcher den § 278 BGB. für entsprechend anwendbar erkläre, nicht blos auf diese Fälle, saudern allgemein Anwendung finden und daher der Beschädigte für Verschulden seiner Leute analog einsieden müssen, wie für Verschulden solcher Personen, deren sich ein Schuldner zur Erfüllung einer Verbindlichkeit bediene.

Dieser Auffassung steht in erster Linie die Stellung der Bestimmung entgegen, welche den § 278 BGB. für entsprechend anwendbar erklärt. Sie ist als Satz 2 dem Abs. 2 des § 264 angegliedert. Würde sie auch Geliung haben sollen für den Abs. 1 des § 254 BGB., so wäre der Satz 2 des Abs. 2 als besonderer Abs. 3 eingestellt worden.* Es ist aber auch undillig, wenn man denjenigen, der Schaden zugefügt hat und der z. B. nur auf Grund eines außervertraglichen Verschuldens in Anspruch genommen werden könnte, für ein Verschulden seiner mit der Ausführung der schadenzufügenden Verrichtung bestellten Leute nur nach § 831 BGB. haften lossen, ihm also den Exkulpationsbeweis gestatten wollte, dem Beschädigten aber diesen Exkulpationsbeweis dei Annahme eines konkurrierenden Verschuldens seiner Leute versagte! Es ist schließlich auch nicht richtig, im Punkte der entsprechenden Anwendung des § 278 BGB. die drei in Abs. 2 aufgeführten Fälle mit den allgemeinen Fällen des Abs. 1 gleichzustellen. Abgesehen von dem besonderen Falle konkurrierenden Verschuldens, daß jemand unterlassen hat, den Schädiger vorher auf die Gefahr eines unverhältnismäßig hohen Schadens aufmerksam zu mochen, setzen die beiden übrigen Fölle der schuldhaft unterlassenen „Abwendung“ oder „Minderung“ des Schadens voraus, daß ein Schaden in seinen tatsächlichen Voraussetzungen schon vorhanden und die Schadensursache, also die Verletzung, bereits eingetreten ist, und zwar ohne daß hierdei ein Verschulden des Verletzten mitgewirkt zu haben braucht, während Abs. 1 den vorliegenden Fall mitbegreift, in welchem ein Verschulden des Anderen lediglich das schadenzufügende Ereignis mitverursacht hat. Nur in ersterem Falle ist eine entsprechende Anwendung des § 278 BGB. am Plotze: nur hier bestehen gewissermaßen schon obligatorische Beziehungen, deren Erfüllung dem Beschädigten zur Pflicht gemacht ist, nämlich einen bereits eingetretenen Schaden zu mindern, einen drohenden in seinen tatsächlichen Voraussetzungen schon verursachten Schaden abzuwenden, auf einen unverhältnismäßig hohen Schaden, an dessen Eintritt der Andere nicht denken konn, im voraus aufmerksam zu machen.

Das Reichsgericht scheint in Bd 55 S. 331 ebenfalls nicht auf dem Standpunkte Planck's zu sieden; denn dort ist ausgeführt: „Indem das Gesetz für den Fall des § 254 Abs. 2 die entsprechende Anwendung des § 278 BGB. vorschreibt, geht es von der Unterstellung aus, daß der Beschädigte dem Gegner verpflichtet sei, ihn auf die Gefahr eines ungewöhnlich hohen Schadens aufmerksam zu machen, ebenso auch verpflichtet, den Schaden abzuwenden eder zu mindern. In Ansehung dieser Verpflichtung wird der Geschädigte als Schuldner behandelt und für ein Verschulden derjenigen Personen verantwortlich gemacht, die ihn in der Erfüllung der Verbindlichkeit zu vertreten haben oder deren er sich hierzn als seiner Gehilfen bedient.“ (S. auch ebenda S. 332.* S. auch Entsch. OLG. Hamburg in R. d. OLG. II S. 456; Rospatt in „Das Recht“ 1902 S. 96; Heuer ebenda S. 147 mit verschiedenen Begründungen). Hiernach läßt sich also eine Haftung des Kl. für Verschulden seines Kutschers bei Leitung des Fuhrwerks im Sinne des § 254 Abs. 1 BGB nur nach § 831 BGB. begründen, d. h. dem Kl. ist der Gegenbeweis nachzulassen, daß er bei der Auswahl des Kutschers die im Verkehr erforderliche Sorgfalt beobachtet hat. Diesen Nachweis hat aber der Kl. erbracht . . .

Entsch. LG. Dstdt. v. 22. Dez. 1904 O 738/04.

Sz.

* Für die Vermutung des Einsenders der Entsch. in Seuffert's Arch. Bd. 59 Nr. 51 S. 90 Anm. 2, daß hier ein Druckfehler oder Versehen des Gesetzesredaktors vorliege, sind Gründe nicht angegeben oder [illegible]tlich. D. E.

9. Welche „Aufwendungen“ hat der Vater eines unehelichen Kindes gemäß § 1715 BGB. zu ersetzen?

Als Mutter eines unehelichen Kindes beanspruchte die Kl. von dem Vater des Kindes den Betrag von 69 Mk. für den ihr infolge der Schwangerschaft entgangenen Verdienst und ferner den Betrag von 108 Mk. für Aufwendung an Kost und Wohnung in derselben Zeit. Das LG. wirs als Berufungsinstanz die Klage ad, indem es ausführte:

§ 1715 BGB. bestimmt, daß außer den Kosten der Entbindung und des Unterhalts für die ersten 6 Wochen zu ersetzen sind: „falls infolge der Schwangerschaft oder der Entbindung weitere Aufwendungen notwendig werden, auch die dadurch entstehenden Kosten“.

Es fragt sich also, ob die beiden Posten unter die „Aufwendungen“ im Sinne dieser Bestimmung gerechnet werden können. Wie bereits im erstinstanzlichen Urteile erwähnt, wird die Frage in der Wissenschaft nicht einheitlich beurteilt; der erste Richter hat sich ohne weitere Begründung mit Planck (§ 1715, Anm. 1c) und Fischer-Henle für die Bejahung der Frage entschieden. Planck führt aus, daß der Gesetzgeber allerdings nur an die sog. Nachwehen der Entbindung gedacht habe, daß aber der Wortlaut der Bestimmung für die Bejahung der Frage sprechen dürfte. Bei Beantwortung der Frage sind die beiden streitigen Ansprüche aus einander zu halten. Der erste Anspruch, Ersatz des entgangenen Lohns, stellt sich als ein reines lucrum cessans dar. Ein solches kann aber schon nach dem gewöhnlichen Sprachgebrauche als eine Aufwendung nicht bezeichnet werden und noch weniger unter den oden angegebenen Wortlaut des § 1715 BGB. gebracht werden, weil

* Die Entsch. des RG. in Seuffert's Arch. Bd. 59 Nr. 51 S. 90 berührt die Frage ebenfalls und scheint im Falle des § 254 Abs. 1 nicht die Anwendung von § 278 BGB., sondern § 831 BGB. zuzulassen, wie sich aus der Bemerkung ergibt, daß das Seerecht eine „eigentümliche über §§ 278 und 831 BGB. hinausgehende Haftung“ enthalte. Die Erwähnung des § 831 neben § 278 BGB. im Zusammenhang mit § 254 BGB. wäre überflüssig, wenn § 278 BGB. auch auf § 254 Abs. 1 Anwendung fände. D. E.

bei einem lucrum cessans nicht von „dadurch entstehenden Kosten“ gesprochen werden kann. Der Wortlaut des Gesetzes führt deshalb nicht, wie Planck meint, zur Bejahung, sondern zur Verneinung der obigen Frage. Jedenfalls geben aber auch die Verhandlungen des Reichstags, durch den der fragliche Passus in den § 1715 BGB. eingefügt worden ist, keinerlei Anhalt dafür, daß durch den Zusatz auch der entgangene Gewinn habe getroffen werden sollen. Der Anspruch von Mk. 69 erscheint sonach nicht begründet.

Anders liegt die Sache bei dem Anspruch von Mk. 103 für Kost und Wohnung. Hier kann sprachrichtig von „Aufwendungen“ gesprochen werden, und es würde auch keinem Anstand unterliegen, diese offenbar durch die Schwangerschaft erforderlich gewordenen Aufwendungen für ersatzpflichtig im Sinne des § 1715 BGB. zu erklären. Indessen fragt es sich, ob die Kl diese Aufwendungen wirklich gehabt hat. Bekl. hat dies bestritten mit dem Hinweise, daß Kl. im Hause ihrer Eltern unentgeltlich Kost und Wohnung gehabt habe. Kl. hat auch gar nicht behauptet, daß sie ihren Eltern Ersatz für ihr gewährte Kost und Wohnung geleistet habe oder daß diese überhaupt dafür eine Vergütung beanspruchten; sie meint jedoch, daß sie nach § 1715 Abs. 1 BGB. berechtigt sei, den gewöhnlichen Betrag der Kosten von Kost und Wohnung ohne Rücksicht auf den wirklichen Aufwand zu verlangen. Diese Ansicht kann nicht gebilligt werden. Wie bereits oben erwähnt, ist der Zusatz bezüglich der weiteren Aufwendungen erst durch den Reichstag in den ersten Satz des ersten Absatzes des § 1715 eingefügt worden, während der zweite Satz, auf den sich die Kl. beruft, bereits in der Reichstagsvorlage stand. Nun würde ja an sich nichts im Wege stehen, diesen zweiten Satz auch auf den vom Reichstag beschlossenen Zusatz zu beziehen. Zu dem entgegengesetzten Ergebnisse gelangt man jedoch sofort, wenn man den Gesetzestext näher betrachtet. Wenn das Gesetz bestimmt: „falls weitere Aufwendungen notwendig werden, so sind auch die dadurch entstehenden Kosten zu ersetzen“, so kann es sich nur um wirklich aufgewandte Kosten handeln, und es kann von einem „gewöhnlichen Betrag“ dieser Kosten nicht die Rede sein. War sonach die Bezugnahme der Kl. auf den zitierten Satz 2 verfehlt, so lag es ihr ob, den Beweis zu führen, daß und wieviel sie für Kost und Wohnung aufgewandt hat. Diesen Beweis hat die Kl. nicht versucht, geschweige denn geführt. Der Anspruch erscheint deshalb unbegründet.

U. LG. Darmstadt, ZK. II v. 12. Nov. 1902 S 217/02.

Dr. E. E. Hoffmann II, RA.

Freiwillige Gerichtsbarkeit.

10. Kann die Auflassung unter die Versteigerungs-Bedingungen aufgenommen werden?

Als Bedingungen einer Versteigerung waren von einem Notar folgende bei Beginn der Versteigerung verlesen worden: „1. Versteigerer und Ansteigerer erklären ihre Einigung dahin, das die versteigerten Grundstücke in das Eigentum der Ansteigerer übergehen und mit Sicherungshypotheken für die Steigpreisforderungen belastet werden sollen. Die Eintragung dieser Rechtsänderung in das Grundbuch wird allerseits beantragt und bewilligt. Die Ansteigerer bewilligen und beantragen ferner die Eintragung der Unterwerfungsklausel.

2. Alle in den Bedingungen verlangten Willens-Erklärungen gelten dadurch als abgegeben, daß die Beteiligten den sie betreffenden Teil des Protokolls genehmigen und unterschreiben.“

Die Ansteigerer haben in dem Versteigerungsprotokoll lediglich den sie betreffenden Zuschlag nach Verlesung genehmigt und unterschrieben.

Auf Vorlage des Versteigerungs-Protokolls zwecks Eintragung in das Grundbuch hat das AG. B. die Eintragung verweigert mit der Begründung, daß eine korrekte Auflassung nicht stattgefunden habe. Die Beschwerde gegen den Beschluß des AG. ist zurückgewiesen worden aus folgenden Gründen:

Die Frage, ob die Teilbarkeit des Protokolles zulässig erscheint und ob es genügt, dem Meistbietenden nur den ihn betreffenden Teil des Protokolles vorzulesen, ihn diesen genehmigen und unterschreiben zu lassen und ihn sodann zu entlassen, ob eine öffentliche Verlesung der Versteigerungsbedingungen ausreicht oder ob dem Ersteher die Bedingungen besonders vorzulesen und von ihm zu genehmigen sind, wenn er beim Verlesen der Bedingungen nicht zugegen war, können untergebens unbeantwortet bleiben, da es sich hier nur darum dreht, ob die Auflassungs-Erklärungen in korrekter Weise abgegeben worden sind. In letzterer Beziehung muß beachtet werden, daß für Auflassung und Eintragungsbewilligung die Unterschrift des Erstehers nicht entbehrlich ist, wie dies für den Versteigerungsakt durch § 181 GFG. bestimmt worden ist; denn die Auflassung ist ein Formal-Akt und der Gesetzgeber hat bei der hohen Wichtigkeit, welche der Eigentumsübertragung für die Rechtsverhältnisse an Grund und Boden beizumessen ist, die Auflassung an eine besondere d. h. strengere als die für den dinglichen Vertrag im allgemeinen erforderliche Form geknüpft. Hierdurch sollen einerseits Uebereilungen vermieden werden, andererseits dem Erwerber die Möglichkeit gewährt werden, das Grundbuch einzusehen und sich über die näheren Rechtsverhältnisse des Grundstücks zu unterrichten; auch soll dadurch eine möglichst vollständige Uebereinstimmung zwischen den Erklärungen und dem Inhalte des Grundbuchs angestrebt werden (Mot. zu § 925 BGB. bei Haidlen II 141; Staudinger, Komm. z. BGB. § 925 Note 1 in 3, 157). Es erscheint zwar nicht unzulässig, die Auflassung in die Versteigerungsbedingungen aufzunehmen (vgl. Weißler, Komm. z. GFG. § 181 Note 4 und die daselbst zit. RGE. 15, 389, 391, 395); aus dem Protokolle muß aber hervorgehen, daß die Erklärungen über die Einigung den Ansteigerern vorgelesen, daß dieser Teil der Beurkundung von ihnen genehmigt und unterschrieben worden ist (vgl. KG. v. 9. Juni 1902 in RheinNotZ. 1902 S. 172 speziell 177).

Im gegebenen Falle haben die Steigerer lediglich den sie betreffenden Zuschlag nach Verlesung genehmigt und unterschrieben. Die Unterschrift konn demnach nur auf das Gebot und den Zuschlag, also den obligatorischen Vertrag, nicht auch auf die Auflassung bezogen werden. Die Auflassung ist daher nichtig und kann nicht zur Grundlage der Eintragung des Eigentumsüberganges dienen.

Angesichts der bestehenden Gesetzgebung werden daher die Formulare für Versteigerung derart eingerichtet, daß die Auflassungserklärungen in einem besonderen Akte erscheinen, sei es daß die Ansteigerer und Versteigerer eine Person ermächtigen, demnächst die Auflassung für sie vorzunehmen (so Formularbuch Weißler-Hilse, 11. Auflage 1904), sei es daß unmittelbar nach den Zuschlägen eine besondere Auflassungserklärung zwischen den Versteigerern und einem Bevollmächtigten der Ansteigerer beurkundet wird (so Form. des RheinNotV.) sei es daß die Aufnahme einer besonderen Auflassungsurkunde gelegentlich der Versteigerung empfohlen wird (so Formular 26a JzMin. zu Nr. J. M. 1313 vom 17. März 1904).

Es mag zugegeben werden, daß für den Notar im Hinblick auf die formalisierte Auflassung Schwierigkeiten bei Versteigerungen entstehen können bezw. daß überhaupt durch die Einrichtung der Auflassung das Versteigerungs-Verfahren umständlicher geworden ist; dieser Mißstand läßt sich aber nur auf dem Wege einer Gesetzesänderung beseitigen. Nach der z. Zt. bestehenden Gesetzgebung kann namentlich bezüglich der Auflassung nicht anders verfahren werden und die RheinNotZ. erkennt selbst an, daß die oben zit. Entsch. des KG. zweifellos zutreffend ist (RheinNotZ. 1902 S. 177). Die einzige Erleichterung bezüglich der Auflassung besteht z. Zt. darin, daß es bei Versteigerungen vor Gericht oder Notar der gleichzeitigen Anwesenheit beider Teile nicht bedarf (Art. 91 hess. AusfG. z. BGB. u. Art. 143 EG. z BGB)

Entsch. LG. Mainz II. ZK. v. 7. Frbr. 1905 T 16/05.
LGR. Dp.

11. Das hess. Gesetz vom 10. Mai 1893 findet keine Anwendung, wenn es sich um testamentarische Anordnungen handelt.

Die Parzelle Flur V Nr. 77, Gemarkung Mainz, gehörte zur Fahrnißgemeinschaft der Eheleute U. Letztere errichteten ein gemeinschaftliches Testament, in welchem sie sich gegenseitig als Vorerben und ihre Kinder als Nacherben einsetzten. Gleichzeitig wurde in dem Testament bestimmt, daß der überlebende Ehegatte, so lange er lebe, und unverheiratet bleibe, hinsichtlich des gemeinsamen Vermögens die freie Verfügung unter Lebenden haben solle und die Nacherben sich mit dem zu begnügen hätten, was bei dem Tode der Längstlebenden übrig bleiben werde. Zu § 4 des Testaments ist noch Folgendes bestimmt: „Im Falle einer Wiederverheiratung soll der Ueberlebende gehalten sein, sich mit den Nacherben nach den Regeln der gesetzlichen Erbfolge auseinanderzusetzen." Nach dem Tode des Ehemannes U. beantragte die überlebende Witwe die Mutation der obigen Parzelle auf ihren Namen und zwar ohne jede Vormerkung. Das AG. M. lehnte die Mutation ab im Hinblick auf die Bestimmung des § 52 GBO., indem es hervorhob, daß für die rechtliche Stellung der Witwe U. als Vorerbin und deren Kinder als Nacherben die Vorschriften des BGB. maßgebend seien, so daß der Mutationsrichter die heute geltenden Bestimmungen nicht außer Acht lassen dürfe, wenn auch in M. das Grundbuch des neuen Rechts noch nicht fertig gestellt sei. Im vorliegenden Falle handle es sich um die Mutation eines mit dem Rechte von Nacherben belasteten Grundstücks, das die Witwe U. unbeschränkt auf ihren Namen überschrieben haben wolle. Auf Beschw. der Witwe U. hat das LG. die unbeschränkte Mutation angeordnet aus folgenden Gründen:

Der § 52 GBO. kann untergebens nicht zur Anwendung kommen, weil in M. das neue Grundbuch noch nicht als angelegt zu betrachten ist. Gemäß Art. 189 EG. z. BGB. gilt das alte Recht, speziell das hess. Ges. v. 10. Mai 1893, betr. das Grundeigentum ꝛc., in Rheinhessen. Zu Art. 3 dieses Gesetzes ist bestimmt, daß, wenn ein Rechtsgeschäft (unter Lebenden), durch welches über das Eigentum an Grundstücken verfügt wird, kraft Gesetzes oder kraft Vereinbarung wegen Nichterfüllung der Bedingungen auflösbar ist . . ., dem Eintrag in das Mutations-Verzeichnis von Amtswegen die Vormerkung beschränkt beizufügen ist. Es besteht jedoch keine derartige Bestimmung für den Fall, daß in einem Testament eine Anordnung unter auflösender Bedingung getroffen wird. So wenig der Mutationsrichter vor dem Inkrafttreten des BGB. in der Lage war, in einem solchen Falle eine Vormerkung einzutragen, weil eine gesetzliche Bestimmung fehlte, ebenso wenig kann er nach dem Inkrafttreten des BGB. in Bezirken, wo das neue Grundbuchrecht noch nicht gilt, auf dem Wege der Analogie dazu kommen, nunmehr für erforderlich zu erachten, daß dem Eintrage in das Mutationsverzeichnis die Vormerkung beschränkt beizufügen ist, obschon das seitherige, heute noch geltende Recht eine solche Vormerkung nicht vorsieht. Ein solches Verfahren ließe sich bei testamentarischen Anordnungen um so weniger rechtfertigen, als selbst bei manchen den Rechtsgeschäften unter Lebenden beigefügten Revokations- und Reduktionsgründen die Vormerkung beschränkt in dem Gesetze nicht vorgesehen ist.

Entsch. LG. Mainz v. 24. Nov. 1904 T 298/04
LGR. Dp

12. Ist der nach § 1640 BGB. zur Inventarerrichtung verpflichtete überlebende Ehegatte verpflichtet, eine amtliche Schätzung seiner Immobilien vornehmen zu lassen?

Dem Kaufmann D. lag nach dem Tode seiner Ehefron die Verpflichtung zur Einreichung eines Vermögensverzeichnisses nach § 1640 BGB. ob. Dieses Verzeichnis reichte derselbe bei dem AG. ein. Dasselbe wurde jedoch von dem Gerichte beanstandet und dem Beschwerdeführer aufgegeben, eine amtliche Schätzung seiner Immobilien vornehmen zu lassen, da das Publikum die Immobilien erfahrungsgemäß zu niedrig schätze und so das Interesse des Staates bei der Stempelberechnung geschädigt werde. Gegen diese Verfügung legte D. Beschwerde ein, der stattgegeben und die Verfügung des AG. aufgehoben wurde.

Aus den Gründen: Abgesehen davon, daß die von dem AG. vertretene Ansicht in dem Gesetze nirgends eine Begründung erfährt, geht die übereinstimmende Ansicht in der Literatur dahin, daß eine amtliche Schätzung nicht geboten sei (vgl. Planck, zu § 1640 BGB.). Ist das eingereichte Verzeichnis ungenügend, so stehen dem Gerichte die in § 1640 Abs. 2 bezeichneten Mittel zur Verfügung, um eine Richtigstellung des Verzeichnisses herbeizuführen. Als unzulässig erscheint jedoch, den Verpflichteten mit einer Auflage, wie sie dem Beschwerdeführer in dem vorliegenden Falle geworden, zu belasten; auch durch fiskalische Gründe ist eine derartige Auflage nicht zu begründen.

Beschl. LG. Darmstadt, ZK. I v. 25. Mai 1905 T 191/05. Lehr, Ger. Akz.

13. Beschwerde des Schuldners gegen Haftbefehl.

In Sachen betr. Ableistung eines Offenbarungseids bei dem AG. D. ist der Haftbefehl an Gläubiger und Schuldner zugestellt worden. Letzterer fühlt sich beschwert und verfolgt gegen den Haftbefehl zu Protokoll des Gerichtsschreibers sof. Brschw., weil er erst vor 2 Jahren den Offenbarungseid geleistet habe. Das LG. hat der Beschw. stattgegeben, da nach den stattgehabten Ermittelungen der Beschwerdegrund zutreffend erscheine (vgl. hierzu Entsch. in HessRspr. V S. 109).

Entsch. LG. D. ZK. I v. 30. Nov. 1904 T 424/04. GAss. Spn.

Kosten und Gebühren.

14. Zu Nr. 39 des Stempel-T. (Verstempelung von Grundbuchauszügen).

Der dem Versteigerungsprotokoll beigefügte Grundbuchsauszug enthält von zwei Besitzern je 3, von einem Besitzer 2 und von zwei Besitzern je ein Grundstück, zusammen 10 Grundstücke. Mit der Beschw. wird die Verstempelung nach Maßgabe der einzelnen Besitzer mit 35 Pf. begehrt. Nach Nr. 39 StT. beträgt der Stempel von jeder Parzelle je 2 Pf. Die Bestimmung des Art. 23 des Grs. ist nicht anwendbar, es findet darnach eine Abrundung nicht statt; eine solche kann auch nicht auf Nr. 22 des alten Tarifs gestützt werden; denn dieser Tarif ist aufgehoben, abgesehen davon, daß er gegenüber der klaren Bestimmung des Art. 23 nicht in Betracht kommen kann. Es ergibt sich daraus allerdings, daß unter Umständen Stempelbeträge von 2, 4, 6, 12 Pf. usw. zu verwerten wären, während die geringste Stempelmarke tatsächlich eine solche von 5 Pf. ist und das Dezimalsystem zu Grunde liegt; diese Erwägung kann aber dem Gesetze gegenüber nicht ausschlaggebend sein. Die Zahl der Besitzer ist daher bedeutungslos; es kommt vielmehr nur auf die Zahl der Grundstücke an und es ist ein Stempel von 20 Pf. zu verwenden.

Entsch. LG. Präs. Mainz, v. 7. Dez. 1904 I 203/04. Nees.

15. Zu Nr. 21. 82 Zus. Best. 11 Stempel-T., § 5[1] Urk. St. Ges.

A. eröffnet dem B. einen Kredit in laufender Rechnung bis zum Belauf von 10 000 M. Dabei erkennt B. an, daß er aus dem seither bestehenden Kreditverhältnis 7523 M. schulde. Zur Sicherheit der bereits bestehenden Schuld und des gewährten weiteren Kredits, im Ganzen 10 000 M., wird eine Hypothek bestellt. Es liegt somit nicht ein Schuldbekenntnis über 7523 M. und weiter ein Kreditvertrag über 10 000 M. vor, wie die Beschw. annimmt, vielmehr ein einheitliches Geschäft, dessen Höchstbetrag 10 000 M. ist; der erst angegebene Betrag ist in der Kreditsumme inbegriffen, welche sowohl bezüglich der bereits geschuldeten, als der künftig geschuldet werdenden Beträge ganz gleichheitlich behandelt wird. Eine besondere Verstempelung des bereits geschuldeten Betrags würde eine doppelte Verstempelung herbeiführen. Die Entsch. v. 10. März 1904 — HessRspr. V 76 — kann hiergegen nicht angeführt werden, sie beruht vielmehr auf der nämlichen Rechtsauffassung, indem ausdrücklich angeführt wird, daß gegenüber dem anerkannten Betrag der konkurrierende Betrag des neuen Kredits nicht besonders verstempelt werden könne. Nur war damals der anerkannte Betrag der höhere; diese tatsächliche Verschiedenheit ist natürlich rechtlich bedeutungslos.

Entsch. LG. Präs. Mainz v. 12. Dez. 1904 I 205/04. Nees.

Entscheidungen der Großh. Amtsgerichte.

Freiwillige Gerichtsbarkeit.

16. § 2357[2] BGB. als Erfordernis eines Erbscheinsantrages im Falle des § 792 ZPO. — Auskunftspflicht des Antragstellers über die Art der beabsichtigten Zwangsvollstreckung bei Erbscheinen mit beschränkter Zweckbestimmung. —

Antragsteller hatte bei dem AG. Bingen die Erteilung eines Erbscheines gemäß § 792 ZPO. beantragt. Das Gericht verlangte zunächst die Aufnahme der Angabe, daß sämtliche Erben die Erbschaft angenommen haben, in den Antrag. Antragsteller verweigerte dies mit der Begründung, der Fall des § 2357[2] BGB. liege nur vor, wenn ein Teil der Erben die Erteilung des Erbscheins beantrage. Im vorliegenden Falle beantrage aber ein Gläubiger aller Erben die Erteilung des Erbscheins. Weiterhin verlangte Antragsteller einen Erbschein mit beschränkter Zweckbestimmung, da er nur für einen Teilbetrag von 300 M. seines auf 4209,83 M. lautenden Titels vollstrecken wolle, verweigerte jedoch jegliche Angabe darüber, in welcher Art er die Vollstreckung betreiben wolle. Das Gericht entschied darauf, daß der Antrag kostenfällig zurückzuweisen sei. Die Gründe führen folgendes aus: Die Weigerung des Antragstellers, die Angabe, daß sämtliche Erben die Erbschaft angenommen haben, in seinen Antrag aufzunehmen, beruht auf einer Verkennung des Wesens des § 2357 BGB. Der Wortlaut des § kann nicht als Argument für die Behauptung des Antragstellers dienen, da ja das BGB. überhaupt keine anderen Antragsteller kennt als die Erben. Derselbe stellt vielmehr im Verhältnis zu dem einfachen Erbschein generell Zusatzbestimmungen für die Anträge auf Erteilung von Erbscheinen in Fällen, in denen mehrere Erben vorhanden sind, auf. Diese Bestimmungen hat auch der Gläubiger, der gemäß § 792 ZPO. antragsberechtigt ist, zu erfüllen. Die Richtigkeit dieser Ansicht ergibt sich auch aus der Natur des Erbscheins. Derselbe wird im Interesse der Sicherheit des Rechtsverkehrs nur erteilt, wenn das Erbrecht unbedingt ist. Aus diesem Grunde hat gerade § 2357 die Bestimmung getroffen, daß im Falle eines gemeinschaftlichen Erbscheins die Annahme der Erbschaft von Seiten sämtlicher Erben behauptet werden muß. Diese Behauptungspflicht ist aber nicht nur rein formell, da sie sonst ganz zwecklos wäre, sondern sie begründet auch eine Beweispflicht (vgl. Planck Anm. 2b zu § 2357 BGB.). Es ist nun nicht einzusehen, warum diese allgemeinen Prinzipien gerade im Falle des § 792 ZPO. durchbrochen werden sollen. Dieser § stellt doch lediglich eine Ausnahme von dem Grundsatz dar, daß nur Erben antragsberechtigt sind, während er alle übrigen Bestimmungen über den Antragsinhalt unberührt läßt. Der Gläubiger übt in Anwendung des § 792 ZPO. ein Erbenrecht aus und hat daher auch alle Voraussetzungen für die Durchführung dieses Erbenrechts zu erfüllen. Der Antragsteller war daher verpflichtet, die geforderte Angabe in seinen Antrag aufzunehmen und ev. Beweise (als solche kommt auch Versicherung an Eidesstatt in Betracht; vgl. Seuffert, Anm. zu § 792 ZPO.; Planck, Anm. 2a zu § 2356 BGB.) dafür anzubieten, unter deren Benutzung dann das Gericht v. A. w. die erforderlichen Ermittelungen gemacht hätte.

Es ist weiterhin unbegründet, wenn Antragsteller behauptet, eine Pflicht, darüber Auskunft zu erteilen, in welcher Art vollstreckt werden solle, bestehe für ihn nicht. Das neue Kostengesetz vom 30. Dez. 1904 hält im Prinzip an dem früheren Grundsatz fest, daß mit Ausnahme des § 2369 BGB. nur ein allgemeiner Erbschein erteilt werden kann und daß der Gebührenberechnung der Wert des Nachlasses zu Grunde zu legen ist. Um die sich hieraus für die Fälle, in denen der Erbschein nur zu ganz bestimmten Zwecken gebraucht wird, ergebenden Härten zu mildern, hat das neue Gesetz im Anschluß an das preuß. Gerichtskostengesetz bestimmt, daß in diesen Fällen eine Gebührenermäßigung eintreten soll. Das hess. Gesetz geht dabei noch über das preuß. Gerichtskostengesetz, das diese Ermäßigung nur zuläßt, wenn der Erbschein zur Verfügung über ein Grundstück oder über ein im Grundbuch eingetragenes Recht gebraucht wird und bei den Grundakten bleiben soll, hinaus, indem es bestimmt, daß in allen Fällen, in denen nur über bestimmte Gegenstände verfügt werden soll, eine Ermäßigung eintreten kann. Aus dem Wortlaut des Art. 27 des Gesetzes vom 30. Dez. 1904, aus der Bezugnahme auf § 2369 BGB., sowie aus dem in § 3 der Bekanntm. zur Ausf. des Ges., die Gerichtskosten betr., vom 30. Dez. 1904 angeführten Beispiel des dem Erbschein mit beschränkter Zweckbestimmung beizufügenden Vermerks ergibt sich, daß es sich um Gegenstände, zu denen natürlich im weiteren Sinne auch Forderungen zu rechnen sind, handeln muß, die zu dem Nachlaß gehören. Es ist darnach unzulässig, einfach den Betrag von 300 M. als Teilbetrag der Schuldforderung, die im Wege der Zwangsvollstreckung beigetrieben werden soll, der Gebührenberechnung zu Grunde zu legen, sondern der Wert derjenigen Nachlaßgegenstände, in die die Vollstreckung erfolgen soll, hat zu entscheiden. Antragsteller hätte somit erklären müssen, wie er vollstrecken will, und hätte dies weiterhin dem Gericht glaubhaft machen müssen. Daß Antragsteller die Nachlaßgegenstände, in die er vollstrecken will, genau angeben muß, ergibt sich auch weiterhin aus den zum Schutz der Staatskasse gegen die durch die neuen Bestimmungen gegebene Möglichkeit der Stempelhinterziehung erlassenen Vorschriften. Ein nur bestimmten Zwecken dienender Erbschein muß, wie bereits erwähnt, einen Vermerk tragen, aus dem hervorgeht, über welchen Gegenstand verfügt werden soll, da ja andernfalls jede Kontrolle über die weitere Verwendung des Erbscheins unmöglich wäre. Ferner sind im § 4 der Bekanntm. vom 30. Dez. 1904 Fälle vorgesehen, in denen das Gericht den Erbschein mit beschränkter Zweckbestimmung überhaupt nicht dem Antragsteller aushändigen darf. Zum Schluß sei noch darauf hingewiesen, daß das ministerielle Ausschreiben vom 31. Dez. 1904 es den Gerichten ausdrücklich zur Pflicht gemacht hat, den Antragsteller auf die verschiedenen Möglichkeiten bei der Erteilung eines Erbscheins mit beschränkter Zweckbestimmung hinzuweisen, so daß das Gericht auch aus diesem Grunde eine nähere Darlegung der Verhältnisse durch den Antragsteller erwarten durfte.

Beschl. AG. Bingen v. 18. Febr. 1905 VIII 13/05.

Kg.

Abhandlungen.

Bedeutung der §§ 1444, 1446, 2113 BGB. für die Causa-Lehre.

Von Dr. jur. Peter Klein in Bonn.

I. „Die Causa ist ein obligatorisches Verhältnis. Die Uebertragungen sind abstrakt. Sehe interessante Ausnahmen von diesem großen Grundsatz s. §§ 1444 1446, 2113 BGB.!" — So Neubecker in seinem Buche über den „abstrakten Vertrag" (1903) S. 34. —

Treffen diese Ausführungen Neubecker's zu, so weist die Causa-Lehre des BGB. der gemeinrechtlichen Theorie gegenüber erhebliche Neuerungen auf; denn nach Neubecker bedeuten BGB. §§ 1444, 1446, 2113 einen Bruch mit der herrschenden Lehre von der Selbständigkeit der Leistung gegenüber der causa.

Bei dem Interesse, das diese Lehre zur Zeit in Anspruch nimmt, sei es verstattet, zunächst das zu lösende Problem klarzustellen, dann den Nachweis zu versuchen, daß die §§ 1444, 1446, 2113 BGB. nicht einen Bruch mit der herrschenden Lehre verlangen, keine „Ausnahmen von dem Grundsatze" bilden, sondern mit diesem vollkommen vereinbar sind

II. Der Entwurf I zum BGB. bestimmte ausdrücklich, daß die obligatorische causa für den dinglichen Effekt der Leistung bedeutungslos sei, proklamierte m. a. W. das Prinzip der absoluten Selbständigkeit der Leistung in der empirisch einheitlichen Vermögenszuwendung. In das BGB. ist diese Bestimmung nicht übergegangen. Daher — bei dem Mangel an einer abschließenden positiven Regelung des Causa-Problems — der Zweifel, wie weit die Abstraktion bei der Leistung reicht; daher — um gleich die wichtigste Frage herauszugreifen —, der berühmte Meinungsstreit über die Beziehung der §§ 138, 817 BGB. zur traditio als Leistung, ob, wenn A. den B. zum Morde anstiftet, und ihm zum Mörderlohn eine Uhr gibt, die Eigentumsübertragung nach BGB. § 138 nichtig ist, A. also gemäß BGB. § 985 die Uhr vindizieren kann oder nicht? *

Neubecker hat sich eingehend mit dieser Frage beschäftigt und läßt die vindicatio zu. Zur Begründung dieser Lösung des Problems nimmt er auch auf BGB. §§ 1444, 1446, 2113 Bezug, Gesetzesnormen, die nach Neubecker interessante Ausnahme von dem großen Grundsatz, nach dem die Uebertragungen (Leistungen) abstrakt sind, bilden sollen. Sein Gedanke dabei ist, wenn ich ihn recht verstehe, daß, wenn in dem durch BGB. §§ 1444, 1446, 2113 geregelten Fällen die causa die Leistung beeinflusse, mithin das Prinzip des I. Entwurfs durchbrochen sei, der Annahme einer Beeinflussung durch eine (unsittliche) nichtige causa mit der Folge der Nichtigkeit des Leistungsgeschäfts nichts im Wege stehe.

Ich habe bereits an anderer Stelle** zu Neubecker's Lösung des Problems Stellnng genommen. Die Gründe, welche ich damals geltend gemacht habe, leiten sich aus der allgemeinen Causa-Lehre her. Hier soll gezeigt werden, daß auch in den §§ 1444, 1446, 2113 BGB. das Prinzip von der Abstraktheit der Eigentumsübertragung in der kausalen Vermögenszuwendung nicht verlassen ist und folglich der von Neubecker vorgeschlagene Weg über BGB. §§ 1444, 1446, 2113 nicht zu seinem Ziele führt.

BGB. § 1444 bestimmt: „der Mann bedarf der Einwilligung der Frau zu einem Rechtsgeschäfte, durch das er sich zu einer Verfügung über das Gesamtgut im Ganzen verpflichtet, sowie zu einer Verfügung über Gesamtgut, durch die eine ohne Zustimmung der Frau eingegangene Verpflichtung dieser Art erfüllt werden soll".

Wird eine solche Verfügung des Mannes über Gesamtgut nicht genehmigt, so fällt die Verfügung gemäß BGB. §§ 1448, 1396 I. III., 1397, 1398 in sich zusammen.

Lassen sich diese Wirkungen mit einer „Ausnahme von dem großen Grundsatze, nach dem die Uebertragungen abstrakt sind", einer „Beeinflussung" der Leistung durch die causa erklären? Schon der Umstand, daß in den (kausalen) Vermögenszuwendungen, die BGB. § 1444 einbezieht, alle causae vorkommen können, genügt, um diese Auffassung unhaltbar zu machen. Ganz abgesehen davon, daß unter BGB. § 1444 auch abstrakte Vermögenszuwendungen fallen können, für die dann ebenfalls die Regelung in BGB. § 1448 maßgebend ist. Das kausale Element kann also bei den unter BGB. § 1444 zu rubrizierenden Vermögenszuwendungen nicht in entscheidenden Betracht kommen. Eher könnte man annehmen, daß die Leistung oder genauer: Inhalt und Umfang der Leistung (Gesamtgut im Ganzen*) die Wirksamkeit der Vermögenszuwendung in den durch BGB. § 1444 geregelten Fällen beeinflusse. Aber auch diese Annahme würde zu keinem annehmbaren, einheitlichen Prinzip führen.

Ich schlage daher eine andere, m. E. nur einzig mögliche und nächstliegende Lösung vor. Die Wirkungen, die BGB. § 1448 regelt, lassen sich nicht aus der Kausalnatur der Vermögenszuwendungen erklären, sondern daraus, daß der Ehemann in der aus seinem eheherrlichen Recht an fremdem Vermögen entspringenden Macht über dieses fremde Vermögen beschränkt ist, m. a. W. daß (bei kausalen Vermögenszuwendungen) seine Verfügungsmacht zur Bewirkung der Leistung wie der causa nach bestimmten Gesichtspunkten begrenzt ist. Diese Gesichtspunkte sind: Inhalt und Umfang der Leistung oder eine bestimmte causa. In BGB. §§ 1445 und 2113 I die Leistung (Grundstücksqualität), in BGB. §§ 1446 und 2113 II. die causa donandi. Aber es darf nicht übersehen werden, daß der Umfang der Leistung bezw. eine bestimmte causa hier nicht direkt die Wirkungen der Vermögenszuwendung beeinflussen, sondern nur indirekt dadurch, daß sie als relevante Größe in die Beschränkung der Verfügungsmacht aufgenommen sind.

Daß diese Ausführungen in gleicher Weise bei gesetzlicher Vertretung, wenn (BGB. §§ 1357 I, 1641, 1804) der gesetzliche Vertreter in seiner Vertretungsmacht beschränkt ist, gelten, bedarf wohl keiner weiteren Erörterung.

III. Die Lehre von der Bedeutung der Synthesis von Leistung und Zwecksetzung — speziell die bekannte Frage: ob die nichtige (unsittliche) causa die Nichtigkeit der Leistung zur Folge habe — ist noch keineswegs abschließend geregelt.

Aber ich hoffe zuversichtlich, daß die Schriftsteller, die weiter sich mit der Frage beschäftigen werden, den von Neubecker eingeschlagenen Weg über BGB. §§ 1444, 1446, 2113 zur Lösung des Problems nicht verfolgen soudrrn den vorstehenden Erörterungen folgen werden.*

Literatur.

Aschaffenburg, G., Dr. med., Prof.: **Monatsschrift für Kriminalpsychologie und Strafrechtsreform** (C. Winter, Heidelberg. 804 S. Geh. Mk. 20.—). Der 1. Jahrgang dieses aktuellen Unternehmens (vgl. Nr. 15 S. 112 d. Ztschr.), das unter ständiger Mitarbeit der Prof. von Liszt, von Lilienthal sowie zahlreicher hervorragender Mediziner und Juristen aus der Praxis und vom Lehrstuhl sich entwickeln soll, zeigt, wie man von allen Seiten bemüht ist, das Uebel an seinen Wurzeln zu packen und zu einer die modernen Anschauungen befriedigenden Reform zu gelangen. Man denke nur an die Gebiete des Strafvollzuges, der Fürsorge- und Zwangserziehung, der bedingten Begnadigung und Verurteilung, der Verantwortlichkeit Jugendlicher u.s.w. Aus der reichen Fülle von Aufsätzen sei u. a. nur

---

* Ueberblick über die reiche Literatur bei Neubecker a. a. O. S. 34 fg. D. Verf.

** Allg. Oesterr. Gerichtszeitung 54. Jahrg. No. 49; vgl. nun auch Foerster, Veräußerung von Grundstücken mit Bordellbetrieb, „Recht" 9. Jahrg. S. 856; dort Besprechung der neuesten Judikatur; Kriegsmann, der Rechtsgrund der Eigentumsübertragung (1905); S. 24 fg., S. 51 fg.; D. Verf.

* Vgl. auch Zitelmann: Das Recht des Bürgerl. Gesetzbuchs, 1. Allg. Teil. S. 138.

hingewiesen auf **Kräpelin's**: Der Unterricht in der forensischen Psychiatrie (S. 151 ff.), auf **J. Hartmann's**: Ueber die hereditären Verhältnisse bei Verbrechern (S. 483 ff.), **v. Liszt's**: Schutz der Gesellschaft gegen gemeingefährliche Geisteskranke und vermindert Zurechnungsfähige (S. 8 ff.), auf **F. Delbrück** (S. 121 ff.) und **Hafter** (S. 77 ff.) zu dem gleichen Thema u.s.w. Höchst interessantes Material bietet die er I. Band der neuen Zeitschrift auch denjenigen, die den modernen Kriminal-Reformern nur mit Vorsicht nachzufolgen bereit sind. K.

Finger, A., Prof. u. A.: Juristisch-psychiatrische Grenzfragen (C. **Marhold**, Halle a. S.). Als Heft 6 des II. Bandes dieser hier schon früher erwähnten zwanglosen Abhandlungen liegt der von Privatdozent Dr. **Dannemann** in Gießen erstattete **Bericht** vor über die **Eröffnungsversammlung** der neu gegründeten „**Vereinigung für gerichtliche Psychologie und Psychiatrie** im Großherzogtum Hessen" vom 5. Nov. 1904 zu Gießen. In der Versammlung wurden zwei interessante **Vorträge** gehalten, die hier im Druck vorliegen (vgl. den Auszug in V Nr. 17 S. 126 ff. der HessRspr.), und zwar 1. von Prof. **Mittermaier** über: Die Reform des Verfahrens im Strafprozeß und 2. von Prof. **Sommer** über: Die Forschungen zur Psychologie der Aussage. Beide Themata sind des Interesses weitester Kreise würdig und ihre Behandlung durch die Vortragenden ist überaus anziehend gestaltet. K.

Warneyer, O., Dr., AR.: Jahrbuch der Entscheidungen aus Zivil-, Handels- und Prozeßrecht (E. **Roßberg**, Leipzig. 600 S. Geb. Mk. 8.—). Dieser 3. Jahrgang eines Unternehmens, das in den Sälen der deutschen Zivilgerichte bereits wohl angesehen und viel benützt ist, bringt die Literatur und Spruchpraxis zu BGB., HGB., ZPO. aus 1904 und zu **weiteren 52 Gesetzen** seit dem 1. Januar 1900. Unter Mitwirkung der Kollegen **Meves** und **Gutmann** hat der Herausgeber das ungeheure Material, das ihm aus **121 Zeitschriften und Sammlungen** überreich zuströmte, gesichtet und nach der Legalordnung dargestellt. Möge deutschem Fleiß, wie ihn dies Buch wiederum beweist, der gebührende Lohn nicht vorenthalten bleiben. K.

Planck, G., Dr.: Bürgerliches Gesetzbuch nebst EG. (J. **Guttentag**, Berlin). In stattlichem Umfang (466 S.) präsentiert sich diese **dritte** (verm. u. verb.) **Auflage** des EG. als VI. Band des großen **Planck'schen** Kommentars, dieses selten versagenden Führers durch die verschlungenen Pfade des neuen Rechts. X.

Rößler, v., Dr., RegAss.: Leitfaden durch die soziale Versicherungsgesetzgebung (J. **Diemer**, Mainz. 118 S. Geh. Mk. 2.50). Die Schrift gibt eine Uebersicht über Kranken-, Invaliden- und Unfallversicherung und deren Nebengesetze und ist besonders bestrebt, die Durchführung in **Hessen** darzustellen, unter Beachtung der bisherigen **Spruchpraxis** auf diesen Gebieten. Der Verf. will durch seine Arbeit nicht blos den Studenten und Akzessisten, sondern auch den Fortbildungslehrern und den mit der Handhabung der Sozialgesetze befaßten behördlichen Organen von Nutzen sein und hat mit Glück den Fehler der Weitschweifigkeit vermieden. Möge das Werkchen seinen Zweck erfüllen! X.

Stenglein, M., Dr., RGR., †: Lexikon des deutschen Strafrechts (O. **Liebmann**, Berlin). Ein **Supplement** (S. 1927—2114, Geh. Mk. 4.50) zu dem hervorragenden Werke des verstorbenen Herausgebers bietet hier RGR. a. D. **Galli**, ein Freund und langjähriger Kollege **Stenglein's**. Die Entschn. des RG. zum StGB. sind in dem Supplement bis einschl. November 1903 nachgetragen unter engstem Anschluß an den Inhalt des Hauptwerkes. Vielfach werden von den Strafsenaten Fragen behandelt, die durch das BGB. und durch das Ges. v. 25. Juni 1900 veranlaßt sind, und nicht selten zeigen sich Wandelungen, die das Bedürfnis nach einer Fortsetzung des Lexikons schon für sich allein rechtfertigen. Den vielen Freunden **Stengleins** und seiner Schriften wird das Supplement eine höchst willkommene Gabe sein. K.

Anzeigen.

Verantwortlich: Oberlandesgerichtsrat **Keller** in Darmstadt. – Verlag von J. **Diemer** in Mainz. – Druck von G. Otto's Hof-Buchdruckerei in Darmstadt.

Hessische Rechtsprechung

Herausgegeben

auf Veranlassung des **Richter-Vereins** unter Mitwirkung der **Hessischen Anwaltskammer**

von Oberlandesgerichtsrat **Keller** in Darmstadt, Landgerichtsrat Dr. **Buff** in Darmstadt,

Landgerichtsdirektor **Hess** in Mainz, Landgerichtsrat **Praetorius** in Gießen, Landgerichtsrat Dr. **Schwarz** in Darmstadt.

Erscheint monatlich zwei Mal Preis Mk. 7.12 jährlich mit portofreier Zustellung.	Bestellungen nehmen die Expedition in Mainz, die Postanstalten sowie sämtliche Buchhandlungen entgegen.	Einrückungs-Gebühr die dreispaltige Zeile oder deren Raum 30 Pfg.

Nr. 12/13. Vom Deutschen Juristentag angenommene Zitierweise: HessRspr. Nachdruck verboten. **6. Jahrgang.**

Redaktion: Darmstadt, Heinrichsstraße 5.	**Mainz, 1. Oktober 1905.**	Verlag und Expedition: J. Diemer, Mainz.

Entscheidungen des Großh. Oberlandesgerichts.

Zivilrecht. — Zivilprozeß.

1. Pfandrecht des Vermieters. Klage aus § 805 ZPO.

Kl., als Vermieter, hatte am 28. Febr. 1902 bei dem Bekl. angefragt, ob er das ihm an dem von dem Bekl. gepfändeten Mobilien des Schuldners zustehende gesetzliche Pfandrecht des Vermieters anerkenne, hatte ablehnenden Bescheid erhalten und hatte, nachdem die Versteigerung der Mobilien durch den pfändenden Gläubiger am 9. April 1902 stattgefunden, wobei der Gerichtsvollzieher dem Steigerer, als dem pfändenden Gläubiger, „gemäß § 817 ZPO. den Steigpreis gestundet" hatte, am 18. Juli 1902 bei dem LG. Mainz Klage auf Herausgabe des Erlöses gegen den ansteigernden Pfandgläubiger erhoben. Dieser hielt die Klage wegen Ablaufs der im § 561 Abs. 2 BGB. gesetzten Frist für unzulässig, wurde jedoch vom LG. auf Herausgabe verurteilt und seine Berufung zurückgewiesen. Aus den Gründen:

I. Die Frage, ob die Klage auf Herausgabe des Erlöses einer Zwangsversteigerung seitens eines Dritten, welcher sich nicht im Besitze der Pfandobjekte befunden hat, innerhalb der durch § 561^2 BGB. bestimmten Monatsfrist angestellt werden müsse, ist bestritten. Die Vertreter der bejahenden Meinung (AG. Hamburg in der Hans. Ger.-Ztg. 1901 S. 5; Scherer, Schuldverhältnisse Bd. II S. 752 Nr. 26; Gaupp-Stein, ZPO. Bd. II § 805 sub II. 6; Mittelstein, die Miete, S. 201 und insbesondere das KG. in der Rspr. d. OLG. Bd. V S. 370) erkennen wohl an, daß der Wortlaut des § 561 unter den dort erwähnten „Ansprüchen" nur die Ansprüche auf Herausgabe zum Zweck der Zurückschaffung in das Grundstück bezw. auf Ueberlassung des Besitzes verstehen will, sie behaupten jedoch, daß daraus, daß Abs. 2 nur die beiden Alternativen erwähne, daß die Sachen „ohne Wissen" oder daß sie „unter Widerspruch" des Vermieters entfernt worden sind, nicht gefolgert werden könne, daß auch der dritte mögliche Fall der Vereitelung des Selbsthilferechts, nämlich der, daß ein Widerspruch gegen die Verbringung nicht zugelassen sei, also der Fall des § 805 ZPO., nicht unter den § 561^2 BGB. zu subsumieren wäre; der § 805 ZPO. verwandle nur das Pfandrecht des Vermieters in ein rechtlich von dem Pfandrecht an den eingebrachten Sachen nicht verschiedenes Vorzugsrecht am Erlöse und es sei nicht angängig, dem so verwandelten Pfandrecht eine stärkere Kraft und eine größere Lebensdauer zu vindizieren, als dem unverwandelten des Vermieters; es könne keinen Unterschied machen, daß der Anspruch des Vermieters aus § 805 sich nicht nur gegen den Mieter, sondern auch gegen Dritte richte, die ein Pfandrecht an der Sache durch Pfändung erworben hätten; es sei auch billig und dem mutmaßlichen Willen des Gesetzgebers entsprechend, wenn derjenige Vermieter, der der Wegbringung der Sache nur deshalb nicht widersprochen habe, weil das Gesetz ihn daran hinderte, in dieselbe Lage gebracht werde, in welcher derjenige sich befinde, der zwar widersprochen habe, dessen Widerspruch aber aus tatsächlichen Gründen ignoriert worden sei.

Dem ist jedoch das Folgende entgegen zu halten: Der § 661^2 BGB. setzt ein Widerspruchsrecht gegen die Entfernung der dem Mieter gehörigen Sachen voraus, während der § 805 ZPO. ein solches Widerspruchsrecht geradezu ausschließt. Dieser Ausschluß eines Widerspruchrechts bezieht sich zunächst allerdings nur auf die Pfändung, die ein Dritter an den Mietsachen vornehmen läßt; allein indem der Gesetzgeber den Widerspruch gegen die Pfändung ausschloß, verbot er damit auch den Widerspruch gegen alles dasjenige, was zur zweckentsprechenden Durchführung des Zwangsvollstreckungsverfahrens erforderlich erscheint; dazu gehört aber auch die Besitzergreifung der Mietobjekte durch den Gerichtsvollzieher, die Wegnahme von Geld, Wertpapieren 2c. und die Wegbringung der sonstigen Mobilien, wenn die Befriedigung des Gläubigers durch den fortdauernden Besitz des Schuldners gefährdet ist (§ 808 ZPO.). Der Vermieter kann also im Zwangsvollstreckungsverfahren eine Klage auf Zurückbringung der gepfändeten Mobilien nicht erheben. Es ist nun sehr wohl der Fall denkbar, daß der Gerichtsvollzieher die Sachen dem Gewahrsam des Mieters entzogen und an einem dritten Orte aufbewahrt hat und daß die Versteigerung sich länger als Monatsfrist hinauszieht. Die

Klage aus § 561^{2} BGB. steht nach obigem dem Vermieter dann nicht zu; die Klage aus § 805 ZPO. kann aber auch noch nicht erhoben werden, da ein Erlös noch nicht vorhanden und überhaupt noch nicht feststeht, welcher der mehreren etwa nachpfändenden Gläubiger den Erlös in Händen bekommen wird, gegen welchen Gläubiger also eventuell die Klage erhoben werden müßte. Es ist aber auch nicht angängig, angesichts der sich direkt widersprechenden Voraussetzungen der Klagen aus § 561^{2} BGB. und § 805 ZPO. die für die eine Art von Klagen festgesetzte Ausschlußfrist auch für die andere Art von Klagen blos deshalb zur Anwendung zu bringen, weil beide zur Durchführung und Sicherung des dem Vermieter gewährten gesetzlichen Pfandrechts dienen; die analoge Anwendung des § 561^{2} auf die Klage aus § 805 ZPO. erscheint aus demselben Grunde als unzulässig.

Dazu kommt aber noch weiter die Entstehungsgeschichte des § 561^{2} BGB. Im Entw. I war diese Bestimmung nicht enthalten. Man ging nach den Motiven (Bd. II S. 410) davon aus, daß kein Grund vorliege, das Pfandrecht des Vermieters zu beschränken. Im Interesse desjenigen, bei dem der Mieter demnächst Wohnung nehmen werde, glaubte man jedoch nach den Protokollen (S. 2008) dem seitherigen Vermieter die Verpflichtung auferlegen zu sollen, sein gesetzliches Pfandrecht binnen einer bestimmten Frist zu wahren. Man schuf daher im § 561^{2} eine Beschränkung, die sich als eine Ausnahmebestimmung erweist und daher ausdehnend nicht interpretiert werden kann, zumal da die ratio legis (Schutz des neuen Vermieters und die Sicherheit des Verkehrs) in dem Falle des Pfandverkaufs auf dem Wege der Zwangsvollstreckung nicht zutrifft (vgl. D. JurZtg. 1903 S. 175 und 1905 S. 299, sowie die dort. Zitate; HessRspr. Bd. II S. 44; Jaeger, KonkO. § 79 Anm. 20 und 22).

II. Nach der allgemeinen Ansicht in Rechtslehre und Rechtsprechung ist die Klage aus § 805 ZPO. nur so lange zulässig, als die Zwangsvollstreckung noch nicht zu einer Befriedigung des Pfandgläubigers geführt hat (vgl. Petersen-Anger, ZPO. § 805 S. 440; Gaupp-Stein, ZPO. Bd. II § 805 N. II 1; Seuffert, § 805 N. 2 b; Wilmowski-Levy § 710 N. 3 S. 1029; Planck, ZPRecht Bd. II S. 711; Dernburg, BGB. Bd. II 2. Abt. § 229 N. 10; Seuffert's Arch. Bd. 38 Nr. 367; Bd. 40 Nr. 277. 279; Bd. 43 Nr. 247; Bd. 53 Nr. 63; Puchelt's Ztsch. Bd. 26 S. 60; JWschr. 1897 S. 345; RGE. Bd. 12 S. 370, Bd. 23 S. 267). Nachdem man anfänglich den Zeitpunkt der Beendigung des Zwangsvollstreckungs-Verfahrens auf Grund des § 720 (jetzt 819 ZPO.) in der Empfangnahme des Erlöses durch den Gerichtsvollzieher erblickt hatte, wurde später übereinstimmend die Empfangnahme des Geldes durch den Pfandgläubiger selbst gefordert. In dem vorliegenden Fall hat der Pfandgläubiger den Erlös nicht zu seiner Befriedigung „empfangen", sondern der Gerichtsvollzieher hat ihm, als dem Ansteigerer, auf Grund des neuen Abs. 4 des § 817 ZPO. die bare Zahlung des Steigerlöses erlassen. Ob der Gerichtsvollzieher in diesem Falle zu diesem Verfahren berechtigt war, kann dahin gestellt bleiben. Denn nach der Bestimmung des Abs. 4 § 817 ZPO. gilt der Pfandgläubiger nur insoweit als befriedigt, als er von der Verpflichtung zur Barzahlung befreit ist; befreit ist er jedoch nur in soweit, als der Erlös zu seiner Befriedigung zu verwenden ist. In dem vorliegenden Fall war zu seiner Befriedigung jedoch nicht zu verwenden derjenige Teil des Erlöses, für den der Vermieter nach § 563 BGB. vorgängige Befriedigung verlangen konnte; denn das gesetzliche Pfandrecht des Vermieters ist älter als das Pfändungspfandrecht des Bekl. Dieser hatte auch Kenntnis von der Geltendmachung des Vermieterpfandrechts und wußte, daß eventuell der Erlös nicht zu seiner Befriedigung dienen würde, sondern herausgegeben werden müsse; er war also auch nicht in der Lage eines gutgläubigen Erwerbers. Sein Hinweis darauf, daß der ansteigernde Pfandgläubiger bei dieser Rechtsprechung auf Jahre hinaus durch die drohende Klage des Vermieters beunruhigt werden könne, erledigt sich durch die Erwägung, daß dem Gläubiger die Hinterlegung des Erlöses zwecks Einleitung des Verteilungsverfahrens jederzeit freisteht.

Die Erwägung des LG., daß die Auszahlung des Erlöses an den Gläubiger nur die Folge habe, daß Kl. seinen Anspruch auf Herauszahlung nicht mehr bei dem Vollstreckungsgericht bezw. dem sachlich zuständigen LG., sondern bei dem allgemeinen Gerichtsstand des Bekl. geltend zu machen habe, erscheint hier nicht zutreffend, weil eine Auszahlung des Erlöses an den Pfandgläubiger zum Zweck seiner Befriedigung nicht stattgefunden hat. Es scheint, als ob hier auf Seiten des LG. eine Verwechselung der prozeßrechtlichen Klage aus § 805 ZPO. mit der Klage unterlaufen ist, welche vielfach in der Rechtsprechung auf Grund des materiellen Rechts dem Vermieter nach Befriedigung des Pfandgläubigers gewährt worden ist. Deshalb hat auch wohl das LG. seine Zuständigkeit für gegeben erachtet, obwohl die vorliegende Klage aus § 805 ZPO. einzig und allein an dem Vollstreckungsgericht bezw. dem übergeordneten LG. in Darmstadt hätte angestellt werden müssen. Das Berufungsgericht war aber nach § 528 ZPO. nicht in der Lage, von Amtswegen die Zuständigkeit des LG. in Mainz zu prüfen, da der Bekl. die Erhebung der Klage bei einem anderen als dem ausschließlich für die Klage aus § 805 ZPO. gegebenen Gerichtsstande in der I. Instanz nicht gerügt hatte.

Urt. OLG. II. ZS. v. 24. März 1905 U 298/03.

F.

2. „Heilig-Geist" und „Heilig-Geist-Eck". Anbringen der Bezeichnung durch den Wirt auf Anregung des Hauseigentümers. Verjährung. Passiv-Legitimation des Beklagten trotz Auszugs aus der Wirtschaft bei Fortdauer der Bezeichnung.

Kl. betreibt in dem ehemaligen Heilig-Geist-Hospital in der Rentengasse zu Mainz eine Bierwirtschaft „Zum Heilig-Geist", Bekl. dicht daneben — nur durch eine verschlossene Einfahrt getrennt — Ecke der Rentengasse und Rheinstraße in einem gemieteten Lokal eine Weinwirtschaft unter der Bezeichnung „Heilig-Geist-Eck". Die auf das Gesetz gegen den unlauteren Wettbewerb gestützte Klage wurde in beiden Instanzen für begründet erachtet. Aus den Gründen:

Es kommt lediglich darauf an, daß die Gefahr einer Verwechselung vorhanden ist; zwar besteht solche nicht für den mit den lokalen Verhältnissen vertrauten Bewohner von Mainz; sie besteht wohl auch nicht für den besser situierten Vergnügungsreisenden, der, wie der Vertreter des Bekl. ihn schildert, mit dem Rheindampfer ankommt und aus seinem Reisehandbuch ersehen hat, daß das Lokal „Zum Heilig-Geist" nicht nur als gute Wirtschaft gerühmt wird, sondern auch in seiner inneren Einrichtung zu den baulichen Sehenswürdigkeiten gehört. Wohl aber besteht diese Gefahr für alle Diejenigen, die von auswärts nach Mainz kommen, um dort ihren Geschäften oder sonstigen Angelegenheiten nachzugehen, und die mit den Wirtschaftsverhältnissen jener Stadt nicht näher bekannt sind, die wohl schon einmal den Namen „Heilig-Geist" als eine empfehlenswerte Wirtschaft haben nennen hören, denen aber diese Bezeichnung und das Aussehen des Lokals nicht näher bekannt ist, und die deshalb nicht genau wissen, ob dieselbe „Heilig-Geist" oder „Heilig-Geist-Eck" lautet; daß das Anwesen der ersteren größer ist, als dasjenige des letzteren, kommt hierbei wenig in Betracht; denn es bestehen in manchen Städten ähnliche Wirtslokale von kleinem Umfang, die weithin berühmt sind. Auch die Tatsache, daß in der einen Wirtschaft Bier und Wein, in der anderen nur Wein verzapft wird, schließt die Verwechselungsgefahr nicht aus; denn vielen Leuten, die eine Speisewirtschaft aufsuchen, ist es gleichgültig, welches Getränke ihnen hierbei verabreicht wird. Ebensowenig ist die Beifügung des Wortes „Eck" geeignet, Irrtümer in der fraglichen Richtung auszuschließen; sie schützt höchstens den mit den einschlägigen Verhältnissen Vertrauten, nicht aber das minder begabte und geübte Durchschnittspublikum, dem die betreffenden Namen nicht ganz geläufig sind. Gerade mit dieser Klasse der Bevölkerung ist aber besonders zu rechnen, und es erscheint eine solche Verwechselung nicht als ein Mangel der im Verkehr üblichen Aufmerksamkeit. Insbesondere wird aber ein Irrtum hier noch dadurch hervorgerufen, daß beide Wirtschaften fast unmittelbar neben einander liegen. Daß in der Tat bereits mehrfach Verwechselungen vorgekommen sind, wird durch den Zeugen B. genügend bewiesen. Das Gericht hat aber auch die Ueberzeugung gewonnen, daß bei Annahme der Bezeichnung „Heilig-Geist-Eck" anstatt des früheren Namens der Wirtschaft „Zur Stadt Alzey" die Absicht obgewaltet hat, Verwechselungen hervorzurufen.

Allerdings geschah die Anbringung der neuen Bezeichnung durch den Bekl. auf Anregung des Hauseigentümers. Wäre aber dem auch nicht so, so hätte der Bekl. doch mit vollem Wissen dieser Tatsache seine Wirtschaft unter dieser Bezeichnung betrieben und bliebe daher für die Folgen verantwortlich.

Der Bekl. hat gemäß § 11 des Wettbewerbgesetzes die V e r j ä h r u n g behauptet und über die Tatsache, daß der Kl. seit länger als 6 Monaten vor Erhebung der Klage Kenntnis davon gehabt, daß die Wirtschaft des Bekl. die Bezeichnung „Heilig-Geist-Eck" führe, einen Eid zugeschoben. Auf die Ausleistung desselben kommt es jedoch nicht an; maßgebend für den Beginn der Verjährung ist der Zeitpunkt der Vollendung der betreffenden Handlung. In dem vorliegenden Falle liegt nicht eine einmalige Zuwiderhandlung gegen § 8 des Ges. vor, die mit dem Anbringen der Bezeichnung vollendet wäre, sondern eine fortgesetzte Handlung, die sich durch das Bestehenlassen jenes Namens fortgesetzt erneut und nur e i n e n Anspruch und e i n e Verjährung, die am Ende der einheitlichen Handlungsweise ihren Anfang nimmt, hervorruft (vgl. F i n g e r, S. 300; P i n n e r, S. 142).

Der Bekl. ist am 1. April 1903 ausgezogen; die Wirtschaft wird von einem anderen Mieter betrieben, die Bezeichnung ist aber geblieben. Der Klageanspruch der auf Beseitigung derselben geht, ist mithin nicht erledigt und der Bekl. ist diesem Anspruch nicht dadurch entgangen, daß er die Wirtschaft verlassen hat.

Urt. OLG. II. ZS. v. 17. März 1905 U 87/01.

F.

3. Das in Abwesenheit des Klägers erlassene Kostenurteil des § 271 Abs. 3 ZPO. ist Versäumnisurteil. Wie sind die Kosten festzusetzen, wenn Kläger die Klage gegen einen Streitgenossen zurücknimmt?

Kl. hatte gegen den Bekl. und dessen Ehefrau Klage erhoben. Nach Verhandlung der Sache gegen beide Bekl. nahm er die Klage gegen die Ehefrau zurück. Des Bekl. Anwalt erklärte sich mit der Klagerücknahme n i c h t einverstanden und beantragte, den Kl. in die Kosten der Klage gegen die Ehefrau zu verurteilen. In dem zur Verhandlung über diesen Antrag anberaumten Termin, zu dem der kl. Anwalt geladen, aber n i c h t e r s c h i e n e n war, erklärte der bekl. Anwalt, daß er in die Rücknahme der Klage gegen die bekl. Ehefrau nunmehr einwillige, und beantragte, den Kl. in die Kosten zu verurteilen, soweit sie durch die gegen die Ehefrau gerichtete Klage entstanden seien.

Seitens des Gerichts wurde daraufhin V e r s ä u m n i s u r t e i l dahin verkündet: der Kl. wird verurteilt, die Hälfte der bis zum heutigen Urteil erwachsenen, sowie ferner die durch den Erlaß des heutigen Vers-Urt. entstandenen Kosten zu tragen.

Hiergegen verfolgte die bekl. Ehefrau sof. Beschw. mit dem Antrag: 1. den Kl. zu verurteilen, die durch die Klage gegen die Ehefrau entstandenen Kosten zu tragen; 2. auszusprechen, daß die von dem Untergericht erlassene Entscheidung kein Vers-Urt., sondern das besondere, im § 271 Abs. 3 ZPO. vorgesehene Kostenurteil sei. Die sof. Beschw. wurde v e r w o r f e n.

A u s d e n G r ü n d e n : Zu dem zweiten Beschwerdepunkt bemerkt die bekl. Ehefrau, sie habe ein begründetes Interesse daran, festgestellt zu sehen, daß die Entscheidung des LG. kein Vers-Urt. sei, daß also dem Kl. nicht das Recht zustehe, gegen dieselbe E i n s p r u c h einzulegen und dadurch noch einmal eine Verhandlung darüber in I. Instanz zu erzwingen, ob die Klage wieder angestellt oder wie etwa die Kostenentscheidung geändert werden könne.

Diesen Ausführungen gegenüber kann auf die RGE. in Bd. 24 S. 433 Bezug genommen werden, wonach die Verpflichtung des Kl. zur Kostenerstattung gemäß § 271 Abs. 3 ZPO. bei dessen Nichterscheinen im Verhandlungstermine durch Vers.-Urt. ausgesprochen ist.

Der Beschwerdepunkt Nr. 1 verstößt (vgl. Entsch. des RG. vom 5. April 1900, Jur. Wschr. 1900 S. 411[3]) gegen die ZPO., da diese die Verurteilung eines Kl. in die Kosten, insoweit sie gerade durch die Erhebung der Klage gegen einen von mehreren Bekl. entstanden sind, nicht kennt. In dieser Beziehung sei auch auf die Entsch. des RG. vom 18. Nov.

1891 in Seuffert's Arch. Bd. 47 Nr. 228 verwiesen.

Die von der Beschwerdeführerin beantragte Art der Kostenverteilung könnte übrigens auch sehr leicht im Kostenfestsetzungsverfahren zu unlöslichen Schwierigkeiten führen; auch dieser Umstand weist darouf hin, daß sie nicht im Sinne der ZPO. gelegen ist.

Beschl. OLG. I. ZS. v. 5. Mai 1905 W 80/05.

Lk.

Strafrecht. — Strafprozeß.

4. Giltigkeit einer kreisamtlichen PolVO. Begriff des Geheimmittels.

Das Kreisamt Alzey erließ am 22. Nov. 1895 eine am 30. d. M. in der „Alzeyer Zeitung" veröffentlichte PolizeiVO. für den Kreis A., und zwar mit Zustimmung des Kreisausschusses sowie mit Genehmigung des Min. d. Inn. u. d. Jz. v. 5. Non. 1895 und auf Grund der Kreis- und ProvO. v. 19. Juni 1874, folgenden Inhalts:

§ 1. Die öffentliche Ankündigung von Geheimmitteln, welche dazu bestimmt sind, zur Verhütung oder Heilung menschlicher Krankheiten zu dienen, ist verboten. § 2. Zuwiderhandlungen gegen diese VO. werden, sofern nicht nach den allgemeinen Strafgesetzen eine höhere Strafe verwirkt ist, mit einer Geldstrafe bis zum Betrage von 30 M. bestraft".

Im „Alzeyer Beobachter" erschienen nun im Frühjahr 1904 mehrere Ankündigungen, und zwar: 1. in Nr. 33 v. 16. März 1904, betr. den Dr. Engel'schen Nektar, unter dessen Bestandteilen neben anderen auch „Helenenwurzel" angegeben ist; 2. in Nr. 41 v. 6. April 1904 und 3. in Nr. 61 v. 25. Mai 1904, betr. den „Ullrich'schen Kräuterwein", unter dessen Bestandteilen neben einigen anderen auch noch „amerik. Kraftwurzel" aufgeführt ist.

Gegen Pf. als Verleger und verantwortlichen Redakteur des „Alz. Beob." sowie gegen Dr. Engel als verantwortlichen Leiter der Drogen- und Chemikalienhandlung H. Ullrich zu L. erfolgte Anklage, welche zu einem Urteil des SchöffenG. vom 2. Sept. 1904 führte, durch welches die beiden Angekl. wegen der Ankündigung in Nr. 33, betr. den Dr. Engel'schen Nektar, freigesprochen, bezüglich der Ankündigungen in Nr. 41, 61, betr. den Ullrich'schen Kräuterwein, der Uebertretung der erwähnten PolizeiVO., begangen durch zwei selbständige Handlungen, schuldig erklärt und zu Geldstrafen verurteilt wurden.

Die gegen dieses Urteil vom Amtsanwalt sowie von Dr. Engel eingelegten Berufungen wies das LG. Mainz II. StK. durch Urteil v. 22. Dez. 1904 als unbegründet zurück. Hiergegen wurde vom Angekl. Dr. Engel Revision erhoben, darauf gestützt, daß 1. die PolizeiVO. vom 22. Nov. 1895 mit Unrecht als rechtsgiltig erklärt worden sei; 2. das Urteil, wenn selbst die PolizeiVO. rechtsgiltig wäre, diese unrichtig ausgelegt und angewendet habe.

Zur Rechtfertigung der ersten Revisionsbeschwerde wird behauptet, die VO. widerspreche: a) dem § 1 des Reichspreßgesetzes, denn die Beschränkungen der Presse seien reichsgesetzlich erschöpfend geregelt; das Verbot der öffentlichen Ankündigung enthalte aber eine Beschränkung der Presse; b) der VO. des Min. d. J. vom 23. Dez. 1903, deren Inhalt und Entstehungsgeschichte lehre, daß sie das Geheimmittelwesen erschöpfend regele und weitergehende Kreisamtsverordnungen nicht dulde.

Die erste Revisionsbeschwerde ist unbegründet. Die PolizeiVO. des Kreisamts ist nach Maßgabe des § 78 der Kreis- und ProvO. von 1874 formell in giltiger Weise zu Stonde gekommen, auch in dem amtlichen Kreisblatt verkündigt worden. Materiell behandelt sie auch nicht einen Gegenstand, der durch das Preßgesetz, die MinisterialVO., das Strafgesetz oder ein anderes Gesetz derart geregelt worden wäre, daß eine PolizeiVO. nebenbei nicht noch Gültigkeit haben könnte (§ 2 EG. z. StGB.).

Das Preßgesetz hat, abgesehen von einzelnen Verbotsbestimmungen in § 15—18, nur solche Beschränkungen der Preßfreiheit im Auge, die sich auf die äußerliche polizeiliche Regelung und die Ordnung der Presse beziehen. Von einer derartigen Beschränkung der Presse als solcher kann aber bei der fraglichen PolizeiVO. gar nicht gesprochen werden. Im übrigen richtet sich die Verantwortlichkeit für Handlungen, deren Strafbarkeit durch den Inhaber einer Druckschrift begründet wird, gemäß § 20 nach den bestehenden allgemeinen Strafbestimmungen (vgl. Urt. des RG. vom 31. Okt. 1895 bei Johow 17. S. 448). Die GewerbeO. erklärt in § 6 Abs. 2, durch Kais. VO. werde bestimmt, welche Apothekerwaren dem freien Verkehr zu überlassen seien. Dies ist durch die VO. vom 22. Okt. 1901 geschehen, durch welche mehrere ältere VOn. aufgehoben worden sind. Hierdurch ist bestimmt, daß namentlich aufgeführte Zubereitungen — Verzeichnis A —, ohne Unterschied ob in ihnen heilkräftige Stoffe enthalten seien oder nicht, als Heilmittel, d. h. Mittel zur Beseitigung oder Linderung von Krankheiten bei Menschen oder Tieren, außerhalb der Apotheken nicht feilgehalten oder verkauft werden dürfen. Die nämliche Bestimmung gilt für die im Verzeichnis B. aufgeführten Stoffe. Der Großhandel unterliegt diesen Beschränkungen jedoch nicht (§§ 1. 2. 3). Das StGB. trifft in § 367[3] Strafbestimmungen gegen denjenigen, der ohne polizeiliche Erlaubnis Gift oder Arzneien, soweit der Handel mit denselben nicht freigegeben ist, zubereitet, feilhält, verkauft oder sonst an Andere überläßt. Das PolS.GB. setzt in Art. 342 den unbefugten Verkauf von sog. Geheimmitteln unter Strafe. Die MinVO. v. 23. Dez. 1903 betrifft die Einrichtung und den Betrieb der Apotheken des Großherzogtums und enthält eine Aenderung der Vorschriften des § 31 der älteren VO. v. 14. Jan. 1897, auch ein Verzeichnis von Geheimmitteln und ähnlichen Arzneimitteln.

Diese Gesetze und VOn. behandeln sämtlich nicht die öffentliche Ankündigung von Geheimmitteln, sondern andere Materien. Neben ihnen war somit auch noch eine kreisamtliche PolizeiVO. obenbezeichneten Inhalts zulässig und giltig.

Auch die zweite Revisionsbeschwerde stellt sich als unbegründet dar. Als Bestandteile des Kräuterweins sind angegeben: „Malagawein 450,0; Weinsprit 100,0; Glyzerin 100,0; Rotwein 240,0; Ebereschensaft 150,0; Kirschsaft 320,0; Fenchel, Anis, Helenenwurzel, amerik. Kraftwurzel, Enzianwurzel, Kalmuswurzel à 10,0". Die nächstliegende Frage, ob der Kräuterwein als Geheimmittel zu betrachten sei, muß entgegen der Behauptung der Verteidigung, bejaht werden. Die MinVO. v. 23. Dez. 1903 spricht von „Geheimmitteln und ähnlichen

Arzneimitteln, welche in den Anlagen A und B aufgeführt sind". In Anlage A Ziffer 49 ist als ein solches Mittel genannt „Kräuterwein Ullrichs (auch Hubert Ullrich'scher Kräuterwein)". Sieht man aber von dieser Aufnahme in das Verzeichnis A sogar ab, so kann der Kräuterwein doch nur als Geheimmittel angesehen werden. Als solches wird jedes Mittel angesehen, dessen Natur und, falls es aus mehreren Substanzen besteht, dessen Bestandteile und Zusammensetzung nicht bekannt sind, nicht spätestens bei der Abgabe bekannt gegeben werden und auch im einzelnen Falle nicht von einem Arzt verschrieben sind (vgl. Urt. OLG. Darmstadt v. 7. März 1902). Der Abnehmer soll in der Lage sein, die Wirksamkeit des Mittels, soweit nötig unter Beihilfe eines Arztes, zu prüfen. Vorliegend ist nun unter den Bestandteilen die „amerik. Kraftwurzel" genannt. Die Strafk. hat erklärt, dieser Ausdruck sei so allgemein gefaßt, daß er begrifflich nicht bestimmt werden könne; mit ihm sei die Pflanze, von welcher die Wurzel herrühre, weder nach Gattung noch Art bezeichnet, sodaß es selbst dem Sachverständigen nicht möglich sei, die Wurzel auf ihre Heilkraft zu prüfen. Hieran ändere auch nichts der Umstand, daß in Hager's Handbuch der pharmaz. Praxis sowie in Merk's Handbuch der Name „Kraftwurzel" vorkomme. Dieser Auffassung ist nur beizustimmen, und noch weniger könnte es von Belang sein, wenn etwa sogar in einem großen Konversationslexikon, wie die Verteidigung behauptet, die amerik. Kraftwurzel erwähnt sein sollte. Das nämliche gilt bezüglich der Behauptung, es handele sich nur um Abwehr gegen Konkurrenzunternehmen und gegen unlauteren Wettbewerb, wie sich aus der Wortfassung ergebe, sowie nur um ein Hausmittel. Es ist unerheblich, ob ein Mittel, welches seinen Bestandteilen nach als Geheimmittel sich darstellt, öffentlich als Hausmittel angekündigt wird. Dadurch wird seine Eigenschaft als Geheimmittel nicht beseitigt. Es ist auch unerheblich, ob es geschieht, um das Mittel überhaupt einmal einzuführen oder um es gegen unlauteren Wettbewerb zu schützen; denn es ist angepriesen als Mittel bei Erkrankungen des Magens und der damit im Zusammenhang stehenden Organe sowie bei Katarrhen der Atmungsorgane (vgl. auch Entsch. des RG. v. 12. März 1900, 7. Febr. 1901, 2. Dez. 1901 — Sammlung gerichtl. Entsch. auf dem Gebiete der Gesundheitspflege, Bd. 3 S. 453, 458, 461 u. a. m.).

Urt. OLG. Strafs. v. 25. März 1905 S 5/05.

X.

Entscheidungen der Großh. Landgerichte.

Zivilrecht. — Zivilprozeß.

5. Zur Haftpflicht der Eisenbahn.

Im Jahre 1900 fuhr ein Bruder des Kl. mit dessen Fuhrwerk auf einer Landstraße. Zwischen zwei Stationen der auf der Landstraße herführenden, im Betrieb der Bekl. stehenden Kleinbahn, nicht weit von einer Stelle, wo die Straße eine Biegung macht, fuhr ein in der Fahrrichtung des Wagens, also von hinten kommender Zug der Kleinbahn an dem Wagen vorüber. Dadurch wurde das Pferd scheu und fiel mit dem Wagen und dem Führer eine hohe Böschung hinunter. Der Wagen wurde dabei angeblich vollständig zerstört.

Das AG. hat die auf dem Grund des Anspruchs beschränkte Schadensersatzklage abgewiesen.

Der Berufung des Kl. hat das LG. aus folgenden Gründen stattgegeben:

Wegen der durch den Betrieb einer Eisenbahn verursachten Schäden besteht reichsrechtlich eine über die allgemeinen Vorschriften hinausgehende Haftbarkeit des Unternehmers nur dann, wenn durch den Betrieb ein Mensch getötet oder verletzt worden ist (vgl. § 1 des Haftpflichtgesetzes v. 7. Juni 1871). Nach dem Art. 105 des EG. z. BGB. sind jedoch die landesgesetzlichen Vorschriften, nach welchen der Unternehmer eines Eisenbahnbetriebs (oder eines anderen mit gemeiner Gefahr verbundenen Betriebs) für den aus dem Betrieb entstehenden Schaden in weiterem Umfang als nach den Vorschriften des BGB. verantwortlich ist, unberührt geblieben. Durch den Vorbehalt sollte insbesondere der § 25 des preuß. Ges. ü. d. Eisenbahnunternehmungen v. 3 Nov. 1838 aufrecht erhalten werden, wonach ganz allgemein eine von dem Verschulden unabhängige Haftpflicht wegen Beschädigung von Sachen anerkannt ist (siehe Begründung zu d. Entw. des hess. AusfGes. z. BGB. Art. 75 und die dort angezogenen Stellen der Protokolle). Der hier in Frage stehende Unfall hat sich nun auf preußischem Gebiet ereignet, und es ist demzufolge für die Haftpflicht der verklagten Eisenbahngesellschaft der angezogene § 25 des preuß. Eisenbahnges. vom 3. Nov. 1838 maßgebend, welcher bestimmt: „Die Gesellschaft ist zum Ersatz verpflichtet für allen Schaden, welcher bei der Beförderung auf der Bahn an den auf derselben beförderten Personen und Gütern oder auch an anderen Personen und deren Sachen entsteht, und sie kann sich von dieser Verpflichtung nur durch den Beweis befreien, daß der Schaden entweder durch eigene Schuld des Beschädigten oder durch einen unabwendbaren äußeren Zufall bewirkt worden ist. Die gefährliche Natur der Unternehmung selbst ist als solcher von dem Schadenersatz befreiender Zufall nicht zu betrachten."

Bei Anwendung dieser Gesetzesbestimmung ergibt sich aber ohne weiteres die Haftpflicht der Bekl. für den dem Kl. durch die Zertrümmerung seines Wagens entstandenen Schaden, und zwar ohne daß etwas darauf ankommt, ob die von der Bekl. betriebene Kleinbahn an der Unfallstelle die Landstraße benutzt, da das preußische Gesetz die Haftpflicht der Eisenbahnen für Beschädigung von Sachen nicht — wie Art. 74 des hess. AusfGes. z. BGB. — auf den Fall beschränkt, daß die Eisenbahn die Straße benutzt. Die Voraussetzungen der Haftpflicht der Bekl. sind gegeben, indem unstreitig durch den vorbeifahrenden Zug der Kleinbahnen verursacht wurde, daß das Pferd am Wagen des Kl. scheute und diese durch den Zug bewirkte Beunruhigung des Pferdes ganz zweifellos wieder die Ursache dafür war, daß das Gefährt alsbald die Böschung hinunterstürzte. Die Bekl. will zwar diese Folge nicht mehr als durch den Eisenbahnzug verursacht gelten lassen, indem sie unter Beweisanerbieten behauptet, dieser Unfall sei erst eingetreten, als der Eisenbahnzug bereits vorbeigefahren und die durch ihn bedingte Gefahr bereits vorüber gewesen sei, und habe seine Ursache nur in dem nachherigen verfehlten Verhalten des Wagenführers gehabt, der — anstatt zunächst abzusteigen und das noch beunruhigte Pferd ein Stück zu führen — es sogleich nach der Vorüberfahrt des Zuges weiter vom Wagen aus mit dem Zügel zu lenken versucht habe. Aber auch wenn sich dies so verhielte, würde hierdurch doch nichts daran geändert werden, daß der Unfall in erster Linie durch den vorüberfahrenden Eisenbahnzug verursacht worden war, d. h. überhaupt nicht eingetreten wäre, wenn das Pferd nicht durch den Zug zum Scheuen gebracht worden wäre. Es könnte sich höchstens darum handeln, ob nicht dem Wagenführer der Vorwurf eigenen Verschuldens zu machen wäre. Aber hierauf kann rechtlich nichts ankommen. Die angeführte Gesetzesbestimmung läßt der Eisenbahngesellschaft nur den Beweis frei, daß der Schaden durch die eigene Schuld des Beschädigten herbeigeführt sei; als Beschädigter erscheint aber im vorliegenden Fall nicht der Wagenführer (der Bruder des Kl.), sondern allein der Kl.; denn dessen Wagen ist beschädigt worden (RGE. Bd. 5 S. 232). Ein Rechtsgrund, warum der Kl. sich das etwaige Verschulden desjenigen, dem er damals den Wagen überlassen hatte, gleich eigenem Verschulden anrechnen lassen müßte, erscheint nicht gegeben; insbesondere liegt einer der im § 278 BGB. bezeichneten Fälle nicht vor.

Aus denselben Gründen kann auch ungeprüft bleiben, ob der Vorderrichter in dem Verhalten des Wagenführers vor dem Vorbeifahren des Zugs mit Recht eine Fahrlässigkeit erblickt hat; es kommt eben auf dieses etwaige konkurrierende Verschulden rechtlich nichts an. Dem Kl. selbst ist von der Bekl. ein persönliches Verschulden nicht vorgeworfen worden. Ebensowenig ist geltend gemacht, daß der Unfall durch einen unabwendbaren äußeren Zufall bewirkt worden sei. Demzufolge ist die Bekl. dem Kl. für den ihm durch die Zertrümmerung seines Wagens entstandenen Schaden haftbar, und es ist sonach der Klageanspruch dem Grunde nach für gerechtfertigt zu erkennen.

Urt. LG. Gießen, ZK. I, v. 4. Mai 1903 S 32/03.

GAss. Y.

6. Rechte des Anliegers bei Veränderungen an öffentlichen Straßen.

Kl. ist Eigentümer eines Hauses an einer städtischen Straße, die 1899 mit einem Asphalttrottoir versehen wurde, das 12 cm höher als das vorher angelegte Kiesbankett hergestellt wurde. Kl. hat behauptet, daß er bei dieser Gelegenheit unter anderem folgenden Nachteil für sein Eigentum erlitten habe: Das Trottoir sei vor der Einfahrt seiner Hofreite muldenartig vertieft und gestatte bei starken Regengüssen dem Wasser, in erheblichen Mengen in sein Besitztum einzudringen und dort Schaden anzurichten, insbesondere auch den Zugang zur Haustür zu erschweren. Er hat beantragt, daß die Stadt Vorkehrungen treffe, um die durch das Ueberfluten des Wassers verursachten Uebelstände zu heben. Das AG. hat die Klage abgewiesen.

Das LG. hat die von dem Kl. eingelegte Berufung aus folgenden Gründen zurückgewiesen:

Es ist davon auszugehen, daß die Anlieger einer Straße der im öffentlichen Interesse vorgenommenen Veränderungen derselben nicht widersprechen, sie nicht hindern können. Dieser Rechtssatz ist so allgemein anerkannt, daß es überflüssig ist, auf seine in der Rechtsprechung stets sich findende Uebung zu verweisen. Nur d... ...scht eine Verschiedenheit der Beurteilung, ob etwa ein Anlieger, dem durch die Veränderung einer Straße Schaden erwächst, von der Gemeinde Ersatz dieses Schadens beanspruchen kann. Während für das preußische und französische Recht diese Frage allgemein bejaht worden ist, ist sie für das gemeine Recht von dem RG. verneint worden (RGE. Bd. III S. 171), andererseits aber bejaht vom OLG. Darmstadt, Archiv f. pr. R. Bd. II S. 302; (s. ferner Seuffert's A. 18 S. 141, 29 S. 244 u. a. m.). Für Hessen kommt die besondere Bestimmung der A. BO. in Art 16 in Betracht, die auch nach Erlaß des BGB. fortdauernde Geltung (Art. 113 EG. z. BGB.) und gerade den vorliegenden Fall im Auge hat. Das Haus des Kl. stand schon an der jetzigen Straße, als diese noch nicht als Straße ausgebaut, sondern ein einfacher chaussierter Weg war, nur mit einem Kiesbankett versehen. Mit der Herstellung des Asphalttrottoirs wurde eine andere Höhenlage für die Straße durchgeführt, und die Folge war, daß das Grundstück des Kl., insbesondere die Einfahrt, nicht unerheblich tiefer als das Trottoir lag. Hiermit war eine Beeinträchtigung des Kl. in der seitherigen Benutzung seines Eigentums verbunden, indem nun der Hofeinfahrt eine entsprechende Höherlegung gegeben werden mußte (vgl. § 29 AusfBO.). Der Kl. hat nun nicht den richtigen Weg eingeschlagen, um den ihm gebrachten Nachteil auszugleichen. Sein Antrag, die Stadt zu zwingen, die im öffentlichen Verkehrsinteresse getroffene Anlage des Trottoirs zu ändern, ist unzulässig, Kl. kann nur auf Grund des Art. 16 Schadensersatz beanspruchen. Würde er seine Einfahrt aufgefüllt haben, so müßte die Stadt ihm die hierdurch entstandenen Kosten ersetzen. Der Kl. hat aber auf Befragen es ausdrücklich abgelehnt, seinen Schaden geltend zu machen, und auf diese Weise selbst das Schicksal seiner Berufung besiegelt.

Entsch. LG. Gießen I. ZK. v. 23. Dez. 1902 S 73/02, S 113/02.

GAss. Y.

7. Die rechtliche Natur des Allmendes.

In der Gemeinde H. war einem Ortsbürger ein Allmendlos seitens der Gemeinde-Vertretung überwiesen worden, um dasselbe für sich zu nutzen. Der Ortsbürger verpachtete das Allmendlos seiner Tochter, mit der Verpflichtung, den Vater bis an sein Lebensende zu alimentieren; die Tochter sollte solange im Genuß des Allmendloses verbleiben, als der Vater das Allmendlos von der Gemeinde H. erhalte.

Ein Gläubiger des Vaters pfändete eines Tages die Schoor der Allmendfelder, so daß sich die Tochter genötigt sah, auf Grund des vorher abgeschlossenen Pachtvertrags die Aufhebung der Pfändung im Wege der Klage zu begehren. Die Klage wurde in erster und zweiter Instanz abgewiesen. Aus den Gründen des Berufungsurteils: Der Bekl. (pfändende Gläubiger) wendet ein, daß der Pachtvertrag die Genehmigung des Ortsvorstandes in H. nicht erlangt habe und demgemäß rechtsunwirksam sei. Richtig steht, daß nach § 13 der Lokalstatuten für die Gemeinde H. v. 20. Juni 1863 der Nutznießer eines Allmendloses nur mit Erlaubnis des Ortsvorstandes verpachten darf und daß eine Erlaubnis des Ortsvorstandes zur Verpachtung nicht eingeholt worden ist.

Allmenden sind die im Eigentum von Gemeinden oder gemeindeähnlichen Korporationen befindlichen Liegenschaften, soweit sie von den Mitgliedern dieser Körperschaften auf Grund ihrer Mitgliedschaft genutzt werden. Charakteristisch ist hiernach, daß Liegenschaften, die einer Korporation des öffentlichen Rechts gehören, von Mitgliedern dieses Verbandes genutzt werden. Die Berechtigten sind demnach die Verbands-Mitglieder; ihr Recht besteht an den Grundstücken der allerdings durch sie gebildeten, aber doch als besondere Persönlichkeit über ihnen stehenden Gemeinde, also an fremden Liegenschaften und besteht darin, die Grundstücke zu nutzen. Selbstverständlich ist es, daß man die Art und Weise und den Umfang der Nutzung im Interesse der Allgemeinheit nicht jedem Einzelnen überlassen kann; diese werden vielmehr von der Korporation, als der Eigentümerin, geregelt. Diesen Standpunkt vertritt auch das RG. (Entsch. Bd. 11 S. 164).

Aus dem Wesen des Allmendes, welches den Berechtigten ein Existenz-Minimum an Grund und Boden gewähren will, das völlige Armut ausschließt, ergibt sich, daß die Gemeinde ihren Mitgliedern die Verfügung über die ihnen zugeteilten Liegenschaften (Allmendlose) möglichst erschwert, sei es, daß Uebertragungen an Andere gänzlich ausgeschlossen, sei es, daß die Uebertragungen von der vorgängigen Zustimmung der Gemeinde abhängig gemacht werden (vgl. Gierke, Genossenschaftstheorie und Rechtsprechung S. 221 Anm. 3; Gierke, deutsches Private. S. 606, 607).

Nach den obigen Ausführungen gelangt man zu dem Ergebnis, daß das Allmendrecht als ein der beschränkten persönlichen Dienstbarkeit analoges Rechtsinstitut anzusehen ist, um so mehr wenn man seine grundsätzliche Unübertragbarkeit in's Auge faßt, die ja auch dem Wesen der beschränkten persönlichen Dienstbarkeit entspricht (§ 1092 BGB.).

Im gegebenen Falle ist gemäß § 13 der Lokalstatuten die Uebertragung bezw. Verpachtung des Allmendloses nur mit Erlaubnis des Ortsvorstandes gestattet; letztere kann nicht beigebracht werden. Es muß daher angenommen werden, daß ein rechtswirksamer Pachtvertrag unter den Kontrahenten nicht zu Stande gekommen, der Vertrag vielmehr ein nichtiger ist, was sich aus dem Wesen des Allmendrechts, wie oben dargelegt, ergibt. In Folge dessen besteht die Pfändung der Schoor gegen den Vater zu Recht, sie ist erfolgt nach Maßgabe der Vorschriften über die Pfändung körperlicher Sachen (§§ 508 ff. ZPO.).

Die Rechtslage wäre eine andere, wenn das Allmendrecht selbst gepfändet worden wäre. In letzterem Falle müßte auch die Pfändung als nichtig angesehen werden; denn ein Recht, das nicht übertragen werden kann, kann auch nicht gepfändet werden (§ 1274 Abs. 2 BGB., § 857 ZPO.).

Entsch. LG. Mainz, II. ZK. v. 25. Juni 1904 S 234/03, u. v. 31. Dez. 1904 S 247/04.

LGR. Dp.

8. Kann der Kläger, der einen erwirkten Vollstreckungsbefehl verloren hat, Klage auf Zahlung seiner Forderung erheben, wegen deren er bereits den Vollstreckungsbefehl erwirkt hat? Exceptio rei iudicatae.

Der Bekl. hat im Herbst 1898 von dem Kl. Heu gekauft und erhalten und ist dafür den Kaufpreis schuldig geworden. Wegen seiner Forderung hat der Kl. im Juni 1899 bei dem AG. gegen den Bekl. Zahlungsbefehl und, da dieser Widerspruch nicht erhob, am 8. Dez. 1899 Vollstreckungsbefehl erwirkt, welcher rechtskräftig ist. Die Urschrift dieses Vollstreckungsbefehls ist in der Folge dem Kl. abhanden gekommen. Die von dem Kl. erbetene Erteilung einer weiteren Ausfertigung ist durch Beschl. des AG. und des LG. abgelehnt worden, da das Mahnregister nicht als geeignete Grundlage für die Erteilung einer weiteren Ausfertigung erachtet wurde.

Auf Grund des früher erwirkten Vollstreckungsbefehls, eventuell auf Grund des Kaufvertrags, hat der Kl. nun im Juni 1904 bei dem AG. Klage erhoben mit dem Antrag auf Zahlung event. auf Feststellung, daß der Bekl. verpflichtet sei anzuerkennen, daß die Zwangsvollstreckung aus dem verloren gegangenen Vollstreckungsbefehl zulässig sei.

Der Bekl. gab das tatsächliche Vorbringen des Kl. an sich nach, beantragte jedoch die Abweisung der Klage sowohl in ihrer primären als in ihrer eventuellen Richtung, indem er die Einreden der rechtskräftig entschiedenen Sache und der Verjährung vorschützte.

Das AG. hat den Bekl. zur Zahlung verurteilt. Das LG. hat die Berufung aus folgenden Gründen zurückgewiesen:

Unbegründet ist zunächst die Einrede der rechtskräftig entschiedenen Sache. Daß der Kl. wegen seines den Gegenstand der gegenwärtigen Klage bildenden Anspruchs bereits unterm 8. Dez. 1899 Vollstreckungsbefehl erwirkt hat, gegen den ein Einspruch nicht erhoben worden ist, steht außer Streit. Nach § 700 ZPO. steht der Vollstreckungsbefehl einem für vorläufig vollstreckbar erklärten, auf Versäumnis erlassenen Endurteil gleich und findet gegen ihn der Einspruch nach den Vorschriften der §§ 338—346 ZPO. statt. Hieraus ergibt sich, daß auch inbetreff der Rechtskraft im Falle der Versäumung des Einspruchs gegen einen Vollstreckungsbefehl dieselben Folgen eintreten wie bei einem Versäumnisurteil, welches der Rechtskraft in demselben Umfang fähig ist wie ein auf kontradiktorische Verhandlung erlassenes Endurteil. Der rechtskräftige Vollstreckungsbefehl erzeugt demzufolge auch gegenüber anderweiter Geltendmachung des seinen Gegenstand bildenden Anspruchs die Einrede der rechtskräftig abgeurteilten Sache unter den gleichen Voraussetzungen und mit der gleichen Wirkung wie ein rechtskräftiges Urteil. Im vorliegenden Fall sind aber die Voraussetzungen, unter denen die erwähnte Einrede Platz greifen könnte, nicht gegeben. Maßgebend für die Entscheidung sind gemäß Art. 170 EG. z. BGB. noch die Grundsätze des bisherigen gemeinen Rechts, da es sich um ein vor dem Inkrafttreten des BGB. entstandenes Schuldverhältnis handelt, insbesondere auch der Vollstreckungsbefehl schon vor diesem Zeitpunkt erlassen worden ist.

In das gemeine deutsche Recht ist nun der Grundsatz des römischen Rechts, daß das Klagerecht durch die Geltendmachung desselben als verbraucht zerstöet werde (die sog. negative Funktion der Rechtskraft), als mit den Eigentümlichkeiten des römischen Prozesses zusammenhängend nicht übergegangen; es steht daher die Tatsache, daß über einen Anspruch bereits rechtskräftig entschieden worden ist, an sich einer neuen Einklagung desselben nicht im Weg. In das deutsche Recht übergegangen ist nur die sog. positive Funktion der Rechtskraft, d. h. der Grundsatz, daß inhaltlich nicht mehr geltend gemacht werden kann, wogegen bereits rechtkräftig entschieden ist (**Windscheid**, § 130 Rate 23 und 23a; RGE. 16 S. 435, RGE. v. 17. Mai 1898 bei **Gruchot** 42 Nr. 1129; **Seuffert**, Note 1, Abs. 4 zu § 322 ZPO. u. a. m.).

Diese sog. positive Funktion der Rechtskraft kann nun aber gegen den hier geltend gemachten Anspruch des Kl. um deswillen nicht Platz greifen, weil dieser nicht etwas geltend macht, **wogegen** bereits rechtskräftig entschieden wäre, sein Anspruch sich vielmehr mit der ergangenen rechtskräftigen Entscheidung durchaus im Einklang befindet. Hierbei kann es auf sich beruhen, ob der Anspruch des Kl. richtiger zu konstruieren ist als der Anspruch aus dem ursprünglichen Schuldverhältnis oder als solcher aus dem rechtskräftigen Erkenntnis (sog. Judikatsklage). Der Vorzug ist indessen der ersteren Konstruktion zu geben, da der römisch-rechtliche Gedanke der Novation, wonach jedes Urteil einen selbständigen Entstehungsgrund des Anspruchs bildet, im deutschen Recht nicht anerkannt ist, hiernach das Urteil keine konstitutive, sondren nur deklarative Wirkung hat.

Mit diesen Erwägungen ist nun aber die vom Bekl. vorgeschützte Einrede der rechtskräftig entschiedenen Sache allerdings noch nicht ohne weiteres erledigt. Sie würde als Einrede der chikanösen Rechtsverfolgung durchschlagen müssen, wenn für den Kl. in Anbetracht des bereits früher erwirkten, zur Zwangsvollstreckung geeigneten rechtskräftigen Erkenntnisses ein Bedürfnis nach Rechtsschutz durch neues Erkenntnis überhaupt nicht mehr bestände (vgl. die oben angeführten RGE.; **Seuffert**, Note 1 Abs. 4; **Gaupp-Stein** Note VIII 3b zu § 322 ZPO.; Urt. des LG. Darmstadt i. d. Zeitschrift für deutschen ZP. Bd. 25 S. 235 ff.). War dieser Grundsatz schon im bisherigen Recht anerkannt (exceptio doli generalis), so ergibt er sich auch für das gegenwärtige Recht, unter dessen Herrschaft die Rechtsverfolgung des Kl. geschieht, aus der Vorschrift des § 226 BGB. (vgl. Entsch. des OLG. Jena v. 27. April 1902 bei **Mugdan** und **Falkmann**, Bd. 5 S. 63).

Im vorliegenden Fall besteht aber für den Kl. das **Bedürfnis** nach einem **neuen Urteil**, da der Bekl. ihn freiwillig nicht befriedigt, der früher erwirkte Vollstreckungsbefehl verloren gegangen ist und ihm eine neue Ausfertigung desselben nicht erteilt werden kann. Dem Kl. kann daher nicht entgegengehalten werden, daß seine Rechtsverfolgung eine chikanöse sei.

Wenn der Bekl. sich zur Unterstützung seiner Ansicht, daß eine einmal ergangene rechtskräftige Entscheidung die nochmalige Einklagung des betreffenden Anspruchs unbedingt ausschließe, auf RGE. Bd. 35 Nr. 91 beruft, so kann er damit keinen Erfolg haben; denn diese Entscheidung steht der hier vertretenen Rechtsauffassung nicht entgegen. Abgesehen davon, daß die Entscheidung sich auf einen dem Gebiet des französischen Rechts angehörenden Fall bezieht, ist doch nur gesagt, daß das Bestehen eines rechtskräftigen Urteils allerdings auch den obsiegenden Kl. verhindern würde, den ihm rechtskräftig zuerkannten Anspruch nochmals im Wege der Klage geltend zu machen. Da hierbei gleichzeitig auf die oben angeführte Entscheidung in Bd. 16 S. 435 Bezug genommen wird, so ergibt sich ohne weiteres, daß das RG. hiermit nicht mehr sagen wollte, als was es bereits in jener anderen Entscheidung ausgesprochen hat, daß nämlich der Schuldner, dem die nochmalige Verhandlung über dieselbe Klage angesonnen wird, befugt sein müsse, die darin enthaltene Zumutung eines abermaligen Aufwandes an Zeit und Kosten zurückzuweisen, wenn nicht wegen **besonderer Umstände** der Gläubiger ein berechtigtes Interesse an der abermaligen Verurteilung habe (daß also m. a. W. in der Regel in einem derartigen Fall der Schuldner der neuen Klage mit der Einrede der chikanösen Rechtsverfolgung begegnen kann).

Unbegründet ist weiter auch die von dem Schuldner der Klage eventuell entgegengesetzte **Verjährungseinrede**. Allerdings handelt es sich um eine Klage, die nach dem hessischen Verjährungsgesetz an und für sich in 2 Jahren verjährt. Nachdem jedoch die Forderung des Kl. im Dez. 1899 durch den rechtskräftigen Vollstreckungsbefehl zur Anerkennung gebracht worden war, unterlag sie von da an gemäß Art. 27 des Verjährungsgesetzes nur einer Verjährung von 3 Jahern, und diese war zur Zeit der Erhebung der Klage (Juni 1904) und wäre sogar bis heute noch nicht abgelaufen. Uebrigens gilt jetzt gemäß Art. 169 EG. z. BGB. sogar die längere Verjährungszeit des BGB.; nach § 218 BGB. verjährt ein rechtskräftig festgestellter Anspruch, auch wenn er an sich einer kürzeren Verjährungszeit unterliegt, in 30 Jahren. Durch die Tatsache, daß der Kl. wegen Verlustes des früheren rechtskräftigen Erkenntnisses seinen Anspruch aufs neue verfolgen muß und verfolgt, wird ihm selbstverständlich in keiner Weise das Recht benommen, dem Bekl. gegenüber die Tatsache geltend zu machen, daß bereits früher rechtskräftige Feststellung des Anspruchs erfolgt ist.

Entsch. LG. Gießen v. 31. Okt. 1904 S 159/04.

GAss. Y.

9. Anfechtung von Rechtshandlungen eines Schuldners außerhalb des Konkursverfahrens.

Bekl. hat angeblich seinem Sohn Karl bare Darlehen gegeben. Er hat wegen seiner Darlehensforderungen Zahlungsbefehl erwirkt und auf Grund desselben die Zwangsvollstreckung in die Geschäftsausstände und das Warenlager seines Sohnes betrieben. Kl. hat wegen einer ihm gegen den Sohn zustehenden fälligen Forderung einen vollstreckbaren Schuldtitel gegen denselben erlangt. Da er seine Forderung nicht beitreiben konnte, hat er auf Grund des § 3 Z. 1—3 des Anfechtungsgesetzes v. 21. Juli 1879 in der Fassung der Bekanntm. v. 20. Mai 1898 Klage gegen den Bekl. wegen dessen angeblicher Darlehensforderungen erhoben.

Das AG. erkannte auf einen Eid des Bekl.; Kl. legte **Berufung** ein. Das LG. machte folgende Ausführungen:

Was zunächst die Klage aus Z. 1 des § 3 AnfG. anlangt, so ergibt sich aus dem festgestellten Tatbestande bereits, daß der Kl. den ihm nach dieser Vorschrift obliegenden Beweis nicht erbracht hat. Es ist ohne weiteres klar, daß als eine die Gläubiger benachteiligende Rechtshandlung des Schuldners nicht angesehen werden kann die Empfangnahme einer Geldsumme als Darlehen, daß also in dieser Beziehung nur in Betracht kommen können die Vollstreckungshandlungen, durch welche der Bekl. sich die Sicherung seiner in dem für vollstreckbar erklärten Zahlungsbefehl festgestellten Ansprüche verschafft hat. Für die Auffassung, daß diese Pfändung anfechtbar sei, kann der Kl. sich nicht auf die Vorschriften des § 6 a. a. O. berufen, da dieser § nicht etwa die Frage entscheidet, ob eine Pfändung selbst anfechtbar sei, wenn der betr. Schuldtitel als eine Rechtshandlung des Schuldners zu betrachten ist, sondern lediglich bestimmt, daß eine an sich anfechtbare Rechtshandlung des Schuldners diese Eigenschaft nicht dadurch verliert, daß bezüglich derselben ein vollstreckbarer Schuldtitel erlangt oder solche bereits im Wege der Zwangsvollstreckung oder Arrestvollziehung erwirkt worden ist. Die Frage, ob eine Vollstreckungspfändung selbst als Rechtshandlung des Schuldners angefochten werden kann, ist bestritten. Jedenfalls muß der Anfechtungskl., um einer solchen gegenüber mit seinem Anspruch durchzudringen, beweisen, daß dieselbe im kollusiven Einverständnis des Schuldners mit dem Gläubiger zu Stande gebracht ist (RGE. Bd. 47 S. 223). In dieser Beziehung aber hat der Kl. keinerlei Beweis erbracht.

Es geht ferner auch nicht an, die vorliegenden Vollstreckungspfändungen ohne weiteres als „entgeltliche Verträge“ im Sinne der Z. 2 des § 3 zu behandeln und damit dem Bekl. die dort für den Anfechtungsgegner statuierte Beweislast aufzubürden, daß ihm eine Absicht des Schuldners, die Gläubiger zu benachteiligen, nicht bekannt gewesen sei. Denn Vollstreckungspfändungen können im allgemeinen nicht als entgeltliche Verträge aufgefaßt werden, sie sind dies nur dann, wenn Gläubiger und Schuldner übereinkommen, daß das gerichtliche Verfahren nur zu dem Zweck eingeschlagen wird, um den für eine Pfändung notwendigen Vollstreckungstitel zu beschaffen (vgl. H a r t m a n n und M e i k e l, AnfGes. S. 159 und die das. zit. RGEntsch.). Daß aber eine auf diesem Wege zu Stande gekommene Vollstreckungspfändung im Fragefalle vorliege, hat zunächst wiederum der Anfechtungskl. zu beweisen, und erst nachdem ihm dieser Nachweis gelungen, kehrt sich die Beweislast in der angegebenen Richtung um. Auch diesen Beweis ist der Kl. hier schuldig geblieben und kann sonach von einer Anfechtung auf Grund des § 3 Z. 2 ebenfalls nicht die Rede sein.

Nach dem Gesagten würde es sich daher nur noch darum handeln, ob in dem Verhalten des Sohnes etwa eine in dem letzten Jahre vor der Anfechtung vorgenommene u n e n t g e l t l i c h e Verfügung im Sinne der Z. 3 erblickt werden könnte. Der Begriff der „unentgeltlichen Verfügung“ im Sinne der Z. 3 ist allerdings ein weiterer als derjenige der Schenkung. Erstere liegt vor, wenn der Schuldner unter freiwilligen Verzicht auf eine seiner Leistung entsprechende Gegenleistung eine sein Vermögen mittelbar oder unmittelbar schmälernde Rechtshandlung vornimmt. Sie setzt also eine Verminderung des Vermögens des Leistenden voraus, ohne daß dieser von einer Verpflichtung befreit wird oder sonst eine Gegenleistung erhält. Daher liegt auch in dem Anerkenntnis einer nicht bestehenden Schuld eine unentgeltliche Verfügung, und nicht minder kann eine solche in Form von Unterlassungen, Prozeßhandlungen jeder Art usw. erfolgen (vgl. H a r t m a n n - M e i k e l a. a. O. S. 172, 173, 176). Hiernach würde in der Tatsache, daß der Sohn dem von seinem Vater erwirkten Zahlungsbefehl nicht widersprochen und auch gegen den von diesem in der Folge erlangten Vollstreckungsbefehl nicht Einspruch erhoben hat, allerdings eine im letzten Jahr vor der Anfechtung vorgenommene unentgeltliche Verfügung desselben erblickt werden können, wenn tatsächlich die in jenem Schuldtitel festgestellten Darlehen ihm von dem Bekl. nicht gewährt worden wären. In letzterer Beziehung, also für die Unentgeltlichkeit der von dem Sohn vorgenommenen Verfügung, würde die Beweislast den Anfechtungskl. treffen (vgl. H a r t m a n n - M e i k e l a. a. O. S. 173). Der Kl. hat jedoch auch in dieser Hinsicht keinerlei Beweis erbracht.

Entsch. LG. Gießen, ZK. I, vom 9. Mai 1904 S 182/03. GAss. Y.

Strafrecht. — Strafprozeß.

10. **„Entscheidungen der erkennenden Gerichte, welche der Urteilsfällung vorausgehen“, im Sinne des § 347 StPO.**

Es war öffentliche Klage erhoben gegen I. den A. wegen Beleidigung des Bürgermeisters J. und des Polizeidieners F., begangen am 13. März 1904, ferner gegen den B. wegen Beleidigung dieses F., begangen bei derselben Gelegenheit, und endlich gegen die C. wegen Beleidigung des F., begangen am 6. Febr., aufgrund der §§ 185, 186, 187, 196, 200 StGB.; II. den Redakteur V. wegen Beleidigung des F., aufgrund der §§ 185, 186, 196, 200 StGB. und § 20 des Preßgesetzes.

Nach Eröffnung des Hauptverfahrens beantragte V., die gegen ihn anhängige Strafsache von der gegen die übrigen drei Angekl. schwebenden zu trennen, da die den Angekl. zur Last gelegten Straftaten nicht nur zeitlich auseinanderlägen, sondern auch verschiedene Strafgesetze verletzten, außerdem die Entscheidung in der Strafsache gegen A., B. und C. maßgebend für die Entscheidung in der gegen ihn anhängigen Sache sei. Gemeinsam sei den Sachen nur die Person des Verletzten; dieser Umstand genüge nicht, die Verbindung der Sachen zur Notwendigkeit zu machen; zudem werde er, V., durch diese Verbindung in unzulässiger Weise in seiner Verteidigung beschränkt.

Das LG. lehnte den Antrag ab, da die gleichzeitige Verhandlung und Entscheidung der verbundenen Strafsachen zweckmäßig sei.

V. verfolgte hiergegen Beschw.; diese wurde von der Strafk. als u n z u l ä s s i g verworfen und der Beschl. wie folgt begründet:

Nach § 347 StPO. unterliegen Entscheidungen der erkennenden Gerichte, welche der Urteilsfällung vorausgehen, der Beschw. nicht. Ueber die Frage, ob als derartige Entscheidungen nur solche Entscheidungen anzusehen sind, welche in der Hauptverhandlung selbst ergangen sind, deshalb der Urteilsfällung u n m i t t e l b a r vorausgehen, aber ob als derartige Entscheidungen auch solche zu gelten haben, welche zwar nicht in der Hauptverhandlung, aber doch nach

Eröffnung des Hauptverfahrens und vor der Hauptverhandlung ergangen sind, herrscht keine Uebereinstimmung, wie eine Vergleichung der Ausführungen zu § 347 StPO. bei Löwe und Stenglein ergibt. Löwe vertritt die Ansicht, daß unter den in § 347 gedachten Entscheidungen alle Entscheidungen zu begreifen sind, welche nicht allein in der Hauptverhandlung, sondern auch vor und außerhalb dieser von dem Gericht erlassen sind, letztere jedoch nur, wenn sie nach Eröffnung des Hauptverfahrens und zum Zwecke der Vorbereitung der Entscheidung — des Urteils — erlassen sind. Stenglein vertritt die strengere Ansicht, daß der § 347 sich nur auf die in der Hauptverhandlung selbst erlassenen Verfügungen der erkennenden Gerichte beziehe.

Das Beschwerdegericht tritt der durch Löwe vertretenen Ansicht bei. Einmal wird diese durch die Motive zu § 347 StPO. gestützt, und dann wird diese Auslegung auch praktischen Erwägungen gerecht. Es macht keinen Unterschied, ob die Entscheidung, welche der Urteilsfällung vorausgeht, in der Hauptverhandlung ergangen ist oder außerhalb und vor dieser, wenn nur durch die nach Eröffnung des Hauptverfahrens und vor der Hauptverhandlung ergangene Entscheidung die Urteilsfällung vorbereitet wird, und es ist nicht einzusehen, aus welchen Gründen, die unter dieser Voraussetzung ergangenen Entscheidungen in Ansehung ihrer Anfechtbarkeit nun verschieden behandelt werden sollen. Vielmehr ist anzunehmen, daß in der letztgedachten Beziehung ihre Behandlung eine gleiche sein muß, daß sie also der selbständigen Anfechtung durch Beschwerde nicht unterliegen.

Aus dem Umstand, daß in § 347 StPO. nur von Entscheidungen der „erkennenden" Gerichte die Rede ist, kann nicht gefolgert werden, daß nunmehr die in Betracht kommenden Entscheidungen auch nur in der Hauptverhandlung erlassen werden könnten. Wenn ein Antrag, der eine solche Entscheidung erforderlich macht, vor der Hauptverhandlung gestellt wird, so muß die Entscheidung über einen solchen Antrag auch vor der Hauptverhandlung erfolgen. Dabei tritt an Stelle des erkennenden Gerichts dasjenige Gericht oder derjenige Richter, das bezw. der nach den Bestimmungen des GVG. oder der StPO. berufen ist, außerhalb der Hauptverhandlung für das „erkennende" Gericht zu handeln. Dieser Fall liegt hier vor.

Beschl. Strafk. Gießen v. 10. Aug. 1904 D 36/04.
Tr.

Freiwillige Gerichtsbarkeit.

11. Kann die Einräumung des Vorranges für einen zedierten Teil einer Hypothekforderung vor dem übrigen Teil im Hypothekenbuch gewahrt werden?

Das AG. hatte die Wahrung des Vorranges eines zedierten Teiles einer Hypothek im Hypothekenbuch vor dem übrigen Teil abgelehnt, obwohl vereinbart worden war, daß der zedierte Teil den Vorrang haben solle.

Der erhobenen Beschw. hat das LG. aus folgenden Gründen stattgegeben:

Die Bestimmung in Art. 100 des hess. Pfandgesetzes vom 15. Sept. 1858: „Geht eine durch Hypothek versicherte Forderung teilweise auf andere über, so entsteht hierdurch, auch wenn dieses zu verschiedenen Zeiten geschieht, kein Vorrang unter den verschiedenen Teilhabern an derselben einschließlich desjenigen, der nur einen Teil der Forderung abgetreten hat, vorbehältlich der Vorschrift des Art. 142, Abs. 2", hat nur die Bedeutung, daß sie einen Zweifel ausschließen will, der sonst vielleicht möglich wäre, nämlich einen Zweifel in der Richtung, ob etwa für die Rangstellung der verschiedenen Teilberechtigten unter einander ebenso wie bei verschiedenen Hypothekforderungen die Priorität der erwirkten Eintragung maßgebend sei. Die Gesetzesbestimmung verneint dies ausdrücklich, indem sie besagt, daß durch den Uebergang eines Teils der Hypothekforderung an und für sich eine Rangverschiedenheit unter den Teilhabern nicht entsteht. Die Gesetzesbestimmung schließt aber in keiner Weise aus, daß einer der Teilberechtigten einem anderen für den diesem zustehenden Teil der Forderung den Vorrang vor seinem Teil einräumt und daß diese Vorrangseinräumung auch durch Eintragung im Hypothekenbuch dinglich wirksam gemacht wird. Es kann insbesondere nicht gesagt werden, daß das Pfandgesetz eine eintragsfähige Übertragung des Vorrangs von seiten eines Hypothekgläubigers auf den anderen nur in dem in Art. 101 Abs. 1 behandelten Fall kenne, nämlich in dem Falle, daß ein Pfandgläubiger den durch frühere Einschreibung seines Hypothektitels erlangten Vorzug einem späteren Gläubiger abtritt. Die Bestimmung in Art. 101 Abs. 1: „Tritt ein Pfandgläubiger, wozu er befugt ist, unbeschadet seines Pfandrechts, den durch frühere Einschreibung seines Hypothektitels erlangten Vorzug einem späteren Gläubiger ab, so wird dadurch anderen Pfandgläubigern an dem bereits erlangten Vorzug nichts entzogen", hat keineswegs die Bedeutung, daß sie die Fälle bestimmen und begrenzen will, in denen die Uebertragung des Vorzugsrechts von einem Hypothekgläubiger auf den anderen zulässig sein soll, sie geht vielmehr von der Annahme der allgemeinen Zulässigkeit derartiger Uebertragungen ohne weiteres aus und gibt nur für den von ihr behandelten Fall eine Vorschrift darüber, wie die Uebertragung gegenüber den übrigen Hypothekgläubigern wirkt.

Nicht stichhaltig sind weiter auch die von dem Vorderrichter noch geltend gemachten Bedenken, daß Verwirrung des Hypothekenbuchs zu befürchten sein würde, wenn die Wahrung von Vorzugsveränderungen innerhalb einer Hypothek zugelassen werden sollte, und daß dies auch dem Prinzip der Unteilbarkeit der Hypothek widersprechen würde. Ein Prinzip der Unteilbarkeit der Hypothek gibt es im Pfandgesetz nicht; im Gegenteil ist die Teilbarkeit in Art. 100 und 142 des Gesetzes ausdrücklich zugelassen. Die Besorgnis, daß Verwirrung im Hypothekenbuch entstehen würde, erscheint schon tatsächlich kaum gerechtfertigt, jedenfalls kann dieser Gesichtspunkt aber nicht zur Ablehnung eines Begehrens führen, welches nach dem Gesetz gerechtfertigt erscheint.

Entsch. LG. Gießen, ZK. I, v. 1. März 1905 T 15/05.
GAss. Y.

Kosten und Gebühren.

12. Zur Anwendung des § 46 Abs. 3 GKG.

Es waren Mk. 15 Hauptgeld eingeklagt und der Antrag in der Klageschrift ging dahin, die Bekl. kostenfällig zu verurteilen, Mk. 15 nebst 4% Zinsen zu zahlen. Im Termin zur mündlichen Verhandlung erklärte der Kl., die Hauptsache sei bezahlt, es handele sich nur noch um die Kosten, und nahm *Versäumnisurteil* für die *Kosten*, die seiner Angabe entsprechend gleichzeitig auf Mk. 6.30 festgesetzt wurden.

In der Gerichtskostenrechnung wurde nun 1. eine Rücknahmegebühr für die Hauptsache nach der I. Wertstufe mit Mk. 0.20 und 2. eine Entschädigungsgebühr für das Kostenurteil nach der I. Wertstufe mit Mk. 1.— berechnet. Auf Erinnerung des Kl. strich das AG. die *Rücknahmegebühr* mit Mk. 0.20 mit Rücksicht auf § 46 Abs. 3 GKG.

Gegen diese Entscheidung richtet sich die Beschw. des GenStA., der Wiederherstellung der Rücknahmegebühr begehrt und sich zur Begründung auf die Ausführungen bei *Pfafferoth*, Gerichtskostenwesen VIII. Aufl., Anm. 3 (4?) § 13 und Anm. 4 zu § 46, und *Rittmann*, GKG., II. Aufl., Anm. 6 zu § 13 u. Anm. 3 zu § 46, bezieht.

Aus den *Gründen*: Daß die Erklärung des Kl., die Hauptsache sei erledigt, es handle sich nur noch um die Kosten, in Verbindung mit seinem nur auf die Kosten gerichteten Antrag als *Zurücknahme* im Sinne des § 46 GKG. zu behandeln ist und daß es für die Gerichtskostenberechnung nicht darauf ankommt, ob die nach der ZPO. erforderlichen formellen Voraussetzungen einer Zurücknahme erfüllt sind, ist mit RGE. 25 S. 380 und der übereinstimmenden Auslegung bei *Pfafferoth*, *Rittmann* und *Sydow & Busch* ohne weiteres anzunehmen. Es bleibt nur zu erörtern, ob die Zurücknahmegebühr im vorliegenden Falle tatsächlich zu erheben ist oder ob sie nicht — mit Rücksicht darauf, daß für die Entscheidung über die Kosten eine Entscheidungsgebühr nach § 18 Nr. 3 GKG. erhoben wird — außer Ansatz zu bleiben hat.

Rittmann behauptet, die Vergünstigung des § 46 Abs. 3 treffe nicht zu; die Zurücknahmegebühr sei neben der Entscheidungsgebühr zu erheben, obwohl sich die Folge ergebe, daß die Gerichtsgebühren dann höher würden, als wenn über die Hauptsumme mit Zinsen und Kosten Versäumnisurteil ergangen wäre. Er erklärt diese „Unbilligkeit“ damit, daß er sagt: 1. die Zurücknahme bilde keinen „Akt“ im Sinne der §§ 12, 28, die Rücknahmegebühr stelle sich als eine eigenartige, völlig selbständige dar und 2. die Prozeßkosten bildeten keinen Teil des Streitgegenstandes.

Daß die Zurücknahme einen „Akt“ im Sinne der § 12, 28 bildet, ergibt sich unmittelbar aus den Motiven zu § 12 (§ 10 Abs. 3 des Entw.), wo es heißt „soweit von ungleichen *Akten* derselben Instanz Gebühren zu erheben sind, liegt kein Grund vor, von der Regel des § 10 Abs. 1 (§ 12 Abs. 1 des Ges.) abzuweichen. Nur bei der Gebühr für Zurücknahme ist aus Gründen der Prozeßpolitik, welche eben eine Verminderung der Prozesse begünstigen muß, eine Ausnahme gemacht.“ Auch *Pfafferoth* zählt die Zurücknahme in Anm. 3 zu § 12 GKG. zu den „Akten“. Es entfällt hiermit der erste von *Rittmann* gegen die Anwendbarkeit des § 46 Abs. 3 geltend gemachte Grund.

Für den zweiten Grund *Rittmann's*, der auch von *Pfafferoth* geltend gemacht wird, spricht scheinbar der Satz in den Mot. zu § 11 des Entw. (§ 13 des Ges.), wo es heißt: „es kann der Fall eintreten, daß einzelne Akte Streitpunkte betreffen, die weder mit dem Streitgegenstande der Klage noch mit einem Teil desselben identisch sind. Dahin gehört namentlich der Kostenpunkt“. Bei näherer Prüfung des Zusammenhangs, in dem diese Stelle sich findet, ergibt sich aber gerade, daß die Motive selbst den Kostenpunkt als Teil des ursprünglichen Streitgegenstandes ansehen und daß der Ausdruck „Streitgegenstand“ nur abgekürzt gebraucht wird für den „der *Bewertung in Betracht kommender* Streitgegenstand“. So heißt es im ersten Absatz der ebenerwähnten Stelle der Motive, nachdem im vorausgehenden § (dem § 12 des Ges.) die Bestimmung getroffen ist, daß für die Gebührenberechnung immer nur der Teil des Streitgegenstandes in Betracht kommen soll, den der zu besteuernde Akt betrifft: „die Berücksichtigung einzelner Teile des Streitgegenstandes erfordert Bestimmungen über die Berechnung der als Nebenforderungen nach § 4 ZPO. nicht zu berücksichtigenden Früchte, Nutzungen, Zinsen und Kosten“. Die Motive sehen also den Kostenpunkt als einen Teil des ursprünglichen Streitgegenstandes an, der allerdings für die Bewertung nicht in Betracht kommt, wenn er *in Verbindung* mit der Hauptforderung Gegenstand eines Aktes bildet, der aber andererseits *ohne* die Hauptforderung Gegenstand eines zu besteuernden Aktes werden kann und als solcher bewertet werden muß. Für diese Fälle gibt dann § 13 die für Festsetzung des Werts maßgebenden Regeln, und es ist dabei in erster Linie daran gedacht, daß auch die Hauptsache noch nebenherläuft und die Nebenforderungen ihre Eigenschaft als solche nicht verloren haben (vgl. JWschr. 1894 S. 504 Nr. 1).

Wenn auch nach § 308 Abs. 2 ZPO. die Entscheidung über die Prozeßkosten ohne einen Parteiantrag zu treffen ist, so darf daraus nicht gefolgert werden — wie dies in JWschr. 1897 S. 210 Nr. 22 geschehen ist — daß den Prozeßkosten überhaupt nicht die Bedeutung einer eigentlichen Neben*forderung* zukomme; denn einmal sind eine ganze Reihe von Entscheidungen über die Kosten ohne Antrag nicht möglich und dann ist die Bestimmung des § 308 Abs. 2 eine im fiskalischen Interesse gemachte Ausnahme von § 308 Abs. 1. Daß durch die in diesem Interesse vorgeschriebene Entscheidung ohne Antrag gleichzeitig die Frage des Ersatzanspruchs der einen Partei an die andere erledigt wird, ist lediglich eine Folge, die sich aus der Natur der Kostenpflicht ergibt, die eben Bedeutung für das Verhältnis der Streitenden zu einander und für ihr Verhältnis zur Staatskasse hat, und ändert an der rechtlichen Natur des Kostenersatzanspruchs als *Forderung* der einen Partei an die andere nichts (*Gaupp-Stein*, ZPO. Anm. III zu § 308).

Auch aus der Entstehungsgeschichte des § 4 ZPO. ergibt sich, daß die Prozeßkosten einen Teil des Streitgegenstandes bilden und Nebenforderungen sind; der hannöverische Entw. enthielt ursprünglich nur die Prozeßkosten als Nebenforderung (RGE. I S. 228).

Auch *Gaupp-Stein*, Anm. III Abs. 5 zu § 4 ZPO., versteht unter Kosten „nicht blos Prozeßkosten“.

Es entfällt nach vorstehenden Ausführungen auch der andere von *Rittmann* gegen die Anwendbarkeit des § 46 Abs. 3 GKG. geltend gemachte Grund

und es hat die Erhebung der Zurücknahmegebühr mit Mk. 0.20 zu unterbleiben, weil sich die Entscheidungsgebühr von Mk. 1.— nicht erhöht haben würde, wenn über den fallen gelassenen Teil des ursprünglichen oben angeführten Antrags des Kl. mitentschieden worden wäre.

Die Nichtanwendung des § 46 Abs. 3 im vorliegenden Falle würde übrigens in direktem Widerspruch zu den Motiven stehen, die nach Abs. 3 § 10 eine Verminderung der Prozesse durch Zurücknahme begünstigen wollen und gerade zum Abs. 3 § 46 den prozeßpolitischen Grund als maßgebend bezeichnen, dagegen Vorkehr zu treffen, daß ein Antragsteller nicht durch die Rücksicht auf entstehende Mehrkosten von einer teilweisen Zurückziehung eines Antrags abgehalten werde.

Beschl. LG. Mainz III. ZK. v. 2. Mai 1905 T 161/05. Krz

Literatur.

Daubenspeck, H., RGR. a. D.: Referat, Votum und Urteil (F. Vahlen, Berlin. Geh. 5.40 Mk.). Von diesem tüchtigen Buche (vgl. II Nr. 21 S. 167 d. Ztschr.) ist nunmehr die neunte verm. u. verb. Auflage (316 S.) erschienen. Wiederum erfreut man sich an der gründlichen Art, wie den Gerichten an der Hand ihrer eigenen Leistungen ein Spiegel vorgehalten wird, der die da und dort verbreitete Sorglosigkeit und Häßlichkeit des Ausdrucks und die Unzulänglichkeit in der Urteilsbegründung erkennen läßt (vgl. z. B. S. 225—229, S. 222 Anm., S. 103 Anm. 3 u. a. m.). Grammatik und Stil werden — vielleicht auf Grund ungenügender schulmäßiger Vorbildung — in der Tat von so manchem Richter mit erstaunlicher Lässigkeit und Harmlosigkeit gehandhabt, so daß ein Zwangskollegium im Sinne Daubenspeck's manchmal nichts schaden würde, um zu der gebotenen Selbstzucht anzuregen. K.

Apt, Dr., und Völcker, Dr.: Deutsche Wirtschaftszeitung (R. v. Decker, Berlin). In Nr. 10 des 1. Jahrg. dieser hier schon erwähnten Zeitschrift finden wir unter den Aufsätzen den Schluß einer lehrreichen Erörterung über Kaufmann und Volksbildung. Der Verf. ist unser junger hess. Landsmann Dr. Chr. Eckert, der kurz nach seiner hess. Staatsprüfung die ehrenvolle Stellung eines Studiendirektors der Handelshochschule zu Köln erlangt hat und gleichzeitig in Bonn über Staatswissenschaft liest. Glückauf! K.

Kohler, J., Dr., Prof.: Archiv für Strafrecht und Strafprozeß (R. v. Decker, Berlin). Von diesem (Goltdammer's) Archiv liegen die Hefte 4, 5, 6 des 51. Jahrg. und das Doppelheft 1/2 des 52. Jahrg. vor. Erwähnt sei aus Heft 4 (S. 241 ff) die interessante Abhandlung des KGR. Havenstein über das Züchtigungsrecht der Lehrer, eine Frage, die in Bezug auf die sog. Vorentscheidungen auch den hess. Verwaltungsgerichtshof und die hess. Schulbehörde vielfach beschäftigt hat. K.

Berichtigung. In Nr. 10/11 S. 78 d. Ztschr. muß die Ueberschrift zu Ziffer 1 lauten: Rechte des Mieters nach Anordnung der Immobiliar-Zwangsvollstreckung. Weiter sollte es in Zeile 4 des Textes heißen: . . . . . Art. 90 hess. AusfG. z. ZPO. u. KO. u. F. . . . . . .

Anzeigen.

Redaktion verantwortlich: Oberlandesgerichtsrat Keller in Darmstadt. — Verlag von J. Diemer in Mainz. — Druck von G. Otto's Hof-Buchdruckerei in Darmstadt.

Hessische Rechtsprechung

Herausgegeben

auf Veranlassung des Richter-Vereins unter Mitwirkung der Hessischen Anwaltskammer

von Oberlandesgerichtsrat Keller in Darmstadt, Landgerichtsrat Dr. Buff in Darmstadt,
Landgerichtsdirektor Rees in Mainz, Landgerichtsrat Praetorius in Gießen, Landgerichtsrat Dr. Schwarz in Darmstadt.

Erscheint monatlich zwei Mal · Preis Mk. 7.12 jährlich mit portofreier Zustellung.

Bestellungen nehmen die Expedition in Mainz, die Postanstalten sowie sämtliche Buchhandlungen entgegen.

Einrückungs-Gebühr die dreispaltige Zeile oder deren Raum 30 Pfg.

Nr. 14. Vom Deutschen Juristentag angenommene Zitierweise: HessRspr. Nachdruck verboten. **6. Jahrgang.**

Redaktion: Darmstadt, Heinrichstraße 5. | **Mainz, 15. Oktober 1905** | Verlag und Expedition: J. Diemer, Mainz.

Das Hessische Justizministerium

hat einen neuen Leiter erhalten. S. Exz. Justizminister Dr. Emil Dittmar hat in Folge geschwächter Gesundheit sein Amt niedergelegt. In seiner Person verliert die Justizverwaltung und Rechtspflege unseres Landes eine Kraft ersten Ranges. Der seitherige Minister hatte das Glück, in der wichtigsten Zeit deutscher Rechtsentwickelung an hervorragender Stelle an der deutschen Rechtseinheit mitzuwirken, sowohl als Mitglied der II. Kommission für das große Werk des bürgerlichen Rechts wie später als Schöpfer der für die Einführung des BGB. in Hessen erforderlichen umfangreichen Gesetzgebung. Seine parlamentarische Erfahrung, seine ungewöhnliche staatsmännische, rednerische und dialektische Begabung befähigten ihn, seine Gesetzesvorlagen durch alle Hindernisse — man denke z. B. an das Notariatsgesetz — siegreich zum Ziele zu führen. Die erfolgreiche, umfassende Thätigkeit des aus dem Amte Geschiedenen wird im Lande unvergessen bleiben. Aufrichtigen Dank schuldet ihm für unausgesetzt erwiesene Förderung auch die „HessRsp." Möge heute der Wunsch gestattet sein, daß S. Exz. im Ruhestand die erwünschte Kräftigung seiner Gesundheit erlange.

Der neue Justizminister, Karl Ewald, kommt aus dem Reichsgericht. Dem Beispiel Bayerns folgend ruft Hessen einen seiner bewährtesten Juristen in den heimischen Dienst zurück aus dem vornehmen Gremium oberster deutscher Richter, in dem unser jetziger Minister höchstes Ansehen genoß und in Zukunft wohl noch zu Höherem ausersehen war. Der an den Reichsgerichtsrat ergangene Ruf ist ebenso für ihn wie für das Reichsgericht eine Auszeichnung. Mit freudigem Stolz begrüßen hessische Richter und Staatsanwälte ihren neuen Vorgesetzten; — ist er doch aus ihren Reihen hervorgegangen und hat alle Seiten der Beamtenlaufbahn aus eigenster Erfahrung kennen gelernt. Seine Exzellenz ist von Vielen im Lande gekannt, und seine einstigen Kollegen erinnern sich gern seiner vortrefflichen Eigenschaften als Mensch und Beamter, wie auch die Vertheidiger in ihm einen allzeit bereiten, aber ebenso loyalen Gegner zu schätzen wußten. Die frohe Zuversicht ist gerechtfertigt, daß unser Justizminister der Rechtspflege wie den Standesinteressen seiner Beamten in gleichem Maße seine Sorge zuwenden wird. In diesem Sinne seien unsere ergebensten Glückwünsche dargebracht.

Darmstadt, 11. Oktober 1905. **Die Schriftleitung der „Hessischen Rechtsprechung".**

Entscheidungen des Großh. Oberlandesgerichts.

Zivilrecht. — Zivilprozeß.

1. Unlauterer Wettbewerb zwischen Lehranstalten.

Das LG. hatte den Antrag des M. D. Berlitz in New-York auf Erlaß einer einstweiligen Verfügung, daß der Witwe X. in W. bei Meidung von Geldstrafen untersagt werde, an ihrem Hause ein Firmenschild mit der Aufschrift „the school of languages Berlitz-Methode" zu führen, wegen sachlicher Unzuständigkeit abgelehnt, da ein gewerbliches Unternehmen i. S. der §§ 1 und 8 des Ges. zur Bekämpfung des unlauteren Wettbewerbs nicht vorliege. Auf Beschw. erfolgte Aufhebung und Zurückverweisung.

Aus den Gründen: Der § 8 des Gesetzes untersagt im geschäftlichen Verkehr den Gebrauch des Namens oder der Firma oder der besonderen Bezeichnung eines Erwerbsgeschäfts oder eines gewerblichen Unternehmens, deren sich ein Anderer befugter Weise bedient, wenn die Benutzung in einer Weise erfolgt, die darauf berechnet und geeignet ist, Verwechselungen hervorzurufen. Die Worte des Gesetzes „im geschäftlichen Verkehre" und „gewerbliches Unternehmen" sind, wie Rechtslehre und Rechtsprechung überwiegend annehmen, möglichst weitgehend aufzufassen (vgl. Finger, Kommentar S. 185 Nr. 5, Pinner S. 9 ff.), insbesondere ist die Bezeichnung des gewerblichen Unternehmens nicht im Sinne der GewO. zu verstehen, sondern in demjenigen des täglichen Lebens und des allgemeinen Sprachgebrauchs. Hiernach genießen zweifellos den Schutz jenes Gesetzes alle diejenigen, welche ihre berufliche Tätigkeit [illegible]

lediglich zum Zwecke des Erwerbes ausüben; als ausgeschlossen dagegen würden diejenigen zu betrachten sein, deren Tätigkeit **allein** künstlerischen, wissenschaftlichen oder schriftstellerischen Zielen gewidmet ist, oder welche Dienstleistungen höherer Art z. B. das Amt der Seelsorge u. a. m. ausüben (**Finger**, zu § 1 a. a. O.). Wird aber diese letztere Art der Tätigkeit nicht lediglich als solche und um ihrer selbst willen, sondern **auch** zum Zweck des Erwerbs betrieben, so wird eine gewerbliche Tätigkeit als vorliegend angenommen. Die Unterscheidung, ob die eine oder die andere Art der Tätigkeit gegeben sei, wird manchmal zweifelhaft bleiben. Im gegebenen Fall jedoch besteht für das Beschwerdegericht kein Bedenken für die Annahme, daß die hier inbetracht kommenden, in Amerika entstandenen und von dort nach zahlreichen Städten des europäischen Kontinents verpflanzten Unterrichtsanstalten, deren Aufgabe es ist, den Schülern in verhältnismäßig kurzer Zeit die technische Fähigkeit des Sprechens und Schreibens einer fremden Sprache beizubringen, nicht **lediglich** zu höheren wissenschaftlichen Zwecken betrieben werden, sondern daß ebensosehr das Streben nach Erwerb das Ziel dieser Unternehmungen bildet.

Beschl. OLG. II. ZS. v. 8. März 1905 W 37/05. F.

2. Werkvertrag. Abnahme trotz Kenntnis des Mangels. § 640 BGB.

Kl. hatte den Neubau des Bekl. zu einem Gesamtpreise hergestellt, darin aber eine Treppe angebracht, die so steile und verschieden hohe Trittbretter hatte, daß die Benutzung mit Gefahr verknüpft war. Der Bekl. war während der Bauausführung ab- und zugegangen, hatte auch eine Wohnung in einem oberen Stockwerk und den Laden ebener Erde vermietet und der Klage auf Zahlung eines Baukostenrestes die Einrede entgegengesetzt, daß die Treppe mangelhaft und daher zu verbessern bezw. neu herzustellen sei.

Kl. wandte ein, der Bekl. habe trotz Kenntnis des Mangels das Bauwerk abgenommen und bei der Abnahme seine Rechte wegen des Mangels nicht vorbehalten. Das LG. gelangte zu dem Ergebnis, daß die Beweise die Annahme bestätigten, daß Bekl. nicht nur **nach**, sondern bereits **vor** Fertigstellung des Baues den mangelhaften Zustand der Treppe gerügt und Herstellung einer ordnungsmäßigen Treppe verlangt habe, erachtete es aber zur Gewinnung einer vollen Ueberzeugung für sachdienlich, dem Bekl. den erbotenen richterlichen Eid aufzuerlegen. Die **Berufung** des Kl. wurde **zurückgewiesen**.

Aus den Gründen: Die Rügen des Bekl. vor und nach Fertigstellung des Baues sind nicht als **Vorbehalt** i. S. des § 640 BGB. anzusehen, da der dem Wortlaut des § 640 entsprechende Wille des Gesetzgebers dahin ging, auch vorherige Mängelrügen dann als nicht geschehen zu betrachten, wenn sie **bei** der Abnahme nicht wiederholt wurden (vgl. auch § 341 Abs. 3 BGB. und RGE. Bd. 57 S. 341). Nachherige Rügen aber sind ganz bedeutungslos. Auch ist der Ausdruck „Fertigstellung des Baues“ ungenau, da er mit der Abnahme des Werks nicht notwendig zusammenfällt. Unter Abnahme ist einmal die körperliche Entgegennahme des Werks und sodann die Annahme d. i. die Anerkennung der Leistung als Erfüllung zu verstehen. Es fragt sich daher hier zunächst, ob beides stattgefunden hat. Eine förmliche Uebergabe des [illegible] durch den Bau-Unternehmer an den Bauherrn ist zweifellos nicht erfolgt. Ausgeschlossen i. S. des § 646 BGB. war diese Uebergabe nicht deshalb, weil das Haus in dem Gebiet des Bekl., in welchem sich ein bereits von diesem bewohntes Haus befand, errichtet wurde und Bekl. ständig ab- und zuging und sich auch die Schlüssel zum Neubau selbst hatte holen lassen. Im Gegenteil, eine gemeinsame Besichtigung des Baues, die im beiderseitigen Interesse des Unternehmers und des Bauherrn liegt, ist vielfach üblich, ja sie bildet die Regel. Da aus den vorbezeichneten Gründen der Akt der körperlichen Ueberlieferung wegfällt, fragt es sich daher weiter, ob nicht eine stillschweigende Anerkennung der Leistung als Erfüllung vorliegt. Da der Werkvertrag als ein Ganzes aufzufassen ist und die Vorbehalte bekannter Mängel erst bei der Annahme des Ganzen als Erfüllung geltend zu machen sind, dann aber auch geltend gemacht werden müssen, entfällt zunächst die Behauptung des Kl., die Treppe sei genehmigt, weil Bekl. den Zimmerleuten nach Anbringung und Begehen der Treppe Wein verabreicht habe, eine in dieser Gegend weit und wohl allgemein verbreitete Sitte. Auch in der Tatsache der Vermietung des Ladens und der Wohnung muß eine Abnahme, eine Annahme als Erfüllung, eine Genehmigung des Werkes nicht notwendig erblickt werden (vgl. RGE. Bd. 57 S. 339). Dagegen spricht das Verhalten des Bekl., der die Treppe durch einen Sachverständigen schon etwa 14 Tage nach Anbringung besichtigen ließ, wovon Kl. Kenntnis erhielt, und das Verhalten des Kl. in der A . . . . schen Wirtschaft, aus dem sich ergibt, daß er selbst eine Genehmigung des Werkes durch Bekl. nicht annahm. Weiter kommt in Betracht, daß Bekl. nicht gut mit der Vermietung von Wohnungen warten konnte, bis Kl., der sich von vornherein dieser Verpflichtung entziehen wollte, eine neue Treppe angebracht haben würde, da er sonst sich unersetzlichen oder doch schwer auszugleichenden Verlusten ausgesetzt hätte. Denn nach den Hypothekenauszügen ist das Vermögen des Kl. sehr mit Schulden belastet, und es dürfte für den mit den Verhältnissen des Kl. vertrauten Bekl. sehr fraglich erscheinen, ob er sich für den Mietausfall schadlos halten könne.

Das Gericht konnte den Nachweis nicht für erbracht ansehen, daß eine Abnahme des Baues i. S. des § 640 BGB. stattgefunden hat; Bekl. kann daher heute noch die Mängel des Bauwerks geltend machen.

Urt. OLG. II. ZS. v. 17. Febr. 1905 U 288/04. F.

Strafrecht. — Strafprozeß.

3. Diebstahl und Feldentwendung.

Die Rev. des Angekl. richtet sich gegen das Urteil der II. Strafk. zu Mainz vom 1. April 1905, durch welches die Berufung gegen das Urteil des Schöffengerichts vom 26. Jan. für begründet erklärt und der Angekl. wegen **Diebstahls** i. S. des § 242 StGB. in begrifflichem Zusammenhang mit **Feldentwendung** i. S. des Art. 17 des FeldStG. v. 13. Juli 1904 mit einer Gefängnisstrafe von 14 Tagen belegt worden ist. Es wurde hierbei als erwiesen erachtet, daß der Angekl. am 27. Okt. 1904 in der Gemarkung G. 4 Säcke frischausgemachter Kartoffeln dem Eigentümer S. in der Absicht rechtswidriger Zueignung weggenommen habe.

Die RevBeschw. des Angekl. wendet sich gegen die Feststellung der Strafk. daß der Angekl. nicht nur Kartoffeln, sondern auch die *Säcke* entwendet habe, und daß die rechtswidrige Zueignung von *Säcken* und *Kartoffeln* gegeben sei, weil Angekl. die Kartoffeln nicht in seinen Wagen ausgeleert, sondern auch die Säcke mitgenommen habe, also seine Absicht bei der Entwendung auch auf die Wegnahme der Säcke gerichtet gewesen sei. Diese Feststellung wird in der Revisionsbegründung als nicht genügend zur Erfüllung des Tatbestandes des § 242 StGB. bezeichnet, da dieser die Absicht des Täters, sich die Gegenstände dauernd anzueignen, voraussetze, eine Benutzung der *Säcke* zum Transport keine dauernde Zueignung darstelle und nur auf eine *vorübergehende* Aneignung der Säcke durch den Täter schließen lasse.

Der GenStA. hat diese Beschw. für begründet erachtet und dazu ausgeführt: Die Feststellung der Strafk. reiche nicht aus zur Verurteilung wegen Diebstahls der *Säcke*, weil Zweifel bezüglich der Absicht des Angekl. übrig blieben. Nach der natürlichen Auffassung sei bei einer Entwendung die Absicht des Täters zunächst nur auf Aneignung der Feldfrüchte selbst gerichtet; die Säcke, in denen die Feldfrüchte sich befinden, nehme er vielleicht nur mit, um den Inhalt besser zu transportieren, und ohne dabei an Aneignung der geringwertigen Säcke zu denken. Es sei daher möglich, daß der Angekl. die Säcke nur zum Transport habe benutzen wollen: dann liege der Fall ähnlich wie der in der Rechtspr. des RG. Bd. 3 S. 516 behandelte Fall, in welchem bei Wegnahme von Wein mit Flaschen nur Entwendung des Weins angenommen worden sei. Es komme weiter in Betracht, daß das als milderes Strafgesetz nach § 2 StGB. anzuwendende Feldstrafgesetz vom 21. Sept. 1841 in Art. 33[3] Entwendung von Scherben oder Kübeln mit oder ohne Inhalt und in Art. 36 Entwendung von Hopfenstangen, Wingertspfählen und dgl. nur als Feldfrevel auffasse.

Das Revisionsgericht konnte dem entgegen die RevBeschw. nicht für begründet erachten und verwarf sie kostenfällig. *Aus den Gründen:* Es ist zuzugeben, daß bei Wegnahme von Sachen *mit deren Umhüllung* die diebische Absicht nur auf die Sachen selbst sich beschränken *kann*, aber ebensowohl kann das Gegenteil der Fall sein. Daß die Strafk. sich im Rechtsirrtum befunden hat, als sie den Angekl. des Diebstahls der Säcke für überführt ansah, geht aus deren Urteil nicht hervor. Es ist dabei darauf hinzuweisen, daß der Angekl. bei der Wegnahme der Säcke nicht die Absicht haben konnte, die Säcke wieder zurückzugeben, da er ja dann zugleich der Entwendung der Kartoffeln sich selbst bezichtigt hätte. Die Bemängelung des Beschwerdeführers, daß die Absicht des Angekl., die Säcke sich dauernd anzueignen nicht festgestellt sei, geht fehl, da es nicht zum Tatbestand des Diebstahls nötig ist, daß eine solche Absicht besteht. Einen Diebstahl begeht z. B. auch derjenige, der die gestohlene Sache alsbald aus Reue wieder zurückbringt. Ebenso ist aus den Bestimmungen des FeldstrafG. vom 21. Sept. 1841 nichts zu Gunsten des Angekl. zu folgern. Es ist ganz genau vorgeschrieben, welche Behälter als Objekt von Feldentwendungen in Betracht kommen sollen; *Säcke* sind dabei nicht erwähnt. Eine analoge Anwendung der bezüglichen Bestimmungen des FeldstrafG. verbietet sich, und dies um so mehr, als sonst durch das Gesetz die Bestrafung wegen Diebstahls in ähnlichen Fällen vorgeschrieben ist, so in Art. 43 bei Entwendung von auf dem Feld sich befindenden Acker- oder Gartengerätschaften.

Urt. OLG. Straff. v. 26. Mai 1905 S 11/05. X.

Entscheidungen der Großh. Landgerichte.

Zivilrecht. — Zivilprozeß.

4. Recht der Annahmeverweigerung unfrankierter Waren, wenn Frankierung vereinbart.

Die Klägerin in F. hatte nach dem mit dem Bekl. abgeschlossenen Vertrag Mehl *franko Bahnstation J.* zu liefern. In erster Instanz war auch unbestritten, daß das Mehl *auf Abruf* geliefert werden solle. Einige Zeit darauf avisierte die Kl. das Mehl, teilte dem Bekl. auch mit, er sei berechtigt, die Frachtvorlage an dem Kaufpreis zu kürzen. Als nun die Station dem Bekl. die Ankunft des Mehls anzeigte und 3 Mk. 20 Pf. Fracht verlangte, weil es nicht frankiert sei, *weigerte* der Bekl. die *Annahme* und rief etwa 14 Tage später „*das von ihm gekaufte Mehl*" ab.

Das AG. H. *verurteilte* den Bekl. zur Zahlung des Kaufpreises, indem es ausführte, er sei zur Annahme-Weigerung nicht berechtigt, weil die Frachtvorlage nur eine minimale gewesen und er die Fracht an dem Kaufpreis hätte kürzen können; sein späteres Abrufen des Mehls, trotzdem er gewußt habe, daß es auf der Station lagere, sei charakteristisch für sein Verhalten, und deshalb verstoße die Annahmeverweigerung gegen Treu und Glauben. Auf Grund der Vernehmung eines Bäckers als Sachverständigen erachtete das Gericht auch einen *Handelsgebrauch* als gegeben, wonach bei unfrankierter Zusendung trotz Franko-Vereinbarung der Empfänger nur das Recht der Kürzung der Fracht am Kaufpreis, aber nicht der Annahmeverweigerung habe.

Der *Berufung* des Bekl. wurde stattgegeben und die Klage *abgewiesen*. Die Vernehmung eines anderen Sachverständigen ergab, daß jedenfalls von dem behaupteten *allgemeinen Handelsgebrauch* keine Rede sein könne; auf *lokale* Gebräuche kommt es nicht an, denn nur ein *allgemeiner* Handelsgebrauch kommt dem kodifizierten Recht gegenüber als feststehendes Gewohnheitsrecht in Betracht. Es darf ohne Bedenken angenommen werden, daß eine diesbezügliche Usance in der Tat nicht besteht; denn sie wäre geradezu unverständlich. Es erübrigt sich also eine weitere Beweiserhebung in dieser Richtung. Ebensowenig bedarf es einer Beweiserhebung über die jetzt bestrittene Behauptung des Bekl., daß das Mehl *nur auf Abruf* zu liefern gewesen wäre. Denn selbst wenn es richtig ist, daß es alsbald zu liefern war, ist die Berufung begründet, weil der Bekl. zur Annahme der unfrankierten Sendung nicht verpflichtet war. Treu und Glauben erfordern, daß Verträge so erfüllt werden, wie es ihrem Inhalt entspricht, und wenn Kl., die nicht in der Lage war, gegenüber dem vorliegenden Vertrag einen plausibeln Grund für die Nichtfrankierung anzugeben, ordnungsmäßige Erfüllung behauptet, so wäre es ihre Sache gewesen, den Nachweis für die behauptete Usance zu erbringen. Das ist ihr nicht gelungen. Da sie also den Vertrag nicht ordnungsmäßig erfüllt hat, so kann es sich nur noch darum handeln, ob auf Seiten des Bekl. die Ausübung seines Rechts zur Annahmeverweigerung nicht etwa deshalb unzulässig gewesen ist, weil die Ausübung dieses Rechts nur den Zweck gehabt habe.

der Kl. Schaden zuzufügen (§ 226 BGB.). Aber auch diese Frage ist zu verneinen. Es mag dem Vorderrichter darin Recht zu geben sein, daß es sich nur um eine kleine Vorlage gehandelt habe. Immerhin handelt es sich um eine Ausgabe, und abgesehen davon, daß für die nach § 226 BGB. erforderliche Annahme, Bekl. habe die Annahme der Ware nur zu dem Zweck verweigert, um der Kl. Schaden zuzufügen, jeder Anhaltspunkt fehlt, kommt noch hinzu, daß durch die Annahme der mit Fracht belasteten Ware die Stellung des Bekl. gegenüber der Kl. bei der späteren Zahlung resp. teilweisen Verrechnung des Kaufpreises zweifellos erschwert worden wäre. Zudem konnte dem Bekl. nicht zugemutet werden, zur Vermeidung von Weiterungen, Meinungsverschiedenheiten usw. mit der Kl. deshalb in eine mit Auslagen verbundene Korrespondenz zu treten. Von einer Chikane auf Seiten des Bekl. kann also nicht die Rede sein. Daß er dann „das von ihm gekaufte Mehl" nach der Annahmeverweigerung des übersandten unfrankierten abriet, war sein ihm vertragsmäßig zustehendes Recht, und kann deshalb nicht als Chikane aufgefaßt werden.

Urt. LG. Gießen II. ZK. v. 27. Nov. 1903 S 113/03.

—e.

5. Umfang der Befugnis des sog. Dispositionsnießbrauchers.

Der vor 1900 verstorbene A. hat in seinem Testament seine Kinder zu Erben eingesetzt, jedoch an seinem Nachlaß seiner Ehefrau den lebenslänglichen kautionsfreien Nutzgenuß mit der weitergehenden Befugnis vermacht, Veräußerungen, Verpfändungen und Belastungen seines Vermögens vorzunehmen, ohne an die Zustimmung seiner Erben gebunden zu sein. Das Testament wurde anerkannt. Von den zu dem errungenschaftlichen Vermögen der Eheleute gehörigen Liegenschaften wurde sodann auf Betreiben der Witwe die den Kindern als Erben des Vaters zugefallene ideelle Hälfte auf die Namen der Kinder überschrieben. Durch notariellen Vertrag zwischen der Witwe und einem ihrer Kinder hat sich dann die Witwe verpflichtet, diesem Kinde zu dessen Sicherung für eine Darlehensforderung eine Hypothek auf die ihr und ihren Kindern gemeinsam gehörigen Grundstücke eintragen zu lassen.

Das AG. hat den Antrag des Notars, der in der notariellen Urkunde beauftragt worden war, die Eintragung der Hypothek zu beantragen, abgelehnt, indem es unter Hinweis auf die bereits auf die Namen der Kinder erfolgte Ueberschreibung die Mitwirkung der Kinder zur Hypothekbestellung für notwendig erklärte.

Das LG. hat der eingelegten Beschwerde aus folgenden Gründen stattgegeben:

Die von dem verstorbenen Ehemann in seinem allseitig anerkannten Testament getroffene vorerwähnte Bestimmung stellt sich nach dem für ihre Beurteilung noch maßgebenden bisherigen Recht als die Anordnung eines nach deutschrechtlichen Grundsätzen erweiterten Nießbrauchs — sog. Dispositionsnießbrauchs — dar (vgl. Dernburg, Pand. I, § 247, 4; Seuffert's Arch. 29 Nr. 39 S. 62 ff.; Best in der „HessRspr." 2 S. 78). Demnach steht außer Zweifel, daß die Beschwerdeführerin auf Grund des ihr vermachten Dispositionsnießbrauchs als dinglichen Rechts befugt ist, Vermögensgegenstände jeder Art, die zum Nachlaß ihres Mannes gehören, zu veräußern oder zu verpfänden, ohne an die Zustimmung der Kinder gebunden zu sein. Zu dem gleichen Ergebnis käme man übrigens auch dann, wenn man die Anordnung des Mannes, daß seiner Ehefrau über den Nutzgenuß hinaus auch die Befugnis zu Veräußerungen usw. zustehen solle, nur als eine den Erben in obligatorischem Sinne gemachte Auflage betrachten wollte, als eine Auflage dahin, daß die Erben gehalten seien, sich Veräußerungen, Belastungen oder Verpfändungen von Nachlaßgegenständen gefallen zu lassen bezw. in solche einzuwilligen. Denn in diesem Falle wäre eben in der vorbehaltlosen Anerkennung der Rechtsgültigkeit des Testaments von Seiten der Erben des Mannes deren generelle und unwiderrufliche Einwilligung in die von der Witwe etwa vorzunehmenden Veräußerungen usw. von Nachlaßgegenständen zu finden.

Ist das Vorbemerkte aber richtig, so kann hieran auch die Ueberschreibung der ideellen Hälfte auf die Namen der Kinder nichts ändern. Denn dadurch hat diese ideelle Hälfte der Liegenschaften nicht aufgehört, Nachlaßgegenstand zu sein, und das Eigentum daran haben die Kinder überdies, wenn etwas darauf ankäme, auch nicht erst durch die Ueberschreibung auf sie, vielmehr schon unmittelbar durch die Beerbung des Vaters erworben. Der Vorschrift des Art. 8 des Pfandgesetzes, wonach an einem nicht dem Verpfänder, sondern einem Dritten angehörenden Gegenstand eine Hypothek nur mit Einwilligung des letzteren erworben werden kann, ist dadurch genügt, daß die Einwilligung der Kinder durch die vorbehaltlos erklärte Anerkennung der Rechtsgültigkeit des Testaments des Vaters generell und unwiderruflich erteilt erscheint.

Das Recht der Beschwerdeführerin zu der in Frage stehenden Verpfändung war übrigens von keinem Erben bestritten, in welchem Falle allerdings der Richter der freiw. Gerichtsbarkeit die Bestätigung der Hypothek zunächst nicht hätte vornehmen können.

Entsch. LG. Gießen v. 1. März 1905 T 62/05.

G.-Ass. L.

6. Haftet Staat und Gemeinde für den Schaden, der durch Explosion eines einer Privatperson gehörigen Pulvermagazins entsteht? Vorentscheidung des Verwaltungsgerichtshofs. Zeitliche Collision der Rechte.

In der Nacht vom 22./23. März 1902 wurde ein in der Gemarkung B. gelegenes Pulvermagazin der Firma X. durch Explosion zerstört. Die Kl. behaupten, durch diese Explosion seien ihnen gehörige Immobilien beschädigt worden, und machen größere Schadensersatzansprüche geltend, deren Erfüllung sie, abgesehen von der Firma X., auch von dem hessischen Fiskus und der Gemeinde B. begehren, indem sie ausführen: Die Explosion habe nur stattfinden können, weil die gesetzlich vorgeschriebenen Maßregeln, durch die derartige Unglücksfälle verhütet oder in ihrer Wirkung eingeschränkt werden sollen, entweder gar nicht oder mangelhaft beobachtet worden seien. Trotzdem die Stadt B. seit einer langen Reihe von Jahren sich nach der fraglichen Seite hin ausgedehnt habe und Wohngebiete bis auf eine ganz kurze Entfernung vom Pulvermagazin entstanden seien, habe man es staatlicher und städtischer Seits unterlassen, wie dies gesetzlich notwendig gewesen, die gesetzlichen Bestimmungen zur Anwendung zu bringen, und habe den seitherigen

Zustand bestehen lassen, ohne eine Aenderung zu verlangen. Auch die gesetzlich vorgeschriebenen Kontrollmaßregeln seien nicht beachtet, ebensowenig darauf gesehen worden, ob der Bau den mindesten Forderungen entsprochen habe, die notwendig wären, um ihn zur Aufbewahrung von Pulver geeignet zu machen. Seit Langem sei jede Revision unterblieben und der Bau in einer Weise schadhaft gewesen, daß Dritte leicht eine Explosion der darin aufbewahrten Sprengstoffe von außen herbeiführen konnten. Ebenso widerspreche es den Mindestforderungen der heutigen Technik, daß man Pulver und explosive Stoffe in einem massiv aus Steinen errichteten Gebäude lagere, während allerwärts derartige Gebäude mindestens nach einer Seite hin mit einer leicht durch die Explosionsgewalt des Pulvers zu beseitigenden Seite (sog. Ausblasseite) versehen seien. Durch die Unterlassung der ihnen obliegenden Verpflichtungen hätten sich Staat und Gemeinde eines Verhaltens schuldig gemacht, durch das der eingetretene Schaden herbeigeführt worden sei.

Die Kl. stützten die Haftung insbesondere auf die §§ 823, 31, 89 BGB. und Art. 1384 C. civ., § 839 BGB. Ein Fall der Art. 77 EG. z. BGB. und Art. 78 heff. AG. z. BGB. sei nicht gegeben, weil diese Vorschriften nur bei positiven Handlungen der Beamten, nicht bei Ommissiv-Handlungen Anwendung fänden, weil zudem die Schadenszufügung auf Pflichtvernachlässigung zurückgeführt werde, die schon vor dem 1. Jan. 1900 liege, und zu jener Zeit eine Bestimmung gleich jener des Art. 78 nicht existiert habe. Ergänzend zur Klageschrift wird bezüglich der Stadt B. insbesondere noch hervorgehoben, daß sie pflichtwidrig in den Ortsbauplan als Bauterrain die X-straße aufgenommen und Bauten dort geduldet habe.

Der bekl. Fiskus wandte ein: die Haftung des Staats nach §§ 823, 31, 89 BGB. liege nicht vor; es handele sich hier um die Ausübung der Polizeigewalt, einer öffentlichen Gewalt, die einzelnen Beamten anvertraut sei; es treffe daher § 839 BGB., Art. 78, 77 heff. AG. z. BGB. zu, die Klage gegen den Staat sei zur Zeit unzulässig. Soweit die Zeit vor 1900 in Betracht komme, fehle es an jedem Kausalzusammenhang zwischen der Explosion und dem dadurch verursachten Schaden mit einer Pflichtverletzung, die vor 1900 begangen worden sein solle.

Die Gemeinde B. hob unter Anschluß an die vorstehenden Ausführungen noch hervor, die Stadt B. gehe die Sache gar nichts an, da die Beaufsichtigung der Pulvermagazine nach dem Ges. vom 2. Juni 1880 wie auch nach der VO. vom 21. Dez. 1893 dem Staate obliege und, insofern ein Beamter der Stadt B. mitgewirkt habe, dieser nicht als Gemeindebeamter, sondern in Ausübung staatlichen Funktionen tätig geworden sei und, falls es sich um eine Unterlassung handele, habe tätig werden müssen.

Die Klage wurde **abgewiesen** aus nachstehenden **Gründen**:

I. Die Explosion und die damit zusammenhängende Schadenszufügung fand über 2 Jahre nach dem Inkrafttreten des BGB. statt. Mag nun die Explosion durch einen Blitzschlag, durch die ruchlose Hand eines Menschen oder sonstwie entstanden sein, ein Zusammenhang zwischen derselben und einer angeblichen Pflichtverletzung bezw. Vernachlässigung des Staates und der Gemeinde vor dem 1. Jan. 1900 läßt sich nicht konstruieren; denn das die Explosion verursachende Feuerfangen liege jedenfalls **nach** diesem Datum. Dieses kann nur auf eine etwaige Pflichtverletzung zur Zeit des Feuerfangens zurückgeführt werden. Ehe nicht die Explosion veranlaßt ist, steht die unerlaubte Handlung der behaupteten Pflichtvernachlässigung in keiner zivilrechtlichen Beziehung zu den Kl. und dem diesen erwachsenen Schaden.

Die Schadenszufügung beruht sonach auf einer **nach** dem 1. Jan. 1900 etwa vorliegenden Pflichtvernachlässigung. Es sind daher ausschließlich die Bestimmungen des BGB. und des heff. AG. z. BGB. maßgebend (RGE. Bd. 52 S. 119 ff.).

II. Die Haftung des Staates wird hergeleitet aus dem Ges. v. 2. Juni 1887 und der VO. v. 21. Dez. 1898. Nach § 51 VO. ist bestimmt, daß Personen, die mit Pulver Handel treiben, Mengen davon von mehr als 10 bezw. 15 Kilo nur außerhalb der Ortschaften in besonderen Magazinen aufbewahren dürfen, von deren Sicherheit die Polizeibehörde sich überzeugt hat. Diese Magazine müssen sich, wenn sie über Tage liegen, im Wirkungsbereiche sachgemäß ausgeführter und unter Aufsicht stehender Blitzableiter befinden.

Nach § 35 werden die den Polizeibehörden in den §§ 25, 31, 33 a. a. O. zugewiesenen Obliegenheiten in den Städten von den Bürgermeistern bezw. den vom Staate ernannten Polizeibeamten, in den Landgemeinden von den Kreisämtern ausgeübt. Wenn sonach durch eine Verfehlung eines solchen Beamten, bestehend in gesetzwidriger Anordnung oder pflichtwidriger Unterlassung der Aufsicht, ein Pulvermagazin Feuer fängt, explodiert und Schaden verursacht, so tritt keine unmittelbare Haftung des Staates aus §§ 823, 31, 89 BGB. ein; denn es handelt sich hier nicht um eine Handlung des Beamten, die dieser bei einem vom Staate betriebenen gewerblichen Unternehmen oder dergl. ausübte, sondern um eine Handlung, die dieser in Ausübung einer ihm anvertrauten öffentlichen Gewalt betätigte oder zu Unrecht unterließ.

Es handelt sich um Verletzung einer Amtspflicht seitens des Beamten und greift daher § 839 BGB. Platz. Der Staat Hessen hat von dem Art. 77 EG. z. BGB. Gebrauch gemacht. Es ist in Art. 77 heff. AG. z. BGB. zunächst bestimmt, daß ein Beamter für eine Handlung, die er in Ausübung seines Amtes vorgenommen hat, zivilrechtlich erst verfolgt werden kann, nachdem entweder von dem Verwaltungsgerichtshof Vorentscheidung dahin getroffen wurde, daß der Beamte sich einer Ueberschreitung seiner Amtsbefugnis oder der Unterlassung einer ihm obliegenden Amtshandlung schuldig gemacht hat, oder das dem Beamten vorgesetzte Ministerium erklärt hat, daß eine solche Vorentscheidung nicht verlangt werde. Hiernach ist in Art. 78 die Haftung des Schadens, den ein Beamter (Art. 77) in Ausübung der ihm anvertrauten öffentlichen Gewalt einem Dritten zufügt, geregelt und bestimmt, daß der Staat dabei die rechtliche Stellung eines Bürgen hat. Die aus Art. 78 hergenommene Einrede der **Vorausklage** ist daher unbegründet. Dabei sei noch bemerkt, daß das Gesetz keinen Unterschied macht zwischen Verletzung der Amtspflicht durch eine positive Handlung oder durch eine Unterlassung: das BGB. in § 839 umfaßt beide Arten der Pflichtverletzung, das heff. Ges. führt sie ausdrücklich an.

III. Von dem Kl. wurde behauptet, auch die Stadt B. habe die Aufsicht über die Pulvermagazine in ihrer Gemarkung zu betätigen und für richtige Anlage Sorge zu tragen. Eine Gesetzesstelle, die diese Behauptung rechtfertigt, konnte nicht zitiert werden, weil das oben angezogene Gesetz und die damit in Verbindung stehende VO. nur von der Polizeibehörde spricht. Die Zivilgemeinden und ihre Vertreter sind mit keinem Wort erwähnt. Die Ausübung der Polizeigewalt steht, abgesehen von der in Art. 52 Nr. 1 StädteO. statuierten Mitwirkung der Stadtverordneten bei Erlaß von Lokalreglements, dem Staat zu; der Bürgermeister bezw. der zur Handhabung der Lokalpolizei von der Regierung ernannte Beamte ist in Ausübung der Lokalpolizei der oberen Polizeibehörde untergeordnet (Art. 56 StädteO.).

Insoweit also der Bürgermeister bezw. der ernannte Beamte von B. seine Amtspflicht verletzt haben sollte, geschah dies in Ausübung staatlicher Funktionen; es trifft daher den Staat und nicht die Stadt B. die Haftung (Best, Nr. 2 zu Art. 76 hess. AG. z. BGB.).

Hiernach wäre es eintretenden Falles auch Sache der Polizeibehörde und nicht der Zivilbehörde B. gewesen, für eine notwendig gewordene Verlegung des Pulvermagazins der Firma X. Sorge zu tragen. Das Vorhandensein eines Pulvermagazins kann doch die Stadt B. nicht verhindern, unter Einhaltung der gesetzlichen Vorschriften einen Ortsbauplan zu schaffen, in dem das Heranrücken von Bauten in der Nähe des besagten Magazins vorgesehen ist. Daraus, daß die Stadt B., der Bauordnung entsprechend, einen Ortsbauplan aufstellte, der die Genehmigung der vorgesetzten Behörde erlangte, kann ihr eine unerlaubte Handlung nicht zum Vorwurf gemacht werden. Ebensowenig kann die Stadt B. ein Vorwurf treffen, wenn nach diesem Plan unter Einhaltung der baupolizeilichen Vorschriften Neubauten geschaffen wurden.

Urt. LG. Mainz, III. ZK., v. 29. Juni 1904 O 965/02.

Dr. Lichten, RA.

Freiwillige Gerichtsbarkeit.

7. Prüfungsrecht und Prüfungspflicht des Grundbuchrichters.

Laut notarieller Urkunde verkaufte A. eine auf seinem Namen stehende Liegenschaft an B.; aus den Grundakten geht hervor, daß z. Zt. des Anlegungs-Verfahrens die Kinder des A. zur Hälfte an der Liegenschaft beteiligt waren; die Kinder des A. sind alle großjährig und haben keinen Antrag auf Ueberschreibung auf ihren Namen im Anlegungs-Verfahren gestellt. Ob durch eine Teilung die Eigentumsverhältnisse in der Zwischenzeit sich geändert haben, ist nicht bekannt.

Auf Grund der Auflassung des A. begehrt B. die Eintragung der Rechtsänderung in das Grundbuch. Das AG. B. lehnte die Eintragung ab mit der Begründung, daß der Verkäufer über das Grundstück nicht verfügungsberechtigt sei, daß die Kinder Miteigentumsrechte an dem Grundstück hätten und der öffentliche Glaube nur wirksam werde durch den vollzogenen Erwerb, d. h. die Eintragung in das Grundbuch. Auf Beschw. hat das LG. die Eintragung angeordnet aus folgenden Gründen:

Die Frage, ob der Grundbuchrichter berechtigt und verpflichtet ist, Mängel in der Verfügungsbefugnis des Bewilligenden oder sonstige Bedenken gegen die Gültigkeit der Eintragungsbewilligung zu berücksichtigen und event. nach ihnen zu forschen, obwohl sie aus dem Grundbuch nicht erhellen, ist eine zweifelhafte. Erkennt man die Prüfungspflicht an (so Achilles-Strecker, Komm. zur GBO. I, 186; OLG. Cöln in der RheinNotZ. 1902, 109; KG. u. OLG. Karlsruhe in OLG. Rechtspr. 8, 305; Oberneck, 2. Aufl. S. 797, 798), so kann sich die Prüfungspflicht nur soweit erstrecken als nicht die Bestimmungen der §§ 891—893 entgegenstehen.

Derjenige, welcher formell im Grundbuch als Berechtigter eingetragen ist, gilt bis auf weiteres auch in materieller Hinsicht als berechtigt, und diese Vermutung erspart den Beweis für die Richtigkeit des eingetragenen Rechtszustandes. Erwirbt der Dritte im Vertrauen auf die Richtigkeit des Grundbuches ein Recht an einem Grundstück, so ist für die Kenntnis des Erwerbers der Zeitpunkt der Stellung des Antrags auf Eintragung maßgebend, wenn zu dem Erwerbe des Rechts die Eintragung gefordert wird; der gutgläubige Erwerb bewirkt also den Verlust aller in diesem Zeitpunkt aus dem Grundbuch nicht ersichtlichen Rechte, soweit das Grundbuch überhaupt zu deren Ausweis bestimmt ist. Ist der Eintragungsantrag seitens des Dritten früher gestellt als ein Antrag auf Eintragung des Widerspruchs und der Verfügungsbeschränkung, so ist der erstere nach § 17 GBO. auch zunächst zu erledigen, und es kann dann die im Nachgang erfolgende Eintragung des Widerspruchs und der Verfügungsbeschränkung insoweit nicht hinderlich sein (vgl. Staudinger, Komm. z. BGB. III § 892 Anm. III 1 a).

Hieraus ergibt sich, daß, wenn auch zu dem Erwerbe eines Rechts an einem Grundstück Einigung und Eintragung erforderlich sind, der Dritte den Vollzug des Eintrags in das Grundbuch auf Grund seines Antrages und nach Maßgabe des Inhalts des Grundbuchs z. Zt. der Antragstellung von dem Grundbuchrichter verlangen kann. Damit wird die Annahme des Grundbuchrichters, daß der öffentliche Glaube erst durch die Eintragung in's Grundbuch wirksam werde, widerlegt. Wollte man in der Frage des Prüfungsrechts und der Prüfungspflicht des Grundbuchrichters soweit gehen wie der erste Richter und auch einzelne der oben erwähnten Gerichtshöfe und Schriftsteller, so wäre der Grundbuchrichter in der Lage, die Bestimmungen der §§ 891—893 BGB. einfach außer Kraft zu setzen, was selbstverständlich nicht angängig erscheint.

Die Sachlage ist eine andere und das Prüfungsrecht des Grundbuchrichters insoweit ein unbeschränktes, wenn es sich um Verfügungsbeschränkungen handelt, die im öffentlichen Interesse verhängt sind (sog. absolute Veräußerungsverbote); so z. B. Vermögensbeschlagnahme nach § 93 StGB. u. § 480 StPO. oder landesrechtliche Verbote der Grundstücksteilung (Art 119 EG. z. BGB. u. Art. 94 ff. hess. AG. z. BGB.); ferner, wenn es sich um die allgemeinrechtlichen Verfügungsbeschränkungen dreht, wie Geschäftsunfähigkeit oder Beschränkung der Geschäftsfähigkeit des Berechtigten (Kindheit, Minderjährigkeit, Verschwendung, Geistesgestörtheit, Entmündigung), Beschränkungen der Ehefrau nach dem ehelichen Güterrecht. Derartige Beschränkungen muß auch der redliche Erwerder gegen sich gelten lassen, auch wenn sie nicht eingetragen sind, sie fallen nicht unter § 892 BGB., da das Grundbuch grundsätzlich über solche Beschränkungen keine Auskunft zu erteilen hat. Auch die Bestimmungen, welche die Veräußerung von Grundstücken oder dinglichen Rechten geschäftsunfähiger Personen durch ihre Vertreter von besonderer Genehmigung des Gegenvormundes, des Vormundschaftsgerichts oder anderer Behörden abhängig machen, müssen nach hierher gerechnet werden (vgl. Oberneck, 2. Aufl. S. 354 u. ff.; Staudinger a. a. O. Anm. IV 2 b).

In allen diesen Fällen kann der Grundbuchrichter, wenn Beschränkungen festgestellt werden, den Antrag auf Eintragung zurückweisen; es kann ihm auch nicht versagt werden, noch derartigen Beschränkungen zu forschen.

Bezüglich der Verfügungsbeschränkungen aus der Person des Berechtigten (also Geschäftsunfähigkeit 2c.) ist jedach zu beachten, daß unter Umständen die Anwendbarkeit der §§ 891 — 893 BGB. in Froge tammen kann. Ist z. B. von einem geschäftsunfähigen Berechtigten eine Hypothek bewilligt und eingetragen worden und überträgt der Hypothekengläubiger die von dem Geschäftsunfähigen bestellte Hypothek durch ein weiteres Rechtsgeschäft an einen Anderen, so wird dieser gemäß § 892 BGB. geschützt, wenn der Mangel im Rechte seines Vorgängers (des Zedenten) ihm unbekannt war und auch nicht aus dem Grundbuch hervorging, etwa in Gestalt eines Widerspruchs (vgl. Staudinger a. a. O. Anm. IV 2 b). Nach den odigen Ausführungen wird das AG. seine geltend gemachten Bedenken gegen die Eintragung in das Grundbuch fallen lassen müssen.*

Entsch. LG. Mainz I. ZK. v. 7. Dez. 1904 T 246/04. LGR. Dp.

Kosten und Gebühren.

8. Stempelpflichtigkeit von Rechtsgeschäften, die von Rechtswegen der Genehmigung einer Behörde unterliegen.

Gegenüber der Brschw., die ausführt, daß es bei der Fälligkeit des Urkundenstempels nicht darauf ankomme, daß das Kreisamt bisher die Genehmigung zum Vertrage noch nicht erteilt habe, und der von Lorbacher — Art. 4 Abs. 2 Note 5 UrkStGes. — ausgesprochenen Ansicht ist an der früheren Auffassung festzuhalten, daß Rechtsgeschäfte, welche von Rechtswegen der Genehmigung einer Behörde unterliegen, zunächst und vor Erteilung der Genehmigung nicht zu verstempeln sind. Von dieser festen Praxis abzugehen liegt ein Grund nicht vor. Solange die Genehmigung nicht erteilt ist, ist das Geschäft noch in Schwebe, es fehlt ein gesetzliches Requisit zu dessen Wirksamkeit. Anders liegt die Frage, wenn die Beteiligten selbst eine Bedingung beifügen; nur von dieser spricht Abs. 2 Art. 4. Man kann die Beteiligten bezüglich der Rückerstattung des Stempels, sofern die Genehmigung versagt wird, auch nicht auf den Gnadenweg verweisen. Gnade kann gewährt oder verweigert werden. Die entgegengesetzte Ansicht wäre insbesondere bei den zahlreichen Geschäften, die obervormundschaftliche Genehmigung erfordern, gar nicht durchführbar. Es müßte jedesmal sofort der Stempel

* Vergl. jedoch RG. v. 17. Okt. 1904 in der RheinNot. Z. 1906, 38; ferner DNotZ. 1905, 40. D. Einf.

verwendet und noch Versagung der Genehmigung um Rückerstattung des Stempels nachgesucht werden. Die Beteiligten dürfen auch nicht darauf verwiesen werden, sich zuerst bei dem Vormundschaftsgerichte zu verlässigen, ob die Genehmigung erteilt werden wird. Der Notar kann allerdings nach § 50 DAnw. vor Errichtung der Urkunde einen Entwurf dem Vormundschaftsgericht vorlegen oder durch die Beteiligten vorlegen lassen. Allein eine Verpflichtung besteht nicht, und sehr häufig würden die beabsichtigten Bestimmungen bei definitiver Redaktion Aenderungen erleiden oder ein Aufschub von Nachteil sein. Das Vormundschaftsgericht kann sich die Entscheidung vorbehalten. Aehnlich wird es sich bei der Genehmigung durch andere Behörden verhalten. Nun liegt allerdings die Möglichkeit vor, daß die Beteiligten die Genehmigung gar nicht nachsuchen oder die ihnen selbst erteilte Genehmigung dem Notar vorenthalten. Diesem Mißstande könnte dadurch begegnet werden, daß dem Notar die Vorlage an die betreffende Behörde allgemein aufgegeben würde, wie ihm ja diese Pflicht bei Urkunden, die der obervormundschaftlichen Genehmigung bedürfen, schon jetzt obliegt. Ein Argument für die hier vertretene Ansicht kann auch aus Zusatzbest. 2 Abs. 1 zu Tarif-Nr. 7 entnommen werden, da hier besonders bestimmt ist, daß der Stempel für die Auseinandersetzung fällig ist mit der Beurkundung der Auseinandersetzung und bevor sie rechtskräftig bestätigt ist. Eine solche Bestimmung wäre nicht nötig gewesen, wenn der Stempel mit der Beurkundung selbst in jedem Falle zu verwenden wäre.

Entsch. LGPräs. Mainz v. 1. Febr. 1905 I 11/05. Nees.

9. Zu Art. 7 Abs. 1 Nr. 5 UStG.

Die etwaigen Stempelkosten für den am 30. Mai 1905 bei Gericht errichteten Schenkungsvertrag würde die Kirche zu A. zu tragen haben. Diese erhebt, wie durch Anfrage beim Kreisamt festgestellt wurde, die zur Bestreitung ihrer kirchlichen und religiösen Bedürfnisse erforderlichen Mittel nicht durch Umlage auf ihre Mitglieder, sondern nimmt von der politischen Gemeinde einen jährlichen Zuschuß (in 1905 Mk. 688). Es wurde Stempelfreiheit angenommen, da Art. 7 Abs. 1 Nr. 5 UStG. sinngemäß Anwendung zu finden habe; der Zuschuß, den die bürgerliche Gemeinde jährlich an die Kirchengemeinde zahlt, ist nichts weiter als ein Ersatz der Umlagen.*) .

Beschl. A.G. Friedberg v. 9. Aug. 1905, Assenheim Nr. 204. Aktuar St.

Justizverwaltung.

10. Verkauf eines Wasserrechts.

Vor dem Ortsgericht Groß-Umstadt ist am 11. März l. J. zwischen der Stadt GU. einerseits und der Witwe des Mühlenbesitzers X. für sich und als Vertreterin ihrer minderjährigen Kinder und dem großjährigen Sahne Georg andererseits ein Vertrag abgeschlossen worden, durch welchen letztere auf ein Wasserrecht zu Gunsten der Gemeinde GU. gegen Zahlung einer Entschädigung von 6500 M. verzichtet haben. Dieser vom OrtsG. protokollierte und überdies in Ansehung der Unterschriften beglaubigte Vertrag wurde bei dem Vormundschaftgericht zum Zwecke der Erteilung der nach den §§ 1643, 1821 BGB. erfor-

*) Diese Entsch. fand die Billigung des Großh. Justizministeriums. D. Einf.

derlichen Genehmigung eingereicht. Die nachgesuchte Genehmigung wurde demnächst auch erteilt. Das AG. hat auf Grund der Nr. 46 des Tarifs einen Stempel von 32 M. 50 Pf. angesetzt und der Witwe X. angefordert. Gegen diesen Stempelsatz hat die Stempelschuldnerin Brschw. mit der Begründung geführt, daß der Vertrag, weil außergerichtlich abgeschlossen, nicht stempelpflichtig sei. Die III. ZK. des LG. zu Darmstadt hat durch Beschl. vom 19. Sept. l. Js. die Beschw. als unbegründet verworfen. Sie ging hierbei davon aus, daß der Vertrag, der wegen Unzuständigkeit des OrtsG. nur als Privatvertrag in Betracht komme, in dieser Form aber gültig sei, durch die Einreichung bei dem AG. zum Zwecke der vormundschaftsgerichtlichen Genehmigung gemäß Art. 1 Abs. 2 Satz 1 Halbsatz 2 UrkStG. stempelpflichtig geworden sei. Gegen diese Auffassung wendet sich die weitere Beschw. des GenStA. Es wird hier behauptet, daß die Einreichung einer rechtsgeschäftlichen Urkunde zum Zwecke der Einholung der vormundschaftsgerichtlichen Genehmigung nach Art. 1 Abs. 2 Satz 2 UrkStG. eine Stempelpflicht nicht begründe. Dieser Ansicht muß beigetreten werden. Nach dem Wortlaut der angeführten Gesetzesbestimmung begründet die Einreichung oder Vorlegung zum Zwecke „der Einhaltung der Genehmigung der vorgesetzten Behörde" für sich allein nicht die Stempelpflicht. Diese Befreiungsvorschrift will alle Fälle umfassen, in denen der Staat zur Wahrung schutzbedürftiger Interessen für Rechtsgeschäfte bestimmter Art eine obrigkeitliche Genehmigung verlangt. Hierher gehört auch die Genehmigung des Vormundschaftsgerichts, welche das BGB. zur Rechtswirksamkeit bestimmter Rechtsgeschäfte vorschreibt, die von einem Elternteile oder dem Vormunde für ein Kind abgeschlossen werden. Hiernach war der Stempelsatz für den Vertrag ungerechtfertigt.

Veranlaßt ist nur die Erhebung eines Stempels von 20 Pfg. für die ortsgerichtliche Beglaubigung der Unterschriften unter dem Vertrage nach Nr. 17 des Tarifs. Die Erhebung des Beglaubigungsstempels ist unabhängig von der Frage der Gültigkeit der Vertragsurkunde; denn der Urkundbeamte ist nach Art. 86 Abs. 2 des Ges., die Ausf. des Ges. über die Angelegenheiten der FG. betr., vom 18. Juli 1899 ohne Zustimmung der Beteiligten nicht befugt, von dem Inhalte der Urkunde Kenntnis zu nehmen. Die Unterschriftsbeglaubigung hat sonach eine selbständige rechtliche Bedeutung. In Betreff des Beglaubigungsstempels braucht daher auch die Frage nicht untersucht zu werden, ob die Urkunde nicht etwa auf Grund des Art. 48 Nr. 8 der Landgemeinde-Ordnung anfechtbar erscheint, wo vorgeschrieben ist, daß Urkunden über Erwerb und Veräußerung von Immobilien und Immobiliar-Rechten außer von dem Bürgermeister auch von drei durch den Gemeinderat beauftragten Mitgliedern desselben unterschrieben sein müssen, was im vorliegenden Falle nicht beachtet worden ist.

Hiernach war der angefochtene Gerichtsbeschluß aufzuheben und der Stempelansatz auf 20 Pfg. zu ermäßigen.

Beschl. JzMin. v. 5. Okt. 1905 zu Nr. JM 16599.

X.

Literatur.

Staudinger, v. J., †: BGB. nebst EG. (J. Schweitzer, München). In Lief. 17 (mit Inhaltsverzeichnis und Sachregister) führt Engelmann das Familienrecht zu Ende. Die Lief. 18, 19 behandeln aus Kober's Feder die §§ 433—626 der einzelnen Schuldverhältnisse und in Lief. 20 hat Wagner die Art 1—31, Kober die Art. 32—48 des Einführungsgesetzes (Bd. IV) bearbeitet. Gerade in Bezug auf das EG. ist eine neue umfassende und zuverlässige Kommentierung, wie sie hier geboten wird, nach wie vor Bedürfnis der Praktiker. K.

Warneyer, O., Dr., AR.: Das BGB. nebst EG. (Roßberg, Leipzig. 888 S. Geb. M 7). Der fleißige Verf. erläutert hier das neue Recht durch die Rechtsprechung vom Jahre 1880 ab bis zum März 1905, und zwar übersichtlich, überaus vollständig und mit Hinweis auf die Zeitschrift oder Sammlung, der das Zitat entnommen ist. Entscheidungen aller Instanzen sind hier zusammengetragen. Auch die HessRspr. ist für dieses Handbuch benutzt worden, das für den in der täglichen Praxis arbeitenden Richter oder Anwalt nun, da es vorhanden ist, gar nicht mehr zu entbehren sein wird. K.

Seligsohn, A. Dr., JR.: Gesetz zum Schutz der Warenbezeichnungen (J. Guttentag, Berlin. 849 S. Geb. M 7). Die 2. Auflage seines wohlbekannten Kommentars hat der Verfasser in Gemeinschaft mit RA. M. Seligsohn bearbeitet. An Handen der Rechtsprechung bietet das Buch eine sehr reiche Kasuistik, die gerade bei diesem Gesetz wie bei den verwandten Schutzgesetzen von besonderem Werte ist angesichts der oft schwer zu ziehenden Grenze zwischen Recht und Unrecht. X.

Weißler, A., RA. u Notar: Geschichte der Rechtsanwaltschaft (C. E. M. Pfeffer, Leipzig. 623 S.). Die erste Geschichte eines wichtigen Berufsstandes! Daß der Verf. sich hiermit keine leichte Aufgabe gesetzt, ist ohne weiteres einleuchtend. Von den Rechtweisern und Wortführern der alten Zeit geht er zum Vorsprechertum und — im 3. Abschn. — zu den Advokaten und Prokuratoren über. Dabei werden das Reichskammergericht und die Hofgerichte (S. 121—161) eingehender behandelt, ebenso das Berliner Kammergericht und die Provinzialgerichte. Auch die Amtstracht (der so unbeliebte schwarze Mantel, der bei Strafe der Zwangsarbeit zu tragen war!) findet Erörterung (S. 310 ff.). Der 5. Abschn. beschäftigt sich mit dem avocat und avoué des französ. und rhein. Rechts, und im letzten Kapitel finden wir die Darstellung des Wesens der heutigen Rechtsanwaltschaft, die dem, wie die fast zärtliche Widmung an die Kollegen zeigt, mit großer Liebe und Hingebung geschriebenen Buch sicherlich das höchste Interesse entgegenbringen wird. K.

Weyl, R., Dr., Prof.: System der Verschuldensbegriffe im BGB. (J. Schweitzer, München. 605 S. Geh. 21 M). In einer großen systematischen Abhandlung behandelt der Verf. nicht bloß die kurzweg unter „Verschulden", „Vorsatz" und „Fahrlässigkeit" gehörigen Fälle, sondern zieht in den Kreis seiner Betrachtung auch andere Begriffe des BGB., so z. B. das Kennenmüssen, das schuldhafte Zögern („unverzüglich") u. a. m. Alle diese Dinge erscheinen hier in einem gemeinsamen Aufbau, dessen Gliederung in § 66 (S. 505 ff.) eingehend dargestellt ist. Mit nicht zu übertreffender Gründlichkeit und mit dem Aufwand umfassender Literatur ist der Verf. seinem Stoff gerecht geworden und hat sicherlich einen wertvollen Beitrag zum Verständnis des neuen Rechts geliefert. X.

Für die Redaktion verantwortlich: Oberlandesgerichtsrat Keller in Darmstadt. — Verlag von J. Diemer in Mainz. — Druck von G. Otto's Hof-Buchdruckerei in Darmstadt.

Herausgegeben
auf Veranlassung des **Richter-Vereins** unter Mitwirkung der **Hessischen Anwaltskammer**
von Oberlandesgerichtsrat **Keller** in Darmstadt, Landgerichtsrat Dr. **Buff** in Darmstadt, Landgerichtsdirektor **Rees** in Mainz,
Landgerichtsdirektor **Praetorius** in Gießen, Landgerichtsrat Dr. **Schwarz** in Darmstadt.

Erscheint monatlich zwei Mal
Preis Mk. 7.12 jährlich
mit postfreier Zustellung.

Bestellungen nehmen die Expedition in Mainz, die Postanstalten sowie sämtliche Buchhandlungen entgegen.

Einrückungs-Gebühr die dreispaltige Zeile oder deren Raum .30 Pfg.

Nr. 15. Vom Deutschen Juristentag angenommene Zitierweise: HessRspr. Nachdruck verboten. 6. Jahrgang.

Redaktion: Darmstadt, Heinrichsstraße 5.

Mainz, 1. November 1905.

Verlag und Expedition: J. Diemer, Mainz.

Entscheidungen des Großh. Oberlandesgerichts und des Reichsgerichts.

Zivilrecht. — Zivilprozeß.

1. Zu § 321 BGB.

Die Firma A. hatte die Firma B. auf Lieferung von 170 Stück Strohhüten verklagt. Die Firma B. hatte die Lieferung bis zur Leistung einer Sicherheit mit der Begründung verweigert, daß seit dem Tage der Bestellung, dent 11. August 1903, bis zum Fälligkeitstermin, dem 1. April 1904, eine wesentliche den Anspruch des Gläubigers gefährdende Verschlechterung in den Vermögensverhältnissen der Schuldnerin eingetreten sei (§ 321 BGB.); dies ergebe sich aus der Tatsache, daß vor dem Tage der Bestellung nur ein Versäumnisurteil gegen die Kl. ergangen sei, nach der Bestellung der Lieferung jedoch 21. Während nun das Urteil erster Instanz trotz dieses Nachweises das Vorhandensein der gefährdenden Verschlechterung nicht für dargetan erachtete, entschied das OLG. zu Gunsten der Bekl. aus folgenden Gründen:

Die Aufstellung der nach dem Kaufabschluß ergangenen Urteile zeigt, daß von August 1903 ab die Verhältnisse sich geändert haben, daß Kl. von da ab vielfach säumig in Erfüllung ihrer Verbindlichkeiten wurde, daß sie auch vielfach ihre Wechselverpflichtungen nicht mehr erfüllen konnte, daß ihre Gläubiger genötigt waren, gerichtlich vorzugehen. Mögen auch die Urteile oder eine darauf gestützte Zwangsvollstreckung vielleicht noch demnächst zum Ziele geführt haben, so ist damit doch eine Verschlechterung der Vermögenslage der Kl., die damals auch mit ihrer Miete im Rückstand blieb, erwiesen, die als wesentliche angesehen werden muß, weil sie den Gegenkontrahenten in die Gefahr bringt, gerichtlich und zwangsweise vorgehen zu müssen, und damit zugleich eine Gefährdung in sich trägt.

Angesichts dieser Verhältnisse durfte also Bekl. die schuldige Vorleistung nach § 321 BGB. bis zur erfolgten Zahlung oder Sicherstellung weigern, und damit erscheint die Klage wie die Anschlußberufung als unbegründet.

Entsch. OLG., I ZS., v. 30. Juni 1905 U 565/05.
Dr. Simon.

2. Mängelrüge. Aufbewahrungspflicht (§ 377 HGB.).

Richtig ist allerdings, daß dem Käufer, der die ihm übersandte Ware beanstandet und sie dem Verkäufer zur Verfügung stellt, nur die Pflicht zur einstweiligen Aufbewahrung obliegt. Dies hat auch der Berufungsrichter nicht verkannt. Er nimmt aber an, daß die Parteien sich auch anders einigen, daß namentlich der Käufer die Aufbewahrung auch über den Zeitpunkt hinaus, bis zu welchem sie ihm gesetzlich obliegt, übernehmen und daß eine solche Vereinbarung nicht blos ausdrücklich getroffen, sondern auch als dem Willen der Parteien entsprechend aus den obwaltenden Umständen entnommen werden kann. Rechtlich ist gegen diesen Standpunkt nichts zu erinnern. Die Revision meint zwar, der Berufungsrichter konstruire einen Aufbewahrungsvertrag mit Hülfe einer bloßen Fiktion, aber von einer Fiktion ist nicht die Rede, wenn aus einem bestimmten Verhalten der Parteien der Schluß gezogen wird, daß sie über eine zwischen ihnen obwaltende rechtliche Beziehung einig gewesen seien. Ob solche Einigung anzunehmen, ist Sache der Würdigung des konkreten Falles.

Urt. RG. v. 10. Mai 1905. V 530/04 (U 230/03; HO. Mainz 327/00).
F.

Strafrecht. — Strafprozeß.

3. Umwandelung und Anrechnung von Strafhaft.

Mit Recht wird von der Staatsanwaltschaft in der sof. Beschw. hervorgehoben, daß die in dem Urteile der I. Strafk. zu Mainz vom 12. Mai 1905 getroffene Entscheidung, „daß es bei der von dem Angekl. seither in Wiesbaden verbüßten Strafe sein Bewenden behalte", nur nach Maßgabe der in Betracht kommenden gesetzlichen Bestimmungen ausgelegt werden dürfe. Denn die Anrechnung einer verbüßten Strafhaft kann nicht nach dem Ermessen des Gerichts in beliebiger Höhe erfolgen, — wie dies bei erlittener Untersuchungshaft gemäß § 60 StGB. der Fall ist —, sondern nur nach Vorschrift der §§ 21, 74 StGB. Da die dem Urteile vom 12. Mai l. J. zu Grunde liegende Tat vor der am 22. Febr. l. J. erfolgten Verurteilung in Wiesbaden begangen wurde, so sind in der ersterwähnten Entscheidung mit Recht die Bestimmungen über die Bildung einer Gesamtstrafe im Sinne der §§ 74—79 StGB. in Anwendung gebracht worden, und es wurde hiernach auf eine Gesamtstrafe erkannt, welche in einer Erhöhung der wegen der Mainzer Straftat verhängten Zuchthausstrafe von 1 Jahr und 5 Monaten zu bestehen hatte und die in Wiesbaden erkannte Gesamt-Gefängnisstrafe mit umfaßte. Diese letztere verlor hierdei ihre Selbständigkeit, sie löste sich in die ihr zu Grunde liegenden Einzelstrafen auf, welche noch Vorschrift der §§ 21, 74 ff. StGB. in Zuchthausstrafe verwandelt werden mußten. Diese Umwandlung war aber nicht nur bezüglich des noch nicht verbüßten Teils der Gefängnisstrafe von Wirkung, sondern sie erstreckt sich ebensosehr auf den bereits verbüßten Teil dieser Strafe; denn es kann dieser letztere doch ebenfalls nur in Betracht gezogen werden als ein Bestandteil der erkannten Gesamtzuchthausstrafe wie der erstere (vgl. RGE. VIII S. 385; Oppenhoff zu § 79 Nr. 8; Olshausen zu § 79 Nr. 18 a. E.; Daude zu § 79 Nr. 59). Daß diese Umwandelung auch durch nachträgliche Entscheidung gemäß § 490 StPO. erfolgen kann, unterliegt keinem Zweifel. Der Beschl. der Vorinstanz war daher aufzuheben und anzuordnen, daß die von dem Angekl. in Wiesbaden verbüßte Gefängnisstrafe in Höhe von 1 Monat, 3 Wochen und 3 Tagen auf dessen Gesamtzuchthausstrafe in Anrechnung zu bringen sei.

Beschl. Ferien-StS. v. 26. Juli 1905 St W 50/05.

X.

Entscheidungen der Großh. Landgerichte.

Zivilrecht. — Zivilprozeß.

4. Entschädigungspflicht einer Gemeinde für Beschränkung der Baufreiheit auf Grundstücken, die an eine neue Straße zu liegen kommen.

Früheres Hintergelände des Klägers ist in Folge einer neuen Straßenanlage derart in den Bebauungsplan dieser Straße zu liegen gekommen, daß die auf dem Grundstück zu errichtenden Gebäude bis an die Straßen- und Baufluchtlinie vorzurücken sind (Art. 9 ABauO.). Dem Kl. wurde daher von der bekl. Gemeinde verboten, Scheuer, Stall und Hinterhaus, welche abgebrannt waren, an der nämlichen Stelle und in der nämlichen Art wieder aufzubauen. Das klägerische Grundstück ist von der neuen Straße noch durch einen schmalen der bekl. Gemeinde gehörigen Geländestreifen getrennt, den jedoch die Bekl. unentgeltlich an die Kl. abzutreten sich bereit erklärt hat. Kl. verlangt jedoch von der Gemeinde Schadensersatz, weil er diese Gebäude nicht mehr als Hintergebäude in der seitherigen Art wieder aufbauen kann, insbesondere Ersatz desjenigen Teiles der Brandversicherungssumme, der ihm von der Brandversicherungsanstalt als Wert der nicht verbrannten zum Wiederaufbau der abgebrannten Gebäude verwendbaren Teile abgezogen worden ist, da diese Teile zu einem Neubau an der Straße unverwendbar und gänzlich wertlos seien, ferner Ersatz entgangener Mieteinnahmen aus dem Hintergebäude und schließlich für die dauernde Beschränkung der Baufreiheit eine Entschädigungssumme von 2000 Mark. Gestützt wurde der Schadensersatzanspruch auf Art. 10 des EnteignGes. und Art. 15 ABauO.

Die Klage ist abgewiesen worden.

Gründe: Der Grundsatz, daß der Eigentümer einer Sache mit ihr nach Belieben verfahren kann, hat von jeher in allen Rechten die wichtige Einschränkung erfahren: „soweit nicht das Gesetz oder Rechte Dritter entgegen stehen“ (§ 903 BGB.). Das Recht, seinen Grund und Boden mit Gebäuden zu besetzen, ist zweifellos ein Ausfluß der im Eigentum liegenden Rechte. Gerade dieses Recht wird aber erheblichen Beschränkungen unterworfen, welche die Sorge für die allgemeine Wohlfahrt (Abwendung von Schäden und Gefahren) und ästhetische Rücksichten erforderlich machen. Solche Beschränkungen des Eigentums sind in Hessen durch das Gesetz, betr. die ABauO., v. 30. April 1881 eingeführt (Art. 1). Durch gesetzliche Eigentumsbeschränkungen werden der Ausübung der Eigentumsrechte kraft Gesetzes positive Grenzen gesteckt und das Gesetz erkennt den Gebrauch des Eigentums als Recht nur soweit an, als diese Grenzen reichen. Die Rechte, deren Ausübung dem Eigentümer durch die gesetzliche Festsetzung von Einschränkungen versagt wird, sind überhaupt nicht in dem Eigentum, wie es das Gesetz anerkennt, enthalten. Den durch die ABO. bestimmten gesetzlichen Beschränkungen sind alle Grundeigentümer unterworfen; nur der Zeitpunkt, in welchem für die einzelnen Grundeigentümer diese gesetzliche Eigentumsbeschränkung fühlbar wird, ist ein verschiedener. Die Pflicht jedes Grundeigentümers, sich der Bebauung seines Grundstücks nach seinem freien Belieben zu enthalten, tritt für ihn in demjenigen Moment ein, in welchem sein Grundstück in den Bebauungsplan einer öffentlichen Straße zu liegen kommt (Art. 11, Abs. 1 Satz 1 ABO.). Hierzu gehört insbesondere die Beschränkung der Eigentumsrechte nach der Richtung, daß Gebäude bis zu der festgestellten Straßen- oder Baufluchtlinie vorzurücken sind. Deshalb bedarf jeder Bau der Genehmigung der Baupolizeibehörde, damit die Grenzen, innerhalb welcher die Grundstückseigentümer von ihren Eigentumsrechten Gebrauch machen d. h. bauen dürfen, eingehalten werden. Das an den Kl. ergangene polizeiliche Verbot der Baubehörde stellt sich nur als die Ausführung dieser allgemeinen gesetzlichen Bestimmung dar. Für dieses Verbot bildet das Vorhandensein einer öffentlichen Straße mit Straßenbebauungsplan lediglich die Voraussetzung seines Erlasses; gegründet ist dieses Verbot in dem Gesetz, dessen das Eigentum beschränkende Anordnungen vorhanden waren, ehe die Bekl. an das Projekt der neuen Straße gedacht hat. Nicht dieses Projekt ist daher der Grund für die Beschränkung der Baufreiheit, sondern jene bestehende gesetzliche Eigentumsbeschränkung. Deshalb ist es unrichtig, den Straßenunternehmer aus dem allgemeinen Gesichtspunkt des Enteignungsgesetzes für den Schaden, welcher dem Grundeigentümer in Folge einer gesetzlichen Eigentumsbeschränkung der ABO. erwachsen ist, verantwortlich zu machen. Die Frage, ob den in ihren Eigentumsrechten durch solche gesetzlichen Anordnungen beschränkten Grundeigentümern ein Schadensersatzanspruch zusteht, kann grundsätzlich nur aus demjenigen Gesetz entschieden werden, das diese allgemeinen gesetzlichen Eigentumsbeschränkungen angeordnet hat (JWschr. 1890 S. 335 Nr. 10; 1891 S. 139 Nr. 29; S. 403 Nr. 49; 1890 S. 260 Nr. 14; Gruchot Bd. 26 S. 335 Nr. 85). Dies hebt auch Arnold in seinem Komm. z. hess. Ent. Ges. Anm. 2 zu Art 10 hervor. Ganz anders liegt der von Arnold daselbst a. E. aufgeführte Fall, daß die Polizei mit Rücksicht auf den Betrieb einer Eisenbahn Anordnungen trifft, durch welche Grundeigentümer verhindert sind, ihre Grundstücke in der seitherigen Weise zu benutzen. Hier handelt es sich nicht um eine allgemeine in einem Spezialgesetz begründete Eigentumsbeschränkung, welche die Polizeibehörde im einzelnen Falle auszuführen verpflichtet ist, sondern um einen Eingriff in das Privateigentum im Interesse des Unternehmens, des Eisenbahnunternehmens, dessen Betrieb ohne feuergefährliche Immissionen und ohne Beseitigung der Gefahr durch Beschränkung der Nachbargrundstücke schwer möglich sein würde. Der Eisenbahnunternehmer haftet noch allgemeinen Bestimmungen für etwaigen hieraus den Nachbargrundeigentümern entstehenden Schaden, hat also auch Ersatz für die auf Anordnungen der Polizeibehörde beruhenden Beeinträchtigungen des Eigentums zu leisten, welche diese Ursache zu beseitigen bestimmt sind (Gruchot Bd. 27 S. 438 Nr. 7). Unter diesen Umständen kann es dahin gestellt bleiben, ob für die Verfolgung eines Entschädigungsanspruchs aus dem Enteignungsgesetz im ordentlichen Prozeßverfahren die Voraussetzungen des Art. 45 dieses Gesetzes vorliegen.

Der Kl. erkennt nun an, daß das Ges., die ABO. betr., eine den zur Entscheidung stehenden Fall betreffende Bestimmung über Entschädigungspflicht der Gemeinde nicht enthält; er behauptet aber, daß in dem Art. 15 dieses Gesetzes ein allgemeines Prinzip dahin zum Ausdruck gekommen sei, daß die Gemeinde als Straßen-Eigentümerin, auf deren willkürliche Handlung die Festlegung des Straßenzuges und der Straßenfluchtlinie erfolge, in allen Fällen den Grundeigentümern entschädigungspflichtig werde, denen hierdurch in der ferneren Bebauung ihrer Grundstücke eine Beschränkung auferlegt werde. Der gegenteilige Grundsatz muß als richtig anerkannt werden, nämlich daß eine solche Entschädigungspflicht nur in den von dem Gesetz ausdrücklich als entschädigungspflichtig behandelten Einzelfällen für die Gemeinden besteht. Solche Einzelfälle enthält das Gesetz in Art. 15, 16, 17. Schon der Zweck einer Straßenfluchtliniengesetzgebung, kraft deren Reichsbeschränkungen der anliegenden Grundeigentümer eintreten, spricht gegen eine analoge Ausdehnung der Entschädigungspflicht der Gemeinde auf die nicht im Gesetz ausdrücklich als solche bezeichneten Fälle. Die Straßenfluchtliniengesetzgebung mit ihren Beschränkungen für die Grundeigentümer ist im öffentlichen Interesse vorgesehen, um es den Gemeinden zu ermöglichen, eine den Anforderungen des Verkehrs, der Feuersicherheit und der Gesundheit entsprechende, auch zur Verhütung von Entstellungen des Städtebildes geeignete Gestalt der öffentlichen Straßen und Plätze mit staatlichem Zwange herbeizuführen. Als Korrelat für den Eintritt der Beschränkung, für die Entstehung und Ausübung der Rechte stellt sich die im Gesetze nach mehreren Richtungen hin geordnete Entschädigungspflicht der Gemeinden dar. Die Aufstellung eines allgemeinen Prinzips in dem von dem Kl. behaupteten Umfange würde zu einer unerträglichen finanziellen Belastung der Gemeinden führen, welche es den Gemeinden unmöglich mochte, ihre der Allgemeinheit gegenüber bestehenden Verpflichtungen zu erfüllen. Das von dem Kl. aufgestellte Prinzip träte in einen schroffen Gegensatz zu dem gekennzeichneten Prinzip des bei der Straßenfluchtliniengesetzgebung obwaltenden öffentlichen Interesses. Die Gesetzgebung mußte deshalb den Weg beschreiten, die besonders schwerwiegenden im öffentlichen Interesse erfolgten Eingriffe in das Privateigentum als entschädigungspflichtig zu regeln. Das ist geschehen, indem man Einzelfälle im Gesetz als entschädigungspflichtig bezeichnete. Sie stellen sich als Ausnahmen von dem Grundsatze des allgemeinen Rechts dar, daß für Beschränkungen des Privateigentums und Eingriffe in dasselbe im öffentlichen Interesse ein Schadenersatzanspruch nicht gegeben wird. Ausnahmebestimmungen sind einer analogen Anwendung an sich nicht fähig. Das Gesetz würde, wenn es ein allgemeines Prinzip der Entschädigungspflicht der Gemeinden hätte aufstellen wollen, dies in einfacher Weise dadurch zum Ausdruck gebracht haben, daß die Gemeinden für alle aus diesem Gesetze den Privatgrundeigentümern erwachsenden Beschränkungen ihrer Eigentumsrechte entschädigungspflichtig seien. Geradezu irreführend wäre bei Annahme eines solchen allgemeinen Prinzips der Inhalt des Art. 18 ABO., der den Gemeinden das Recht zum Erlaß eines Ortsstatutes dahin einräumt, daß sogar außerhalb des Bereiches eines für Anlegung neuer Straßen ausreichend vorgesehenen Ortsbauplanes Gebäude nicht errichtet werden dürfen, ohne hieran eine Entschädigungspflicht der Gemeinden zu knüpfen, nachdem in den vorberen Art. 15, 16, 17 eine solche für die dort erwähnten gesetzlichen Eigentumsbeschränkungen und Eingriffe ausdrücklich vorgesehen ist. Endlich schließt der Wortlaut des Art. 15 die Auffassung aus, daß hiermit ein allgemeines Prinzip habe ausgesprochen werden sollen. Denn dieser gewährt nicht einmal in allen Fällen einer durch Verschiedenheit der Straßenfluchtlinie von der Baufluchtlinie eintretenden Beschränkung der Baufreiheit ein Entschädigungsrecht noch den für die Entziehung des Grundeigentumes maßgebenden Grundsätzen, sondern nur in zwei besonders hervorgehobenen Fällen. Es fehlt sonach dem Klageanspruch die gesetzliche Grundlage.

Entsch. LG. Darmstadt v. 30. März 1905 O 176/05.

Sz.

5. Der Beginn der Zwangsvollstreckung aus einem gegen Sicherheitsleistung für vorläufig vollstreckbar erklärten Urteil ist vor Zustellung einer Abschrift der die Sicherheitsleistung nachweisenden Urkunde unzulässig (§ 751 Abs. 3 ZPO.). Die Feststellung der Sicherheitsleistung darf nicht in der Vollstreckungsklausel erfolgen.

RA. X. als Vertreter des Kl. Y. hat am 30. Juni 1905 gegen den Schuldner N. Versäumnisurteil erwirkt, das gegen Sicherheit für vorläufig vollstreckbar erklärt wurde. X. hat die Sicherheit laut Hinterlegungsschein hinterlegt und die Gerichtsschreiberei hat auf der Urteilsausfertigung unter dem 4. Febr. 1905 Vollstreckungsklausel mit den Worten erteilt: „Vorstehende Ausfertigung wird noch urteilsmäßig erfolgter Sicherheitsleistung dem Kl. zum Zwecke der Zwangsvollstreckung erteilt.“ Hierunter befindet sich Zustel-

aus § 2369 BGB. und § 27 Abs. 5 HessGKG. v. 30. Dez. 1904 ergibt sich ohne weiteres, daß die Erteilung eines beschränkten Erbscheins nicht begehrt ist. Wenn ferner das AG. die Angabe verlangt, inwiefern die Zwangsvollstreckung durch die Erteilung eines Erbscheins bedingt werde, und wenn weiter erwogen wird, ein Erbschein auf Grund des § 792 ZPO. dürfe dem Gläubiger nur ausgestellt werden, wenn er desselben bedürfe, d. h. wenn ohne ihn nicht vollstreckt werden könne, und dies sei von dem Gläubiger nachzuweisen, so liegt in dieser Auffassung eine Verkennung des Zweckes des § 792 ZPO. und das AG. geht bei Auslegung dieser Gesetzesbestimmung von einer zu engen Auffassung des Begriffs des Bedürfnisses aus. Die Begründung des Gesetzes besagt ausdrücklich, daß man eine allgemein gehaltene Bestimmung getroffen habe, um für sämtliche möglicherweise in Betracht kommenden Fälle Vorsorge zu treffen, und daß berücksichtigt war, dem Gläubiger die Durchführung der Zwangsvollstreckung möglichst zu erleichtern (vgl. Entsch. zur FG., Bd. I S. 102 des Reichsjustizamts; Seuffert, zu § 792 ZPO.).

Endlich muß nach § 27 Abs. 4 HessGKG. bei Berechnung der Gebühren der Wert des Nachlasses — nach dem Ausgeführten kommt die Erteilung eines beschränkten Erbscheins nicht in Betracht — zu Grunde gelegt werden. Steht dieser nicht fest, dann ist es Sache des Richters, auf seine Feststellung hinzuwirken. Anhaltspunkte geben auch schon die beigelegten Vormundschaftsakten.

Beschl. LG. Mainz II. ZK. v. 6. April 1905 T 63/05. RA. St.

Kosten und Gebühren.

7. Zur Auslegung des § 93 ZPO.

Der Beschwerdeführer hatte am 27. Sept. 1904 durch den Gerichtsvollzieher B. in M. bei dem Kl. wegen einer Forderung eine Reihe von Gegenständen pfänden lassen. Kl. forderte am 11. Okt. 1904 vergeblich die Freigabe der genannten Gegenstände unter der Behauptung, sie gehörten zum ungeteilten Nachlaß seiner verlebten Ehefrau, an dem auch seine minderjährigen Kinder mitbeteiligt seien. In einem mit dem Poststempel vom 15. Okt. 1904 versehenen Brief, dessen Annahme vom Adressaten verweigert wurde, ist der Beschwerdeführer noch Behauptung des Kl. nochmals aufgefordert worden, die Pfandgegenstände freizugeben.

Am 17. Okt. wurde Klage auf Aufhebung der Pfändung eingereicht, mit gleichzeitigem Gesuch auf vorläufige Einstellung der Zwangsvollstreckung, dem stattgegeben wurde.

Da der Beschwerdeführer den Klageanspruch sofort anerkannte, erging lediglich Kostenurteil zu Ungunsten des Bekl., obwohl er sich unter Berufung auf § 93 ZPO. dagegen verwahrt hatte. Der eingelegten Beschw. wurde stattgegeben. Das LG. hat erwogen: Der Pfändungsgläubiger kann sich dann nicht auf § 93 ZPO. berufen, wenn er, obwohl schon vor der Klage in den Stand gesetzt, sich über das Bestehen des die Veräußerung hindernden Rechtes des Kl. zu vergewissern, die Pfandstücke erst nach der Klageerhebung freigegeben hat. Die Veranlassung zur Klage fehlt im vorliegenden Fall vollständig. Mit Recht hat der Beschwerdeführer dem Vorbringen seines Schuldners überhaupt keine Beachtung beigemessen, da derartige Einwendungen ganz allgemein üblich sind und in der Regel nur auf Böswilligkeit und Verschleppungsabsichten beruhen. Mit ebensowenig Erfolg kann sich Kl. auch auf seinen Brief vom 15. Okt. berufen, da der Beschwerdeführer dessen Annahme verweigert hat und er also von seinem Inhalt niemals Kenntnis nahm. Endlich kann auch nicht dadurch die Stellung des Bekl. geändert werden, daß er, wie in dem Urteil ausgeführt, bereits vor Erhebung der Klage in Stand gesetzt gewesen sei, sich durch die angebotene Einsichtnahme des zwischen den Eheleuten X. bestehenden Ehevertrags über das Bestehen des die Veräußerung hindernden Rechts des Kl. zu erkundigen. Abgesehen davon, daß diese Behauptung in der Erklärung des Kl. nicht wieder vorgebracht worden ist, würde das bloße Erbieten zur Einsichtnahme noch nicht für genügend erachtet werden können; denn dann würden in den meisten Fällen, insbesondere wenn die Parteien an verschiedenen Orten wohnen, wie dies auch hier der Fall ist, dem Gegner Mühewaltungen zugemutet, die von ihm nicht verlangt werden können. Da es Kl. sonach unterlassen hat, seine Rechte glaubhaft zu machen, bezw. rechtzeitig und in geeigneter Weise seinem Gegner die Ueberzeugung von den Hinderungsgründen zu verschaffen, und daher im Verhalten des Bekl. eine Veranlassung zur Klageerhebung nicht erblickt werden kann, mußte Kl. gesetzlicher Vorschrift gemäß die Kosten des Prozesses tragen.*)

Beschl. LG. Mainz I. ZK. v. 17. März 1905 T 13/05. RA. Dr. Lichten.

8. Zu Nr. 73, Zusatzbest., Stempel-T.

Auf einen Steigpreis, für welchen das Privileg eingeschrieben wurde, haben durch spätere Urkunde die Beteiligten Anweisung erhalten und erteilen Löschungsbewilligungen. Der Notar verwendete einen Stempel von 1 M., die Beschw. behauptet, der Stempel müsse für jede Löschungsbewilligung verwendet werden, die Zusatzbest. zu Nr. 73 sei nicht anwendbar. Allerdings könne der Stempel nur einmal verwendet werden, wenn die verschiedenen Erklärungen in derselben Urkunde abgegeben würden und sich auf ein und dasselbe Rechtsgeschäft bezögen. Im vorliegenden Falle könne von einem einheitlichen Rechtsgeschäfte deshalb nicht gesprochen werden, weil jede einzelne Erklärung sich auf bestimmt begrenzte Beträge beziehe. Dieser Auffassung kann nicht beigetreten werden. Hätten die Versteigerer keine Verteilung der Forderung vorgenommen, so könnte es keinem Zweifel unterliegen, daß der Stempel nur einmal zu verwenden wäre. Die Lage für die Schuldner kann sich aber nicht dadurch verschlechtern, daß durch spätere Urkunde eine Teilung stattfindet; dasselbe Geschäft liegt vor, nämlich der Erwerb durch die Versteigerung, in Folge welcher eine Einschreibung für eine einheitliche Forderung genommen wird. Um Löschung dieser einen Einschreibung handelt es sich. Es wäre daher selbst dann der Stempel nur einmal zu verwenden, wenn durch verschiedene Urkunden Teile des Steigpreises übertragen worden wären und dann die verschiedenen Gläubiger in einer und derselben Urkunde Löschungsbewilligungen erteilten.

Entsch. LG. Präs. Mainz v. 8. Febr. 1905 I 13/05. Nees.

*) vgl. gegenteilige amtsgerichtliche Entsch. in Band III S. 91 Nr. 11 d. Ztschr. D. Eins.

Abhandlungen.

Miteigentumsrecht.

(Erwiederung auf die Abhandlung in Nr. 4, 5 d. Ztschr.).

Den Ausführungen des Verfassers über die Wichtigkeit der von ihm behandelten Vorschriften, über die hohe Bedeutung der Möglichkeit, die Teilung einer Gemeinschaft von beweglichen Sochen wie besonders an Immobilien für immer oder doch zeitweise auszuschließen, kann im allgemeinen nur beigetreten, auch die Würdigung, die er dem Beschluß des Großh. OLG.'s vom 29. Dez. 1904 bezüglich der Anwendbarkeit des § 2044 BGB. auf Art. 165 hess. AG. z. BGB. für die Zeit bis zur Anlegung des Grundbuchs zu Teil werden läßt, durchaus als gerechtfertigt betrachtet werden.

Nicht beizustimmen ist jedoch der im ersten Teil der Abhandlung ausgesprochenen Ansicht, daß ein auf Beschränkung des Teilungsrechts gerichteter Bucheintrag (§ 1010 Abs. 1 und § 2044 BGB.) auch dem pfändenden Gläubiger gegenüber zur Geltung zu kommen habe. Diese Auffassung dürfte auf eine etwas zu einseitige Berücksichtigung der Interessen der Miteigentümer an Grundstücken und eine zu starke Betonung der durch den Bucheintrag geschaffenen, allerdings durch die Vorschriften der §§ 749 Abs. 2; 750 2044 Abs. 2 beschränkten Unmöglichkeit zurückzuführen sein.

Das Gegenteil der bestrittenen Ansicht ergibt sich m. E. bereits aus dem Verhältnis zwischen § 751 Sotz 1 zu § 1010 einerseits und zwischen den beiden Sätzen der ersteren Bestimmung andererseits. Es unterliegt keinem Zweifel, daß die Vorschriften über Gemeinschaften auch auf das Miteigentum nach ideellen Bruchteilen insoweit Anwendung finden, als sie nicht ausdrücklich durch die Spezialvorschriften der §§ 1009 bis 1011 außer Kraft gesetzt werden. Das Miteigentum ist nur eine — allerdings die wichtigste — Unterart der Gemeinschaft, die auf ersteres bezüglichen Bestimmungen erscheinen als leges speciales gegenüber den §§ 711 ff. BGB.

Nnn stellt § 751 Satz 1 für das ganze Gebiet der Gemeinschaft eine Regel auf, noch welcher die im Interesse der Gesamtheit gebotene und daher vereinbarte Beschränkung des Individualrechts des einzelnen Teilhabers nicht nur gegen dessen Gesamt-, sondern auch dessen Sondernachfolger Wirkung äußern soll. Weil es nun mit den Grundgedanken des Liegenschaftsrechtes unvereinbar wäre, wenn man diese Regel auch ohne Eintrag in das Grundbuch bei der Gemeinschaft an Grundstücken g l n lossen würde, so mußte im § 1010 für das Miteigentum eine Sonderbestimmung geschaffen werden, wonach die Wirkung jedem Sondernachfolger gegenüber nur durch Ersichtlichmachung im Grundbuch gewahrt werden kann (vgl. Prot. III S. 277). § 1010 will also die für jede Gemeinschaft geltende Regel in ihrer Wirksamkeit beschränken, für sie eine dem neuen Grundbuchwesen entsprechende Voraussetzung schaffen, aber keineswegs gleichzeitig die jene Regel beschränkenden Ausnahmen zur Seite setzen. Es wird deshalb auch von dem Verfasser der hier bekämpften Sätze zugegeben, daß die in §§ 749 Abs. 2; 750, 2044 BGB. statuierten Ausnahmen auch gegenüber dem § 1010 stattfinden, daß also durch Vorliegen wichtiger Gründe, durch den Tod eines Gemeinschafters, durch Ablauf von 30 Jahren seit dem Tode des die Beschränkung anordnenden Erblassers trotz des geschehenen Eintrags die Vereinbarung außer Kraft tritt. Warum soll dasselbe nicht auch von der Ausnahme in Satz 2 des § 7[illegible] gelten?

Wenn Dernburg (Bürg. Recht, 3. Aufl. Bd. II: S. 582 II) diese Bestimmung nicht als innerlich gerechtfertigt erkennen kann, weil sie dem Gläubiger mehr Rechte einräume als seinem Schuldner — eine Tatsoche, die sich übrigens noch an anderen Stellen des Zivilrechts findet (vgl. §§ 723, 725 BGB., §§ 135, 161, Abs. 2, 330, 339 HGB. —, so zeigt gerade die Einführung dieses sonst nicht gerechtfertigten Satzes, wie hohen Wert der Gesetzgeber darauf legt, den Gläubiger gegen die Möglichkeit zu schützen, daß ihm der Schuldner durch Vereinbarung Vermögensobjekte entziehen könnr.

Deshalb dürfte die Planck'sche Ansicht (Anm. 1b zu § 1010) die richtige und mit ihr festzustellen sein, daß das Kündigungsrecht des Gläubigers auch dem Eintrag im Grundbuch nicht zu weichen hat.

Die gleiche Auffassung wird übrigens auch in v. Staudinger's Kommentar (s. Anm. 1b zu § 1010) vertreten mit dem Bemerken, daß für Gemeinschaftswaldungen landesgesetzliche Regelung gemäß Art. 89 EG. z. BGB. zulässig sei. Aber nicht nur das äußere Verhältnis der §§ 751, 1010. auch innere, wirtschaftliche Gründe sprechen für die Richtigkeit der hier vorgetragenen Ansicht. Soll dem Eigentümer eines ideellen Grundstücksteils etwa durch die Vorschrift des § 1010 die Möglichkeit gewährt werden, seinen Gläubigern den Angriff auf seine Immobiliargegenstände, die unter Umständen sein einziges verwertbares Vermögen bilden, auszuschließen? Soll der Erblasser, der seine Güter an seine Kinder übergehen sieht, die Erben vor jeglicher Gefahr seitens der künftigen Gläubiger dadurch schützen können, daß er die Aufhebung der Bodengemeinschaft mit Wirksamkeit auf 30 Jahre oder gar noch länger, nämlich bis zu einem bestimmten Ereignis in der Person der Miterben, ausschließt und somit den künftigen Gläubigern einen Riegel vorschiebt? Die Erben haben donn nichts zu tun, als die Eintragung jener Anordnung ins Grundbuch persönlich oder durch den Testamentsvollstrecker zu bewirken, donn können sie, namentlich wenn ihr Vermögen nur in Liegenschaften besteht, ohne Sorgen Schulden auf Schulden machen! Eine solche Wirkung hat der Gesetzgeber sicherlich nicht hervorbringen wollen. Mon kann hiergegen auch nicht einwenden, daß der Gläubiger ja Gelegenheit habe, ebenso wie der Sondererwerber eines Anteils der Grundgemeinschaft sich im Grundbuch über die Verhältnisse dessen, mit dem er Geschäfte eingeht, zu unterrichten. Ein ganz besonders vorsichtiger Gläubiger wird dies vielleicht tun, wenn er an dem Orte wohnt, an dem das betreffende Grundbuch geführt wird. Auch eine Person, die Hypotheken gibt oder sonst auf die Grundstücke des Andern bezügliche Rechtsgeschäfte abschließt, besonders solche, durch die er den Anteil des Miteigentümers erwirbt, wird sicherlich nicht verfehlen und unter Anwendung verkehrsüblicher Sorgfalt nicht verfehlen dürfen, sich über die Rechtsverhältnisse der als Pfand oder Eigentum zu nehmenden Parzellen genau zu unterrichten. Dies trifft aber auf den Durchschnittsgläubiger nicht zu. Man kann nicht sagen, daß es verkehrsüblich sei, sich vor Abschluß irgend eines, wenn auch nicht unbedeutenden Rechtsgeschäfts erst zu vergewissern, ob der andere Vertragsteil, der glückliche Grundbesitzer, nicht in dem Recht auf Aufhebung der Gemeinschaft durch einen Grundbuchseintrag beschränkt sei.

Der Gläubiger aber, der eine nicht verkehrsübliche, eine ganz außergewöhnliche Sorgfalt und Vorsicht unterläßt, darf in seinen Rechten gesetzlich nicht derart beschränkt werden, daß er durch einseitige Handlungsweise des oder der Schuldner gezwungen wird, jahrelang, womöglich immer, auf Bezahlung seiner Forderung zu warten.

Dem kann auch nicht entgegengehalten werden, daß ja auch die Gemeinschaft einmal aufgehoben werden könne, nämlich bei Vorliegen wichtiger Gründe, oder nach dem Tode eines Miteigentümers. Soll der Gläubiger erst das Ableben seines Schuldners abwarten und inzwischen vielleicht selbst das Zeitliche segnen, oder wird die Verschuldung eines Miteigentümers als wichtiger Grund angesehen werden? Der oder die Miteigentümer, die recht tief in Schulden stecken, werden im Gegenteil hierin einen wichtigen Grund finden, die Gemeinschaft recht lange zu halten, ganz besonders wenn die hier bekämpfte Auffassung Geltung beanspruchen könnte. Es ist aber schließlich auch kein Grund ersichtlich, weshalb der § 1010 eine verschiedene Wirkung haben sollte, je nach dem eine Zwangsvollstreckung nur in einzelne Vermögensteile des Schuldners oder in sein Gesamtvermögen — Konkurs — stattfindet.

Nun wird aber ausdrücklich zugegeben, daß Einschränkung oder Aufhebung des Teilungsrechts dem Konkursverwalter gegenüber nicht nur im Fall des § 751, sondern ebenso trotz Eintrag ins Grundbuch im Falle des § 1010 BGB. unwirksam sei. Also erst im Konkursfalle sollen die Gläubiger den Anteil des Krídars am gemeinsamen Grund und Boden angreifen können, bei der Einzelzwangsvollstreckung dagegen nur im Falle des § 751 oder bei Unterlassung der Eintragung!

Es wurde allerdings bei Beratung des Entwurfes zum BGB. beantragt, dem § 14 Abs. 2 (jetzt § 16) KO. hinzuzufügen: „Diese Vorschrift findet keine Anwendung auf die Gemeinschaft an Grundstücken, wenn die Vereinbarung im Grundbuch eingetragen ist“. Der Antrag wurde abgelehnt. Abgelehnt wurde aber gleichzeitig der Antrag, dem § 949 (jetzt 1010 BGB.) am Schlusse anzufügen: „Ist die Vereinbarung im Grundbuch eingetragen, so findet § 687 Abs. 2 (jetzt § 751 Abs. 2) keine Anwendung.“ Damit wurde also ausdrücklich das Recht des Gläubigers, auch trotz des Eintrag unter den Voraussetzungen des § 751 Abs. 2 die Aufhebung der Gemeinschaft zu verlangen, festgestellt und bezüglich der Anträge bemerkt, der Vorschlag erscheine mit der Rücksicht auf die Gläubiger und mit den Anforderungen des Verkehrs nicht verträglich, da er dem Miteigentümer ermögliche, durch Vereinbarung mit den anderen Miteigentümern seinen Anteil jederzeit seinen Gläubigern zu entziehen (Prot. III S. 276, 278).

Rechtsanwalt Mende, Michelstadt i. O.

Sprechsaal.

Der Terminkalender für 1906 wird in diesem Jahre recht frühzeitig, und zwar bereits im Anfang des November, erscheinen, was die hessischen Juristen gewiß allseitig begrüßen werden. Aber auch in anderer Hinsicht hoffen die Herausgeber sich den Dank der Abnehmer des Kalenders zu verdienen, da zufolge der Anregung auf der diesjährigen Haupt-Versammlung des Hessischen Richtervereins eine Reihe von Aenderungen in der äußeren Erscheinung wie am Inhalt des Kalenders vorgenommen wurden. So ist zunächst das Format etwas kleiner und handlicher geworden, so daß wir nun einen Taschen-Kalender im wahren Wortsinn vor uns haben. Ausgeschieden wurden die Gesetze über den Verwaltungsgerichtshof und das Notariat, die hess. GebO. für Rechtsanwälte von 1902 (ausgenommen die Tabellen) sowie die Mitteilungen höchstrichterlicher Entscheidungen, letzteres weil Sammlungen dieser Art in größerer Zahl fortlaufend erscheinen und überall zu Gebote stehen. Neu aufgenommen ist dagegen das Gesetz, betr. das Zivildiener-Witwen-Institut, von 1886, soweit es noch gilt, und die Bekanntmachung von 1881, betr. Anrechnung geleisteter Militärdienste bei Feststellung des Dienstalters. Ferner wurde im Interesse der Subalternbeamten ein Verzeichnis der Aktuare, Aktuariatsassistenten, Hilfsgerichtsschreiber und Gerichtsvollzieher beigefügt nebst der amtlichen Dienstaltersliste der drei erstgenannten und der ihnen gleichstehenden Beamten-Kategorien (Gerichtskosten-Revisoren, Staatsanwaltsgehilfen, Oekonomen und Rechner der Strafanstalten usw.).

Möge durch die Neuordnung des Inhalts der Kreis der Abnehmer des Terminkalenders sich so erweitern, wie dieser es verdient! Nur dann ist der Verlag im Stande, auch in künftigen Jahren den Beteiligten diesen Kalender zu bieten, der gewiß einem vorhandenen Bedürfnis entgegen kommt, da er speziell auf unsere hessischen Verhältnisse zugeschnitten ist und noch außerdem alles enthält, was an beachtenswertem Stoff in auswärtigen Kalendern dieser Art sich vorfindet. Glückauf sonach zum dritten Jahrgang!

Y.

Literatur.

Neumann, H., Dr., RA.: Jahrbuch des deutschen Rechts (F. Vahlen, Berlin. 2 Bände. Geb. M 27). Der vorliegende II. Jahrg. des an dieser Stelle bereits empfohlenen Unternehmens umfaßt die Zeit bis Anfang 1904. Aus dem überaus reichen Inhalt sei nur Weniges hervorgehoben. Zu § 242 BGB. wird die Literatur über Schneider's Buch „Treu und Glauben“ eingehend erörtert (S. 121 ff.). Ueber das Schadensersatzrecht (§§ 249 ff.) findet eine ausgedehnte Literatur Erwähnung (S. 124 ff.). Die bestehenden 4 Theorien über sog. Differenzgeschäfte werden auf S. 448 ff. besprochen. Die Bürgschaft, die neuerdings oft zur Erörterung kam, findet auf S. 459 ff. eingehende Behandlung. Zu § 1180 BGB. wird auf eine Entsch. unseres OLG. (Hess. Rspr. IV 27) hingewiesen, ebenso zu § 1447 BGB. (IV 82) und zu § 1632 auf Null's Aufsatz in Hess. Rspr. IV 7, zu § 1708 auf Eichbaum's Abhandlung (IV 87). Bei der Streitfrage, ob die landesgesetzliche Fürsorge-Erziehung subsidiärer Natur sei (S. 774, 777 ff.), wird auch die Ansicht des Hess. OLG. (Hess. Rspr. IV 123) angeführt, die jedoch vielleicht einer Nachprüfung nicht standhalten würde. Der zweite Band, dem Handelsrecht mit seinen Nebengesetzen sowie der KonkO., dem Haftpflicht-Ges., der GBO. und zahlreichen anderen Reichsgesetzen gewidmet, bringt gleichfalls eine umfassende Ausbeute aus Literatur und Rechtsprechung des Berichtsjahres. X.

Haymann, F., Dr., GAss.: **Freilassungspflicht und Reurecht** (F. Vahlen, Berlin. 62 S. Geb. M 1.50) Eine ausführliche Monographie über die rechtliche Ausgestaltung dreier Auflagen, die der Veräußerer eines Sklaven dem Erwerber machen konnte: 1) Aufenthaltsschränkung für den Sklaven, 2) Verbot, die Sklavin nicht zu prostituieren, 3) Freilassung. Die constitutio divi Marci und die condictio propter poenitentiam (l. 5 § 1 D. 12,4) werden hierbei kritischen Betrachtungen unterzogen. X.

Haymann, F., Dr., GAss.: **Die Schenkung unter einer Auflage** (F. Vahlen, Berlin. 184 S. Geb. M 4.20). Der durch seine Schrift über Rousseau's Sozialphilosophie bekannte Verf. stellt hier die Schenkungsauflage nach römischem und heutigem Recht dar, insbesondere auch den Konditionsanspruch aus § 527 BGB., der neben dem Widerrufsrecht aus § 530 in das Gesetzbuch aufgenommen wurde. Die Schrift zeichnet sich durch klare, gründliche Behandlung des Stoffes aus. K.

Meyer, H., OLGR., Geh. JR.: **Der Prozeßgang an einem Rechtsfalle dargestellt** (F. Vahlen, Berlin. 70 S. Geb. M 1.20). Dieser zehnte Abdruck der Schrift berücksichtigt das BGB. und die Prozeßnovelle und behält im übrigen die allseitig als gut befundene Darstellung bei. In gleichem Sinne, aber ausführlicher ist die „Anleitung zur Prozeßpraxis“ von dem nämlichen Verf. bearbeitet und hat gleichfalls bereits 18 Abdrücke (6 Auflagen) erlebt. Die Praxis bedient sich gern dieser Hilfsbücher zur Ausbildung junger Berufsgenossen. X.

Skonietzki, R., RGR., und **Gelpcke, M.**, Dr. LRA. und Notar: **Zivilprozeßordnung und Gerichtsverfassungsgesetz** (F. Vahlen, Berlin). Die 1. Lief. (§§ 1—64) dieses neuen Kommentars ist vor einiger Zeit erschienen. Die Verf. wollen Ersatz schaffen für den nicht mehr neu aufgelegten hochangesehenen Kommentar v. Wilmowsky-Levy's. Es steht zu hoffen, daß die Absicht erreicht wird. Auch die Einführungsgesetze sollen Bearbeitung finden und das preuß. Ausführungsgesetz erschöpfend berücksichtigt werden. In den Mittelpunkt wird gerückt die bisherige Judikatur des RG. und der übrigen Gerichte, die im Ausbau des Prozeßrechts in 25 Jahren so Vieles geleistet hat. K.

Budde, J., Bankdirektor: **Beiträge zum Reichshypothekenbankgesetze** (F. Vahlen, Berlin. 58 S. Geh. M 1.40). Die vorliegende Schrift ist veranlaßt durch den sog. Pommernbankprozeß in dessen Verlauf das Hypothekenbankgesetz v. 13. Juli 1899 nach allen Richtungen hin Erörterung fand. Der Verf. bezweckt, das Prozeßmaterial, soweit es das BGB. und HGB. berührt, für die Auslegung wie für die Anwendung des genannten Gesetzes nutzbar zu machen. X.

Irmler, R., RA. u. N.: **Revision der Rechtsanwaltsgebührenordnung** (F. Vahlen, Berlin. 45 S. Geh. M 1). Ueber die Notwendigkeit und Ziele einer solchen Revision verbreitet sich der dieser Schrift zu Grunde liegende Vortrag, den der Verf. im Berliner Anwaltverein gehalten und dessen Drucklegung beschlossen wurde. Den Ausgangpunkt bildet ein Beschluß des Danziger Anwaltstages, der seinerzeit eine Kommission zur Prüfung der Gebührenrevision einsetzte. Die Kommission hat ziemlich radikal gearbeitet, wenn man erwägt, daß nach ihren Vorschlägen von den 95 Paragraphen der GebO. 55 mehr oder weniger erheblich verändert und einer neu eingeschoben werden soll. Der Kommissionsentwurf liegt den Anwaltskammern zur Beratung vor. K.

Anzeigen.

Für die [illegible] verantwortlich: Oberlandesgerichtsrat Keller in Darmstadt. — Verlag von J. Diemer in Mainz. — Druck von G. Otto's Hof-Buchdruckerei in Darmstadt.

Herausgegeben

auf Veranlassung des **Richter-Vereins** unter Mitwirkung der **Hessischen Anwaltskammer**

von Oberlandesgerichtsrat **Keller** in Darmstadt, Landgerichtsrat Dr. **Buff** in Darmstadt, Landgerichtsdirektor **Hess** in Mainz, Landgerichtsdirektor **Praetorius** in Gießen, Landgerichtsrat Dr. **Schwarz** in Darmstadt.

Erscheint monatlich zwei Mal Preis Mk. 7.12 jährlich mit postfreier Zustellung.	Bestellungen nehmen die Expedition in Mainz, die Postanstalten sowie sämtliche Buchhandlungen entgegen.	Einrückungs-Gebühr die dreispaltige Zeile oder deren Raum 30 Pfg.

Nr. 16. Vom Deutschen Juristentag angenommene Zitierweise: HessRspr. Nachdruck verboten. **6. Jahrgang.**

Redaktion: Darmstadt, Heinrichsstraße 5.	**Mainz, 15. November 1905.**	Verlag und Expedition: J. Diemer, Mainz.

Entscheidungen des Großh. Oberlandesgerichts und des Reichsgerichts.

Zivilrecht. — Zivilprozeß.

1. Reichshaftpflichtgesetz. Eigenes Verschulden des Verletzten.

Eine auf der Bahnstrecke Selzen-Mommenheim fahrende Lokomotive mit Revisionsbeamten hatte die Ehefrau E. beim Ueberschreiten eines Uebergangs dieser Nebenbahnstrecke erfaßt, zu Boden geworfen und derart verletzt, daß eine dauernde Beschränkung ihrer Arbeitsfähigkeit eingetreten ist. Die Klage auf Schadensersatz wuede in beiden Instanzen zurückgewiesen.

Aus den Gründen: Der beklagte Fiskus ist für seine Behauptung, daß der Unfall durch eigenes Verschulden der Verletzten entstanden sei, beweispflichtig. Der Beweis erscheint erbracht. Die Lokomotive war von dem unbewachten und unabgesperrten Eisenbahn-Uebergange noch etwa 100 Meter entfernt, als die Verletzte diesen betrat. Das Läutewerk der Maschine war in ständiger Tätigkeit, es wurden Signale mit der Dampfpfeife gegeben und die Bremse angezogen, infolge dessen sich die Schnelligkeit der Fahrt erheblich minderte. So war die Lokomotive bis auf eine Entfernung von 20 Meter an die Ehefrau E. herangekommen, als man wahrnahm, daß diese sich umwendete und auf dem Wege, auf dem sie vom Felde herangekommen war, wieder zurückging. Infolge dessen wurde die Bremse der Lokomotive wieder gelöst, so daß letztere wieder in raschere Bewegung kam. Zu gleicher Zeit hatte sich die Ehefrau E. abermals umgewandt und war wiederum nach den Schienen zu direkt vor die Lokomotive getreten, die nunmehr nicht sogleich zum Stillstand gebracht werden konnte, und war so von ihr erfaßt worden. Die ihr im letzten Augenblick von der Maschine zugegangenen Warnungsrufe hatte sie unbeachtet gelassen. Die Verletzte war, wenn sie auch die Warnungssignale infolge ihrer Schwerhörigkeit nicht vernommen haben sollte, doch in der Lage, die aus einer Entfernung von 100 Meter auf sie heranfahrende Lokomotive zu sehen, da sich der Unfall im August, Nachmittags zwischen 4 und 5 Uhr, bei gelindem Regen ereignete. Wenn es auch feststeht, daß infolge des tiefen Einschnitts, in welchem an jener Stelle die Schienen liegen, und wegen der vorgelagerten Böschung der herankommende Eisenbahnzug für den von der Seite her sich Nahenden erst kurz vor dem Uebergange wahrgenommen werden kann, so ist doch erwiesen, daß füe denjenigen, der den Uebergang selbst erreicht hat, das Schienengelene auf weite Entfernung übersehbar ist. Die Ehefrau E. befand sich bereits auf dem Uebergange, als die Lokomotive noch 100 Meter entfernt war; sie hätte sich demnach nur umzusehen brauchen, um den Zug wahrzunehmen; sie hat ihn wohl auch wahrgenommen, da sie umkehrte und zurückschritt. Dadurch, daß sie nun adermals sich umwandte und unbedachter Weise auf den inzwischen dicht an sie herangekommenen Zug losging, ist der Unfall herbeigeführt worden. Von einem derartigen Verhalten der Verletzten kann unbedenklich gesagt werden, daß es die Außerachtlassung desjenigen Grades von Vorsicht und Aufmerksamkeit enthält, der von fedrm vernünftigen und zurechnungsfähigen Menschen bei Vornahme seiner Handlungen nach den Umständen des gegedenen Falles erwartet werden darf. Dieses Verhalten war mit anderen Worten ein in hohem Maße fahrlässiges und begründet ein eigenes Verschulden der Verletzten. Es wird für diesen Begriff nicht eine besonders geartete Fahrlässigkeit oder eine besonders hochgradige Unvorsichtigkeit vorausgesetzt, sondern es genügt die culpa levis, das Außerachtlassen der gewöhnlichen, im menschlichen Verkehre gebotenen Sorgfalt. Die Schwerhörigkeit ändert hieran nichts; denn geeade wenn die Ehefrau E. schwerhörig war, traf sie um so mehr die Verpflichtung, beim Betreten des Bahnkörpers doppelt vorsichtig zu sein. Auch der Einwand, daß der Uebergang wegen der Unübersichtlichkeit als besonders gefährlich gelte, schützt die Verletzte nicht vor dem Vorwurf eigenen Verschuldens; denn dieser Umstand konnte für die Bewohner von Mommenheim nur ein Anlaß zur Anwendung erhöhter Aufmerksamkeit sein. Wenn es auch richtig ist, daß an dem Uebergang mehrfach Zusammenstöße mit Fuhrwerk nur mit großer Mühe verhindert wurden, so sind doch diese Vorgänge für den vorliegenden Fall ohne Bedeutung. Denn die Gefahr eines Unfalls war dort deshalb näher gerückt, weil es vielfach schwer ist, Pferde beim Herannahen eines Zugs zum Stehen zu dringen, oder zum Zurückgehen zu veranlassen. Diese Schwierigkeit liegt nicht vor, wenn ein Mensch das Geleise überschreitet. Ueber die Notwendigkeit des Anbringens von Schranken an den Uebergängen hat nach § 7 der Bahn-Ordnung für die Nebenbahnen Deutschlands vom 5. Juli 1892 die Aufsichtsbehörde zu entscheiden. Daß diese die Anbringung einer Schranke jemals verlangt habe, ist nicht behauptet.

Ist hiernach ein Verschulden auf Seiten des bekl. Fiskus nicht dargetan worden, so ist auch die Vorschrift der § 254¹ BGB. über konkurrierendes Verschulden hier nicht anwendbar.

Urt. OLG. II. ZS. v. 22. April 1905 U 409/04. F.

2. Mängelrüge i. S. des § 377 HGB.

Bekl. hatte vom Kl. am 18. März 1902 5000 kg gutsortierte leere Kuhhörner, lieferbar Ende April bis Anfang Mai gekauft. Kl. überlieferte dem Spediteur des Bekl. zunächst 13 Säcke mit 628 kgr., die vom Bekl. an einen gewissen G. zur Probe verkauft, geliefert und nicht beanstandet wurden. Etwa 2 Tage später überlieferte Kl. dem Spediteur für den Bekl. weitere 83 Säcke mit 3560 kgr., die auf Grund inzwischen nach der Probelieferung erfolgter Bestellung vom Bekl. an den genannten G. verkauft und laut Rechnung v. 12. Mai durch Vermittlung des Spediteurs dem G. geliefert wurden. Erst mit Brief vom 25. Mai bemängelte Bekl. die 83 Säcke und stellte sie zur Verfügung, alles dies nur auf Grund des ganz gleichen Briefes seines Abnehmers G. vom 24. Mai. Kl. bestritt die Rechtzeitigkeit der Mängelrüge und die K. f. H. S. in Mainz (O 246/02) führte hierzu aus:

Dem Bekl. war darin nicht beizupflichten, daß die Anzeige vom 25. Mai deshalb noch rechtzeitig sei, weil Kl. bei dem Verkauf gewußt habe, daß der in Mainz wohnende Bekl. die Ware von Nürnberg aus weiter verkauft habe oder verkaufen werde, so daß sie Mainz gar nicht berühre und vom Bekl. dort gar nicht untersucht werden könne. Nach des Bekl. Ausführung liegt darin eine stillschweigende Verlängerung der Untersuchungs- und Anzeigefrist bis zu dem Zeitpunkt, in welchem der weitere Käufer unter Beobachtung des § 377 HGB. die Ware untersucht und eventuell die Mängel gerügt habe. Wenn auch anerkannt werden soll, daß unter solchen Voraussetzungen eine Verlängerung der Rügefrist stillschweigend gewollt sein kann, so hätte doch für den vorliegenden Fall der Bekl. die Umstände genau darlegen und zum Beweise erbieten müssen, woraus sich insbesondere ergeben hätte, daß Kl. sich auch auf eine so außerordentliche Verlängerung von nahezu 4 Wochen eingelassen habe. Es kann sich also nur fragen, ob der Bekl. berechtigt war, die Prüfung der zweiten Teilsendung zu unterlassen, weil die erste Teillieferung gut war. In feststehender Rechtsprechung haben die Gerichte an dem Grundsatz festgehalten, daß bei teilweiser Lieferung die Anzeige bei jeder Sendung besonders erfolgen müsse (RGE. I 53; III 100 und RG. v. 23. März 1900 in JWschr. S. 394). Wirkliche Teillieferungen liegen aber nur vor, wenn die Zusendung der einzelnen Posten als selbständige Akte der Vertragserfüllung vom Verkäufer gewollt und dieser Wille auch dem Käufer erkennbar gemacht ist. Dies kann aber nicht, wie das RG. (Bd. 43 S. 65) ausführt, ohne weiteres angenommen werden, wenn der Verkäufer bei Zusendung einer Warenmenge, die er auf einmal zu liefern hat, lediglich aus Gründen geschäftlicher Zweckmäßigkeit oder Bequemlichkeit die verschiedenen Behältnisse, in welchen die Ware verpackt ist, nicht absolut gleichzeitig, sondern nacheinander in kurzen Zwischenräumen zum Versand bringt und die Ware demgemäß auch nicht auf einmal beim Käufer eintrifft .... Es wird sodann ausgeführt, daß keine Teillieferungen gewollt, sondern die nur um 2 Tage auseinanderliegenden Ablieferungen als eine Erfüllungshandlung anzusehen seien, Bekl. aber berechtigt gewesen sei, anzunehmen und dem Kl. zu vertrauen, daß der Rest der gekauften Lieferung ganz von derselben Beschaffenheit und Güte sein werde, wie die zuerst gelieferten 13 Säcke; und da Käufer bei der großen Menge Säcke nicht jeden einzelnen durchzusehen habe, insbesondere wenn er auf die Gleichartigkeit der Lieferung vertrauen dürfe, so dürfe er noch Wandlung wegen der später entdeckten Mängel in den nicht untersuchten Säcken begehren.

Auf Berufung hat das OLG. die Ausführungen der K. f. HS. in ihrem ersten Teil gebilligt, der Annahme, daß keine Teillieferungen vorliegen, gegenüber jedoch Bedenken geäußert, aber die Entscheidung darüber dahin gestellt gelassen, weil Bekl. auch dann nicht ihrer Verpflichtung nachgekommen sei, wenn man annehmen wolle, die beiden Sendungen seien als eine einheitliche anzusehen; es fährt dann fort: Waren es 2 Teillieferungen, so fehlt es hinsichtlich der zweiten Lieferung an der unverzüglichen Mängelanzeige; nimmt man aber an, daß nur eine Lieferung vorliege, dann ist die vorgenommene Untersuchung als unzureichend anzusehen. Es war Pflicht des Bekl. die gesamte Lieferung der 96 Säcke zu untersuchen und will man selbst annehmen, daß es sich hierbei um eine so große Menge handelt, bei der Stichproben für ausreichend anzusehen sind. (Staub, § 377 HGB. Anm. 15), so kann es als genügende Stichprobe nicht angesehen werden, wenn von 96 Säcken nur 13, und zwar gesondert nur die zuerst erhaltenen 13 Säcke untersucht werden, die später erhaltenen 83 Säcke aber gar nicht. Gerade der Umstand, daß diese Quantitäten gesondert geliefert wurden, hätte dem sorgsamen Kaufmann Anlaß geben müssen, jede gesonderte Sendung einzeln zu prüfen. Die Unterstellung, daß beide von gleicher Beschaffenheit seien, ist durch nichts gerechtfertigt. War die Untersuchung demnach dem Gesetze nicht entsprechend, so können die am 25. Mai gerügten Mängel auch nicht etwa als heimliche i. S. des § 377 HGB. angesehen werden, da die angegebenen Mängel bei ordnungsmäßiger Untersuchung hätten entdeckt werden müssen.

Urt. OLG. II. ZS. v. 7. April 1905 U 99/04. F.

Kosten und Gebühren.

3. Was ist unter Beschwerdegegenstand im Sinne des Art. 27 Abs. 4 UrkStG. zu verstehen?

In dem Kommentar zu den Kostengesetzen von Lorbacher ist die obige Frage in Anm. 10 zu Art. 27 UrkStG. dahin beantwortet, daß unter Beschwerdegegenstand nicht der Stempelansatz, sondern das dem Stempelansatze zu Grunde liegende Geschäft, bezüglich dessen auf dem Wege der Beschw. eine Aenderung des Stempelansatzes begehrt wird, zu verstehen sei. Das OLG. hat diese Ansicht für unzutreffend erklärt und sich dahin ausgesprochen, daß unter Beschwerdegegenstand der Stempelbetrag zu verstehen sei, der dem Beschwerdeführer nach seinen Anträgen zu Unrecht angesetzt worden sei. In den Gründen wird Folgendes ausgeführt: Die Ansicht von Lorbacher findet weder in dem Gesetze selbst noch in dessen Begründung eine Stütze. Gegenstand der Beschw. ist die Stempelanforderung, nicht das beurkundete Rechtsgeschäft. Letzteres kommt nur insoweit in Betracht, als es die Grundlage für die Berechnung des Stempels bildet. In der Begründung zu dem Entwurfe UrkStG. (vgl. Verh. der II. K. der Landstände von 1897–1900, Beil. 7. Band, Anl. zur Beil. Nr. 893) ist auf S. 28 ausgeführt, daß die vorgesehene Beschw. an das OLG. dem Rechtsmittel der Revision im Sinne der FGG. in gewisser Beziehung entspreche und sich an die Art. 7 ff. des Ges., das Verfahren i. S. der nichtstreitigen Gerichtsbarkeit betr., vom 5. Juni 1879 anschließe, und daß für die Beschw. eine Wertgrenze festgesetzt werde, um eine mit der Bedeutung und Einrichtung des OLG. nicht verträgliche

Ueberlastung mit geringfügigen Sachen zu vermeiden. Art. 7 des letzterwähnten Gesetzes erklärt die §§ 512, 513 ZPO. für maßgebend. Dieser Hinweis auf die ZPO. rechtfertigt die Annahme, daß man bei Erlaß des UrkStG. unter „Beschwerdegegenstand" nichts anderes verstanden wissen wollte als in der ZPO. Hier ist aber Beschwerdegegenstand der Streitgegenstand, so weit er durch die *Anträge* berührt wird, und er wird durch die Summe ausgedrückt, welche dem Beschwerdeführer nach seiner Behauptung durch die angefochtene Entscheidung zu Unrecht entzogen wird und welche ihm zu Gute kommen würde, wenn seinem Antrage Folge gegeben würde. Der bereits oben mitgeteilte, in der Gesetzesbegründung angegebene Zweck der Aufstellung einer Wertgrenze weist auch darauf hin, daß der Begriff des Beschwerdegegenstands nicht im Sinne des *Lorbacher*'schen Kommentars gemeint sein kann, weil sonst schon die allergeringfügigsten Stempelsachen zur Zuständigkeit des OLG. erwachsen könnten.

Beschl. OLG. I. ZS. v. 2. Juni 1905 W 126/05. Dfch.

4. Festsetzung des Streitwerts im Falle offenbarer Unrichtigkeit der im Klageantrag enthaltenen Klagesumme.

In einem Patentprozeß beantragte Kl., neben dem Anspruch auf Unterlassung der Verletzung seines Urheberechts, den Bekl. zu verurteilen, ihm allen durch den seitherigen Vertrieb der Nachahmungen erwachsenen Schaden mit vorsorglich 120 000 M zu ersetzen. Im anberaumten Verhandlungstermin erschien nur der Bekl., stellte aber keinen Antrag. Vom Gericht über die Höhe des Streitwerts gehört, gab der kl. Vertreter den Wert des Streitgegenstandes auf 6000 M an, mit dem Anfügen, es sei bei der Abfassung der Klage bzw. bei der Instruktion ein *Irrtum* unterlaufen, insofern behauptet worden sei, der entstandene Schaden betrage 6000 £ (Pfund Sterling) = 120 000 M; der entstandene Schaden betrage tatsächlich nur 6000 M. Der Irrtum, der zur anfänglichen Bezifferung des Schadens auf 120 000 M geführt habe, sei dadurch hervorgerufen worden, daß in dem dem kl. Vertreter zugegangenen Instruktionsschreiben der zu liquidierende Schaden mit „6000 Pf." angegeben gewesen sei, was der kl. Vertreter für „6000 Pfund" gelesen habe, während das Zeichen „Pf." lediglich ein Schreibfehler gewesen sei und „6000 M habe heißen müssen. Der betr. Klageantrag ermäßige sich daher dementsprechend; er, kl. Vertreter, habe die fragliche Behauptung der Klage dem Gegner gegenüber angefochten.

Daraufhin setzte das LG. zu D. „den Wert des Streitgegenstandes zur Zeit auf 120 000 M für die bis jetzt erwachsenen Kosten" fest.

Auf die hiergegen vom Kl. verfolgte Beschw. wurde der Wert des Streitgegenstands bezüglich der Schadensersatzforderung auf 6000 M festgesetzt.

Aus den Gründen: Es ist zwar richtig, daß der Streitwert durch die erhobenen Ansprüche, wie solche in den gestellten Anträgen zum Ausdruck gelangt sind, bestimmt wird, und daß, wenn der Streit durch ein inzwischen eingetretenes Ereignis seine Erledigung gefunden hat, dies auf die Berechnung des Streitwertes nur dann von Einfluß ist, wenn die Partei dementsprechend den Antrag ermäßigt hat (E. des RG. in Jur. Wschr. 1896 S. 410[7]). Allein das schließt nicht aus, daß bei Stellung der Anträge vorgekommene *Schreibfehler*, Rechnungsfehler und ähnliche offenbare Unrichtigkeiten als solche zu berücksichtigen sind, und daß deren Berichtigung mit der Wirkung als zulässig erachtet werden muß, daß die berichtigte Angabe bezw. der berichtigte Antrag als der von Anfang an maßgebende in Betracht zu kommen hat (*Gaupp-Stein*, ZPO. § 3 Anm. 2, Note 1; *Pfafferoth*, GKG. § 9 bezw. ZPO. § 4, Erläuterung 4). Es kann sich nur darum handeln, ob die zu berichtigenden Angaben bezw. Anträge in der Tat als auf derartigen Versehen beruhend angesehen werden können. Dies ist aber vorliegend der Fall.

Beschl. OLG. I. ZS. v 23. März 1905 W 69/05. Lk.

Entscheidungen der Großh. Landgerichte.

Zivilrecht. — Zivilprozeß.

5. Unter welcher Voraussetzung kann der Käufer beim Gattungskauf, nachdem er Lieferung mangelfreier Ware verlangt hatte, seine Wahl ändern?

Der Bekl. kaufte von der Kl. Krystallzucker nach einem Typmuster. Bei Ankunft der Ware ergab sich, daß sie dem Muster nicht entsprach, weshalb der Bekl. den Mangel rügte und die Ware zur Verfügung stellte. Als die Kl. bestritt, nicht muster- und vertragsmäßig geliefert zu haben, forderte sie der Bekl. unter Androhung eines Deckungskaufs auf, binnen 3 Tagen die gekaufte Qualität zu liefern. Am folgenden Tage erschien ein Teilhaber der Kl. bei dem Bekl. und erkannte an, daß die Ware dem Muster nicht entspreche, unter der Erklärung, daß vorerst ein dem Muster entsprechender Zucker nicht geliefert werden könne. Der Bekl. nahm darauf einen Deckungskauf vor, bei dem sich der Zucker teuerer stellte, und machte hiervon der Kl. mit der Bitte Mitteilung, andere Ware nicht zu senden, indem er sie gleichzeitig mit der Differenz belastete. Die Kl. hatte fortwährend die Mängelrüge als unbegründet bestritten und die Verfügung über die Ware abgelehnt. Diese wurde später einem Dritten überwiesen, von dem der Bekl. die Differenz erhob. Die Kl. forderte den Betrag zurück, da der Bekl. zur Vornahme eines Deckungskaufs nicht berechtigt gewesen sei. Der erste Richter wies die Klage auf Grund des § 320 BGB. ab, indem er ausführte, daß die Kl. die Vertragserfüllung ausdrücklich abgelehnt habe und der Bekl. vor Ablauf der dreitägigen Frist sich habe decken können. Die Berufung wurde *verworfen*.

Aus den Gründen: Es handelt sich vorliegend um einen Gattungskauf, für den in § 480 BGB. besondere Bestimmungen gegeben sind, so daß erst in zweiter Linie die allgemeinen Vorschriften der §§ 320 ff. BGB. zur Anwendung kommen. Der Ware fehlte zur Zeit des Gefahrübergangs auf den Bekl. eine zugesicherte Eigenschaft, da sie dem Muster, nach dem gekauft war, nicht entsprach. Die Kl. hatte also ihrer Vertragspflicht nicht genügt und der Bekl. hatte die in § 480 BGB. genannten Befugnisse. Er konnte aber nicht nur wählen, sondern, insolange die Kl. sich nicht mit seinem Vorschlage einverstanden erklärt und ihn angenommen hatte, seine Wahl ändern (*Planck*, Anm. 1 n. 2 zu § 465 BGB.)

Dieses jus variandi hat Bekl. in zulässiger Weise ausgeübt. Er verlangte zunächst Lieferung mangelfreier Ware innerhalb drei Tagen. Diesen Vorschlag hat Kl. nicht nur nicht angenommen, sondern sie hat fortwährend bestritten, vertragswidrig geliefert zu haben, und ausdrücklich erklärt, innerhalb der gesetzten Frist dem Muster entsprechenden Zucker nicht liefern zu können. Der Bekl. war also zur Aenderung seiner Wahl berechtigt und konnte, unter Rücktritt vom Vertrag, Schadensersatz wegen Nichterfüllung verlangen. Unter diesen Umständen kann auch von einer ungerechtfertigten Bereicherung des Bekl. keine Rede sein.

LG. Mainz, III. ZK., v. 14. Juni 1905 S 85/05. Nees.

Strafrecht. — Strafprozeß.

6. **Verstoß gegen § 68 StPO.** Die Revision macht geltend, der § 68 StPO. sei verletzt, weil der Zeuge X. bei seiner Vernehmung vor dem ersuchten Gerichte nicht veranlaßt worden sei, das, was ihm von dem Gegenstand seiner Vernehmung bekannt war, im Zusammenhange anzugeben.

Bei dieser Verhandlung hat der Zeuge erklärt: „*Meine mir vorgelesene Aussage an dieser Stelle vom ...... halte ich in allen Teilen aufrecht.*“ Die in bezug genommene Aussage ist eine vor demselben Gerichte im Laufe der Voruntersuchung abgegebene. Nach der Fassung des Protokolls scheint es, daß dem Zeugen *ohne weiteres* seine frühere Aussage vorgelesen und diese von ihm lediglich bestätigt worden ist. Eine derartige Vernehmung entspricht nicht den Vorschriften des § 68 StPO., wonach von dem Zeugen eine zusammenhängende Erklärung über seine Wissenschaft gefordert werden soll (Rechtspr. X S. 280). Da indessen die Vorschrift in § 252 StPO. hier nicht in Betracht kommt (Rechtspr. a. a. O.) und diejenigen des § 68 StPO. die Gültigkeit des Verfahrens bedingende Normen nicht bilden, auch von den Beteiligten in der Hauptverhandlung, obschon sie von dem Mangel der Vernehmung durch die Protokollverlesung Kenntnis erhalten hatten, eine Ergänzung des ersteren nicht beantragt worden ist, so *beruht* das Urteil nicht auf dem gerügten Mangel und das Gericht war nach § 260 StPO. in der Lage, das Zeugnis in der Gestalt, in der es vorlag, zu würdigen.

Reichsgericht I. StS. v. 22. Mai 1905 D 3944/04 (*Hess. Sache*). Nees.

Freiwillige Gerichtsbarkeit.

7. **Zur Auslegung des § 182 Abs. 1 B.-B.**

Der Beschwerdeführer hat laut notarieller Urkunde mit seiner Verlobten E. E., 19 Jahre alt, einen Ehevertrag geschlossen, durch welchen ausdrücklich *Gütertrennung* vereinbart, weiter aber die Genehmigung des Vaters der Braut, Ph. E., zu dem Vertrag vorbehalten worden war. Nach Eheschließung hat Beschwerdeführer zu Protokoll des Gerichtsschreibers Wahrung des Vertrags im *Güterrechtsregister* beantragt, indem er Ausfertigung des Vertrags und von dem Notar beglaubigte Abschrift eines diesem in Urschrift vorgelegten Protokolls eines Notars in K. (Bayern), wonach Ph. E. seine Genehmigung zu dem Vertrag erklärte und um Aushändigung des Aktes in Urschrift ersuchte, vorlegte. Das AG. hat den Antrag kostenfällig abgewiesen, da der Ehevertrag mangels Erklärung der Zustimmung des Ph. E. *gegenüber einem der Vertragsteile* (§ 182 BGB. Abs. 1) ungültig sei.

Der Beschwerdeführer behauptet zur Begründung der gegen diesen Beschl. gerichteten Beschw., daß ihm und seiner Ehefrau von der Genehmigung *Kenntnis gegeben* worden sei. Das AG. bemerkt bei Vorlage der Akten, daß sich aus der Tatsache der Beiheftung der beglaubigten Abschrift — übrigens ohne Siegel oder Stempel, während die Abschrift selbst gestempelt ist, — nicht entnehmen lasse, wem gegenüber die Erklärung der Genehmigung erfolgt sei, wie diese auch tatsächlich dem Großh. Notar direkt eingereicht worden, also ihm gegenüber erfolgt sei, daß durch Mitteilung einer Abschrift seitens des Notars an die Brautleute die Genehmigung diesen gegenüber nicht erklärt worden, jedenfalls dann nicht, wenn nicht der Notar als Bevollmächtigter des Vaters gehandelt habe, was hier nicht zutreffe.

Das Beschwerdegericht nimmt keinen Anstand, sich der Entscheidung des ObersťLG. in München vom 30. Juni 1904 (Sammlung von Entsch. in Angelegenheiten d. FG. und des Grundbuchrechts, zusammengestellt im Reichsjustizamt, IV. Bd. S. 132 ff.) anzuschließen. Diese Entsch. führt aus: „Die Vorschrift des § 182 Abs. 1 BGB., die Erklärung sowohl dem einen wie dem anderen Teile gegenüber zuläßt, spricht nur von einer *Genehmigung*, die erteilt wird, schließt aber eine Genehmigung durch anderweitige Betätigung des Genehmigungswillens nicht aus. Die Genehmigung ist ein Rechtsgeschäft, das der Genehmigende innerhalb seines eigenen Rechtskreises vornimmt, er verschafft dem fremden Rechtsgeschäft, das auf seinen Rechtskreis einzuwirken bezweckt, die gewollte Wirkung. Er braucht sich deshalb nicht an diejenigen zu wenden, die das Rechtsgeschäft vorgenommen haben, sondern kann sich damit begnügen, den Genehmigungswillen unmittelbar zu betätigen. Das Wirksamwerden des Rechtsgeschäfts gegenüber seinem Rechtskreise übt eine Rückwirkung auf die Rechtskreise derjenigen, die das Rechtsgeschäft vorgenommen haben, dies macht sie aber nicht zu einem auf die fremden Rechtskreise gerichteten Rechtsgeschäfte. Für gewisse Fälle, insbesondere auch den hier in Betracht kommenden Fall des § 177, ist dem einen der Vertragschließenden, zwischen dem und dem Genehmigenden die von der Genehmigung abhängige Rechtsänderung eintreten soll, das Recht eingeräumt, eine an ihn gerichtete Erklärung zu verlangen; macht er von diesem Recht Gebrauch, so wird eine dem anderen Teile gegenüber abgegebene Erklärung wirkungslos. Auch in diesem Falle ist die Genehmigung zunächst ein nicht empfangsbedürftiges Rechtsgeschäft; sie wird aber von Anfang an empfangsbedürftig, wenn der Hauptbeteiligte die Erklärung verlangt. Die rechtliche Stellung des anderen Teils, dem gegenüber die Genehmigung erklärt werden kann, solange nicht der Hauptbeteiligte eine an ihn gerichtete Erklärung verlangt, ist von der des Hauptbeteiligten wesentlich verschieden, das Gesetz macht ihn nicht in seinem Interesse zum Empfänger der Erklärung, die Erklärung wird nicht wegen der Wirkung an ihn gerichtet, die die Genehmigung auf seinen Wirkungskreis ausübt, sondern er ist im Interesse des Genehmigenden zum Erklärungsempfänger bestimmt, diesem wird die Ausführung seiner Willensentschließung dadurch erleichtert, daß er eine wirksame Erklärung auch an den anderen Teil richten kann. Der andere Teil hat nicht nur kein Recht auf eine Erklärung, sondern er kann sich auch nicht auf die an ihn gerichtete Erklärung verlassen, sie wird unwirksam, ohne daß er es erfährt, sobald der Hauptbeteiligte eine an ihn gerichtete Erklärung verlangt. Gegenüber der rechtlichen Stellung des Hauptbeteiligten, an den die Erklärung gerichtet werden muß, wenn er es verlangt, erscheint die an den anderen Teil gerichtete Erklärung als eine anderweitige Betätigung des Genehmigungswillens, bei ihr ist das Wesentliche nicht, daß sie an den anderen Teil gerichtet wird, sondern daß sie einen Ausdruck des Genehmigungswillens enthält, deshalb hat sie nicht mehr Bedeutung als eine sonstige Betätigung dieses Willens.“

Im gegebenen Fall hat das OLG. eine ebenso unzweideutige Betätigung des Genehmigungswillens gegenüber der Frau darin gefunden, daß der Mann seine Genehmigungserklärung hatte notariell beurkunden lassen, damit sie dem Grundbuchamte vorgelegt und von diesem die genehmigende Auflassung eingetragen werde. Es bedarf keiner Ausführung im einzelnen, wie die vorstehenden Sätze sich noch auf den vorliegenden Fall anwenden lassen. Es genügt, hervorzuheben, daß, wenn der Vater kraft der elterlichen Gewalt das Recht und die Pflicht hat, für die Person und das Vermögen des Kindes zu sorgen, diese Pflichtstellung nichts

daran ändern kann, daß die Genehmigung auf den eigenen Rechtskreis des Vaters gerichtet erscheint, und daß der § 108 Abs. 2 Satz 1 BGB. vorliegend den Beschwerdeführer als den Hauptbeteiligten im Sinne vorstehender Darlegungen erscheinen läßt.

Aber noch abgesehen von letzterem ist hier der § 152 BGB. analog heranzuziehen.

Wie hiernach, wenn ein Vertrag gerichtlich oder notariell beurkundet wird, ohne daß beide Teile gleichzeitig anwesend sind, der Vertrag mit der nach § 128 erfolgten Beurkundung der Annahme zu Stande kommt, wenn nicht ein anderes bestimmt ist, weil der Fall vom Gesetze demjenigen des § 151 — der Vertrag kommt durch die Annahme des Antrags zu Stande, ohne daß die Annahme dem Antragenden gegenüber erklärt zu werden braucht, wenn eine solche Erklärung nach der Verkehrssitte nicht zu erwarten ist oder der Antragende auf sie verzichtet hat —, gleichgestellt wird, so muß auch, wenn die Genehmigung eines notariell beurkundeten Vertrags gegenüber den Vertragschließenden gefordert wird, angenommen werden, daß die notarielle Beurkundung der Genehmigungserklärung den Vertragschließenden genügt, weil nach der Verkehrssitte diese Erklärung den Vertragschließenden nicht zuzugehen braucht, vielmehr stillschweigend auf diesen Zugang verzichtet erscheint. Hierin liegt kein Widerspruch gegen § 108 Abs. 2 Satz 1, insofern nicht zur Erklärung über die Genehmigung aufgefordert, sondern die Genehmigung überhaupt eingeholt wird, wie denn auch nach Planck zu § 182 BGB. die Auffassung des Verkehrs in manchen Fällen die Gleichstellung einer Willenserklärung, die nicht sofort zur Kenntnis des Erklärungsempfängers gelangt, mit einer dem Anderen gegenüber abgegebenen Erklärung verlangt. Es bedarf aber hier gar nicht dieser rechtlichen Ausführungen. Die Zustimmung bedarf nach § 182 BGB. nicht der für das Rechtsgeschäft bestimmten Form. Es bedarf daher für die Genehmigungserklärung keiner ausdrücklichen Beurkundung dahin, daß sie sich an den einen oder den andern Adressaten richte, noch einer Beurkundung, daß sie dem Adressaten zugegangen sei. Aus der beglaubigten Abschrift des Protokolls vom 14. Nov. 1904 geht aber zur Genüge hervor, daß der Vater Ph. E., indem er erklärte, daß er als gesetzlicher Vertreter seiner Tochter die Genehmigung zu dem von dieser notariell abgeschlossenem Ehevertrag erteilte, beide Vertragsschließende als diejenigen im Auge hatte, denen gegenüber er seine Erklärung abgeben wollte; aus der Tatsache, daß er um Aushändigung seiner Erklärung in Urschrift ersucht und daß diese Urschrift dem Notar vorgelegen hat, ergibt sich ebenso zur Genüge, daß das Vorhandensein der Urschrift, deren beglaubigte Abschrift der Beschwerdeführer eingereicht hat, diesem, und zwar mit Wissen und Willen des Ph. E. bekannt geworden ist; denn die theoretisch vorhandene Möglichkeit, daß die Urschrift des Protokolls vom 14. Nov. 1904 ohne Wissen und Willen der Erklärenden an den Notar gelangt sei, oder daß der Erklärende im anderen Falle wenigstens die Kenntnisnahme der Vertragschließenden vor seiner Genehmigungserklärung als eine an sie gerichtete nicht gewollt habe, ist eine so entfernte, daß sie von dem Registerrichter gegenüber dem sich aus der Natur der Sache an sich ergebenden Beweise für das Gegenteil nicht berücksichtigt werden darf. Ob Ph. E. die Urschrift an den Notar oder an den Beschwerdeführer oder an seine Tochter gesandt hat, ist gleichgültig; hat er sie an den Notar gesandt, so entsprach es selbstverständlich seinem Willen, daß dieser dasjenige tat, was zur Wirksamkeit des genehmigten Vertrags erforderlich war, also dem Beschwerdeführer die Abschrift aushändigte, um von der Genehmigungserklärung Kenntnis zu nehmen und den Eintragungsantrag zu stellen. Einer besonderen ausdrücklichen Ermächtigung des Notars bedurfte es nicht.

Der Beschw. war sonach stattzugeben, der angefochtene Beschluß des AG. aufzuheben und dieses mit den weiter erforderlichen Anordnungen zu betrauen.

Beschl. LG. Dstd. ZK. I v. 25. Febr. 1905 T 74/05.

Sspn., Ger.-Ass.

8. **Eintragung einer Zwangshypothek, Akt der freiw. Gerichtsbarkeit; formlose Vollmacht; Stempel zur Vollmacht.***)

Ueber obige Punkte hat sich das LG. Mainz als Beschwerdegericht, wie folgt, ausgesprochen:

Richtig ist zwar, daß die allgemeinen Voraussetzungen für den Beginn der Zwangsvollstreckung auch bei der Zwangsvollstreckungsmaßregel hinsichtlich der Eintragung einer Zwangshypothek vorliegen müssen. Die Eintragung ist daher materiell eine Zwangsvollstreckungsmaßregel, doch ist das Verfahren lediglich ein Akt der freiw. Gerichtsbarkeit und untersteht den Vorschriften der GBO. Hieran ändert auch nichts, daß der Grundbuchrichter die Zulässigkeit der Zwangsvollstreckung zu prüfen hat.

Diese Prüfungspflicht übt er als Richter der freiw. Gerichtsbarkeit vermöge des sein Verfahren beherrschenden Grundsatzes der Legalität (vgl. Oberneck, 3. Aufl., § 160, Note 27; RG Bd. 13 S. 16—18).

Auch das RG. steht auf diesem Standpunkt, wenn es ausspricht, daß das Beschwerdeverfahren bezüglich der Ablehnung der Eintragung einer Zwangshypothek sich nach den Vorschriften der GBO. und nicht der ZPO. richtet (vgl. RGE. 48 S. 242).

Die Frage, ob eine formlose Vollmacht genügt, um die Eintragung für den Gläubiger herbeizuführen, muß bejaht werden. Der erste Richter vertritt die Ansicht, daß im Hinblick auf § 29 GBO. öffentliche oder öffentlich beglaubigte Vollmacht vorzulegen sei. Der § 29 GBO. kommt jedoch hier nicht zur Anwendung, sondern § 30 GBO., wonach für den Eintragungs-Antrag sowie für die Vollmacht zur Stellung eines solchen die Vorschriften des § 29 GBO. nur gelten, wenn durch den Antrag zugleich eine zu der Eintragung erforderliche Erklärung ersetzt werden soll. Zu den reinen Anträgen, welche keiner Form bedürfen, gehört insbesondere der Antrag auf Eintragung einer Zwangshypothek in das Grundbuch. Er findet seine Recht-

*) Anmerkung des Einsenders: Bestritten ist die Frage, in welcher Weise die Vollmacht dem Grundbuchrichter gegenüber nachzuweisen ist, ob die Bezeichnung im Rubrum des Urteiles genügt oder die Vollmacht selbst vorgelegt werden muß (vgl. die Entsch. der LG. Karlsruhe, Freiburg, OLG. Colmar bei Schröder, Grundbuchs-Entsch. IV S. 228, und OLGRspr. Bd. 8 S. 158; ferner Löwenherz, Leitf. f. Grundbuchbeamte, 1904 S. 61, auch DJurZ. 1904 S. 642). In dem obigen Falle bedurfte es nicht dieser Entscheidung, da die Vollmacht selbst vorgelegt worden war. Nach der am meisten vertretenen Ansicht genügt zum Nachweis der Prozeßvollmacht gegenüber dem Grundbuchamt im Amtsgerichtsprozeß die Bezeichnung des Prozeßbevollmächtigten im Rubrum des Urteils, da die Vollmacht v. A. w. geprüft wird und diese Bezeichnung mindestens die Bedeutung eines gerichtlichen Zeugnisses hat. Dagegen bedarf es in land- und oberlandesgerichtlichen Prozessen der Vorlage der Vollmacht, da hier keine Prüfung stattfindet. A. M. in letzterer Beziehung ist das OLG. Colmar (Entsch. v. 1. Febr. 1904, OLGRspr. a. a. O.; es hält die Bezeichnung im Rubrum des Urteiles für ausreichend, indem es von der Erwägung ausgeht, daß der im Urteil aufgeführte Prozeßbevollmächtigte als solcher zu gelten hat, da seine Vollmacht im Prozeß nicht bemängelt worden ist. Um der Praxis eine gewisse Erleichterung zu verschaffen, dürfte der Ansicht des OLG. Colmar zu folgen sein.

fertigung in dem vollstreckbaren Schuldtitel und bildet nur einen Verfahrensakt. Was von dem Antrage selbst gilt, muß auch für die **Vollmacht** zur Stellung eines reinen Eintragungsantrags zutreffen. Demnach bedarf der Bevollmächtigte des Gläubigers einer vollstreckbaren Geldforderung, welcher deren Eintragung in das Grundbuch beantragt, keiner beglaubigten Vollmacht, einerlei ob er der Prozeßbevollmächtigte ist oder nicht (vgl. **Achilles-Strecker** Komm. zur GBO. § 30 S. 236).

Wird die Vollmacht **vorgelegt**, so muß sie auch verstempelt werden; denn die Vorlegung der Vollmacht erfolgt in einem Verfahren der FG bei einer öffentlichen Behörde, dem Grundbuchrichter (vgl. Art. 1 UrkStG. v. 12. Aug. 1899 u. Ziff. 86 StTarif).

Entsch. LG. Mainz, II. ZK., vom 9. Juli 1905 T 129/05.
LGR. Dp.

Kosten und Gebühren.

9. Zu Artikel 4 des Urkundenstempelgesetzes.

Als Eigentümer eines Grundstücks sind die Eheleute O. eingetragen; deren eheliches Güterrecht steht nicht fest. Am 7. Septbr. 1904 erschien der **Ehemann** O. vor dem Ortsgericht B. und verkaufte das Grundstück an den Ehemann H. Der Vertrag ist ortsgerichtlich protokolliert. Die beiderseitigen Ehefrauen sind als Verkäufer und Käufer im Kopfe der Kaufnotul mitaufgeführt, waren aber tatsächlich bei Protokollierung der Kaufnotul nicht anwesend. Die beiderseitigen Ehefrauen haben sich später geweigert, die Kaufnotul zu genehmigen. Die Bestätigung wurde versagt und ein Stempel nach StT. Nr. 46 in Höhe von 153,50 M berechnet und dem Beschwerdeführer angefordert. Dieser verlangt Einziehung der Stempelanforderung, weil der Vertrag mangels Zustimmung der Ehefrau des Verkäufers nichtig und unwirksam sei. Das AG. hält die Beschw. teilweise für begründet, da die von der Ehefrau des Verkäufers nicht genehmigte Kaufnotul keinen Vertrag über ein „Rechtsgeschäft" im Sinne des Art. 1 UrkStG. enthalte; es habe nur ein Antrag vorgelegen, der zurückgenommen worden sei, bevor ein stempel- oder gebührenpflichtiger Akt entstanden, und könne daher nur 1/10 des geforderten Stempelbetrags in Ansatz kommen.

Die Beschw. ist als unbegründet **verworfen** worden. Nach dem Inhalte der Kaufnotul sind vor dem Ortsgericht der Ehemann O. als Verkäufer und der Ehemann H. als Käufer erschienen und haben einen Kaufvertrag über das ganze Grundstück protokolliert. Dieser Kaufvertrag ist mangels Zustimmung der als Mitverkäuferin in der Kaufnotul aufgeführten Ehefrau des Verkäufers keineswegs nichtig; von deren Zustimmung war in der Kaufnotul die Gültigkeit des Kaufvertrags nicht einmal abhängig gemacht. Allerdings hat der Ehemann O. auch den Eigentumsanteil seiner Ehefrau an dem Grundstück verkauft; aber abgesehen davon, daß der obligatorische Kaufvertrag über eine fremde Sache bindend und verpflichtend für den verkaufenden Nichteigentümer ist (s. HessRspr. III S. 102 f.), läßt die hierzu seitens der Vertragschließenden als selbstverständlich vorausgesetzte **nachträgliche** Zustimmung der Ehefrau des Verkäufers die Wirksamkeit des Vertrags lediglich in Schwebe; der Vertrag ist mit rückwirkender Kraft genehmigungsfähig (§ 184 BGB.), nicht nichtig (§ 141 BGB.). Ebensowenig ist der Kaufvertrag etwa aus dem Gesichtspunkte nichtig, daß die Eheleute O. in einem derjenigen übergeleiteten Güterstände des BGB. leben, in welchen der Erwerb der Grundstücke während bestehender Ehe in das Gesamtgut einer ehelichen Gütergemeinschaft fällt. Allerdings bedarf n §§ 1445, 1519, 1549 BGB. der Ehemann zur Verfügung über ein zum Gesamtgut gehörendes Grundstück sowie zur Eingehung der Verpflichtung zu einer solchen Verfügung der Einwilligung der Frau. Daß die ohne Einwilligung der Ehefrau vom Ehemann vorgenommene Veräußerung des Grundstücks deshalb aber nicht nichtig ist, ergibt der § 1448 BGB., der ebenfalls ausspricht, daß der Vertrag mit rückwirkender Kraft seitens der Ehefrau genehmigungsfähig ist, also nicht nichtig sein kann. Nicht stempelpflichtig sind nach Art. 4 UrkStG. aber nur zur **Zeit der Fälligkeit des Stempels** nichtige Geschäfte (s. **Best-Lorbacher** Art. 4 Note 5). Hieraus ergibt sich auch ohne weiteres, daß Gegenstand des Kaufvertrags ein Rechtsgeschäft im Sinne des Art. 1 UrkStG. war.

Entsch. LG. Darmstadt III. ZK. vom 27. April 1905 T 164/05.
Sz.

Abhandlungen.

Das außergerichtliche Arrangement und seine gesetzlich Regelung.*)

Von Rechtsanwalt Dr. M. Strauß, Worms.

I.

Die außergerichtlichen Arrangements, die Schuldner mit ihren Gläubigern vereinbaren, beschäftigen in immer zunehmendem Grade die Gerichte wie die Kaufmannswelt. Die letztere erblickt in solchen Nachlaßvergleichen gegenüber dem teureren und länger dauernden Konkursverfahren einen Vorteil; der Gläubiger pflegt bei ihnen eher, wie man sagt, mit einem blauen Auge davon zu kommen. Andererseits aber haften der Institution des Arrangements zahlreiche Mängel an, und diese sind es, welche eine recht lebhafte Rechtsprechung über die hierher gehörigen Fragen in den letzten Jahren herbeigeführt haben. Namentlich die Stellungnahme des Schuldners zu den „Akkordstörern", d. h. solchen Gläubigern, die durch ihr ablehnendes Verhalten und weil sie wissen, daß die übrigen Gläubiger zugestimmt haben, für sich Sondervorteile erstreben und oft auch gewährt bekommen, hat des öftern die höchsten Gerichtshöfe zu eingehenden Untersuchungen über das Wesen des Arrangementsvertrages veranlaßt.

Insbesondere sind es folgende drei Fragen, die von besonderer Bedeutung sind: 1. ist die **gleichmäßige Befriedigung** der Gläubiger als stillschweigende und selbstverständliche **Bedingung** für den Beitritt des Gläubigers anzusehen? 2. wie wirkt die **Begünstigung** eines Gläubigers, wenn gleichmäßige Befriedigung aller Gläubiger ausdrücklich ausbedungen war? 3. wie wirkt die **Bevorzugung** eines Gläubigers durch **dritte Personen**? Ein kurzer Ueberblick über die Rechtsprechung zeigt nun, daß sie in diesen, für den Handelsverkehr so eminent wichtigen Fragen durchaus keine einheitliche ist und daß sie auf einen soliden Handelsgebrauch, auf Treu und Glauben im Verkehr der Kaufmannschaft bei weitem nicht die gebührende Rücksicht nimmt. Schon in der ersten Frage steht Ansicht gegen Ansicht. Das Reichsgericht (Entsch. Bd. VI S. 230), verschiedene Oberlandesgerichte (Rechtspr. der OLG Bd. 8 S. 24; „das Recht" 8 S. 528) und einige größere Komment. (Jäger, **Sarwey-Bossert**) stehen auf dem Standpunkt, daß mangels ausdrücklicher Vereinbarung eine gleichmäßige Befriedigung aller Gläubiger keineswegs als erforderlich angenommen

---

*) Vgl. die Anzeige der Schrift von **J. Wagner**: Der **Schuldnachlaß** — in Jahrg. V Nr. 39 S. 151 dieser Zeitschrift. D. Red.

werden könne. Ein außergerichtliches Arrangement habe mit den Vorschriften der Konkursordnung über den Zwangsvergleich nichts zu tun, die Majorisierung der Gläubiger beim Konkurszwangsvergleich sei eine Ausnahmevorschrift, die nicht analog auf einen ganz anderen Fall, nämlich die **Abwendung** des Konkurses angewendet werden dürfe. Es sei deshalb dem Schuldner unverwehrt, dem einen Gläubiger eine höhere Quote zu versprechen wie dem andern; ein derartiges Sonderabkommen verstoße nicht gegen die guten Sitten. Diese Ansicht dürfte auf den entschiedensten Widerspruch nicht nur bei der Kaufmannswelt stoßen. Die gleichmäßige Befriedigung aller Gläubiger ist so verkehrsüblich und entspricht, wie es in einem Urteil des OLG. Marienwerder (Ripr. OLG. 8 S. 24) heißt „einem soliden Handelsgebrauch so nach Treu und Glauben, daß jeder Gläubiger, der den Vergleichsvorschlag erhält, die gleichmäßige Befriedigung als eine wesentliche auflösende Bedingung des Arrangementsvertrages betrachtet; dies muß auch dem Schuldner ohne weiteres klar sein." Tatsächlich ist die Auffassung der Beteiligten die, daß die vorhandene Masse zwar ohne Konkursverfahren, aber in der gleichen Weise wie beim Konkurse, nämlich **gleichmäßig** unter die vorhandenen Gläubiger verteilt werden soll; das Anerbieten des Schuldners ist als Vorschlag gleichmäßiger Liquidation seines Vermögens aufzufassen (ebenso **Düringer-Hachenburg**, HGB. S. 47). Grade der Gedanke, daß kein anderer Gläubiger **mehr** bekommt, veranlaßt erfahrungsgemäß die Gläubiger, ihre Zustimmung zum Nachlaßvergleich zu erteilen.

Anders liegt die Sache allerdings in den — in der Praxis übrigens recht seltenen — Fällen, in denen ein Schuldner den Vergleich nicht allen Gläubigern gleichzeitig anbietet und die deutlich erkennbare Absicht hat, mit jedem Gläubiger einzeln zu verhandeln. Verständigt er sich in solchem Fall mit jedem Gläubiger einzeln und von Fall zu Fall, dann kann man allerdings annehmen, daß ein derartiges Sonderabkommen zulässig ist und nicht gegen die guten Sitten verstößt; denn dann setzt sich das Arrangement aus lauter Sonderabkommen zusammen.

Die zweite Streitfrage betrifft die Bevorzugung eines Gläubigers in den Fällen, in denen **ausdrücklich** gleichmäßige Befriedigung aller Gläubiger verlangt und versprochen ist. Auch hier kann der Rechtsprechung der Vorwurf einer gewissen Lauheit in der rechtlichen und moralischen Auffassung des Problems nicht ganz erspart bleiben. Das RG. hat allerdings bereits vor längerer Zeit ausgesprochen, daß ein Privatabkommen, nach welchem trotz des scheinbaren Beitritts des Gläubigers diesem doch der ganze Betrag seiner Forderung oder doch eine größere Quote bezahlt werden solle, durchaus nicht den Tatbestand des Betruges enthalte und sich überhaupt nicht als eine unerlaubte Handlung darstelle. Eine Begründung dieses Satzes hat das RG. nicht gegeben; ich persönlich halte ihn für falsch. Denn in Wirklichkeit werden derartige Scheinzustimmungen eines Gläubigers doch nur gegeben, um den anderen Gläubigern seine **Bevorzugung zu verheimlichen**, ja sogar um diese zu veranlassen, nun auch ihrerseits dem Arrangement beizutreten. Ein solches Verfahren ist nicht nur unlauter, es ist auch zweifellos ein zivilrechtlicher, wenn nicht sogar strafrechtlicher Betrug; auch der bevorzugte Gläubiger macht sich unter Umständen einer strafbaren Handlung, nämlich der Beihilfe zum Betrug schuldig. Die Ungültigkeit solcher Privatabkommen ist grobe in den letzten Jahren wiederholt von der Judikatur trotz der entgegenstehenden Ansicht des RG. ausgesprochen worden.

Im engsten Zusammenhang mit dieser Streitfrage steht die weitere, wie die Bevorzugung eines Gläubigers dann wirkt, wenn sie nicht vom Schuldner, sondern **von dritter Seite** aus erfolgt. Auch hier zeigt sich leider, daß den strengen Anforderungen des soliden Handelsstandes nicht immer die genügende Rücksicht zu teil wird und daß eine Vertiefung des Begriffes „Treu und Glauben" in der Judikatur noch recht gut möglich, ja inbezug auf den Verkehr unter Kaufleuten sogar notwendig ist. Erfahrungsgemäß wird häufig der Schuldner, gerade weil er weiß, daß er seine Gläubiger gleichmäßig befriedigen muß und daß er keinem Sondervorteile versprechen darf, die Hülfe dritter Personen, die er vorschiebt, in Anspruch nehmen. Verwandte oder Freunde verpflichten sich eigenen Namens dem eine höhere Quote fordernden Gläubiger gegenüber zur Zahlung oder sie übernehmen Bürgschaft; oft auch kaufen sie dem Gläubiger die Forderung zum Nominalwert oder doch zu einem höheren Prozentsatz, als die Vergleichsquote ist, ab. Hören wir, wie ein höheres Gericht sich zu solchen Manipulationen stellt: „Das Aufkaufen von Forderungen", heißt es in einem Urteil des OLG. Breslau vom Jahr 1903 („das Recht" 8 S. 528), „durch Verwandte aus deren Mitteln bildet keine Bevorzugung eines Gläubigers, weil die Aufkäufer an die Stelle des ursprünglichen Gläubigers treten. Dergleichen Maßnahmen Dritter sind bei der sonstigen Aussichtslosigkeit der Regel nach von den anderen Gläubigern für stillschweigend gebilligt anzusehen." Wirklich? Ich glaube nicht, daß die benachteiligten Gläubiger, besonders wenn sie mit größeren Beträgen beteiligt sind, so gutmütig sein werden; sie werden vielmehr, wenn sie merken, daß andere Gläubiger heimlich und auf Umwegen mehr bekommen, ihren Beitritt zum Arrangement wegen Irrtums **anfechten**, und werden, wie die Praxis so oft zeigt, da sich der Schuldner nicht an seine Verpflichtungen gebunden hielt, nun auch ihrerseits ihr ganzes Guthaben verlangen. In diesem Sinn haben denn auch verschiedene andere höhere Gerichte entschieden; ganz besonders streng ist von jeher die Ungültigkeit derartiger verschleierter durch dritte Personen herbeigeführten Bevorzugungen von der **französischen Rechtsprechung** festgehalten worden. (Schluß folgt).

Literatur.

Gesetzsammlung für das Großherzogtum Hessen (**J. Diemer**, Mainz). **90 Jahrgänge hess. Regierungsblatt!** Ein leichtes Gruseln beschlich wohl seither bei diesem Begriff den jungen Beamten, der sich die Frage vorlegte, ob ihn seine Gewissenhaftigkeit nicht eigentlich verpflichte, sich den ganzen heimatlichen Gesetzesvorrat hübsch gebunden auf die Regale seiner Studierstube aufzubauen. Diese Frage ist nun im doppelten Sinne glücklich gelöst: Die schon früher wiederholt hier angezeigte **Gesetzsammlung** ersetzt zu mäßigem Preise jene 90 Bände (natürlich ausschließlich der Beilagen) und beansprucht — nach Ausscheidung des endlosen veralteten Inhalts früherer Jahrgänge — mit seinen 8 Bänden nebst Registerband einen ganz geringen Raum. Band III (1087 und XVII S., geb. M 17.80), der in hübscher Ausstattung vorliegt, umfaßt den gesetzgeberisch so wichtigen Zeitabschnitt von 1899 bis Ende 1904. Für die Zukunft ist die Ausgabe von **Ergänzungsheften** in Aussicht genommen. Dem zu erwartenden **Registerband** soll ein **Verzeichnis** der nach Amtsgerichtbezirken geordneten hess. Gemarkungen mit angelegtem **neuem Grundbuch** beigefügt werden. Wiederholt seien **alle Behörden des Landes** sowie die Angehörigen der **verschiedensten Berufsstände** des Erwerbslebens auf dieses wertvolle Sammelwerk aufmerksam gemacht, das eine **ganze Gesetzes-Bibliothek** darstellt (vgl. VI Nr. 4 S. 81, 82 d. Ztschr.). K.

Glock, A., Dr., LGR., und **Lehr, J.**, Dr., AR.: **Das im Großherzogtum Hessen geltende Reichs- und Landesrecht** (G. **Braun**, Karlsruhe. 284 S. geb. M 7.60). Dieses bereits in VI Nr. 5 S. 40 d. Ztschr. angekündigte schmuck ausgestattete Buch ist inzwischen erschienen. Es dient als zuverlässiger Wegweiser durch das noch geltende Recht des **Reiches** und unseres **Großherzogtums** auf der Grundlage des Bundes- und Reichs-GBl., des Hess. Regbl. und Kirchen-VOBl., und zwar unter Fortführung bis zum 15. Mai 1906. Für künftig sind periodische **Nachträge** vorgesehen im äußeren Anschluß an die durchlaufenden Randnummern (2554 an der Zahl!). Der wichtigste Vorzug der hier geleisteten mühsamen und gewissenhaften Arbeit ist die Möglichkeit, sich über jede bestehende Detail-Vorschrift zu irgend einer Frage des öffentlichen oder privaten Rechts sofort derart zu verlässigen, daß das Nachschlagen der Vorschriften selbst ohne Zeitverlust geschehen kann. Das handliche Werkchen umfaßt Staatsrecht, Justiz, innere und äußere Verwaltung, Militär- und Finanzwesen und bietet eine vortreffliche und notwendige Ergänzung zu den unheimlich langen Reihen der Gesetzesblätter, die es natürlich nicht ersetzen will noch kann. Das hess. Landesrecht hat unser junger Landsmann, AR. Dr. Lehr in Gießen, bearbeitet. K.

Tobe's Zentralblatt (Dietrich, Leipzig). Vom 5. Jahrg. liegen die vier letzten Hefte (mit Register) und vom 6. Jahrg. die Hefte 1—9 vor. Sie bieten den gewohnten reichen und vielfach anregenden Stoff. X.

Kuh, O., Dr.: **Die gesetzliche Befristung** (J. Schweitzer, München. 03 S. Geh. M 1.80). Der Verf. gibt in dieser Monographie eine verdienstliche historische und dogmatische Darstellung seines Gegenstandes unter fortwährender Heranziehung des BGB. X.

Weiß, Chr., Dr.: **Verjährung und gesetzliche Befristung** (J. Schweitzer, München. 149 S. Geh. M 8.00). Der Verf., dessen Preisarbeit von der Rechtsfakultät München mit dem Akzessit ausgezeichnet wurde, behandelt den nach heutigem deutschem Zivilrecht vorhandenen Rechtszustand in scharfsinniger und erschöpfender Weise. X.

Wolff, M., Dr., Prof.: **Die Zwangsvollstreckung in eine dem Schuldner nicht gehörige bewegliche Sache** (J. Vahlen, Berlin. 24 S. Geh. M 0,60). Die Schrift ist ein Sonderabdruck aus der Festgabe für Prof. Geh. ORegR. Dr. B. Hübler in Berlin. Im 3. Abschn. (S. 19) gelangt der Verf. zu dem Ergebnis: Der Vollstreckungsgläubiger erlangt in dem gesetzten Fall nicht das Eigentum am Erlös; dieser tritt an die Stelle der Sache; der frühere Eigentümer hat die rei vind., so lange der Erlös unvermischt beim Gläubiger vorhanden ist; nach der Vermischung hat er einen Anspruch aus § 951 BGB., nach der Ausgabe einen solchen aus § 816 BGB. X.

Dispeker, S., Dr., RA.: **Die Praxis der Zwangsversteigerung und Zwangsverwaltung** (J. Schweitzer, München. 110 S. Geb. M 3.00). Ein Handbuch des Verfahrens hat der Verf. geliefert unter Anwendung zahlreicher Formulare und Mitteilung von Beispielen. Die Darstellung ist durch Druck und Anordnung sehr übersichtlich und wird vielen Praktikern auch durch knappen Ausdruck gefallen. Das Hess. AG. und unsere Zeitschrift sind gleichfalls berücksichtigt. X.

Horrwitz, H., RA.: **Das Recht der Handlungsgehilfen und Handlungslehrlinge** (J. Guttentag, Berlin. 268 S. Geb. M 3). Die in 2. Auflage neu bearbeitete Schrift zieht nicht blos das BGB. und HGB. in den Kreis ihrer Betrachtungen, sondern auch alles übrige hierher gehörige Material, wie es sich z. B. in den sozialpolitischen Gesetzen (Kranken- u. Invaliditätsgesetz) und im Ges. über die Kaufmannsgerichte vorfindet. Alle die täglichen Streitfragen (Dienstentlassung, Kündigung, Lohnbeschlagnahme, Retention, Zeugniserteilung, Konkurrenzklausel usw.) werden hier von einem Juristen dargestellt, der als Syndik des Berliner kaufmänn. Hilfsvereins in hervorragendem Maße Gelegenheit hatte, sich mit dem einschlägigen Stoff zu befassen. Kaufleute ebenso wie die juristische Praxis werden aus dem Buche Nutzen ziehen können. K.

Kiesebieter, O., LGR.: **Das BGB. nebst EG.** (G. Stalling, Oldenburg und Leipzig. 772 S. Geb. M 7). Der Verf. bietet hier zum Gesetzestext die Entschn. des RG. nach den amtlichen Sammlungen in Zivil- und Strafsachen in kommentarischer Zusammenstellung. Ob es ratsam war, die vielen Entschn. des RG., die sich in der JWschr. und anderen Zeitschriften abgedruckt finden und vom RG. selbst sehr häufig nach diesen Quellen zitiert werden, unbeachtet zu lassen, soll hier nicht untersucht werden. In den selbstgesteckten Grenzen ist das handliche Buch jedenfalls recht brauchbar. X.

Kiesebieter, O., LGR.: **Die Rechtsprechung des Reichsgerichts zum BGB. nebst EG.** (G. Stalling, Oldenburg und Leipzig. 212 S. Geb. M 3.00). Diese kommentarweise Zusammenstellung beschränkt sich auf die in den amtlichen Sammlungen des RG. veröffentlichten Zivil- und Strafentscheidungen und soll nach Absicht des Verf. ein leicht und schnell benutzbares Nachschlagebuch bilden und ein Hilfsmittel sein zu den Kommentaren und systematischen Bearbeitungen des Gesetzes. X.

Briefkasten.

Mehreren Anfragen entsprechend sei hier mitgeteilt, daß der am 27. Mai l. J. von der Hauptversammlung gewählte neue Vorstand (vgl. 111 des Berichts in der Beilage zu Nr. 6 d. Ztschr.) die Aemter wie folgt unter sich verteilt hat: OAR. Wahl, Vorsitzender (Stellv.: OLGR. Fabricius), AGR. Weidig Schriftführer, LGR. Lang, Rechner, die beiden letzteren zugleich gegenseitig als Stellvertreter. Im Rechnungswesen wird JR. Dr. Mayer seine bewährte Unterstützung auch fernerhin gewähren.

Für die Redaktion verantwortlich: Oberlandesgerichtsrat Keller in Darmstadt. — Verlag von J. Diemer in Mainz. — Druck von G. Otto's Hof-Buchdruckerei in Darmstadt.

Hessische Rechtsprechung

Herausgegeben
auf Veranlassung des Richter-Vereins unter Mitwirkung der Hessischen Anwaltskammer
von Oberlandesgerichtsrat Keller in Darmstadt, Landgerichtsrat Dr. Buff in Darmstadt, Landgerichtsdirektor Rees in Mainz, Landgerichtsdirektor Praetorius in Gießen, Landgerichtsrat Dr. Schwarz in Darmstadt.

Erscheint monatlich zwei Mal
Preis Mk. 7.12 jährlich
mit portofreier Zustellung.

Bestellungen nehmen die Expedition in Mainz, die Postanstalten sowie sämtliche Buchhandlungen entgegen.

Einrückungs-Gebühr die dreispaltige Zeile oder deren Raum 30 Pfg.

Nr. 17. Vom Deutschen Juristentag angenommene Zitierweise: HessRspr. Nachdruck verboten. 6. Jahrgang.

Redaktion: Darmstadt, Heinrichsstraße 5.

Mainz, 1. Dezember 1905.

Verlag und Expedition: J. Diemer, Mainz.

Entscheidungen des Großh. Oberlandesgerichts.

Zivilrecht. — Zivilprozeß.

1. Art. 98 des hess. Pfandgesetzes in seiner Stellung zum BGB.

Die am 7. Juni 1900 errichtete Hypothekurkunde wurde am 29. Dez. 1903 dem AG. D. vorgelegt mit einer ortsgerichtlich beglaubigten Erklärung der Käufer der verpfändeten Grundstücke — der Uebergang der Unterpfänder auf diese war im Hypothekenbuch gewahrt —, daß die hess. Landes-Hypothekenbank ihnen die Mittel zum Zwecke der Befriedigung der Gläubigerin dargeliehen habe und daß mit diesem Darlehen die Rückzahlung der Hypothek bewirkt worden sei. Daher werde gemäß Art. 99, 92 hess. Pfandges. Wahrung des kraft Gesetzes nach Art. 98 Abs. 2 Z. 1 des Pfandges. erfolgten Eintritts der Hypothekenbank in die Forderungs- und Pfandrechte des seitherigen Pfandgl. beantragt. Diese Erklärung wurde, nachdem auch die Hypothekenbank gleichen Antrag gestellt hatte, nochmals vor dem AG. wiederholt. Das AG. ließ die Ausfertigung des Protokolls der Obligation anheften und nahm dann eine Erklärung des RA. B. zu Protokoll, worin dieser als Bevollmächtigter des Hypothekargläubigers erklärte, daß ihm von der Hypothekenbank das Kapital gezahlt sei und er bewillige, daß die Hypothek nicht gelöscht, vielmehr auf die Hypothekenbank als neue Gläubigerin überschrieben werde. Auf der vorgelegten Obligation befand sich nämlich eine notariell beglaubigte Erklärung des Hypothekargläubigers vom 14. Dez. 1903, wonach derselbe nach Abtragung des Kapitals in die Löschung der Hypothek einwillige. Das AG. eröffnete darauf der Hypothekenbank, daß die beantragte Ueberschreibung wegen der Löschungsbewilligung zunächst nicht erfolgen könne. Es sei erforderlich, daß der Hypothekargläubiger Rückempfang des Darlehens durch die Bank bescheinige und Ueberschreibung der Hypothek auf diese bewillige. Demgegenüber wiederholte die Bank ihren früheren Antrag auf Ueberschreibung gemäß Art. 98 Z. 1 des Pfandges., betonend, daß sie mit Hingabe des Darlehens an Schuldner und der durch sie bewirkten Befriedigung des abzulösenden Gläubigers von Rechtswegen in das Forderungs- und Pfandrecht desselben eingetreten sei, da noch Erklärung des Schuldners das ihm gewährte Darlehen zur Befriedigung seines Gläubigers gegeben und nach dessen Erklärung auch zum Zwecke der Befriedigung angenommen worden sei. Die gegebene Löschungsbewilligung könne den v. R. w. erfolgten Uebergang des Forderungs- und Pfandrechts nicht ausschließen und sei daher belanglos. Nachdem noch RA. B. angezeigt hatte, daß er Vollmacht des Hypothekargläubigers nicht besitze, erließ das AG. Beschl. dahin, daß es von seiner früheren Ansicht nicht abzugehen vermöge, da die Löschungsbewilligung, so lange sie nicht kassiert sei, nicht unbeachtet gelassen werden könne. Die Bank verfolgte nunmehr Beschw. an das LG., welche von demselben **zurückgewiesen** wurde. Die gegen den Beschl. des LG. von der Bank verfolgte Beschw. wurde ebenfalls **zurückgewiesen**. Aus den **Gründen**:

In der Gemarkung D., um die es sich handelt, ist das Grundbuch noch nicht angelegt. Der Art. 98 des hess. Pfandges. bestimmt: „Das mit einer Hypothek verknüpfte Vorzugsrecht folgt der dadurch versicherten Forderung, wenn sie auf einen Anderen übergeht, sei es kraft des Gesetzes oder auf eine andere rechtmäßiger Weise. In die Forderungsrechte des Pfandgläubigers, sobald er befriedigt ist, tritt schon kraft des Gesetzes ein: wer dem Schuldner zum Zwecke der Befriedigung eines Pfandgläubigers ein Kapital dargeliehen hat“. Nach Art. 99 Pfandges. ist die Wirksamkeit des auf Grund des Art. 98 erfolgten Eintritts in die Forderung und das Vorzugsrecht des seitherigen Gläubigers gegen den Schuldner und Dritte dadurch bedingt, daß der Uebergang im Hypothekenbuch gewahrt ist.

Hier steht nun angesichts der Art. 189, 170 EG. z. BGB. in Frage, ob derjenige, der dem Hypothekarschuldner **nach** dem 1. Januar 1900 zum Zwecke der Befriedigung des Hypothekargläubigers ein Kapital darleiht, so lange das Grundbuch noch nicht angelegt ist, nach Befriedigung des seitherigen Pfandgläubigers an dessen Stelle die Ueberschreibung der Hypothek nach seitherigem Pfandrechte verlangen kann oder ob der Art. 98 Pfandges. durch das BGB., dem der dort bestimmte Uebergang der Forderung kraft Gesetzes nicht bekannt ist, aufgehoben bezw. abgeändert ist.

Die zu Grunde liegende Forderung bildet bei der akzessorischen Hypothek das wesentliche Element. Wird die Forderung auf einen Anderen übertragen, so muß zugleich die Hypothek mit ihrem Vorzugsrecht auf diesen übergehen. Das wird im hess. Pfandges. in Art. 98 ausdrücklich anerkannt. Dieses Ges. will dem Schuldner die Erlangung von Darlehen dadurch erleichtern, daß der Darleiher in eine bereits bestehende Hypothek mit ihrem Altersvorzug und ohne Mitwirkung des seitherigen Pfandgläubigers eintreten kann. Aus diesem Grunde ist bestimmt, daß der Darleiher in das Forderungs- und Pfandrecht des seitherigen Gläubigers, vorausgesetzt daß dieser durch das Darlehen befriedigt wird, schon v. R. w. eintritt. Es bedarf sonach zu der in Rede stehenden Sukzession nicht erst einer wirklichen Zession durch den seitherigen Gläubiger (Müller, Pfandges. S. 215).

Das BGB. bestimmt in § 1153, daß mit der Uebertragung der Forderung auch die Hypothek auf den neuen Gläubiger übergehe und die Forderung nicht ohne die Hypothek, diese nicht ohne die Forderung übertragen werden könne. Doch erleidet der letztere Satz, ebenso wie die akzessorische Natur der Hypothek, gewisse Einschränkungen, insbesondere bei der Eigentümerhypothek. Art. 189 EG. z. BGB. bezieht sich auf alle Aenderungen von Rechten an Grundstücken und es ist gleichgiltig, ob die Aenderung nach dem bisherigen Rechte durch Rechtsgeschäft oder durch richterlichen Ausspruch oder unmittelbar kraft Gesetzes erfolgt (Planck, Art. 189 Note 2, Niedner, Art. 189 Note 3c); allein er bezieht sich nur auf die dinglichen, die Rechtsänderung unmittelbar bezweckenden Rechtsgeschäfte, nicht die obligatorischen (Kuhlenbeck, EG. S. 270, Niedner a. a. O. Note 3b). Für das obligatorische Geschäft, das der dinglichen Rechtsänderung zu Grunde liegt, das sog. Kausalgeschäft, gilt, wenn es sich um die Aenderung der Rechtsverhältnisse an einem Grundstück oder des Rechtes an einem solchen handelt und das Grundbuch noch nicht angelegt ist, nicht die Bestimmung des Art. 189, sondern die des Art. 170. Die sich aus dem obligatorischen Vertrag entwickelnden Rechtsverhältnisse unterstehen daher, wenn dieser nach dem 1. Januar 1900 zu Stande gekommen ist, dem BGB. (Planck, Bd. VI S. 327). Auch in Betreff des Ueberganges einer Forderung kraft Gesetzes findet das bisherige Recht oder das BGB. Anwendung, je nachdem der Tatbestand, an den das Gesetz diesen Uebergang knüpft, vor oder nach dem Inkrafttreten des BGB. eingetreten ist (Planck, Art. 170 Note 8c). Tritt unter dem neuen Recht ein Ereignis ein, das nach altem Recht den Uebergang der Forderung ohne weiteres kraft Gesetzes herbeiführt, nach dem neuen Recht aber nicht mehr, so findet der Uebergang nicht mehr statt (Habicht II Aufl. S. 223).

Art. 98 Pfandges. knüpft nun den Uebergang der Forderung und das damit verbundene Pfandrecht auf einen Dritten kraft Gesetz daran, daß der Dritte dem Pfandschuldner ein Darlehen gibt und aus diesem Darlehen der frühere Pfandgläubiger befriedigt wird; das Recht, den Uebergang von Forderung und Pfandrecht und Ueberschreitung der Obligation zu verlangen, wird also erst durch die Hingabe des Darlehens und Befriedigung des früheren Gläubigers daraus erworben. Ist dies vor dem Inkrafttreten des BGB. geschehen, dann kann nach Art. 170 die Ueberschreibung noch beantragt werden, nicht aber, wenn die Darlehenshingabe, wie hier, nach dem 1. Januar 1900 erfolgt ist, weil das BGB. eine Bestimmung, wie sie Art. 98 Pfandges. enthält, bezüglich des Uebergangs der Forderung kraft Gesetz nicht kennt. Daran kann auch der Umstand nichts ändern, daß, wie in der Beschwerdeschrift angeführt ist, der Hypothekenschuldner bis zur Anlegung des Grundbuchs wirtschaftlich schlechter gestellt ist als früher, wenn man die Ablösung auf Grund des Art. 98 nicht mehr für zulässig erachten wolle. Dieser Artikel enthält übrigens dadurch, daß er bestimmt, in die Forderungsrechte des Pfandgläubigers, sobald er befriedigt sei, trete schon kraft Gesetzes der ein, der dem Schuldner zum Zwecke der Befriedigung ein Kapital dargeliehen habe, eine rein obligationenrechtliche Vorschrift.

Nach dem Gesagten kann auch der Schuldner aus dem Art. 98 nicht etwa Rechte gegen seine bisherigen Pfandgläubiger erworben haben, weil die Obligation selbst erst im Jahre 1900 errichtet worden ist, also die obligatorischen Rechtsverhältnisse zwischen beiden ebenfalls nach dem BGB. beurteilt werden müssen. Hiernach kann die beantragte Ueberschreibung der Obligation auf Grund der von der Landes-Hypothekenbank vorgelegten Urkunde und des Art. 98 Pfandg. nicht erfolgen, und es kann dahin gestellt bleiben ob auch die auf der Obligation befindliche Löschungsbewilligung der Hypothekargläubigerin überhaupt eine Ueberschreibung auf einen anderen Gläubiger hindern würde, nachdem sich die Schuldner selbst mit einer solchen Ueberschreibung einverstanden erklärt und sie beantragt haben. Die Beschw. war daher zu verwerfen.

Beschl. OLG. I ZS. v. 11. Nov. 1904 W 132/04.

Sdm.

Strafrecht. — Strafprozeß.

2. Hessische Feuerlöschordnungen.

Dem Angekl. war zur Last gelegt, daß er seine Pflicht als Wasserfahrer der Pflichtfeuerwehr zu D. dadurch vernachlässigt habe, daß er trotz mehrmaliger Aufforderung sein zu Löschzwecken bestimmtes Wasserfaß am hinteren Boden nicht mit einer Ausflußöffnung habe versehen lassen, so daß dieses Faß zu Löschzwecken ungeeignet gewesen sei. Das Schöffengericht hatte ihn deshalb auf Grund der Art. 5. 6. 13 der hess. Landesfeuerlöschordnung v. 29. März 1890, des § 10 der KreisfeuerlöschO. für den Kreis O. vom 26. Okt. 1901 und des § 368, Z. 8, StGB. zu einer Geldstrafe verurteilt. Die vom Angekl. verfolgte Berufung wurde von der Strafk. zu D. für begründet erklärt und der Angekl. freigesprochen. Die Staatsanwaltschaft verfolgte Revision. In der Hauptverhandlung beantragte der GenStA. Verwerfung der Rev und das OLG. erkannte demgemäß aus folgenden Gründen:

Nach den getroffenen Feststellungen ist der Angekl. Besitzer eines Pfuhlfasses, das er ebenso wie ein ihm gehöriges Pferd und Fuhrwerk im Betriebe seiner Landwirtschaft gebraucht. An dem hinteren Boden dieses Fasses befindet sich keine Ausflußöffnung — der Pfuhl wird durch eine am unteren Teile befindliche Oeffnung entleert —, und es entspricht demnach in seiner Beschaffenheit nicht den zu Feuerlöschzwecken bestimmten Wasserfässern, von denen der § 10 der KreisFLO. vom 26. Okt. 1901 verlangt, „daß sie mit einer Ausflußöffnung am hinteren

Ende versehen sein *müssen*". Dessenungeachtet war der Angekl. bei der Bildung der Pflichtfeuerwehr für die Gemeinde D. von dem dortigen Bürgermeister gemäß § 25 der bezeichneten KreisFLO. als Besitzer eines Wasserfasses bezeichnet, und, da er auch Fuhrwerksbesitzer ist, zum Fahren von Wasser mit jenem Fasse bei Brandausbrüchen und Hauptübungen der Feuerwehr angewiesen worden. Dieser Anweisung war er auch nachgekommen und bei der demnächst stattgehabten Feuerwehrübung mit seinem Fuhrwerk und seinem Fasse in der oben angegebenen Beschaffenheit erschienen. Hier wurde von dem zur Besichtigung der Feuerwehr erschienenen Inspektor das Faß beanstandet, da es den Bestimmungen des § 10 a. a. O. nicht entspreche, und dem Angekl. auf Anordnung des Kreisamtes durch den Bürgermeister aufgegeben, sein Faß bis zur nächsten Uebung in einen der Vorschrift entsprechenden Zustand zu versetzen. Der Angekl. hat trotz mehrmaliger an ihn ergangener Aufforderung sich geweigert, dieser Auflage nachzukommen. Er bestreitet in erster Linie, daß er nach den bestehenden gesetzlichen Bestimmungen und VOn. verpflichtet sei, die begehrte Umänderung seines Fasses *auf eigene Kosten* vorzunehmen, da sie nicht unerheblich und in seiner bescheidenen Vermögenslage für ihn drückend seien; er hat sich aber bereit erklärt, sein Faß zur Verfügung zu stellen, wenn die Gemeinde etwa auf ihre Kosten die fragliche Umänderung daran vornehmen lassen wolle. Er hat weiter geltend gemacht, daß diese Umänderung das Faß für ihn in seinem landwirtschaftlichen Betriebe weniger verwendbar mache, als dies früher der Fall gewesen, und hat schließlich noch hervorgehoben, daß die Aenderung nicht von ihm selbst, sondern nur durch einen sachkundigen Böttcher regelrecht ausgeführt werden könne, der in seiner Heimat nicht ansässig sei, sodaß er genötigt sein würde, das Faß zu diesem Zwecke nach auswärts zu verbringen; auch zu einer derartigen für ihn mit Kosten verbundenen Vornahme erachte er sich nicht für verpflichtet. Die Vorinstanz hat die Weigerung des Angekl für berechtigt erklärt, und dies aus Gründen, denen das Rev.-Gericht durchaus beitritt. In Art. 1 bezw. § 1 der oben genannten Feuerlöschordnungen ist in gleicher Weise vorgeschrieben, daß die Gemeinden verpflichtet sind, auf *ihre Kosten* die erforderlichen Einrichtungen für das Feuerlöschwesen zu treffen und die nötigen Lösch- und Rettungsgerätschaften auf eigene Kosten anzuschaffen, aufzubewahren und zu unterhalten. Dies wird noch ergänzt durch die in Art. 4 Abs. 5 des Ges. v. 29. März 1890 getroffene Bestimmung, daß zu der von der Gemeinde zu beschaffenden Ausrüstung der Feuerwehr sämtliche zur Versehung des Dienstes erforderlichen Ausrüstungsstücke und Werkzeuge gehören. Hiermit ist in unzweideutiger Weise der Grundsatz ausgesprochen, daß die zu Feuerlöschzwecken erforderlichen sachlichen Anschaffungen aus *Mitteln der Gemeinde* zu bestreiten sind. Den Gemeinde-Einwohnern oder einzelnen Klassen derselben können wohl nach Vorschrift des Art. 5 Abs. 4 a. a. O. besondere Dienstleistungen oder die Verpflichtung zu besonderen Vorkehrungen auferlegt werden, welche nach den örtlichen Verhältnissen zur Sicherung rascher und wirksamer Bekämpfung eines Brandes dienlich sind. Derartige Auflagen sind zum Ausdruck zu bringen in der für die betr. Gemeinde bestimmten OrtsfeuerlöschO. oder, wo eine solche, wie für die Gemeinde D., nicht erlassen ist, in der für den betr. Kreis geltenden KreisFLO.; in diese sind in einem derartigen Falle alle Bestimmungen aufzunehmen, die die OrtsFLO. zu enthalten hätte (§ 13 Abs. 2 der VO. v. 11. Okt. 1890). Der § 25 der KreisFLO. enthält nun die Auflage, daß da, wo die Herbeischaffung des Wassers durch Wasserfässer notwendig ist, die Besitzer von Pferden, Wagen und Wasserfässern bei Brandausbrüchen und Feuerwehrübungen verpflichtet seien, solche unentgeltlich zur Verfügung zu stellen; die Bürgermeister haben im voraus zu bestimmen, wer Wasser zu fahren hat und mit wieviel Pferden und Fässern. Hinsichtlich dieser letzteren ist im § 10 a. a. O. bestimmt, daß sie mit einer Ausflußöffnung am hinteren Boden versehen sein müssen. Aus diesen Vorschriften ergibt sich, daß der Besitzer eines derart beschaffenen Wasserfasses verpflichtet ist, es bei Bränden und Feuerwehrübungen zur Verfügung zu stellen, und daß auch nur ein *solcher* Besitzer zum Wasserfahren von dem Bürgermeister bestimmt werden soll. In den bezeichneten Löschordnungen ist jedoch nirgends vorgeschrieben, daß ein Gemeinde-Einwohner, der, wie der Angekl., ein *anders* beschaffenes Wasserfaß besitzt, verpflichtet sei, es in der Weise *auf seine Kosten umändern* zu lassen, daß es der Anordnung des § 10 a. a. O entspricht. Eine solche Vorschrift besteht auch nicht bezüglich anderer im Privateigentum stehender Gegenstände, die zu Löschzwecken sich eignen. Es kann auch nicht gesagt werden, daß eine derartige Verpflichtung zu den „besonderen Dienstleistungen und *Vorkehrungen*" gehöre, welche, wie bereits erwähnt, nach § 5 Abs. 4 a. a. O. den Gemeinde-Einwohnern auferlegt werden können. Denn einerseits hat eine solche Auflage durch Aufnahme in die Orts- oder in die KreisFLO. zu erfolgen, was hier nicht geschehen ist; andererseits ergibt sich auch aus der Bestimmung des § 12 Z. 5 der VO. v. 11. Okt. 1890, daß unter jenen „besonderen Dienstleistungen und Vorkehrungen" Hülfeleistungen anderer Art, z. B. Beleuchtung der in der Nähe des Brandplatzes gelegenen Gebäude, der dorthin führenden Wege, Bereitstellung von Wasservorräten u. a. verstanden werden sollen, nicht aber mit Kosten der Besitzer verbundene Umänderungen von Löschgerätschaften oder Anschaffung solcher. In dem Art. 5 Abs. 5 a. a. O. ist allerdings bestimmt, daß für Gebäude, die öffentlichen Zwecken dienen (Theater, Konzerthäuser), im Interesse der öffentlichen Sicherheit vorübergehende oder ständige Feuerwachen *auf Kosten der Besitzer* oder Unternehmer durch die OrtsfeuerlöschO. eingerichtet werden können. Allein gerade der Umstand, daß das Gesetz eine derartige auf Kosten der Besitzer zu treffende Vorkehrung nur für einen bestimmten Fall anordnet, läßt darauf schließen, daß diese Vorschrift nicht ausdehnend ausgelegt werden soll. Abgesehen hiervon aber wird auch in diesem Falle vorausgesetzt, daß eine derartige Anordnung durch die *Ortsfeuerlöschordnung* zu erfolgen habe. Es genügt demnach nicht, daß lediglich eine dahingehende Anordnung des Bürgermeisters es vorschreibt.

Es ergibt sich hieraus, daß der Angekl. nicht verpflichtet war, der an ihn ergangenen Aufforderung der Verwaltungsbehörde bezw. des Bürgermeisters Folge zu leisten, und daß in dem dieserhalb von der Vorinstanz erlassenen freisprechenden Erkenntnisse ein Rechtsirrtum nicht enthalten ist. Die Revision war daher zu verwerfen.

Urt. OLG. FStraff. v. 26. Juli 1905 S 17/05. X.

Entscheidungen der Großh. Landgerichte.

Zivilrecht. — Zivilprozeß.

3. Zu § 303, 304 ZPO.

Klägerin, die ein Speditionsgeschäft betreibt, hatte bei dem AG. Klage auf Zahlung für vorgelegte Fracht und Vergütung wegen Transports von Waren erhoben. Die Bekl. beantragte Klagabweisung, eventuell rechnete sie mit einer höheren Gegenforderung auf und beantragte widerklagend die Herauszahlung des die kläg. Forderung übersteigenden Betrags.

Nachdem das AG. durch Beschl. angeordnet hatte, daß über Grund und Höhe der beiderseitigen Ansprüche gemäß § 304 ZPO. getrennt entschieden werden solle, erklärte es die beiderseitigen Ansprüche dem Grunde nach für begründet.

Gegen dieses Urteil, welches inhaltlich seiner Begründung von dem AG. bezüglich der beiderseitigen Ansprüche als Zwischenurteil im Sinne des § 304 ZPO. erlassen worden ist, hat die Kl und Widerbekl. Berufung eingelegt. Die Gegnerin hat sich der Berufung angeschlossen mit dem primären Antrag: gemäß § 539 ZPO. die Sache an das Gericht erster Instanz zurückzuverweisen.

Das LG. hat diesem Antrag aus folgenden Gründen entsprochen:

Zu bemerken ist, daß das angefochtene Urteil selbständig der Berufung unterlag, wenn auch die prozessualen Voraussetzungen höchstens für ein Zwischenurteil im Sinne des § 303, nicht aber für ein solches nach § 304 ZPO. vorlagen und der Vorderrichter lediglich irrig angenommen hat, der Fall gehöre unter § 301. Denn für die Zulässigkeit der Rechtsmittel genügt es, wenn das Gericht das Urteil als ein Zwischenurteil nach § 304 Abs. 1 hat erlassen wollen (RGE 6 S 421; 8 S. 363; 13 S. 403; 39 S. 391; Seuffert, Note 3 Abs. 3 zu § 304; Gaupp-Stein, 6. u. 7. Aufl. Note 1 Abs 3 zu § 304 und Bd. II S. 4 Nr. 3); und dieser Fall ist vorliegend gegeben.

Beide Berufungen müssen zur Aufhebung des angefochtenen Urteils führen und zwar, ohne daß auf eine materiell-rechtliche Nachprüfung der Entscheidung weiter einzugehen ist, zunächst schon aus dem Grunde, weil nach den Feststellungen des Vorderrichters die prozessualen Voraussetzungen höchstens für ein Zwischenurteil gemäß § 303, nicht auch gemäß § 304 ZPO. vorlagen. Der Vorderrichter hat keineswegs übersehen, daß die beiderseitigen Forderungen, soweit sie an sich für begründet zu erachten wären, in erster Linie gegeneinander aufgerechnet werden sollten. Er hat aber verkannt, daß eine einem Klageanspruch entgegengesetzte Gegenforderung den Klageanspruch auch in seinem Grunde ergreift, daß sie ihn eventuell ganz zu Fall bringen kann, und daß daher, so lange nicht die Gegenforderung erledigt ist, über den Klageanspruch eine Vorabentscheidung nach § 304 ZPO. nicht erlassen werden kann (RGE. Bd 52 S. 28; JWschr. 1895 S. 294 Nr. 10; Gaupp-Stein a. a. O. Note 1 Abs. 2; Seuffert, Note 2 Abs. 2 zu § 304). Das angefochtene Urteil beruht hiernach auf einem wesentlichen Mangel des (Urteils-) Verfahrens, und das LG. gelangte zur Aufhebung und Zurückverweisung.

Entsch. LG Gießen, 1. ZK., v. 14. Juni 1904 S 88/04.
Kf.

4. Nachträgliche Abänderung einer Bestimmung in einem Kaufvertrag über Grundstücke dahin, daß die Zahlung des Kaufschillings an andere Personen als die zuerst bestimmten erfolgen soll.

Im Mai 1898 schlossen A. als Verkäufer und die Eheleute B. als Käufer vor dem Ortsgericht einen Kaufvertrag über Grundstücke ab, der demnächst gerichtlich bestätigt wurde. Nach Ziffer 1 der Vertragsbedingungen sollte die Bezahlung des Kaufschillings nach dem Ableben des Verkäufers an eine Reihe bestimmter Verwandten desselben erfolgen, und nach Ziffer 8 behielt sich Verkäufer die Nutznießung sämtlicher Grundstücke bis zu seinem Ableben vor.

Nachdem der Ehemann B. verstorben war, haben A. und die Witwe B., diese für sich und als gesetzliche Vertreterin ihrer Kinder, die sämtlich minderjährig waren, durch ein vor dem AG. errichtetes Protokoll die Bedingung unter Z. 1 dahin abgeändert, daß die daselbst aufgeführten Zahlungen nicht an die Verwandten des Verkäufers, sondern an die Kinder der Käufer zu leisten seien.

Da eine der in dem früheren Vertrag bedachten Personen ihre Zustimmung zu diesem Nachtragsvertrag verweigerte und das AG. die Bestätigung deshalb ablehnte, hat nunmehr die Witwe B. für sich und als Vertreterin ihrer Kinder gegen die Verwandten des A. Klage erhoben mit dem Antrag, diese zu verurteilen, anzuerkennen, daß ihnen keine Recht aus dem Kaufvertrag vom Mai 1898 zustehen.

Das LG. hat nach Klagantrag erkannt.

Aus den Gründen: Die Lehre von den durch das römische Recht sogar im Prinzip für ungültig erklärten sog. Verträgen zu Gunsten Dritter bietet auch noch nach dem hier maßgebenden gem. Recht eine Reihe von Streitfragen. Zwar ist die Klageberechtigung des Dritten aus gewissen Arten von Verträgen gewohnheitsmäßig festgestellt. Dahin gehören vor allem die Gutsabtretungsverträge, bei welchen der Veräußerer des Gutes zu Gunsten seiner Frau oder Kinder oder anderer ihm nahestehender Personen Abfindungen stipuliert. Bei diesen Verträgen erlangen die bedachten dritten Personen nach unbestrittenem Gewohnheitsrecht auch ohne Zuziehung zum Vertrage und ohne daß sie ihren — nach der früher verbreiteten Ansicht zum Rechtserwerbe erforderlichen — Beitritt zu solchem erklären müßten, mit dem Vertragsabschluß selbst ein klagbares Recht auf die Abfindung gegen den Gutsübernehmer (vgl. Windscheid Pand. Bd. 2 § 316. Dernburg Bd. 2 § 18).

Zweifelhaft ist aber nach wie vor die Frage, ob und wie lange die zu Gunsten des Dritten dem Vertrage beigefügte Klausel ohne dessen Zutun widerrufen werden könne. Die Kammer hat sich hinsichtlich der Beantwortung dieser Frage nicht angeschlossen der in der Theorie (vgl. z. B. Stobbe, Bd 5 § 311 S. 288) und auch in der Praxis (vgl. z. B. Seuffert, Arch. Bd. 10 S. 152) allerdings mehrfach vertretenen Rechtsansicht, daß die Kontrahenten des Hauptvertrags nur solange von demselben abgehen, die Anwartschaft des Dritten widerrufen könnten, als derselbe nicht durch Akzeptation das Geschäft befestigt habe, dem Vertrage beigetreten sei, da dieselbe anscheinend ein Ueberrest von der oben erwähnten älteren Lehre ist, nach welcher der Dritte überhaupt nur durch seinen Beitritt zum Hauptvertrage ein Klagerecht erlangte, und überdies an Unklarheiten leidet, wie von Bähr („Urteile des RG. mit Besprechungen“ S. 84 ff.) hervorgehoben worden ist. Nach richtiger Ansicht dürfte die Akzeptation des Dritten überhaupt nur noch in dem Falle zur Geltung kommen, daß etwa vertragsmäßig bestimmt worden ist, daß das Widerrufsrecht mit einer solchen Erklärung des Dritten aufhören solle, im übrigen aber für die Entstehung jenes Rechtes gleichgültig sei (vgl. Windscheid, Bd. 2 § 316a Anm. 12 und die dortigen Zitate).

Das Gericht ist auch nicht beigetreten der mehrfach in der Rechtsprechung (vgl. die Zitate in Regelsbergers Abh. „über die Verträge zu Gunsten Dritter und über die Schuldübernahme“ im Arch. f. ziv. Praxis, Bd. 67 S. 21) zum Ausdruck gelangten Ansicht, daß die Ausmachung der Abfindung für die Fron oder die Kinder usw. des Uebergebers in den bäuerlichen Gutsabtretungsverträgen überhaupt unwiderruflich sei; denn auch diese Ansicht steht verhältnismäßig vereinzelt da und trägt der besonderen Natur des einzelnen Geschäfts nicht genügend Rechnung.

Die Kammer hat sich vielmehr der insbesondere von Windscheid (vgl. Bd. 2 § 316a, 3) vertretenen, aber auch mehrfach in oberstrichterlichen Entscheidung (vgl. z. B. Urt. des OLG. Hamburg in Seuffert's Arch. Bd. 43 S. 264) ausgesprochenen Ansicht angeschlossen, wonach die Frage, ob dem Dritten sofort ein unentziehbares Forderungsrecht entstehe oder ob und inwiefern dasselbe noch einem Widerrufsrecht der Beteiligten unterliege, nur nach dem Vertragswillen im Einzelfalle beantwortet werden kann.

Wendet man nun diese Rechtsgrundsätze auf vorliegenden Fall an, so ergibt sich Folgendes:

Es handelt sich hier um einen Gutsabtretungsvertrag, bei welchem der Veräußerer sich die Zahlung des Kaufpreises an seine Verwandten ausbedungen hat, die daher mit dem Vertragsabschlusse selbst ein nur bis zum Ableben des Verkäufers betagtes Recht auf jene Abfindung erlangt haben. Andererseits ergibt sich aber auch schon aus dem Vertrage selbst, daß nach dem Willen der Kontrahenten die Anwartschaft jener Dritten dem Widerruf seitens des Verkäufers unterliegen sollte. Denn im Hinblick auf die oben hervorgehobenen Vertragsbestimmungen muß angenommen werden daß A unter Vermeidung der Errichtung einer förmlichen letztwilligen Verfügung über sein Vermögen Dispositionen treffen wollte, welche erst mit seinem Tode wirksam werden sollten, und daß dieser daher, da die Eheleute B. an der Aufrechterhaltung der zu Gunsten der genannten Dritten getroffenen Verfügung keinerlei Interesse hatten, nach dem Willen der Vertragschließenden zum einseitigen Widerrufe dieser Dispositionen, zum mindesten aber zu einer Abänderung derselben im Einverständnis mit den Eheleuten B. befugt sein sollte (vgl. auch Stobbe, Bd. 5 § 311 S. 288).

Hiernach hat der Nachtragsvertrag in zulässiger Weise die Anwartschaft jener dritten Person auf den bedungenen Kaufpreis wieder aufgehoben. Die Einwendung des Bekl., daß die Aufhebung jener Vertragsbestimmung um deswillen nicht mehr möglich gewesen sei, weil zur Zeit des Nachtragsvertrags der Ehemann B. schon verstorben gewesen sei, erscheint als unbegründet. Zwar findet sich auch in der Rechtsprechung die Ansicht vertreten, daß mit dem Tode eines der Hauptkontrahenten die Möglichkeit eines sog. Remissivvertrags ausgeschlossen und damit das Recht des Dritten unwiderruflich werde, da die den Hauptkontrahenten etwa zustehende Befugnis, den Vertrag durch anderweite Uebereinkunft aufzuheben oder den Mitkontrahenten von seiner Verbindlichkeit durch Remissivvertrag zu befreien, keineswegs auf die Erben als Bestandteil ihres Vermögens übergehe (Seufferts Arch. Bd. 10. S. 199; Bd. 16 S. 182). Aber diese Entscheidungen stehen doch vereinzelt da und können nicht als zutreffend anerkannt werden. Es ist nämlich nicht ersichtlich, warum eine Disposition wie die hier vorliegende, an deren Aufrechterhaltung der verstorbene Hauptkontrahent keinerlei Interesse hatte und die deshalb wohl auch bei dessen Lebzeiten von dem anderen Vertragschließenden, der sich jene Leistungen an Dritte ausbedungen hatte, einseitig hätte widerrufen werden können, nicht auch noch nach dem Tode desjenigen, der die Leistung versprochen, von dem Versprechensempfänger, insbesondere durch einen Vertrag mit den im übrigen die Rechtspersönlichkeit des Verstorbenen vertretenden Erben, sollte wieder aufgehoben oder abgeändert werden können.

Daß die Bekl. ferner durch ihren behaupteten Beitritt zu dem ursprünglichen Vertrage sich ein unwiderrufliches Recht auf die Abfindungssumme nicht begründen konnten, muß noch dem oben Gesagten schon deshalb angenommen werden, weil sie nicht einmal behauptet haben, daß vereinbarungsgemäß das Widerrufsrecht mit ihrem Beitritt habe aufhören sollen.

Endlich haben die Bekl. vorgebracht, daß der Ehemann B. ihnen gegenüber seine Verpflichtung zur Entrichtung der ausbedungenen Abfindungssumme anerkannt und deren Zahlung versprochen habe und daß jedenfalls auf diesem Wege ihr Recht ein unwiderrufliches geworden sei. Es ist nun zwar dem Bekl. zuzugeben, daß die in einem solchen Vertrage bedachten Dritten nach einer insbesondere von Bähr („Ueber Verträge zu Gunsten Dritter" usw. im Arch. f. ziv. Praxis Bd. 67 S. 171) vertretenen Ansicht durch einen mit dem einen oder dem anderen Hauptkontrahenten vorgenommenen besonderen Rechtsakt ein selbständiges vom Widerrufe eines oder beider Kontrahenten unabhängiges Recht erlangen. Andererseits ist aber auch ohne weiteres klar, daß ein von dem Käufer den bedachten dritten Personen gegenüber abgegebenes Anerkenntnis und Zahlungsversprechen — dessen Vorliegen in rechtsverbindlicher Form einmal unterstellt — dem Verkäufer das ihm nach dem Gesagten zustehende Recht, jene Vertragsklausel aufzuheben oder abzuändern, nicht nehmen könnte, solange er sich nicht etwa auch seinerseits den Bedachten gegenüber dessen begeben hätte, was jedoch nicht einmal behauptet ist. Die Frage, ob etwa die bedachten Dritten durch den behaupteten Rechtsakt ein selbständiges Forderungsrecht gegen die Käufer auf Zahlung der Abfindungssumme erlangt haben, war hier nicht zu erörtern.

Urt. LG. Gießen I ZK. v. 17. Okt 1904 O 106/04. GAff. Y.

Freiwillige Gerichtsbarkeit.

5. Das Amtsgericht ist berechtigt, die Herausgabe der Erbschaft insolange zu verweigern, als nicht die Rechtsgiltigkeit des Testaments feststeht.

Der am 21. Okt. 1904 zu D. verstorbene H. hat ein anscheinend eigenhändiges Testament vom 1. Juli 1904 hinterlassen, in welchem er zu seinem alleinigen Erben den Verein X. eingesetzt und ihm verschiedene Vermächtnisse auferlegt hat. Am 20. Sept. 1904 mußte er wegen Alters- und Geistesschwäche zunächst in das Krankenhaus, späterhin in das Landeshospital H. verbracht werden. Ein Entmündigungsverfahren erledigte sich durch sein Ableben. Dagegen war eine vorläufige Vormundschaft nach § 1906 BGB. ins Werk gesetzt worden. In diesem Verfahren kam es zu einer Siegelung und Inverwahrnahme. Das AG. ist zurzeit noch mit der Ermittelung der Verwandten des Erblassers befaßt.

Unter dem 19. Nov. 1904 hat es dem Beschwerdeführer anheimgegeben, behufs Aushändigung der Erbschaft Erteilung eines Erbscheines zu beantragen, nachdem der Beschwerdeführer die Annahme der Erbschaft erklärt und Antrag auf Herausgabe der Erbschaft gestellt hatte. Die Beschw. richtet sich gegen die Ablehnung der Herausgabe der Erbschaft. Der Beschwerdeführer erklärt, sich vorerst nicht veranlaßt zu sehen, Erteilung eines Erbscheines zu beantragen.

Die Beschw. erscheint nach § 20 GFG. zulässig, aber nicht begründet. Denn nach § 1960 BGB. hat das Nachlaßgericht für die Sicherung des Nachlasses zu sorgen, soweit ein Bedürfnis besteht, auch in dem Fall, wenn der Erbe unbekannt ist. Das ist aber der Fall, weil die Rechtsgültigkeit des Testaments noch nicht feststeht. Die Ermittelung der Intestaterben und deren Erklärungen über diese Fragen erscheinen zwar nicht ausschließlich für deren Entscheidung maßgebend, aber immer doch von großer Bedeutung. Es kann auch nicht verkannt werden, daß das Erbscheinverfahren namentlich mit Rücksicht auf die Bestimmungen in §§ 2317, 2359 BGB. als ein geeigneter Weg zur Erledigung der Sache betrachtet werden kann. Der Beschl. des AG. vom 19. Nov. knüpft aber die Erledigung nicht an die Bedingung, daß die Erteilung eines Erbscheins unter allen Umständen beantragt werden müsse, wie ihn der Beschwerdeführer auch nicht so auffaßte. Der Beschwerdeantrag erscheint hiernach zurzeit noch nicht gerechtfertigt.*)

Beschl. LG. D., ZK. I., v. 22. Dez. 1904 T 495/04. Sspn., Ger.-Ass.

Kosten und Gebühren.

6. Ist für die gemäß § 766 ZPO. Absatz 1 Satz 2 erlassene einstweilige Anordnung die Gebühr des § 35 Ziffer 1 GKG. zu erheben?

Ein Schuldner hatte Einwendung gemäß § 766 ZPO. erhoben und gleichzeitig beantragt, die Zwangsvollstreckung bis zur ergangenen gerichtlichen Entscheidung vorläufig einzustellen. Das AG. H. hatte auch demgemäß zunächst die Zwangsvollstreckung einstweilen eingestellt und in der Folge endgültig auf teilweise Aufhebung der Pfändung erkannt. Während die Kosten des letzteren Beschl. nach § 35 Z. 4 GKG. berechnet wurden, blieben bezüglich ersterer Verfügung Gebühren außer Ansatz. Nachdem die dieserhalb von dem Gerichtskostenrevisor erhobene Erinnerung erfolglos geblieben war, legte der GenStA. gegen den diese zurückweisenden Beschl. des AG. Beschw. ein, welche jedoch im wesentlichen aus folgenden Gründen ebenfalls zurückgewiesen wurde:

Dem Beschwerdeführer ist zunächst zuzugeben, daß der Wortlaut des § 35 Z. 1 GKG. im Fragefalle für seine Auffassung zu sprechen scheint und daß auch die Tatsache der Nichtaufführung der §§ 732, 766 ZPO. in jener Gesetzesstelle der Erhebung einer Gebühr aus derselben an sich nicht entgegenstehen würde (vgl. in letzterer Beziehung Pfafferoth und Rittmann in den Noten zu § 35 GKG., von welchen insbesondere der Letztgenannte u. a. sagt: „Unter die Vorschriften der Nr. 1 und 2 fallen auch diejenigen Angelegenheiten der nämlichen Art, welche in hier nicht angezogenen Paragraphen der ZPO. behandelt sind"). Immerhin wird hiernach aber doch zu verlangen sein, daß der gerade in Betracht kommende Einzelfall durch seine den in § 35 Z. 1 GKG. ausdrücklich bezeichneten Fällen ähnliche Beschaffenheit auch die Anwendung dieser Gesetzesvorschrift tatsächlich rechtfertigt. Daß dies hier der Fall sei, war nicht anzuerkennen. Des Weiteren wird auch eine nähere Untersuchung bald ergeben, daß die wörtliche Auslegung jener Bestimmung deren wirklichen Sinn und Zweck nicht entspricht.

Zunächst findet in allen im § 35 Z. 1 GKG. besonders aufgeführten Fällen die vorläufige Einstellung usw. der Zwangsvollstreckung nur auf Antrag statt, während beim Vorhandensein der Voraussetzungen des § 766 (und § 732) ZPO. die dort erwähnten einstweiligen Anordnungen auch von Amtswegen erlassen werden können. Das Wort „Anträge" im Eingang des § 35 GKG. ist also offenbar ebenso wie andere in dieser Gesetzesstelle zur Verwendung gelangte Ausdrücke im engeren, technischen Sinne gebraucht, die grammatische Interpretation jener Bestimmung hat insoweit der logischen zu weichen. Daher ist der Umstand, daß im Fragefalle die Erlassung einer solchen Anordnung ausdrücklich beantragt war, ohne rechtliche Bedeutung. Es wäre in der Tat auch nicht verständlich, welche Gründe dafür sprechen sollten, diese einstw. Anordnung gebührenfrei zu lassen, wenn sie v. A. w. erging, im Falle ihrer Anregung durch den Antrag des Schuldners dagegen eine Gebühr in Ansatz zu bringen. Ferner handelt es sich im Falle des § 766 ZPO. im Gegensatze zu allen in jener Vorschrift des GKG. aufgezählten Fällen um einen Rechtsbehelf, welcher gerade die Ordnungsmäßigkeit der Vollstreckungsmaßregel selbst beanstandet. Schon hieraus ergeben sich so wesentliche Verschiedenheiten, daß die Anwendbarkeit des § 35 Z. 1 GKG. in Fällen dieser Art nicht als gegeben erachtet werden kann, daß vielmehr sogar der Schluß gerechtfertigt erscheint, daß die Nichtaufführung der Fälle der §§ 732, 766 ZPO. in jener Gesetzesstelle eine eben aus diesem Grunde vom Gesetzgeber gewollte war.

Weiterhin kommt auch in Betracht, daß nach der besonderen Beschaffenheit der hier fraglichen Fälle in der gemäß § 766 ZPO. erlassenen einstw. Anordnung zugleich eine vorläufige Bescheidung jenes Rechtsbehelfs selbst liegt, welche darum, sofern nachträglich eine endgültige Entscheidung ergeht, als Zwischenentscheidung einen Bestandteil des nach § 35 Z. 4 GKG. gebührenpflichtigen Verfahrens bildet und einer besonderen Besteuerung nicht unterliegt (vgl. Rittmann II 2 zu § 35, 1 GKG.), denn die Gebühren des § 35 GKG. werden für die Entscheidung, einschließlich des vorangegangenen Verfahrens, über die dort erwähnten Anträge erhoben. Nur dann würde daher für jene einstw. Anordnung eine Gebühr, und zwar nicht aus § 35 Z. 1 GKG., sondern aus Ziffer 4 ebenda erhoben werden können, wenn sich das Verfahren vor Erlassung der beantragten endgültigen Entscheidung durch Zurücknahme der Einwendung erledigen würde. Zu erwägen ist endlich noch, daß die in der Beschw. vertretene Auffassung zu dem unhaltbaren Ergebnis führen würde, daß nach der Vorschrift des § 47 Z. 14 GKG. unter Umständen für die endgültige Entscheidung Gebühren nicht zu erheben wären, daß dagegen in Ermangelung einer entsprechenden Bestimmung die nach § 35 Z. 1 dieses Gesetzes angesetzte Gebühr für die einstw. Anordnung dem Schuldner trotz seines schließlichen Obsiegens zur Last bleiben würde.

Von der in der Beschw. vertretenen Ansicht scheint denn auch nur Pfafferoth in der Anm. 1 zu § 35 GKG. auszugehen, während auf dem hier eingenommenen Standpunkte offenbar nicht nur Rittmann (vgl. Anm. II, 2

*) Diese Entscheidung wurde bestätigt durch Beschl. des OLG. ZS. I vom 4. Febr. 1905 W 8[illegible]. D. Eins.

zu § 35 Z. 1 und II. 3 zu § 88 Z. 3 GKG.), sondern auch Seuffert, Gaupp-Stein, Struckmann-Koch und Petersen stehen, welche sämtlich in der Anm. zu § 766 ZPO. nur die Gebührenvorschrift des § 35 Z. 4 GKG. als platzgreifend aufführen.

Beschl. LG. Gießen, ZK. I, v. 31. Mai 1905 T131/05. Nbg.

Abhandlungen.

Das außergerichtliche Arrangement und seine gesetzliche Regelung.

Von Rechtsanwalt Dr. M. Strauß, Worms.

(Schluß.)

II.

Die im vorstehenden gekennzeichnete Unsicherheit in der Rechtsprechung trägt zweifellos die Hauptschuld daran, daß seit längerer Zeit viele deutsche Handelskreise die gesetzliche Regelung des Zwangsvergleiches außerhalb des Konkursverfahrens als ein dringendes Bedürfnis empfinden und fordern. Aber während in vielen anderen Ländern, so in England, Frankreich, Belgien, Italien, in der Schweiz, die Bestrebungen der Handelswelt nach Schaffung eines Arrangementsgesetzes Erfolg hatten, hat die deutsche Gesetzgebung bisher eine ablehnende Haltung gezeigt, trotzdem die verschiedensten Korporationen des Handels und der Industrie immer wieder durch Resolutionen und Eingaben die gesetzliche Regelung verlangt haben. Neuerdings hat nun die Handelskammer Berlin die Frage wieder dadurch in Fluß gebracht, daß sie in einer an das Reichsjustizamt gerichteten Eingabe vom 28. Okt. 1904 die Einbringung eines Gesetzentwurfes, betr. die Einführung des gerichtlichen Zwangsvergleiches außerhalb des Konkursverfahrens, beantragt hat. Aus der Begründung dieses Antrages sei in Kürze folgendes hervorgehoben: Die Handelskammer Berlin verkennt nicht, daß es nicht leicht ist, die Interessen des Schuldners und der zu schützenden Gläubiger gleichmäßig zu wahren. Auf der einen Seite soll die Wohltat des Arrangements nur dem durchaus ehrlichen Schuldner zu teil werden; es dürfen daher keine unlauteren Vergleiche ermöglicht werden, auch nicht solche, die durch das Gewicht der Familie oder einiger wenigen Privatgläubiger herbeigeführt würden; andererseits sollen aber auch die sogenannten „Akkordstörer“ unschädlich gemacht werden. Die Berliner Eingabe betont und sucht nachzuweisen, daß durch die Einführung eines Zwangsvergleichsgesetzes nicht nur die Garantie für die gleichmäßige Befriedigung aller Gläubiger geschaffen, sondern auch die volkswirtschaftlich so beklagenswerte, verderbliche Wirkung der Konkurse gemindert würde. Zahlreiche Konkurse könnten vermieden werden, wenn rechtzeitig, d. h. vor Konkurseröffnung ein Zwangsvergleich herbeigeführt werden könnte; hierzu kommen die zahlreichen und allgemein bekannten Nachteile der Konkursverfahren; sie sind langwierig und kostspielig (nach den Angaben des kaiserl. statistischen Amtes betrugen in den Jahren 1895—1900 die Kosten durchschnittlich über 9 Prozent der zur Verteilung kommenden Masse); hierdurch und durch die Art und Weise der Versilberung der Warenvorräte erklärt es sich, daß die Gläubiger aus der Konkursmasse eine viel geringere Quote zu beziehen pflegen, als sie bei einer Verteilung der Masse außerhalb des Konkurses erhalten hätten. Auch hier sprechen die Zahlen deutlich genug: Die Berliner Handelskammer hat 193 Fälle ermittelt, in denen der vom Schuldner vor Konkurseröffnung angebotene außergerichtliche Vergleich fast ausschließlich infolge des Widerstandes einiger weniger kleinen Gläubiger verhindert worden ist. Von diesen 193 Konkursen sind 138 durch Ausschüttung der Masse und 55 durch Zwangsvergleich erledigt worden. Bei den ersteren sind im Durchschnitt 21 Prozent, bei letzteren 33 Prozent verteilt worden; vor Konkurseröffnung waren aber für den Fall des außergerichtlichen Arrangements im Durchschnitt 50 Prozent geboten! Fälle, in denen im Konkursverfahren eine höhere Quote als die vor Konkurs angebotene erzielt wurde, konnten überhaupt nicht festgestellt werden. — Zur Vermeidung aller dieser Mißstände verlangt die Berliner Eingabe die gesetzliche Regelung des Arrangements und macht im einzelnen hierzu folgende Vorschlage: 1) nur demjenigen Schuldner soll die Wohltat des gerichtlichen Vergleiches zu Teil werden, der in der Lage ist, ordnungsmäßig geführte Bücher vorzulegen, 2) der Schuldner muß seinen Gläubigern ein bestimmtes Mindestangebot machen, 3) er darf nicht länger wie höchstens 2 Jahre mit Unterbilanz gearbeitet haben, 4) das ganze Vergleichsverfahren unterliegt der Kontrolle und Genehmigung des Gerichtes. Dieser letzte Punkt ist zweifellos der wichtigste; denn nur die gerichtliche Mitwirkung gibt eine genügende Garantie dafür, daß eine gleichmäßige Befriedigung der Gläubiger eintritt, daß keine Scheinforderungen berücksichtigt werden und daß eine sorgfältige Prüfung der Buchführung ermöglicht wird. Gerade das Fehlen dieser unparteiischen und sicheren Kontrolle veranlaßt heute so manchen Gläubiger, seine Zustimmung zu einem außergerichtlichen Arrangement zu versagen.

In der Tat haben alle diejenigen Staaten, welche das Zwangsvergleichsverfahren außerhalb des Konkurses gesetzlich geregelt haben, die Gerichte mit der Durchführung dieses Verfahrens betraut; mit welchem Erfolge zeigt z. B. England, wo im Jahre 1903 durch die Gerichte von 8711 Zahlungseinstellungen 3944 ohne Konkurs erledigt werden konnten.

Die Frage, wie groß die erforderliche Mehrheit der Gläubiger sein soll, hat die Berliner Eingabe nicht erörtert; zweckmäßig dürfte es sein, hier die Bestimmungen der Konkursordnung über den Konkurszwangsvergleich anzuwenden, nach denen dreiviertel der Gesamtsumme der stimmberechtigten Gläubiger zur Annahme des Vergleiches erforderlich ist.

Auf Veranlassung des deutschen Handelstages sind alle deutschen Handelskammern zu einer Aeußerung über die Eingabe aufgefordert worden; ebenso haben zahlreiche andere Korporationen, so die Vereine Kreditreform, zu der Frage Stellung genommen, und allgemein ist die Notwendigkeit des gerichtlichen Zwangsvergleichsverfahrens außerhalb des Konkurses ausgesprochen worden. Dabei ist es interessant festzustellen, daß der Entwurf zur deutschen KO. einen Abschnitt enthielt „Vergleichsverfahren zur Abwendung des Konkurses“. Dieser Abschnitt, der infolge einer Resolution des deutschen Handelstages in den Entwurf aufgenommen worden war, wurde dann aber wieder gestrichen, und zwar mit der Begründung, die Unzufriedenheit des deutschen Handelsstandes über das Fehlen eines solchen Verfahrens müsse in hohem Grade auf Rechnung der Mängel des früheren Konkursrechtes gesetzt werden, und man hoffte, daß nach Einführung der Konkursordnung die Klagen verstummen würden. Wie irrig diese Annahme war, hat die Folgezeit bewiesen; die Rechtsunsicherheit ist, wie wir gesehen haben, immer größer und das Verlangen der kaufmännischen Korporationen nach gesetzlicher Regelung immer lauter geworden. Hoffen wir daher, daß die Reichsregierung das von allen Seiten dringend verlangte Gesetz dem Reichstage vorlegt. Daß eine geschickte Gesetzgebung die Materie zur Zufriedenheit aller Beteiligten regeln, die in der Natur der Sache liegenden Härten auf ein Minimum reduzieren kann, das beweist das *italienische* Gesetz vom 24. Mai 1903 (in deutscher Uebersetzung abgedruckt im deutschen Handelsarchiv, Nov. 1903, S. 1357), welches das Problem eingehend behandelt und in geradezu idealer Weise löst. Folgender kurze *Auszug* aus diesem Gesetz dürfte auch für den deutschen Juristen von Interesse sein:

Das Recht, einen Vergleichsantrag zu stellen, steht nach dem erwähnten Gesetz jedem Kaufmann zu; mit dem Antrage hat er dem Gericht seine Geschäftsbücher vorzulegen; Tagebuch und Inventar müssen sich auf die letzten drei Jahre erstrecken; er muß einen bestimmten Vergleichsvorschlag unterbreiten und muß unter genügender Sicherheit mindestens 40 Prozent bieten. Das Gericht ernennt hierauf einen Kommissar, der die Verwaltung der Masse überwacht, die Aktivmasse entgegen nimmt und das bisherige Verhalten des Schuldners nachprüft. Vom Tage der Einreichung des Vergleichsvorschlages sind keine Zwangsvollstreckungsverhandlungen gegen den Schuldner mehr zulässig, dieser darf keine Darlehen mehr aufnehmen, die Veräußerung oder Belastung seiner Liegenschaften ist nur mit gerichtlicher Erlaubnis gestattet. Zur Annahme des Vergleichsvorschlages bedarf es einer Mehrheit der Gläubiger von dreiviertel der nicht bevorrechtigten Forderungen; Ehegatten, Eltern, Verwandte bis zum vierten Grade und Personen, die im letzten Jahre Forderungen angekauft oder durch Zession erworben haben, sind nicht stimmberechtigt. Das Gericht bestätigt oder verwirft den Zwangsvergleich, im letzteren Falle ordnet es sofort die Konkurseröffnung an.

Wie man sieht, hat das Problem in dem italienischen Gesetz eine mustergültige Behandlung gefunden; dem ehrenhaften Schuldner ist es nicht schwer, den Konkurs zu vermeiden, die „Akkordstörer" sind unschädlich gemacht; und jede Bevorzugung eines Gläubigers, selbst auf Umwegen, ist ausgeschlossen. Möge uns in Deutschland recht bald ein ähnliches ebenso gutes Gesetz zu teil werden.

Literatur.

Mitteis, L., Dr.: Zwei Fragen aus dem bürgerlichen Recht (A. Edelmann, Leipzig. 88 S. Geh. M 1.50). In diesem Dekanatsprogramm behandelt der Verf.: 1. die Nichtigkeitserklärung der Ehe nach Scheidung, 2. die Grundstücksverpachtung durch den Schein-Eigentümer. Für beide Fragen bespricht der Verf. in eindringender Weise die Rechtsfolgen der verschiedenen denkbaren Konstellationen. X.

Rauter, G., Dr., Patentanwalt: Schutz der gewerblichen und literarischen Urheberrechte (Gebr. Jänecke, Hannover. 45[illegible] S. Geb. M 8). Die Gesetze, VOn. und Verträge des deutschen Reichs in der vorerwähnten Richtung sind hier in einer schmucken Textausgabe vereinigt, und zwar nicht weniger als 133 Nummern. In Anmerkungen finden sich Verweisungen auf andere Gesetzesvorschriften. Das Sachregister ist sehr sorgfältig. Für die Beteiligten ist das Buch jedenfalls ein überaus bequemes Hilfsmittel zur Orientierung und zum Nachschlagen. X.

Anzeigen.

Für die Redaktion verantwortlich: Oberlandesgerichtsrat Keller in Darmstadt. — Verlag von J. Diemer in Mainz. — Druck von G. Otto's Hof-Buchdruckerei in Darmstadt.

// JUSTITIA //

Hessische Rechtsprechung

Herausgegeben

auf Veranlassung des **Richter-Vereins** unter Mitwirkung der **Hessischen Anwaltskammer**

von Oberlandesgerichtsrat **Keller** in Darmstadt, Landgerichtsrat Dr. **Buff** in Darmstadt, Landgerichtsdirektor **Hess** in Mainz, Landgerichtsdirektor **Praetorius** in Gießen, Landgerichtsrat Dr. **Schwarz** in Darmstadt.

Erscheint monatlich zwei Mal
Preis Mk. 7.12 jährlich
mit postfreier Zustellung.

Bestellungen nehmen die Expedition in Mainz, die Postanstalten sowie sämtliche Buchhandlungen entgegen.

Einrückungs-Gebühr die dreispaltige Zeile oder deren Raum 30 Pfg.

Nr. 18. Vom Deutschen Juristentag angenommene Zitierweise: Hessrspr. Nachdruck verboten. **6. Jahrgang.**

Redaktion:
Darmstadt, Heinrichsstraße 5.

Mainz, 15. Dezember 1905.

Verlag und Expedition:
J. Diemer, Mainz.

Entscheidungen des Großh. Oberlandesgerichts.

Zivilrecht. — Zivilprozeß.

1. Beschädigung durch Automobile. § 823 BGB.

Der auf seinem Fahrrad sitzende Kläger begegnete auf einer über den Bahnkörper führenden Brücke dem in seinem Automobil fahrenden Bekl., wich nach rechts aus, stieß aber mit dem Automobil zusammen, wurde samt seinem Rode über das Brückengeländer auf den etwa 10 Meter tiefer liegenden Bahnkörper geschleudert und dabei erheblich verletzt. Die Straße fällt in der Fahrtrichtung des Automobils stark nach der Brücke hin ab, macht dann etwa 50 Meter vor derselben eine Biegung, um donn rechtwinkelig und wagrecht auf der Brücke die Eisenbahn zu überschreiten.

Die auf Schadensersatz wegen fahrlässiger Körperverletzung gerichtete Klage wurde für **begründet** erklärt (LG. Mainz O 594/03), die **Berufung** des Bekl. **zurückgewiesen**.

Aus den Gründen: Ausweislich des geometrischen Planes hat die ga ze Straße sowie namentlich auch die Brücke eine Fahrbahn von 5 Meter Breite und in der Nähe der Unfallstelle auf der Nordseite ein Bankett von 2,95 Meter Breite, das sich auf dem mittleren Teil der Brücke infolge eines Mauervorsprungs auf etwa 2,66 Meter verragt. Nach §§ 13, 23 der VO., die Fahrräder und Automobile betr., hatten beide Parteien bei ihrem Begegnen nach rechts auszuweichen; gemäß § 12 war dem Kl. erlaubt, auf dem Bankett zu fahren, nicht aber dem Bekl. mit seinem Automobil (§ 23). Auch nach Art. 104 Pol.-StGB. war dem Bekl. das Fahren mit dem Automobil auf dem Bankett bei Strafe untersagt. Daß eine Fahrbahnbreite von 5 Meter vollkommen ausreicht, um mit Automobilen befahren zu werden, bedarf keiner Erörterung; erlaubte Benutzung des Banketts war sonach ausgeschlossen. Durch die Beweisaufnahme steht fest, daß Bekl. das Bankett befahren hat . . . Die Radspur führte nach den Aussagen der verschiedenen Zeugen bis zu einer Nähe von 50, 30—20 cm. von dem Brückengeländer bezw. der vorspringenden Mauerbrüstung. Da die Kotschutzbretter an den Automobilen etwas über die Räder überstehen, war die dem Kl. offene Bahn sogar noch mehr beengt, zumal da er den Mauervorsprung zu passieren hatte. Es steht sonach fest, daß der Bekl. dem Kl., obwohl er dessen Annäherung bemerkt hatte, keinerlei Raum ließ, um vorbeifahren zu können, ein Umstand, der bei dem Kl. außerhalb des Bereichs jeder Vermutung liegen mußte. Bekl. ist also unrichtig gefahren; er ist zweifellos auch zu rasch gefahren, ja das zu rasche Fahren ist wohl die Ursache des unrichtigen Fahrens.

Nach § 11; 12 der angeführten VO. hat der Automobilfahrer auch außerhalb der Ortschaften beim Abwärts-Fahren — und um ein solches handelte es sich — wenn die Straße nicht auf angemessene Entfernung übersehen werden kann, was schon wegen der Dunkelheit damals unmöglich war, die **Geschwindigkeit eines mäßig trabenden Pferdes zu wahren**, eine Vorschrift, **die in Mißachtung der Verkehrssicherheit allerdings fast immer übertreten wird**, die aber trotzdem besteht und deren Verletzung verantwortlich macht. Bei dieser vorgeschriebenen geringen Geschwindigkeit ist beim Befahren von rechts führenden Kurven ein Herauslenken nach links ausgeschlossen. Das vom Bekl. behauptete Herauslenken kann also sehr wohl die Folge unerlaubter Geschwindigkeit gewesen sein. Für unerlaubte und zwar große Geschwindigkeit sprechen aber auch entschieden die Angabe des Bekl., daß „in gutem Tempo" gefahren worden sei, sowie die Wucht des Zusammenstoßes, die einen Erwachsenen mitsamt dem Fahrrade einen Meter hoch hob und über die Mauer hinwegschleuderte, nicht minder aber auch der Umstand, daß Bekl. und Zeuge K., die im Vorderteil des Automobils saßen, von diesem Unfall gar nichts wahrgenommen haben. Das Platzen des Radreifens, das Zeuge M. und K. bezeugen, kommt diesem allerdings sehr fahrlässigen, die im Verkehr gebotene Sorgfalt gröblich verletzenden Verhalten des Bekl. gegenüber nicht in Betracht; ohne das fahrlässige Verhalten würde dieses Platzen nicht die Folge gehabt haben, daß dem Kl. der Weg verlegt worden wäre. Der Unfall ist also nur auf Fahrlässigkeit des Bekl. zurückzuführen. Eigenes Verschulden des Verletzten liegt nicht vor.

Urt. OLG. II. ZS. v. 19. Mai 1905 U 416/04.

F.

Strafrecht. — Strafprozeß.

2. Zuständigkeit für die Niederschlagung einer Kostenanforderung.

Der rechtskräftig zu den Kosten des Verfahrens verurteilte Angekl. ist nach den bei den Akten befindlichen Erhebungen vermögenslos; mit Rücksicht darauf hat nach erfolgter Kostenberechnung die Staatsanwaltschaft am 25. Aug.

1905 die Akten der Strafk. zur Beschlußfassung darüber vorgelegt, ob die Kostenanforderung unterbleiben könne. Die Ferienstrafk. hat den Antrag zurückgewiesen, weil das Gericht über die Anforderung von Kosten in Gemäßheit der §§ 8, 9 VO. v. 17. März 1903 nicht zu entscheiden habe. Hiergegen richtet sich die Beschw. der Staatsanwaltschaft, in welcher unter Bezugnahme auf die §§ 17[1] und 15 der Standpunkt vertreten wird, daß die Strafvollstreckungsbehörde Untersuchungskosten nur nach bereits erfolgter Ueberweisung vorläufig oder endgültig niederschlagen könne; vor diesem Zeitpunkt stehe die vorläufige und endgültige Niederschlagung dem Gerichte zu (§§ 17 und 9[1]). Der § 9 Abs. 1 umfassend auch die Untersuchungskosten. Das Unterlassen der Anforderung der Kosten sei mit der Niederschlagung gleichbedeutend und bedürfe sonach der Genehmigung des Gerichts.

Der GenStA. erachtet die Beschw. für begründet und das OLG. konnte sich dieser Auffassung anschließen.

Zunächst steht fest, daß die VO. v. 17. März 1903, den Ansatz, die Erhebung und die Beitreibung der Gerichtskosten betr., auf die Kosten in Zivil- wie in Strafsachen Anwendung findet. Das ergibt sich unzweifelhaft aus dem Inhalt der VO. (vgl. § 7 Abs. 4, §§ 8—16 u. s. w.) und wird in dem Ausschr. des IzMin. vom 21. Aug. 1905 Nr. 14182 ausdrücklich ausgesprochen. Nach § 1 werden die Kosten — ohne Unterschied, ob sie in Zivil- oder Strafsachen (Untersuchungskosten) entstanden sind, — vom Gerichtsschreiber berechnet und sind nach § 8, soweit sie Untersuchungskosten sind, seitens der Strafvollstreckungsbehörde dem Kostenschuldner anzufordern. Eine Ausnahme von dieser Pflicht der Strafvollstreckungsbehörde läßt der § 9 dann zu, wenn dem Gericht die Zahlungsunfähigkeit des Kostenschuldners bekannt ist. Die Anforderung kann dann unterbleiben, bis sich Tatsachen ergeben, welche die Vermutung begründen, daß der Schuldner zahlungsfähig ist. Wem die Bestimmung darüber zusteht, ob die Anforderung der Kosten zu unterbleiben habe, wird in § 9 der VO. nicht gesagt; aber da nach § 9 Abs 1 die Kenntnis der Zahlungsunfähigkeit des Schuldners seitens des Gerichts die Voraussetzung für die Unterlassung der Anforderung der Gerichtskosten ist und der Strafvollstreckungsbehörde im § 15 nur die vorläufige oder endgültige Niederschlagung der bereits angeforderten und nicht bezahlten, nach der Ueberweisung als uneinbringlich erwiesenen Untersuchungskosten zugewiesen ist, — bezüglich der Kosten aber, welche wegen Zahlungsunfähigkeit des Schuldners nach § 9 Abs. 1 und 2 nicht angefordert werden, im § 17 Abs. 1 bestimmt wird, daß dem Gerichte die Niederschlagung dieser Kosten zusteht, — da ferner nach § 9 Abs. 3 die Berechnung und Festsetzung und damit auch die Anforderung der Untersuchungskosten unter Umständen mit Genehmigung des Gerichts unterlassen werden kann, so folgt daraus, daß § 9 Abs. 1 dahin zu verstehen ist, daß weder der Gerichtsschreiber noch die Strafvollstreckungsbehörde, denen nach § 8 die Anforderung der berechneten Kosten obliegt, sondern allein das Gericht darüber zu befinden hat, ob die Anforderung der Kosten zu unterbleiben hat, und zwar, da die Vorschrift sich auf alle Kosten bezieht, einerlei ob sie in Zivil- oder in Strafsachen entstanden sind, auch hinsichtlich der Untersuchungskosten. In diesem Sinn hat sich auch das IzMin. in dem oben erwähnten Ausschr. ausgesprochen.

Demgemäß war die zuständige Strafk. anzuweisen, sich über die von der Staatsanwaltschaft angeregte Frage schlüssig zu machen. In der Aktenvorlage durch die Staatsanwaltschaft ist ein dahingehender Antrag auf Beschlußfassung über die Unterlassung der Anforderung der berechneten Kosten zu erblicken.

Beschl. OLG. Strafs. v. 27. Okt 1905 StW 74.05. X.

Freiwillige Gerichtsbarkeit.

3. Die städtische Sparkasse zu Darmstadt ist selbständige juristische Person, nicht ein Teil der Stadtverwaltung.

Aus Anlaß der Anlegung des neuen Grundbuchs für die Gemarkung X. war zu entscheiden, ob die für von der städtischen Sparkasse zu Darmstadt gegebene Darlehen eingetragenen Hypotheken in das neue Grundbuch auf den Namen der Stadt D. als Gläubigerin aufzunehmen seien, oder ob der Eintrag nur auf die städtische Sparkasse ohne Erwähnung der Stadt zu erfolgen habe. Der Anlegungsrichter vertrat die erstere Ansicht und das LG. schloß sich auf Beschw. dieser Auffassung an. Die gegen den Beschl. des Beschwerdegerichts erfolgte weitere Beschw. hatte Erfolg und es wurde erkannt, daß Eintrag lediglich auf die städtische Sparkasse zu erfolgen habe.

Die Begründung des Beschl. geht wesentlich dahin: Nach § 55 der VO., die Anlegung des Grundbuchs und die Ausführung der GBO. betr., vom 13. Jan. 1900 finden auf Entscheidungen des Grundbuchamts im Anlegungsverfahren die Bestimmungen der GBO. über die Beschw. entsprechende Anwendung. Diese Bestimmungen der GBO. geben in § 78 des Ges. gegen die Entsch. des Beschwerdegerichts das Rechtsmittel der weiteren Beschw. dann, wenn die angefochtene Entscheidung auf einer Verletzung des Gesetzes beruht. Inhaltlich der Beschwerdebegründung ist Gesetzesverletzung nach mehrfachen Richtungen behauptet.

Bei der materiellen Prüfung des angefochtenen Beschl. ist zunächst davon auszugehen, daß das Beschwerdevorbringen, insoweit dasselbe Verletzung der §§ 76, 78 der Anweisung vom 1. Febr. 1900 behauptet, dann geeignet erscheint, die Beschw. als begründet erscheinen zu lassen, wenn die städtische Sparkasse zu D. als selbständiges Rechtssubjekt anzusehen ist: die fraglichen auf Grund des Art. 186 EG. z. BGB. und § 83 der VO. vom 13. Jan. 1900, die Anlegung des Grundbuchs betr., getroffenen Bestimmungen der Anweisung fordern und gewährleisten Eintragung der in das Grundbuch aufzunehmenden Rechte in ihrem gegenwärtigen Bestand. Eine Abweichung von diesem Bestand wäre aber auch in dem neuen Eintrag in das anzulegende Grundbuch dann gegeben, wenn es sich bei der städtischen Sparkasse und der Stadt D. um zwei verschiedene selbständige Rechtssubjekte handelt. Nach dem seitherigen Hypothekenbuch standen die Ausstände auf Grund der früheren Uebung lediglich auf den Namen der Sparkasse, und es wäre sonach in dem neu anzulegenden Grundbuch durch Eintragung auf die Stadt D. ein anderes Rechtssubjekt als forderungsberechtigt anerkannt und dadurch, wie keiner weiteren Ausführung bedarf, ein den §§ 76, 78 der Anweisung widersprechender Rechtsbestand nach dem neuen GB. gegeben, wenn die Beschw. mit Recht Anerkennung der Sparkasse als juristische Person verlangt. Die angefochtene Verfügung würde dann den mehrgenannten Bestimmungen der Anweisung zuwider, in Außerachtlassung der gesetzlichen Bestimmungen über die Entstehung juristischer Personen, durch Aufrechterhaltung der fehlerhaften Eintragungen eine Rechtsverletzung für die Sparkasse enthalten, die eine Abstellung im Wege der weiteren Beschw. nach den obenangezogenen Bestimmungen als zulässig und geboten erscheinen lassen würde. Die sonach für den Erfolg der Beschw. grundlegende Feststellung, daß die Sparkasse zu D. ein selbständiges Rechtssubjekt, eine juristische Person des öffentlichen Rechts darstelle, soll sich nach dem Beschwerdevorbringen schon aus dem Rechtszustand vor Erlaß des Gr. hess. Gesetzes über die öffentlichen Sparkassen vom 8. Aug. 1902 ergeben, insbesondere aber soll dieses Gesetz und die auf Grund desselben erfolgte Anerkennung der städtischen Sparkasse zu D. als öffentlichen Sparkasse durch das zuständige

Ministerium die fragliche Rechtsstellung der Sparkasse geschaffen haben. Der angefochtene Beschl. verneint beides und es besteht kein Zweifel, daß demselben, was den Rechtszustand auf Grund des Sparkassengesetzes anlangt, lediglich zuzustimmen ist. Nach den hierüber in den Gründen des angefochtenen Beschl. Enthaltenen und wie durch die Begründung zu dem Gesetzentwurf und den Bericht des I. Sonderausschusses der II. Kammer (vgl. Braun, Die wirtschaftliche Gesetzgebung im Großherzogtum Hessen im Jahr 1902, S. 12 und 15) dargetan wird, sind Zweck und Tragweite der Bestimmungen des genannten Gesetzes durchaus andere, als die Beschw. annimmt. In der Begründung des Entwurfs wird gesagt: „Der vorliegende Gesetzentwurf beschränkt sich demgemäß im wesentlichen darauf, vorzuschreiben, in welcher Weise diese Voraussetzungen — von welchen vorher gesprochen ist — gegeben sein müssen, damit eine Sparkasse als eine öffentliche im Sinne des BGB. betrachtet werden kann." Der vorgenannte Ausschußbericht verweist darauf, daß die Ausstattung von Sparkassen mit juristischer Persönlichkeit denselben noch nicht die Eigenschaft öffentlicher Sparkassen im Sinne des Gesetzes verleiht. Richtig ist zwar, daß, wie die Beschw. ausführt, derartige Gesetzesmaterialien Gesetzeskraft nicht erlangen, aber ebenso richtig ist auch, daß in ein Gesetz nichts hineingetragen werden kann, was in demselben nicht ausdrücklich enthalten ist und mit Zweck und Tragweite und seiner Entstehungsgeschichte in Widerspruch steht. Aus den Gesetzesbestimmungen selbst erhellt in keiner Weise etwas über die Verleihung der juristischen Persönlichkeit, und Folgerungen aus einzelnen gesetzlichen Bestimmungen, die nur veranlaßt wären, wenn der Gesetzgeber von der Selbständigkeit der Sparkassen ausgegangen wäre, lassen sich nicht ziehen. Das Gesetz wendet sich gleichermaßen an die selbständigen wie an die unselbständigen Kassen und schreibt für beide Arten von Kassen vor, welchen Bedingungen von denselben genügt werden muß, um zur öffentlichen Sparkasse im Sinne des BGB. erklärt zu werden, und welche Folgen sich hieran für die Verwaltung und deren Organe knüpfen. Andererseits lassen sich aber auch aus dem Gesetzesinhalt aus der gleichen Erwägung Gründe gegen die Rechtsfähigkeit der Beschwerdeführerin nicht herleiten. Wie aus dem Ausschußbericht — vgl. a. a. O. S. 14 — erhellt, hatten zur Zeit, als der Erlaß des Sparkassengesetzes stattfand, bereits 22 Sparkassen durch Verleihung Rechtsfähigkeit erlangt, während bezüglich weiterer Kassen die Verhandlungen noch schwebten, und bei den Verhandlungen über die Gesetzesvorlage wurde hervorgehoben, daß der Gründung weiterer Kassen nach Maßgabe der gesetzlichen Bestimmungen nichts entgegenstehe. Hat also die Beschwerdeführerin vor Erlaß des Gesetzes Rechtsfähigkeit besessen, so besteht dieselbe für sie weiter und im Gegensatz zu dem angefochtenen Beschl. war diese Rechtsfähigkeit als gegeben anzusehen.

Durch landesherrliche VO. vom 28. Okt. 1808 wurde, „da es disher dem unvermögenden Teil der hiesigen Einwohner, welche von ihrem geringen Verdienst für die Zeit des größeren Bedürfnisses nur wenig zurücklegen können, an einer Gelegenheit fehlte, das Ersparte sicher und mit Vorteil auszuleihen, da sie dies deswegen öfters unbenützt liegen lassen oder unvermögenden Personen anvertrauen mußten, zur Verhütung dieser Vorfälle und zur Beförderung der gedachter Klasse vorzüglich nötigen Sparsamkeit" eine Ersparungskasse in das Leben gerufen. Diese Ersparnagskasse wurde mit dem neueröffneten Pfandhaus verbunden, diesem in der Verwaltung angegliedert und das Pfandhaus als zum Unterpfand dienend erklärt; die Ersparungskasse war im übrigen eine selbständige Anstalt, über deren Verwaltung nach Ziffer 14 der VO. alljährlich Rechnung zu stellen war, die von der Polizeideputation abgehört und mit Bericht im Auszug Allerhöchsten Orts vorgelegt wurde. Damit war eine juristische Person geschaffen, und zwar, je nachdem man das von der Ersparungskasse zu sammelnde Vermögen personifiziert oder die Verfolgnng des Stiftungszwecks in dem geschaffenen Organismus verkörpert ansieht, eine Stiftang oder eine Anstalt (vgl. Windscheid, Pand. I § 57). Diese juristische Person gehörte dem Gebiet des öffentlichen Rechts an; denn in den Bestimmungen der VO. hatten öffentliche und gemeinsame Interessen unmittelbar in einem zweifachen Sinne teil, zunächst aktiv, wie sie in jedem Rechte wirksam sind und diesem seinen spezifischen Charakter als einer über den Gegensätzen und Kollisionen des gesellschaftlichen Lebens stehenden und einem jeden einerseits Schranken ziehenden, andererseits das Seine zuerkennenden Macht verleihen, dann aber auch passiv als Gegenstand dieser schützenden und beschränkenden Funktionen des Rechts indem, wie in dem Beschl. dieses Gerichts vom 6. Juli 1903 W 88/01 *), der im übrigen, im Hinblick auf die wesentliche Verschiedenh der ihm unterliegenden tatsächlichen Verhältnisse, keine Anwendung erleidet, zutreffend ausgeführt ist, der Sparsinn gehoben, dem Einleger für eine Zeit der Not eine jederzeit oder doch nach nur kurzer Kündigungsfrist verfügbare Hilfe festgestellt wird, ein Zweck, der von dem Staat in die Aufgabe der allgemeinen Wohlfahrtspflege einbezogen ist. Nach gem. Recht war die Frage allerdings bestritten, ob zur rechtsgültigen Entstehung von Stiftungen staatliche Genehmigung erforderlich sei oder nicht (vgl. Windscheid, Pand. § 60, der staatliche Genehmigung nicht für erforderlich erachtet). Für das Partikularrecht des Großherzogtums Hessen ist jedoch als feststehend anzunehmen, daß Stiftungen der Bestätigung des Landesherrn unterliegen (vgl. Handbuch des öffentlichen Rechts von Marquardsen, III. Bd. I. Halbbd. III. Abt., das Staatsrecht des Großherzogtums Hessen, § 20 S. 79; besonders aber Urteil des hess. Verwaltungsgerichtshofs Nr. 170/1903, betr. Beschw. des Freiherrn v. Wambolt i. S. Vermögensteuer 1901/02). Hat nun im Fragefall der Landesherr selbst durch eigene VO. die den im Eingang der VO. erwähnten öffentlichen Zwecken dienende Anstalt ins Leben gerufen und derselben eine eigene unter seiner Oberaufsicht stehende Verwaltung gegeben, so kann es keinem Zweifel unterliegen, daß damit, wie oben behauptet, eine juristische Person des öffentlichen Rechts zur Entstehung gekommen war.

Die Entwicklung der so errichteten Sparkasse war eine derartige, daß sie in nicht langer Zeit aus dem Rahmen gemeinsamer Verwaltung mit der Pfandhauskasse hinauswuchs und ein Bedürfnis nach Trennung eintrat. Von 1833 ab wurden wegen dieser Trennung Verhandlungen zwischen Regierung und Stadt gepflogen.

Die Auffassungen von dem Wesen und Charakter der Sparkasse sind im übrigen nach den Akten keine gleichmäßigen. In einem Schreiben vom 16. Juli 1850 neigt der Regierungskommissär dahin, die Sparkasse als eine der Verwaltung des Stadtvorstandes an sich unterliegende städtische Anstalt anzusehen. Der Gemeinderat selbst nimmt in einem Beschl. vom 11. Febr. 1869 das Eigentumsrecht an allen Ueberschüssen als Unternehmerin und Garantin in Anspruch, und in der neuesten Zeit geht die staatliche Anerkennung der Sparkasse als öffentliche Sparkasse nach Art. 2 des Sparkassengesetzes von dem Charakter derselben als Gemeindeanstalt aus. Andererseits vertritt das Kreisamt Darmstadt mit Verfügung vom 21. April 1868 nachdrücklich den

*) Vgl. HessRspr. V Nr. 16 S. 113, 114 und die dortigen Zitate, S. 118. D. Red.

Standpunkt, daß Sparkasse und Armenpflege der Stadt, also städtische aus Mitteln der Stadt zu wahrende Interessen, in keinerlei Beziehungen ständen.

Diese Verschiedenheit der Auffassungen im weiteren Verlauf der Entwicklung ist jedoch für die hier zu treffende Entscheidung ohne Belang. Wesentlich ist, ob die Sparkasse als juristische Person des öffentlichen Rechts zur Entstehung kam und ob diese selbständige Persönlichkeit zurzeit noch besteht. Beides war nach den vorstehenden Feststellungen zu bejahen. Die dermalige Sparkasse ist an Stelle der durch landesherrliche VO. als juristische Person gegründeten Ersparungskasse getreten. Sie ist als deren vollwertiger Ersatz zustande gekommen, die Stadt hat lediglich die Garantie übernommen für den Fall des Versagens der Anstaltsmittel. Auch die landesherrliche Bestätigung ist erfolgt (vgl. die angezogene Entsch. des VGH. und Seuffert's Arch. Bd. IV Nr 5). Rechtsgeschäfte zwischen der Sparkasse und der Stadt haben von Anfang an stattgefunden in der Form von Darlehen, für die selbst Zinsvergütung und Sicherheitsleistung unter Mitwirkung der vorgesetzten Behörde in Frage kam. Wenn dem gegenüber die Sparkasse als „städtische Anstalt“ bezeichnet wird, so gibt sich darin nur die räumliche Beschränkung des Anstaltszwecks kund, und die Berufung der Stadtorgane zur Verwaltung erscheint nicht als Ausfluß des Charakters der Sparkasse als Anstalt der Stadt, sondern ebenso als eine durch den räumlich begrenzten Stiftungszweck bedingte Organisation der Verwaltung der dadurch in keiner Weise in ihrer Selbständigkeit berührten juristischen Person. Die Verhältnisse liegen durchaus anders als die, von welchen in dem Beschl. des Kammergerichts vom 12. Okt. 1903 ausgegangen wird. Nicht ein von der Stadt gegründeter Teil der Stadtverwaltung liegt vor, sondern die Schaffung eines Ersatzes für eine zweifellos als juristische Person bestehende Anstalt, die dem öffentlichen Nutzen diente, durch die Regierung unter Mitwirkung der Stadt, wie insbesondere die oben niedergelegte häufige Gegenüberstellung von Anstalt und Stadt, namentlich auch die selbständige Wahrung der beiderseitigen Interessen ergibt, selbst da, wo dieselben sich direkt entgegenstehen. Dem gegenüber erscheint der Vergleich der Beschwerdeführerin von seiten des angefochtenen Beschlusses mit städtischen Verwaltungszweigen nicht als zutreffend. Jene Verwaltungszweige, wie Wasserwerk, Elektrizitätswerk, stellen städtische Gewerbebetriebe dar, die bestimmt sind, der Stadt Erwerbseinkünfte zu liefern, wenn daneben auch für Einführung dieser Betriebe die Erwägung mitbestimmend war, daß so der Betrieb den Interessen der Einwohner sich besser anpassen lasse. Aus diesem Charakter der Betriebe als einzelner Gewerbebetriebe ergibt sich die besondere Verwaltung. Die Argumentation aus dem Inhalt des Sparkassengesetzes erweist sich als nicht stichhaltig, sie entbehrt der Grundlage, daß Beschwerdeführerin als Gemeindeanstalt anzusehen ist; denn nur unter dieser Voraussetzung unterliegt sie den Bestimmungen der Abteilung B des Gesetzes. Ebenso ergibt sich kein Gegenargument aus der bei größeren Verwaltungen stattfindenden Kassengliederung, die aus finanztechnischen Gründen erfolgt. Bei allen diesen Gliederungen besteht ein Abhängigkeitsverhältnis, wie es in der durchaus selbständigen Verwaltung der Sparkasse in keiner Weise zu Tage tritt. Sind auch die Bestimmungen der Sparkassensatzung im Laufe der Zeit nicht gleich geblieben, so lassen doch auch die letzteren Bestimmungen noch die Selbständigkeit deutlich erkennen, insbesondere in der Uebernahme der Garantie durch die Stadt und in der Zulassung von Rechtsgeschäften zwischen Sparkasse und Stadt. In den Darlehen an die Stadt handelt es sich keineswegs um die äußere Form der Ueberführung von Geldmitteln; denn an sich hätte es, wenn es sich um Mittel der Stadt handelte, einer derartigen Form nicht bedurft; wie oben dargetan, sind aber auch die gegenseitigen Darlehen stets als materielle Rechtsgeschäfte angesehen und behandelt worden.

Der Beschwerde war sonach stattzugeben.

Beschl. OLG. I. ZS. v. 13. Juli 1905 W 212/04. Wg.

Kosten und Gebühren.

4. Grundsätze für die Berechnung der Gebühr des Konkursverwalters; Rechtsanwalt als Konkursverwalter.

Das AG. zu G. bestellte durch Beschl. vom 26. Aug. l. J. gleichzeitig mit Eröffnung des Konkurses den Rechtsanwalt X. daselbst zum Konkursverwalter. Dieser legte, nachdem die Gläubigerversammlung einen anderen KonkV. gewählt hatte, am 20. Okt. sein Amt nieder. Das AG. setzte nun auf seinen Antrag, ihm 600 M Gebühr zuzusprechen, diese auf 500 M, sowie die ihm zu erstattenden Auslagen — wie verlangt — auf 66,40 M fest. Auf die hiergegen vom Gemeinschuldner verfolgte sofortige Beschw. reduzierte das LG. zu D. die von dem RA. X. anzusprechende Gesamtsumme, einschließlich der Auslagen, auf 250 M in der Erwägung, daß für seine Tätigkeit einschließlich der baren Auslagen dieser Betrag genüge. Die hiergegen von RA X. eingelegte sofortige weitere Beschw. wurde verworfen

Aus den Gründen: Um die Beschw. prüfen zu können, muß zunächst unterschieden werden, was in dem vom LG. zugebilligten Betrag an Ansingen und wieviel darin an Vergütung enthalten ist. Das LG. hat unterschiedslos einen Gesamtbetrag zugebilligt, Das läßt nicht erkennen, ob die zugebilligte Vergütung als eine angemessene erscheint. Was die Aufstellung der Auslagen des Beschwerdeführers betrifft, so enthält diese zunächst 3 zu beanstandende Posten: je zwei Reisen nach W. mit je 18 M Tagegeldern und je 8 M für Wagen; ferner eine Erhebungsgebühr von 3 M aus 300 M. Diese Ansätze sind nicht gerechtfertigt. Offenbar versteht Beschwerdeführer unter den „Tagegeldern = 18 M“ die dem RA. nach GebO. f. R. § 78 zustehenden Reiseauslagen und unter Erhebungsgebühr die dem RA. nach § 87 a. a. O. zustehende Gebühe.

Allein abgesehen davon, daß selbst dem RA. „Tagegelder“ nach § 78 a. a. O. nur im Betrag von 12 M zustehen — denn eine Gebühr für Zu- und Abgang von je 3 M kann bei einer im Wagen zurückgelegten Reise nicht in Ansatz gebracht werden — können die in der GebO. f. R. bestimmten Gebühren und Entschädigungen für Auslagen überhaupt gar nicht von dem KonkursV., auch wenn dieser ein RA. ist, in Anspruch genommen werden. Denn einmal finden in dem Falle, daß ein RA. zum KonkV. ernannt ist, auf die demselben in dieser Eigenschaft nach § 85 KO. zu gewährende Vergütung die Vorschriften der GebO. f. R. keine Anwendung (Meyer, GebO. f. R. Note 6 § 53; Pfafferoth, Vorbem. zu III. Abschn.; Walter, Vorbem z. III. Abschn. II. 1. d). Es ist aber auch aus inneren Gründen nicht gerechtfertigt, daß dem KonkV. die in § 78 GebO. f. R. bestimmte Tagegelder-Gebühr zukomme. Denn diese dem RA. vom Gesetz zugebilligte Gebühr soll nicht bloß eine Vergütung für den durch den Aufenthalt außerhalb des Wohnsitzes verursachten Mehrbedarf darstellen, sondern auch eine Entschädigung bilden für den Zeitaufwand, welchen die Reise verursacht und welcher dem RA. die Gelegenheit zu einer anderweitigen Ausnutzung seiner Zeit entzieht (Motive zu § 78 GO. f. R.). Der KonkV. aber hat für Reisen, die er in dieser seiner Eigenschaft ausführt, eine besondere „Versäumnisgebühr“ nicht zu beanspruchen. Er wird für seine Tätigkeit als

KonkV. honoriert, eine „Versäumnis" liegt also nicht vor (vgl. Seuffert's Arch. Bd. 53 Nr. 69).

Auch die von dem KonkV. vorgenommene Erhebung und Ablieferung von Geldern wird mit der für die Geschäftsführung im allgemeinen ihm zu gewährenden Vergütung entlohnt; die besondere Gebühr des § 87 GebO f. R. kommt ihm daher nicht zu (vgl. Jäger, KonkO. § 85 Anmerk. 2 Abs. 2).

Hiernach kann bei Festsetzung der „angemessenen baren Auslagen" des KonkV. gemäß § 85 KonkO. für von demselben ausgeführte Reisen nur ein nach freiem Ermessen als Entschädigung für den besonderen Reiseaufwand, insbesondere die benutzten Transportmittel, zu bestimmender Betrag in Ansatz kommen. Als solcher wurde vorliegend der Betrag von 20 M für die zweimalige Reise als ausreichend erachtet.

Von den vom Beschwerdeführer berechneten Auslagen von 66,80 M kommen sonach 26 + 26 + 3 = 55 M in Abzug, 20 M treten hinzu, sodaß sich der Betrag von 31,80 M für zuzubilligende Auslagen ergibt; dieser Betrag von der in dem angefochtenen Beschl. im ganzen an Gebühr und Auslagen zugesprochenen Summe von 250 M abgezogen, bleiben noch für Gebühr 218,20 M.

Was nun die Frage anlangt, nach welchen Grundsätzen die Vergütung des KonkV. gemäß § 85 KO. zu bemessen sei, so läßt sich, beim Mangel desfallsiger hier maßgebender ausdrücklicher Bestimmungen, nur der in Seuffert's Archiv, Bd. 47 Nr. 24 vertretenen Auffassung beipflichten: „Das Honorar des Verwalters ist nach den besonderen Umständen des einzelnen Falles festzusetzen und keineswegs einfach nach Prozenten der Teilungsmasse. Deshalb ist auch nicht die Frage veranlaßt, ob das Honorar im Verhältnis zu der ursprünglichen oder zu der schließlich sich ergebenden Aktivmasse zu bestimmen sei. In erster Linie ist zu berücksichtigen, ob die Tätigkeit des Verwalters schwierig und zeitraubend oder ob sie einfach war. Dabei kommt auch in Betracht, ob die Aktivmasse, die er zu verwalten hatte, bedeutend oder unbedeutend war. Auch kann nicht ohne Einfluß bleiben, ob schließlich reiche Mittel übrig bleiben, sodaß die Gläubiger einen hohen Prozentsatz ihrer Forderungen erhalten oder nicht."

Ein Teil dieser hier hervorgehobenen Anhaltspunkte für das richterliche Ermessen bietet sich aber vorliegend nicht dar. Es ist weder ein Inventar i. S. des § 124 KO., noch eine Bilanz vorhanden ...... Wenn der Beschwerdeführer die Aktivmasse auf 50000 M angibt, und wenn er ferner für die nicht bevorrechtigten Gläubiger einen Satz der Befriedigung von höchstens 15 bis 20% in Aussicht gestellt hat, so ist auch dies nicht geeignet, die fehlenden Grundlagen (Inventar und Bilanz) zu ersetzen. Denn das, worauf es ankommt: wie hoch die Aktivmasse, die zur Befriedigung der Konkursgläubiger verbleibt (also nach Abzug der Massekosten und der Masseschulden, sowie der zur abgesonderten Befriedigung der Gläubiger erforderlichen Beträge), sich stellt, kann daraus nicht entnommen werden, insbesondere läßt sich aus dem in Aussicht gestellten Prozentsatz für die nicht bevorrechtigten Konkursgläubiger nicht entnehmen, wie hoch die für diese Befriedigung sich bietende Aktivmasse ist.

Der Beschwerdeführer hat nun Bezug genommen auf die für Elsaß-Lothringen und Berlin geltenden Bestimmungen über die Vergütung der KonkV. und er meint, nach den ersteren sei bei einfachen Konkursen die Gebühr des Verwalters nahezu dreifach so hoch anzusetzen, wie seinerseits geschehen sei.

Die Berliner Verhältnisse können von vornherein, als durchaus verschieden von den hier fraglichen, nicht vergleichsweise herangezogen werden. Was die für Elsaß-Lothringen geltenden Bestimmungen anlangt, — dieselben sind in der Verfügung des OLG.-Präsidenten vom 4. Okt. 1887, betr. die Bemessung der Vergütung der KonkV., enthalten (vgl. Möller'sche Sammlung der in Elsaß-Lothringen geltenden Gesetze Bd. V S. 269; ferner Materialien zu den Reichsjustizgesetzen 1897—1898 II. Bd., die Materialien zur KonkO. S. 339) —, so ist gegenüber der Behauptung der Beschw. zu bemerken, daß diese Bestimmungen die Vergütung doch nicht bei weitem so hoch bemessen, wie der Beschwerdeführer anzunehmen scheint. Es ist dort zunächst (§ 1) der Grundsatz aufgestellt, daß die Vergütung des KonkV. für seine Geschäftsführung sich nach der Höhe der Aktivmasse und dem Umfang der Tätigkeit des Verwalters richte. Sodann sind (§ 3) für die Fälle, daß die Aktivmasse mehr als 1000 Mk. beträgt, für die Regel, d. h. abgesehen von außergewöhnlichen Fällen, gewisse Prozentsätze der Aktivmasse bewilligt, indessen einmal verschieden je nach den Stadien, wie solche in § 57 des GKG. unter Ziffer 1—5 aufgeführt sind, sodann (§ 4) „indem für Berechnung der Höhe der Aktivmasse § 52 Abs. 1 und 3 GKG. für maßgebend" erklärt ist, und endlich, indem (§ 7) bestimmt ist, daß für einen Fall eines Wechsels in der Person des KonkV. die entsprechende Verteilung der tarifmäßigen Gebühren dem Ermessen des Gerichts überlassen bleibt, und daß die Gebühr des neu eintretenden wie des ausgetretenen Verwalters in solchen Fällen um ein Viertel erhöht werden kann. Wollte man nun vergleichsweise berechnen, auf wie viel die Gebühr des KonkV. sich nach diesen Grundsätzen vorliegend stellen würde, so könnte einerseits doch nur das in § 57 Ziff. 1 GKG. angeführte Stadium des Verfahrens zu grunde gelegt werden (da das Verfahren beim Austreten des Verwalters noch nicht weiter fortgeschritten war, als jenem Stadium entspricht), andererseits bleibt, da eine feste Grundlage für die Bestimmung der Aktivmasse hier fehlt, nichts anderes übrig, als nach freiem Ermessen die Höhe der maßgebenden Aktivmasse zu veranschlagen. Berücksichtigt man, daß nach dem Bericht des KonkV. vom 11. Okt. 1904 „die meisten Gläubiger Aus- und Absonderungsrecht geltend machen, das größtenteils anzuerkennen ist", so wird die Annahme einer zur Befriedigung der Konkursgläubiger verbleibenden Aktivmasse von 5000 M noch eher zu hoch als zu gering gegriffen sein. Danach aber wird sich die Gebühr des KonkV. nach den von der Beschw. vergleichsweise herangezogenen Bestimmungen berechnen auf: von dem Betrag bis 1000 M 5% = 50 M und von dem Betrag von über 1000 M bis zu 5000 M 3% = 120 M, zusammen also 170 M, sodaß also die hiernach sich berechnende Summe noch nicht einmal die ihm zugesprochene Gebühr erreicht.

Im Fragefall können übrigens lediglich die oben hervorgehobenen Grundsätze über die Tatsachen und Verhältnisse, welche Anhaltspunkte für das richterliche Ermessen geben, in Anwendung gebracht werden. Nach diesem aber, insbesondere unter Berücksichtigung der Zeitdauer der Führung des Amtes, des Stadiums, bis zu welchem das Verfahren bei Aufhören der Tätigkeit des Beschwerdeführers gediehen war, und der maßgebenden Aktivmasse, muß eine Vergütung, wie sie als in dem vom LG. festgestellten Betrag nach Obigem zu finden ist, für ausreichend erachtet werden.

Beschl. OLG. I. ZS. v. 20. April 1905 W 61/05.

Lk.

Entscheidungen der Großh. Landgerichte.

Zivilrecht. — Zivilprozeß.

5. Begriff der Nachlaßverbindlichkeit im Sinne der §§ 1967, 2058 BGB.

Die beiden Bekl., von welchen J. H. im Bezirk des Prozeßgerichts erster Instanz wohnte, während seine Schwester Frau B., in Straßburg ihren Wohnsitz hat, hatten u. a. von ihrem Vater ein Haus ererbt, und vor der Auseinandersetzung des Nachlasses hatte der Miterbe H. selbständig dem Kl. den Auftrag erteilt, Reparaturarbeiten an diesem Hause vorzunehmen. Nach Ausführung der Arbeiten erhob Kl. gegen die beiden Erben Klage bei dem AG. und beantragte, diese als Gesamtschuldner zur Zahlung des beanspruchten Betrags zu verurteilen. Gegen das der Klage stattgebende und auf die Erwägung sich gründende erstinstanzliche Urteil, daß eine Nachlaßverbindlichkeit im Sinne der §§ 1967, 2058 BGB. in Rede stehe, verfolgte die Mitbekl. B. Berufung, welche den Erfolg hatte, daß das LG. das angefochtene Urteil, soweit es gegen Frau B. ergangen war, aufhob und die gegen letztere erhobene Klage abwies.

Aus den Gründen: Es handelt sich lediglich um die Frage, ob eine Verbindlichkeit, die ein Miterbe allein nach Eintritt des Erbfalles zum Zwecke der Verwaltung und bezw. Erhaltung des noch ungeteilten Nachlasses einem Dritten gegenüber eingegangen hat, als Nachlaßverbindlichkeit im Sinne der genannten Gesetzesvorschriften anzusehen ist aber nicht. Das AG. hat sich zur Begründung seiner Entsch. auf Seuffert (Komm. zur ZPO. §§ 27, 28) berufen, und und es kann nicht geleugnet werden, daß auch andere Kommentatoren, so z. B. Gaupp-Stein (Note II zu § 28 ZPO.), jene Ansicht teilen; das LG. kann sich aber derselben nicht anschließen.

Der Gesetzgeber hat in § 1967 BGB. den Begriff der „Nachlaßverbindlichkeit" zwar nicht erschöpfend definiert, allein es muß doch beachtet werden, daß er in dem genannten § neben den vom Erblasser herrührenden Schulden nur noch diejenigen Verbindlichkeiten als Nachlaßverbindlichkeiten bezeichnet, die den Erben als solchen treffen. Er hat hiermit ausdrücken wollen, daß neben den von dem Erblasser selbst kontrahierten Schulden auch alle diejenigen Verbindlichkeiten der Erben hierher zu zählen seien, die infolge des Erbfalles entstehen und die also mit dem letzteren in einem gewissen kausalen Zusammenhang stehen. Daß dies in der Tat seine Willensmeinung war, ergibt die Aufzählung der Beispiele in § 1967 hinter dem Worte „insbesondere" (vgl. Kuhlenbeck, BGB. § 1967 Note 1; Motive Bd. V S. 623). Die von dem Anwalte des Kl. zitierte RGE. Bd. 35 S. 418 ff. kann hiernach zur Begründung der von dem Vorderrichter vertretenen Anschauung nicht herangezogen werden, denn in jener Entsch. handelt es sich um von einem Testamentsvollstrecker vorgenommene Rechtsgeschäfte, und daß die hieraus erwachsenen Verbindlichkeiten als Nachlaßverbindlichkeiten angesehen werden müssen, erhellt nicht allein aus § 224 Ziff. 5 KonkO., sondern vor allem auch aus der Erwägung, daß der Testamentsvollstrecker an Stelle sämtlicher Erben handelt und sie deshalb auch durch seine Handlungen verpflichtet.

Wollte man der Ansicht des Vorderrichters folgen und auch alle diejenigen Verbindlichkeiten zu den Nachlaßverbindlichkeiten im Sinne der §§ 1967, 2058 BGB. zählen, die ein Erbe in bezug auf den Nachlaß und vielleicht nur deshalb kontrahiert hat, weil der letztere nicht früher verteilt worden ist, so müßte man zu einer dritten unter § 1967 fallenden Gruppe von Verbindlichkeiten gelangen, die an sich mit dem Erbfalle in keinerlei kausaler Verbindung stehen. Es wäre dann geradezu unverständlich, warum der Gesetzgeber diese dritte, sicherlich sehr umfangreiche Gruppe von Verbindlichkeiten nicht ebenfalls, wenn auch nur allgemein, im Gesetze selbst erwähnt haben sollte; denn angesichts der Aufzählung von Beispielen im § 1967 hätte es doch mindestens nahe gelegen, dabei auch derjenigen Verbindlichkeiten Erwähnung zu tun, die auf Verwaltungshandlungen der einzelnen Erben zurückzuführen sind. Dies ist nicht geschehen. Aber auch zu der Annahme, daß hier eine Lücke im Gesetz bestehe, die im Wege der Auslegung auszufüllen sei, besteht um so weniger Anlaß, als aus der in § 2038 Abs. 2 BGB. geschehenen Bezugnahme auf § 748 folgen dürfte, daß die von einzelnen Erben in bezug auf den ungeteilten Nachlaß vorgenommenen Verwaltungshandlungen nach den für die Gemeinschaft geltenden Grundsätzen zu beurteilen sind. Planck sagt in Note 1 Abs. 2 zu § 2038 BGB., daß „im Verhältnisse der Erben unter einander" jeder Miterbe verpflichtet sei, zu Maßregeln, die zur ordnungsmäßigen Verwaltung erforderlich seien, mitzuwirken, sich bei diesbezüglichen Rechtsgeschäften, wie z. B. Anschaffungen für den Nachlaß, Werkverträgen rc., als Mitkontrahent zu beteiligen, eventuell das von einem anderen Miterben ordnungsmäßig abgeschlossene Geschäft zu genehmigen, und daß die Miterben einander wie die Teilhaber einer gewöhnlichen Gemeinschaft nach den allgemeinen Vorschriften zu haften hätten. Er bringt hierdurch in Uebereinstimmung mit der hier vertretenen Anschauung deutlich zum Ausdruck, daß er, um eine Haftung des anderen Miterben dem Dritten gegenüber zu begründen, die direkte Mitwirkung dieses anderen Miterben, sein Mitkontrahieren bezw. seine Genehmigung für nötig erachtet, was zweifellos nicht erforderlich wäre, wenn sipo jure jede Verwaltungshandlung eines Miterben auch die übrigen Miterben dem Dritten gegenüber verbindlich machen würde.

Auf Grund dieser Erwägungen gelangte das LG. zu dem Ergebnis, daß es sich im vorliegenden Fall nicht um eine Nachlaßverbindlichkeit, sondern um eine Verpflichtung handelt, die der Bekl. H. als Teilhaber der hinsichtlich des Nachlasses zwischen ihm und der Bekl. B. bestehenden Gemeinschaft eingegangen hat und wegen deren Erfüllung der Kläger als Dritter nur seinen Mitkontrahenten belangen kann.

Urt. LG. Gießen II. ZK. vom 13. Febr. 1905 S 8 05. Pr.

Kosten und Gebühren.

6. Begriff „irriger Ansatz" von Gerichtskosten in § 5 des Gerichtskostengesetzes.

Unter Zugrundelegung eines Streitwertes von 28 000 – 30 000 M wurden am 5. Nov 1901 237,58 M, am 3. Mai 1902 240,30 M und am 23. Juni 1903 217,70 M Gerichtskosten angefordert, im ganzen also 695 M 50 Pf. Das OLG. setzte alsdann durch Beschl. v. 14. März 1904 den Wert des Streitgegenstandes nur auf 22 000 M fest, zufolge dessen die Gerichtskosten nur auf 509,60 M berechnet und dem Bekl. 125,90 M zurückvergütet wurden. Das Reichsgericht hat am 12. Juli 1904 diesen Beschl. des OLG. aufgehoben und den Streitwert auf 30 000 M — 32 000 M festgesetzt. Die Kosten sind darnach aufs neue auf 757,60 M berechnet und nach Abzug der bereits bezahlten Gerichtskosten von 569,60 M am 4. Febr. 1905 mit 188 M nachgefordert worden. Hiergegen ist auf Grund von § 5 GKG. Erinnerung erhoben worden. Es kann aber von einer Nachforderung wegen irrigen Ansatzes nur insoweit gesprochen werden, als die Kosten zufolge der Streitwertfestsetzung des RG. auf 30000 M — 32000 M gegenüber der ersten gerichtlichen Annahme des Streitwertes auf 28000 M — 30000 M sich erhöht haben; nachgefordert im Sinne des § 5 GKG. sind daher nur 757,60 M — 695,50 M = 62,10 M. Die Differenz zwischen 188 M und 62,10 M = 125,90 M war bereits vor Ablauf des nächsten Kalenderjahres nach rechtskräftiger Erledigung des Verfahrens angefordert gewesen. Daß die ursprüngliche Wertfestsetzung von 28000—30000 M durch das OLG. auf 22000 M ermäßigt wurde, daraufhin 125,90 M zurückvergütet wurden, durch den diesen Beschl. aufhebenden RGBeschl. aber der Ansatz der Kosten in Höhe von 695,50 M nicht nur nicht für gerechtfertigt, sondern sogar noch für zu niedrig erkannt worden ist, macht die Wiedereinforderung der zurückvergüteten 125,90 M nach Ablauf der im § 5 GKG. erwähnten Frist nicht zu einer Nachforderung wegen irrigen Ansatzes; vielmehr wird durch das RG. die ursprüngliche Kostenanforderung von 695,50 M einfach als richtig, sogar als zu niedrig anerkannt (s. Entsch. KG. v. 29. Jan. 1893 bei Johow, Bd. 13 S. 202; Pfafferoth § 5 Note 4).

Entsch. LG. Darmstadt III. ZK. v. 2. März 1905 O 722/99, bestätigt durch Beschl. OLG. v. 5. April 1905 W 76/05. Sz.

Justizverwaltung.

Zur Stempelpflicht der Vollmacht; Art. 1 Abs. 2 UStG.

Der Anwalt des Gläubigers N. hat mittelst Schriftsatzes, dem Prozeßvollmacht beilag, beim AG. R. den dinglichen Arrest in ein Grundstück des Schuldners S. beantragt. Als Beweismittel waren die Akten, betr. Immobilienverkauf des S., bezeichnet. Gleichzeitig hat der Anwalt am Schlusse seiner Eingabe um Mitteilung dieser Akten zur Einsicht gebeten. Durch Beschl. des AG. wurde der Arrestantrag zurückgewiesen und auf Grund der Nr. 86 des Stempeltarifs die Erhebung eines Stempels von 2 M für die Vollmacht angeordnet. Gegen die Stempelanforderung erhob der Anwalt Beschw., weil es sich lediglich um ein Verfahren handele, auf das die ZPO. Anwendung finde. Die II. ZK. des LG. D. hat der Beschw. stattgegeben und den Stempelansatz aufgehoben. Nach Ansicht des Gerichts war die Vorlage der Prozeßvollmacht nach §§ 80, 88 ZPO. bei Stellung des Arrestantrags geboten und nach Art. 1 UStG. durch diese Vorlage eine Stempelpflicht nicht begründet. Nach § 299 ZPO. stehe den Parteien die Einsichtnahme der Prozeßakten zu, und zu den Prozeßakten würden in der Regel die als Beweismittel produzierten Hilfsakten zu rechnen sein. Wenn der Anwalt des Gl. im vorliegenden Fall am Schlusse seines Antrags ohne nähere Begründung um Akteneinsicht bezüglich der vorher als Mittel der Glaubhaftmachung bezeichneten Verkaufsakten gebeten habe, so liege kein Grund vor, hierin einen von dem Arrestverfahren gesonderten Antrag im Sinne des § 34 GFG. zu erblicken. Das Akteneinsichtsgesuch erscheine vielmehr als auf § 299 ZPO. gestützt, da es nicht unberechtigt gewesen sei, wenn der Anwalt angenommen habe, die Beilegung der als Beweismittel angerufenen Akten werde, wie dies gewöhnlich geschehe, vor der Entscheidung über den Arrestantrag erfolgen. Daß das AG. ohne die seinem Ermessen freigestellte Beiziehung der Hilfsakten nach Lage des Falles habe entscheiden können, ändere an der rechtlichen Grundlage des Gesuchs nichts. Nicht der Richter der FG., sondern der Prozeßrichter sei zur Entscheidung über das noch unerledigte Akteneinsichtsgesuch berufen.

Gegen diese Entsch. wendet sich die weitere Beschw. des GenStA. unter Berufung auf die Entsch. des JzMin. v. 30. Okt. 1900 — Anl. XVI. zu ABl. Nr. 12 v. 1902. Zugleich wird darauf hingewiesen, daß der betreffende Respizient des AG. nach seiner eigenen Erklärung als Richter der FG. das Akteneinsichtsgesuch behandelt und die Stempelanforderung verfügt habe, daß er dagegen als Richter der streitigen Gbkt. die Verkaufsakten nicht benutzt, ja nicht einmal die Beilegung verfügt habe. Das Verlangen, die Einsicht der Verkaufsakten zu gestatten, müsse als selbständiges, an den Richter der FG. gerichtetes Gesuch betrachtet werden, dies umsomehr, als der Gesuchsteller sein Gesuch ganz allgemein gestellt habe, ohne Angabe, zu welchem Zwecke er die Akten einsehen wolle.

Der weiteren Beschw. konnte nicht entsprochen werden. Dem BeschwG. muß darin beigetreten werden, daß der Antragsteller sein Akteneinsichtsgesuch an den Richter der streitigen Gbkt. gerichtet und angenommen hat, es würden ihm die Verkaufsakten als Beilagen der Arrestakten zur Einsicht mitgeteilt werden. Dafür spricht Form und Inhalt des Schriftsatzes. Würde der Respizient als Richter der streitigen Gbkt. auf das Akteneinsichtsgesuch entschieden haben, so könnte es keinem Zweifel unterliegen, daß eine Stempelpflicht nicht begründet wäre. Für diesen Fall treffen die Ausführungen des angefochtenen Beschl. in allen Punkten zu. Nun liegt aber die Sache im vorliegenden Falle insofern anders, als tatsächlich der Richter der FG. die Entscheidung auf das Akteneinsichtsgesuch nach Eingang des angeforderten Stempels (Art. 18 Abs. 3 UrkStG.) vorbehalten hat. Eine Stempelpflicht läßt sich aber auch bei dieser Sachlage nicht begründen. Der Hauptantrag ist der Arrestantrag; zur Erwirkung des Arrestes hat sich der Anwalt durch die Vollmacht legitimiert. Der Antrag auf Aktenmitteilung ist nebensächlicher Art; die Verkaufsakten sind dem Antragsteller nur als Beilage der Arrestakten von Belang. Der Antragsteller wollte, wie schon hervorgehoben, ein Gesuch an den Richter der FG. nicht richten. Gab nun der Richter der streitigen Gbkt. nach der Entsch. über das Arrestgesuch die Akten an den Richter der FG. ab, damit dieser über das Akteneinsichtsgesuch entscheide, so lag für letzterem kein genügender Anlaß vor, die Anlagen zum Arrestgesuch auch als Anlagen zum Akteneinsichtsgesuch zu behandeln und deren Verstempelung zu verlangen. Es liegt vielmehr näher, den Vorgang dahin aufzufassen, daß der Richter der FG. auf Grund der von ihm einzusehenden Arrestakten des Gerichts über das Akteneinsichtsgesuch zu entscheiden hat. Für den Antragsteller handelt es sich jetzt darum, ob er gegen den den Arrest ablehnenden Beschl. des AG. ein Rechtsmittel verfolgen soll oder nicht. Zur Glaubhaftmachung seines berechtigten Interesses (§ 34 GFG.) dienen vor allem die bei dem AG. erwachsenen Arrestakten, und zwar im ganzen, nicht einzelne Teile derselben; die den Arrestakten beiliegende Vollmacht kommt bei der Entsch. über das Akteneinsichtsgesuch nur als Bestandteil dieser Akten in Betracht und hat keine selbständige Bedeutung. Dienen aber dem Richter der FG. Prozeßakten als ganzes zum Beweismittel, so können einzelne Bestandteile, die für sich allein genommen durch die Vorlegung stempelpflichtig werden würden, als eingereicht oder vorgelegt i. S. des Art. 1 Abs. 2 UStG. nicht angesehen werden. Mit dieser Auffassung stimmt auch die seitherige Praxis überein. Die oben angeführte Entsch. v. 30. Okt. 1900 steht mit ihr nicht in Widerspruch, da sie sich auf solche Fälle bezieht, in denen Akten der FG. von einer Partei zum Zwecke der Benützung in einem Rechtsstreite zur Einsicht verlangt worden sind, entweder vor Beginn des Prozesses oder während des Prozesses, jedoch in einem besonderen, an den Richter der FG. gerichteten Gesuche, dem eine Vollmacht beigelegt worden war.

Beschl. JzMin. v. 20. Okt. 1905 Nr. JM. 17485.

St.

Sprechsaal.

Zur Praxis der öffentlichen Beurkundungen.

Die hessische Praxis pflegt vielfach dem Erfordernis der §§ 177 GFG. und 2242 BGB., wonach das Protokoll vorgelesen, genehmigt, eigenhändig unterschrieben und, daß dies geschehen, im Protokoll festgestellt werden muß, folgendermaßen zu entsprechen:

Vorgelesen, genehmigt und
N. N.
unterschrieben.

Dieses Verfahren gibt zu Bedenken Anlaß. Offenbar wird da der gesetzlichen Vorschrift nicht entsprochen, die die Feststellung, daß unterschrieben worden ist, im Protokoll verlangt. Die bestehende Praxis trifft diese Feststellung nicht im Protokoll, sondern als Anhängsel an das durch die Unterschrift gedeckte und hierdurch bereits abgeschlossene Protokoll. Das Gesetz verlangt aber Unterschrift des ganzen Protokolls und seines vollen Inhalts; es erscheint nicht zulässig, die Unterschrift für einen wesentlichen Teil des Protokolls als überflüssig anzusehen und hierfür ein einfaches Attest des Urkundsbeamten genügen zu lassen. Demnach muß die Feststellung, daß unterschrieben worden ist, ebenso wie die Konstatierung der Vorlesung und Genehmigung, als Teil des Protokolls mitunterschrieben sein.

Das Reichsgericht hatte es seither als zweifelhaft angesehen, ob die Feststellung der Vorlesung, Genehmigung und Unterschrift mit zu unterzeichnen sei (vgl. die Zitate in Neumanns Jahrb. 1903 Bd. 2 S. 271); es hat jedoch die sicherste Erfüllung der gesetzlichen Erfordernisse jedenfalls darin erblickt, daß die Unterschrift den drei Vermerken nachfolgt (vgl. das Zitat bei Soergel, Rspr. 1904 S. 523). In einer neuen Entscheidung vom 29. Juni 1905 (D. Jur. Ztg. 10. Jahrg. S. 961) ist nun klar und unzweideutig ausgesprochen, die Feststellung der Vorlesung, Genehmigung und Unterschrift müsse den Unterschriften der Beteiligten vorangehen; das nachträgliche Attest, in dem der Urkundsbeamte den einen oder andern Vorgang bezeugt, genüge nicht, da die Feststellung im Protokoll selbst zu geschehen habe.

Es wird sich also in Zukunft empfehlen, anders wie seither zu verfahren, und die Feststellung „unterschrieben" der Unterschrift vorangehen zu lassen; die Unterschrift könnte etwa durch den Vermerk „geschlossen" nach unten hin vor späteren Einschaltungen bewahrt werden. Sollte das Reichsgericht an seiner Ansicht festhalten und würde diese die Billigung der Gerichte finden, so müßte man auf das horrende Ergebnis gefaßt sein, daß alle auf die seither in Hessen mehrfach übliche Art abgeschlossenen Urkunden als nichtig behandelt würden. A.

Literatur.

Terminkalender für hessische Justizbeamte 1906 (J. Diemer, Mainz. 168 S. Geb. M 2.—). Der in Nr. 15 S. 111 d. Ztschr. allen juristischen Kreisen warm empfohlene Kalender ist erschienen. Sein Inhalt übertrifft weit die gehegten Erwartungen und macht das handliche, schmucke Büchlein zu einem sehr brauchbaren Begleiter in Schreibstube und Gerichtssaal. Der mannigfaltige Stoff des Kalenders gestattet die alsbaldige Orientierung nicht blos über juristische Dinge, sondern auch über Posttarif, Maß und Gewicht, Zinsberechnung u. a. m. Es handelt sich keineswegs um einen Beamten-Kalender im engeren Sinne, sondern um ein ebenso für Rechtsanwälte, Notare, Ortsgerichte und alle Subalternbeamten des Justizdienstes überaus brauchbares Taschenbuch. Möge der Absatz die aufgewendete Mühe lohnen! X.

III. **Spruchsammlung der Deutschen Juristenzeitung** (O. Liebmann, Berlin. 88 Sp., M 2.75). Diese wertvolle und fleißige Zusammenstellung aus vielen zivilrechtlichen Zeitschriften für 1904 — die 4. Spruchsammlung wird wohl auch die HessRspr. berücksichtigen — ist von OLG. Hoffmann in Breslau bearbeitet und wird den Abonnenten der DJZtg. als Gratisbeilage verabfolgt. Vom 11. Jahrgang (1906) ab wird die DJZtg. abermals erweitert und auch mit Spruchsammlungen aus der Strafrechtspraxis als Gratisbeilagen ausgestattet werden. K.

Die Zettelausgabe zu GVG. und ZPO. (J. Schweitzer Verlag, München. 0,50 M) enthält außer dem Gesetzestext der Novelle vom 15. Juni 1905 auf einseitig bedruckten, zum Einkleben in beliebige ältere Ausgaben bestimmten Zetteln die neuen und geänderten §§ in der jetzt geltenden Fassung. Wer z. B. eine mit handschriftlichen Noten versehene ältere Ausgabe weiter benützen will, kann sie mittels dieser Klebezettel wieder gebrauchsfähig machen. X.

Staudinger, J., v., †: Kommentar zum BGB. und EG. (J. Schweitzer, München). Die 21. Lief. bringt die Erläuterung der §§ 627—812 von LGR. Kober und LGR. Dr. Th. Engelmann. Auch diese Darstellung der einzelnen Schuldverhältnisse des BGB. darf als wohlgelungen gelten und fügt sich dem Rahmen der vortrefflichen Ausgabe in durchaus einheitlicher Weise ein. Demnächst steht der Abschluß von Buch II und die Fortsetzung des Erbrechts in Aussicht. K.

Anzeigen.

Für die Redaktion verantwortlich: Oberlandesgerichtsrat Keller in Darmstadt. — Verlag von J. Diemer in Mainz. — Druck von G. Otto's Hof-Buchdruckerei in Darmstadt.

Hessische Rechtsprechung

Herausgegeben
auf Veranlassung des Richter-Vereins unter Mitwirkung der Hessischen Anwaltskammer
von Oberlandesgerichtsrat Keller in Darmstadt, Oberstaatsanwalt Dr. Buff in Mainz, Landgerichtsdirektor Hess in Mainz
Landgerichtsdirektor Praetorius in Gießen, Landgerichtsrat Dr. Schwarz in Darmstadt.

Erscheint monatlich zwei Mal
Preis Mk. 7.12 jährlich
mit postfreier Zustellung.

Bestellungen nehmen die Expedition in Mainz, die Postanstalten sowie sämtliche Buchhandlungen entgegen.

Einrückungs-Gebühr die dreispaltige Zeile oder deren Raum 30 Pfg.

Nr. 19. Vom Deutschen Juristentag angenommene Zitierweise: HessRspr. Nachdruck verboten. 6. Jahrgang.

Redaktion: Darmstadt, Heinrichstraße 5. | Mainz, 1. Januar 1906. | Verlag und Expedition: J. Diemer, Mainz.

Allen verehrten Mitarbeitern, Freunden und Lesern der „Hessischen Rechtsprechung“ widmen wir **Herzlichste Wünsche zum Jahreswechsel!**

Darmstadt, Sylvester 1905.

Verlag, Expedition und Schriftleitung.

Entscheidungen des Großh. Oberlandesgerichts und des Reichsgerichts.

Zivilrecht. — Zivilprozeß.

1. Kann das Gericht auf Feststellungsklage hin die Führung eines Warenzeichens als berechtigt erklären, obgleich das Patentamt dessen Verwechselungsfähigkeit mit einem bereits geschützten Zeichen ausgesprochen hat?

Gegen die diese Frage verneinende Entscheidung der KfHSachen in Mainz (vgl. hess. Rspr. IV 163, woselbst die tatsächlichen Verhältnisse mitgeteilt sind) war erfolglos Berufung verfolgt; auf Revision wurde jedoch das Urteil des OLG. v. 27. Mai 1904 aufgehoben aus folgenden Gründen:

Das OLG. erwägt, daß das Patentamt als die zuständige Behörde in dem dafür vorgeschriebenen Verfahren in kontradiktorischer Verhandlung zwischen den Parteien rechtskräftig und endgültig die zeichenrechtliche Uebereinstimmung des von der Kl. geführten Zeichens mit dem der Bekl. für Weine, Likōre und Spirituosen geschützten festgestellt habe; einer Nachprüfung auf Grund einer Klage des vom Patentamte abgewiesenen Anmelders durch die Gerichte unterliege diese Feststellung nicht. Wolle der Anmelder geltend machen, daß ihm ungeachtet der durch das Patentamt festgestellten Uebereinstimmung ein Anspruch auf die Eintragung trotz der Uebereinstimmung auf Grund eines besonderen Rechtstitels zustehe, so sei er auf den Weg der Klage nach § 6 Abs. 2 verwiesen. Daraus ergebe sich, daß die Feststellung der Uebereinstimmung nach dem durch die Novelle v. 12. Mai 1894 neu geregelten Vorprüfungsverfahren ausschließlich Sache des Patentamts sei. Man habe durch das Gesetz v. 12. Mai 1894 die Vorprüfung den Registerbehörden, welchen sie ursprünglich (Ges. v. 30. Nov. 1874) zugewiesen war, entzogen und auch die Entscheidung über den Widerspruch eines Eingetragenen gegen eine Neuanmeldung dem Patentamt überlassen, um der unerfreulichen Verschiedenheit in der Auffassung der Gerichte vorzubeugen. Man habe sowohl für die Frage der Verwechselbarkeit der Zeichen als für die Beurteilung der Frage, ob gleichartige Waren vorliegen, das Patentamt für die geeignetere Instanz gehalten.

Diese Erwägungen des OLG. wären zutreffend, wenn es sich im vorliegenden Prozesse um die Frage der Eintragsfähigkeit des klägerischen Warenzeichens für Wein, Likōre und Spirituosen handeln würde (RGE. Bd. 38 S. 65). Das OLG. verkennt aber die Tragweite der in den §§ 5 und 6 des Gesetzes gegebenen Bestimmungen, wenn es dieselben auf den hier zum Austrag zu bringenden Streit anwendet. Die Kl. begehrt nicht die Eintragung ihres Zeichens für die mehrfach erwähnten Waren, sie beansprucht nicht die Rechte aus § 12 des Gesetzes. Sie verlangt lediglich die Feststellung, daß der Bekl. kein Untersagungsrecht aus § 12 des Gesetzes gegenüber dem von ihr tatsächlich geführten Zeichen zustehe. Sie will sonach festgestellt haben, daß sie durch den Gebrauch ihres Zeichens nicht in das Zeichenrecht der Bekl. eingreife. Zu der Entscheidung hierüber ist nicht das Patentamt, sondern sind ausschließlich die Gerichte berufen. Der Fall ist rechtlich nicht anders zu beurteilen, als wenn Bekl. wegen Verletzung ihres Zeichenrechts negatorisch gegen Kl. geklagt und diese zu ihrer Verteidigung geltend gemacht hätte, daß das von ihr tatsächlich geführte Zeichen mit dem der Bekl. durch die Eintragung geschützten nicht übereinstimme und auch keine Gefahr der Verwechselung im Verkehr vorliege. Daß die off. Handelsgesellschaft A. W., welche durch die Drohung der Bekl. zur Feststellungsklage veranlaßt war, sich in der Parteirolle der Kl. befindet, ist für die hier zu entscheidende Frage unerheblich. Die Entscheidungen des Patentamts, durch welche die beantragte Eintragung des Zeichens der Kl. für Weine, Likōre und Spirituosen abgelehnt wurde, sind für die Gerichte in keiner Weise bindend; sie entheben es nicht der Verpflichtung, selbständig zu prüfen, ob das Verhalten der Kl. eine Verletzung des Zeichenrechts der Bekl. enthalte. Allerdings wird das Gericht die Auffassung des Patentamts, welchem eine besondere Sachkunde auf diesem Gebiete innewohnt, jedenfalls in Berücksichtigung ziehen, aber die Bedeutung, welche der Entscheidung des Patentamts für die Frage der Verletzung des Zeichenrechts zukommt, ist hiernach immer nur eine tatsächliche, konsultative, keine rechtlich bindende. Diese Ansicht wird auch allgemein in der Literatur vertreten (vgl. Allfeld, Ges. z. Schutz der Warenbezeichnungen, § 12 Anm. 3; Kent, Warenzeichenrecht. § 20 Anm. 877 S. 544; Seligsohn, Warenzeichenrecht, § 6 Anm. 1; auch RGUrt. v. 12. Mai 1898 in JWschr.1899, S. 480).

In ähnlicher Weise ist das Verhältnis auf dem Gebiete des Patentrechts geregelt. Handelt es sich dort darum, ob in ein zu Recht bestehendes Patent durch die Maßnahmen eines Anderen eingegriffen werde, so sind die Gerichte zur Entscheidung auch dann berufen, wenn hierbei, wie in der Regel, die Auslegung und der Umfang des Patents in Frage kommen (RGE. Bd. 33 S. 161; Bd. 45 S. 76).

Die Sache mußte an das OLG. zurückverwiesen werden, da die Frage, ob zwei Zeichen identisch sind, ob eine Verwechselungsgefahr vorliegt, keine rein rechtliche, sondern wesentlich auch eine tatsächliche ist.

Urt., RG. I. ZS. v. 8. Juli 1905. I 543/04 in der hess. Sache HO 158,03 bezw. U 380/03. F.

Strafrecht. — Strafprozeß.

2. Zum Begriff des Hausfriedensbruchs.

Wie das Berufungsgericht feststellt, begab sich der Angekl., ein Sohn des Käsemaschinenfabrikanten T. in X. am 2. März 1905 in die Hofreite des Käsefabrikanten R. zu Z., um sich dort ein Stück Asbest für eine anderwärts vorzunehmende Arbeit zu leihen und gleichzeitig eine in R's. Fabrikraum stehende Käsemaschine anzusehen, die angeblich ein Patent seines Vaters verletzte. Er begab sich in den betr. Fabrikraum und begegnete dann auf dem Rückweg im Hofe dem R., dem er auf entsprechende Fragen angab, er sei in dem Sch.'schen Geschäft in Mainz beschäftigt, habe bei H. in Z. eine Reparatur zu machen und bitte, ihm hierzu ein Stück Asbest zu leihen. Zeuge R. begab sich hierauf mit dem Angekl. in die Fabrik zurück, wo dieser vor der Käsemaschine stehen blieb und auf R.'s Frage, ob er schon einmal eine Käsemaschine gesehen habe, zur Antwort gab: ja, aber das sei schon lange her. Den ihm vorgezeigten Asbest nahm der Angekl. nicht an, angeblich weil er für seinen Zweck nicht brauchbar war. Die hinzukommende Ehefrau R. frug den Angekl. unumwunden, ob er nicht vielleicht vom T. in X. sei, was er jedoch verneinte. Hierzu ist zu bemerken, daß einige Zeit nachher der Vater des Angekl. gegen R. und den Fabrikanten von dessen Käsemaschine Klage wegen Patentverletzung erhoben hat, worauf dann Strafantrag wegen Hausfriedensbruchs folgte.

Das Schöffengericht erkannte durch sein Urteil vom 16. Mai 1905 wegen Hausfriedensbruchs auf eine Geldstrafe von 20 M, an deren Stelle eventuell 4 Tage Gefängnis treten sollten.

Auf Berufung des Angekl. erfolgte seine Freisprechung durch das heute von der Staatsanwaltschaft angefochtene Erkenntnis der Strafk. v. 18. Juli 1905. Die Revision war als begründet zu erachten, wie dies auch von seiten des GenStA. dargelegt wurde.

Gründe: Das BG. stützt sich vornehmlich auf eine Entscheidung des RG. vom 18. Jan. 1897, übersieht jedoch, daß die in dem dortigen Falle fehlenden, vom RG. vermißten tatsächlichen Feststellungen im gegenwärtigen Falle ausreichend vorhanden sind. Die Strafk. erkennt mit dem RG. an, daß der dem Eindringen des Angekl. entgegenstehende Wille des Berechtigten nicht nur aus dessen Worten und Handlungen, sondern auch aus anderen begleitenden Umständen mit genügender Sicherheit vermutet und geschlossen werden dürfe. [illegible] stellt sodann weiter fest, daß R., wenn er nicht vom Angekl. getäuscht worden wäre, diesen freiwillig nicht in die Fabrik hereingelassen haben würde. Damit ist ausgesprochen, daß der Wille R.'s dahin ging, dem Angekl. oder einem anderen Abgesandten des Vaters T. den Eintritt in seinen Fabrikraum zu wehren. Dieser Wille des Berechtigten, den auch die Strafk. für ausschlaggebend erklärt, konnte im Fragefall nur durch die Vorspiegelungen des Angekl. nicht zum Ausdruck gelangen, war aber in der Person des Berechtigten, wie festgestellt, vorhanden. Seine Einwilligung zum Eintritt des Angekl. wurde durch Täuschung erlangt, sein Wille durch die Vorspiegelung des Angekl. entscheidend beeinflußt (vgl. Entsch. des RG. vom 5. April 1900 in Goltdammer's Archiv 47 S. 284).

Das Eindringen des Angekl. war hiernach objektiv ein widerrechtliches. Aber andererseits war er sich auch sehr wohl bewußt, daß er, wenn er seinen Namen nenne, keinen Zutritt zu der Fabrik erlangen werde. Das ergibt sich zweifellos aus seinen wiederholt, besonders auch der Ehefrau R. gegenüber, gemachten unwahren Angaben über seine Person. Es mag unerörtert bleiben, ob der Bedarf von Asbest wirklich vorlag oder nur einen willkommenen Vorwand abgab; jedenfalls reicht das Geständnis des Angekl., daß er sich die Maschine habe ansehen wollen, in Verbindung mit seinen Täuschungshandlungen, die er beim Entleihen von Asbest nicht nötig hatte, vollkommen hin, um das Bewußtsein des Angekl., daß er widerrechtlich, gegen den wahren Willen des Berechtigten dessen Räume betrete, außer Zweifel zu setzen. Es läßt sich auch nicht einwenden, daß Angekl. gleichzeitig den erlaubten Zweck, sich etwas Asbest bei R. zu entleihen, verfolgt habe und daher nicht auf eine Abweisung habe rechnen müssen. Vielmehr beweist sein Vorgehen, daß es ihm ohne weiteres klar war, R. werde ihn wegen des Asbestes keinesfalls in die Fabrik mitnehmen, falls er ihm vorher seinen wahren Namen mitteile. Darin liegt aber das Bewußtsein von dem entgegenstehenden Willen des Berechtigten, der nur durch Täuschung zu überwinden war.

Hiernach war das angefochtene Urteil aufzuheben, unter Aufrechterhaltung seiner tatsächlichen Feststellungen. Die Zurückverweisung an die zuständige Strafk. hatte gemäß § 394 Abs. 2 StPO. zu geschehen. Die Entscheidung über die Kosten der Revision (vgl. RGE. 18 S. 347 u. a. m.) war der Vorinstanz vorzubehalten.

Urt. OLG. Strafs. v. 6. Okt. 1905 S 21/05. K.

3. Irrtum über ein Strafgesetz.

Die Revision der Staatsanwaltschaft richtet sich gegen das Urteil der 2. Strafkammer des LG. Darmstadt vom 16. Mai 1905, durch welches die Berufung der Staatsanwaltschaft gegen das den Angekl. von der Anschuldigung der Zuwiderhandlung gegen die §§ 21, 26 des Reichsges. v. 3. Juni 1900, betr. die Schlachtvieh- und Fleischbeschau, freisprechende Urteil des SchöffenG. O. v. 6. Dez. 1904 verworfen wurde. Die Strafk. hat in tatsächlicher Hinsicht folgendes festgestellt: Der Angekl. habe bis zur Abgabe seines Geschäftes am 1. Sept. 1904 sog. Frankfurter Würstchen gewerbsmäßig hergestellt. Während er vor dem Inkrafttreten des § 21 des Fleischbeschaugesetzes der Wurstfülle Borsäure zugesetzt habe, um diese vor dem Verderben zu schützen, habe er nach diesem Zeitpunkt nur noch Borsäure der aus Wasser und Salz bestehenden Lake beigemengt, in welcher die nicht zum alsbaldigen Genuß bestimmten Würstchen in Blechdosen konserviert worden seien. Er habe nicht gewußt, daß die Borsäure aus der Lake in die Würstchen selbst durch die Wursthaut eindringe, er habe vielmehr die Borsäure nur darum der Lake beigemischt, um solche Stellen der Wursthaut vor Verderben zu schützen, die bei der Räucherung hell geblieben seien. Es habe sich aber demnächst in verschiedenen Fällen ergeben, daß sich Borsäure aus der Lake nach Durchdringen der Wursthaut der Wurstfülle selbst in geringem Grade mitgeteilt habe. Die Versetzung der Lake mit Borsäure gehöre allerdings zu der Zubereitung der Wurst im Sinne des § 21 a. a. O. Danach habe also der Angekl. bei der gewerbsmäßigen Zubereitung von Wurst Borsäure, einen Stoff, der nach der Bekanntm. des Bundesrats vom 18. Februar 1902 der Ware eine gesundheitsschädliche Beschaffenheit zu verleihen vermöge, dem gesetzlichen Verbot zuwider angewendet und die derartig bereitete Wurst verkauft oder sonst in den Verkehr gebracht. Hierdurch habe er objektiv dem § 21 a. a. O. zuwidergehandelt. Angekl. habe aber geglaubt, daß die Zubereitung der Würste mit ihrer Räucherung *beendigt* gewesen sei, und die Beigabe der Lake deshalb nicht mehr zur Zubereitung gerechnet. Er habe sich insoweit allerdings über das Strafgesetz geirrt, was unbeachtlich an und für sich sei. Jedoch habe der Irrtum Einfluß auf das vom Gesetz verlangte Moment der *Wissentlichkeit*; die Bestrafung aus § 26 des Gesetzes sei sonach ausgeschlossen, weil der Angekl. nicht gewußt habe, daß die Anwendung der borsäurehaltigen Lake zur *Zubereitung* der Wurst gehöre.

Das OLG. erachtete die Rev. für *begründet* und verwies die Sache an die Berufungsinstanz zurück aus folgenden *Gründen*: Es ist davon auszugehen, daß in objektiver Beziehung die Strafk. mit Recht die Voraussetzungen des § 21 des Gesetzes, betr. die Schlachtvieh- und Fleischbeschau, als gegeben angenommen hat. Die von dem Angekl. hergestellten Würste fallen nach § 4 a. a. O. unter dasselbe, weil dort auch zubereitete, nicht frische Würste als Fleisch im Sinne des Gesetzes erklärt sind. Mit Recht ist ferner festgestellt worden, daß in der Herstellung und Beimengung der Lake, mit welcher die Würste konserviert worden sind, eine Zubereitung der Würste zu finden sei. Denn unter Zubereitung ist jede Behandlung des Fleisches zu verstehen, welche dazu bestimmt ist, das Fleisch in die Form zu bringen, in der es in den Handel kommen soll (RGE. in Strafs. Bd. 37 S. 344). Der Angekl. hat also bei der gewerbsmäßigen Zubereitung von Fleisch Borsäure, einen nach Anordnung des Bundesrats unter den § 21 fallenden Stoff, angewendet und das so zubereitete Fleisch verkauft. Daß Angekl. hierbei des Verbots sich *bewußt* war, hat die Strafk. angenommen. Es fragt sich sonach nur, ob das in § 26 a. a. O. verlangte Moment der *Wissentlichkeit* durch den von ihr festgestellten Irrtum des Angekl., die Beigabe der Lake, der er zur Konservierung der Wurst Borsäure zufügte, gehöre nicht mehr zu deren Zubereitung, ausgeschlossen wird oder nicht.

Insofern ist dem angefochtenen Urteil gleichfalls beizupflichten, als es diesen sich nur auf die Auslegung des fraglichen Worts beziehenden Irrtum des Angekl. für einen solchen über das Strafgesetz erklärt hat. Zubereitung im Sinne des Fleischbeschaugesetzes ist ein *strafrechtlicher* Begriff; weil er ein solcher ist, hat das RG. in der oben zitierten Entscheidung sich darüber ausgesprochen, wie das Wort zu verstehen und was zur Zubereitung zu rechnen sei. Unrichtig ist aber die Ansicht des Vorderrichters, daß ein solcher Strafrechtsirrtum geeignet sei, das in § 26 a. a. O. verlangte Moment der Wissentlichkeit des Zuwiderhandelns auszuschließen. Nach den Feststellungen des Strafkammerurteils hat der Angekl. wissentlich gehandelt, weil er sich wohl bewußt war, daß er die Würste für den Verkehr zurecht machte und daß er trotz des Verbots Borsäure hierbei verwendete. Das genügt, um ein wissentliches Handeln anzunehmen. War der Angekl. dabei des Glaubens, die von ihm bewußt vorgenommene Zubereitung der Würste habe schon mit deren Räucherung geendigt, also vor Verwendung der Borsäure, so befand er sich nur im Irrtum über den Inhalt und die Tragweite des Strafgesetzes. Ein solcher Irrtum ist aber unerheblich und nicht zu berücksichtigen. Dieser allgemeine Grundsatz des Strafrechts gilt hier, wo Wissentlichkeit des Zuwiderhandelns gefordert wird, ebensowohl wie sonst (vgl. RGE. in Strafs. Bd. 32 S. 414; Bd. 37 S. 342). Es ist hierbei nicht zu verkennen, daß die Grenze zwischen tatsächlichem und Rechtsirrtum manchmal nicht leicht zu ziehen ist und daß bei dem nämlichen Begriff sowohl der eine als der andere vorkommen kann. Hier ist aber nach den Feststellungen des angefochtenen Urteils nur ein Irrtum über das Strafgesetz als gegeben zu erachten.

Urt OLG. Strafs. v. 30. Aug. 1905 S 15/05. X.

Freiwillige Gerichtsbarkeit.

4. Gebührensatz für Eintrag einer Firmen-Aenderung.

Am 30. März 1897 gründete der Allein-Inhaber der in Frankfurt a. M. bestehenden Firma S. & Co. unter der gleichen Firma eine *Zweigniederlassung* in Mainz, für deren Eintrag im Firmenregister die Gebühr von 5 M erhoben wurde. Diese Zweigniederlassung erwarb im März 1902 mit dem Rechte der Weiterführung der seitherigen Firma der Kaufmann Max H.; dieser Geschäftsübergang wurde am 15. März 1902 in dem Firmenregister gewahrt und hierfür eine Gebühr von 3 M gemäß § 30 1b VO. vom 23. Dez. 1899 erhoben. Am 4. April 1903 änderte H. seine seitherige Firma S. & Co. in Max H. um und erklärte vor der Registerbehörde, daß er im übrigen das Geschäft unverändert fortführe. Diese Firmenveränderung wurde im Firmenregister eingetragen und dafür gemäß § 30 Ziff. 1b der erwähnten VO. eine Gebühr von 3 M erhoben. Die *Erinnerung* des Gerichtskostenrevisors wurde vom AG. *zurückgewiesen* durch Beschl. vom 24. Aug. 1905, dieser Beschl. jedoch auf Beschw. des GenStA. von der K. f. HSachen am 16. Sept. 1905 *aufgehoben* und die Erhebung einer Gebühr von 5 M gemäß § 30 Ziff. 1a VO. angeordnet. Das Beschw.Gericht ging von der Erwägung aus, eine Firma Max H. sei bisher nicht eingetragen, also sei ihr Eintrag die *erste* Eintragung dieser Firma und dafür nach § 30 Ziff. 1a der VO. die Gebühr von 5 M zu bezahlen. Die VO. mache für den Fall keine Ausnahme, daß ein Geschäftsinhaber sein Geschäft unter Aufgabe der bis dahin geführten Firma unter einer neuen Firma weiter betreibe. Gegen diese Entscheidung hat H. die weitere Beschw. verfolgt, in welcher die Auffassung vertreten wird, daß es sich hier nur um eine „spätere, auf die Rechtsverhältnisse der Firma bezügliche Eintragung" (Fall des § 30 Ziff. 1b) handele.

Dieser weiteren Beschwerde konnte der Erfolg nicht versagt werden, da die Vorschrift des § 30 Ziff. 1b nicht und Ziff. 1a nicht richtig angewendet wurde, sonach die angegriffene Entscheidung auf einer Verletzung des Gesetzes beruht. Wenn auch nicht verkannt wird, daß der Kaufmann, der unter Fortführung seines Geschäfts an Stelle seiner bisherigen Firma nunmehr unter seinem wirklichen Namen seine Geschäfte betreibt, damit eine neue Firma zur Entstehung bringt, so ist doch die Annahme für die richtige zu erklären, welche in der Wahrung dieser Firmen-Aenderung nicht eine „*erste* Eintragung der Firma" erblickt, sondern eine „spätere, auf die Rechtsverhältnisse der eingetragenen Firma sich beziehende Eintragung" für gegeben erachtet. Unter dem Ausdruck „Firma" will § 30 Ziffer 1a VO. nicht den nackten Namen i. S des § 17 HGB. verstanden wissen, unter dem ein Handelsgeschäft betrieben wird, sondern die gesamten Rechtsbeziehungen desselben, das *Unternehmen*, wie es unter dem gewählten Namen betrieben wird.

Das ergibt sich einmal daraus, daß an sich die Firma von dem Geschäft nicht getrennt werden und allein rechtliche Selbständigkeit nicht haben kann. Das ergibt sich weiter daraus, daß man von der handelsrechtlichen Natur eines Namens nicht sprechen kann, wohl aber von der handelsrechtlichen Natur eines geschäftlichen Unternehmens (vgl. Amtsbl. XIX von 1888 B IV), und es folgt endlich die Tatsache, daß der Ausdruck „Firma" in der VO. in dem hier vertretenen Sinne verstanden werden muß, daraus, daß sich das Amtsblatt XIX a. a. O. im Gegensatz zu „Firma" des Ausdrucks „Firmenbezeichnung" bedient, wenn es den Namen des Geschäfts allein im Auge hat. Dies hat die Vorinstanz verkannt, indem sie davon ausging, daß der Eintrag einer neuen Firmenbezeichnung ohne Uebergang des Geschäfts darum der erhöhten Gebühr des § 30 Ziff. 1a VO. unterliege, weil eine solche Bezeichnung seither noch nicht eingetragen gewesen sei. Ausschlaggebend für die Frage, ob eine „erste Eintragung der Firma" vorliegt, ist nur, ob ein bestimmtes Unternehmen eines Einzelkaufmanns, einer offenen Handelsgesellschaft, Aktiengesellschaft usw. bereits unter einer gesetzlich erlaubten Bezeichnung für den derzeitigen Inhaber eingetragen ist oder nicht. Ist das erstere der Fall, so erscheinen alle etwa in der Folge eintretenden eintragsbedürftigen Veränderungen als spätere, auf die Rechtsverhältnisse der Firma sich beziehende Eintragungen, sofern nicht die rechtliche Natur der Firma sich ändert, d. h. aus dem Unternehmen eines Einzelkaufmanns eine offene Handelsgesellschaft, Aktiengesellschaft usw. oder umgekehrt gemacht wird (vgl. Amtsblatt XIX a. a. O.) oder sofern nicht ein bestehendes Geschäft ohne Berechtigung zur Fortführung der seitherigen Firma auf den neuen Erwerber übertragen wird.

In dem vorliegenden Fall war die erste Eintragung der Firma, unter welcher Beschwerdeführer früher sein Unternehmen betrieb, am 30. März 1897 erfolgt. Die Uebertragung an Max H. stellte sich, da die Firmenbezeichnung weiter beibehalten wurde, als eine spätere Eintragung dar i. S. des § 30 Ziff. 1b, und die jetzige Veränderung der Firmenbezeichnung ohne gleichzeitige Veränderung in der Person des Inhabers und des Handelszweigs muß ebenfalls als ein Umstand betrachtet werden, der sich auf ein Rechtsverhältnis der bereits eingetragenen Firma (das Recht zur Führung dieses Namens gegenüber etwa gleichlautenden Firmen) bezieht und deshalb bei der Eintragung der ermäßigten Gebühr unterliegt. Es ist nur eine Aenderung der Firmenbezeichnung auf den Namen des früher bereits als solcher im Handelsregister eingetragenen Firmeninhabers.

Nach der herrschenden Rechtslehre wird in der Fortführung eines Geschäfts unter der seitherigen Bezeichnung, selbst wenn der alten Firma der Name des neuen Erwerbers beigefügt wird, z. B. wenn Beschwerdeführer das Geschäft unter der Firma: „Max H. vormals S. & Co." weiterbetrieben hätte, die Fortführung der bisherigen Firma gefunden (Staub zu § 22 Anm. 8), und es wäre, obwohl streng wörtlich auch hier eine neue Firma vorgelegen hätte, die ermäßigte Gebühr zu erheben gewesen.

Endlich ist auch der Gesichtspunkt nicht zurückzuweisen, daß die richterliche Tätigkeit und die des Gerichtsschreibers, was namentlich bei der Eintragung von Aktiengesellschaften, für welche doch die gleichen Grundsätze gelten, hervortritt, bei einer ersten Eintragung weit erheblicher ist und darum eine höhere Vergütung verdient, als wenn noch der ersten Eintragung der Firma (i. S. des Unternehmens) nur die Firmenbezeichnung eine wenn auch gänzliche Veränderung erleidet.

Beschl. OLG. II. ZS. v. 27. Okt. 1905 W 201/05. X.

Entscheidungen der Großh. Landgerichte.

Zivilrecht. — Zivilprozeß.

5. Ist die Zustellung an eine im Auslande wohnende Partei als bewirkt anzusehen, wenn die Annahme des zuzustellenden Schriftstücks verweigert wird? Ist in diesem Falle die öffentliche Zustellung nach Maßgabe des § 203 Abs. 2 ZPO. zulässig?

Die um Zustellung der Klageschrift nebst Ladung an den in Ungarn wohnenden Bekl. ersuchte deutsche Botschaft in Wien hat dieses Schriftstück unter der Erklärung an das Prozeßgericht zurückgesandt, daß nach einer Mitteilung des öster. Ministeriums der Bekl. die Annahme verweigert habe. Der Antrag der Kl. auf Erlaß des Versäumnisurteils wurde zurückgewiesen.

Gründe: Nach dem hier maßgebenden Abkommen zur Regelung von Fragen des internationalen Privatrechts vom 14. Nov. 1896 (RGBl. Nr. 21 von 1899) wird zum Nachweis der Zustellung in Art. 3 ein datiertes und beglaubigtes Empfangsbekenntnis oder eine Bescheinigung der ersuchten Behörde, aus der sich die Tatsache und die Zeit der Zustellung ergibt, für genügend erklärt. Ebenso wird in § 202 Abs. 2 ZPO. für eine Zustellung mittels Ersuchens der auswärtigen Behörde ein schriftliches Zeugnis über die erfolgte Zustellung verlangt. Diesen Anforderungen ist nicht genügt. Die Verweigerung der Annahme durch den Bekl. genügt nicht zur Zustellung. § 186 ZPO., welcher für den Fall der Verweigerung der Annahme Zurücklassung des zu übergebenden Schriftstücks am Orte der Zustellung vorschreibt, gilt nicht für Zustellungen im Ausland (Petersen, ZPO., allgem. Bem. 4 zu § 199 und § 203 Anm. 3). Selbst wenn aber das Gegenteil richtig wäre, würde dem § 186 ZPO ebensowenig genügt sein, da das zuzustellende Schriftstück wieder zurückgesandt worden ist.

LG. Mainz, K. f. H.Sachen v. 8. März 1905 O 291/04.

Noes.

Anmerkung des Einsenders: Nach Zurückweisung des Antrags auf Erlaß des Versäumnisurteils beantragte die Kl. unter Hinweis auf die Ausführungen bei Petersen a. a. O. die öffentliche Zustellung der Klageschrift, welchem Antrag stattgegeben und demnächst Versäumnisurteil erlassen wurde. Tritt man der Ansicht von Petersen bei, daß der in § 203 Abs. 2 ZPO. genannten Voraussetzungen auch dann vorliegen, wenn, trotzdem im Auslande geordnete Staatseinrichtungen bestehen und insbesondere die ausländischen Behörden die Besorgung von Zustellungen vermitteln, der Bekl. aber die Annahme des zuzustellenden Schriftstücks verweigert, so ist doch das Ergebnis nicht befriedigend. Nach § 80 der österr. Exekutionsordnung ist nämlich die Exekution aus Erkenntnissen auswärtiger Gerichte nur dann zulässig, wenn die Ladung, durch welche das Verfahren vor dem auswärtigen Gericht eingeleitet war, der Person, gegen die in Oesterreich aus dem auswärtigen Urteile die Exekution geführt werden soll, zu eignen Händen zugestellt worden ist. Demnach kann die Kl. aus dem auf Grund öffentlicher Zustellung der Klageschrift erwirkten Versäumnisurteil die Exekution in Oesterreich nicht betreiben, geht somit des wichtigsten Rechts, ihre Befriedigung zu erlangen, verlustig.

---

6. Die Befugnis der standesherrlichen Renteibehörden zur Beitreibung liquider Gefälle durch eigene Beamte bezieht sich auf alle Einkünfte, nicht bloß auf grundherrliche Abgaben.

Der Bekl. schuldete der Gräflich E.'schen Rentkammer für ersteigertes Heugras 31 M. Da er nicht zahlte, leitete die Rentkammer auf Grund des Art. 33 des Ges. v. 18. Juli 1858, die Rechtsverhältnisse der Standesherren des Großherzogtums betr., die Beitreibung im Verwaltungsweg ein.

Es wurde bei dem Schuldner gepfändet und Versteigerungstermin anderaumt, wozu sich die Renteibeamten bereits an Ort und Stelle begeben hatten, als der Schuldner in letzter Minute Einsprache gegen das Verfahren erhob. Dasselbe mußte sonach eingestellt werden. Die Rentkammer erwirkte nun bei dem zuständigen AG. B. Zahlungsbefehl auf den geschuldeten Betrag und die durch die versuchte zwangsweise Beitreibung entstandenen Kosten in Höhe von 5.70 M. Beklagter erhob Widerspruch gegen diesen Zahlungsbefehl, bezahlte aber nachher die Hauptsumme und die gerichtlichen Mahnkosten, nicht aber die durch die versuchte Beitreibung im Verwaltungsweg erwachsenen Kosten. Es wurde deshalb auf Zahlung dieser Kosten Klage erhoben, dieselbe jedoch durch Urteil des AG. vom 30. März l. Js. kostenfällig abgewiesen, weil nach dessen Auffassung die den Renteibehörden verstattete Zwangsvollstreckung sich nicht auf alle renteilichen Einkünfte, sondern nur auf solche, die auf grund- oder lehnsherrlichem Verband beruhten, beziehe.

Auf Berufung wurde dieses Urteil durch Entsch. des LG. Darmstadt vom 15. Mai l. Js. aufgehoben und der Bekl. nach Klagantrag verurteilt.

Aus den Gründen: Der Vorderrichter fasse den Begriff „standesherrliche Gefälle" zu eng auf. Sowohl nach den Motiven als auch den Kammerverhandlungen zum Gesetz vom 18. Juli 1858, insbesondere nach § 34 des Entwurfes, welcher dem § 33 des Gesetzes entspreche, sollte der Zustand vor dem Gesetz vom 7. Aug. 1848 wieder hergestellt werden, zufolge dessen die Standesherren die Beitreibung ihrer Einkünfte aus Grundbesitz, wie Forderungen aus Pacht-, Holz- und Grasverkäufen, Fischerei und Jagd, durch ihre eigenen Beamten in vollem Umfang ausübten.

In den Kammerverhandlungen sei ausdrücklich hervorgehoben worden, dem Grundsatz, daß Standesherren als Privatpersonen keine obrigkeitliche Gewalt ausüben sollten, stehe nicht entgegen, daß man ihnen das Recht der eigenen Beitreibung ihrer liquiden Ausstände bewillige. Dem Fiskus sei ebenso diese Befugnis zugesprochen worden. Auch den Gemeinden, milden Stiftungen, Kirchen- und ähnlichen Fonds hinsichtlich ihrer Intraden, ja auch der Starkenburger Viehversicherungsgesellschaft und den Sparkassen stehe die eigene Beitreibung ihrer Ausstände zu. Ferner sei schon durch das Ges. vom 24. Juli 1830 für Rheinhessen den Gemeinden und Kirchenkassen die Beitreibung ihrer Forderungen in ähnlicher Weise gestattet worden. Außerdem sei bei den Verhandlungen noch betont worden, daß, abgesehen von der Billigkeit dieses Verfahrens gegenüber dem gerichtlichen, der einfache Widerspruch des Schuldners genüge, um die Beschreitung des Rechtswegs notwendig zu machen (Verh. der Landstände 1856—58, II. Kammer, Beil. II 109, Prot. II 51. S. 46 ff.).

Aus alledem, insbesondere der vergleichsweisen Heranziehung von Instituten, die keinerlei „grundherrliche Einkünfte" haben könnten, aus der Anwendung des Begriffs „Ausstände" neben „Gefälle" ergebe sich mit Sicherheit, daß das Gesetz mit dem Ausdruck „Gefälle" nur den weiteren allgemeinen Begriff, also Forderungen und Einkünfte, die aus dem Grundvermögen und der Verwertung der Rohrzeugnisse fließen, gemeint haben könne. In diesem Sinne sei der Art. 33 auch seither allgemein und unbeanstandet von den standesherrlichen Verwaltungen zur Anwendung gebracht worden.

Urt. LG. Darmstadt v. 15. Mai 1905 S 164/05.

J.R. M.

Strafrecht. — Strafprozeß.

7. Begriff der selbständigen Betriebs- oder Verkaufsstätte eines stehenden Gewerbes im Sinne der §§ 3, 14 GewO.

Die Arbeiter der Möbelfabrik in A. ließen sich früher von der benachbarten W.'schen Brauerei gebrautes Bier in den Arbeitspausen durch jüngere Arbeiter aus Wirtschaften in der Stadt holen. Der Inhaber der Brauerei hat nun seit 2 Jahren die Einrichtung getroffen, daß das Bier den Arbeitern der Fabrik in dieser selbst geliefert wird. Der Fabrikarbeiter St. besorgt das Bier, indem er täglich soviel in Flaschen bestellt, als seiner Berechnung nach am folgenden Tag voraussichtlich konsumiert wird, und er erhält es sodann von der Brauerei in Kisten zu 25 Flaschen geliefert. Die Flaschen gibt er zum Preis von 10 Pf. an die Arbeiter ab. Er ist für die Bezahlung des Bieres der Brauerei gegenüber verantwortlich, die mit den das Bier von St. kaufenden Arbeitern nichts zu tun hat. Für seine Bemühungen erhält St. von der Brauerei 1 Pf. pro Flasche. Das Bier wird an einem dem St. von der Möbelfabrik zur Verfügung gestellten Platz gelagert und, soweit nicht verbraucht d. i. verkauft, in einer der Brauerei gehörigen, in dem Keller der Möbelfabrik aufgestellten verschließbaren Kiste aufbewahrt.

Das Steuerkommissariat in A. erließ gegen den Inhaber der W.'schen Brauerei Strafbescheid, weil er in der Möbelfabrik als in einem von seiner Brauerei ganz abgesonderten Gewerbslokal ein besonderes Gewerbe, nämlich das des Flaschenbierverkaufs im Kleinen betreibe, ohne ein Gewerbspatent gemäß § 18 des Gewerbesteuergesetzes vom 8. Juli 1884 zu besitzen.

Das Schöffengericht erkannte auf die Beschw. des W. gegen diesen Strafbescheid auf Freisprechung. Es betrachtete den St. als ersten, die anderen Arbeiter der Möbelfabrik als zweite Käufer. Ein Kaufgeschäft zwischen den Arbeitern und der Brauerei bestehe nicht, da diese sich nur an ihren Käufer St. halte, und dieser allein, nicht die Brauerei das Bier an die Arbeiter verabfolge. Die Brauerei übe also gar kein Gewerbe in der Möbelfabrik aus, es trete vielmehr St. gewissermaßen als Einkaufskommissionär der Arbeiter auf, er erwerbe Eigentum und veräußere weiter.

Der Berufung der Staatsanwaltschaft wurde stattgegeben, Revision nicht verfolgt. In der Berufungsinstanz wurde durch die erneute Vernehmung des St. noch weiter festgestellt, daß etwaige Verluste an Bier durch Bruch von Flaschen oder Verderb des Biers die Brauerei trägt, daß St. der Ansicht ist, daß nicht er der Käufer sei, sondern daß die Arbeiter wie er der Annahme seien, von W. zu kaufen. Auf Grund dieser Feststellungen erachtete das Gericht den St. als einen die Brauerei beim Verkauf vertretenden beauftragten Gehülfen der Brauerei. Diese allein verkaufe durch St. ihr Bier an die Arbeiter, St. sei Vertreter der Brauerei und nehme für diese das Geld ein. Diese Auffassung werde bestätigt durch die weitere Feststellung, daß St. auch Arbeiter der Brauerei sei. An dieser Sachlage ändere auch der Umstand nichts, daß das in die Möbelfabrik gelieferte Bier in den Büchern der Brauerei auf den Namen des St. eingetragen stehe; denn er sei für die Ablieferung des von ihm im Auftrag der Brauerei erzielten Erlöses verantwortlich. Der Angekl. habe sonach eine gewerbliche Tätigkeit betrieben und das Gewerbe als Bierverkäufer ausgeübt; und zwar habe er dies in einem von der Brauerei abgesonderten Ge-

werbslokal getan. Der Raum im Keller der Fabrik, wo das Bier lagere und aufbewahrt sei und von wo es verkauft werde, sei als abgesondertes Gewerbslokal und als *selbständige gewerbliche Niederlassung* im Sinne der Steuergesetze sowie als *selbständige Betriebs- oder Verkaufsstätte eines stehenden Gewerbes* im Sinne der §§ 3, 14 GewO. zu betrachten, hierfür alsa ein *besonderes Gewerbspatent* (Gewerbeschein) zu lösen (vgl. Vermögensteuergesetz vom 12. Aug. 1899 Art. 24. 49. 53; Gewerbesteuergesetz vom 8. Juli 1884 Art. 1, 18 und Gewerbesteuer-VO. vom 23 Joli 1884 §§ 2 und 25; Gemeindesteuergesetz vom 30. März 1901 Art. 8).

Urt. Strafk. Gießen v. 26. Mai 1905 O 65/05. — e.

Freiwillige Gerichtsbarkeit.

8. Der Gebrauch der Abkürzung „G. m. b. H." im Geschäftsverkehr ist unzulässig.

Das LG. hat erwogen: Feststeht, daß die Beschwerdeführerin in der 2. Beilage des „Darmstädter Tagblatt" vom 12. Dezember eine Geschäftsanzeige hat erscheinen lassen und darin die in § 4 des Ges. v. $\frac{\text{20. April 92}}{\text{29. Mai 98}}$ Abs. 2 vorgeschriebene zusätzliche Bezeichnung „mit beschränkter Haftung" in abgekürzter Form G. m. b. H. gebraucht hat. Sie hält solche Abkürzung für zulässig, weil sie bei der Annonce nicht firmiert habe und die Abkürzung allgemein üblich sei. Indessen verbietet der § 37 HGB., der gemäß §§ 7 und 13 a. a. O. Anwendung findet, jeden Gebrauch einer dem Kaufmann nach den Vorschriften des dritten Abschnittes des HGB. und damit auch des § 4 nicht zustehenden Firma. Die Beschwerdeführerin ist dem Publikum unter einer Firma entgegengetreten und hat ihm zu erkennen gegeben, daß sie unter dieser Firma ihr Geschäft betreibe, und damit durch die auf den Geschäftsbetrieb sich unmittelbar beziehende Anzeige bekundet, daß sie sich bei diesem Betrieb der Firma bedienen wolle (ROHG. 14 S. 186; RG. 36 S. 14; §§ 31 ff. HGB.); darin ist ein Gebrauch der Firma gelegen, der keineswegs auf bloße Unterschriftshergabe gerichtet ist (RGE. 19 S. 22; 36 S. 14). Es kann sich also nur noch fragen, ob die Abkürzung zulässig ist. Die *eingetragene* Firma enthält solche feststehendermaßen nicht. Wenn es auch im Geschäftsleben häufig vorkommt, daß die Abkürzung gebraucht wird, daß auch der Kostenpunkt beim Druck eine Abkürzung erwünscht erscheinen lassen könnte, so ist doch jener Gebrauch als zulässig nicht zu erachten. Der Entwurf des Gesetzes vom 20. April 1902 hatte nur *Sach*firmen gestatten wollen und verlangte den Zusatz „mit beschränkter Haftung", um *Mißverständnissen* hinsichtlich der *Kreditlage* der Gesellschaft vorzubeugen. In der Komissionsberatung wurde das bemängelt, weil der Zusatz die beschränkte Haftung zur Genüge erkennen lasse. Die Regierung widersprach, da ein Namen in der Firma zur Täuschung über die Leistungsfähigkeit der Gesellschaft führen könne und eine Gewähr für steten Gebrauch des Zusatzes nicht bestehe.

Demgegenüber ist unter Hinweis auf günstige Erscheiungen im Auslande die Gesetz gewordene Fassung des § 4 beschlossen und auf Antrag eines Kommissionsmitglieds ausdrücklich ausgesprochen worden, daß die gesetzliche Bezeichnung „mit beschränkter Haftung" stets in *unverkürzter* Form in der Firma zum Ausdruck kommen müsse (vgl. Komm.-Bericht des Reichstages VIII. LegPer. I Sess. 1890 92 Nr. 774 der Anlagen).

Nun gibt zwar der Gesetzestext jenen Ausspruch der Kommission nicht wieder, allein es ist aus dem Gesetz selbst ersichtlich und wird durch seine Entstehungsgeschichte bestätigt, daß der Zweck der Vorschrift der *zusätzlichen Bezeichnung* der war, Mißverständnisse hinsichtlich der Kreditgrundlage der Gesellschaft zu verhüten. Das kann ausreichend und für das *große Publikum*, an welches die Gesellschaft zum Geschäftsbetrieb herantritt, *verständlich* nur geschehen, wenn der Zusatz *ausgeschrieben* wird. Daß die *Kaufleute* die Abkürzung verstehen, darauf kann es nicht ankommen; vielmehr erfordert das öffentliche Interesse der deutlichen Erkennbarkeit der Haftungsbeschränkung für jedermann ein strenges Einhalten des Ausschreibens um so mehr, als im Gegensatz zum Entwurf auch *Namen* von *Gesellschaftern* in der Firma zulässig sind und dadurch die Täuschung über die Leistungsfähigkeit der Firma befördert wird. Es ist denn auch die übereinstimmende und nach dem Vorstehenden sachlich begründete Meinung sämtlicher Ausleger des Gesetzes, daß die Firma stets nur mit dem ausgeschriebenen Zusatz gebraucht werden dürfe (vgl. die Kommentare von *Staub*, *Liebmann*, *Walower* zu § 4 des Gesetzes).

Daß seitens der *Behörde* die zusätzliche Bezeichnung abgeküezt wird, ist, da dorin teiu *Gedrouch* der Firma gelegen ist, im Sinn des § 33 HGB. gänzlich unerheblich.

Beschl. LG. D., K. f. H. vom 3. Febr. 1905 T I 05.

Sspn., Ger.-Ass.

9. Verzicht auf Vorlegung der in § 1160 BGB. genannten Urkunden; Eintragsfähigkeit dieses Verzichts; Bezugnahme auf die Eintragungsbewilligung; Inhalt des Hypothekenbriefes.

Die Schuldner, Eheleute H., bestellten der heff. Landeshypothekenbank für ein gewährtes Darlehen eine Hypothek auf ihre Liegenschaften, *verzichteten* ausdrücklich auf die nach § 1160 Abs. 2 BGB. im Falle der *Kündigung* oder *Mahnung* erforderliche *Vorlegung des Hypothekenbriefes* und der sonst erforderlichen Urkunden und beantragten die Eintragung des Verzichts in das Grundbuch.

Das AG. W. hat die Eintragung in folgender Weise in das Grundbuch vorgenommen: 15. Dez. 1904 ..... Hypotheke für ein Darlehen der heff. Hypothekenbank, rückzahlbar nach Maßgabe der Eintragungsbewilligung; die Zwangsvollstreckung ist gegen den jeweiligen Eigentümer zulässig, im übrigen wird auf die Eintragungsbewilligung vom 8. Dez. 1904 Bezug genommen.

Die Gläubigerin begehrt, daß der Verzicht der Schuldner auf Vorlage des Hypothekenbriefes rc. ausdrücklich im Grundbuch gewahrt werde, was das AG. ablehnt mit der Begründung, daß dem Antrag durch Bezugnahme auf die Eintragungsbewilligung genügt sei. Auf Beschw. der Gläubigerin hat das LG., wie folgt, sich ausgesprochen:

Die Frage, ob der Eigentümer befugt ist, auf die Vorlage des Hypothekenbriefs und der in § 1160 BGB. weiter genannten Urkunden im Falle der Kündigung oder Mahnung seitens des Gläubigers zu verzichten, muß *bejaht* werden. Der § 1160 Abs. 2 BGB. enthält keine zwingende Rechtsnarm; es ist vielmehr eine abweichende Regelung durch Rechtsgeschäft zulässig; denn nach der Fassung dieser Vorschrift ist es ganz in das Belieben des Eigentümers gestellt, ob er die Vorlage der genannten Urkunden verlangen oder davon absehen und damit auf seine Befugnis, den Gläubiger zur Vorlegung zu verpflichten, verzichten will. Hieraus folgt, daß der Eigentümer auch schon im voraus mit Wirkung gegen und für Dritte auf das Recht verzichten kann, eine Kündigung oder Mahnung zurückzuweisen, weil der Hypothekenbrief rc. nicht vorgelegt wird. Einer derartigen rechtsgeschäftlichen Regelung, die sich als eine *Modifikation der Zahlungsbedingungen* darstellt, ist das Grundbuch nicht verschlossen, vielmehr erscheint die Eintragung der Zahlungs- und Kündigungsbedingungen im Hinblick auf die Bestimmung des § 1115 Abs. 1 BGB. ohne weiteres zulässig; denn zu den Bestimmungen, welche *zur Bezeichnung der Forderung* dienen, gehören insbesondere auch die *Zahlungsbedingungen*, die Zeit, der Ort der Zahlung und, falls es einer Kündigung bedarf, die Festsetzung darüber, wie und unter welchen Bedingungen die Kündigung erfolgen soll (RGE. Bd. 57 S. 350; *Turnau-Förster*, 2. Aufl. S. 741 Anm. 8; *Staudinger*, Komm. z. BGB. § 1115; *Oberneck*, 3. Aufl. Bd. I S. 718).

Gemäß § 1115 Abs. 1 BGB. kann zur Bezeichnung der Forderung auf die Eintragungsbewilligung Bezug genommen werden; denn die Ergänzung des Grundbucheintrags durch Bezugnahme auf die Eintragungsbewilligung ist nach dem Standpunkt des BGB. in erhöhtem Maße zugelassen, weil der im Grundbuch zur Verfügung stehende Raum in zahlreichen Fällen nicht ausreichen würde, um ein vollständiges Bild von den einzutragenden Rechten aufzunehmen (RGE. Bd. 50 S. 145; Bd. 57 S. 342).

Es fragt sich noch, ob der Grundbuchrichter einem Antrage auf ausdrückliche Eintragung in das Grundbuch stattgeben *muß*, wenn es sich um eine eintragsfähige Bestimmung handelt, oder ob es dem *Ermessen* des Grundbuchrichters überlassen bleibt, in welcher Weise die Eintragung in das Grundbuch zu vollziehen ist. Das letztere muß ohne Zweifel angenommen werden, da nach dem Standpunkt des BGB. alles von der Eintragung in das Grundbuch ferngehalten werden soll, was durch die Bezugnahme auf die Eintragungsbewilligung als eingetragen gelten kann. Es bestehen keine Vorschriften, welche den Grundbuchrichter verpflichten, dem Antrage der Partei auf ausdrückliche Aufnahme der fraglichen Nebenbestimmungen in das Grundbuch zu entsprechen.

Bezüglich des *Inhalts* des dem Gläubiger zu erteilenden Hypothekenbriefes ist zu bemerken, daß in letzteren alles aufzunehmen ist, was die §§ 56, 57 GBO. vorschreiben und was Gegenstand des grundbuchmäßigen Eintrags geworden ist. Es müssen insbesondere alle die Hypothek betreffenden Eintragungen aus dem Briefe erhellen. Ebenso ist der Inhalt der Urkunden, auf die in einer Eintragung Bezug genommen ist, auf dem Hypothekenbrief anzugeben, da dieser Inhalt als miteingetragen gilt, soweit die Bezugnahme reicht. Es genügt daher nicht etwa, daß die Bezugnahme auf den Verzicht des Eigentümers auf dem Hypothekenbrief vermerkt wird, *sondern es muß der in der Eintragungsbewilligung enthaltene Verzicht, soweit er Gegenstand der Eintragung geworden ist*, in den *Hypothekenbrief* aufgenommen werden, um dem Erwerber des Hypothekenbriefes die Einsicht in das Grundbuch zu ersparen und dadurch die Verkehrsfähigkeit des Rechtes zu erhöhen (*Achilles-Strecker*, § 57, Note 3 und über die Ausnahme: § 58 Abs. 1 und 2 GBO.).

Entsch. LG. Mainz, II. ZK., v. 15. April 1905 T 52 05.

LGR. Dp.

10. Kann eine mehrmalige Leistung des Offenbarungseids nach § 2006 BGB. verlangt werden?

Der Privatier B. hatte seine zweite Ehefrau zur Haupterbin und seine Kinder auf den Pflichtteil eingesetzt. Diese beantragten nach dem Tode des Vaters, daß die Witwe B. nach § 2006 BGB. den Offenbarungseid leisten solle, und zwar weiterhin gestützt auf § 2028 BGB., weil jene mit dem Verstorbenen in ehelicher Gemeinschaft gelebt hatte, und vorsorglich auf §§ 259 und 261 BGB.

Das AG. D. ordnete Termin zur Ableistung des Offenbarungseides auf den 18. April an. In der Ladung, die dem Vertreter der Kinder zugestellt wurde, war aber versäumt worden, den *Zweck* des Termins anzugeben. Der Anwalt war infolgedessen der Auffassung, der Reſpizient habe ihn geladen, um Rücksprache mit ihm zu nehmen, und entschuldigte sein Fernbleiben mit der Begründung, daß er an jenem Tage verreisen müsse. Indeß leistete die Ehefrau B. in dem Termin den Offenbarungseid. Als der gegnerische Vertreter hiervon erfuhr, bat er unter Darlegung des Sachverhalts um Anberaumung eines neuen Termins zur nochmaligen Abnahme resp. Ergänzung des Offenbarungseides. Dieser Antrag wurde abgelehnt. Die eingelegte Beschw. stützt sich, unter Hinweis auf § 79 GFG., § 214 ZPO. und das Ministerialausschreiben J. M. 1447 vom 18. Jan. 1900, darauf, daß die *Ladung ungenügend* gewesen sei und demnach das Verfahren auf ungenügender Basis beruhe. Der Antrag lautete auf nochmalige Leistung event. Ergänzung des Offenbarungseides. Das LG. gab dem Antrag statt und wies das AG. an, nochmals Termin zur Leistung des Eides zu bestimmen, unter der *Begründung*: Da es sich lediglich um ein Privatinventar, ohne Beachtung des § 2002 BGB. aufgenommen, handelt, das die Eidespflichtige hat einreichen lassen, steht eine Eidesleistung nach § 2006 BGB. nicht in Frage. Dies um so weniger, als nach dem nach Inkrafttreten des BGB. von einem Notar aufgenommene Testament die Kinder des Erblassers neben dessen eidespflichtiger Witwe ausdrücklich als Erben eingesetzt sind und, wenn auch auf den Pflichtteil beschränkt und als abgefunden bezeichnet, in Ermangelung eines Zweifels im Sinne des § 2304 BGB. keinen persönlichen Anspruch auf Auszahlung des Werts des Pflichtteils haben, auch wenn sie nicht abgefunden sind: sie sind nicht Nachlaßgläubiger. Wären sie aber nach dem Testament nicht Miterben, so wären die §§ 2314, 260 BGB. anzuwenden, obwohl sie, im Falle der Abfindung wenigstens, nicht als Nachlaßgläubiger erscheinen. Die §§ 2027. 2028, 259—261 BGB. sind nach der hier vertretenen Auslegung des Testaments maßgebend. Unter allen Umständen handelt es sich hier für die Beschwerdeführer nicht um die Frage der beschränkten oder unbeschränkten Haftung für eine feststehende Nachlaßschuld der Eidespflichtigen, sondern um die Vergewisserung über die Höhe ihrer etwaigen Ansprüche auf den Nachlaß. Ist hiernach der § 163 GFG. auf die Leistung des Offenbarungseides anzuwenden, so ist nicht einzusehen, warum der Richter der freiwilligen Gerichtsbarkeit dem Pflichtteilberechtigten, der die Leistung des Offenbarungseides aus irgend einem Grunde wiederholt haben will, dies als unzulässig sollte versagen können, obwohl es ganz in dem freien Willen des Eidespflichtigen steht, wie schon das erste Mal, die Eidesleistung zu verweigern und es auf einen Prozeß ankommen zu lassen, in dem zu entscheiden ist, ob die Verpflichtung besteht, ob sie erfüllt ist usw. Hiernach kommt es auf den von den Beschwerdeführern für ihre Beschwerde geltend gemachten Grund, Mangelhaftigkeit ihrer Ladung zu dem früheren Termine, in dem der Eid bereits einmal geleistet worden, nicht an.

Beschl. LG. Darmstadt, ZK. I, v. 15. Mai 1905 T 197/05.

Rechtsanwalt Dr. C. S.

Literatur.

Stephan, O.: Zivilprozeßordnung in Frage und Antwort (*Fr. Stephan*, Gera). Dieses auf 5 Lieferungen berechnete *Repetitorium*, dessen 1. Lief. vorliegt, ist für *Prüfungsanwärter* bestimmt, besonders für Gerichtsschreiberei- und Bureau-Beamte, soll aber als kurzes Handbuch auch *nach* dem Examen noch seine Dienste leisten. Jede Lieferung kostet M 1.50. X.

Planck, G., Dr., Prof., Exz.: BGB. nebst EG. (J. Guttentag, Berlin). Von der III. Aufl. liegt nun Lief. 2 des 3. Bandes vor, enthaltend die §§ 929—1204 des Sachenrechts (S. 282 bis 748). So geht dieses Werk, dessen Bedeutung schon wiederholt an dieser Stelle hervorgehoben wurde, in seiner überall verbesserten neuen Gestalt allmählich seinem Abschluß entgegen. K.

Güthe, G., RR.: Die Grundbuchordnung (F. Vahlen, Berlin. 2 Bde. 1642 S., geh. M 33, geb. M 38). Diese neue umfängliche Bearbeitung des formellen und, soweit erforderlich, auch des materiellen Grundbuchrechts ist unter besonderer Heranziehung des preuß. Landesrechts vorwiegend für den preußischen Praktiker bestimmt, jedoch auch für den Dienst in anderen Bundesstaaten brauchbar. Die bereits vorhandenen gründlichen Arbeiten über den gleichen Rechtsstoff hat der Verf. gewissenhaft beachtet. Seine Darstellung ist klar und übersichtlich und wird vielfach durch Beispiele unterstützt, die zum Verständnis wesentlich beitragen. Auch die HessRspr. ist unter den Zitaten (vgl. S. 400 usw.) zu finden. Aus den Anlagen des Werkes ist ein alphabetisches Verzeichnis der Legitimationsfragen (S. 1406—1454) hervorzuheben. X.

Neumann, G. Dr., RA.: Handausgabe des BGB. (F. Vahlen, Berlin. 3 Bde., geh. M 30, geb. M 36). Seine vierte (verm. und verb.) Auflage hat dieses allerseits als vortrefflich anerkannte Handbuch nun bereits erlebt. Ergänzungen und Aenderungen, so namentlich im Hypotheken- und Ehescheidungsrecht, waren vielfach geboten. Der 3. Band ist durch den Abdruck zahlreicher mit dem bürg. Recht in Zusammenhang stehender Reichsgesetze (vgl. S. VIII—X und S. 297—592 in Bd. 3), von denen nicht stets Sonderausgaben zur Hand sind, erheblich verstärkt worden. Gesetze, Literatur und Praxis sind bis in den Sommer 1905 berücksichtigt. K.

Formularbuch für die RG. (C. Heymann, Berlin. Geh. M 8). Von dieser vom Berliner Anwaltverein veranstalteten Ausgabe ist der 2. Teil (BGB., Familienrecht) erschienen. Er umfaßt auf S. 469—606 nicht weniger als 159 Formulare nebst vielen beachtenswerten Noten. Unter den Verfassern befinden sich z. B. die JRe. Dr. J. Stranz und Gerhard. In die Redaktionskommission ist an Stelle von Heinitz der JR. Rausnitz eingetreten. X.

Skonietzki, R., RGR., und **Gelpke**, M., Dr., RA. u. Not.: ZPO. und GVG. nebst den EGn. und preuß. AGn. (F. Vahlen, Berlin). Mit Lief. 2 (S. 161—312; geh. M 3) ist die Erläuterung der §§ 65—127 ZPO. vollendet. Das bedächtig vorschreitende Werk verspricht ein gleichwertiger Ersatz für Wilmowski und Levy's älteren Kommentar zu werden und benutzt das vorhandene Material bis in die neueste Zeit. K.

Briefkasten.

An solche, die es angeht! Immer wieder kommt es vor, daß junge Kollegen Beiträge für die HessRspr. schlankweg an unseren Verlag nach Mainz senden mit der Bitte, Herr Diemer möge über die Verwendbarkeit der Einsendung befinden. Nun ist unser Verleger, der auch die Expedition der Zeitschrift leitet, gewiß ein vielseitiger Mann, aber mit der Prüfung juristischer Arbeiten gibt er sich denn doch nicht ab. Ist es nun wirklich so schwer, sich annähernd einen Begriff von der Arbeitsteilung zu machen, wie sie (vgl. auch § 21 des Preßgesetzes) naturgemäß zwischen Redaktion, Verlag und Expedition einer Zeitschrift vorhanden ist? So sei das Ueberflüssige denn hier gesagt: Der Verlag besorgt die Finanzierung, die Expedition den Vertrieb, die Redaktion („Schriftleitung“ wird es hoffentlich künftig auch im Preßgesetz heißen!) die sachliche und fachmännische Leitung der Zeitschrift, die Zusammenstellung ihres Inhalts, den Verkehr mit den Mitarbeitern u. dgl. m. Wer also einen Beitrag für die HessRspr. an den Verlag nach Mainz schickt, verursacht nutzlose Mühe und Portokosten und gleicht jenem Manne, der sich einen neuen Rock bei seinem Schuster bestellen will. Und nun noch Eins: Für die äußere Gestalt der Manuskripte sowie für Abkürzungen u. a. m. bestehen ganz bestimmte, besonders im Interesse der Druckerei liegende Vorschriften, die wiederholt in der HessRspr. in Erinnerung gebracht worden sind. Wir bitten neue Mitarbeiter dringend, sich der kleinen Mühe zu unterziehen, diese Vorschriften nachzulesen und freundlichst zu beachten. In dieser Hoffnung: Prosit Neujahr! X.

Herrn Notar Z. in B. Zu dem A.-Artikel im „Sprechsaal“ der Nr. 18 d. Ztschr. bringen wir — voraussichtlich in Nr. 20 — eine nähere Erörterung der dort berührten, überaus wichtigen Frage in der Absicht, einer einseitigen Beurteilung der Rechtslage vorzubeugen. X.

Anzeigen.

Für die Redaktion verantwortlich: Oberlandesgerichtsrat Keller in Darmstadt. — Verlag von J. Diemer in Mainz. — Druck von G. Otto's Hof-Buchdruckerei in Darmstadt.

Hessische Rechtsprechung

Herausgegeben
auf Veranlassung des Richter-Vereins unter Mitwirkung der hessischen Anwaltskammer
von Oberlandesgerichtsrat Keller in Darmstadt, Oberstaatsanwalt Dr. Buff in Mainz, Landgerichtsdirektor Rees in Mainz
Landgerichtsdirektor Praetorius in Gießen, Landgerichtsrat Dr. Schwarz in Darmstadt.

Erscheint monatlich zwei Mal
Preis Mk. 7.12 jährlich
mit portofreier Zustellung.

Bestellungen nehmen die Expedition in Mainz, die Postanstalten sowie sämtliche Buchhandlungen entgegen.

Einrückungs-Gebühr die dreispaltige Zeile oder deren Raum 30 Pfg.

Nr. 20. Vom Deutschen Juristentag angenommene Zitierweise: HessRspr. Nachdruck verboten. 6. Jahrgang.

Redaktion:
Darmstadt, Heinrichstraße 5.

Mainz, 15. Januar 1906

Verlag und Expedition:
J. Diemer, Mainz.

Entscheidungen des Großh. Oberlandesgerichts und des Reichsgerichts.

Zivilrecht. — Zivilprozeß.

1. Die Aufrechnung mit einer gegen die sämtlichen Inhaber einer offenen Handelsgesellschaft als Privatpersonen erworbenen Forderung gegen eine der offenen Handelsgesellschaft als solcher zustehende Forderung ist rechtlich nicht zulässig.

Der Kl. hatte im Jahre 1902 vor dem AG. N. zu gunsten der bekl. Firma eine vollstreckbare Urkunde errichtet, inhaltlich deren er anerkannte, der letzteren aus Darlehen den Betrag von M 55000 nebst Zinsen zu schulden, und es ist unbestritten, daß das Darlehen dem Kl. von S., dem damaligen Alleininhaber der bekl. Firma, gegeben worden war. Auf Grund jenes Schuldtitels haben die beiden Bekl. als Rechtsnachfolger des S. in der Firma demnächst die Zwangsvollstreckung gegen Kl. betrieben, und nach Beginn derselben hat Kl. versucht, aufrechnungsweise gegenüber dem Betrage des Schuldtitels eine ihm gegen den verstorbenen S. persönlich zustehende Honorarforderung im angeblichen Restbetrage von M 12950 geltend zu machen. Da die Bekl. nicht nur die Zulässigkeit dieser Aufrechnung, sondern auch die Rechtsbeständigkeit der kl. Forderung und ihre Eigenschaft als Alleinerben des S. bestritten, so erhob der Kl. auf Grund des § 767 ZPO. Klage gegen „die Inhaber der Firma F. W. S." und beantragte: 1. die Bekl. zu verurteilen, anzuerkennen, daß von ihrer Forderung aus der vollstreckbaren Schuldurkunde seine Gegenforderung in Abzug zu kommen habe, und 2. in Höhe dieser Gegenforderung die von den Bekl. betriebene Zwangsvollstreckung für unzulässig zu erklären, usw. Das LG. erkannte, ohne über die Rechtsbeständigkeit der kläg. Forderung und die Erbenqualität der beiden bekl. Firmeninhaber Beweis zu erheben, alsbald auf Abweisung der Klage, und die von dem Kl. gegen dieses Urteil verfolgte Berufung wurde von dem OLG. als unbegründet zurückgewiesen.

Aus den Gründen: Es handelt sich lediglich um die Frage, ob es zulässig ist, mit einer gegen die beiden Bekl., die derzeitigen Inhaber der offenen Handelsgesellschaft F. W. S., als Privatpersonen erworbenen Forderung aufzurechnen gegen eine der offenen Handelsgesellschaft als solcher zustehende Forderung, und diese Frage hat der Vorderrichter auch für den Fall, daß die kläg. Forderung an sich zu Recht bestehen und daß die beiden Bekl. die alleinigen Erben des S. geworden sein sollten, mit Recht verneint. § 2058 BGB., auf den sich der Kl. neben dem § 719 BGB. berufen hat, scheidet bei der rechtlichen Beurteilung des Streitverhältnisses völlig aus, weil es sich im vorliegenden Falle nicht um eine Gesellschaft im Sinne des BGB., sondern um eine offene Handelsgesellschaft handelt. Auf die letztere finden zwar an sich die Vorschriften des § 719 BGB. Anwendung, allein aus dem Abs. 2 dieses § mittels des argumentum e contrario den Schluß zu ziehen, daß der Gesellschaftsschuldner mit einer ihm gegen jeden einzelnen Gesellschafter einer offenen Handelsgesellschaft zustehenden Forderung gegen eine solche der offenen Handelsgesellschaft aufrechnen dürfe, geht nicht an wegen der besonderen rechtlichen Natur der letzteren, die von der Gesellschaft des bürgerlichen Rechts sehr verschieden ist. Es steht richtig, daß in der Theorie die Ansichten über die rechtliche Natur der offenen Handelsgesellschaft zum Teil weit auseinandergehen, indem auf der einen Seite die offene Handelsgesellschaft direkt als juristische Person bezeichnet wird, während man auf der anderen Seite soweit geht, das Vermögen der Gesellschaft mit demjenigen der einzelnen Gesellschafter einfach zu identifizieren. Allein im Hinblick auf die schon in der konstanten Rechtsprechung des vormaligen ROHG. (vgl. Entsch. Bd. 5 S. 205, Bd. 6 S. 419, Bd. 9 S. 16) und insbesondere in derjenigen des RG. (vgl. RGE. Bd. 9 S. 115, Bd. 17 S. 368, Bd. 30 S. 35) zum Ausdruck gebrachte herrschende Rechtsanschauung, der sich auch Staub (HGB. V. Aufl. S. 222 u. 223), Cosack (Handelsrecht § 84) und Gareis (HGB. § 124 Note 8) angeschlossen haben, hat das Gericht keinen Anlaß zu einer näheren Erörterung jener Streitfragen. Es schließt sich vielmehr der herrschenden Rechtsanschauung an, die im wesentlichen dahin geht, daß die offene Handelsgesellschaft zwar trotz der weitgehenden Vorschriften des § 124 HGB. keine juristische Person ist, daß aber doch zwischen ihrem Vermögen und demjenigen der Gesellschafter unterschieden werden muß. Es sind, wie in der RGE. Bd. 11 S. 115 ff. bemerkt ist, „nicht die Personen der Gesellschafter schlechthin, sondern nur in bezug auf einen bestimmten Rechtskreis, welche durch den Begriff der Gesellschaft zusammengefaßt werden, und dieser Umstand zwingt zu einer Auseinanderhaltung der

Rechtsverhältnisse, welche die Gesellschafter in bezug auf diesen Rechtskreis berühren und denjenigen, welche sie sonst angehen." Und in Uebereinstimmung mit dieser Ansicht sagt Gareis a. a. O.: „Das Gesellschaftsvermögen ist dem unmittelbaren Zugriffe der Privatgläubiger der Gesellschaft selbst dann entzogen, wenn es sich um eine Schuld handelt, für welche aus irgendwelchem Grunde zufällig, z. B. als Mitglieder einer anderen offenen Handelsgesellschaft, alle einzelnen Gesellschafter haften".

Im vorliegenden Falle handelt es sich um einen Anspruch des Kl., der mit den Rechtsverhältnissen der beiden Bekl. in bezug auf den Rechtskreis der offenen Handelsgesellschaft gar nichts zu tun hat, der vielmehr gegen die Bekl. nur in ihrer angeblichen Eigenschaft als Erben des S. geltend zu machen gewesen wäre, und aus diesem Grunde erscheint eine Aufrechnung gegenüber der Forderung der Firma F. W. S. ausgeschlossen.

Urt. OLG. I. ZS. v. 8. März 1905 U 359/04 (LG. Gießen II. ZK. v. 4. Juli 1904 O 252/04). Pr.

2. Reichsstempelgesetz. Fusion zweier Banken. Ausgabe der Aktien zu einem höheren Wert als dem Nennbetrage.

Im Jahre 1902 schlossen die Bank für Süddeutschland und die Bank für Handel und Industrie einen Verschmelzungsvertrag miteinander dahin ab, daß die erstere ihr Vermögen als Ganzes ohne Liquidation an die letztere gegen einen Betrag von 13060000 M übertrug, den diese in Gestalt von 13060 neuen Aktien zu 1000 M das Stück an die Aktionäre der ersteren zu gewähren hatte. Die Bedingungen gingen im einzelnen dahin, daß die Aktionäre der ersteren Bank für 4 Aktien ihrer Bank zum Nennwert von 300 M das Stück, also für einen Nennwert ihrer Aktien zum Belaufe von 1200 M, eine Aktie der Bank für H. u. I. zum Nennwert von 1000 M erhalten sollten. Außerdem hatten die Aktionäre der Bank f. S. für jede der neuen Aktien bei deren Aushändigung einen Barbetrag von 20 M an die Bank für H. u. I. als Betrag des Reichsstempels zu entrichten. Die Bank für H. u. I. gab in Durchführung dieses Vertrags 13060 neue Inhaber-Aktien über je 1000 M an die Aktionäre der Bank f. S. aus und verstempelte jede Aktie mit 20 M. Der hess. Fiskus war der Ansicht, daß die neuen Aktien nicht nach ihrem Nennwert, sondern nach einem Wert von 1370 M zu besteuern seien, was einen Stempelbetrag von 28 M für jede Aktie, also einen Mehrbetrag von 8 M für das Stück und von 104480 M für sämtliche 13060 Stück ergab. Die Bank entrichtete den Stempel, den sie jetzt auf dem Wege der Klage zurückverlangt. Das LG. gab der Klage statt, das OLG. (U 32/04) hob das Urteil auf und wies die Klage ab. Die Rev. der Bank wurde zurückgewiesen.

Aus den Gründen des RG.: Das LG. hat angenommen, das HGB. begreife in den Bestimmungen der §§ 184^2, 195^3, 199^1, 262 Nr. ^{2}, 278^3, 284^6 unter Ausgabe von Aktien zu einem höheren als dem Nennbetrage nur den von der Aktiengesellschaft daselbst bei der Ausgabe festgesetzten Ueberpari-Emissionskurs. Denselben Sinn und nur diesen verbinde das RStplG. mit der Bestimmung in Tarif-Nr. 1a, wonach bei inländischen Aktien die Versteuerung zuzüglich des Betrags erfolgt, zu welchem sie höher als der Nennwert lautet, ausgegeben werden. Hier seien die Aktien zum Nennbetrag übeelassen, daher nichts vorhanden, was über den Nennbetrag hinaus dem Emissionsstempel als Steuerobjekt dienen könne; der innere Wert der Aktien könne als solches nicht angesehen werden. Diese Auffassung kann nicht für richtig erachtet werden, soweit das LG. annimmt, daß die Begriffskreise des HGB. und des RStplG. sich miteinander decken. Die Wortfassung des RStplG. „Betrag, zu welchem die Aktien höher als der Nennwert lautet, ausgegeben werden", paßt auch kaum für den Fall, daß die Aktien, ohne ziffermäßige Festsetzung eines den Nennbetrag übersteigenden Kurses, zu einem den Nennbetrag übersteigenden Werte ausgegeben werden. Der Emissionsstempel will das Kapital in seinem Wechsel treffen. Es ist daher schlechterdings nicht einzusehen, weshalb vom Standpunkt des Gesetzes aus es einen Unterschied soll begründen können, ob das Kapital, welches in die Hand der Aktiengesellschaft wandert, aus barem Gelde oder aus sonstigen Vermögenswerten besteht. Das Gesetz kennt einen solchen Unterschied nicht. Es herrscht kein Zweifel darüber, daß der Emissionsstempel auch dann zu erlegen ist, wenn die Kapitaleinlage, für welche das Aktienrecht gewährt wird, nicht Geldeinlage, sondern Sacheinlage ist. Gilt dies, wie von dem ersten Richter und der Revision nicht in Frage gezogen ist und nicht in Frage gezogen werden konnte, soweit der Nennbetrag der Aktie reicht, so fehlt es an jedem ersichtlichen Grunde für die Annahme, daß, soweit es sich um den den Nennwert übersteigenden Betrag handelt, plötzlich ein bisher unbekannter Unterschied wirksam hervortreten sollte. Nach alle dem muß das Gesetz seinem Sinn und Zweck gemäß dahin ausgelegt werden, daß unter dem „Betrag", zu dem die Aktie „höher" als der Nennwert lautet, ausgegeben werden, nicht nur ein ziffermäßig festgesetzter Ueberpari-Emissionskurs, sondern auch der den Nennbetrag übersteigende Wert zu verstehen ist, zu dem sie von dem ersten Erwerber übernommen werden.

Die Verhandlungen der Reichstagskommission und des Reichstags berühren diesen Punkt allerdings nicht ausdrücklich; allein ihr Inhalt läßt zur Genüge erkennen, daß die oben vertretene Auffassung innerhalb der Tragweite der gewollten Aenderung liegt. Wenn in der Kommission (Komm.-B. S. 16; Drucksachen des Reichstags 1898/99 Nr. 870) der Gedanke als richtig anerkannt wurde, daß die „wirkliche Kapitaleinlage und nicht der Nennwert des Kapitals stempelpflichtig zu machen sei", und dieser Gedanke zu der vorliegenden Gesetzesänderung führte, so trifft selbige auch den streitigen Fall. Was aber den allgemeinen Gesichtspunkt angeht, unter dem der Emissionsstempel steht, so wird er voll beleuchtet durch die bei der Beratung einer anderen Tarifbestimmung getane Aeußerung des Berichterstatters: die ganze Stempelgesetzgebung gehe von dem Gedanken aus, daß das Kapital überall, wo es sich auf dem öffentlichen Markte zeige, sei es daß es zum Ankauf von Immobilien, Aktien oder Wertpapieren benutzt werde, mit einer Stempelsteuer belegt werden solle (Sten.-Ber. S. 5879).

Die stärkste Stütze findet die getroffene Auslegung in Nr. 4 der AusfBestn. des Bundesrates v. 21. Juni 1900, woselbst es heißt: als Betrag, zu dem die Papiere (höher als der Nennwert) ausgegeben würden, gelte der Preis oder der Wert, für welchen sie von dem ersten Erwerber übernommen würden. Daß hier unter „Wert" nicht ein ziffermäßig festgesetzter Emissionskurs zu verstehen ist, erscheint zweifellos. Die Rev. hat allerdings im Anschluß an entsprechende Ausführungen des ersten Richters versucht, durch den Hinweis darauf, daß im vorhergehenden Satze der Nr. 4 der gedachten AusfBest. die §§ 184 und 278 HGB. in Bezug genommen sind, Zweifel an dieser Auffassung zu wecken. Allein diese sind nicht begründet. Wie erwähnt, findet selbstverständlich die Tarifvorschrift Anwendung, wenn ein Emissionskurs festgesetzt ist, ein Fall, auf den die Bestimmung sogar in erster Linie gemünzt ist. Hierauf bezieht sich die Anführung der §§ 184 und 278 HGB., die daher ganz am Platze war.

Der erste Richter hat erhebliches Gewicht darauf gelegt, daß hier nicht gemäß der Vorschrift des § 278^3 HGB. ein Generalversammlungsbeschluß über den Mindestbetrag, zu dem die Aktien über pari auszugeben seien, gefaßt worden ist. Er zieht aus dieser Tatsache den Schluß, daß, weil hiernach eine Ausgabe der Aktien über den Nennbetrag in Ermanglung solchen Beschlusses gar nicht habe stattfinden können und dürfen, eine solche auch nicht stattgefunden habe. Der Ber.-Richter tritt insoweit dem ersten Richter bei, als er annimmt, daß auch bei der Fusion eintretendenfalls die §§ 278 Abs. 3 und 262^2 HGB. zu beachten seien, er tritt aber der hieraus gezogenen Folgerung mit der Erwägung entgegen, der aus der Tatsache, daß die Aktien zu einem höheren Werte als dem Nennwert von den ersten Erwerbern übernommen seien, für den Fiskus erwachsene Stempelanspruch könne durch die Nichtbeobachtung handelsrechtlicher Vorschriften nicht geschmälert werden. Die Tatsache liegt vor, daß die von der Kl. ausgegebenen jungen Aktien von den bisherigen Aktionären der Bank f. S. zu einem höheren Werte als dem Nennwert übernommen worden sind. Das genügt. War handelsrechtlich noch etwas weiteres erforderlich — was übrigens nur dem Zwecke der Datierung des Reservefonds dienen konnte (§ 262^2 HGB.) —, so kann die Unterlassung dieser Maßnahme die Stempelpflicht nicht beseitigen.

Auch gegen die Art und Weise, wie der Uebernahmewert der jungen Aktien vom Berufungsrichter ermittelt worden ist, können begründete Bedenken nicht erhoben werden. Er folgt darin den vom erkennenden Senat schon am 12. April 1904 für gangbar erklärten Wegen. Zutreffend ist insbesondere, wenn er sagt, es sei anzunehmen, daß bei dem Abschlusse des Fusionsvertrags beiderseits nach den Grundsätzen einer gesunden Wirtschaftspolitik verfahren sei. Mit anderen Worten: es ist anzunehmen, daß beiderseits die Leistung und Gegenleistung im wesentlichen richtig abgeschätzt ist und daß daher das nach dem Vertrage im Verhältnis des Aktien-Umtausches sich darstellende Ergebnis dieser Bewertung unter Berücksichtigung aller Umstände, insbesondere auch des damaligen Preisstandes der Aktien der beiden Gesellschaften, dem wirklichen Wert der jungen Aktien entsprechen wird. Daß die Bilanz der aufgelösten Gesellschaft zur Berücksichtigung nicht herangezogen ist, kann nicht als ein Mangel angesehen werden; es gibt, wie schon im Urteil vom 12. April 1904 angedeutet ist, immaterielle Werte, die in der Bilanz nicht hervortreten, wie z. B. der schwer schätzbare Wert der Kundschaft. Auch sonst bildet die Bilanz keinen unbedingt sicheren Führer. Sie kann und darf, aber sie muß nicht herangezogen werden.

Urt. RG. VII. ZS. v. 26. Sept. 1905 VII 614 04.

F.

Strafrecht. — Strafprozeß.

3. Zur Auslegung des Preßgesetzes.

Dem Angekl. C. D. wird zur Last gelegt, den Privatkl. dadurch öffentlich beleidigt zu haben, daß er als verantwortlicher Redakteur der X.'schen Zeitung in einem am 23. November 1904 erschienenen Artikel seines Blattes, der die Ueberschrift trug: „Ein Momentbild aus dem Gegenwartsstande der Sozialdemokratie des Wahlkreises Z.", vom Kläger behauptete, „er habe sich in unflätiger Weise über den Reichstagsabgeordneten B. ergangen und sich gemeine, rohe und zotenhafte Aeußerungen zu schulden kommen lassen", und ihn als einen „unflätigen sauberen Vogel" bezeichnete.

Das SchöffenG. hat durch Urteil vom 3. März 1905 den Angekl. von dieser Anschuldigung *freigesprochen*. Die vom Privatkl. verfolgte *Berufung* wurde durch Urteil der II. Strafk. zu D. vom 2. Juni 1905 zurückgewiesen. Die eingelegte Revision wird auf Verletzung aller in Betracht kommenden materiellen Rechtsnormen gestützt. Eine nähere Begründung ist von dem in der Hauptverhandlung erschienenen Privatkläger nicht abgegeben worden. Der Angekl. beantragte kostenfällige Verwerfung der Revision.

Das OLG. erwog: Das Rechtsmittel konnte nicht für begründet erachtet werden. Die Verantwortlichkeit für Handlungen, deren Strafbarkeit durch den Inhalt einer Druckschrift begründet wird, bestimmt sich nach den bestehenden allgemeinen Strafgesetzen. Ist jedoch die Druckschrift eine periodische, so ist der verantwortliche Redakteur als Täter zu bestrafen, wenn nicht durch besondere Umstände die Annahme seiner Täterschaft ausgeschlossen wird (§ 20 PreßG. vom 7. Mai 1874). In § 7 a. a. O. ist ferner vorgeschrieben, daß auf jeder Nummer einer periodischen Druckschrift der Name und Wohnort des verantwortlichen Redakteurs angegeben sein muß und daß die Benennung *mehrerer* Personen als verantwortlicher Redakteure nur dann zuläſſig ist, wenn aus Form und Inhalt der Benennung mit Bestimmtheit zu ersehen ist, *für welchen Teil der Druckschrift* jede der benannten Personen die Redaktion besorgt.

In dem angefochtenen Urteil ist dargelegt, daß es sich hier um eine periodische Druckschrift handele, als deren verantwortliche Redakteure auf Seite 3 bezeichnet sind: „für den politischen Teil A. B., *für das Feuilleton und den übrigen redaktionellen Teil* C. D., für die Anzeigen E. F., ferner, daß der hier in Betracht kommende Artikel einen besonderen Abschnitt der Zeitung mit besonderen Trennstrichen bilde. Der vorhergehende Abschnitt enthalte Artikel unter verschiedenen Ueberschriften. Eine äußerliche Trennung dieses Inhalts des Blattes, die erkennen ließe, welche Abschnitte dem politischen und welche dem übrigen redaktionellen Teile angehören sollten, und wieweit sich die Verantwortlichkeit und das Gebiet der Tätigkeit jedes einzelnen Redakteurs erstrecke, habe in keiner Weise stattgefunden. Auch aus dem Inhalt des Artikels könne nicht mit Bestimmtheit entnommen werden, welcher der beiden erstgenannten Redakteure die Verantwortung für ihn zu tragen habe; er schildere ein örtliches Vorkommnis, bespreche es aber unter allgemeinen politischen Gesichtspunkten, und habe nach der Stellung der Zeitung als führenden Organes der nationalliberalen Partei des Wahlkreises Z. und nach der Art, wie diese Zeitung den Kampf führe, in erster Linie den politischen Zweck eines Angriffes. Da hiernach weder eine klar zu erkennende äußerliche, noch eine deutliche sachliche Trennung des Tätigkeitsgebietes der beiden Redakteure in diesem Blatte bestehe, so sei deren *Bezeichnung* überhaupt *ohne rechtliche Bedeutung* und eine Bestrafung auf Grund des Preßgesetzes ausgeschlossen; denn eine Solidarhaft der sämtlichen Redakteure bestehe nicht und der obenzitierte § 20 und ebenso § 21 seien nicht anwendbar, weil sie das Vorhandensein eines verantwortlichen Redakteurs voraussetzten. Da der Angekl. auch in Abrede stelle, den Artikel verfaßt oder vor der Veröffentlichung überhaupt gekannt zu haben, und keinerlei Beweis für seine Täterschaft geführt sei, könne auf Grund der allgemeinen strafrechtlichen Bestimmungen seine Verurteilung nicht erfolgen. Diese Ausführungen des Berufungsgerichtes lassen einen Rechtsirrtum nicht erkennen. Die Wissenschaft und Rechtsprechung gehen bei der Auslegung des Preßgesetzes dahin einig, daß die Bestimmung des § 7 Abs. 2 eine Teilung der Geschäfte und der Haftung der mehreren Redakteure *nach rein äußerlichen Unterscheidungsmerkmalen* verlangt, und daß diese ausdrücklich gleichzeitig mit der Benennung der Redakteure auf der Zeitung kundgegeben werden muß; das jedem einzelnen

Redakteur zugewiesene Tätigkeitsgebiet muß gegen die Arbeitsgebiete der übrigen Redakteure durch äußere, in die Augen fallende Mittel in deutlicher, keinem Zweifel Raum gebender Weise abgegrenzt sein (RGE. Bd. 23 S. 13 ff.), und diese Verteilung der Redaktionsgeschäfte muß auf jeder Nummer der Zeitung in unzweideutiger Weise zum Ausdrucke kommen. Die Nichtbefolgung dieser Vorschriften ist in § 19 a. a. O. mit Strafe bedroht. Im gegebenen Falle sind sie außer acht gelassen worden, und es läßt sich auch aus dem Inhalte des fraglichen Artikels nicht mit Sicherheit entnehmen, ob er in das Tätigkeitsgebiet des einen oder anderen Redakteurs fällt. Ihre Benennung entbehrt daher der rechtlichen Wirkung im Sinne des Preßgesetzes überhaupt und ist dem Falle gleichzuachten, wo überhaupt kein Redakteur auf der Zeitung benannt ist. Die in dieser unstatthaften Weise benannten Redakteure haften für den Inhalt der Zeitung aus § 20² des Preßgesetzes überhaupt nicht. Eine strafrechtliche Verantwortlichkeit besteht für sie nur insoweit, als sie aus den Grundsätzen des allgemeinen Strafrechts folgt. Die in dieser Richtung von dem ersten Richter gefällte Entscheidung ist in der Revisionsinstanz nicht nachzuprüfen (vgl. **Schwarze**, Reichspreßgesetz § 7 S. 56, § 20² S. 150; **Stenglein**, Strafrechtl. Nebengesetze S. 605). Auch § 21 des PreßG. ist nicht anwendbar, weil auch hier das Vorhandensein eines verantwortlichen Redakteurs vorausgesetzt wird.

Urt. OLG. Strafs. v. 6. Okt. 1905 V 17/05. X.

4. Verjährung und Unterbrechung der Strafverfolgung.

Nach den tatsächlichen Feststellungen der Vorinstanzen steht eine Zuwiderhandlung des Angekl. gegen die PolizeiVO. für die Schiffahrt und Flößerei auf dem Main vom 15. Jan. 1899 in Frage, da Angekl. am 20. Aug. 1904 zu K. ein Floß von 46,6 Meter Breite mainabwärts abgeschleppt und dadurch das **Fahrwasser zu sehr behindert** haben sollte. Am 5. Sept. 1904 war Strafbefehl ergangen. Auf Einspruch der Angekl. gab das AG. M. die Akten am 29. Sept. 1904 an den Amtsanwalt zurück. Unterm 5. Nov. 1904 brachte dieser die Akten neuerdings bei dem AG. mit dem Antrag auf Hauptverhandlung in Vorlage; am 8. Nov. 1904 wurde von dem **RheinschiffahrtsG.** Termin zur Hauptverhandlung anberaumt, dessen Absetzung am 28. Nov. 1904 erfolgte, da es sich nicht um eine Rheinschiffahrtssache handle; die Akten gingen an den Amtsanwalt mit Verfügung vom gleichen Tage zurück, wurden alsbald dem AG. mit dem gleichen Antrag wie am 5. Nov. nochmals vorgelegt, und nunmehr erfolgte von diesem unterm 6. Dez. 1904 Anberaumung des Hauptverhandlungstermins. Die Revision geht fehl, wenn sie bei dieser Sachlage annimmt, daß das angefochtene Urteil der Strafk. zu M. den Eintritt der **Verjährung** der Strafverfolgung mit Unrecht festgestellt habe. Wie in dem angefochtenen Urteil zutreffend ausgeführt ist, stellt die den Gegenstand der Strafverfolgung bildende Tat nach Inhalt der Strafandrohung eine Uebertretung im Sinne des § 1 StGB. dar, so daß nach § 67 a. a. O. eine dreimonatliche Frist für die Strafverfolgung läuft. Diese Frist ist in der Zeit vom 5. Sept. bis zum 6. Dez. 1904 verstrichen, ohne daß in der Zwischenzeit eine **Unterbrechung** erfolgt ist, und damit Verjährung eingetreten.

Durch Urteil des OLG. in Sachen S 8/05 wurde bereits entschieden, daß durch die richterliche Verfügung, mit der nach rechtzeitig eingelegtem Einspruch die Akten an den Amtsanwalt zurückgereicht werden, eine Unterbrechung der Verjährung der Strafverfolgung **nicht** eintritt. Die von der Revision veranlaßte Nachprüfung dieser Entscheidung kann zu einem anderen Ergebnis nicht führen. Es erscheint völlig zutreffend, wenn in jener Entscheidung ausgeführt wird, daß durch die in Befolgung einer **instruktionellen Vorschrift** erfolgende Aktenübersendung eine Unterbrechung der Verjährung nicht zu erblicken sei, da sie in Ermangelung jeder weiteren Anhaltspunkte keine zur Ermittelung des Tatbestands und zur Bestrafung des Schuldigen, also **keine gegen den Täter gerichtete Handlung** des mit der Sache befaßten Strafrichters darstelle. Auf Grund der Aktenrückgabe tritt das eigene pflichtmäßige Ermessen der Staatsanwaltschaft an sich ein, das keiner Anregung durch den Richter bedarf, und deshalb müßte, um die einfache Rückgabe der Akten zu einer die Unterbrechung der Verjährung herbeiführenden richterlichen Handlung zu gestalten, ein dahingehender Ausdruck der richterlichen Tätigkeit zu derselben hinzukommen.

Aber auch die weitere Begründung der Rev., daß die Verfügungen vom 8. u. 28. Nov. eine Unterbrechung der Verjährung darstellten, erscheint nicht zutreffend. Davon mag dieselbe mit Recht ausgehen, daß auch der Rheinschiffahrtsrichter als Richter im Sinne des § 68 StGB. erscheint. Zuständigkeit des Richters in concreto wird nicht gefordert — **Frank**, StGB. Bd. I S 123 zu § 68; **Olshausen**, Note 3, 16 zu § 68. Wer Strafrichter ist, erhellt aus dem GVG. und der MilStGO. Auch der **Rheinschiffahrtsrichter** übt die Strafgewalt aus; er besitzt abstrakte Zuständigkeit; die richterliche Gewalt ist eine einheitliche (**Olshausen** a. a. O. Note 17). Wäre aber diese Frage auch im Sinne der Revisionsbegründung zu entscheiden, so würde doch deshalb ein Erfolg der Rev. nicht gegeben sein, weil nach der konkreten Sachlage die richterliche Handlung als Unterbrechung der Verjährung versagt. Voraussetzung für diese Folge der richterlichen Handlung ist, daß der verfügende Richter **in gesetzlicher Weise** mit der betr. Untersuchung befaßt worden ist (RGE. Bd. 29 S. 236; **Oppenhoff**, § 68 S. 198). Diese Voraussetzung aber fehlt hier. Die Akten wurden dem AG., also dem ordentlichen Strafgericht, vorgelegt. Nichts läßt erkennen, daß der Sonderrichter, das Rheinschiffahrtsgericht, gegen den Angekl. tätig werden solle. Unter diesen Umständen stellt die Anberaumung des Hauptverhandlungstermins durch den letzteren eine Handlung dar, die **irrigerweise** in der Annahme der nicht gegebenen konkreten Zuständigkeit wurzelt und die demgemäß auch durch die Verfügung vom 28 Nov. wieder ungeschehen gemacht wurde. Eine derart irrigerweise vorgenommene, wieder **aufgehobene** Handlung eines mit der Sache nicht gesetzmäßig befaßten Richters kann als eine im Sinne des § 68 StGB. gegen den Täter gerichtete Handlung nicht angesehen werden. Was insbesondere die Aktenrückgabe vom 28. Nov. anlangt, so greifen hier die früheren Erwägungen ein, daß durch dieselbe lediglich der nach Lage der Sache gegebenen allgemeinen dienstlichen Verpflichtung Rechnung getragen wurde. Ein Vorgehen gegen den Täter ist auch hier in keiner Weise erkennbar.

Urt. OLG. FStraff. v. 23. Aug. 1905 S 18/05. X.

Freiwillige Gerichtsbarkeit.

5. Die Ausweisung des Schuldners hat bei einer Immobiliar-Zwangsvollstreckung nach altem Recht durch das Ortsgericht zu erfolgen.

In der Gemarkung D., in der das neue Grundbuch noch nicht angelegt ist, war in einem Immobiliar-Zwangsvollstreckungsverfahren die zweite Versteigerung genehmigt worden. Da der Schuldner die versteigerte Hofreite nicht räumte, beantragte der Steigerer bei dem Vollstreckungsgericht, einen Gerichtsvollzieher mit der Räumung des Hauses zu beauftragen. Das AG. ordnete hierauf an, daß der Schuldner die Hofreite innerhalb 2 Tage zu räumen habe. Das OLG., das infolge weiterer Beschw. des Schuldners in der Sache zu erkennen hatte, führte hierzu aus:

Zwar ist dem Beschwerdeführer nicht beizustimmen, wenn er meint, es müsse von dem Steigerer, um Ermission zu erwirken, Räumungsklage erhoben werden. Der die Vollstreckung leitende Richter hat vielmehr in diesem Verfahren die zur Herbeiführung der Vollstreckung erforderlichen Maßnahmen zu treffen, und dazu gehört auch die Ausweisung des Schuldners aus dem Grundstück, das den Gegenstand der Vollstreckung bildet. Diese Ausweisung hat sich jedoch in dem Verfahren, betr. die Zwangsvollstreckung in das unbewegliche Vermögen (wie es geordnet ist durch das Gesetz v. 4. Juni 1879 bezw. 22. Sept. 1899 und wie es gilt bis zu dem Zeitpunkt, in welchem das Grundbuch als angelegt anzusehen ist), nicht in den Formen der ZPO. zu vollziehen, wie dies der Vorderrichter offenbar annimmt, indem er davon ausgeht, daß demnächst der amtsgerichtlichen Räumungsauflage erst noch die Vollstreckungsklausel beizufügen sei, und wie dies der Auffassung des Antragstellers entspricht, indem derselbe in seinem Antrage vom 12. Juli 1905 darum ersucht, daß das AG. einen Gerichtsvollzieher mit der Räumung des Hauses beauftrage. Die Ausweisung hat vielmehr durch die nämliche Hilfsbehörde zu geschehen, deren sich das Vollstreckungsgericht überhaupt in dem Immobiliar-Zwangsvollstreckungsverfahren bedient, d. i. durch das Ortsgericht. Dies ergiebt sich u. a. aus der Bekanntm. vom 22. Dez. 1882, RegBl. 1883 S. 1, und den daselbst angeführten Bestimmungen: Art. 16 Nr. 1 des 1852er Edikts, betr. Organisation der Ortsgerichte; § 40 Abs. 1 der 1852er Ortsgerichts-Instr.; § 15 Abs. 5 Nr. 1 der AusfVO. v. 1879 zum GVG.; sowie aus Art. 24 der VO vom 2 Aug. 1899 über die Ortsgerichte (RegBl. 1899 S. 389 ff.) und § 201 der Dienstanweisung für die Ortsgerichte vom 24. Nov. 1899 (RegBl. 1899 S. 981 ff.). Der dem Ortsgericht vom Vollstreckungsgericht zu erteilende Auftrag zur Ausweisung des Schuldners setzt voraus, daß eine rechtskräftige Genehmigung der Zwangsversteigerung vorliegt.

Beschl. OLG. FZS. vom 28. Juli 1905 W 166/05.
Hoffmann, RA.

Entscheidungen der Großh. Landgerichte.

Freiwillige Gerichtsbarkeit.

6. Ueber die Stellung des Vormundschaftsgerichts gegenüber dem Inhaber der elterlichen Gewalt.

Am 2. Jan. 1905 hat die Witwe J. einen Restkaufpreis vereinnahmt, der ihren beiden minderjährigen Kindern als Erben ihres verlebten Vaters gehörte. Das AG. machte der Witwe die Auflage, den Nachweis der mündelsicheren Anlegung des Geldes zu führen. Auf die Beschw. der Witwe hat das LG. die Verfügung des AG. aufgehoben aus folgenden Gründen:

Nach den Vorschriften des BGB. ist der Inhaber der elterlichen Gewalt nicht der ständigen Aufsicht des Vormundschaftsgerichts unterworfen wie der Vormund. Eine dem § 1839 BGB. entsprechende Vorschrift, wonach der Vormund verpflichtet ist, dem Vormundschaftsgericht auf Verlangen jederzeit über die Führung der Vormundschaft und außerdem auch über die Vermögens-Verwaltung Auskunft zu geben, besteht für den Inhaber der elterlichen Gewalt nicht. Der letztere ist wohl gemäß § 1642 BGB. verpflichtet, das seiner Verwaltung unterliegende Geld des Kindes nach den für die Anlegung von Mündelgeld geltenden Vorschriften der §§ 1807, 1808 BGB. verzinslich anzulegen, sodaß die daselbst vorgesehenen verschiedenen Arten der Anlegung von Mündelgeld auch für ihn Geltung haben. Das AG. ist aber nicht in der Lage, in Ansehung des durch den Inhaber der elterlichen Gewalt für die minderjährigen Kinder vereinnahmten Geldes ein Aufsichtsrecht dahin auszuüben, daß es durch Anfragen oder sonstige Maßnahmen ihn anhält, ihm Auskunft zu geben oder den Nachweis über Anlegung des Geldes zu führen. Dem Vormundschaftsgericht steht nach dem BGB. gegenüber dem Inhaber der elterlichen Gewalt nur in einzelnen bestimmten Beziehungen und nur unter gewissen Voraussetzungen ein Aufsichtsrecht zu, wie sich dies aus den Bestimmungen der §§ 1629, 1643—1645, 1630 Abs. 2 Satz 2, 1635—1637, 1640, 1665—1673, 1687 Ziff. 3, 1760 Abs. 2 BGB. ergibt. Das Gesetz hat daher die Fürsorge und Aufsicht des Vormundschaftsgerichts bei der elterlichen Gewalt nicht als eine regelmäßige, organisierte und präventive, sondern als eine nur in Veranlassung besonderer Umstände wirsam werdende gestaltet (Motive IV, 802).

Entsch. LG. Mainz, II. ZK., v. 11. Juli 1905 T 120/05.
LGR Dp.

Anmerkung des Einsenders. Im Gegensatz zum BGB. hatte das französische Recht die väterliche Gewalt auf der Grundlage des Vormundschaftsprinzips geregelt (art. 390 ff. code civil); der überlebende Elternteil war von Rechts wegen der Vormund der in der Ehe erzeugten Kinder und unterstand der Kontrolle des Gegen-Vormundes und des Familienrates. Die Stellung des Inhabers der elterlichen Gewalt nach neuem Recht ist eine wesentlich freiere, und es kann nicht verkannt werden, daß diese Art der Regelung Gefahren für das Kindes-Vermögen mit sich bringt; denn wenn einmal das Vormundschaftsgericht berechtigt ist, gemäß § 1667 BGB. einzuschreiten, wird das Kindes-Vermögen in der Regel bereits verloren sein. Daß die Gesetzgebung in dieser Richtung sich ändern wird, ist gleichwohl nicht anzunehmen, da die freiere Rechtsanschauung von jeher im Gebiete des rechtsrheinischen Deutschland Geltung hatte (vgl. HessRspr. VI S. 47 und Bayr. ObLG. in Seufferts Archiv Bd. 60 S. 287).

Abhandlungen.

Zur Strafprozeßreform.*)

Die Änderungen und Zusätze zur StPO., welche die jüngste beim Reichsjustizamt gebildete Kommission nach der Mitteilung eines Mitglieds derselben in der DJurZtg. 1905 Nr. 9 beschlossen hat, will ich nachstehend einer Besprechung unterziehen. Meine Erfahrung in zwanzigjähriger Praxis als Vorsitzender von Schöffengerichten gibt mir die Berechtigung dazu.

I. Die Kommission ist, indem sie den Gerichtsständen (§§ 7 bis 11 StPO.) den der Ergreifung hinzufügte, einem Bedürfnis entgegengekommen. Das Bedürfnis ist indessen nur für berechtigt zu erachten für geringere Straffälle, die die Rücksichtnahme auf Vereinfachung und Kostenersparnis erlauben. Ich vermute, daß die Kommission mit dem Zusatz, es soll die Abgabe an ein anderes zuständiges Gericht verfügt werden können, die Beschränkung auf derartige Fälle erzielen wollte. Sie ist jedoch damit nicht glücklich gewesen; denn weder ist das Gericht der Ergreifung zur Abgabe noch das angegangene Gericht zur Annahme für verpflichtet erklärt, die Anordnung ist also zu unbestimmt. Der § 12 Abs. 2 trifft den besten Aus-

*) Geschrieben vor der Veröffentlichung der Verhandlungsprotokolle. D. Verf.

weg, daß nämlich durch das gemeinschaftliche obere Gericht einem der zuständigen Gerichte die Sache endgültig übertragen werden kann, und diese Vorschrift genügt.

II. Es hat sich schon lange die Ansicht gebildet, daß die bindende Vorschrift des § 60: jeder Zeuge ... ist zu beeidigen (von den Ausnahmen in §§ 51—57 abgesehen), vom Uebel und unhaltbar ist. Die Kommission erkennt den Uebelstand auch an und gedenkt ihm dadurch abzuhelfen, daß sie die Bestimmung vorschlägt, die Beeidigung kann unterbleiben: 1. wenn Staatsanwalt und Angeklagter einverstanden sind, 2 wenn in Privatklagesachen die Parteien damit einverstanden sind und kein Gerichtsmitglied die Beeidigung verlangt, 3. wenn das Gericht einstimmig die Aussage für unerheblich hält und die Prozeßbeteiligten einverstanden sind. Sie bleibt hiernach bei der grundsätzlichen Beeidigung stehen und will nur die vorgenannten Ausnahmen zulassen. Der Vorschlag ist nicht bedenkenfrei. Er führt etwas vom Parteibetrieb in den Strafprozeß ein, begünstigt die Privatklagesachen vom Standpunkt aus, daß die Beeidigung das richtige ist, führt eine Verumständlichung und Verzögerung der Verhandlungen herbei, greift das Übel nicht an der Wurzel an und ist selbst für das, was er bietet, eine halbe Maßregel; denn wenn etwas unterlassen werden kann, so ist doch auch das Gegenteil möglich. Mir erscheint der Vorschlag, den ich in dem schon 1892 bei O. Wigand in Leipzig erschienen Schriftchen „Einige Vorschläge zur Reform der Strafgesetzgebung“ (S. 48) gemacht habe: „Jeder Zeuge wird einzeln und nach seiner Vernehmung beeidigt, jedoch nur dann, wenn das Gericht dies beschließt“, vorzuziehen. Es ist damit der umgekehrte Grundsatz der Nichtbeeidigung ausgesprochen und dieser verträgt sich allein mit dem unangetasteten Hauptgrundsatze der freien Beweiswürdigung (§ 260 StPO.) und trägt der Tatsache Rechnung, daß eine Menge Eide anerkanntermaßen unnötig geschworen werden. Des weiteren glaube ich mich auf die in meinem Schriftchen gegebene Begründung beziehen zu dürfen. Nur das glaube ich noch beifügen zu sollen, daß zur Beeidigung eines Zeugen, dessen Beeidigung unterlassen werden kann, nur aus dem sachlichen Grunde der Befestigung der Überzeugung von der Richtigkeit der Aussagen geschritten werden sollte.

Die Sachverständigen anlangend, so hat rücksichtlich deren Beeidigung die Kommission denselben Vorschlag wie bei den Zeugen gemacht. M. E. ist zu diesem Punkt die Verschiedenheit zwischen Sachverständigen und Zeugen hervorzuheben. Bei jenen sind die Richter regelsweise nicht imstande, sich aus deren Gutachten selbst eine Ueberzeugung zu bilden, sie müssen vielmehr ihre Überzeugung auf die des Sachverständigen stützen. Noch mehr gilt dies von den Angeklagten. Die Aussagen der Zeugen können dagegen auch von diesen beurteilt und es kann ihnen deshalb, wenn man überhaupt so weit gehen will, anheim gestellt werden, auf die Beeidigung zu verzichten. Den Sachverständigen gegenüber hat solche Befugnis aber keinen rechten Sinn. Da der Beeidigung der Sachverständigen aus ihrer Person keine Bedenken entgegenzustehen pflegen, erachte ich es für angezeigt, es bei der Vorschrift des § 79 zu belassen, jedoch mit der Abweichung, daß der Eid erst nach der Erstattung des Gutachtens zu leisten ist.

Über die Bestrafung der falschen uneidlichen Aussage, wogegen sich die Kommission ausgesprochen hat, will ich mich nicht auslassen. Diese Frage gehört ins Strafrecht.

Der Kommission geht die Bestimmung in § 52[1], durch welche den Geistlichen das Recht der Zeugnisverweigerung in Ansehung desjenigen, was ihnen bei Ausübung der Seelsorge anvertraut worden ist, eingeräumt ist, nicht weit genug, sie will eine Vorschrift, daß die Geistlichen über solche Tatsachen gar nicht vernommen werden dürfen. Ich kann nicht zustimmen. Denn davon abgesehen, daß in dem unterstellten Fall die Grenzen zwischen Seelsorger und Privatmann nicht leicht zu finden sind, ist es doch gewiß Sache der Geistlichen und ihrer Vorgesetzten, die Rechte ihres Amtes zu wahren und nicht Aufgabe der bürgerlichen Gesetzgebung, der Ermittelung der Wahrheit einen Riegel vorzuschieben. Auch muß daran gedacht werden, daß es Fälle gibt, in denen Geistliche sich im Gewissen gedrungen fühlen, das Beichtgeheimnis zu verraten, um großes Unglück zu verhüten.

Der Vorschlag zu § 54, das Recht zur Zeugnisverweigerung auf die objektive Täterschaft auszudehnen, wird mit Genugtuung begrüßt werden, da, wenn er Gesetz wird, der verhaßte Zwang gegen die Redakteure, über die Autoren von Artikeln auszusagen, beseitigt wird. Es ist auch nur gerecht, daß der Angeklagte vor der Erhebung der Anklage nicht zu einem Zeugnis angehalten wird, das nach Erhebung der Anklage nicht von ihm verlangt werden kann.

III. Der Vorschlag der Kommission, den § 112 Abs. 2 zu streichen und dagegen zu fordern, daß die Untersuchungshaft wegen Fluchtverdachts nur verhängt werden dürfe, wenn bestimmte diesen Verdacht rechtfertigende und aktenkundig zu machende Tatsachen vorliegen, kommt fast einem Verbot der Untersuchungshaft aus diesem Grunde gleich,*) wenn der Richter es genau nehmen will. Auf diesen nebensächlichen Punkt kann der Richter nicht viel Zeit verwenden und bis er die betreffenden Tatsachen ermittelt und beurkundet hat, wird sich der Täter zumal dann, wenn er über Mittel verfügt und ihm eine schwere Strafe droht, fast immer durchgemacht haben. Es ist höchst wesentlich für das Ansehen der Justiz und zur Beruhigung des besseren Teils der Bevölkerung, daß das Schwert der Justiz rasch und scharf zufährt und bei dringendem Verdacht (§ 112 Abs. 1), ein Verbrechen begangen zu haben, die verdächtige Person sofort ergriffen und in Haft behalten und nicht etwa der Mörder auf freiem Fuß gelassen wird. Die menschliche Vermutung, daß der Verbrecher sich flüchtet, besteht jetzt noch und sogar in noch höherem Grade als zur Zeit des Erlasses der StPO., wo die praesumtio facti zur praesumtio juris erhoben wurde. Von den Heimatlosen, Landstreichern und unbekannten Personen ist auch nichts anderes zu erwarten, als daß sie den Ort wechseln und dann schwer auffindbar sind. Welche Mehrarbeit und welche Mehrkosten dadurch entstehen, läßt sich denken. Ich behaupte und stütze mich dabei auf meine Erfahrung, daß den Personen der letztgedachten Art mit ihrer Verhaftung häufig viel besser gedient ist, als wenn sie da und dorthin verfolgt werden. Tatsachen, die bei ihnen zur Verhaftung nach dem Vorschlage der Kommission berechtigen sollen, — die Heimatlosigkeit rc. soll ja nicht genügen — werden kaum zu ermitteln sein. Ebenso will es mir nicht richtig erscheinen, daß die Ausländereigenschaft ganz unberücksichtigt bleiben und auch die auf die Ausländer bezügliche Bestimmung 112[3] wegfallen soll. Daß ihnen, den Ausländern, nicht zu viel geschieht, dafür sorgt der Schlußsatz unter dieser Nummer.

Die Kommission beantragt ferner zum neunten Abschnitt Verhaftung, die Höchstdauer der nach § 126 dem Staatsanwalt zur Erhebung der öffentlichen Klage vom Amtsrichter, der den Haftbefehl erlassen hat, erstreckbaren Frist von 4 Wochen ihm auf einmal zu gewähren und so die leere Formalität der zweimaligen Fristerstreckung zu beseitigen. Sie rechnet dabei nicht mit der menschlichen

*) Sehr richtig! D. Red.

Schwäche, daß ein beschäftigter Mann immer das zuerst erledigt, was auf dem Nagel brennt und daß er das gleich Wichtige, oder sogar das Wichtigere, zu dessen Erledigung ihm längere Zeit gestattet ist, hinausschiebt. Eine häufigere Ausnutzung des längeren Zeitraums und demgemäß eine Verlängerung der Untersuchungshaft des einzelnen Beschuldigten würde die Folge der Neuerung sein.

IV. Verteidigung. Der Zweck der Untersuchungshaft ist gefährdet, wenn dem Inhaftierten unbeaufsichtigter mündlicher oder schriftlicher Verkehr mit seinem Verteidiger einerlei, wie die Sache liegt, gestattet werden muß, wie die Kommission vorschlägt. Die Bestimmungen in § 147 und 148 halte ich für ausreichend. Der Ausdehnung der notwendigen Verteidigung (§ 140) ist beizustimmen.

V. Öffentliche Klage. Die Kommission beabsichtigt mit dem zu §§ 152 und 158 gemachten Vorschlage eine nicht unerhebliche Einschränkung des Legalitätsprinzips, vermutlich aus dem Grund, um die Staatsanwaltschaft zu entlasten, doch kann ich nicht umhin, Bedenken gegen ihn zu äußern. Wenn der Amtsanwalt das Einschreiten hinsichtlich der ihm angezeigten Übertretungen ablehnt, wozu er nach dem Vorschlag ermächtigt sein soll, würde die Einheitlichkeit bei der Behandlung dieser Straftaten leiden und Anlaß zu Reibereien mit den Polizeibehörden gegeben sein, und was die gestattete Unterlassung der Verfolgung jugendlicher Verbrecher unter 14 Jahren seitens des Staatsanwalts betrifft, so würde durch diese Bestimmung die Gleichheit vor dem Gesetz verletzt. Das Einverständnis des Verletzten, und gerade das macht die Sache schlimm, kann erkauft werden. Die Fälle, in denen nicht einzuschreiten ist, sind im StGB. als Antragsdelikte aufgestellt. (Schluß folgt.)

Sprechsaal.

Zur Frage des Feststellungsvermerks.

In der Nr. 118 dieser Zeitschrift wurde im Sprechsaal (S. 136). das Verhältnis der in Hessen üblichen Form des Feststellungsvermerks (§ 177 GFG. u. § 2242 BGB.) zu der Rechtsprechung des RG. behandelt. Der Artikel bietet hinsichtlich der Art der Darstellung sowie hinsichtlich der darin gezogenen Folgerungen und der daran geknüpften Empfehlungen zur Erörterung Anlaß.

Zunächst könnte aus der Fassung des Artikels gefolgert werden, der Fall, der dem Urteile des V. ZS. des RG. vom 29. Juni 1905 (JWschr. Nr. 16 S. 54 Z. 33) zugrunde lag, stimme mit der in Hessen üblichen Beurkundung des Feststellungsvermerks überein. Das ist aber keineswegs der Fall. Während in Hessen nur die Feststellung der Unterzeichnung räumlich unter die Unterschrift der Beteiligten gesetzt wird, folgte in dem reichsgerichtlichen Falle der Feststellungsvermerk seinem ganzen Inhalte noch hinter dieser Unterschrift. Es kann deshalb zunächst angenommen werden, daß das RG. wenigstens die in Hessen übliche Form des Feststellungsvermerks als dem Gesetz entsprechend anerkennen werde. Denn wenn man auch vielleicht zugeben kann, daß dem Erfordernisse der Unterzeichnung des Feststellungsvermerks durch die Beteiligten eine gewisse Berechtigung insofern zukommt, als der Vermerk sich auf die erfolgte Vorlesung und Genehmigung des Protokolls bezieht, so erscheint doch dieses Erfordernis, soweit die Feststellung die erfolgte Unterzeichnung selbst betrifft, unter allen Umständen zwecklos.

Der Verfasser des vorerwähnten Artikels hat sodann anscheinend übersehen, daß die hinsichtlich des Feststellungsvermerks in Hessen bestehende Uebung auf einer im Amtsblatt Nr. 13 vom 3. Juli 1901 unter Nr. 16 enthaltenen Empfehlung des Gr. Justizministeriums beruht. Diese Empfehlung war, wie aus dem Amtsblatt hervorgeht, erfolgt, nachdem sich das Ministerium über die Auslegung des § 177 Abs. 1 Satz 2 mit dem Reichs-Justizamt ins Benehmen gesetzt hatte. Da der Zweck der Empfehlung nach dem Amtsblatte der war, die von den Aufsichtsbeamten mißständig empfundenen Verschiedenheiten in der Form des Feststellungsvermerks zu beseitigen, so dürfte der Rat, den der Verfasser des Artikels erteilt, der Absicht der Landesjustizverwaltung jedenfalls insofern widersprechen, als er die Einschaltung des Wortes „geschlossen" vor der Unterschrift des Urkundbeamten empfiehlt. Dagegen könnte wohl unbedenklich der reichsgerichtlichen Auffassung insofern Rechnung getragen werden, als von den Urkundbeamten künftig auch der Vermerk „unterschrieben" der Unterschrift der Beteiligten vorangestellt würde. Denn das bezeichnete Amtsblatt führt aus, daß eine solche Voranstellung, wenn auch nicht korrekt, so doch unter allen Umständen zulässig ist.

Gegenüber dem Artikel im Sprechsaal muß endlich hervorgehoben werden, daß das RG. in seinem Urteil vom 29. Juni 1905 nicht, wie der Verfasser anzunehmen scheint, eine zweifelsfreie Gesetzesauslegung gegeben, sondern eine vielfach umstrittene Frage in keineswegs einwandfreier Weise entschieden hat. Von den Kommentatoren des GFG. vertreten allerdings die in dem reichsgerichtlichen Erkenntnis angeführten Schriftsteller die von diesem Gerichtshof adoptierte Ansicht. Den entgegengesetzten Standpunkt aber nehmen Dorner (Komm. z. GFG. Anm. 2b u. 3b zu § 177) und Wellstein (Komm. z. GFG. Anm. 3 zu § 177) ein und Weißler (Komm. z. GFG. Note 4 zu § 177) bezeichnet es als unbedenklich, wenigstens die Feststellung der Unterzeichnung der Unterschrift der Beteiligten folgen zu lassen. Vor allem aber ist darauf hinzuweisen, daß, wie aus dem Amtsblatt des Justizministeriums hervorgeht, das Reichs-Justizamt, das das GFG. entworfen hat, im Gegensatz zum RG., auf dem Standpunkt steht, daß der Feststellungsvermerk nicht zu demjenigen Teile des Protokolls gehört, welcher nach § 177 Abs. 1 Satz 1 GFG. vorgelesen und von den Beteiligten genehmigt und unterschrieben werden muß. Die dieser Auffassung zugrunde liegende Annahme, daß der Ausdruck: „Protokoll" im Abs. 1 Satz 1 des § 177 GFG. einen engeren Sinn hat als im Abs. 1 Satz 2 und im Abs. 3, erscheint zunächst deshalb gerechtfertigt, weil unlogische und unzweckmäßige Vorschriften dem Gesetzgeber nur aus zwingenden Gründen unterschoben werden dürfen. Als unlogisch und unzweckmäßig aber wäre das Verlangen zu bezeichnen, der Urkundbeamte solle die Unterschrift eines Beteiligten als erfolgt feststellen, obwohl diese noch nicht vollzogen ist und sehr wohl aus dem einen oder andern Grunde unterbleiben kann. Dies erkennt auch Rausnitz in der Note 5 zu § 177 seines Kommentars z. GFG. ausdrücklich an. Wenn er meint, das Gesetz dürfe deshalb nicht willkürlich über den Haufen geworfen werden, so geht er dabei von der Anschauung aus, in dem Text des Gesetzes sei der Unterschied zwischen den begrifflich verschiedenen Teilen des Protokolls — der Erklärung der Beteiligten und der Feststellung der Urkundspersonen — absichtlich außer acht gelassen worden. Diese Auffassung wird nach dem Vorstehenden aus der Werkstätte des Gesetzgebers selbst als unzutreffend bezeichnet. Das Reichs-Justizamt rechtfertigt nach dem Amtsblatt seine Behauptung, daß für die Vorlesung, Genehmigung und Unterzeichnung durch die Beteiligten nur der durch den § 176 bezeichnete Inhalt des Protokolls in Betracht komme, durch den Hinweis auf den Zweck des § 177 Abs. 1 Satz 1 und den Zusammenhang, in welchem er mit dem § 176 steht, sowie auf den Wortlaut der im § 177 Abs. 1 Satz 2 gegebenen Vorschrift und die Stellung derselben hinter der Bestimmung.

welche die Vorlesung, Genehmigung und Unterzeichnung des Protokolls vorschreibt. Dieser Hinweis erscheint in der Tat ausschlaggebend. Denn wenn das Gesetz im § 176 bestimmt, das Protokoll müsse außer dem Datum und der Bezeichnung der Beteiligten und Urkundspersonen die Erklärung der Beteiligten und den Identitätsvermerk enthalten, wenn es im unmittelbaren Anschluß daran vorschreibt, das Protokoll müsse vorgelesen, von den Beteiligten genehmigt und unterschrieben werden und donn erst bestimmt, es müsse im Protokoll festgestellt werden, daß dies geschehen ist, so ergibt sich doraus zweifelsfrei, daß das Gesetz nicht nur die Vorlesung und Genehmigung, sondern auch die Unterzeichnung nicht vor deren Vollzug festgestellt wissen will. Daraus, daß hiernach im § 177 Abs. 1 Satz 1 unter „Protokoll" der im § 176 bezeichnete Protokollinhalt und unter dem gleichen Ausdruck im Satze 2 der ganze durch die Unterschrift der Urkundspersonen abgeschlossene Urkundsakt verstanden wird, läßt sich etwas Gegenteiliges um so weniger herleiten, als auch im Abs. 3 das Wort: „Protokoll" die Unterschrift der Beteiligten zweifellos mit umfaßt. Es ist aber weiter folgendes zu beachten: Nach dem preußischen Gesetz vom 11. Juli 1845 über das Verfahren bei Aufnahme von Notariatsurkunden war das die Erklärung der Beteiligten enthaltende Protokoll ohne einen Vermerk über Vorlesung, Genehmigung und Unterzeichnung von den Beteiligten zu unterschreiben und sodann der Feststellungsvermerk lediglich durch die Unterschrift des Notars zu decken. Hätte im Gegensatz hierzu die Reichsgesetzgebung den Feststellungsvermerk durch die Unterschrift der Beteiligten gedeckt wissen wollen, so wäre dies bei der Bedeutung, die dem altpreußischen Rechte für das Reichsrecht zukommt, in den Materialien des Gesetzes um so gewisser zum Ausdruck gelangt, als die Vorschrift, von der abgewichen werden sollte, dem natürlichen Verlaufe der Dinge folgerichtig entsprach. Auch aus dem Schweigen der Motive darf deshalb die Richtigkeit der vom Reichs-Justizamte vertretenen Auffassung gefolgert werden. Schließlich sei noch darauf hingewiesen, daß der Gesetzgeber, hätte er die vom RG. unterstellte Absicht gehabt, den für jedes Protokoll erforderlichen Feststellungsvermerk im § 176 ebenso als zu verlesenden, zu genehmigenden und zu unterschreibenden Teil des Protokolls hätte bezeichnen können, wie er dies hinsichtlich des Identitätsvermerks getan hat.

Nach dem Vorstehenden erscheint es nicht ausgeschlossen, daß die Gerichte die höchstinstanzliche Auffassung ablehnen und daß das RG. selbst bei nochmaliger Prüfung seinen Standpunkt ändert. Wäre dies nicht der Fall, so sollte auf eine authentische Interpretation des § 177 Abs. 1 Satz 2 im Sinne der vom Reichs-Justizamt vertretenen Auffassung mit vollem Nachdruck hingewirkt werden. Denn eine Gesetzesauslegung, die an eine sachlich bedeutungslose, dabei aber historisch und logisch richtige Stellung des Feststellungsvermerks schwere Rechtsnachteile für die Beteiligten anknüpft, ruft nicht allein bei Laien Kopfschütteln wach; die Ueberspannung eines zwecklosen Formalismus, die in ihr zutage tritt, muß das Ansehen des Gesetzes und des Juristenstandes erheblich schädigen. Z.

Literatur.

Lobe's Zentralblatt (Dieterich, Leipzig). Von dieser Halbmonatsschrift sind Heft 10 bis 13 erschienen. Auf S. 400 ff. wird der Beschl. des Kammergerichts v. 7. April 1902 (Johow 24 A Nr. 13) betr. die Fürsorgeerziehung eingehend bemängelt. X.

Stölting, R. und Arnim, G., LGRe.: Protokollmuster für die Hauptverhandlung vor der Strafkammer (R. v. Decker, Berlin. 77 S., geb. M 1,50). Diese aus der Praxis selbst entstandene kleine Schrift will den — für die Revision so überaus wichtigen — Inhalt des Protokolls nach der formalen Seite hin sicherstellen. Die Anordnung schließt sich dem Gang der Hauptverhandlung an, und die Verf. wollen, in Ergänzung der amtlichen Protokollformulare, dem Gerichtsschreiber im Sitzungsdienste selbst sofort die nötige Unterstützung gewähren. Unsere Referendare mögen das Büchlein genauer prüfen. K.

Anzeigen.

Für die Redaktion verantwortlich: Oberlandesgerichtsrat Keller in Darmstadt. — Verlag von J. Diemer in Mainz. — Druck von G. Otto's Hof-Buchdruckerei in Darmstadt.

Herausgegeben

auf Veranlassung des **Richter-Vereins** unter Mitwirkung der **Hessischen Anwaltskammer**

von Oberlandesgerichtsrat **Keller** in Darmstadt, Oberstaatsanwalt Dr. **Buff** in Mainz, Landgerichtsdirektor **Ness** in Mainz Landgerichtsdirektor **Praetorius** in Gießen, Landgerichtsrat Dr. **Schwarz** in Darmstadt.

Erscheint monatlich zwei Mal Preis Mk. 7.12 jährlich mit postfreier Zustellung.

Bestellungen nehmen die Expedition in Mainz, die Postanstalten sowie sämtliche Buchhandlungen entgegen.

Einrückungs-Gebühr die dreispaltige Zeile oder deren Raum 30 Pfg.

Nr. 21. Vom Deutschen Juristentag angenommene Zitierweise: HessRspr. Nachdruck verboten. **6. Jahrgang.**

Redaktion: Darmstadt, Heinrichstraße 5.

Mainz, 1. Februar 1906.

Verlag und Expedition: J. Diemer, Mainz.

Der unterzeichnete Vorstand verstattet sich, die Mitglieder des Vereins darauf aufmerksam zu machen, daß die **Hauptversammlung** des hessischen Richtervereins satzungsgemäß am letzten Samstag des Monats Mai, also diesmal

Samstag, den 26. Mai

stattzufinden hat, und schon jetzt die Bitte auszusprechen, etwaige Anträge und Wünsche für die Hauptversammlung zwecks sachgemäßer Vorbereitung baldtunlichst bei dem Vorstande einzureichen.

Zugleich werden die Herren Vorsitzenden bei den Kollegialgerichten unter Bezugnahme auf die Verfügung Großh. Ministeriums der Justiz vom 5. Januar 1903 (zu Nr. J. M. 20216) geziemend ersucht, den 26. Mai als **dienstfrei** in den Terminkalendern gefälligst vorzumerken.

Darmstadt, 22. Jaunar 1906.

Der Vorstand des hessischen Richtervereins:
Wahl.

Entscheidungen des Großh. Oberlandesgerichts und des Reichsgerichts.

Zivilrecht. — Zivilprozeß.

1. Zeugnisverweigerungsrecht der Vorstandsmitglieder eines Vorschuß- und Kreditvereins.

Die Witwe und das einzige Kind des C. waren auf Rückzahlung eines ihrem Erblasser angeblich gegebenen Darlehens verklagt warden, und auf Grund Beweisbeschlusses sollte der Rechner und frühere Kontrolleur des Vorschuß- und Kreditvereins zu B. als Zeuge über eine Behauptung des Kl. vernommen werden, daß die Witwe C. die fragliche Schuld in eigenem Nomen und auch als Beauftragte ihres Mannes anerkannt habe. Dabei hatte Kl. angegeben, daß er s. Zt. seine Forderung der genannten Kasse habe abtreten wallen und daß daraufhin der Zeuge bei Frau C. Erkundigungen eingezogen habe, in deren Verlauf die fragliche Anerkennungserklärung abgegeben worden sei. Der Zeuge, von der Auffassung ausgehend, daß er lediglich als Vertreter seines Vereins in dessen Interesse und nicht als Beauftragter des Kl. gehandelt habe, verweigerte das Zeugnis in der Hauptsache; es kam zu einem Zwischenstreit, und das LG. erklärte durch Zwischenurteil die Zeugnisverweigerung für unbegründet, weil Zeuge lediglich als Privatperson, als Beauftragter des Kl. tätig geworden sei, und es sich bei den von ihm eingezogenen Erkundigungen nur um die Frage, ob die abzutretende Forderung bestehe, nicht aber um Tatsachen im Sinne des § 383 Z. 5 ZPO. gehandelt habe.

Auf Beschw. des Zeugen hob das OLG. die angefochtene Entsch. auf und erklärte die Zeugnisverweigerung für begründet. Aus den Gründen: Daß der Zeuge in seiner früheren Eigenschaft als Kontrolleur und Mitglied des Vorstandes des Vorschuß- und Kreditvereins zu B. als Beamter eines gemeinnützigen Kreditinstituts aber dach als eine im Betriebe eines Gewerbes tätige Person anzusehen sei, könne nicht bezweifelt werden. Ebenso sei aber auch in Uebereinstimmung mit der Entsch. des RG. v. 18. Sept. 1901 (J. Wschr. 1901 S. 719) davon auszugehen, daß der in § 383 ZPO. gebrauchte Ausdruck „anvertraut" in weiterem Sinne zu verstehen und daß darunter auch dasjenige inbegriffen sei, was die in Z. 5 genannten Personen innerhalb ihres Berufes bei den Verhandlungen mit den ihnen Vertrauen schenkenden Personen wahrgenommen hätten. Von diesen beiden rechtlichen Gesichtspunkten aus erscheine aber auch dasjenige, was die Bekl. C. dem Zeugen über eine Anerkennung der eingeklagten Schuld mitgeteilt habe, als eine Tatsache, die einesteils dem genannten Beamten innerhalb seines beruflichen Wirkungskreises anvertraut und die andernteils auch ihrer Natur nach nicht für jedermanns Kenntnis bestimmt, deren Geheimhaltung daher durch die

Natur derselben für den Zeugen geboten gewesen sei. Denn wenn sich auch der Zeuge damals **auf Veranlassung des Kl.** zu der Bekl. begeben und mit ihr über die vom Kl. beabsichtigte Abtretung seiner Forderung an den Vorschuß- und Kreditverein gesprochen habe, so sei er dabei doch nicht sowohl im Interesse des Kl., als vielmehr in demjenigen des Vereins tätig gewesen. Zeuge habe dies ausdrücklich erklärt, und zur Anzweifelung der Wahrheit dieser Angabe bestehe um so weniger ein Anlaß, als zweifellos der Vorschuß- und Kreditverein als in Aussicht genommener Zessionar ohnehin ein begreifliches Interesse an der Güte und Einbringlichkeit der eventuell von ihm zu erwerbenden Forderung gehabt habe und deswegen auch die Erörterung der Frage, ob die Schuld als richtig stehend anerkannt werde, veranlaßt gewesen sei.

Beschl. OLG. I. ZS. v. 7. Juli 1905 W 135/05 (LG. Gießen O 442/04). Pr.

Freiwillige Gerichtsbarkeit.

2. Zum privilegierten Gerichtsstand der Standesherren im Gebiete der freiwilligen Gerichtsbarkeit.

Zum Zweck der Verpflichtung des in Darmstadt wohnenden Grafen SL. als Beistand der verwitweten Frau Prinzessin SB. in ihrer Eigenschaft als Inhaberin der elterlichen Gewalt über ihren minderjährigen Sohn hatte das dortige Amtsgericht den Grafen SL. vorgeladen. Dieser hatte jedoch der Ladung unter schriftlichem Hinweis auf Art. 12d des Ges. vom 18. Juli 1858, betr. die Rechtsverhältnisse der Standesherren, wonach die Standesherren und ihre Familien unter dem OLG. stehen und dessen gerichtliche Akte, welche die persönliche Anwesenheit der Standesherren und ihrer Familienmitglieder erforderten, **in deren Wohnungen** vorzunehmen seien, keine Folge geleistet und auch gegenüber einer unter Androhung einer Geldstrafe ergangenen wiederholten Ladung des AG. v. 16. Aug. 1905 bei dieser Weigerung beharrt. Zugleich wurde die Verfügung des AG. durch eine an das OLG. gerichtete **Beschwerde** angefochten, in welcher der Beschwerdeführer den vorerwähnten doppelten Standpunkt vertritt.

Nachdem hierauf dem Beschwerdeführer eröffnet worden war, daß er seine Beschw. zunächst bei dem zuständigen LG. einzureichen habe, erfolgte Einreichung der Beschwerdeschrift bei letzterer Behörde. Inzwischen hatte aber das AG. ohne Kenntnis von der erhobenen Beschw. durch Beschl. vom 25. Sept. 1905 die in seiner Verfügung vom 16. Aug. angedrohte Geldstrafe festgesetzt und unter Androhung einer weiteren Geldstrafe den Grafen SL. wiederholt vorgeladen. Gegen diese letztere Verfügung wurde nunmehr gleichfalls Beschw. verfolgt.

Durch Beschl. des LG. vom 3. Okt. 1905 wurde die erhobene Beschw. gegen den Beschl. v. 16. Aug. 1905 als unbegründet zurückgewiesen, denjenigen gegen den Beschl. v. 25. Septbr. dagegen stattgegeben und dieser Beschluß aufgehoben.

Das LG. ging hierbei von der Erwägung aus, daß die Bestimmung des Art. 12d des Ges. v. 18. Juli 1858 ihrem Wortlaut und Sinne nach sich nur auf die **Häupter** der standesherrlichen Familien, nicht aber auch auf deren Familienmitglieder beziehen könne und daß daher, da der Beschwerdeführer als **Mitglied** einer standesherrlichen Familie die Verpflichtung in seiner Wohnung verlange, die Frage, ob die Voraussetzungen für eine Verpflichtung in der Wohnung des Hauptes der Familie vorlägen, ebenso unerörtert bleiben könne wie die weitere Frage, ob die Bestimmung in pos. d nur dann Platz zu greifen habe, wenn es sich um einen von dem Standesherrn **und** seinen Familienmitgliedern gleichzeitig und persönlich vorzunehmenden Akt handelt. Die Aufhebung des Beschl. v. 25. Sept. 1905 erfolgte in der Erwägung, daß das AG. bei Kenntnis der eingelegten Beschw. seinen Beschl. offenbar nicht erlassen haben würde. Gegen diesen Beschl. des LG. hat Graf SL. weitere Beschw. an das OLG. verfolgt.

Zur Begründung der Beschw. wird ausgeführt, die vorderrichterliche Auffassung des Begriffs „Standesherren" im Sinne des Ges. v. 18. Juli 1858 sei eine irrige. Daß das Gesetz in bezug auf diesen Begriff keinen festen Sprachgebrauch habe, gehe daraus hervor, daß an verschiedenen Stellen desselben der Ausdruck „Häupter der standesherrlichen Familien" vorkomme, womit doch anerkannt sei, daß diese einen Gegensatz zu den „Standesherren" bilden sollten. Der Begriff der „Standesherren" im Sinne des erwähnten Gesetzes wechsele durchgängig und es müsse daher in jedem Einzelfall geprüft werden, welche Auslegung am Platze sei. Der im Art. 1 enthaltene Ausdruck „Standesherr" könne nur den Sinn haben: „alle Staatsbürger, die standesherrlichen Familien angehören", und im Anschluß hieran seien auch die Bestimmungen der Art. 2, 3 in demselben Sinne auszulegen. Ein privilegierter Gerichtsstand für **alle** Mitglieder der standesherrlichen Familien sei unter Abs. c hinsichtlich der freiwilligen Gerichtsbarkeit verordnet. Soweit aber ein privilegierter Gerichtsstand bestehe, solle die Pflicht zum persönlichen Erscheinen der privilegierten Personen vor Gericht ausgeschlossen sein. Der nicht glücklich gefaßte Abs. d des Art. 12 dürfe nicht lediglich aus sich selbst ausgelegt werden; er entspringe einem in der Billigkeit begründeten allgemeinen Wunsch der Standesherren und einer den standesherrlichen Familien freundlichen Stimmung der gesetzgebenden Faktoren. Das gesetzgeberische Motiv, die Rücksichtnahme auf die soziale Stellung der Standesherren, treffe aber auch bei deren Familienmitgliedern zu.

In einem Nachtrag zu dieser Beschwerdeschrift wird gesagt das AG. Darmstadt, das hier auf Ersuchen eines auswärtigen OLG. handele, sei auch in Rechtshilfesachen im vorliegenden Falle nicht zuständig, vielmehr zur Erledigung des Ersuchens das hiesige OLG. berufen, es werde daher auch in dieser Richtung um Prüfung der Beschwerde ersucht.

Das OLG. verwarf die w. Beschw. aus f. **Gründen**: In Uebereinstimmung mit dem Vorderrichter ist davon auszugehen, daß der privilegierte Gerichtsstand der standesherrlichen Familien in Sachen der FG. weder durch das Reichsgesetz über die Angelegenheiten der FG. noch durch das GVG. aufgehoben wurde, daß vielmehr die hier streitige Rechtsfrage ausschließlich nach Art. 12 des hess. Ges. vom 18. Juli 1858, betr. die Rechtsverhältnisse der Standesherren des Großherzogtums, zu entscheiden ist. Der Art. 12 behandelt im allgemeinen das Rechtsverhältnis der Standesherren in Beziehung auf ihren Gerichtsstand, und zwar unter Abs. a denjenigen in peinlichen Fällen, unter Abs. b denjenigen in Zivilrechtsstreitigkeiten und unter Abs. c denjenigen in Sachen der FG. In Absatz d bestimmt der Art. 12 sodann weiter wörtlich: „In Fällen, welche die persönliche Anwesenheit der Standesherren und ihrer Familienmitglieder bei gerichtlichen Akten erfordern, sollen, sofern es gesetzlich zulässig ist und keine wichtigen dienstlichen Anstände entgegenstehen, diese Akte in den Wohnungen der Standesherren vorgenommen werden." Für die Auslegung dieser Bestimmung, welche sich unzweifelhaft auf alle unter a—c erwähnten Fälle bezieht, ist zunächst entscheidend die Beantwortung der Frage, was das Gesetz von 1858 unter dem Ausdruck „Standesherren" versteht. Das Gesetz selbst enthält eine Definition dieses Begriffs ebensowenig wie das Edikt vom 17. Febr. 1820 und das Ges. vom 7. Aug. 1848, und auch die Motive zum Gesetz von 1858 sprechen sich nicht ausdrücklich darüber aus. Es ist daher davon auszugehen, welchen Begriff die Staatsrechtslehre mit dem Ausdruck „Standesherren" verbindet.

Die Rechtsverhältnisse derjenigen Reichsstände, welche bei Auflösung des Deutschen Reichs im Jahre 1806 ihre Souveränität verloren hatten, waren schon durch Art. 27, 28 der Rheinbundsakte dahin geregelt worden, daß ihnen alle diejenigen Rechte gelassen wurden, welche nicht wesentlich mit der Regierungsgewalt zusammenhingen. Durch Art. 14 der deutschen Bundesakte vom 8. Juni 1815 wurden diese ihre Rechte für alle Bundesstaaten gleichmäßig geordnet und zunächst unter pos. a bestimmt, daß „diese fürstlichen und gräflichen Häuser fortan nichtsdestoweniger zu dem hohen Adel in Deutschland gerechnet werden und ihnen das Recht der Ebenbürtigkeit in dem bisher damit verbundenen Begriff verbleibt". Unter pos. b wurde sodann weiter bestimmt, „daß die Häupter dieser Häuser die ersten Standesherren in dem Staat sind, zu dem sie gehören", und daß sie und ihre Familie die privilegierte Klasse in demselben bilden, insbesondere in Ansehung der Besteuerung". Die Bestimmungen der Bundesakte hatten zwar durch deren Publikation in den Einzelstaaten gesetzliche Geltung erlangt, allein in den meisten Staaten wurden die Rechtsverhältnisse der Standesherren im näheren noch durch besondere Gesetze geregelt, in Hessen durch das Edikt vom 17. Februar 1820, sodann durch das Gesetz vom 7. Aug. 1848 und zuletzt durch das Edikt vom 18. Juli 1858. Im Eingang dieses letztgenannten Gesetzes wird u. a. ausdrücklich bemerkt, daß dasselbe „auf Grund der mit den Standesherren gepflogenen Verhandlungen und „in Ausführung des Art. 14 der deutschen Bundesakte" erlassen worden sei. Diese ausdrückliche Bezugnahme auf den Art. 14 in Verbindung mit dem Umstand, daß das Gesetz selbst sich einer gegenteiligen Definition enthält, spricht aber ohne weiteres für die Annahme, daß das Ges. von 1858 sich der Definition der deutschen Bundesakte anschließen und demgemäß unter den „Standesherren" nur die Häupter der ehemals reichsständigen fürstlichen und gräflichen Häuser, in ihrer Eigenschaft als ehemalige reichsständische Landesherren und nunmehrige Besitzer der Standesherrschaft, verstehen wollte. Mit dieser Auffassung stimmt aber auch die ältere und neuere Staatsrechtsliteratur durchweg überein (vgl. Klüber, Oeffentl. Recht des Deutschen Bundes §§ 301 bis 303, S. 459 ff.; v. Gerber, Grundzüge des deutschen Staatsrechts § 18 S. 51; Meyer, Lehrbuch des deutschen Staatsrechts § 229; Hauck, Kommentar z. GVG. S. 227; Sarwey u. Thilo, Justizgebung des Deutschen Reichs. Bd. I 4 S. 284 Note 3; Gareis, Staatsrecht des Grhzh. Hessen S. 79,80; Cosack, Staatsrecht des Großh. Hessen § 7 S. 15). Cosack spricht sich wörtlich dahin aus: „Hessische Standesherren sind die Häupter der Familien, die vor Auflösung des alten Deutschen Reiches über ein jetzt zu Hessen gehöriges Gebiet Hoheitsrechte ausübten und als Inhaber dieser Hoheitsrechte einen Sitz im Reichstag hatten".

Die gegenteilige Auffassung findet in dem Wortlaut des Ges. von 1858 selbst keine hinreichende Begründung. Wenn in einzelnen Artikeln desselben (z. B. Art. 1, 3, 6) sich neben dem Wort „Standesherren" auch noch die Worte „Häupter der standesherrlichen Familien" finden, so kann aus der Verschiedenheit dieser Ausdrücke, die sich ja in der Terminologie der älteren Gesetze nicht selten vorfindet, noch keineswegs ein Schluß auf eine bewußte Gegenüberstellung dieser beiden Begriffe gezogen werden. Daß im Gegenteil das Gesetz in der Tat den Begriff des „Standesherrn" nur auf das Haupt der betr. Familie beschränkt hat, geht aus dem Umstand hervor, daß es an verschiedenen Stellen des „Standesherrn" und „seiner Familie" Erwähnung tut; so in Art. 4 (Verrichtung des Kirchengebets), Art. 5 (Verhalten bei Sterbfällen), Art. 8 (Befreiung von der Militärpflicht), Art. 9 (Ehrerbietung durch die Bewohner der Standesherrschaft), Art. 12 pos. a, Abs. 6 pos. c (Gerichtsstand), Art. 34 (Befreiung von der Entrichtung des Chausseegeldes). In allen diesen Fällen würde die Nebeneinanderstellung der beiden vorgenannten Begriffe ganz ohne Sinn sein, wenn das Ges. unter den „Standesherren" auch deren Familienmitglieder verstanden haben wollte. Die Ansicht, daß der Sprachgebrauch des Wortes „Standesherr" im Ges. von 1858 durchgängig wechsele und ohne die staatsrechtliche Wurzel der Einzelvorschrift gar nicht zu verstehen sei, in jedem einzelnen Fall daher nachgeprüft werden müsse, welche Auslegung am Platze sei, kann hiernach nicht für richtig gehalten werden Wenn insbesondere die Ansicht vertreten wird, in den Art. 2 und 3 des Ges. seien unter den Worten: „Sie werden" rc. und „Sie führen" rc. alle ebenbürtigen Mitglieder der standesherrlichen Familien zu verstehen, so ist diese Auffassung nicht zu billigen. Jene Worte zu Beginn der beiden Artikel sollen sich sinngemäß auf die in dem vorhergehenden Artikel 1 genannten Personen, „die Standesherren" beziehen. Damit ist aber keineswegs ausgeschlossen, daß das in Art. 2 aufgeführte Privileg, zur Standesklasse des hohen deutschen Adels gerechnet zu werden, und das Recht der Ebenbürtigkeit auch den Mitgliedern der standesherrlichen Familien gebühren sollte; denn diese beiden Privilegien sind den letzteren bereits durch die oben erwähnte Bestimmung des Art. 14 pos. a der deutschen Bundesakte verliehen worden („diese fürstlichen und gräflichen Häuser"). Ebensowenig kann aber auch die Auffassung gebilligt werden, daß, weil in Art. 12 pos. c in Sachen der FG. für alle Mitglieder der standesherrlichen Familien ein privilegierter Gerichtsstand bestimmt sei, auch die Bestimmung in pos. d dahin ausgelegt werden müsse, daß die Pflicht zum persönlichen Erscheinen vor Gericht für die jeweils privilegierten Personen ausgeschlossen sein sollte. Einer derartigen Auslegung steht der klare Wortlaut der pos. d entgegen, wonach die dorin näher bezeichneten gerichtlichen Akte in den Wohnungen der *Standesherren* vorgenommen werden sollen. Ueber den Sinn dieser Bestimmung sprechen sich die Motive des Ges. gleichfalls nicht näher aus. In den Motiven zum Entwurf (Beil. 109 zum 12. Prot.) ist nur bemerkt, „die Bestimmung beruhe auf einem Wunsche der Standesherren, dessen Gewährung in der Billigkeit begründet sei", und der Bericht des II. Aussch. der II. K. (Beil. 229 zum Prot. vom 15. Okt. 1857) enthält darüber nur den einen Satz, „daß sich jene Bestimmung, die zwar gesetzlich noch nicht bestanden, aber als eine der bevorzugten sozialen Stellung der Standesherren gebührende Rücksicht meist schon von den Gerichten beobachtet wurde, zur Annahme empfehle". Die Auffassung des Beschwerdeführers würde zu dem Ergebnis führen, daß auch alle Abkömmlinge eines Mitglieds einer standesherrlichen Familie das Privileg des Art. 12d für sich in Anspruch nehmen könnten. Wäre die Absicht des Gesetzgebers eine so weitgehende gewesen, wofür keine Anhaltspunkte gegeben und auch in der Billigkeit nicht begründet sind, so würde dieselbe unzweifelhaft in jenem Absatz ebenso ihren klaren und bestimmten Ausdruck gefunden haben, wie in den oben angeführten Stellen zwischen den Standesherren und ihren Familienangehörigen eine Unterscheidung gemacht worden ist.

Aus allen diesen Erwägungen erscheint somit die Auffassung des Vorderrichters, daß das Gesetz bei jener Bestimmung nur die Wohnungen der *Standesherren selbst*, d. h. der *Häupter* der standesherrlichen Familien, im Auge gehabt habe, durchaus zutreffend, und es lag für das Beschwerdegericht keine Veranlassung zur Prüfung der von dem Vorderrichter unerörtert gelassenen weiteren Fragen vor. Dasselbe gilt auch von dem in dem Nachtrag zur Beschwerdeschrift berührten Punkte betreffs der bestrittenen Zuständigkeit des AG. als ersuchten Gerichts. Denn in dieser Richtung ist mangels einer diesbezüglich erhobenen Beschw. eine Entscheidung des LG. überhaupt nicht erfolgt und konnte gar nicht erfolgen, weil hierüber die Entscheidung der *ersuchenden* Behörde zustehen würde. Nichtsdestoweniger trägt man kein Bedenken, auch in diesem Punkte die Auffassung des Beschwerdeführers als eine irrige zu bezeichnen, da nach § 2 GFG. die Bestimmungen der §§ 158—169 GVG. über die Rechtshilfe Anwendung zu finden haben. Nach § 158 ist aber das Ersuchen um Rechtshilfe an das *Amtsgericht* zu richten, in dessen Bezirk die betr. Amtshandlung vorzunehmen ist, und zwar ist die Zuständigkeit dieses Gerichts eine *ausschließliche*, welche auch donn begründet ist, wenn der zu Vernehmende in seinen sonstigen Rechtsbeziehungen einen privilegierten Gerichtsstand genießt (*Dorner*, GFG. S. 78 I; *Struckmann* u. *Koch*, GVG. V. Aufl. § 158 Note 2).

Beschl. OLG. I. ZS. v. 30. Okt. 1905 W 206/05. X.

Entscheidungen der Großh. Landgerichte.

Zivilrecht. — Zivilprozeß.

3. Rechtliche Stellung des Gerichtsvollziehers. Haftet er in eigenem Namen aus einem in Ausübung seines Berufs abgeschlossenen Mietvertrag?

Der Gerichtsvollzieher W. hatte für mehrere Gläubiger bei dem beim Kläger X. wohnenden Schuldner S. eine größere Anzahl Waren gepfändet. Schuldner zog unter Zurücklassung der Pfandobjekte aus und X verlangte von W. Räumung der Zimmer. Daraufhin mietete nach der Behauptung des Kl. der Gerichtsvollzieher ein Zimmer von X. auf unbestimmte Zeit gegen einen Tagespreis behufs Aufbewahrung der Pfandsachen. Die Durchführung der Zwangsvollstreckung verzögerte sich, und als nach geraumer Zeit die Versteigerung der Sachen erfolgte, weigerte sich W., die bis dahin aufgelaufene Miete zu zahlen, und verwies den Vermieter an seine Auftraggeber. X. erhob Klage auf Zahlung der Miete, der gegenüber W. in erster Linie die Einrede der Unzulässigkeit des Rechtswegs vorschützte, da er als Beamter nicht mit einer Zivilklage verfolgt werden könne, bevor im Verwaltungsweg festgestellt sei, ob er eine Pflichtwidrigkeit begangen habe, und bestritt, sich vorsorglich zur Hauptsache einlassend, daß er überhaupt gemietet habe, event. daß er selbst aus dem etwaigen Vertrag in Anspruch genommen werden könne. Das AG. hatte die ersterwähnte Einrede für unbegründet erachtet, da aus *Vertrag* geklagt sei, und in der Hauptsache auf einen dem Bekl. über den behaupteten Mietvertrag zugeschobenen Eid erkannt. Auf Berufung des Bekl. wurde jedoch das Urteil aufgehoben und die Sache zurückverwiesen, da die Einrede im Hinblick auf Art. 77 des Hess. AG. z. BGB. begründet sei. Aus dem Sachverhalt ergebe sich, daß der Gerichtsvollzieher den Mietvertrag *nicht als Privatmann* im Interesse der Aufbewahrung eigener Möbel, sondern lediglich in Veranlassung der *Ausübung seines Amtes* als Vollstreckungsbeamter eingegangen sei. Nach der generellen Vorschrift des Art. 77 a. a. O. könne aber ein Beamter „zivilrechtlich erst verfolgt werden", wenn eine Vorentscheidung des VGH. getroffen sei oder das vorgesetzte Ministerium erklärt habe, daß es eine solche nicht verlange. Demzufolge wurden die Akten noch nachträglich dem JustMin. vorgelegt, welches auf die Vorentscheidung verzichtete. In der Folge kam es dann erneut zur Verhandlung und Entscheidung vor dem AG., das unter Beschränkung auf den Grund des Anspruchs zur Sache selbst wie früher erkannte und die Zuerkennung einer der Höhe nach noch festzusetzenden Mietentschädigung von der Nichtleistung eines über den Mietvertrag zugeschobenen Eides abhängig machte. Die Berufung des Bekl. wurde zurückgewiesen.

Aus den Gründen: Der Gerichtsvollzieher handelt teils als öffentlicher Beamter, teils als Beauftragter der Partei (vgl. die Noten bei *Gaupp-Stein, Seuffert, Petersen* u. a. zu §§ 753 bis 755 ZPO; RGE. Bd. 16 S. 396 ff.; 39 S. 160; 43 S. 180; 56 S. 90). Die *gesetzliche* Vertretungsbefugnis reicht jedoch nicht weiter als das Gesetz (§ 754 ZPO.) bestimmt. Als Beauftragter des Gläubigers hat er gegen diesen einen Anspruch auf Zahlung der gesetzlichen Gebühren und Auslagen, und für die Haftbarkeit des Gerichtsvollziehers sind die Grundsätze des Mandats maßgebend. Daraus folgt aber noch nicht, daß er *unbeschränkt* als dessen *Vertreter* handele. In der ZPO. ist bestimmt, in welchem Umfang der Gerichtsvollzieher durch den Auftrag der Partei zu deren Vertretung legitimiert wird; darüber hinaus hat er eine Vertretungsbefugnis kraft Gesetzes nicht. Durch seine Eigenschaft als öffentlicher Beamter müssen die Grundsätze über das Mandat in einzelnen Beziehungen Modifikationen erleiden, nämlich insoweit als solche durch das öffentliche Amt und die rechtlichen Normen über Gegenstand, Maß und Form der Zwangsvollstreckung geboten erscheinen. Da es noch § 808 ZPO. — abgesehen von Geld, Kostbarkeiten und Wertpapieren, deren Wegnahme unter allen Umständen geboten ist, — dem pflichtmäßigen Ermessen des Gerichtsvollziehers überlassen ist, ob eine Wegnahme und besondere Verwahrung gepfändeter Sachen geboten erscheine, und auch trotz Widerspruchs des Gläubigers die Sachen regelmäßig beim Schuldner zu belassen sind, so folgt hieraus im Hinblick auf § 754 ZPO., daß der Gerichtsvollzieher, wenn er die Pfandsachen aus dem Gewahrsam des Schuldners verbringen läßt und zu ihrer Verwahrung ein Lokal mietet, nicht auf Grund seiner gesetzlichen Vertretungsmacht, sondern auf Grund der ihm als öffentlichem Beamten obliegenden Befugnisse und Verpflichtungen handelt. Diese Auffassung wird unterstützt durch § 13 der GebO. für Gerichtsvollzieher, worin bestimmt ist, daß an baren Auslagen zu vergüten seien „die Kosten eines Transports von Personen oder Sachen, die Kosten der Verwahrung und Beaufsichtigung von Gegenständen". Solche Kosten sind als Aufwendungen im Sinne des § 670 BGB. anzusehen und können nicht direkt seitens des Vermieters vom betreibenden Gläubiger verlangt werden; es ergibt sich dies daraus, daß noch der Gesetzesvorschrift der Gerichtsvollzieher jene Kosten als Mitkontrahent des „Dritten" „auszulegen" hat. Auch die reglementären Vorschriften stehen mit dieser Auffassung im Einklang (vgl. hierzu die Worte „von dem Gerichtsvollzieher gemieteten Lokal" in § 97 der Dienstanweisung v. 1899, A.Bl. 7 des Min. d. J. u. d. J. v. 15. April 1890, sowie lit. Ausschr. des JzMin. zu Nr. J. M. 3599 v. 23. Nov. 1905 Ziff. 3). Zwar wäre an sich die direkte Bindung eines Gl. durch einen Mietvertrag des Gerichtsvollziehers möglich, nämlich dann, wenn der Gerichtsvollzieher, der sich im Zweifel befindet, ob er die Pfänder verbringen soll oder nicht, einen dahingehenden direkten Auftrag vom Gl. erhält und gemäß § 164 BGB. mit dem Vermieter als erkennbarer Vertreter kontrahiert. Ein solcher Fall lag aber hier nicht vor, vielmehr hatte Bekl. nach eigener Behauptung dem Kl. lediglich erklärt, daß er für mehrere Gläubiger miete, ohne diese näher namhaft zu machen und ohne daß ein solcher Gläubigerauftrag überhaupt vorgelegen hatte. Der Bekl. würde also auch in diesem Falle im Hinblick auf die Bestimmung des § 179 Abs. 1 BGB., da er nicht imstande war, seine Vertretungsmacht nachzuweisen, und eine Genehmigung des Vertrags offenbar nicht erteilt worden ist, dem anderen Teil zur Erfüllung verpflichtet gewesen sein.

Urt LG. Gießen II. ZK. v. 22. Mai 1905 S 130/04.

Schz.

Abhandlungen.

Zur Strafprozeßreform.

(Schluß.)

VI. A. Vorbereitendes Verfahren. §§ 156—174. Der leitende Gesichtspunkt der hierzu unter 1—5 gemachten Vorschläge ist der, das vorbereitende Verfahren in einigen Punkten zu Gunsten des Angeschuldigten zu ändern. Es ist dazu folgendes zu bemerken:

Wo schließlich das Ermessen des Untersuchungsrichters entscheidet (4), kommt für die Angeschuldigten doch nicht viel heraus. Die Beamten aber werden durch solche ins einzelne gehenden Vorschriften gehemmt, unsicher und unlustig. Die Bestimmung, der Staatsanwalt solle regelmäßig selbst die Befragung des Beschuldigten und der Zeugen vornehmen (1), kann bei der Fülle verschiedenartiger und verschiedenartig zu behandelnder Sachen nicht befolgt werden, auch wenn die Zahl der Staatsanwälte verdoppelt würde. Ich meine, daß die Wichtigkeit der Vernehmungen im konkreten Falle dafür ausschlaggebend sein muß, ob der Staatsanwalt diese Geschäfte persönlich zu besorgen hat, und darüber kann er nur von Fall zu Fall befinden. Eine Anordnung des obigen Inhalts würde die Kosten anschwellen machen und den Eifer und die Brauchbarkeit des Hilfspersonals abschwächen. Die zu § 253 vorgeschlagene Befugnis des Gerichts, zum Nachweis des Geständnisses das Protokoll des Angeklagten zu verlesen, ist nicht imstande, die weitgehende allgemeine Maßregel zu rechtfertigen. Eine Neuerung ist es, daß auch gegen Unbekannte Voruntersuchung soll eingeleitet werden können (3), neu ist es auch, daß Voruntersuchung stattfinden muß, wenn der Angeschuldigte dies rechtzeitig beantragt (2). Die Folge dessen würde eine Verzögerung der Sache und Vermehrung der Kosten sein, der Wert der Bestimmung für den Angeschuldigten ist fraglich. Die Bestimmungen in §§ 176 und 181 genügen.

B. Zwischen (Eröffnungs) - Verfahren. §§ 196—210. Ein fühlbarer Mangel ist es, daß der Angeklagte den gegen ihn erlassenen Eröffnungsbeschluß nicht anfechten kann (§ 209). Schlimm genug ist es schon, wenn er unschuldig in Untersuchung gezogen wird, aber noch weit schlimmer, wenn er sich in öffentlicher Hauptverhandlung auch noch zu stellen hat. Einbuße an Zeit, Aufwendung von Kosten und Schädigung seines Ansehens ist damit verknüpft. Zwar kann das Gericht den Antrag des Staatsanwalts auf Eröffnung des Hauptverfahrens auch ablehnen, aber tatsächlich geschieht das kaum, sondern es wird ohne nähere Prüfung der Akten*) dem Antrage willfahrt. Die Gründe, dafür liegen in der beschränkten Zeit, die nur gestattet, notwendige Arbeiten zu verrichten; darunter wird aber die Prüfung der Akten, um sich über die Begründung des Antrags zu unterrichten, nicht gerechnet,*) weil dem Angekl. durch die Eröffnung des Hauptverfahrens keine Rechte genommen, sondern ihm alle für die Hauptverhandlung vorbehalten werden, und weil die dem staatsanwaltlichen Antrage nicht entsprechende Entscheidung anfechtbar ist. Eine angreifbare Entscheidung erläßt man aber weniger gern als eine unangreifbare. Sobald dem Angeklagten das Recht der Beschwerde gegeben ist, wird sich das ändern. Die Kommission hat diesen Vorschlag nicht gemacht; sie will, von dem Eröffnungsbeschluß ganz abgesehen, aber dafür ein genau vorgeschriebenes umständliches und, wie ich glaube, nicht gerade übersichtliches Zwischenverfahren zwischen den Abschluß der staatsanwaltlichen Ermittlung und bezw. die Beendigung der Voruntersuchung, wenn eine solche stattgefunden hat, und den Beschluß des Vorsitzenden des mittlern und großen Schöffengerichts oder den Beschluß des Landgerichts, daß Hauptverhandlung stattfinden soll, eingeschoben haben. Besonders zu beanstanden erscheint mir von den Vorschlägen folgendes:

*) Diese Auffassung darf nicht ohne Widerspruch bleiben, da Erfahrung in entgegenstehendem Sinne vorliegt. D. Red.

1. Daß nach geführter Voruntersuchung der Untersuchungsrichter den Angeschuldigten außer Verfolgung s tz kann, wenn der Staatsanwalt dies beantragt hat. Man muß mit der Fehlsicht und Befangenheit auch der besten Beamten rechnen und es ist deshalb richtiger, der Strafkammer das unter den Händen der beiden Beamten entstandene Material vorzulegen, wenn die wichtigen Verhandlungen mit Kostenübernahme auf die Staatskasse zum Abschluß gebracht werden sollen.

2. Daß es dem Amtsrichter auf die Einreichung der Anklageschrift hin zustehen soll, **von Amtswegen** das Verfahren einzustellen oder den Angeschuldigten außer Verfolgung zu setzen, während das Landgericht nur **auf Antrag** solchen Beschluß soll fassen können.

VII. **Hauptverhandlung.** §§ 225—317. Die Kommission hat 9 Abänderungs- oder Ergänzungsvorschläge gemacht. Gegen die nachstehenden glaube ich, daß Bedenken bestehen:

1. Es soll die **Oeffentlichkeit der Verhandlungen** (§§ 173 GVG.) in Beleidigungssachen ohne weiteres aufgehoben werden können, in Privatklagesachen sogar auf Antrag eines und trotz Widerspruch des anderen Teils. Die Oeffentlichkeit ist eine grundlegende Bestimmung des jetzigen Strafprozesses und die Empfindlichkeit der Parteien darf nicht zur Ausschließung der Oeffentlichkeit führen, wenn die allgemeinen Voraussetzungen dazu nicht gegeben sind. Es ist auch durchaus nicht der Fall, daß Beleidigungssachen nicht das allgemeine Interesse berühren, wie sensationelle Verleumdungsprozesse schon mehrfach bewiesen haben. Besser ist es, daß der Privatkläger, wenn er die Oeffentlichkeit scheut, die Klage unterläßt, als daß der Rechtszustand durch Ausschließung der Oeffentlichkeit ohne Grund gefährdet wird.

2. Der Vorschlag, daß der Richter, der bei dem Beschluß, daß Hauptverhandlung stattfinden soll, mitgewirkt hat, auch dem erkennenden Gerichte soll angehören können, geht über die Bestimmung des § 23 Abs. 3 hinaus. Ein solcher Personenmangel darf bei dem Landgericht nicht bestehen, daß der Referent in dem Zwischenverfahren, der seine Meinung von der Sache schon kundgegeben und festgelegt hat, bei der Hauptverhandlung mitwirken müßte, und nur dieses Mitglied des Landgerichts ist im § 23 ausgeschlossen.

4. Wahrscheinlich beruht es auf einem Druckfehler, daß die Kommission das Verfahren gegen Abwesende auch wegen solcher Vergehen zugelassen haben will, die mit 6 Wochen Gefängnis bedroht sind. Derartige Vergehen sind in den Strafgesetzen nicht zu finden.

8. Die Ergänzung und Verschärfung der Vorschriften des § 266, wie sie von der Kommission verlangt wird, erschwert den Dienst und ist ohne sachlichen Wert. Den Schöffen ist es selbstverständlich unmöglich, bei einer so eingehenden Urteilsbegründung mitzuwirken, und das Berufungs- und Revisionsgericht muß sich doch sagen, daß der Urteilsverfasser, sofern er nur einige Erfahrung und Gewandtheit hat, auch der ausführlicheren Vorschrift nachzukommen versteht und die Punkte ausarbeitet, die nur in nuce vor dem Urteilserlaß in dem Kolleg beschlossen werden konnten. Auf das Urteil selbst ist diese Bestimmung ohne Einfluß.

VIII. Den hier gemachten Vorschlägen zum **Berufungsverfahren** ist zuzustimmen. Aber die Reformvorschläge zu diesem Titel genügen nicht. Mir erscheint nämlich eine Aenderung des § 355 notwendig und der Wegfall des § 372 angezeigt.

Die Bestimmung in jenem Paragraphen, daß der Lauf der Berufungsfrist bei Nichtanwesenheit des Angeklagten erst mit der Zustellung an ihn beginnen soll, kann zu dem widersinnigen Resultat führen, daß der Angeklagte, dem aus Versehen das Urteil nicht gleich zugestellt wurde, der dessen Inhalt aber von seinem Vertreter erfahren hat, dem Urteil nachkommt, etwa die Geldstrafe bezahlt, nach Ablauf der Verjährungszeit aber, sei es daß er inzwischen aufgeklärt wurde, sei es daß er von vornherein die Irreführung der Strafvollstreckungsbehörde beabsichtigte, die Aufhebung des erstinstanzlichen Urteils und die Einstellung des Verfahrens sowie die Rückgabe der bezahlten Strafe erwirkt. Es sind nur kleine Sachen, welche nach § 231 ohne Anwesenheit des Angeklagten verhandelt werden können, und es bringt keinem gerecht Denkenden Nachteil, wenn bestimmt wird, daß die **freiwillige Unterwerfung** unter das Urteil oder die **Anwesenheit des Vertreters** des Angeklagten bei der Urteilsverkündigung die Zustellung entbehrlich macht.

Da das Berufungsverfahren als ein neues selbständiges Verfahren gedacht ist, muß konsequenterweise das Berufungsgericht auch freie Hand hinsichtlich der Ausmessung der Strafe haben.

IX. **Revision.** Unter Nr. 2 ist der Vorschlag der Erweiterung der Zuständigkeit der Oberlandesgerichte nach § 123³ GVG. dahin, daß das Reichsgericht ihnen die Entscheidung soll zuweisen können, auch wenn nicht ausschließlich, sondern nur wesentlich Landesrecht in Frage steht, mitgeteilt worden. Es mögen dafür gute Gründe sprechen, aber dem Reichsgericht ausdrücklich die Befugnis zuzusprechen, auch dann die Ueberweisung eintreten zu lassen, wenn das Oberlandesgericht sich schon für unzuständig erklärt hat, ist schwerlich ratsam, da das Reichsgericht in diesem Falle doch die Sache prüfen muß, daher auch in der Sache selbst entscheiden kann. Das Zurückschieben würde keinen guten Eindruck machen.

X. Die in § 211 Abs. 2 gegebene Möglichkeit, daß eine Strafsache durch Verhandlung vor dem **Einzelrichter** und Urteil desselben in erster Instanz erledigt wird, soll nach dem Vorschlag der Kommission eine erhebliche Ausdehnung erfahren. Sie soll sich erstlich auf alle Uebertretungen erstrecken, auch wenn die Beschuldigten nicht geständig sind, und zweitens auf Vergehen, a) wenn der Beschuldigte auf frischer Tat betroffen und vorläufig festgenommen oder darauf verhaftet wurde, b) sich zum Zwecke der Aburteilung freiwillig stellt, c) die ihm zur Last gelegte Tat eingesteht, d) die Eröffnung des abgekürzten Verfahrens beantragt, e) einem nach § 10 zuständigen Gericht vorgeführt wird.

Unter den Vergehen sind wahrscheinlich nur solche gemeint, zu deren Aburteilung die **kleinen** Schöffengerichte zuständig sind. a, b und e sind offenbar Alternativen, zu denen die Voraussetzungen c und d hinzutreten müssen. Eine weitere Voraussetzung ist die aus der vorhandenen Bestimmung des § 211 Abs. 2, daß der Amtsrichter und der Staatsanwalt übereinstimmend diesen Weg gehen wollen. Sollten unter den Vergehen **alle** gemeint sein, würde ich den Einbruch in die Zuständigkeit des mittleren Schöffengerichts als einen

Fehler und eine allzugroße Durchbrechung des Systems bezeichnen müssen.

XI. Die Ausdehnung der **Privatklage** auf §§ 223a und 230 Abs. 2 StGB., wie die Kommission vorschlägt, begegnet Bedenken. Wenn die Staatsanwaltschaft nach wie vor den gleich strengen Maßstab zum Einschreiten im öffentlichen Interesse walten ließe, könnte man sich einverstanden erklären. Das wird aber eben nicht der Fall sein. Die Konkurrenz mit der Privatklage macht die Verfolgung von Amtswegen lässiger. Da die Praxis den § 223a auf Fälle anzuwenden pflegt, die nach der Schwere der Strafandrohung eigentlich nicht darunter gehören, weshalb von der Möglichkeit der Bewilligung mildernder Umstände in reichstem Maße Gebrauch gemacht werden muß, begreift sich der Vorschlag. Für die schweren Fälle ist er aber ungeeignet. Bis deshalb durch eine Aenderung der Strafrechtsbestimmung die leichten Fälle von den schweren abgetrennt sein werden, empfiehlt sich nicht die Einreihung der Straftaten nach § 223a unter die mit Privatklage zu verfolgenden Vergehen, wogegen ich die Bewilligung der **Nebenklage** des Verletzten (§ 435) für erwünscht erachte.

Auch die im Fragefalle bei den Vergehen nach § 230 Abs. 2 zu erwartende geminderte Aktivität der Staatsanwaltschaft wäre zu bedauern.

Der Kommissionsvorschlag, daß die Privatklage noch 3 Monate nach der Zustellung des ablehnenden Bescheids der Staatsanwaltschaft, die öffentliche Klage zu erheben, soll erhoben werden können, steht rücksichtlich der Antragsvergehen nicht in Uebereinstimmung mit dem § 61 StGB. Auch gegen die Ausdehnung des Sühneversuchs auf die Vergehen der Körperverletzung, des Hausfriedensbruchs und der Bedrohung muß ich darauf hinweisen, einmal, daß die Beschränkung des Sühneversuchs auf die Fälle, wo beide Parteien in demselben Gemeindebezirk wohnen, ein Moment der Zufälligkeit hineinbringt und zu ungleicher Behandlung führt, und dann, daß, wenn der Sühneversuch zu einem Vergleich führt, entweder die Staatsanwaltschaft das Privatabkommen über Straftaten, die der öffentlichen Verfolgung bedürften, achten oder die Verfolgung trotz des Vergleichs aufnehmen muß, damit aber den Wert der gesetzlichen Einrichtung des Sühneversuchs auf Null herabdrückt.

XII. **Strafbefehle.** Die Kommission will den Strafbefehl bei Vergehen gegen §§ 113, 123, 185, 223, 230, 241, 285, 286, 303 StGB. und bei Begünstigung, wenn wegen der Haupttat Strafbefehl erlassen werden kann, zugelassen haben. Bei Vergehen mit so hohen Strafandrohungen wie in §§ 123 Abs. 3, 185, 223, 230, 286 und 303 halte ich das nicht mit dem Strafsystem und einer guten Strafpolitik für verträglich. Der Arbeitsersparnis wegen sind Staatsanwalt und Amtsrichter geneigt, die Strafanzeigen durch Strafbefehl, der noch § 447 höchstens auf 6 Wochen Freiheitsstrafe lauten kann, zu erledigen, wodurch die Straftaten wesentlich verschieden von dem Gesetz gewürdigt werden, das doch, sind die Strafgrenzen richtig bestimmt, eine Anwendung derart voraussetzt, daß durchschnittlich auf das Mittel zwischen der Höchst- und Mindeststrafe erkannt oder wenigstens nicht auf ein so niedriges Strafmaß heruntergegangen wird. Auch der weitere Vorschlag, daß der Antrag bezüglich der Strafhöhe für den Amtsrichter, bei dem der Privatkläger Strafbefehl beantragt hat, nicht bindend sein soll, verletzt das Prinzip des Strafbefehls, daß über die Strafhöhe Uebereinstimmung unter dem Antragsteller und dem Amtsrichter bestehen muß und würde in Beleidigungssachen jedenfalls die Ergänzung fordern, daß bis zur Rechtskraft des Strafbefehls der Privatkläger seinen Antrag auf Erlaß desselben noch zurücknehmen könnte und noch Privatklage sollte erheben dürfen.

XIII. Der Vorschlag, die Bestimmungen in § 399^{5} StGB. a. E. bezüglich der Schöffengerichtssachen auf alle Strafsachen auszudehnen, führt eine bemerkenswerte Beschränkung der Verteidigung mit sich. Bei der Verurteilung zu geringen Strafen ist die Versagung der **Wiederaufnahme** des Verfahrens, weil die neu beigebrachten Beweise dem Verurteilten bekannt gewesen seien oder er ihre Nichtgeltendmachung verschuldet habe, von wenig Belang und man kann die Zurückweisung mit Zweckmäßigkeitsgründen rechtfertigen. Ist aber auf hohe Strafen erkannt worden, so hieße es der Gerechtigkeit einen schlechten Dienst erweisen, wenn dem unschuldig Verurteilten der Gebrauch von Beweismitteln deshalb nicht mehr gestattet sein soll, weil er sie gekannt hatte, obschon er aus erklärlichen Gründen, z. B. indem er ihrer nicht mehr zu bedürfen glaubte und er deshalb Zeugen schonen oder eine ihn oder Dritte in anderer Hinsicht bloßstellende Urkunde nicht einsehen lassen wollte, ihre Namhaftmachung unterlassen hatte.

XIV. Es ist sehr zu bedauern, daß die Kommission zu dem höchst dringlichen Gegenstand der Verbesserung und einheitlichen Gestaltung des **Strafvollzugs** nicht zu Vorschlägen gekommen ist. Was die Untersuchungshaft nach der Urteilsverkündigung anlangt, so halte ich die Bestimmung in § 482 StPO. für ausreichend. Es hängt doch nur von dem Verurteilten ab, den Schwebezustand durch seine Erklärung zu beendigen. Wie dann, wenn die Strafe weniger Tage beträgt, als die Rechtsmittelfrist?

XV. Jetzt schon an eine Aenderung des kaum erlassenen Gesetzes über die Entschädigung für **unverschuldet erlittene Untersuchungshaft** heranzutreten, möchte sich nicht empfehlen.

XVI. Die Vorschrift des § 497 StPO., daß der Verurteilte alle entstandenen **Kosten**, darunter auch diejenigen, welche ohne sein Verschulden entstanden sind, tragen muß, ist zu hart und deshalb der Vorschlag, ihn von Auslagen entbinden zu dürfen, zeitgemäß.

Darmstadt, 14. Nov. 1905.

Römheld, Geh. Justizrat.

Sprechsaal.

Zustellungen v. A. w. in Strafsachen im vorbereitenden Verfahren, in der Voruntersuchung, im Strafvollstreckungsverfahren, im Verfahren in Forst- und Feldrügesachen.

Der § 5 der hess. VO., die Zustellungen und Behändigungen betr., vom 12. Nov. 1899 bestimmt, daß für den Nachweis der Zustellungen v. A. w. in obigen Verfahren einfachere Formen zur Anwendung kommen, sofern nicht nach den für die „Zustellung von amtswegen" geltenden Vorschriften die Zustellung zu erfolgen hat. Das kann nur dahin verstanden werden, daß § 5 nur Platz greift, insoweit nicht die Bestimmungen in §§ 208 ff. ZPO., die der § 37 StPO. übernommen hat und die für die „**Zustellung von amtswegen**" vereinfachte Formen geschaffen haben, zur Anwendung kommen müssen. Was eine Zustellung v. A. w. im Sinne der ZPO. und StPO. ist, sagt das Gesetz nicht. Der Begriff ist nicht identisch mit derjenigen Zustellung, durch die eine Frist in Lauf gesetzt wird (vgl. hierzu Best, Anm. 1 zu § 5, Anm. 2 zu § 3 der VO.); denn ZPO. und StPO. enthalten eine ganze Reihe von „Zustellungen von amtswegen", durch die eine Frist **nicht** in Lauf gesetzt wird, z. B. Zustellung von manchen nicht verkündeten Beschlüssen des Gerichts, von Ladungen der Zeugen und Sachverständigen, der Angeklagten u. s. f. Unter „Zustellung von amtswegen" wird man vielmehr die **nicht im Parteibetrieb** erfolgenden zu verstehen haben. Die Staatsanwaltschaft ist aber nicht Partei in diesem Sinne, jedenfalls ist sie es nicht nur in einzelnen Stadien des Strafprozeßverfahrens, sondern, wenn man sie so nennen will, während der ganzen Prozedur. Dann gäbe es überhaupt keine Zustellungen, die im Auftrag der Staatsanwaltschaft v. A. w. erfolgten — eine unsinnige Konsequenz. Hieraus folgt die zweite mögliche Auffassung, daß nämlich **alle** im Auftrag der Staatsanwaltschaft erfolgenden Zustellungen v. A. w. geschehen. Zu dieser Ansicht kommt **Loewe** zu § 37 StPO., Note 25. Hiernach wären alle Zustellungen der Staatsanwaltschaft, einerlei ob sie im Auftrag des Gerichts (§ 36 StPO.) oder aus eigner Initiative erfolgen — also auch Zustellungen von Einstellungsbeschlüssen, Ladungen vor den Staatsanwalt — solche „von amtswegen". Dann hätte § 39 StPO. seine praktische Bedeutung nahezu verloren, wie **Loewe** zu § 39 richtig bemerkt, und der preußische Justizminister hätte — wie **Loewe** a. a. O. anführt — mit Recht die preußischen Bestimmungen über einfache Zustellungen in solchen Fällen durch Verfügung vom 10. Dez. 1899 § 17 aufgehoben. Eine dritte Ansicht wäre die, daß nur solche Zustellungen der Staatsanwaltschaft „von amtswegen" erfolgen, die die StPO. 2c. ausdrücklich vorschreibt, z. B. die Zustellung der Einstellungsbeschlüsse, der Ladung zum Strafantritt. Mag man nun der zweiten oder dritten Ansicht sein, so ist die Frage, ob die Zustellung von Einstellungsbeschlüssen 2c. der Staatsanwaltschaft **in den Formen der ZPO.** zu erfolgen hat, zu bejahen.

Voraussetzung ist natürlich, daß man der Auffassung ist, es handele sich bei allen „Zustellungen" der Staatsanwaltschaft im vorbereitenden Verfahren um Zustellungen im Sinne des Gesetzes. Nach dem Wortlaut der §§ 169, 170 StPO. könnte dies, was die Einstellungsbeschlüsse anlangt, nicht zweifellos erscheinen, man könnte deren Zustellung vielmehr für eine einfache Behändigung halten. Dann wären aber auch die Fälle der Ladung vor den Staatsanwalt im vorbereitenden Verfahren und die Ladung zum Strafantritt im Strafvollstreckungsverfahren analog zu behandeln, — während doch insbesondere die letztere Ladung der wichtigen sich an ihre Nichtbefolgung knüpfenden Folgen wegen (Haftbefehl bei Nichteinhaltung der Antrittsfrist) zweifelsohne richtiger durch förmliche Zustellung zu erfolgen haben dürfte.

Daß unter Zustellung nicht nur eine solche von **richterlichen** Beschlüssen oder Entscheidungen zu verstehen ist, ergibt sich daraus, daß die unmittelbare Ladung von Zeugen durch den Staatsanwalt im Hauptverfahren in den Formen der Zustellungen von amtswegen zu geschehen hat.

LR. Dr. F.

Literatur.

Olshausen J., Dr., ORA.: Das Strafgesetzbuch des deutschen Reichs (F. Vahlen Berlin). Von diesen hübschen billigen **Textausgaben** sind Bd. I (StGB.) in 8. **Auflage**, Bd. II (StPO., GVG., GKG., die Gebühren-Ov., die Gesetze v. 20. Mai 1898 und 14. Juli 1904) in 2. **Auflage** erschienen. Noten und Sachregister sind beigegeben, die Novellen vom 5. Juni 1905 berücksichtigt. X.

Anzeigen.

Für die Redaktion verantwortlich: Oberlandesgerichtsrat **Keller** in Darmstadt. — Verlag von J. **Diemer** in Mainz. — Druck von G. Otto's Hof-Buchdruckerei in Darmstadt.

Herausgegeben

auf Veranlassung des Richter-Vereins unter Mitwirkung der Hessischen Anwaltskammer

von Oberlandesgerichtsrat Keller in Darmstadt, Oberstaatsanwalt Dr. Buff in Mainz, Landgerichtsdirektor Rees in Mainz Landgerichtsdirektor Praetorius in Gießen, Landgerichtsrat Dr. Schwarz in Darmstadt.

Erscheint monatlich zwei Mal Preis Mk. 7.12 jährlich mit postfreier Zustellung.	Bestellungen nehmen die Expedition in Mainz, die Postanstalten sowie sämtliche Buchhandlungen entgegen.	Einrückungs-Gebühr die dreispaltige Zeile oder deren Raum 30 Pfg.

Nr. 22. Vom Deutschen Juristentag angenommene Zitierweise: HessRspr. Nachdruck verboten. 6. Jahrgang.

Redaktion: Darmstadt, Heinrichsstraße 5.	Mainz, 15. Februar 1906.	Verlag und Expedition: J. Diemer, Mainz.

Die Mitglieder des hessischen Richtervereins werden an die baldige Einsammelung und bezw.

ganz freie Absendung der Jahresbeiträge

(6 M) an Herrn Oberlandesgerichtssekretär Justizrat Dr. **Meyer** zu **Darmstadt** (Mathildenplatz 13) freundlichst erinnert.

Nach dem 1. März wird das Einverständnis der beteiligten Kollegen zur Erhebung durch Postauftrag, wie im vorigen Jahre, unterstellt.

Neuangestellte Richter, Staatsanwälte und akademisch gebildete Gerichtsschreiber, welche Mitglieder des „Hessischen Richtervereins" zu werden wünschen, wollen ihre **Beitrittserklärung** gefl. bei dem unterzeichneten Vorstande einreichen. — Die Mitglieder des Vereins erhalten gegen Leistung des Jahresbeitrags die „Hessische Rechtsprechung" unentgeltlich.

Darmstadt, im Februar 1906.

Der Vorstand des hessischen Richtervereins:
Wahl.

Entscheidungen des Großh. Oberlandesgerichts.

Zivilrecht. — Zivilprozeß.

1. Notwendige Streitgenossenschaft; Berufungseinlegung gegen einen Streitgenossen allein ist unzuläßig.

Für Rechnung zweier Gesellschafter war eine Weinversteigerung erfolgt; der amtierende Notar hatte die Steigpreise vereinnahmt und einen Rest davon noch in Händen. Eine Gläubigerin des einen Gesellschafters pfändete die Forderung gegen den Notar und ließ sich solche zur Einziehung überweisen. Auf Zahlung des Betrags erhob sie Klage gegen den Notar. Die Rechtsnachfolger des anderen verlebten Gesellschafters behaupteten, daß ihnen der Betrag zukomme, und stellten Hauptinterventionsklage gegen die Pfandgläubigerin und den Notar an, mit der sie Abweisung der von der Gläubigerin erhobenen Klage, Feststellung ihres Rechts an dem Versteigerungserlös und der Verpflichtung des Notars, an sie Zahlung zu leisten, begehrten.

In I. Instanz wurde die Hauptinterventionsklage abgewiesen und der Klage der Pfandgläubigerin gegen den Notar stattgegeben, dieser demgemäß zur Zahlung an sie verurteilt. Gegen dieses Urteil legten die Hauptinterventionskläger Berufung nur gegenüber der Pfandgläubigerin, nicht aber gegenüber dem Notar ein. Die Berufung wurde als unzuläßig zurückgewiesen aus folgenden Gründen:

Die Behauptung der Berufungskl., der Notar sei aus dem Rechtsstreit ausgeschieden, ist nicht zutreffend. Eine dem § 75 ZPO. entsprechende Hinterlegung des streitigen Betrags hat nicht stattgefunden, und er ist darum mit Recht nicht aus dem Rechtsstreit entlassen worden. Seine Zuziehung zur II. Instanz ist nun allerdings nicht schon darum geboten, weil es sich um einen Hauptinterventionsprozeß handelt; denn auch im Falle der Hauptintervention kann in der Berufungsinstanz lediglich gegen eine Partei verhandelt werden, nämlich dann, wenn keine notwendige Streitgenossenschaft vorliegt (RGE. Bd. 17 S. 340). Es fragt sich demnach nur, ob eine solche Streitgenossenschaft besteht aber nicht.

In dem zuerst eingeleiteten Prozeß wurde Verurteilung des Notars H. verlangt, weil auf Grund der Pfändung der Kl. dieser angeblich der Rest des Steigerlöses zukomme. Ganz denselben Betrag fordern aber die Hauptinterventionskläger für sich, weil ihr Rechtsvorgänger denselben zu verlangen berechtigt gewesen sei. Selbstverständlich hat H. den Betrag nur einmal zu bezahlen; es ist ausgeschlossen, daß beide Prätendenten als forderungsberechtigt ihm gegenüber erklärt werden; nur der eine oder der andere kann als der Berechtigte anerkannt werden. Es geht also nicht an, es einfach bei der Verurteilung des H. zur Zahlung an die Berufungsbekl. in erster Instanz zu belassen und über seinen Kopf hinweg in dieser Instanz die Frage, wem er zur Zahlung verpflichtet ist nachzuprüfen und zu entscheiden. Im Falle, daß die Berufungskläger hier obsiegten und als forderungsberechtigt anerkannt würden, käme man zu dem unlöslichen Widerspruch, daß die *beiden* darum Streitenden zur Erhebung des Geldes bei H. für befugt erklärt würden. Es läßt sich darum das streitige Rechtsverhältnis unter den drei Parteien des Hauptinterventionsprozesses *nur einheitlich* feststellen; die nach § 59 ZPO. zwischen der Berufungsbekl. und H. als gemeinschaftlich belangten Beklagten eingetretene Streitgenossenschaft ist daher nach § 62 ZPO. als notwendige Streitgenossenschaft anzusehen (*Seuffert* zu § 62 ZPO., Anm. 2a). Anzuerkennen ist hierbei, daß die Notwendigkeit, die Frage nach der Forderungsberechtigung einheitlich auszutragen, von vornherein nicht bestand; es hätte statt der Hauptinterventionsklage eine gewöhnliche Klage gegen H. allein erhoben und über diese Klage und diejenige der Berufungsbekl. *widersprechend* entschieden werden können; es schließt das aber die Annahme einer notwendigen Streitgenossenschaft nicht aus. Denn wenn auch die Erhebung gesonderter Klagen zulässig war, so ist eine notwendige Streitgenossenschaft doch dann anzunehmen, wenn ein streitiges Rechtsverhältnis in demselben Prozeß und unter den gleichen Voraussetzungen allen Streitgenossen gegenüber nur einheitlich, nicht dem einen gegenüber so, dem andern gegenüber gerade widersprechend festgestellt werden kann (JWschr. 1898 S. 113[5]). Dieser Fall ist hier gegeben.

Da sonach notwendige Streitgenossenschaft bei den beiden Hauptinterventionsbekl. besteht, so mußte die Berufung nicht nur einem Bekl. gegenüber, sondern *gegen beide* eingelegt werden. Die Berufung gegenüber *einem* Streitgenossen allein hatte keine rechtliche Wirksamkeit gegenüber dem andern notwendig zuzuziehenden Streitgenossen. Die Berufung ist darum überhaupt als unzulässig zu verwerfen (RGE. Bd. 40 S. 351). Nur dann läge die Sache anders, wenn die Berufungsbekl. etwa ein ihr ungünstiges Urteil angefochten hätte; der Notar H. würde als notwendiger Streitgenosse dann durch sie vertreten sein (JWschr. 1906 S. 21[2]).

Urt. OLG. II. ZS. v. 27. Okt. 1905 U 120/05. Pf.

Freiwillige Gerichtsbarkeit.

2. Zur Auslegung des Art. 2 Ziff. 6 des hess. AG. z. GFG. in Bezug auf die Vorstände der Sparkassen.

Ein Gläubiger konnte wegen einer ihm gegen seinen Schuldner zustehenden ausgeklagten Forderung aus dessen Vermögensobjekten keine Befriedigung erhalten. Er hatte aber in Erfahrung gebracht, daß mehrere Kinder seines Schuldners bei der Sparkasse zu D. Einlagen hätten, und hatte in der Annahme, daß der Schuldner diese für seine Kinder in fraudulöser Absicht gegen seine Gläubiger gemacht habe und er (Gläubiger) daraus seine Befriedigung erhalten könne, zwecks Erhebung einer *Anfechtungsklage* bei der Direktion der Sparkasse ein Gesuch eingereicht, in welchem um Auskunft über die Namen der betr. Kinder und die Höhe ihrer Einlagen gebeten wurde. Nachdem dieses Gesuch abschlägig beschieden worden war, stellte der Gläubiger bei dem AG. den Antrag auf *zeugenschaftliche Vernehmung des Direktors* der Sparkasse über die vorgenannten Punkte in Gemäßheit des Art. 2 Ziffer 6 des AusfGes. zum GFG. Das AG. lehnte diesen Antrag ab und die dagegen erhobene Beschw. wurde vom LG. als unbegründet zurückgewiesen. Die *weitere Beschw.* an das OLG. hatte dasselbe Schicksal.

In den Gründen ist u. a. folgendes ausgeführt:

Der Vorderrichter geht bei seiner Entscheidung, im Gegensatz zu dem Beschwerdeführer, mit Recht von der Auffassung aus, daß der Art. 2 des vorerwähnten AusfG., dahin lautend:

„Zu den Angelegenheiten der freiwilligen Gerichtsbarkeit im Sinne des Art. 1 gehören insbesondere: die Vernehmung von Zeugen und Sachverständigen, falls eine solche in einer Angelegenheit, die nicht den Gegenstand eines Verfahrens vor einem Gericht oder einer anderen Behörde bildet, durch ein berechtigtes Interesse veranlaßt ist",

nach den Motiven zu dieser Bestimmung lediglich dahin auszulegen sei, daß dadurch Beweismittel oder Mittel zur Glaubhaftmachung von Tatsachen für solche Fälle geschaffen werden sollen, in welchen die bestehenden gesetzlichen Bestimmungen über das Verfahren keine Anwendung finden können, daß dagegen jene Bestimmung dann *nicht* anwendbar sei, wenn wie hier ein Gläubiger als Interessent sich durch die Vernehmung eines Zeugen erst die *Unterlage* für eine von ihm beabsichtigte Klage verschaffen will. Der Beschwerdeführer sucht dagegen seine Auffassung auf den klaren Wortlaut der Gesetzesbestimmung zu stützen.

Nach § 15 Abs. 1 des RGes. über die Angelegenheiten der FG. finden die Vorschriften der ZPO. über den Zeugen- und Sachverständigenbeweis auch für die Angelegenheiten der FG. entsprechende Anwendung. Der § 15 Abs. 1 statuiert hiernach die bereits im Art. 9 des hess. AusfG. vom 9. Juni 1879, betr. das Verfahren in Sachen der nichtstreitigen Gerichtsbarkeit, anerkannte öffentlich-rechtliche Pflicht für Zeugen und Sachverständige zum Zeugnis und zur Begutachtung. Allein diese Pflicht besteht hinsichtlich der erstgenannten Personen nur für die *Zeugen im prozessualen Sinne des Wortes*, nicht für *Auskunftspersonen*, die sich nicht über gemachte Wahrnehmungen, sondern nur vermöge ihrer Kenntnis derjenigen Verhältnisse, denen sie nahe stehen, äußern sollen (vgl. *Dorner*, GFG. zu § 15 Note 2 und § 12 Note 3, S. 93, 76 und die dort zitierten Stellen aus den Motiven). Um einen Fall dieser letzteren Art handelt es sich aber hier. Denn der Direktor der Sparkasse soll nicht über von ihm gemachte Wahrnehmungen, sondern lediglich *in amtlicher Eigenschaft* eine Auskunft erteilen, durch welche sich der Gläubiger für die von ihm beabsichtigte Anfechtungsklage die erforderliche tatsächliche Unterlage verschaffen will. Hierzu kann und soll ihm aber die oben erwähnte Bestimmung des Art. 2 AusfG. keinerlei Handhabe gewähren: es muß dem Beschwerdeführer vielmehr überlassen bleiben, sich auf dem ihm geeignet scheinenden anderweiten Weg die nötige Auskunft zu verschaffen. In den oben erwähnten Motiven zu § 15 GFG. ist eine Anzahl von Fällen aufgeführt, in welchen durch Vernehmung von Zeugen aus Zweckmäßigkeitsgründen über streitige Rechtsverhältnisse im Weg des Verfahrens der FG. entschieden wird. Es werden hierunter namentlich genannt: die gerichtlichen Verfügungen, welche in das Elternrecht oder in die Rechte des Ehemanns eingreifen, dann die Verfügungen, durch die bei einer in Liquidation befindlichen Handelsgesellschaft ein Liquidator abberufen oder ernannt wird, ferner wenn es sich um Anordnung oder Aufhebung einer Pflegschaft oder eine vorläufige Vormundschaft handelt. Aus der Art dieser verschiedenen Fälle, in welchen die Befugnis zur Vernehmung von Zeugen im Verfahren der FG. gegeben ist, ergibt sich aber auch unzweifelhaft, daß die Bestimmung des Art. 2 Ziffer 6 nicht auf einen Fall der hier vorliegenden Art angewendet werden sollte. Die gegenteilige Auffassung des Beschwerdeführers würde auch zu bedenklichen Konsequenzen führen und insbesondere das Vertrauen, welches das Publikum unseren öffentlichen Sparkassen entgegenzubringen berechtigt ist, aufs schwerste erschüttern; eine derartige Wirkung kann der Gesetzgeber mit der Bestimmung des Art. 2 Ziffer 6 gewiß nicht beabsichtigt haben.

Beschl. OLG. I. ZS. v. 25. Okt. 1905 W 234/05.

Y.

Strafrecht. — Strafprozeß.

3. Wem steht die Entscheidung zu über die Unterlassung der Anforderung von Untersuchungskosten? (§ 9 Abs. 1 VO. v. 17. März 1903).

Auf Beschwerde der Staatsanwaltschaft wies das OLG. die Strafk. an, über den Antrag auf Beschlußfassung, ob die Anforderung unterbleiben könne, zu entscheiden.

Gründe: Es steht fest, daß die VO. vom 17. März 1903, den Ansatz, die Erhebung und die Beitreibung der Gerichtskosten betr., auf die Kosten in Zivil- wie in Strafsachen Anwendung findet. Das ergibt sich unzweifelhaft aus dem § 7 Abs. 4, §§ 8—16 usw. Eine Ausnahme von der Pflicht der Strafvollstreckungsbehörde, die berechneten Kosten anzufordern, läßt der § 9 dann zu, wenn dem Gericht die Zahlungsunfähigkeit des Schuldners bekannt ist. Die Anforderung kann dann unterbleiben, bis sich Tatsachen ergeben, welche die Vermutung rechtfertigen, daß der Schuldner zahlungsfähig ist. Wem die Bestimmung darüber zusteht, ob die Anforderung der Kosten zu unterbleiben habe, wird in § 9 VO. nicht ausdrücklich gesagt; aber da nach § 9 Abs. 1 die Kenntnis der Zahlungsunfähigkeit des Schuldners auf Seiten des Gerichts die Voraussetzung für die Unterlassung der Anforderung der Gerichtskosten ist, und der Strafvollstreckungsbehörde im § 15 nur die vorläufige oder endgültige Niederschlagung der nach der Ueberweisung als uneindringlich erwiesenen Untersuchungskosten zugewiesen ist, bezüglich der Kosten aber, welche wegen Zahlungsunfähigkeit des Schuldners nach § 9 Abs. 1 und 2 nicht angefordert werden, im § 17 Abs. 1 bestimmt wird, daß dem Gerichte die Niederschlagung dieser Kosten zusteht, so folgt daraus, daß § 9 Abs. 1 dahin zu verstehen ist, daß das Gericht die Entscheidung zu treffen ist. Dafür spricht auch § 9 Abs. 3, und ausdrücklich ist dieser Auffassung Ausdruck gegeben in dem MinAusschr. v. 21. Aug. 1905 Nr. 14182.

Beschl. OLG. StS. v. 27. Okt. 1905 W 74/05.

F.

4. Stempelpflicht des unmittelbaren Besitzers eines Grundstücks.

Zwecks Abhaltung eines Konzertes am 1. Pfingstfeiertage des Jahres 1904 überließ der Angekl. einen von ihm gepachteten Acker dem Gesangverein Männerquartett in H. unentgeltlich. Der Verein ließ den Acker nebst einem von einem Nachbarn gemieteten Acker einzäunen und hielt das Konzert ab. Nach § 3 der VO., die Stempelabgabe von öffentlichen Darstellungen und Belustigungen, musikalischen Produktionen und Tanzbelustigungen betr., v. 19. Dez. 1899 ist, im Falle eine der fraglichen Veranstaltungen in einem geschlossenen oder umfriedeten Raum stattfindet, der Besitzer des Raumes zur Einholung der Erlaubnis bei dem zuständigen Kreisamt oder der besonders hierzu ermächtigten Ortspolizeibehörde und zur Entrichtung des in § 2 der VO. vorgeschriebenen Stempelbetrages (Art. 31, 33 UrkStG., Tarif Nr. 35) verpflichtet. Die I. Instanz sprach den Angekl. frei, weil nicht er, sondern der Verein Besitzer des Grundstücks gewesen sei; die II. Instanz wies die Berufung zurück, weil ein nur vorübergehend zum Zwecke einer Veranstaltung überlassenes Grundstück nicht als umfriedeter Raum anzusehen sei. Die rechtzeitig eingelegte und begründete Revision konnte keinen Erfolg haben. Wenn die beiden Vorinstanzen den Verein als „Mieter" bezeichnen, so ist das nicht richtig, da die Ueberlassung unentgeltlich erfolgte. Es liegt darnach eine Leihe im Sinne des § 598 BGB. vor. Der Leiher ist unmittelbarer Besitzer der Sache. Er hat das Grundstück umfriedet, hier mit einem Zaun versehen. Gleichgültig ist es, ob dieser Zustand längere oder kürzere Zeit dauert. Als Besitzer im Sinne des § 3 der VO. ist aber derjenige anzusehen, in dessen Gewalt zur fraglichen Zeit das Grundstück steht, der tatsächlich in der Lage ist, zu bestimmen, was auf ihm geschehen darf. Dies war aber, nachdem der Pächter das Leihverhältnis eingegangen war, der Verein, nicht der Pächter oder der Eigentümer, welche beide nur unmittelbare Besitzer waren. Die durch den Verein erfolgte Umzäunung gab dem Raum erst den Charakter eines umfriedeten. Die Revision war daher zurückzuweisen.

Urt. OLG. StS. v. 24. Nov. 1905 S 33/05.

X.

Entscheidungen der Großh. Landgerichte.

Zivilrecht. — Zivilprozeß.

5. Zur Auslegung des § 151 BGB. Stillschweigen auf einen Antrag. Verzicht auf die Annahme.

Der Kl. hatte von dem Bekl. einen Acker gepachtet auf 3 Jahre. Da der Vertrag nicht schriftlich war, galt er zunächst nur für die Zeit vom Frühjahr 1902 bis Frühjahr 1903. Von da ab galt er als auf unbestimmte Zeit geschlossen. Im April 1903 erhielt Kl., der mit einem Teil Pachtgeld im Rückstand war, einen Brief des Bekl. des Inhalts: Da Kl. den rückständigen Pachtzins nicht bezahlt habe, nehme er an, Kl. wolle den Acker nicht mehr behalten, und er unterstelle Verzicht des Kl. auf den Acker, wenn dieser ihm nicht binnen 14 Tagen das Gegenteil mitteile. Als Kl. auf diesen Brief schwieg, stellte Bekl. den Acker aus. Kl. erhob Schadensersatzklage, die nach Beschränkung auf den Grund des Anspruchs vom AG. L. abgewiesen wurde.

Der Berufung wurde stattgegeben und das Urteil mit folgender Begründung aufgehoben:

Das fragliche Schreiben kann nur als ein *Antrag auf Wiederaufhebung* des zwischen den Streitteilen bestehenden Pachtverhältnisses, das ja nicht gekündigt worden war, in Betracht kommen. Streitig ist nun unter den Parteien die Frage, ob dieser *Antrag* des Bekl. im Hinblick auf das *Stillschweigen* des Kl. *als angenommen* angesehen werden kann. Im Gegensatz zu dem Vorderrichter *verneint* das BerufungsG. diese Frage. Wenn schon im allgemeinen nicht nur für die Korrespondenz unter Kaufleuten, sondern für den Rechtsverkehr überhaupt davon auszugehen ist, daß *Stillschweigen* auf eine briefliche Mitteilung in der Regel *nicht* als *Genehmigung* angesehen werden kann, daß vielmehr ganz besondere, *selten vorkommende* Umstände vorliegen müssen, die *ausnahmsweise* dem *Schweigen auf einen Antrag* die Bedeutung der *Annahme* desselben beizulegen gestatten, so muß an diesem Standpunkt noch um so strenger festgehalten werden, wenn der gestellte Antrag die *Aufhebung* eines *bestehenden* Rechtsverhältnisses bezweckt. In einem solchen Fall ist die Anführung besonderer Momente erforderlich, die den Antragsempfänger zu der Annahme veranlassen mußten, daß der Gegner aus seinem Stillschweigen auf sein Einverständnis mit der Aufgabe der ihm vertragsmäßig zustehenden Rechtsstellung schließen werde, daß also eine *ausdrückliche Antwort unnötig* sei, um eine derartige Auslegung seines Verhaltens zu verhindern. Die gegenteilige Auffassung müßte zu den bedenklichsten Konsequenzen führen; sie würde den ganzen Rechtsverkehr unsicher machen; die vertragsmäßige Grundlage der Rechtsverhältnisse würde dauernd in ihrem Bestande gefährdet sein. Der Bekl. hat keinerlei Umstände angeführt, die ihn hätten annehmen lassen, daß Kl. den Antrag durch Schweigen angenommen hätte. Insbesondere ist dies nicht daraus zu entnehmen, daß er mit der Bezahlung des Pachtpreises im Rückstand war.

Offenbar verfehlt ist auch die Heranziehung der Vorschrift des § 151 zur Begründung der angefochtenen Entscheidung. Nach der genannten Vorschrift soll zwar unter den daselbst angegebenen Voraussetzungen (Verzicht auf die Annahme) von dem Erfordernis einer Annahmeerklärung gegenüber dem Antragenden abgesehen werden, dagegen bleibt auch in diesen Fällen das Erfordernis der Annahme selbst bestehen. Diese wird allerdings in der Regel stillschweigend, d. h. durch Willensbetätigung erfolgen. Immerhin ist aber hiernach *nicht einfaches Stillschweigen genügend*, sondern vielmehr eine *Handlung des Antragsempfängers erforderlich, welche nach der Auffassung des Lebens auf den Willen, den Antrag anzunehmen, schließen läßt*, und nur dann, wenn eine solche vorliegt, braucht, falls die weiteren Voraussetzungen der Vorschrift gegeben sind, die Annahme des Antrags dem Antragenden gegenüber nicht ausdrücklich erklärt zu werden. Im Fragefall ist nun von dem Bekl. irgendwelche Handlung des Kl., in der eine genügende Bestätigung seines Annahmewillens gefunden werden könnte, nicht einmal behauptet, geschweige denn nachgewiesen worden, so daß schon aus diesem Grunde die Anwendbarkeit jener Vorschrift entfällt. Damit erscheint der erhobene Schadensersatzanspruch dem Grunde nach gerechtfertigt, und die Sache war gemäß § 538 Abs. 1 Ziff. 3 ZPO. in die erste Instanz zurückzuverweisen.

Urt. LG. Gießen I. ZK. v. 4. Febr. 1904 S 190/03.

—e.

6. Wandelung. Ersatz von Kosten eines Transports und eines Vorprozesses.

Der Bekl. B. hat dem Kl. C. eine Kuh, die er seinerseits kurz vorher von dem A. gekauft hatte, verkauft und überliefert. Der Kl. veräußerte die Kuh am folgenden Tag an den D. Dieser erhob gegen den Kl. bei dem AG. Klage auf Rücknahme der Kuh, Rückerstattung des auf den Kaufpreis bereits bezahlten Betrags und Freigabe von der Zahlung des Restkaufpreises, sowie Erstattung des Futtergeldes. Die Klage war darauf gestützt, daß C. die Fehlerfreiheit der Kuh zugesichert habe, daß aber die Kuh an einer sog. Milchfistel leide, die auch schon zur Zeit des Kaufs vorhanden gewesen sei; es wurde insbesondere auch behauptet, C. habe diesen Fehler dem D. arglistig verschwiegen. Während des nun anhängigen Rechtsstreits verkündete der Bekl. C., dem B. und ebenso dieser dem A. den Streit, mit der Behauptung, daß die Kuh fehlerfrei verkauft worden sei. Der Prozeß des D. gegen den C. endete in I. Instanz damit, daß dem D. der richterliche Eid auferlegt wurde, daß ihm C. bei Abschluß des Kaufvertrags Gewährleistung wegen *aller* Fehler zugesichert habe. C. verfolgte Berufung. Während der Prozeß in II. Instanz schwebte, ordnete das BG. auf Antrag der Parteien gemäß § 489 BGB. die öffentliche Versteigerung der Kuh an, die von C. gesteigert wurde. Die Berufung des C. wurde als unbegründet verworfen; D. hat demnächst den ihm durch das amtsgerichtliche Urteil auferlegten Eid geleistet, und C. ist hiernach in dem Prozeß mit D. endgültig unterlegen.

Nunmehr hat C. gegen B. Klage erhoben mit dem Antrag, diesen zu verurteilen, den mit ihm abgeschlossenen Kaufvertrag zu wandeln, demzufolge ihm den gezahlten Kaufpreis nebst Zinsen zurückzuerstatten, ihm die Kosten für den *Transport* des Tieres nach O. und allen entstandenen und noch entstehenden Schaden, insbesondere die *Kosten des Vorprozesses* sowie 4 % Prozeßzinsen zu ersetzen, ferner ihm für Pflege, Wartung und Fütterung der Kuh vom Tag der Uebergabe bis zur Versteigerung die Kosten, abzüglich des Versteigerungserlöses, nebst 4 % Prozeßzinsen zu bezahlen. Zur Begründung der Klage wurde vorgebracht: Der B. habe dem Kl. garantiert, daß die Kuh rein und klar und vollständig fehlerfrei sei; vorsorglich werde auch behauptet, daß der Beklagte den vorhandenen Fehler arglistig verschwiegen habe.

Das AG. verurteilte den Bekl., in die Wandelung des Kaufvertrags einzuwilligen, dem Kl. den Kaufpreis nebst Zinsen zurückzuzahlen, die Kosten des *Transports* des Tieres nach O. sowie für Pflege, Wartung und Fütterung der Kuh vom Tag der Uebergabe bis zur Versteigerung, abzüglich des Erlöses, die Kosten nebst Zinsen und die Kosten der Versteigerung, Spezifikation vorbehalten, zu bezahlen, und ließ ferner den Bekl. zum Eide zu, daß ihm zur Zeit des Verkaufs der streitige Mangel nicht bekannt war. Von der Eidesleistung wurde die Entscheidung über die Kosten des Vorprozesses D. gegen C., soweit diese bis zum 11. Juli

1902 entstanden waren, abhängig gemacht und im übrigen die Klage abgewiesen.

Gegen dieses Urteil haben beide Streitteile **Berufung** verfolgt.

Das LG. hat die Berufung des Kl. als unbegründet **zurückgewiesen**, dagegen der Berufung des Bekl. teilweise stattgegeben, indem es: 1. den Bekl. verurteilte in die Wandelung des mit dem Kl. abgeschlossenen Kaufvertrags einzuwilligen und demzufolge dem Kl. den gezahlten Kaufpreis nebst Zinsen zurückzubezahlen, sowie ihm die Kosten für Pflege, Wartung und Fütterung der Kuh nebst Zinsen, abzüglich des für die Kuh erlösten Betrags, zu bezahlen; 2. den Anspruch auf Erstattung der Kosten des Vorprozesses mit D. abwies; 3. den Beklagten zum Eide zuließ über seine Unkenntnis von dem Fehler der Milchfistel, und davon die Entscheidung über die Transportkosten abhängig machte.

Aus den **Gründen**: Unbegründet ist die Einwendung des Bekl., der Kl. habe seinen Wandelungsanspruch dadurch verloren, daß er durch die im Vorprozeß erwirkte öffentliche Versteigerung der Kuh sich außer Stand gesetzt habe, sie zurückzugeben. Die Einwendung stützt sich offenbar auf die für das vertragsmäßige Rücktrittsrecht geltenden Vorschriften der §§ 351, 353 BGB., die nach § 467 BGB. auf die Wandelung im allgemeinen entsprechende Anwendung finden. Vom Bekl. ist aber übersehen, daß bei Viehhändeln nach der besonderen Bestimmung des § 487 Abs. 2 die Wandelung auch in den Fällen der §§ 351—353, also auch im Falle der **verschuldeten Unmöglichkeit** der Rückgabe des Tieres, verlangt werden kann, und daß alsdann an Stelle der Rückgewähr der Käufer den **Wert** des Tieres zu vergüten hat. Da die Behauptung des Kl., der bei der Versteigerung der Kuh erzielte Erlös habe dem Wert der Kuh entsprochen, nicht bestritten worden ist, so ist dem Bekl. einfach dieser Betrag zu erstatten.

Begründet erscheint dagegen die Berufung des Bekl. betreffs der Transport- und Versteigerungskosten und der Kosten des Vorprozesses. Die bezeichneten Ansprüche sind keine solche, die der Kl. aus dem Gesichtspunkte der Wandelung für sich begründen könnte. Denn nach §§ 467, 346, 347 BGB. erstreckt sich die Verpflichtung des Käufers ons der Wandelung nur auf die Rückgabe des Kaufpreises mit Zinsen vom Tag des Empfangs ab sowie auf Ersatz der Vertragskosten und der notwendigen Verwendungen, und nach § 488 bei Viehhändeln weiter auch auf die dort aufgeführten Kosten; sie erstreckt sich also **nicht** auch auf Kosten anderer Art, worunter die hier geforderten Transport- und Prozeßkosten, einschließlich Versteigerungskosten, fallen. Die Ansprüche auf Ersatz dieser Transport- und Prozeßkosten können daher nur durchdringen, wenn ihnen eine besondere Begründung zur Seite steht. Der Kläger sucht denn auch diese Ansprüche als Schadensersatzansprüche zu begründen und zwar:

1. auf die angebliche Zusage völliger Fehlerfreiheit (BGB. § 463); 2. auf Verzug des Bekl. (BGB. § 286); 3. auf arglistiges Verschweigen des Fehlers, worin eine unerlaubte Handlung im Sinne des § 826 BGB. zu erblicken sei.

Zu 1: Nach § 463 BGB. kann der Käufer, wenn der verkauften Sache zur Zeit des Kaufs eine zugesicherte Eigenschaft fehlt, statt der Wandelung Schadensersatz wegen Nichterfüllung verlangen. Es kann hier unerörtert bleiben, ob in der allgemeinen Zusicherung der Fehlerfreiheit die Zusicherung einer **Eigenschaft** zu erblicken oder ob nicht vielmehr hierunter nur die Zusicherung **bestimmt bezeichneter** Eigenschaften zu verstehen ist; denn wäre auch das letztere anzunehmen, so könnte der Kl. seinen Schadensersatzanspruch doch nur **anstatt** des Anspruchs auf die Wandelung geltend machen, **nicht** aber **neben** diesem Anspruch, wie hier geschehen.

Zu 2: Die Schadensersatzansprüche erscheinen selbst dann nicht als begründet, wenn man als bewiesen unterstellt, daß der Bekl. schon vor dem Beginn des Vorprozesses von dem Kl. mit der Wandelung in Verzug gesetzt worden sei. Denn die durch den Transport der Kuh erwachsenen Kosten waren keinesfalls infolge des Wandelungsverzugs des Bekl., vielmehr schon in früherer Zeit erwachsen, und die Kosten, die dem Kl. durch den Prozeß mit D. erwachsen sind, brauchen ihm von dem Bekl., auch wenn dieser seinerseits mit der Wandelung in Verzug war, um deswillen nicht ersetzt zu werden, weil es sich hierbei um einen Schaden handelt, den der Kl. in erster Linie durch **eigenes Verschulden** verursacht oder dessen Abwendung er doch jedenfalls schuldhaft unterlassen hat (§ 254 BGB.). Er hat leichtfertig gehandelt, wenn er dem Wandelungsbegehren des D. nicht alsbald Folge leistete und statt dessen mit D. einen Prozeß durchführte. Es mußte ihm bekannt sein und war ihm bekannt, daß er dem D. gegenüber die Gewährleistung wegen aller Fehler der Kuh übernommen hatte, und es wäre ihm ein Leichtes gewesen, ohne jeden Prozeß sich davon zu überzeugen, daß die Kuh den behaupteten Fehler hatte, und zwar schon zur Zeit der Uebergabe an D.

Zu 3: Nach § 826 BGB. ist derjenige, der in einer gegen die guten Sitten verstoßenden Weise einem Anderen vorsätzlich Schaden zufügt, jenem zum Ersatze des Schadens verpflichtet. Die Handlungsweise des Bekl. wäre aber als betrügerische zu bezeichnen und würde ihn grundsätzlich zum Schadensersatz verpflichten, wenn er in Kenntnis des Fehlers die völlige Fehlerfreiheit zugesichert hätte. Die Schadensersatzpflicht hätte sich indessen aus den oben angeführten Gründen auf die Kosten des **Vorprozesses** jedenfalls nicht zu erstrecken; Gegenstand der Schadensersatzpflicht könnten nur die streitigen Transportkosten sein. Nun ist bisher nicht bewiesen, daß der Bekl. den Euterfehler der Kuh gekannt hätte. Es muß daher in dieser Beziehung bei dem normierten Eide bleiben.

Urt. LG. Gießen I. ZK. v. 21. Juni 1904 S 84/04.

K...f.

7. Wird der Arrestbefehl formlos dem Gläubiger ausgehändigt, so wird die zweiwöchige Frist des § 929 ZPO. von dem Zeitpunkt der Aushändigung gerechnet.

Die Gläubigerin hatte bereits durch Beschl. des AG. D. am 30. Jan. 1905 Arrest, wie in diesem Beschluß enthalten, erwirkt. Ausfertigung des Arrestbeschlusses war der Gläubigerin unter Verzicht auf förmliche Zustellung am 31. Jan. 1905 **ausgehändigt** worden. Unterm 16. Febr. 1905 hat sie wiederholt Antrag auf Erkennung des dinglichen Arrestes unter Bezugnahme auf das zu dem früheren Gesuch Vorgetragene gestellt, mit der Begründung, daß der am 30. Jan. 1905 erlassene Arrestbefehl nicht hätte zugestellt werden können, da die Adresse des Schuldners und Drittschuldners nicht zu ermitteln gewesen sei. Das AG. hat den Antrag kostenpflichtig zurückgewiesen, „da ein Grund für den wiederholten Erlaß eines Arrestes nicht vorliege und nicht einmal angegeben worden sei". Die von der Gläubigerin gegen diesen Beschl. erhobene Beschw. ist unbegründet. Nach § 929 Abs. 2 und 3 ZPO. ist die Vollziehung eines Arrestes unstatthaft, wenn seit dem Tage, an welchem der Beschl. verkündet oder der Partei, auf deren Gesuch derselbe erging, zugestellt ist, 2 Wochen verstrichen sind. Die Vollziehung ist zwar vor der Zustellung an den Schuldner zulässig, jedoch ohne Wirkung, wenn die Zustellung nicht innerhalb einer Woche nach der Vollziehung und vor Ablauf der 2 Wochen nach Zustellung an den Gläubiger und der Verkündigung stattgefunden hat. Diese kurze Fristbestimmung soll (nach den Motiven) verhüten, daß bei längeren Zwischenräumen zwischen Anordnung und Vollziehung des Arrestbefehls die letztere unter veränderten, die Vollziehung nicht mehr rechtfertigenden Verhältnissen vor sich gehe. Das RG. hat in der in Seufferts Archiv Bd. 45 Nr. 66 mitgeteilten Entsch. ausführlich erörtert, daß diese Absicht des Gesetzgebers vereitelt würde, wenn es dem Arrestgläubiger freistünde, die Vollstreckung, nachdem er nicht durch förmliche Zustellung, sondern durch einfache Behändigung in den Besitz des Arrestbefehls gekommen sei und denselben habe zustellen lassen, auf beliebige Zeit dadurch hinauszuschieben, daß er die förmliche Zustellung des Befehls an sich selbst beliebig spät oder überhaupt nicht beantrage. Das RG. hat daher entschieden, daß, da in keinem Falle das Gesetz der Gläubigerin die Vollziehung des Arrestes unbeschränkt gestattet habe, bei formloser Behändigung anzunehmen sei, der Gl. wolle auf Zustellung an seine Person überhaupt verzichten und zum mindesten den Zeitpunkt für den Fristbeginn gegen sich gelten lassen, an welchem auf sein Betreiben der Beschl. dem Gegner zugestellt worden sei.

Im Anschluß an diese Entscheidung ist allerdings mehrfach ganz allgemein der Grundsatz ausgesprochen worden, daß im Falle nicht förmlicher Zustellung an den Gläubiger die zweiwöchige Frist von Zustellung an den Schuldner beginne (vergl. Gaupp-Stein zu § 929 ZPO.; KammerG. im „Recht" 1904 S. 22; Freudenthal, Handausgabe der ZPO. zu § 929). Die Vertreter dieser Ansicht übersehen aber, daß der Zweck des Gesetzes auch dadurch gänzlich vereitelt werden kann, daß im Falle formloser Behändigung an den Gl. dieser weder vollstreckt noch dem Schuldner zustellt, insbesondere wenn, wie im vorliegenden Falle, letzteres nicht möglich war. Dem Gl. wäre es auch nach dieser Ansicht unbenommen, den Arrestbefehl noch nach Wochen, so lange er nicht dem Schuldner zugestellt ist, in Vollzug zu setzen und dann zuzustellen. Die Absicht des Gesetzes kann daher nur dann erreicht werden, wenn im Fällen formloser Aushändigung des Arrestbefehls an den Gl. die Frist von 2 Wochen von dem Zeitpunkt der Aushändigung an gerechnet wird (vgl. Seuffert zu § 929 ZPO.). Die angeführte Entscheidung des RG. steht dieser Ansicht auch durchaus nicht entgegen; es heißt dort lediglich, daß zum mindesten der Zeitpunkt der Zustellung an den Schuldner die zweiwöchige Frist eröffne. Es steht nichts im Wege, in Weiterführung der vom RG. ausgesprochenen Auffassung, daß der Gläubiger mit der formlosen Annahme fernen Verzicht auf förmliche Zustellung zu erkennen gebe, zu sagen, daß er die Wirkungen, die nach dem Gesetz mit der förmlichen Zustellung verbunden sind, auch mit der formlosen Behändigung in diesem Falle gegen sich gelten lassen will.

Im Fragefalle trifft diese Unterstellung um so mehr zu, als Gläubigerin ausweislich der Akten des AG. den Arrestbefehl am 30. Jan. 1905 unter aktenmäßig gemachtem ausdrücklichem Verzicht auf förmliche Zustellung in Empfang genommen hat.

Nach diesen tatsächlichen Verhältnissen und Ausführungen war die Einhaltung der Frist hinsichtlich des ersten Arrestbefehls nicht möglich, da diese bereits am 14. Febr. 1905 zu Ende war. Da eine Verlängerung der Frist v. A. w. ausgeschlossen ist, bestand für die Gl. die einzige Möglichkeit zur Wahrung ihrer Rechte, neuen Arrest zu erwirken. Die Unmöglichkeit der Zustellung sowie die Tatsache, daß die Verhältnisse in der Zwischenzeit keine Aenderung erfahren haben, hat, Gl. genügend glaubhaft gemacht.

Der amtsgerichtliche Beschl. war sonach aufzuheben.

Beschl. LG. D. I. ZK. v. 27. Febr. 1905 T 79/05.

GAss. Sepp.

8. **Ist das Vollstreckungsgericht verpflichtet, nach durchgeführtem Immobiliarverteilungsverfahren die Löschung der auf den zwangsweise angesteigerten Grundstücken eingetragenen Vormerkung „beschränkt" anzuordnen?**

Das AG. M. hat einen Antrag auf Löschung mit der Begründung abgelehnt, daß die Löschung nur mit Zustimmung der sämtlichen Beteiligten erfolgen könne. Auf erhobene Beschw. hat das LG. den angefochtenen Beschl. aufgehoben und das AG. angewiesen, die Vormerkung „beschränkt" zu löschen.

Aus den Gründen: Die in Frage kommende Vormerkung „beschränkt" wurde auf Grund eines Verkaufs vom Jahre 1900 eingetragen, laut dessen der Zwangsversteigerungsbekl. das Grundstück erwarb. Auf Antrag des Verkäufers wurde das Grundstück 1904 wieder zwangsweise versteigert und das Verteilungsverfahren, zu dem alle eingeschriebenen Gläubiger, insbesondere auch der Verkäufer und die in dem Verkaufsakte angewiesenen Gläubiger gerufen waren, durchgeführt. Im gegebenen Falle ist durch den Eintrag „beschränkt" zunächst dem dritten Erwerber gegenüber das Resiliationsrecht gewahrt, weiter dem Vorzugsrecht der Rang gesichert worden. (Vgl. Art. 3, 6 des hess. Ges. v. 10. Mai 1893.) Durch den Zuschlag im Zwangsveräußerungsverfahren ist das Resiliationsrecht verloren gegangen (Art. 91 hess. AG. z. ZPO. u. KO. v. 4. Juni 1879). Das Privileg ist durch das Zwangsveräußerungsverfahren ebenfalls beseitigt worden (Art. 89 Abs. 1 a. a. O.) und hat in dem Verteilungsverfahren seine Erledigung gefunden. Die Einschreibung des Privilegs im Hypothekenregister ist gelöscht worden, so daß die Vormerkung aus dem ursprünglichen Verkauf keine Bedeutung mehr hat.

Das AG. muß hiernach die Vormerkung beseitigen, und der Umstand, daß im Art. 112 hess. AG. z. ZPO. und KO. dieses Punktes nicht Erwähnung geschehen ist, kann nicht entgegenstehen; denn die Verpflichtung zur Beseitigung der Vormerkung ist eine selbstverständliche; in keinem Falle bedarf es der Einholung der Einwilligung aller Beteiligten, ein Beschl. des Vollstreckungsgerichtes ist erforderlich und genügend. W. J.

Beschl. LG. M. v. 28. März 1905 T 57/05.

Sprechsaal.

Weiteres über die Frage des Feststellungsvermerks.

In Nr. 20 (S. 151 f.) dieser Zeitschrift hat der Unterzeichnete die erheblichen Bedenken dargelegt, die der vom V. ZS. des RG. in seinem Urteile vom 29. Juni 1905 in obiger Frage getroffenen Entscheidung entgegenstehen. Er hat es im Hinblick auf diese Bedenken als nicht ausgeschlossen bezeichnet, daß die Gerichte die höchstinstanzliche Auslegung ablehnen und das RG. selbst bei nochmaliger Prüfung seinen Standpunkt ändere. Wie sich aus dem Nachstehenden ergibt, hat sich diese Erwartung in einem von dem III. ZS. des RG. unterm 28. November 1905 erlassenen Urteile bereits verwirklicht. Der Entscheidung lag folgender Fall zugrunde: Der Revisionskläger hatte als stellvertr. Amtsrichter einen Erbverzichtsvertrag beurkundet. Dieser Vertrag wurde demnächst von der verzichtenden Witwe des Erblassers wegen Formmangels angefochten und von dem KG. für nichtig erklärt, weil entgegen dem § 176 Nr. 2 GFG. der beurkundende Richter nicht im Texte des Protokolls aufgeführt, sondern nur durch die Unterzeichnung des Protokolls als solcher gekennzeichnet worden sei. Die von der Witwe verklagten Miterben derselben verkündeten dem Urkundrichter den Streit und erhoben demnächst wegen des aus der festgestellten Nichtigkeit des Erbverzichts ihnen entstehenden Schadens Klage gegen ihn. Abweichend von dem ersten Richter bejahte das KG. die Ersatzpflicht des Beklagten. Es nahm an, daß mit Rücksicht auf die im Vorprozeß erfolgte Streitverkündung die Frage der Nichtigkeit des Erbverzichts nicht weiter zu erörtern sei, und daß der Beklagte bei dessen Beurkundung fahrlässig gehandelt habe. Denn er habe die Pflicht gehabt, die Urkunde so abzufassen, daß sie den bestehenden Vorschriften unter Ausschluß jeden Zweifels genüge, und es hätte ihm mindestens zweifelhaft erscheinen müssen, ob nicht durch § 176 GFG. eine Bezeichnung des beurkundenden Richters *in dem gemäß § 177 demnächst zu verlesenden eigentlichen Text des Protokolls* vorgeschrieben sei. Das RG. hat das kammergerichtliche Erkenntnis aufgehoben und das die Klage abweisende Urteil des LG. wieder hergestellt. Dabei ging es gleich dem KG. davon aus, daß die im Vorprozeß ausgesprochene Nichtigkeit des Erbverzichts als solche auch für den Beklagten feststehe und nur über die Frage der Fahrlässigkeit zu entscheiden sei. Es nahm aber an, daß eine Fahrlässigkeit nur festgestellt werden könne, *wenn in dem vorliegenden Prozesse selbst die §§ 176, 177 GFG. in dem gleichen Sinne wie im Vorprozesse ausgelegt würden.* Denn wenn die Auffassung des Beklagten über den Inhalt des Gesetzes richtig gewesen sei und er dementsprechend gehandelt habe, dann könne ihm daraus, daß er auf andere mögliche Auffassungen keine Rücksicht genommen habe, niemals ein Vorwurf gemacht werden. *Einen Anschluß an die im Vorprozeß erfolgte Auslegung der §§ 176, 177 GFG. lehnte das RG. aber ab* und führte in seiner Entscheidung wortgetreu folgendes aus:

„Die Prüfung dieser Rechtslage führte aber zu dem Ergebnis, daß die Entscheidung eine so zweifelhafte ist, *und daß eine solche Reihe schwerwiegender Gründe für die der Entscheidung im Vorprozeß entgegengesetzte Auffassung des Beklagten spricht*, daß, auch wenn sie irrig sein sollte, den Beklagten jedenfalls keine Fahrlässigkeit trifft, und daß daher im vorliegenden Falle die Streitfrage selbst nicht entschieden zu werden braucht. Denn da ein gerichtliches Protokoll erst mit der Unterschrift des Richters zustande kommt, diese Unterschrift ein absolut notwendiger Bestandteil des Protokolls ist, so kann mit dem Worte Protokoll an sich auch nur das mit der Unterschrift des Richters versehene Protokoll verstanden werden. Wird aber das Wort Protokoll in § 176 cit. in diesem Sinne verstanden, dann kann kein Zweifel bestehen, daß durch die von dem Beklagten gewählte Fassung des Protokolls den gesetzlichen Vorschriften der Nr. 2 daselbst genügt ist, da aus dem oben mitgeteilten Eingang des Protokolls in Verbindung mit dem gleichfalls mitgeteilten Schluß — (Anfang: Königliches Amtsgericht Abteilung 5 zu X, den 8. März 1900, — Schluß: v. w. o. (verhandelt wie oben) Dr. E . . . ., Gerichtsassessor, als Richter) —, sich klar ergibt, daß die ganze Verhandlung vor dem Gerichtsassessor Dr. E . . . ., als amtirendem Richter, stattgefunden hat, dieser somit im Protokoll bezeichnet ist. Erwägt man nun, daß es das Nächstliegende ist, auch im § 176 das Wort Protokoll in seinem gewöhnlichen Sinn zu verstehen; *erwägt man ferner, daß in dem für die gegenteilige Ansicht hauptsächlich herangezogenen § 177 das Wort Protokoll in einem ganz unbestimmten, wechselnden Sinne gebraucht ist, indem es in Satz 1 die Urkunde bis zur Unterschrift der Beteiligten, in Satz 2 dieselbe einschließlich dieser Unterschrift, da diese als erfolgt doch nicht eher festgestellt werden kann, bis sie erfolgt ist, in Absatz 3 endlich die gesamte Urkunde außer der Unterschrift des Richters bedeutet*, daß endlich auch dieser Absatz 3 nicht zwingend für die gegenteilige Auffassung spricht, da er nur verordnet, daß die richterliche Unterschrift den Schluß des Protokolls bildet, dadurch aber nicht ausgeschlossen wird, daß damit zugleich dem Erfordernis des § 176 Nr. 2 genügt wird; erwägt man ferner, daß der Grund der Vorschrift des § 176 Nr. 2 doch wohl wesentlich der ist, die Persönlichkeit der beteiligten und mitwirkenden Personen außer Zweifel zu stellen, dafür aber nicht erforderlich ist, daß die Bezeichnung der mitwirkenden Urkundsperson, wenn sie sich aus der Unterschrift klar ergibt, noch ein zweites Mal im Text der Urkunde sich finde; *und erwägt man endlich, daß, worauf bereits in der reichsgerichtlichen Entscheidung Bd. 50 S. 16 hingewiesen ist, bei der Fassung der den §§ 176, 177 zugrunde gelegten entsprechenden Bestimmungen der Testamentserrichtung die Tendenz gerade gewesen ist, die Formungültigkeit möglichst abzuwenden, die im Vorprozeß getroffene Entscheidung aber einen strengen Formalismus zur Geltung bringt*, dann wird man doch Bedenken tragen müssen, daß derjenige, welcher eine diesen Erwägungen entsprechende Auslegung zur Richtschnur seines Handelns genommen hat, damit fahrlässig gehandelt hat."

Hiernach wird die von dem Unterzeichneten vertretene und dem amtlich empfohlenen Feststellungsvermerk zugrunde liegende Ansicht, daß eine Unterschrift als erfolgt nicht eher festgestellt werden kann, bis sie wirklich vollzogen ist, von dem III. ZS. des RG. ausdrücklich gebilligt. Im Gegensatze zu dem V. ZS. und in Uebereinstimmung mit dem Reichs-Justizamte nimmt der III. ZS. ferner an, daß das Wort „Protokoll" im § 177 GFG. in einer ganz unbestimmten, wechselnden Bedeutung und jedenfalls im Abs. 1 Satz 2 und im Abs. 3 in einem weiteren Sinne als im Abs. 1 Satz 1 gebraucht wird. Besonders erfreulich aber ist es, daß der III. ZS. den in dem Urteile des V. ZS. zutage tretenden Formalismus ablehnt und im Einklange mit der im Bd. 50 S. **16 ff. abgedruckten Entscheidung** des IV. ZS. der aus **der Entstehungsgeschichte der** Vorschriften erkenn**baren Absicht des Gesetzgebers,** Formungültigkeiten **tunlichst abzuwenden, gebührend Rech**nung trägt. Z.

Man schreibt uns: Die hess. VO. zur Ausf. des GVG. **2c. vom 15. Mai 1879 hat für** jede Prov**inz des Landes ein Landgericht ein**gesetzt (§ **2) und spricht demnach (§ 5) vom** Landgericht der Provinz Starkenburg (Oberhessen, Rheinhessen). Die letztere Bezeichnung mag sich historisch rechtfertigen, würde aber sofort unmöglich in dem Augenblick, da etwa Offenbach — wie bei seinem raschen Wachstum gar nicht ausgeschlossen — ein eigenes Landgericht erhielte. Außerdem werden im übrigen Deutschland alle Landgerichte nur nach der Stadt benannt, wo ihr Sitz ist. Auch unsere Urteilsformulare sind nicht recht auf die jetzige weitschweifige Bezeichnung zugeschnitten, die übrigens — freilich mit Unrecht! — von den Gerichten vielfach gar nicht angewendet wird. Es wäre zu erwägen, ob nicht an Stelle der bestehenden Vorschrift einfach die Benennung: **Landgericht Darmstadt (Gießen, Mainz)** einzuführen wäre. Ad vocem Formulare sei beiläufig bemerkt, daß die Urteile unserer detachierten Kammern für Handelssachen (Offenbach, Worms) über den Gerichtssitz ganz irre führen, wenn es dort z. B. heißt: „Kammer f. H. des Großh. LG. der Prov. Rheinh. zu Worms". Jeder Fremde muß das so verstehen, als residiere das rheinhessische LG. in **Worms**! Ganz leicht ist ja eine geeignete Fassung nicht, zumal bei dem schwülstigen, aber schwer ersetzbaren Ausdruck „Kammer für Handelssachen" („Handelssachenkammer" liest man da und dort, ohne Geschmack an dieser Verbesserung zu finden). Immerhin wäre: „K. f. H. bei Großh. Amtsgericht zu Worms" ausreichend und eine dementsprechende Aenderung der betr. Formulare vorzusehen, da der Sitz des Landgerichts selbst aus dem Urteil nicht erkennbar zu sein braucht.

Judex.

Literatur.

Deutsche Juristenzeitung (O. Liebmann, Berlin). Als um Neujahr 1896, als dieses Unternehmen mit neuartigem Programm in die Welt trat: es wollte nicht als eine Fachzeitschrift mehr zu den übrigen hinzutreten, sondern es wollte eine Stätte bieten auch für Aufsätze von mehr allgemeinem Interesse, für Erörterungen, die sich nicht ohne weiteres unter die Schablone einreihen ließen. Mit Stolz dürfen Verlag, dürfen die Herausgeber nach 10 Jahren auf die errungenen Erfolge zurückblicken: Die DJZtg. ist die gelesenste Zeitschrift juristischen Charakters und ohne Zweifel noch fortwährend in aufsteigender Entwickelung begriffen. Schwere Verluste hat sie erlitten durch den Tod zweier ihrer Mitbegründer, Stenglein und Staub, deren glänzende Namen mit Laband an ihrer Wiege gestanden. Doch gelang es, tüchtigen Ersatz zu gewinnen, so namentlich Hamm, dessen Arbeitsfreudigkeit und Arbeitskraft offenbar ganz ungeschwächt sind. In festlich ausgestatteter Nummer mit besonders gewähltem reichem Inhalt begeht der Verleger der DJZtg. den 10jährigen Gedenktag, unter gleichzeitiger Erweiterung der Spruchbeilage, Hinzufügung einer Literaturbeilage und einer Spruchsammlung in Strafsachen. In einem Kunstblatt (von Prof. Doepler d. J.) endlich erhalten wir die Bildnisse von 28 hervorragenden deutschen Juristen, die im Laufe der letzten 10 Jahre verstorben sind, darunter 3 Reichsgerichtspräsidenten neben Stenglein und Staub. Möge unter der neuen Leitung der alte Erfolg der DJZtg. beschieden sein! K.

In neuer, ergänzter Bearbeitung erschien soeben der (dritte) Jahrgang 1906

Termin-Kalender.

für hessische Justizbeamte.

J. Guttentag, Verlagsbuchhandlung, G. m. b. H., **Berlin.**

Nr. 76. Guttentag'sche **Sammlung Deutscher Reichsgesetze** Nr. 76.

Text-Ausgaben mit Anmerkungen.

Die Rechtshülfe im Verkehr mit den ordentlichen Gerichten nach deutschem Reichsrecht.

Zusammenstellung der einschlägigen Bestimmungen mit Anmerkungen u. Sachregister von **Dr. R. Friedländer**, Landrichter.

Taschen-Format gebunden in ganz Leinen. Preis 1 ℳ 80 ₰.

New York City. November 1905 — 302 West 109th Street.

Ich habe mich in der Stadt New-York als juristischer Sachverständiger in Rechtssachen aus den Gebieten des Deutschen und des Französischen Civilrechts (einschliesslich Handelsrecht) niedergelassen und zugleich mich zur Uebernahme von Korrespondenz-Mandaten bereit erklärt in allen Fällen, wo rechtsuchendes Publikum aus den Unionsstaaten juristischen Beistands in den obenerwähnten Rechtsgebieten, insbesondere eines Bevollmächtigten an Ort und Stelle bedarf.

Indem ich dies hiermit bekannt gebe und die Herren Kollegen noch speziell hiervon benachrichtige, erbiete ich mich gleichzeitig zur Ratserteilung und Beistandsleistung in amerikanischen Rechtssachen. Mein Rat wird stets nur auf Grund eigenen selbständigen Studiums des einzelnen Rechtsfalles erteilt werden, in Fällen, wo die Betreibung von Rechtssachen vor Gerichtshöfen des Staates New York oder anderer Unionsstaaten in Frage steht, nach sorgfältiger Prüfung aller Faktoren, die für das vom rechtsuchenden Publikum erstrebte praktische Resultat wichtig sind. (Zuzug kompetenten und vertrauenswürdigen Rechtsbeistands an Ort und Stelle, Zeit- und Geldaufwand etc.) Die Korrespondenz wird zweckmässigerweise mittels eingeschriebener Briefe geführt.

Hochachtungsvoll

Dr. Juris THEODOR ELSASSER, früher Anwalt in Baden.

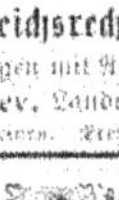

Empfehle meine gut ausgebauten, sehr bekömmlichen

Rhein- & Mosel-Weine

zu soliden Preisen · Liste gratis.

GEORG HÖLEK, JOHANNISBERG

Gesetz-Sammlung

(Band III)

ist soeben erschienen.

Ausführliches Sachregister

folgt in Kürze.

Der heutigen Nummer sind folgende Prospekte beigefügt, auf die an dieser Stelle aufmerksam gemacht wird:

Das Vorlesungsverzeichnis der juristischen Fakultät Grénoble. Bemerkenswert ist, dass die frühere dortige Einricht deutscher Vorlesungen für deutsche Rechtsstudierende durch die neuere französische juristische Studienordnung nicht verändert wird.

Der Prospekt über **Staudinger's Kommentar zum Bürgerl. Gesetzbuch und dem Einführungsgesetze**, zweite bearbeitete Auflage in vier Bänden von J. Schweitzer Verlag (Arthur Sellier) in München.

Verlagsangebot der Verlagsbuchhandlung Franz Vahlen in Berlin, betreffend „Beiträge zur Erläuterung des Deutschen Rechts", herausgegeben von Künzel, Eccius, Jaeckel, **50. Jahrgang**, welcher der Beachtung empfohlen wird.

Herausgegeben
auf Veranlassung des Richter-Vereins unter Mitwirkung der Hessischen Anwaltskammer
[von] Oberlandesgerichtsrat Keller in Darmstadt, Oberstaatsanwalt Dr. Buff in Mainz, Landgerichtsdirektor Hess in Mainz
Landgerichtsdirektor Praetorius in Gießen, Landgerichtsrat Dr. Schwarz in Darmstadt.

Erscheint monatlich zwei Mal
Preis Mk. 7.12 jährlich
mit postfreier Zustellung.

Bestellungen nehmen die Expedition in Mainz, die Postanstalten sowie sämtliche Buchhandlungen entgegen.

Einrückungs-Gebühr die dreispaltige Zeile oder deren Raum 30 Pfg.

Nr. 23. Vom Deutschen Juristentag angenommene Zitierweise: HessRspr. Nachdruck verboten. 6. Jahrgang.

Redaktion: Darmstadt, Heinrichsstraße 5.

Mainz, 1. März 1906.

Verlag und Expedition: J. Diemer, Mainz.

Entscheidungen des Großh. Oberlandesgerichts.

Zivilrecht. — Zivilprozeß.

1. Wird die Berufung gegen das gemäß § 302 ZPO. ergangene Vorbehaltsurteil dadurch unzulässig, daß dieses nachträglich bei der Entscheidung über die Aufrechnung der Gegenforderung aufgehoben wird?

Gegen das Teilurteil, durch welches über die eingeklagte Forderung unter Vorbehalt der Entscheidung über die Aufrechnung der beklagtischen Gegenforderung gemäß § 302 ZPO. erkannt worden war, hatte Kl. Berufung eingelegt, weil die Klageforderung teilweise zurückgewiesen worden war. Ohne Rücksicht auf die Berufung wurde das Verfahren in I. Instanz fortgesetzt und über die Aufrechnung durch bedingtes Endurteil entschieden. Nach dessen Rechtskraft leisteten die Bekl. den ihnen dadurch auferlegten Eid, und durch Läuterungsurteil wurde das Vorbehaltsurteil aufgehoben, die Klage abgewiesen und die Widerklage zugesprochen. Die Berufung gegen das Vorbehaltsurteil wurde trotz dessen Aufhebung für zulässig erklärt aus folgenden *Gründen*:

Die Berufung ist in gesetzlicher Form und rechtzeitig eingelegt worden. Gleichwohl ist ihre Zulässigkeit von dem beklagtischen Anwalt darum bestritten worden, weil das Teilurteil, gegen das die Berufung sich richtet, inzwischen in I. Instanz aufgehoben worden ist. Diese Bestreitung stellt sich aber nicht als begründet dar.

Anzuerkennen ist, daß, wie sich aus § 302 ZPO. ergibt, das unter Vorbehalt der Entscheidung über die Aufrechnung ergangene Teilurteil die Vorinstanz nicht hinderte, ohne Rücksicht auf dessen Anfechtung den Prozeß fortzusetzen; eine Vorschrift, die bestimmt, daß erst die Rechtskraft des Vorbehaltsurteils abzuwarten ist, existiert nicht. Das bedingte Endurteil und das Läuterungsurteil waren prozessual also zulässig; nur Zweckmäßigkeitsgründe hätten den Vorderrichter veranlassen sollen, seine Entscheidung über die Aufrechnung bis zur Erledigung der Berufung gegen das Teilurteil auszusetzen. Die späteren erstinstanzlichen Urteile können aber keinen Einfluß auf diese Berufung haben, da das nach § 302 ZPO. erlassene Teilurteil gemäß Abs. 3 dieses Paragraphen in Betreff der Rechtsmittel als *Endurteil* gilt und ein Einfluß auf seine Anfechtbarkeit der späteren Aufhebung desselben in I. Instanz prozessual nicht beigelegt ist. Es kann nicht angehen, den Berufungskl. des ihm gesetzlich zustehenden Rechtsmittels für verlustig zu erklären, weil das Verfahren sich so eigentümlich gestaltet hat. Richtiger ist es, die *formelle* Rechtskraft des bedingten Endurteils nicht zu beachten und davon auszugehen, daß die *materielle* Rechtskraft desselben in der Schwebe ist, bis über die Klageforderung rechtskräftig entschieden ist. Die Folge davon wird, falls das Teilurteil in der Berufungsinstanz aufgehoben wird, die sein, daß damit auch die beiden später ergangenen erstinstanzlichen Urteile zusammenfallen, ohne daß es der Anfechtung durch Rechtsmittel bedarf (vgl. *Seuffert*, ZPO. § 302, Anm. 5e und § 275, Anm. 4, Abs. 4; RGE. Bd. 15 S. 348 ff.).

Urt. OLG. II. ZS. v. 17. Nov. 1905 U 158/05.

Pf.

2. Kündigung der Stellung eines zum Geschäftsführer bestellten Gesellschafters einer G. m. b. H.

Kl. hat die Kündigung der Bekl. (G. m. b. H.) deshalb bestritten, weil er nicht nur Geschäftsführer, sondern auch Gesellschafter sei, beide Stellungen von einander nicht getrennt werden könnten und durch Kündigung nur die erstere, nicht auch die letztere beendet werde. Diese Annahme trifft im vorliegenden Falle nicht zu. Allerdings ist Kl. Gesellschafter der Bekl. und wurde bei Errichtung der Gesellschaft zum Geschäftsführer bestellt; allein hieraus folgt nicht, daß ihm diese letztere Stellung in seiner Eigenschaft *als Gesellschafter* übertragen worden und daß er solange Geschäftsführer bleiben müsse, als er Gesellschafter sei. Im Zweifel liegt vielmehr in einer derartigen Bestellung nur eine *bei Gelegenheit* der Gründung der Gesellschaft erfolgte Ernennung zum Geschäftsführer, die nicht einen Bestandteil des Gesellschaftsvertrags bildet. Deshalb ist die Kündigung nach Maßgabe der Vorschriften des BGB. auch solchen Geschäftsführern gegenüber zulässig und zur Bestellung eines neuen Geschäftsführers nicht ein Statuten-Aenderungsbeschluß erforderlich (Staub, G. m. b. H., § 35 Nr. 35, 36, 40; RGE. 44 S. 95).

Urt. OLG. II. ZS. v. 29. Sept. 1906 U 84/04 (LG. Mainz HO 129/03). F.

3. Wann machen Schreibversehen die Protesturkunde rechtsunwirksam? Ist die Bestimmung des § 123 Abs. 1 BGB. dem Anspruch aus einem Wechsel gegenüber anwendbar?

In der Berufungsinstanz wurde von seiten des auf Grund eines Domizilwechsels belangten Bekl. geltend gemacht, die in der Sache vorgelegte Protesturkunde sei rechtsunwirksam, ein Indossant sei verschieden aufgeführt, im Wechsel als „Schneidler", in der Protesturkunde als „Schneider". Unter den Beteiligten seien mehrere Wechselgeschäfte abgeschlossen worden und um so mehr seien genaue Angaben in der Protesturkunde geboten, aus der allein sich die Identität des Wechsels ergeben müsse.

In zweiter Linie wurde behauptet, daß die Willenserklärung des Bekl. der Anfechtung nach § 123 BGB. unterliege. Er sei durch betrügerische Vorspiegelungen zur Abgabe der Wechselerklärung veranlaßt worden und habe diese deshalb und zwar rechtzeitig angefochten. Die Berufung wurde als unbegründet zurückgewiesen.

Aus den Gründen: Was zunächst den ersteren aus der Beschaffenheit der Protesturkunde hergeleiteten Einwand anlangt, so ist bei der Entscheidung davon auszugehen, daß, wenn Art. 88 Z. 1 WO. eine wörtliche Abschrift des Wechsels in der Protesturkunde verlangt, damit gesichert werden soll, daß die Identität des zum Zweck des Protestes vorgelegten Wechsels mit demjenigen, aus welchem ein Wechselanspruch auf Grund des erhobenen Protestes hergeleitet wird, durch die Protesturkunde unzweifelhaft dargetan wird. Wie das zur Begründung der für die Berufungskl. gestellten Anträge übergebene Urteil in Uebereinstimmung mit Theorie und Praxis annimmt, ist es deshalb auch Frage des Einzelfalls, zu entscheiden, inwieweit Schreibfehler, die bei Anfertigung der Wechselabschrift in der Protesturkunde unterlaufen, diese Protesturkunde ungültig und unwirksam machen (vgl. Rehbein, WO. S. 153, Staub, WO. S. 245 und die dort angegebenen Stellen). Stellen sie die Identität des Wechsels nicht in Zweifel, so sind sie unerheblich, begründen sie dagegen solche Zweifel, so ist die Protesturkunde rechtsunwirksam, sie ist nicht geeignet, den ausschließlich durch sie zugelassenen Nachweis des erhobenen Protestes zu erbringen (RGE. Bd. 44 Nr. 121, RG. Urt. v. 8. Okt. 1904 in JurWschr. 1904 S. 562 Nr. 29). Nicht behaupten aber läßt sich, wie Berufungskl. annehmen, daß aus der Urkunde selbst das Schreibversehen als solches sich feststellen lassen müsse. Die Entscheidung in Seufferts Arch. Bd. 56 S. 61 stützt diese Behauptung keineswegs. In dem dort entschiedenen Falle bezog sich das Schreibversehen auf eine Tatsache, für die ein anderweiter urkundlicher Nachweis überhaupt nicht bestand und sonach auch nicht in Frage kam: das Datum der Protesterhebung war irrig angegeben. Hier handelt es sich dagegen um einen Teil der Protesturkunde, der nur im Zusammenhalt mit einer anderen Urkunde, dem Wechseloriginal, beweist. Deshalb ist in jener Entscheidung nicht die Aufstellung eines allgemein gültigen Grundsatzes, sondern lediglich eine Erwägung auf Grund der konkreten Sachlage zu erblicken. Hiervon aber ausgegangen, ergibt sich für den vorliegenden Fall, daß eine unwirksame Protesturkunde nicht vorliegt. Das Schreibversehen in der Abschrift eines Indossaments — der Name „Schneider" statt „Schneidler" — beeinträchtigt den Nachweis der Wechselidentität in keiner Weise, insbesondere auch im Hinblick auf die auf dem Wechsel zufällig enthaltenen Kennzeichnungen, und das vorliegende Schreibversehen erscheint deshalb als ein durchaus unerhebliches.

Aber auch der Einwand der Anfechtung vermag der Berufung nicht zum Erfolg zu verhelfen. Zunächst ist dem Berufungsgegner darin beizutreten, daß schon aus der Bestimmung des § 123 Abs. 2 BGB. sich ein gewichtiges Argument gegen die Anwendung der Bestimmung des Abs. 1 auf das Wechselrecht ergibt. Es liegt nahe, für den Wechselverkehr, bei dem formelle Willenserklärungen bei Beurteilung der rechtlichen Beziehungen in den Vordergrund gestellt sind, den gleichen Grundsatz als angebracht anzusehen, den § 123 Abs. 2 BGB. aufstellt. Entscheidend kann jedoch dieser Gesichtspunkt nicht sein, da es sich hier um eine Rechtsnachfolge handelt, nicht um einen direkten Rechtserwerb auf Grund der Täuschung eines Dritten. Trotzdem ist der Einwand zu verwerfen. Gegenüber dem zur Begründung des Einwands angerufenen Handelsrecht von Cosack, der den § 123 BGB. auch auf das Wechselrecht angewendet wissen will, obgleich er dies für ein unbefriedigendes Ergebnis hält, stehen gewichtige gegenteilige Anschauungen (Staub, WO. S. 201, Rehbein, WO. S. 132, die beide die Anwendbarkeit des § 123 BGB. auf das Wechselrecht für ausgeschlossen erklären), und es ist insbesondere überzeugend von Rehbein ausgeführt, daß die Anwendbarkeit durch das Fortbestehen des Art. 74 WO. unmöglich als zutreffend angesehen werden könne. Der Einwand der Täuschung ist ein rein persönlicher, der dem gutgläubigen Erwerber gegenüber nicht zur Anfechtung führen kann.

Urt. OLG. I. ZS. v. 13. Febr. 1905 U 432/04. Wt

Strafrecht. — Strafprozeß.

4. Wandergewerbescheine für Metzger?

Die Strafk. zu Gießen hat unter der tatsächlichen Feststellung: „daß der Angekl. als Metzgermeister bei stehendem Gewerbebetrieb außerhalb des Gemeindebezirks seiner gewerblichen Niederlassung persönlich für die Zwecke seines Gewerbebetriebs ein Schwein aufgekauft habe, ohne im Besitze einer Legitimationskarte zu sein", den Angekl. auf Grund der §§ 44, 44a, 148 Z. 5 GewO. verurteilt. Sie geht davon aus, daß auch lebendes Vieh i. S. der GewO. „Ware" sei und läßt die Bestrafung einzig von der Beantwortung der Frage abhängen, ob ein Aufkauf oder Ankauf von Waren zum Zwecke der Be- oder Verarbeitung ein Ankauf für die Zwecke des Gewerbebetriebs des Käufers ist; sie gelangt zur Bejahung der Frage auf Grund der Erwägung, daß ein Aufkauf für die Zwecke des Gewerbebetriebs doch auch ein Aufkauf sei, der zunächst zur Verarbeitung und zum Wiederverkauf der verarbeiteten Ware erfolge, zumal wenn, wie beim Metzgerhandwerk, durch die Verarbeitung nicht eine begrifflich ganz andere

Ware entstehe, sondern — wenigstens teilweise — lediglich vielleicht geräucherte und gesalzene Teile des geschlachteten Tiers weiterverkauft werden. Es liege dann nur Bearbeitung, keine Verarbeitung vor.

Der Angekl. verfolgte Rev. und beantragte, in Uebereinstimmung mit dem GenStA., Freisprechung. Das OLG. erkannte demgemäß.

Gründe: Die Frage, ob der Metzgermeister, welcher persönlich in den Nachbarorten seiner Niederlassung Schlachtvieh für die Zwecke seines Gewerbebetriebs kauft, einer Legitimationskarte i. S. des § 44a GewO. bedarf oder nicht, scheint nach dem gegenwärtigen Wortlaut des § 44 GewO. bejahend beantwortet werden zu müssen. Denn die Voraussetzungen des § 44 scheinen vorzuliegen: Betrieb eines stehenden Gewerbes, persönlich erfolgter Ankunf einer Ware außerhalb des Orts der gewerblichen Niederlassung, Ankauf zum Zwecke des Gewerbebetriebs des Käufers. Allein die Anwendung des Wortlauts des § 44 auf Fälle der vorliegenden Art hat zu Zweifeln Anlaß gegeben, zu dereu Beseitigung die Ministerien verschiedener deutscher Staaten Ausschreiben erlassen haben, von welchen diejenigen von Württemberg v. 15. Jan. 1897, von Sachsen v. 28. Jan. 1897, Bayern v. 18. Febr. 1898 und Preußen v. 13. Mai 1898 (vgl. Landmann, GewO., Note 6 Abs. 3 zu § 44) den Standpunkt vertreten, daß Metzger oder überhaupt Gewerbetreibende, welche in handwerksmäßigem Betrieb Rohprodukte aufkaufen oder aufkaufen lassen, nicht unter § 44 fallen und daher keiner Legitimationskarte i. S. des § 44a bedürfen, während in einem Erlasse des hessischen Ministeriums v. 17. Mai 1895 (Reger XV S. 374) unter Hinweis auf eine Entsch. des bayr. Obersten LG. v. 28. Febr. 1890 (Reger I. 15, Entsch. Bayr. ObLG. i. Strafs. Bd. VI 35) der Ansicht Ausdruck verliehen wurde, daß Metzgerburschen, die außerhalb des Gemeindebezirks der gewerblichen Niederlassung ihres Dienstherrn Schlachtvieh kaufen, wegen dieser Tätigkeit nach § 44a sich mit einer Legitimationskarte versehen müssen. Allein die bayrische Entscheidung hat die Billigung der bayr. Regierung nicht gefunden, wie sich dies aus dem dortigen Erlasse v. 18. Febr. 1898 ergibt, und auch der hessische Erlaß ist, soweit bekannt, nicht durchgeführt worden, und die im Jahre 1899 stattgehabte Neu-Regelung des Stempelwesens unterwirft nur die Legitimationskarte der Handlungsreisenden dem Stempel (Tarif Ziff. 47), während die Legitimationskarten der Gewerbe-, insbesondere Metzgergehilfen, wenn sie solcher, wie in dem Erlasse vom 17. Mai 1895 erwähnt ist, bedürfen snllten, nicht stempelpflichtig wären. Diese sachlich wohl nicht gerechtfertigte Ungleichheit läßt den Schluß zu, daß die hess. Regierung ihre frühere Auffassung nicht mehr aufrecht erhält. Spricht sonach die Regelung dieser Frage seitens der größten deutschen Stauten für das Nichtbestehen des Legitimationskartenzwangs für die Metzger, so ergibt eine genauere Betrachtung der zusammenhängenden Bestimmungen der §§ 42, 44, 55 GewO. die Richtigkeit der in dem größten Teil von Deutschland herrschenden Auffassung.

Die GewO. von 1869 unterscheidet zwischen dem stehenden Gewerbebetrieb und dem Gewerbebetrieb im Umherziehen (sog. Wandergewerbe). Nach § 42 GewO. darf derjenige, welcher zum selbständigen Betrieb eines stehenden Gewerbes berechtigt ist, dasselbe am Orte seiner gewerblichen Niederlassung und — soweit nicht die Vorschriften über das Wandergewerbe (Tit. III) einen Legitimationsschein erfordern, oder, wie es seit der Novelle v. 1. Juli 1883 heißt: „unbeschadet der Bestimmungen des III. Titels" — auch außerhalb dieses Ortes ausüben. Mit dieser abweichenden Wortfassung sollte jedoch nach den sten. Berichten der Tagung 1882/83 des Reichstags (Bd. V Anl., Aktenstück 5 S. 13/14) keine Aenderung eintreten, sondern der Absicht des Gesetzgebers ein bestimmterer Ausdruck verliehen werden. Nach den Vorschriften über das Wandergewerbe, insbesondere dem § 55, soll nun derjenige, welcher u. a. Waren irgend welcher Art ohne vorgängige Bestellung bei anderen Personen als bei Kaufleuten oder an anderen Orten als in offenen Verkaufsstellen zum Wiederverkauf ankauft, vorbehaltlich der in § 44 getroffenen Bestimmung, einen Legitimationsschein — nach der Novelle von 1883: einen Wandergewerbeschein — besitzen. Wenn nun der § 44 GewO. bestimmt, daß Personen, welche ein stehendes Gewerbe betreiben, befugt sind, außerhalb des Orts ihrer gewerblichen Niederlassung persönlich oder durch in ihren Diensten stehende Reisende Waren aufzukaufen, so konnte und wollte damit nicht etwa eine Befugnis zuerkannt werden, welche jeder Gewerbetreibende nach Maßgabe des § 1 GewO. (Grundsatz der Gewerbefreiheit) und insbesondere jeder Gewerbetreibende mit stehendem Betrieb nach § 42 bereits besitzt. Deshalb kann § 44 im Zusammenhang mit § 42, der auf § 55, und mit diesem § 55, der auf § 44 verweist, nicht anders verstanden werden, als daß diejenigen Handlungen eines Gewerbebetriebs, die, weil außerhalb der gewerblichen Niederlassung vorgenommen, nach der Regel der §§ 42, 55 als Ausflüsse des Wandergewerbes angesehen werden müßten, deshalb ausnahmsweise als solche nicht gelten, weil sie in Ausübung eines stehenden Gewerbebetriebs vorgenommen wurden. Es ist damit anerkannt, daß die Vorschrift des § 44 als eine Ausnahme von § 55 zu betrachten ist und daß i. S. der GewO. von 1869 ein Akt der Ausübung eines Gewerbes, welcher nicht unter die Vorschrift des § 55 fällt, auch nicht unter § 44 fallen kann. Liegt ein Akt der Gewerbeausführung vor, der nur deshalb unter § 55 nicht fällt, weil er in Ausübung eines stehenden Gewerbebetriebs erfolgte, so wäre ein Legitimationsschein (Legitimationskarte) erforderlich; handelt es sich aber um die Betätigung eines Gewerbebetriebs, die überhaupt nicht unter § 55 fällt, z. B. weil der Ankauf der Waren bei Kaufleuten und in offenen Verkaufsstellen, der Ankauf von Waren auf vorgängige Bestellung oder ein Ankauf von Waren nicht zum Wiederverkaufe, also nicht zu Zwecken des Handels, erfolgt ist, vielmehr ein Ankauf von Waren zum Zwecke der Be- und Verarbeitung vorliegt, so konnte ein Legitimationsschein weder aus § 44 Abs. 2 a. F. noch aus § 55 verlangt werden.

Nnn hat allerdings der § 44 durch die Novellen v. 1. Juli 1883 und 6. Aug. 1896 eine wesentliche Umgestaltung erfahren, insofern als der Legitimationsschein des § 44 Abs. 2, die nunmehrige Legitimationskarte des § 44a, nicht mehr ein einfacher Ausweis ist, der auf Verlangen ausgestellt werden muß, sondern eine gewerbepolizeiliche Urkunde, die bei Vorliegen der im § 44a Abs. 3, 4 erwähnten Vorausſetzungen verſagt und zurückgenommen werden kann; auch erſcheint das Aufkaufen von Waren nach § 44 Abſ. 3 nur dann als Ausfluß des ſtehenden Gewerbebetriebs, wenn es bei Kaufleuten, Produzenten oder in offenen Verkaufsſtellen erfolgt, während es als eine Ausübung des Wandergewerbes anzuſehen iſt, wenn die Ankäufe bei anderen Perſonen oder nicht in offenen Verkaufsſtellen bewirkt werden. Allein dieſe Aenderungen, die vornehmlich durch Ueberhandnehmen der Handlungsreiſenden und die hierdurch hervorgerufenen Beläſtigungen der Allgemeinheit veranlaßt wurden (vgl. ſten. Ber. a. a. O. S. 16), haben wohl gewiſſe Gewerbehandlungen den Vorſchriften über das Wandergewerbe unterſtellt, welche vorher zu dem ſtehenden Gewerbebetrieb gerechnet wurden, haben aber die Stellung des § 44 zu § 55, ihr Verhältnis als Ausnahme und Regel, nicht verſchoben.

Es iſt daher zu prüfen, ob die unter Anklage geſtellte Gewerbe-Ausübungshandlung unter den § 55 GewO. fallen würde, wenn ſie nicht in Ausübung eines ſtehenden Gewerbebetriebs erfolgt wäre, d. h. ob eine der im § 55 bezeichneten Ausübungshandlungen vorliegt, insbeſondere ob ein Ankauf einer Ware zum Wiederverkauf ſtattgefunden hat. Der Ankauf einer Ware zum Wiederverkauf bildet den Gegenſatz zum Ankauf von Waren zur Verarbeitung; dort kommt die Tätigkeit des Zwiſchenhändlers, hier die des Fabrikanten oder Handwerkers in Betracht. Geht man hiervon aus, ſo liegt bei dem Ankauf von Schlachtvieh durch einen Metzger kein Kauf zum Zwecke des Wiederverkaufs, wie beim Schweinehändler vor, ſondern ein Ankauf zum Zwecke der Verarbeitung. Das Fleiſch, die Würſte, die Schinken uſw. ſind nicht mehr das Tier ſelbſt, ſie ſind durch die Be- und Verarbeitung — mag dieſe auch nur darin beſtehen, daß das Tier geſchlachtet und meiſtermäßig aufgeteilt wird — Dinge oder Waren ganz anderer Art geworden (vgl. v. Schicker, GewO. § 44 N. 4a). Darin hat das LG. geirrt. Iſt alſo eine unter den § 55 fallende Gewerbeausübungshandlung nicht vorhanden, ſo fällt dieſer Ankauf auch nicht unter den Ankauf von Waren, wie ihn § 44 GewO. im Auge hat; es iſt vielmehr eine derjenigen Ausübungshandlungen des ſtehenden Gewerbes gegeben, die den Beſchränkungen der § 44, 44a nicht unterliegen.

Urt. OLG. Straff. v. 30. Juni 1905 S 13/05. X.

Entſcheidungen der Großh. Landgerichte und des Reichsgerichts.

Zivilrecht. — Zivilprozeß.

5. **Zur Auslegung des § 447 BGB. Auch bei einer vor dem hierfür beſtimmten Zeitpunkt erfolgten Auslieferung der verkauften Sache an die Transportanſtalt bleibt die Vorſchrift des § 447 Abſ. 1 BGB. über den Gefahrübergang in Geltung.**

Im Anſchluß an die Motive II 328 und in Uebereinſtimmung mit Oertmann und v. Staudinger (vgl. die Anm. zu § 447 BGB.) iſt davon auszugehen, daß der Gefahrübergang auf den Käufer nicht gehindert wird, wenn der Verkäufer der von dem Käufer erteilten beſonderen Anweiſung über die Art der Verſendung der gekauften Sache ohne dringenden Grund zuwiderhandelt. Daß aber auch die Beſtimmung des Zeitpunkts der Abſendung der Kaufſache unter den Begriff der „beſonderen Anweiſung über die Art der Verſendung“ fällt, iſt unbedenklich anzunehm… Dieſe Auffaſſung wird ſchon bezüglich der … § 477 Abſ. 2 BGB. faſt gleich lautenden und, … durch dieſe Vorſchrift überflüſſig gewordenen, im ne… HGB. in Wegfall gekommenen Beſtimmung des A… 345 Abſ. 1 Satz 2 des alten HGB. faſt allgemein v… treten (vgl. Staub, Anm. § 4 zu Art. 345; Endmann, Handbuch § 271 Z. 5; v. Hahn, § 1 … Art. 344, § 7 zu Art. 345).

Die Richtigkeit der hier vertretenen Anſicht erg… ſich endlich klar aus der Entſtehungsgeſchichte der le… genannten Vorſchrift. Der preuß. Entw. hatte näm… dem Verkäufer, welcher von der beſonderen, ü… die Art der Verſendung erteilten Anweiſung abw… die Gefahr der Ueberſendung aufgebürdet. Dieſe B… ſtimmung wurde in erſter Leſung nach 2 Richtun… hin modifiziert, indem man einmal den Verkäufer n… dann für verantwortlich erklärte, wenn er ohne dri… gende Veranlaſſung von der Anweiſung abweicht, … aber auch in dieſem Falle nur für den aus der A… weichung entſtandenen Schaden haften ließ (vgl. v. Hahn a. a. O.).

Gegen die Richtigkeit dieſer Anſicht läßt ſi… nicht etwa einwenden, daß von einer „auf Verla… des Käufers“ erfolgten Verſendung der Kaufſache … die Rede ſein und daher auch der Gefahrübergan… als eingetreten angeſehen werden könne, wenn … der Vereinbarung zuwider an einem anderen als de… hierfür beſtimmten Tage ſtattfinde; denn die Wor… „verſendet der Verkäufer auf Verlangen des Käufer… uſw. ſind nach richtiger Anſicht nur im Gegenſatz z… einer aus eigener Initiative des Verkäufers erfolgten… zu verſtehen (vgl. Oertmann, Anm. 3 zu § 44… BGB.).

Urt. LG. Gießen I. ZK. v. 26. Juli 1905 S 121/05.
Nhg.

Strafrecht. — Strafprozeß.

6. **„Verbindung zuſammenhängender Strafſachen“ na… § 2 StPO. Begriff der „in der Anklage bezeichneten Tat“ nach § 263 StPO. Umfang des Sachverſtändigeneids.**

Die Kellnerin B. hatte in der Nacht vom 21./22. Jan. 1905 ein außereheliches Kind geboren und nach Entdeckung der in ihrem Zimmer verwahrten Leiche bei ihrer verantwortlichen Vernehmung zugegeben, daß die durch den Sektionsbefund feſtgeſtellte Frühgeburt von ihr inſofern vorſätzlich herbeigeführt ſei, als ihr wenige Tage zuvor die Ehefrau E. mit ihrem Willen eine Einſpritzung zum Zweck der Abtreibung gegeben habe. Die gleichfalls verhaftete Ehefrau E. beſtritt das, behauptete vielmehr, an der B. nur mittels eines Irrigators eine ungefährliche Ausſpülung vorgenommen zu haben.

Nachdem gegen die B. aus § 218 Abſ. 1, gegen die E. aus § 218 Abſ. 3 StGB. Anklage an die Straff. erhoben war, widerrief die B. in der Hauptverhandlung ihre frühere Ausſage und behauptete jetzt, die in der Sitzung anweſende und als Zeugin vernommene Hebamme L. habe an ihr wiederholt und gegen Entgelt mittels eines nadelförmigen Gegenſtands Eingriffe gemacht; die frühzeitige Abgabe der Leibesfrucht ſei eine Folge dieſer Manipulationen der Hebamme L. Dieſe ſelbſt beſtritt als Zeugin jede Täterſchaft.

Die Straff. zu Mainz kam auf Grund dieſes Tatbeſtands am 27. Juni 1905 zur Verurteilung der ſchwangeren B. und der Ehefrau E. aus § 218 Abſ.

1 bezw. 3 StGB., indem sie annahm, daß entsprechend den Ausführungen des medizinischen Sachverständigen die an der B. vorgenommene Abtreibung eine Folge sowohl der Einspritzungen der Ehefrau E. wie des von der Hebamme L. vorgenommenen Eihautstiches sei. Die schwangere B. sei daher schuldig der vollendeten Abtreibung, fortgesetzt verübt durch Duldung der Eingriffe sowohl der E. wie der L., die Ehefrau E. schuldig, zu Abtreibungszwecken an der Schwangeren die Einspritzung vorgenommen zu haben.

Beide Angekl. verfolgten Rev., wobei namentlich folgende Punkte gerügt wurden:

1. zu Unrecht habe die Strafk. sich zur Aburteilung für zuständig gehalten, da die aus § 219 StGB. zu beurteilende Straftat nach § 80 GVG. dem Schwurgericht kompetiere, indem nach den Feststellungen der Strafk. auch die von der Zeugin Hebamme L. gegen Entgelt vorgenommenen Eingriffe in Verbindung mit den Einspritzungen der E. den Fruchtabgang bewirkt hätten;

2. das angefochtene Urteil verstoße gegen § 264 StPO., da der schwangeren B. nicht mitgeteilt sei, daß auch die Einwirkung der Hebamme L. der Urteilsfindung, besonders auch der Strafzumessung zugrunde gelegt werde;

3. die Strafk. habe die Feststellung, daß tatsächlich die Ehefrau E. der B. eine Einspritzung gemacht habe, darauf gegründet, daß die von der B. dem untersuchenden Kreisarzte gemachten und von diesem in der Hauptverhandlung wiedergegebenen Schilderungen dieses Vorganges so ausführliche und genaue gewesen seien, daß die B. dies nicht erfunden haben könne. Der Gerichtsarzt habe aber nur den Sachverständigen-, nicht den Zeugeneid geleistet, und es sei somit gegen §§ 249 und 60 StPO. verstoßen.

Das RG. verwarf die Rev. beider Angekl., indem es folgendes ausführte:

Zu 1: Diese Rüge sei verfehlt, weil, auch wenn das nicht unter Anklage stehende Verbrechen der Hebamme L. und der Ehefrau E. mit der Tat der B. zusammenhänge, die Verbindung der Verfahren gegen die 3 Beteiligten nicht gesetzlich geboten, sondern noch § 2 StPO. nur dem Ermessen des Gerichts anheimgegeben sei. Die in dieser Richtung getroffene Entscheidung der Strafk. unterliege nicht der Revision.

Zu 2: Nach § 269 StPO. sei die Tat der Angekl. d. i. die Abtreibung der Leibesfrucht, wie sie sich nach dem Ergebnis der Verhandlung dargestellt habe, dem Urteil zugrunde zu legen. Das sei geschehen, indem dabei eine bis dahin nicht unter Anklage gestellte Mitwirkung der Hebamme L. zu dem eingetretenen Erfolg festgestellt worden sei. Es sei weder eine andere als die unter Anklage gestellte Tat zum Gegenstand der Aburteilung gemacht noch die Angekl. auf Grund eines im Eröffnungsbeschluß nicht angeführten, anderen Strafgesetzes verurteilt worden. Es sei also weder gegen § 263 noch gegen § 264 StPO. verstoßen.

Zu 3: Die Verwertung der Aussage des nur als Sachverständiger, nicht als Zeuge beeidigten Gerichtsarztes bei der Urteilsfindung sei nicht zu beanstanden. Der Sachverständige habe seine Aussage durch Berufung auf seinen Diensteid beeidigt. Lege aber der Sachverständige dem von ihm erstatteten Gutachten Wahrnehmungen zugrunde, die er als sachverständiger Zeuge gemacht und die er bei der von ihm vorzunehmenden Untersuchung zu beachten hatte, so bedürfe es der Leistung des Zeugeneids neben dem Sachverständigeneid nicht (Rechtspr. des RG. Bd. III S. 611; VII S. 525; RGE. II S. 157; Entsch. des erkennenden Senats v. 25. März 1897, Rep. Nr. 675/97; v. 27. Nov. 1902, Rep. Nr. 4186/02; v. 19. Mai 1904, Rep. Nr. 6249/03). Wie die Akten ergeben, habe der Sachverständige im Auftrag des Gerichts die B. einer Generaluntersuchung unterzogen und sie hierbei eingehend über die an ihr von der E. vorgenommene Einspritzung befragt. Die hierauf bezüglichen Angaben der B. bildeten also eine Unterlage seiner Untersuchung und seines Gutachtens, seien daher durch den Eid, auf welchen er sich gemäß § 79 StPO. berufen habe, gedeckt. In diesem Eide habe er gelobt, alle ihm vermöge seines Amtes nach den Gesetzen und Dienstanweisungen obliegenden Pflichten nach bestem Wissen und Gewissen genau zu erfüllen und das von ihm geforderte Gutachten unparteiisch zu erstatten (vgl. § 18 der Dienstinstruktion für die Gr. Kreisärzte vom 14. Juli 1884 (Reg.-Bl. 1884, S. 221); Ausschr. des Gr. Min. d. Innern und der Jz., Abt. f. öff. Gesundheitspflege, v. 9. März 1881; Urteil des erkennenden Senats v. 16. Mai 1889, Rep. 1290/98). Das Gutachten habe nicht nach bestem Wissen und Gewissen von dem Sachverständigen erstattet werden können, wenn er dabei nicht die wirklich gemachten Wahrnehmungen zugrunde gelegt hätte, zu welchen auch die durch die Untersuchung veranlaßten Angaben der B. gehörten.

Urt. RG. I. Strafs. v. 18. Sept. 1905 I D 1223/05 (hessische Sache). StA. Dr. M.

Freiwillige Gerichtsbarkeit.

7. Die Löschung der Hypotheken bei der Immobiliar-Zwangsvollstreckung. Die Folgen der Nichtvorlage der Hypothekurkunden.

Am 16. Jan. 1905 hat das AG. D. eine Immobiliar-Zwangsversteigerung genehmigt und die an den Liegenschaften dinglich Berechtigten aufgefordert, binnen einem Monate von Zustellung an ihre Forderungen an Hauptgeld, Zinsen und Kosten unter Vorlage der Unterlagen, insbesondere der Hypothekurkunden und der Belege für etwaige Kosten einzureichen, andernfalls sie im Verteilungsverfahren unberücksichtigt bleiben, auch für sie eingetragene Hypotheken für erloschen erklärt und dies nach Vollzug der Löschung öffentlich bekannt gemacht werden würde; soweit Hypothekurkunden eine Schuldverschreibung enthielten, bleibe diese in Wirksamkeit und werde die Urkunde demnächst unverletzt zurückgegeben.

Am 20. Febr. 1905 hat das AG. Verfügung dahin erlassen: Nach fruchtlosem Ablaufe der . . . . gesetzten Frist wird gemäß § 40 der Instr. für die Land- (jetzt Amts-) gerichte, das Hypothekwesen betr., vom 1. Dez. 1861 die Löschung der auf den versteigerten Unterpfändern eingetragenen Hypothek des Hypothekargläubigers X. und deren öffentliche Bekanntmachung hiermit angeordnet".

Als X. nachträglich seine Hypothekurkunde mit Forderungsberechnung dem AG. einreichte, teilte letzteres ihm unterm 2. März 1905 mit, daß nach Erlaß der Verfügung vom 20. Febr. 1905 die Hypothek im Verteilungsverfahren nicht mehr berücksichtigt werden könne.

Auf Beschw. des X. wurden die Verfügungen des AG. v. 20. Febr. und 2. März 1905 *aufgehoben*.

Aus den Gründen: Nach Art. 152 Z. 6 des Pfandgesetzes ist die Zwangsversteigerung ein Rechtstitel, kraft dessen der Beteiligte nach Art. 163 a. a. O. den Akt der Löschung verlangen kann; die Hypothek selbst gilt erst donn als erloschen, wenn sie in dem Hypothekenbuch wirklich gelöscht worden ist. Nach Art. 23 des Ges., das Verfahren der Hypothekenbehörden betr., hat das AG. vor Bestätigung der Eigentumsurkunde die Urkunden über die bestehenden Hypothektitel einzufordern. Die Löschung der Hypothek ist sodann, wenn von den Steigerern durch beweiskräftige Urkunde die Zahlung des Steigpreises an den noch richterlicher Verfügung zu dessen Empfangnahme Berechtigten nachgewiesen oder sonst den Vorschriften des Art. 161 a. a. O. genügt ist, auf amtsgerichtliche Verfügung von dem Ortsgericht in dem Hypothekenbuch unter Hinweisung auf jene Urkunden zu vollziehen. Kaunten nachstehende Pfandgläubiger, denen das versteigerte Unterpfand verhaftet war, mit dem Erlöse aus dem Unterpfand gar nicht ader nur teilweise befriedigt werden, so ist ebenfalls die Löschung noch entsprechender vorgängiger Bescheinigung von dem AG. zu verfügen und von dem OrtsG. in dem Hypothekenbuch zu vollziehen. Nach Verkaufsbedingung 4 sind das Eigentum und die auf den Liegenschaften ruhenden Pfandrechte vorbehalten g l , bis der Steigschilling nebst Zinsen und allen aus dem Kause entstandenen Forderungen der gerichtlichen Anweisung gemäß bezahlt worden sind. Vor der Erfüllung dieser Bedingung (Art. 161 a. a. O.) kann ein Grund zur Löschung noch nicht eintreten (*Müller*, Pfandrecht S. 277). Für die Nachhypotheken tritt ein rechtlicher Grund zur Löschung ein, wenn aus beweiskräftiger Urkunde hervorgeht, daß von dem Erlöse nichts erübrigt oder der Nachhypothekargläubiger richterlicher Anweisung gemäß das ihm Gebührende empfangen hat (*Müller*, a. a. O. S. 278). Die vorerwähnte Instruktion hat an den gesetzlichen Bestimmungen uichts ändern wollen oder können. Sie verfügt in § 31 ausdrücklich, daß dem Antrag auf Löschung der Hypothek im Hypothekenbuch auf Grund der durch den gerichtlichen Zuschlag vollendeten Zwangsveräußerung erst noch Beibringung der im § 51 — soll heißen: § 40 — erwähnten Urkunden stattgegeben werden kann. Nach § 40 kann nach Bestätigung des Steigbriefs die Löschung aller auf den versteigerten Unterpfändern haftenden Hypotheken, gleichviel od die hypothekarisch versicherten Forderungen ganz oder nur teilweise oder gar nicht getilgt sind, verfügt werden, wenn der Betreibende dem AG. varlegt: 1. eine Bescheinigung des zuständigen Gerichts darüber, in welcher Weise der Steigpreis verwendet werden mußte, namentlich wieviel davon jedem Pfandgläubiger zugeteilt worden ist, und 2. eine öffentliche oder in Ansehung der Unterschrift gehörig beglaubigte Urkunde, aus welcher erhellt, daß der Steigpreis der unter 1 erwähnten gerichtlichen Verfügung gemäß wirklich bezahlt oder verwendet worden ist.

Nach Art. 164 des Pfandgesetzes und § 34 der Instr. bedarf es aber auch rines *Löschungsantrags*. Nach § 36 der Instr. hat das AG., bevor es die Löschung verfügt, sorgfältig zu prüfen, ob alle Voraussetzungen dozu vorhanden sind, ob alsa der Antrag auf Löschung nach Form und Inhalt der zu dem Ende vorgelegten Urkunden begründet ist (vgl. Instr. § 40 letzter Absotz).

Zu den mit Antrog auf Löschung einer Hypothek vorzulegenden Urkunden gehört auch die Urschrift der über den freiwilligen oder gesetzlichen Hypothektitel errichteten Urkunde. Dieser Vorlage bedarf es bei der gesetzlichen Hypothek nach Art. 18 des Verfahrensgesetzes, § 35 Z. 2 der Instr. unter Umständen nicht. *Durch die Bestimmungen des § 40 der Instr. wird lediglich ein Ersatz für Vorlage der Hypothekurkunden geschaffen* (*Müller*, a. a. O. S. 284 ff.). Die Erloschen-Erklärung hat keine konstitutive, sondern nur *deklarative* Bedeutung; der Rechtstitel zur Löschung liegt schon in der Zwangsversteigerung. Jene Erklärung kann deshalb überhaupt nicht in Froge kommen, wenn es sich um Verfügung der Löschung, um Vollzug des Löschungsaktes handelt, wenn also für diesen die Voraussetzungen, insbesondere *Löschungsantrag* und *Nachweis der anweisungsgemäßen* Verwendung des Steigpreises vorliegen.

Das AG. hat aber ohne diese Voraussetzungen — eine Bestätigung des Steigbriefs und eine Anweisung des Steigpreises ist überhaupt nicht erfoigt — nicht etwa bloß die Hypotheken, bezüglich deren die Urkunden über den Hypothektitel nicht vorgelegt worden sind, für erloschen erklärt, saudern dereu *Löschung verfügt*, alsa einen ganz anderen Rechtsnachteil verwirklicht, als es angedroht hatte (allerdings ohne Anweisung an das OrtsG. gemäß Art. 4 des Verfahrensgesetzes und § 37 der Instr.). *Diese Löschungsverfügung entbehrt jeder gesetzlichen Grundlage.*

Das AG. hat weiter jetzt schon die öffentliche *Bekanntmachung* nicht der gar nicht existent gewordenen Tatsache, daß es die Hypotheken für erlaschen erklärt hat, sondern der Löschungsverfügung, die noch nicht vollzagen ist, angeordnet.

Dieser Beschl. ist ohne jede Wirksamkeit, beschwert aber doch die Hypothekargläubiger, welche Gefahr laufen, daß ihn das AG. in jedem Augenblick in Vollzug setze. Er kann deshalb von ihnen im Wege der einfachen Beschw. beseitigt werden. Daß der Beschl. aus Anlaß des Zwangsvollstreckungsverfahrens ergangen ist, ändert daran nichts. Es kann keinen Unterschied machen, ob er in den Zwangsvollstreckungsakten oder in den Hypothekakten ergangen ist, immer handelt es sich um einen Akt der FG.

Die Beschwerdeführer sind um so mehr berechtigt, Abhilfe zu verlangen, als das AG. in seinem Beschl. v. 2. März 1905 seinen früheren Beschl. sogar ausdrücklich dahin auslegt, daß er die Nichtberücksichtigung der Hypotheken im Verteilungsverfahren zur Folge habe, was tatsächlich der Fall wäre, wenn es vor letzterem Verfahren die verfügte Löschung vollziehen würde.

Schließlich ist noch darauf hinzuweisen, daß nach Art. 43 AusfG. z. ZPO. u. KO. das Vollstreckungsgericht bei Einleitung des Verteilungsverfahrens die beteiligten Gläubiger, deren Forderungen nicht vollständig aus den Vollstreckungsakten erhellen, zur Anmeldung aufzufordern hat, daß nach Art. 44 daselbst schon vor Ablauf der Anmeldefrist, wenn alle zu berücksichtigenden Forderungen dem Gerichte vollständig an Kapital, Zinsen, Kosten und sonstigen Nebenforderungen bekannt sind, der Teilungsplan anzufertigen ist, daß aber hiernach die Anmeldung keine notwendige Voraussetzung der Berücksichtigung im Verteilungsverfahren bildet.

Die Aufforderungen nach § 40 der Instr. und Art. 43 a. a. O. können miteinander verbunden werden. Der Rechtsnachteil des § 40 knüpft sich an die Nichtvorlage der Hypothekenurkunden bis zur Verfügung über den Löschungsantrag; die mangelnde Anmeldung innerhalb der Monatsfrist hat nur zur Folge, daß der Teilungsplan ohne diejenige Berücksichtigung der Nebenforderungen, die die Anmeldung zur Folge gehabt haben würde, angefertigt wird. Daß das AG. in seiner Verfügung v. 16. Jan. 1905 beide Aufforderungen miteinander vereinigt hat, kann den Beschwerdeführern nicht zum Nachteil gereichen. Lediglich diese Vermengung erklärt aber den Beschl. v. 20. Febr. 1905 und die sich daran anknüpfenden Beschlüsse. Beschl. LG. Dstdt. ZK. I v. 16. März 1905 T 105/05.

Dr. E. E. Hoffmann II, RA.

Kosten und Gebühren.

8. Vergleichsgebühr des Anwaltes von außerhalb des Streites liegenden, aber mitverglichenen Ansprüchen; deren Festsetzung im Kostenfestsetzungsverfahren.

Es wird zunächst hervorgehoben, daß ein Vergleich, d. h. die Beseitigung einer Ungewißheit im Wege vertraglichen Nachgebens, schon darin liege, daß eine Partei sich zur Leistung an einem bestimmten Tage verpflichtet und durch ihre rechtsgeschäftliche Erklärung dem Gegner einen vollstreckbaren Titel verschafft, während dieser auf weitergehende Ansprüche stillschweigend verzichtet (RG. Urt. v. 26. Sept. 1904 im „Recht" 1904 S. 576 Nr. 2477). Auch die prozessualen Konzessionen bei Abschluß des Vergleichs haben als Nachgaben zu gelten.

Soweit durch den Abschluß des Vergleichs über den Anspruch, der nicht Gegenstand des Prozesses war, Kosten entstanden sind, fragt es sich, ob diese Kosten im Wege des Kostenfestsetzungsverfahrens festgesetzt werden können. Gegenüber den Entscheidungen der OLG. Marienwerder und Dresden (Rspr. OLG. 3 S. 317, 6 S. 388) und OLG. Braunschweig (im „Recht" 1902 S. 590) hat das Reichsgericht durch Beschl. v. 7. Juli 1900 die Frage bejaht (Warneyer, Jahrbuch III S. 592 Nr. 11). Es erscheint nicht angängig, einen Vergleich, wie den vorliegenden, zu teilen, indem man nur den einen Teil als prozeßerledigend ansicht. Regelmäßig wird die eine Partei nur deshalb zu einer Nachgabe bereit sein, weil die andere sich auch hinsichtlich einer weiter bestehenden Forderung zur Zahlung verpflichtet und auch hierüber einen vollstreckbaren Schuldtitel gibt. Es ist deshalb nicht einzusehen, weshalb Kosten, die wegen dieses vollstreckbaren Teiles des Vergleichs entstanden sind, nicht auch mit den eigentlichen Prozeßkosten im Kostenfestsetzungsverfahren zur Festsetzung und Vollstreckung gebracht werden können (vgl. ABl. Nr. 13 v. 1904). Was die Vergleichsgebühr des beim Vergleichsabschluß mitwirkenden Rechtsanwalts anlangt, so schließt sich das Gericht der herrschenden Meinung dahin an, daß für die Berechnung der Vergleichsgebühr nicht die Vorschriften der §§ 13 Nr. 3; 18 GebO. f. RA., sondern die des § 89 desselben Gesetzes oder die landesrechtlichen Vorschriften für maßgeblich erklärt werden, da die Gebühren des § 13 Nr. 3 und § 18 GebO. f. RA. nach §§ 1, 9 als Gebühren in bürgerlichen Rechtsstreitigkeiten nur von dem Wert des Streitgegenstandes anzusetzen sind. Die beratende Tätigkeit des Anwalts, die zum Vergleichsabschluß über den Teil der Vergleichssumme geführt hat, der nicht zum Streitgegenstand im Sinne dieser Vorschrift gehört, ist eine Tätigkeit in Sachen der freiwilligen Gerichtsbarkeit, auch wenn sie zur Prozeßerledigung beitrug (RGE. Bd. 36 S. 404; Seuffert II S. 436, 437; Sydow-Busch, GKG. zu § 23 Ne. 3; Pfafferoth S. 142 zu § 23[3] GKG.; OLG. Cassel bei Willenbücher, Gerichtskostenwesen Bd. II (1895) S. 114; Lichten, Hess. GebO. f. RA. S. 69 Anm. C zu § 18 VO.). Darnach steht dem Anwalt neben dem Anspruch auf Erstattung der von der Streitsumme nach §§ 13 Nr. 3; 18 GebO. f. RA. zu berechnenden Gebühr ein Anspruch auf Ersatz der noch § 89 a. a. O., §§ 18, 10 Hess. VO., § 13 Nr. 3 GebO. f. RA. festzusetzenden Gebühr einer vollen weiteren Vergleichsgebühr zu.

Entsch. LG. Darmstadt v. 23. Jan. 1905, III. ZK., O 1456/02 (bestätigt durch Beschl. OLG. v. 22. März 1905 W 43/05). Sz.

Sprechsaal.

Ist für den Beschluß des Amtsgerichts, durch welchen die Mutation eines Notariatsaktes abgelehnt wird, eine Gebühr zu erheben?

In Art. 28 des Ges., betr. die Uebertragung von Grundeigentum ꝛc., v. 6. Juni 1879 (Art. 25 der Fassung v. 18. Dez. 1899) ist gesagt, daß die zur Ausführung dieses Gesetzes erforderlichen weiteren Bestimmungen, insbesondere über die zu erhebenden Gebühren ꝛc., durch besondere VO. erfolgen. § 25 der hierzu gehörigen VO. v. 9. Sept. 1879 (§ 23 n. F.) behandelt den Abweisungsbeschluß; § 39 (§ 56 n. F.) enthält die Vorschriften bezüglich der Kosten. In diesem § wird nur von Gebühren gesprochen, welche Beamte beziehen, eine Staatsgebühr ist darin nicht vorgesehen. Für einen Abweisungsbeschluß wurde von den rheinhessischen Amtsgerichten seither wohl nie eine Gebühr erhoben, da in dem § 39 eine Gebühr des Staates nicht vorgesehen ist. Die einzige gesetzliche Vorschrift, die vielleicht in Anwendung hätte kommen können, enthält die Nr. 16 des Gebühren-Tarifs zur VO., die Gerichtskosten und Gebühren betr., vom $\frac{\text{18. Januar 1882}}{\text{23. Juli 1890}}$, welche vorschreibt, daß für eine Sachuntersuchung, eine Entschließung mit oder ohne vorausgegangene Verhandlung, soweit nicht in den Tarifen besondere Bestimmungen getroffen sind, eine Gebühr von 1 bis 20 M zu erheben sei. Wollte man nun für die Sachuntersuchung und die Entschließung, die zum Abweisungsbeschluß führt, die Gebühr aus Nr. 16 a. a. O. erheben, so hätte wohl dieselbe Gebühr auch für den Beschluß (Entschließung) erhoben werden müssen, der zur Eintragung in das Mutationsverzeichnis führt, auch wenn der Beschluß nur aus den Worten „Zum Eintrag" besteht; denn die Sachuntersuchung ist in beiden Fällen die gleiche, nur das Ergebnis, die Entschließung, ist eine andere. Auch das LG. Mainz hat seither die Ansicht vertreten, daß für den Abweisungsbeschluß des AG. eine Gebühr nicht zu erheben sei, indem es in einer großen Anzahl von Fällen die Gebühr für einen die Beschw. gegen einen Abweisungsbeschluß als unzuläßig oder unbegründet verwerfenden Beschl. nach Nr. 17 Abs. 2 des GebT. festsetzte, und zwar in der Regel 1 M. Wäre die Nr. 17 Abs. 1 für den landgerichtlichen Beschl. in Anwendung gekommen, so hätte die Mindest-Gebühr für diesen 1 M 30 Pfg. betragen müssen. In Nr. 17 Abs. 2 ist gesagt: „ist die Beschw. nicht gegen einen gebührenpflichtigen Akt gerichtet rc.". In einer Entscheidung des LG. v. 30. Juni 1897 ist gesagt, daß die Gebühr für eine zurückgewiesene Beschw. gegen einen Abweisungsbeschluß nach Ziff. 17 Abs. 2 des Tarifs und der VO. v. $\frac{\text{18. Jan. 1882}}{\text{23. Juli 1890}}$ zu erheben sei, da die Beschw. gegen einen nicht gebührenpflichtigen Akt gerichtet sei, weil der Staat für die Mutation eine Gebühr nicht beziehe und nur solche Gebühren in Z. 17 des Tarifs in Frage stünden. Auch das OLG. hat wohl seither dieselbe Anschauung vertreten, da in einem Beschl., in welchem die weitere Beschw. gegen einen in der Beschwerde-Instanz erlassenen Beschl. des LG. M. zurückgewiesen wurde, die Kostenfestsetzung des LG. gemäß Nr. 16 und 17^{2} des Tarifs mit 1 M nicht beanstandet wurde.

Das LG. M. hat nun in letzter Zeit seine Anschauung **geändert** und in einem Beschl., der die Beschw. gegen einen Abweisungsbeschluß als unbegründet verwarf, ausgeführt: die Ausführung des ersten Richters, daß für die I. Instanz keine Kosten zu berechnen seien, könne nicht gebilligt werden; wenn Angelegenheiten nach Maßgabe der bisherigen Gesetze erledigt würden, seien auch die Gerichtskosten nach den bisherigen Vorschriften zu berechnen; für die I. Instanz komme die Z. 16 des Tarifs von 1882 bezw. 1890 in Betracht. Die Gebühr für die I. Instanz wurde hiernach auf 1 M festgesetzt. Gschr. Fz.

Die Großh. VO. über die **Amtstracht** der Juristen v. 15. Aug. 1879 schreibt in § 3d für das Barett der **Direktoren** und **Ersten** (jetzt **Ober-**) **Staatsanwälte** eine silberne Schnur-Einfassung vor. Wie kommt es wohl, daß man dieses äußere Abzeichen den **im gleichen Rang** stehenden **Oberlandesgerichtsräten** seiner Zeit vorenthalten hat? Die mehr oder weniger dirigierende Tätigkeit der Beamten kann dabei nicht ausschlaggebend sein, sondern die **Rangstellung** soll nach außen hin zum Ausdruck kommen. Bei dem jetzigen Zustand hat der jüngste Amtsrichter genau die gleiche Amtstracht wie der älteste Oberlandesgerichtsrat! Das widerspricht doch einigermaßen den nun einmal hierzulande geltenden Anschauungen und wäre mit einem Federstrich zu ändern. Judex.

Literatur.

Zivilprozeßordnung und GVG. nebst Einführungsgesetze (F. Vahlen, Berlin. 444 S., geb. M 2.—). Diese **Textausgabe** (2. Aufl.) mit **Sachregister** und vergleichender Zusammenstellung der alten und neuen §§-Zahlen bringt die neue Fassung der Gesetze, wie sie aus den Abänderungen von 1898 und den **Novellen** vom 5. Juni 1905 sich ergibt. Durch Anwendung der Antiqua- und Kursiv-Schrift wurden die Neuerungen erkennbar gemacht. X.

Druckfehler! In Nr. 22 S. 163 Ziffer 4 (Spalte 2) muß es in der viertletzten Zeile der mitgeteilten Entscheidung selbstverständlich „**mittelbare** (nicht unmittelbare) Besitzer" heißen. D. Red.

[Ver]antwortlich: Oberlandesgerichtsrat Keller in Darmstadt. — Verlag von J. Diemer in Mainz. — Druck von H. Otto's Hof-Buchdruckerei in Darmstadt.

Hessische Rechtsprechung

Herausgegeben

auf Veranlassung des **Richter-Vereins** unter Mitwirkung der **Hessischen Anwaltskammer**

von Oberlandesgerichtsrat **Keller** in Darmstadt, Oberstaatsanwalt Dr. **Buff** in Mainz, Landgerichtsdirektor **Hess** in Mainz Landgerichtsdirektor **Praetorius** in Gießen, Landgerichtsrat Dr. **Schwarz** in Darmstadt.

Erscheint monatlich zwei Mal Preis Mk. 7.12 jährlich mit postfreier Zustellung.	Bestellungen nehmen die Expedition in Mainz, die Postanstalten sowie sämtliche Buchhandlungen entgegen.	Einrückungs-Gebühr die dreispaltige Zeile oder deren Raum 30 Pfg.

Nr. 24. Vom Deutschen Juristentag angenommene Zitierweise: HessRspr. Nachdruck verboten. **6. Jahrgang.**

Redaktion: Darmstadt, Heinrichsstraße 5.	**Mainz, 15. März 1906.**	Verlag und Expedition: J. Diemer, Mainz.

Entscheidungen des Großh. Oberlandesgerichts.

Zivilrecht. — Zivilprozeß.

1. Ist die Beschwerde eines Armenanwalts gegen einen Beschluß, durch welchen sein Antrag, der von ihm vertretenen Partei des Armenrecht zu entziehen, abgelehnt worden ist, zulässig?

Dem Kläger, welchem das Armenrecht bewilligt worden war, ist ein Teilbetrag der Klageforderung zuerkannt worden. Sein Anwalt beantragte, ihm mit Rücksicht hierauf das Armenrecht zu entziehen, weil derselbe angesichts der Sachlage die Kosten seines Anwalts bezahlen könne. Dieser Antrag wurde abgelehnt, weil keine wesentliche Besserung der Vermögensverhältnisse des Kl. stattgefunden habe. Die gegen diesen Beschl. gerichtete Beschw. des klägerischen Anwalts wurde verworfen aus folgenden Gründen:

Nach § 127 ZPO. findet gegen den Beschl., durch welchen das Armenrecht bewilligt wird, kein Rechtsmittel statt. Einem solchen Beschl. vollständig gleich steht ein Beschl., durch welchen die Entziehung des Armenrechts abgelehnt wird (RGE. B. 20 S. 418; JurWschr. 1900 S. 129[2]; Seuffert, Anm. zu § 127 ZPO.). Der der Armenpartei beigeordnete Rechtsanwalt hat demnach auch nicht das Recht, gegen einen derartigen Beschl. Beschwerde zu führen. Nach § 36 RAO. hätte er nur die Befugnis zur Führung einer Beschw. bezüglich der Auswahl seiner Person; eine solche Beschw. steht aber hier nicht in Frage.

Beschl. OLG. II. ZS. v. 22. Nov. 1905 W 233/05 (K. f. HS. Offenbach O 98/04). Pf.

Strafrecht. — Strafprozeß.

2. Bewußtsein der Rechtswidrigkeit bei Austausch von Rückfahrkarten.

Gegen 12 Steuerleute und den Wirt Z. wurde wegen Betrugs verhandelt. Die I. Strafk. zu Mainz in ihrem Urteil v. 15. Nov. 1905 erachtet als durch die Beweisaufnahme festgestellt: Die Mainzer Steuerleute steuern die Schiffe nach Mannheim und fahren mit der Bahn zurück, die Mannheimer Steuerleute tun dasselbe in umgekehrter Richtung. Es ist nun seit langen Jahren üblich, daß die Steuerleute sich in jedem Falle Rückfahrkarten lösen und dann gegenseitig austauschen. Die einfache Karte Mainz-Mannheim kostet III. Klasse 2 M 75 Pf., die Rückfahrkarte 4 M 10 Pf. Um den Kartenaustausch zu erleichtern, wurden die Karten zum Teil bei dem Wirte Z. in Mainz, ebenso in einer Wirtschaft in Mannheim hinterlegt, auch häufig von Z. dem hinterlegenden Steuermann der Betrag von 2 M 5 Pf. vorlagsweise ausgehändigt. Diesen Tatbestand geben die Angekl. unumwunden zu. Sie bestreiten aber, das Bewußtsein der Rechtswidrigkeit ihres Handelns gehabt zu haben. Sie behaupten, dieser Brauch bestehe schon seit langen Jahren und sei nie von den revidierenden Beamten gerügt worden. Sie seien der Ansicht gewesen, es werde dieser Kartenaustausch seitens der Bahnverwaltung stillschweigend geduldet. Das LG. erachtet diese Angaben durch die Beweisaufnahme nicht für genügend widerlegt. Daß der Brauch früher, zurzeit der hess. Ludwigsbahn geduldet worden, haben die Zeugen D. und O. bestätigt. Die übrigen Zeugen haben zwar erklärt, der Kartenaustausch sei zweifellos verboten, wie dies auch aus dem Aufdrucke der Fahrkarte hervorgehe, keiner habe aber bekunden können, daß, abgesehen von dem vorliegenden, den Anlaß zu gegenwärtigem Verfahren bietenden Falle, den Steuerleuten, entgegen dem früheren Brauche, das Verbot ausdrücklich vorgehalten und zum Bewußtsein gebracht worden sei. Das Gericht hatte demnach Bedenken, ob den Angekl., insbesondere auch dem Wirte Z. das Bewußtsein der Rechtswidrigkeit ihrer Handlungsweise und des von den angeklagten Steuerleuten erstrebten Vermögensvorteils innegewohnt habe. Zunächst erscheint es als nicht erklärt, warum die 13 Angeklagten Leute ganz verschiedenen Alters, ganz gleich behandelt werden, obwohl gewiß mehrere an dem Brauch, der vor langen Jahren bestand, nicht Teil genommen haben konnten. Allerdings werden die Angekl., mit Ausnahme des A., in dem Urteile gar nicht genannt.*) Bezüglich der Zeit des Brauches war wohl auseinanderzuhalten die Zeit, während deren die Rückfahrkarten

*) Im Rubrum heißt es einfach: A. und Genossen. D. Red.

bezüglich der Nichtübertragbarkeit keinen Vermerk trugen, und die Zeit, seit welcher dies der Fall ist. Wohl läßt sich die Ansicht verteidigen, daß die Unübertragbarkeit erst seit der Zeit Rechtens ist, wo der Vermerk auf den Fahrkarten selbst erfolgte, wenn auch die Unübertragbarkeit vielleicht selbst ohne solchen Vermerk Rechtens war. Hatte sich der Brauch zu der erstерwähnten Zeit gebildet, so konnten sehr wohl die Beamten ihn dulden, indem sie selbst der Ansicht waren, daß die Uebertragung gestattet sei. Auch in der ersten Zeit, nachdem der Vermerk aufgedruckt war, mochte man ihn wenig beachten und ihm keine Bedeutung beilegen; die Verweisung auf die Zeit der hess. Ludwigsbahn deutet auf diese früher Zeit hin. Aber seit Jahren ist das Verbot allgemein bekannt, und der Vorderrichter hat nicht festgestellt, daß es den Angekl. oder einem Teil derselben nicht bekannt war, ja nicht einmal, daß eine solche Unbekanntschaft behauptet wurde, noch weniger, daß etwa die Angekl. der Ansicht gewesen wären, der Vermerk sei rechtlich unwirksam. Wenn zu Zeiten der hess. Ludwigsbahn der Mißbrauch von einem oder dem anderen Schaffner oder sonstigen niederen Beamten geduldet wurde, so ist doch daraus nicht der Schluß zu ziehen, daß dies von der Verwaltung selbst geschah. Daß etwa eine solche Duldung auch in neuerer Zeit stattfand, wird nicht festgestellt. Wenn der Vorderrichter der Ansicht ist, daß den Steuerleuten das Verbot ausdrücklich vorgehalten oder zum Bewußtsein hätte gebracht werden müssen, so liegt hierin eine nicht gerechtfertigte Einengung der freien Beweiswürdigung, indem der Beweis des Bewußtseins der Rechtswidrigkeit sehr wohl aus anderen Umständen, insbesondere dem langen Bestehen des Verbots, der allgemeinen Kenntnis desselben und seiner Rechtsbeständigkeit geschöpft werden konnte. Die tatsächlichen Feststellungen des Vorderrichters erscheinen daher als nicht genügend und das Urteil mußte mit seinen tatsächlichen Feststellungen aufgehoben und die Sache in die 1. Instanz zurückverwiesen werden.

Urt. OLG. Straff. v. 2. Febr. 1906 S 39/05. X.

3. Kein Zeugnis der Rechtskraft für die Strafvollstreckung aus Beschlüssen nach § 492 StPO.

Auch nach Erlaß des Beschl. gemäß § 492 StPO., der den Erfordernissen eines Urteils (§§ 259 ff., insbesondere §§ 266, 267 StPO.) gar nicht entspricht, bilden die vorausgegangenen rechtskräftigen Urteile die Grundlage der Strafvollstreckung, die nur wegen der Vorschrift in §§ 79, 74 StGB. über die Strafen bei sog. Realkonkurrenz hinsichtlich des Strafmaßes oder auch der Strafart die Modifikation zu erleiden haben, welche durch den Beschl. nach § 492 StPO. ausgesprochen und festgestellt wird. Dieser Beschl. wird allerdings noch dem Gesetze erst noch Ablauf einer Beschwerdefrist bezw. Bestätigung in der Beschwerdeinstanz unabänderlich und damit rechtskräftig; allein es kann nicht für notwendig erkannt werden, diese Rechtskraft durch ein Zeugnis des Gerichtsschreibers zu den Zwecken der Strafvollstreckung noch besonders festzustellen, weil bereits der Erlaß des Beschl. gemäß § 349 StPO. die darin ausgesprochene Wirkung unmittelbar und ohne Rücksicht auf Rechtskraft herbeiführen muß.

Ganz ähnliche Verhältnisse, die ebenfalls eine Modifikation der Strafvollstreckung herbeiführen, treten auch in anderen Fällen ein, ohne daß Bescheinigung wie die beanspruchte in der Praxis gegeben oder begehrt wird, z. B. bei Entscheidungen gemäß §§ 400 Abs. 2; 411 Abs. 2, 3; 490 Abs. 1, 2, 3; 493 Abs. 2 StPO.

Die nach § 35 Abs. 2 StPO. erforderliche Zustellung des Beschl. an die Staatsanwaltschaft und den Verurteilten bietet genügende Gewähr für die Ausführung der Vollstreckung nach Maßgabe des Beschl. in seinem rechtskräftigen Inhalt.

Die besondere Feststellung der Rechtskraft ist auch entbehrlich, wie die Praxis z. B. in den Landgerichtsbezirken von Gießen und Frankfurt a. M. dartut, kann jedenfalls mangels gesetzlicher Vorschrift nicht von der Gerichtsschreiberei verlangt werden.

Beschl. OLG. Straff. v. 20. Dez. 1905 St W 76/05. X.

Freiwillige Gerichtsbarkeit.

4. Beschwerderecht gegen die Aufforderung zur Entrichtung einer Stempelabgabe.

Aus Anlaß der Anlegung des Grundbuchs für die Gemarkung E. war beantragt, den Grundbesitz, der in dem bestehenden Grundbuch auf das besitzende Fürstliche Haus B. als Familienfideikommiß des Gesamthauses eingetragen war, auf den derzeitigen Fideikommißinhaber unter Wahrung der Fideikommißeigenschaft zu überschreiben. Der Anlegungsrichter sah sich bei diesem Sachverhalt veranlaßt, die Rentkammer des Fideikommißinhabers zur Angabe des Werts der bezüglichen Liegenschaften aufzufordern zum Zweck demnächstiger Stempelwahrung. Die von seiten der Rentkammer gegen diese Aufforderung verfolgte Beschw. wurde von dem zuständigen LG. als unzulässig verworfen und die gleiche Entscheidung erging auf die gegen den landgerichtlichen Beschl. verfolgte weitere Beschw.

Gründe: Das Gesetz über den UrkSt. ist ein in sich abgeschlossenes Ganzes. Es regelt nicht allein die Verpflichtung zur Stempelentrichtung und Stempelwahrung, sondern auch das dabei einzuhaltende Verfahren, einschließlich der im Laufe desselben gegen ergehende Entscheidungen gegebenen Rechtsmittel. Es erscheint deshalb unzutreffend, wenn die vorliegende Beschw. ihre Zulässigkeit aus den Bestimmungen der GBO. oder des GFG. herleiten will. Ein Verfahren, in dem sich die Notwendigkeit der Verwendung eines Urkundenstempels ergibt, bildet lediglich die Veranlassung für das Verfahren nach Maßgabe des Gesetzes über den UrkSt., ist jedoch auf dessen Verlauf ohne jeden Einfluß. Die Zulässigkeit der Beschw. ist deshalb lediglich auf Grund des Inhalts des genannten Gesetzes selbst zu prüfen; diese Prüfung aber ergibt, daß das Gesetz eine Beschw. wie die vorliegende nicht kennt. Art. 21 des Ges. eröffnet für die zur Wahrung des Stempels zuständige Behörde die Möglichkeit, denjenigen, den sie als zur Stempelabgabe verpflichtet erachtet, zur Angabe des für die Stempelberechnung in Betracht kommenden Werts aufzufordern. Rechtsnachteile knüpfen sich jedoch zunächst an diese Aufforderung und ihre Nichtbefolgung für den Aufgeforderten nicht, so daß mit ihr für diesen eine Beschwer nicht verbunden erscheint und deshalb auch für den Gesetzgeber keine Veranlassung vorlag, ein Rechtsmittel zur Anfechtung zu schaffen. Erst wenn bei Nichtbefolgung oder nicht ordnungsgemäßer Befolgung zur Stempelwahrung ein mit

Kosten verbundenes **Ermittelungsverfahren** eintritt, kann dem ohne Erfolg Aufgeforderten ein Nachteil durch Auferlegung dieser Kosten erwachsen. Erachtet sich der Beteiligte durch diese Kostenauflage für beschwert, so steht ihm eine sof. Beschw. zu. Eine weitere Beschw. findet jedoch nicht statt (Art. 21 Abs. 3 des Ges.). An Rechtsmitteln kennt das Gesetz weiter nur noch die im Art. 27 gegen den Stempelansatz gegebene Beschw. und Erinnerung und läßt hier auch, abweichend von dem Art. 21 des Ges., gegen die auf erstere hin ergangene Entscheidung eine weitere Beschw. zu. Es kann dahin gestellt bleiben, ob, wenn eine nach Art. 21 gegen die Auferlegung der Kosten des Ermittelungsverfahrens verfolgte Beschw ohne Erfolg blieb, die **Verpflichtung** zur Entrichtung der Stempelabgabe feststeht und mit den Rechtsmitteln des Art. 27 lediglich noch die **Höhe** des Stempelansatzes einem Angriff unterliegt, so daß, analog einer Entscheidung im Zivilprozeß über den Grund des Anspruchs nach § 304 ZPO., über die Stempelabgabeverpflichtung erkannt wäre, oder ob trotz rechtskräftiger Kostenauflage die Verpflichtung zur Stempelabgabe auch in diesem Fall noch einer Anfechtung unterliegt. In dem vorliegenden Fall ist weder über den Grund noch über die Höhe des Stempelabgabeanspruchs entschieden. Es liegt lediglich eine völlig unverbindliche Aufforderung vor, deren Befolgung oder Nichtbefolgung dem Ermessen des Beteiligten anheimgegeben ist und gegen die das allein maßgebende Gesetz keine Beschw. und jedenfalls keine weitere Beschw. kennt.

Beschl. OLG. I. ZS. v. 22. Sept. 1905 W 183/05.
Wg.

Entscheidungen der Großh. Landgerichte

Zivilrecht. — Zivilprozeß.

6. Vermieterpfandrecht (§ 559 BGB.); Rang desselben.

Die Eheleute H. lebten im Güterstand der allgemeinen Gütergemeinschaft und hatten im Hause des Bekl. eine Wohnung gemietet. Am 29. Jan. 1902 geriet der Ehemann H. in Konkurs, der am 27. März 1903 mangels Masse eingestellt wurde. Die in die Mietwohnung eingebrachten Mobilien der Eheleute H. sind noch in Natur vorhanden. Während des Konkursverfahrens, am 15. Juli 1902, veranlaßte Bekl., daß die Ehefrau H. in den Mietvertrag an Stelle ihres Ehemannes eintrat. Am 4. April 1903 übereigneten die Eheleute H. ihr ganzes Mobiliar ihren Kindern, den Klägern; die Mobilien blieben jedoch in der Mietwohnung und im Besitze der Eltern als Verwahrer. Ende 1904 bestand eine rückständige Mietschuld in Höhe von 300 M, und Bekl. machte gegenüber der Klage auf Herausgabe von Mobilien dieserhalb sein **Vermieterpfandrecht** geltend. Die Kl. bestritten dieses Recht mit der Ausführung, daß durch die Konkurseröffnung kraft Gesetzes der Güterstand der allgemeinen Gütergemeinschaft aufgehoben und für die Zukunft **Gütertrennung** eingeführt worden sei, daß in Folge dessen die Mobilien dem Ehemann H. gehörten, der sie in die Ehe eingebracht habe, aber nicht Mieter sei. Die Klage wurde **abgewiesen**.

Aus den Gründen: Der Güterstand der allg. Gütergemeinschaft endigt, zum Unterschied von der Errungenschaftsgemeinschaft, kraft Gesetzes nicht durch die Eröffnung des Konkurses über das Vermögen des Ehemanns; vielmehr muß in solchem Fall, um eine Beendigung der Gütergemeinschaft mit der Wirkung der Gütertrennung für die Zukunft herbeizuführen, die Frau auf Aufhebung der Gütergemeinschaft **klagen** (§ 1468 Ziff. 5 BGB.) oder mit ihrem Ehemann einen die Gütertrennung vereinbarenden **Ehevertrag** abschließen. Hat sie dies unterlassen, wie im vorliegenden Falle, so dauert der Güterstand der allg. Gütergemeinschaft während und nach Aufhebung des Konkurses fort; die in dem Konkursverfahren nicht verwerteten Vermögensgegenstände gehören nach wie vor zum Gesamtgut der noch bestehenden allg. GG. (s. Motive V S. 398; Prot. bei **Hahn-Mugdan**, Materialien IV S. 824; **Hahn-Mugdan**, Materialien z. KO. VII S. 233; **Jaeger**, KO. II. Aufl. § 2 Anm. 8, und die Kommentare z. BGB.). Dieser rechtliche Gesichtspunkt, auf den vorliegenden Fall angewendet, führt zu folgendem Ergebnis:

Nach § 559 BGB. unterliegen nur die in die Mietwohnung eingebrachten Gegenstände des **Mieters** dem Pfandrecht des Vermieters. Mieter im Sinne des § 559 wäre aus dem Vertrag vom 15. Juli 1902 an sich die Ehefrau H., wenn nicht das eheliche Güterrecht der Eheleute H. hierauf abändernd einwirkte. Nach § 1438 BGB. gehört nämlich zum Gesamtgut auch dasjenige Vermögen, welches **einer** der Ehegatten während bestehender Gemeinschaft erwirbt. Hierunter fällt der Erwerb von Rechten aus einem gegenseitigen Vertrag, soweit sie übertragbar sind (§ 1439 BGB.), sonach auch der Erwerb von Mietrechten aus einem von der Ehefrau abgeschlossenen Mietvertrag (**Crome**, System II § 241)). Da weiter unbestritten und erwiesen ist, daß die Ehefrau H. den Mietvertrag mit Zustimmung ihres Ehemanns geschlossen hat, so haftet das Gesamtgut auch für die Verbindlichkeit aus diesem Rechtsgeschäft der Frau nach § 1460 BGB. (s. über die Trennung der aktiven und passiven Seite eines von der Ehefrau eingegangenen Rechtsgeschäfts **Staudinger-Engelmann** § 1455 Note 1; **Planck** § 1455 Note 1). Sonach ist Mieter im Sinne des § 559 BGB. die „Ehegemeinschaft"; daher unterliegen auch die der Gemeinschaft gehörigen in die Mietwohnung eingebrachten Mobilien dem gesetzlichen Pfandrecht des Vermieters als Sachen des Mieters. Anders müßte bei bestehender allg. GG. nur dann entschieden werden, wenn das Rechtsgeschäft (der Mietvertrag) zum Vorbehaltsgut der Ehefrau nach § 1440 BGB. (zufolge Ehevertrags) oder zu ihrem eingebrachten Gute nach § 1439 BGB. (zufolge vertraglicher Ausschließung der Abtretung der Rechte aus dem Mietvertrag, § 399 BGB.) gehörte. Der Ehemann würde in diesen Fällen durch seine Zustimmung zum Abschluß des Mietvertrags seitens seiner Ehefrau lediglich zu erkennen gegeben haben, daß nach § 1460 BGB. das Gesamtgut für die **Verbindlichkeiten** seiner Ehefrau aus dem zu einem ihrer Sondergüter gehörigen Mietvertrag haften solle; **Mieterin** im Sinne des § 559 BGB. wäre die Ehefrau allein. Diese Ausnahmefälle liegen nicht vor; insbesondere darf aus dem Umstande allein, daß die Ehefrau während des Konkurses ihres Ehemannes an dessen Stelle in den Mietvertrag als Mieterin eintrat, nicht geschlossen werden, daß **stillschweigend** durch Vereinbarung mit dem Vermieter die Rechte aus dem Mietvertrag auf Seiten der Ehefrau zu **unübertragbaren** i. S. der §§ 1439, 399 BGB. und mithin zum Gegenstand von eingebrachtem Gut der Ehefrau gemacht worden sind; denn der Vermieter (Bekl.) hatte gerade *neben* der Haftpflicht der Ehefrau an der Zugehörigkeit des Mietrechtsgeschäfts zum Gesamtgut der GG. wegen des dadurch bedingten Vermieterpfandrechts an den in der Mietwohnung verbliebenen zum Gesamtgut der Gütergemeinschaft gehörigen Mobilien ein so wesentliches Interesse, daß ein stillschweigender Ausschluß des Gegenteils nicht angenommen werden kann. Auch die Berufung auf einen Auszug aus dem Gewerbetagebuch der Stadt O. ist in dieser Richtung verfehlt. Wenn hierdurch Kl. beweisen wollen, daß die Ehefrau H. unter Zustimmung ihres Ehemannes ein Erwerbsgeschäft selbständig betreibe und der Bekl. ein Interesse daran gehabt habe, mit der Ehefrau, nicht mit dem in Konkurs geratenen Ehemann den Mietvertrag fortzusetzen, so beweist dies insofern zu wenig, als wegen der fehlenden Voraussetzungen der §§ 1439, 1440 BGB. die Uebernahme einer persönlichen Haftung durch die Ehefrau für Verbindlichkeiten aus dem *kraft Gesetzes* zum Gesamtgut gehörigen Mietvertrag diesem den Charakter eines zum Gesamtgut gehörigen Rechtsgeschäfts nicht nehmen kann.

Der Rang des Vermieterpfandrechts bestimmt sich nach dem Tage des Einbringens der Sachen in die Mietwohnung ohne Rücksicht darauf, *wann* der Mieter mit der Mietzinsschuld in Rückstand kommt; denn das gesetzliche Vermieterpfandrecht soll dem Vermieter gerade wegen künftiger Forderungen aus dem Mietverhältnis Sicherheit gewähren. Die Mobilien waren sonach mit dem Vermieterpfandrecht *belastet*, als sie durch Vertrag vom 4. April 1903 den Klägern von ihren Eltern im Wege des constit. possess. übereignet wurden. Das Pfandrecht berechtigt zum Besitze der Pfänder und war daher die Kl. abzuweisen.

Urt. LG. Darmstadt, ZK. III, v. 2. Nov. 1905 S 241/05. Sz.

6. Muß derjenige, der den Antrag auf Bestellung eines Pflegers aus § 1910 BGB. stellt, die den Antrag begründenden Tatsachen und die Unmöglichkeit einer Verständigung mit dem Geisteskranken glaubhaft machen?

Einen Antrag auf Entmündigung des K. hat die Beschwerdeführerin nicht gestellt, im Gegenteil ausdrücklich in der Beschwerdeschrift und vorder die Stellung eines solchen Antrags verweigert. Danach ist dem Vorderrichter zuzustimmen, daß die Bestellung eines Pflegers nicht aus § 1909 Abs. 3 BGB. stattfinden kann; denn die Voraussetzung für die Anordnung einer Vormundschaft, daß nach § 645 Abs. 2 ZPO. ein *Antrag* auf Entmündigung wegen Geisteskrankheit seitens der in § 646 ZPO. genannten Personen gestellt ist, liegt nicht vor (§ 1896 BGB.). In Frage kann nur eine Pflegschaft aus § 1910 BGB. kommen (RGE. 52 Nr. 64). Der angefochtene Beschluß geht aber darin fehl, daß er der Beschwerdeführerin zumutet, „die den Antrag begründenden Tatsachen und die Unmöglichkeit einer Verständigung mit K. darzutun".

Das Vormundschaftsgericht ist verpflichtet, die Pflegschaft *von Amts wegen* einzuleiten, wenn die Voraussetzungen des § 1910 BGB. gegeben sind (*Staudinger-Engelmann*, Bd. IV § 1910 Note 5, und §§ 1915, 1774 BGB.). Für das Verfahren in Pflegschaftssachen sind im allgemeinen die für das Verfahren in Vormundschaftssachen geltenden Vorschriften maßgebend (s. ebenda Vorb. 5 vor § 1909 BGB.). Das Vormundschaftswesen ist aber eine Angelegenheit der freiw. Gerichtsbarkeit; das Verfahren richtet sich nach den Vorschriften des GFG. vom 17. Mai 1898 (s. a. a. O. Vorb. 5 vor § 1773 BGB.). Gemäß § 12 GFG. hat das Gericht v. A. w. die zur Feststellung der Tatsachen erforderlichen Ermittelungen zu veranstalten und die geeignet erscheinenden Beweise aufzunehmen; insbesondere finden nach § 15 GFG. die Vorschriften der ZPO. über den Zeugenbeweis und über den Beweis durch Sachverständige entsprechende Anwendung (von der Beeidigung abgesehen). Die Beschwerdeführerin kann daher nur für verpflichtet angesehen werden, die zur Anordnung einer Pflegschaft erforderlichen Tatsachen zu behaupten und dafür Beweismittel anzugeben. Das ist im Antrag geschehen; es ist behauptet, der K. sei unheilbar geisteskrank, habe sich längere Zeit in der Irrenklinik in Gießen befunden, und es sei jede Verständigung mit ihm ausgeschlossen. Zum Beweise bezog man sich auf eine einzuholende Auskunft der Gießener Irrenklinik, Gutachten Sachverständiger, verschiedene Aerzte als Zeugen und Akten. Diese Beweismittel — und etwa sonst noch dem Vormundschaftsgericht gutscheinende — hat das Gericht, soweit zur Bildung seiner Ueberzeugung in den erwähnten Richtungen erforderlich, v. A. w. zu erheben, insbesondere auch nach der Richtung, ob eine Verständigung mit dem Gebrechlichen über Einwilligung in die Pflegschaft möglich ist oder nicht. Zu irgend einer Glaubhaftmachung ist die Beschwerdeführerin in keinem dieser Punkte verpflichtet. Nicht einmal das nur *auf Antrag* einzuleitende *Entmündigungsverfahren* wegen Geisteskrankheit schreibt eine solche Glaubhaftmachung vor. § 649 ZPO. bestimmt lediglich, daß das Gericht vor der Einleitung des Verfahrens die Beibringung eines ärztlichen Zeugnisses anordnen könne. Abgesehen davon, daß diese ausschließlich für das in der ZPO. geordnete Entmündigungsverfahren gegebene Vorschrift eine entsprechende Anwendung auf das Pflegschaftsverfahren nicht finden kann (§ 10 EG. z. ZPO.), darf selbst im Entmündigungsverfahren die Einleitung des Verfahrens von der Beibringung eines solchen Zeugnisses nur abhängig gemacht werden, wenn sonst gar kein Einhalt zur Einleitung des in § 653 ZPO. vorgeschriebenen Ermittelungsverfahrens v. A. w. vorliegt (*Gaupp-Stein*, zu § 649 ZPO.). Vorliegend steht aber schon fest, daß das Kreisgesundheitsamt O. vor einigen Jahren den K. als der Irrenanstaltspflege bedürftig erklärt hatte; behauptet ist, daß diese Geisteskrankheit sich bis zur völligen Vernehmungsunfähigkeit gesteigert habe. Hierüber wird zweckmäßiger Weise das Vormundschaftsgerichts das Kreisgesundheitsamt um ein Gutachten nach vorheriger Untersuchung und Beobachtung des K. zu ersuchen haben.

Es mag schließlich noch darauf hingewiesen werden, daß der Beschwerdeführerin für den gegen ihren Ehemann zu führenden Ehescheidungsprozeß, der für sie die Veranlassung zum Antrag auf Bestellung eines Pflegers für ihren Ehemann war, das *Armenrecht* bewilligt wurde. Das vom Vorderrichter verlangte und seitens der Beschwerdeführerin zu beschaffende Zeugnis eines Arztes würde sie sich außerhalb des Prozesses kostenlos nicht verschaffen können, zur Aufbringung der Kosten aber würde sie unvermögend sein. Der angefochtene Beschl. könnte mithin dahin führen, der Beschwerdeführerin die Erreichung ihres Zieles einfach unmöglich zu machen. Die Berechtigung zur Beschw. ergibt sich aus § 57[3] GFG.

Beschl. LG. Darmstadt, ZK. III, v. 8. Juni 1905 T 232/05. Sz.

Strafrecht. — Strafprozeß.

7. Der Einwand aus § 903 ZPO. ist von Amtswegen zu berücksichtigen.

Das AG. D. hat durch Beschl. vom 10. Mai 1905 den Antrag auf Erlaß eines Haftbefehls gegen den Schuldner kostenpflichtig abgewiesen, da der Schuldner bereits am 15. Febr. 1905 den Offenbarungseid geleistet hat und nicht glaubhaft gemacht worden ist, daß derselbe später Vermögen erworben habe. Die hiergegen eingelegte sofortige Beschw. des Gläubigers wurde vom LG. abgewiesen aus folgenden Gründen:

I. Es liegt kein Anlaß vor, von der dem angefochtenen Beschlusse zu Grunde liegenden, in Wissenschaft und Rechtsprechung übereinstimmend (Gaupp-Stein Note II b, Freudenthal Note 3 zu § 903 ZPO.) vertretenen Ansicht der Verpflichtung des Gerichts zur Anwendung des § 903 ZPO. v. A. w. abzugehen, da diese Ansicht mit dem Grunde dieser Gesetzesbestimmung — Hintanhaltung überflüssiger Verhaftungen und Eidesleistungen — im Einklang steht, und dies um so weniger, als der Schuldner mit Eingabe v. 10. Mai 1905, eingelangt am 11. Mai, ausdrücklich auf das Vorhandensein der Voraussetzungen des § 903 ZPO. hingewiesen hat.

II. Die aus dem Pfändungs- und Ueberweisungsbeschlusse vom 27. März 1905 zu entnehmende Behauptung des Gläubigers von dem Bestehen einer Forderung des Schuldners macht den späteren Erwerb eines Vermögens durch den letzteren nicht glaubhaft.

Beschl. LG. D. ZK. I vom 5. Juni 1905 T 211/05. Sspn., GAss.

Freiwillige Gerichtsbarkeit.

8. Kann die Mutation mit der Begründung, die fragliche (Wege-) Parzelle sei nicht auf den Namen der bürgerlichen Gemeinde im Grundbuch eingetragen, nach dem Mutationsgesetz vom 6. Juni 1879 abgelehnt werden?

Gegen den ablehnenden Beschluß des AG. X. verfolgte die Gemeinde Beschw. Das LG. hob die angefochtene Entsch. auf. Aus den Gründen:

Im allgemeinen muß der Veräußerer nach dem Mutationsgesetz im Grundbuch als Eigentümer eingetragen sein. Dieser Satz kann aber bezüglich der Korporationen des öffentlichen Rechts, speziell der Zivilgemeinde, keine Geltung beanspruchen, wenn es sich um Grundstücke handelt, welche ihrer Natur nach öffentliche sind, im öffentlichen Gebrauche stehen, und wenn das Eigentum von keiner Seite bestritten wird.

Im Fragefall werden bezüglich des Eigentums der betr. Parzelle keine Beanstandungen erhoben; die Gemeinde wurde von jeher als Eigentümerin der Wege betrachtet, wenn auch im Grundbuch die Parzellen auf niemandes Namen stehen. In den Grundbüchern Rheinhessens ist es überhaupt die Regel, daß die Wege im Grundbuch auf niemandes Namen eingetragen stehen.

Es erscheint nicht angängig, die Gemeinden auf das Aufgebotsverfahren zu verweisen und auf Grund der Ersitzung in diesem Verfahren die Mutation auf den Namen der Gemeinde zu begehren; denn die Gemeinde beansprucht nicht das Eigentum auf Grund der Ersitzung, sie behauptet vielmehr, von jeher die Eigentümerin der fraglichen Parzellen zu sein, und von keiner Seite wird diese ihre Behauptung bestritten.

Da ein Aufgebotsverfahren hiernach nicht am Platze ist, so besteht im übrigen zurzeit kein gesetzliches Mittel, um die fraglichen Parzellen auf den Namen der Gemeinde zu bringen. Dieser Umstand kann aber unter den gegebenen Verhältnissen kein Grund sein, die Mutation abzulehnen.

Beschl. LG. Mainz v. 6. Juni 1903 T 117/03. Hff.

Kosten und Gebühren.

9. Bei Hypothekerrichtung ist die Urkunde, durch die sich der Schuldner der sofortigen Zwangsvollstreckung unterwirft, nicht besonders stempelpflichtig.

Die Eheleute X. zu D. wollten ein unkündbares hypothekarisches Amortisationsdarlehen bei der hess. Landeshypothekenbank aufnehmen und unterschrieben zunächst am AG. eine Schuld- und Hypothekurkunde. Sodann haben sie, und zwar in unmittelbarem Anschluß an diese Urkunde, ein gesondertes Protokoll unterschrieben, durch das sie sich in Gemäßheit der §§ 794 Z. 5 und 800 ZPO. der sofortigen Zwangsvollstreckung unterwarfen.

Für das zweite Protokoll wurde gemäß Ziffer 18 ein Stempel und gemäß Art. 8 NotGebO. ein Stempelzuschlag angesetzt. Diese Ansätze wurden von dem Beschwerdeführer beanstandet. Der Beschwerde wurde stattgegeben.

Aus den Gründen: Der Tarif führt unter der Mehrzahl seiner Nummern nicht bestimmte Arten von Urkunden, sondern bestimmte Arten von Geschäften auf und unterwirft letztere der Stempelsteuer in verschiedenen Abstufungen, die sich nach der Bedeutung der einzelnen Arten im Rechts- und im wirtschaftlichen Verkehr richten. Nicht die Urkunde für sich, sondern das betr. Geschäft, welches in der Urkunde seinen sichtbaren Ausdruck findet, ist stempelpflichtig. Die Bestimmung des Art. 5 Abs. 1 UrkStG., daß falls eine Urkunde verschiedene stempelpflichtige Geschäfte enthält, der Betrag des Stempels für jedes Geschäft besonders zu berechnen und die Summe dieser Stempelbeträge zu der Urkunde zu verwenden ist, stellt sich nur als eine notwendige Folge jener grundsätzlichen Auffassung dar (Entsch. des FzMin. zu Nr. F. M. 7507 v. 13. Mai 1902; Hess. Rspr. III S. 46. Anl. V zu MinABl. 12 von 1902). Die Tatsache allein, daß die Schuld- und Hypothekenurkunde und das Protokoll zwei verschiedene Urkunden bilden, kann nicht dazu führen, das in beiden beurkundete Geschäft in mehrere Geschäfte aufzulösen. Nach Art. 35 Abs. 1 UrkStG. enthält aber der von Behörden zu verwendende Stempel die Abgabe für alle mit dem stempelpflichtigen Geschäft in ursächlicher Verbindung stehenden Verrichtungen, für welche nicht eine besondere Stempel- und Gebührenerhebung festgesetzt ist. Der Nachdruck liegt auf dem Wörtchen „besondere". Eine Verrichtung, die mit einem stempelpflichtigen Geschäft in ursächlicher Verbindung steht, unterliegt nicht schon dann selbständig einer Stempelabgabe oder Gebühr, wenn sie, für sich allein genommen, unter irgend eine allgemeine Stempel- oder Gebührenvorschrift fallen würde, wie z. B. unter Nr.

73, 74 StT. (Best-Lorbacher, Anm. 3 zu Art. 35). Im vorliegenden Falle steht jedoch das Protokoll mit der Schuld- und Hypothekurkunde in ursächlicher Verbindung.

Beschl. LG. Dstdt., ZK. I, v. 19. Juni 1905 T 243/05. Dr. L.

Abhandlungen.

Der Begriff „Standesherr" im hessischen Edikt vom 18. Juli 1858.

Die nachstehenden Ausführungen machen keinen Anspruch darauf, zur Terminologie des modernen allgemeinen deutschen Staatsrechts beizutragen. Diese ist unbestreitbar und für die Auslegung der hessischen Landesgesetze nicht von wesentlichem Nutzen. Ihr entspricht auch der Sprachgebrauch unserer Reichsgesetze. Standesherr ist danach nur das Haupt einer ehemals reichsständischen oder gesetzlich den reichsständischen gleichgestellten Familien.

Neuerdings hat der I. Zivilsenat des Gr. Oberlandesgerichts zu Darmstadt in einer Entscheidung vom 30. Oktober 1905 W 206/05*) im Anschluß an Karl Cosak's hessisches Staatsrecht (bei Marquardsen Teil III $_{1,4}$ S. 15) die Ansicht aufgestellt, auch im hessischen Staatsrecht, insbesondere im standesherrlichen Edikt, gelte durchgängig dieser Sprachgebrauch. Er hat die Behauptung des Beschwerdeführers, das Edikt enthalte keine einheitliche Terminologie, für unrichtig erklärt und die Entscheidung wesentlich damit begründet, das Gesetz sei nach seiner Einleitung „zur Ausführung des Art. XIV der deutschen Bundesakte" erlassen; dieser habe unbestritten den oben angegebenen Sprachgebrauch, der daher auch für das hessische Gesetz zu unterstellen sei.

Diese Auslegung des Edikts von 1858 erscheint bedenklich und soll daher im Anschluß an dessen Entstehungsgeschichte und unter Heranziehung der parallelen Gesetzgebungen der anderen deutschen Staaten nachgeprüft werden.

Völkerrechtliche Akte waren es, welche für die Rheinbundsfürsten und Preußen die Aufgabe brachten, die Rechtsverhältnisse der Mediatisierten zu ordnen. Diese Akte hatten sich in erster Linie mit den depossedierten Souveränen, den Häuptern der regierenden Familien, zu befassen; denn ihnen sollten Land und Leute genommen werden unter Belassung gewisser an die ehemalige Stellung erinnernder verhältnißmäßig neutraler Vorrechte. Darum spricht die Rheinbundsakte v. 12. Juli 1806 in ihren Art. 27, 28 ausschließlich von den princes et comtes actuellement regnans et leurs héritiers". Auch die einzelstaatliche Gesetzgebung legte begreiflich das Gewicht auf die Regelung der Verhältnisse der eben unterworfenen Souveräne. Während aber die bayrische Deklaration v. 19. März 1807 und das württembergische dem Entwurf der Verfassungsurkunde von 1817 in Einl. II angefügte Adelsstatut (vgl. bei C. Vollgraff, die teutschen Standesherrn, Gießen 1824, Beilage Nr. VI, XI) den Begriff Standesherr auf dieselben noch nicht in Anwendung bringen, spricht die hessische Deklaration über die staatsrechtlichen Verhältnisse der Standesherren des Großherzogtums vom 1. Aug. 1807 bereits von „Standesherrn" und bezeichnet damit die regierenden Häupter der ehemals unmittelbaren Familien. „Wir haben für nötig erachtet, die staatsrechtlichen Verhältnisse der — in der rheinischen Konföderationsakte vom 12. Juli 1806 Uns zugewiesenen — vormals Reichsständischen, nunmehr mediatisierten, Lande und Gebiete und deren Besitzer, der nunmehrigen Standesherrn, auf eine der Grundlage und dem Geiste gedachter Konföderationsakte entsprechende Weise zu bestimmen rc.". Dieser Sprachgebrauch ist in dem ganzen Gesetze festgehalten. Aber schon im Jahre 1808 tritt in der hessischen Gesetzgebung ein anderer Sprachgebrauch auf. Der Patrimonialgerichtsherr Carl Schlitz gen. Görtz wurde durch Patent vom 30. Dez. 1808 zum Standesherrn erhoben (vgl. Gr. hess. Verordnungen I. Heft, S. 206). Es heißt da: „und ernennen wir Unsern lieben rc. und dessen eheliche Nachkommenschaft zu Standesherren unseres Großherzogtums". Hier ist unleugbar die Standesherrneigenschaft allen Abkömmlingen des Schlitz-Görtz'schen Hauses beigelegt, nicht nur dem jedesmaligen Haupt der Familie. Der Sprachgebrauch der Zeit ist eben kein fester. Dies beweist m. E. auch die deutsche Bundesakte. Sie sagt in dem bekannten Art. 14: „Um den im Jahre 1806 und seitdem mittelbar gewordenen Reichsständen und Reichsangehörigen in Gemäßheit der gegenwärtigen Verhältnisse in allen Bundesstaaten einen gleichförmig bleibenden Rechtszustand zu verschaffen, so vereinigen sich die Bundesstaaten dahin: a) „daß diese fürstlichen und gräflichen Häuser rc." —, b) „sind die Häupter dieser Häuser die ersten Standesherrn in dem Staate, zu dem sie gehören. Sie und ihre Familie bilden die privilegierteste Klasse in demselben, insbesondere in Ansehung der Besteuerung." — Vollgraff S. 538 a. a. O. (1824) gibt zu, daß er den Sinn der Vorschrift unter b) Satz 1 nicht verstehe: „Das Wort Standesherr kommt hier in einem ganz neuen Sinne vor, der mir noch nicht klar ist, weil das Wort an sich eine Erfindung ist, die noch zur Stunde für das südwestliche Teutschland nicht erläutert ist." Die herrschende Auffassung liest im Anschluß an Klüber (vgl. dessen öffentliches Recht des teutschen Bundes S. 459 ff.): „Die ersten Landstände" statt die „ersten Standesherrn" und behauptet im Anschluß hieran, die zit. Stelle der Bundesakte gebrauche das Wort „Standesherrn" nur von den Familienhäuptern. Gegen diese Annahme spricht ein gewichtiger Grund. Es läßt sich nicht ersehen, warum diese eigenartige Ausdrucksweise gewählt sein soll, da der Art. 13 kurz vorher das Wort „Landstandschaft" gebraucht und im deutschen Bund der Begriff „Standesherr" als ein davon verschiedener bereits bekannt war. Deshalb erheben sich auch für Vollgraff (a. a. O. S. 539) Zweifel an der Richtigkeit dieser Interpretation. Es läßt sich eigentlich nur soviel feststellen — auch der Metternich'sche Entwurf Art. 11 ergibt nichts —, daß die Bundesakte, wenn sie die Häupter der Familien erste Standesherrn nennt, anerkennt, daß es noch andere Standesherrn im Bunde außer diesen gibt, und daß sie keinen Sprachgebrauch haben kann, nach dem „Standesherr" gleich „Haupt der standesherrlichen Familie" ist. Diese Feststellung mag genügen. Es soll nur noch darauf hingewiesen werden, daß die neben den „Häuptern dieser Häuser" gedachten Standes-

*) Vgl. Hess. Rspr. VI No. 21 S. 154 ff. D. Red.

herren nicht in den landesherrlich ernannten, noch in den bereits vor 1806, wie in Preußisch-Schlesien, vorkommenden sog. Standesherren noch etwa in geistlichen Landständen zu suchen sind. Dies scheint auch Klüber anzunehmen (vgl. noch Vollgraff a. a. O.).

Der Sprachgebrauch der Bundesakte ist von weitgehendem Einfluß gewesen. Auch die nichthessischen auf Grund der Akte erlassenen Gesetze enthalten jetzt den Begriff „Standesherr“, sie bezeichnen insbesondere in direkter Anlehnung an den Wortlaut des Art. XIV b) die Häupter der Familien als erste Standesherrn. (vgl. die bad. VO. v. 18. April 1818 und das bad. Edikt v. 16. April 1819 § 4; das bayr. Edikt v. 26. Febr. 1818; die preuß. Instruktion v. 30. Mai 1820 § 2; bei C. Vollgraff a. a. O.).

In Hessen kam auf Grund der Bundesakte nach Anhörung der Standesherren des Großherzogtums und zur näheren Erläuterung der Deklaration vom 1. August 1807 das erste standesherrliche Edikt vom 17. Febr. 1820 zustande. Es hat das Bestreben, die Rechte der mediatisierten Häuser erschöpfend zu kodifizieren, und enthält daher viele Zusätze und Abänderungen gegenüber der althessischen Deklaration, insbesondere im ersten Abschnitt über die persönlichen Verhältnisse der Standesherren. Diese Zusätze und Abänderungen enthalten m. E. einen neuen, die Einheitlichkeit der Terminologie zerreißenden, Sprachgebrauch, der in das jetzt geltende Edikt mit den betreffenden Bestimmungen hereingenommen ist. § 1 der Deklaration von 1807 sagt z. B.: Die Standesherrn haben als nunmehrige Staatsbürger die Huldigung persönlich zu leisten. Sie sind indessen schon jetzt verbunden, eine von ihnen eigenhändig unterzeichnete Subjektionsurkunde an Uns einzusenden (folgt deren Wortlaut).

Der § 1 des Gesetzes von 1820 und 1858 sagt dagegen: „Die Standesherrn haben als Staatsbürger Uns und Unseren Nachkommen auf Erfordern die Huldigung persönlich zu leisten. Wenn diese persönliche Huldigung von Uns nicht gefordert wird, so haben die Häupter der standesherrlichen Familien, so oft sich in der Person des Regenten oder in der Person des standesherrlichen Familienhauptes eine Veränderung ereignet, eine schriftliche Erklärung dahin auszustellen:“ (folgt deren Wortlaut).

Wir finden hier im Absatz 2 des neuen Gesetzes „die Häupter der standesherrlichen Familien“ in Gegensatz zu den „Standesherrn“ in Abs. 1 gesetzt. Gr. Oberlandesgericht hat in der eingangs erwähnten Entscheidung bestritten, daß damit ein Gegensatz im Inhalt der Begriffe verbunden sei. Dies erscheint aber an sich nicht glaublich; es spricht auch die offenbar absichtliche Abweichung im Subjekt des Absatz 2 der neuen Fassung des § 1 von dem sprachlich natürlichen „Sie“ der alten Fassung dagegen. Der Wechsel des Subjekts läßt sich insbesondere auch deshalb nicht erklären, weil die Vorschrift des Absatz 2 dem hessischen Gesetz nicht neu war, sondern schon in der Deklaration ihren Grundgedanken fand. Man vergleiche auch noch die. hess. VO. v. 16. Sept. 1808 über die Abnahme des Huldigungseids. Den gleichen Gegensatz wie in § 1 weisen die ebenfalls neu gefaßten Art. 3 und 6 auf, die die Titulaturrechte der Standesherren regeln. In Art. 3 Abs. 3 ist den Häuptern der standesherrlichen Familien vor den Standesherren, deren Rechte im Abs. 1 und 2 behandelt sind, das Recht eingeräumt, zu der Bezeichnung „Graf“, „Fürst“ den Zusatz „und Herr“ zu machen. Dieses in Hessen erst 1820 eingeführte Vorrecht der Familienhäupter ist der außerhessischen Gesetzgebung entnommen. Dort haben alle Familienglieder die Titulaturrechte, die in den beiden ersten Absätzen des § 3 bestimmt sind, die „Erstgeborenen“ oder „Familienhäupter“ aber das in Absatz 3 bestimmte Vorrecht; (vgl. § 2 Abs. 2 des bayr. Edikts v. 26. Mai 1818; § 10 des bad. Edikts v. 16. April 1819; § 2 Abs. 3 des Vorschlags der württemb. Regierung zu einer gütlichen Einigung mit den Ständen; s. bei Vollgraff a. a. O.).

Tatsächlich werden nun auch die Rechte, die die §§ 3 und 6 den „Standesherren“ zuteilen, von den sämtlichen Mitgliedern der hessischen Familien angesprochen, während die Familienhäupter die dort bestimmten Vorrechte haben. Aus diesen Gründen läßt sich nicht leugnen, daß in Art. 3 und 6 die Worte „Standesherr“ und „Haupt der standesherrlichen Familie“ verschiedene Begriffe enthalten, daß also dort das Wort „Standesherr“ einen anderen Inhalt hat als in den aus der alten Deklaration unverändert entnommenen Artikeln, z. B. 4, 5, 8, 9 usw.

Hierzu kommen aber noch weitere Argumente. Artikel 2 der neuen Fassung (v. 1820/1858) spricht für Hessen zuerst den Grundsatz aus, daß den Standesherren die Ebenbürtigkeit zustehe. „Sie“ (d. h. die Standesherren) „haben das Recht der Ebenbürtigkeit ꝛc.“ Gr. Oberlandesgericht hat die Behauptung des Beschwerdeführers, hier sei die Ebenbürtigkeit allen Mitgliedern der standesherrlichen Familie gesichert, mit dem Argument zurückgewiesen, in Art. 2 sei nur von der Ebenbürtigkeit des Familienhauptes die Rede, die übrigen Familienmitglieder hätten dies Recht ja schon auf Grund der deutschen Bundesakte (Art. 14). Dieser Annahme liegt der Irrtum zugrunde, daß ein völkerrechtlicher Vertrag immer staatliches Recht schaffen könne. Der Ansicht war man vielleicht von seiten des Bundestags und der standesherrlichen Beschwerdeführer, man sagte dann, durch die Bundesakte sei den Standesherren ihre Rechtsstellung „völkerrechtlich garantiert“. Die beteiligten Regierungen haben sie jedoch ebensowenig geteilt, wie die Staatsrechtslehrer.*) Sie hielten es daher [illegible] für nötig, für alle Glieder der reichsständischen Familien die Ebenbürtigkeit durch Gesetz zu sichern; (vgl. § 1 des bayr. Edikts v. 26. Mai 1818; § 1 des württemb. Vereinigungsvorschlags; § 1 der badischen Verordnung v. 16. April 1819; auch § 2 der preußischen Instruktion v. 30. Mai 1820).

Wenn man bedenkt, in welch enorm Connex die vorgenannten Staaten die Probleme berieten, die die Standesherrlichkeit für sie brachte, so wird man geneigt sein, auch für Art. 2 den Schluß zu ziehen, daß hier der Sprachgebrauch von dem ursprünglichen der Deklaration von 1807 abweicht.

Weitere Beweise ließen sich dem Gesetze noch entnehmen, insbesondere den Art. 12, 13, 14. Es soll hier jedoch nur noch darauf hingewiesen werden, daß unsere Verfassung ebenfalls den Gegensatz zwischen „Standesherr“ und „Haupt der standesherrlichen Familie“ kennt (vgl. Art. 37, 14 Abs. 2). Die Literatur des hessischen Staatsrechts enthält im allgemeinen nichts über die Terminologie; dies gilt von Weiß, hessi-

*) Vgl. auch die ausdrückliche [illegible] des Art. [illegible]

sches Staatsrecht, und Heyer, die staatsrechtl. Verhältnisse der Standesherrn des Großherzogtums Hessen. Auch den Landtagsverhandlungen läßt sich nichts entnehmen. Die praktische hessische Staatsrechtsliteratur (Zeller, Handbuch d r Verfassung und Verwaltung Bd. I S. 24, unde Braun und Weber, Verfassungs- und Verwaltungsrecht Hessens, 3. Aufl. 1894 Bd. I S. 205) nennt alle Glieder der ehemals reichsständischen Familien Standesherren. Zachariä definiert gleichfalls in seinem deutschen Staats- und Bundesrecht, 3. Aufl. 1865, Bd. I S. 517: „Zu den deutschen Standesherrn gehören nur die vormaligen Reichsstände mit ihren Familien". Dies zum Beweis dafür, daß der erweiterte Sprachgebrauch weitverbreitet ist.

Als Ergebnis unsrer Untersuchung läßt sich somit im Gegensatz zu Ge. Oberlandesgericht und auch wohl zu Cosack sagen: Der Begriff Standesherr ist im geltenden Edikt nicht einheitlich. Soweit die Bestimmungen der Deklaration vom 1. Aug. 1807 in dasselbe übergegangen sind, ist Standesherr nur das Haupt einer standesherrlichen Familie. Für die späteren Zusätze und Abänderungen gilt größtenteils ein anderer Sprachgebrauch. Es ist also für diese Zusätze von Fall zu Fall durch Rechtsvergleichung und logische Entwicklung des Gesetzesinhalts zu untersuchen, welchen Inhalt das Wort Standesherr degreift. Die Entscheidung dieser Frage ist zum Teil von erheblicher praktischer Bedeutung, besonders für das Gebiet der freiwilligen Gerichtsbarkeit und des Vormundschaftsrechts, auf dem das Landesrecht nicht durch den engen reichsgesetzlichen Begriff „Standesherr" eingeengt ist. Ztgf.

Literatur.

A. Todaro della Galia: Rivista di legislazione comparata (Palermo). Die Zeitschrift erscheint jetzt halbjährlich mit einem starken Heft. Aus Heft II für 1904 sei der Aufsatz über die Widerruflichkeit des Exequatur und des Placet sowie die Abhandlung des Herausgebers über das portugiesische Eherecht erwähnt. Heft I von 1905 bringt u. a. einen Überblick der Gesetzgebung über den Nachweis fremden Rechts und zitiert (S. 84, 87 ff.) auch eine Reihe deutscher Schriftsteller (Mittermaier, Goldschmidt, Zitelmann u. a. m.) sowie den § 293 ZPO. X.

Guttentag'sche Sammlung Deutscher Reichsgesetze (J. Guttentag, Berlin). Neu liegen aus dieser beliebten Taschenausgabe vor: I. Vorwerk, A. F., Dr., KR. in Schanghai: Das Reichsgesetz über die Konsulargerichtsbarkeit (Nr. 75, geb. M 2 — 184 S.). Der im Ausland tätige Herausgeber hat selbstverständlich in seiner Praxis hervorragende Gelegenheit, sich mit Inhalt, Auslegung und Handhabung des von ihm bearbeiteten Gesetzes zu befassen. Die ausführlichen Noten des Büchleins verwerten bestens die Motive, die vorhandene Literatur und Rechtsprechung. Der Anhang enthält die Anordnungen des Reichskanzlers 1) betreffs der Schutzgenossen, 2.) über die zwangsweise Beitreibung der Gerichtskosten. — II. Koch, R., Dr., Präs. des Reichsbankdirektoriums; Die Reichsgesetzgebung über Münz- und Notenbankwesen, Papiergeld, Prämienpapiere und Reichsschulden (Nr. 26, 489 S., geb. 3 M). Diese in 5. Auflage erschienene Zusammenstellung der zahlreichen Gesetze und Verordnungen auf dem behandeltem Rechtsgebiete berücksichtigt die seit 1900 eingetretenen Veränderungen. Es ist ein für die Praxis überaus bequemes und vortreffliches Hilfsbuch, das in den verschlungenen Pfaden der seit 1871 entstandenen Vorschriften mannigfachster Art leicht zurechtweist, viel mühseliges Aufsuchen erspart und durch wertvolle Arten das Verständnis unterstützt. Diese „Münzgesetzgebung" ist zur Anschaffung warm zu empfehlen. K.

Kiesebieter, O., LGR.: Das Handelsgesetzbuch (ausschl. Seerecht) nebst EinfG. (G. Stalling, Oldenburg u. Leipzig. 278 S., geb. M 4,25). Wie in seiner gleichartigen Bearbeitung des BGB. hat hier der Verf. in Kommentarform die Rechtssprüche des RG. gesammelt und unter den Gesetzestext gestellt. Außer den amtlichen Sammlungen des RG. in Zivil- und Strafsachen sind auch 5 bekannte Zeitschriften benutzt worden, so daß die Ausbeute an Entscheidungen eine recht stattliche ist. Die Urteilsgründe sind vielfach im Auszug beigegeben. K.

Sächsisches Archiv für Rechtspflege (A. Roßberg, Leipzig). Mit dem neuen Jahr ist diese von LGD. Dr. Lessing in Freiberg i. S. herausgegebene Halbmonatsschrift in ihren I. Jahrgang eingetreten. Sie tritt an die Stelle des „Sächs. Archivs für deutsches bürg. Recht" und will vornehmlich den sächsischen Juristen dienen, und zwar im Rahmen des bürg. Rechts, des Zivilprozesses, der FG., des Strafrechts, Strafverfahrens und sächs. Verwaltungsstrafrechts. Es werden Abhandlungen, Berichte über die Gesetzgebung, Gutachten, besonders aber die sächsische — und ausnahmsweise auch sonstige — Rechtsprechung, die Entschn. des RG. ꝛc. Aufnahme finden. Die drei bis jetzt erschienenen Hefte führen das gesetzte Programm in in korrekter Weise durch. Aus Heft 3 sei der Aufsatz von OLGR. Dr. Mayer über die Streitfrage der Erstattungsfähigkeit der Inkassogebühr erwähnt. Die Zeitschrift kostet jährlich M 12, jedes Heft enthält 24 Seiten. K.

Anzeigen.